Wolfgang Knauft

KONRAD VON PREYSING - ANWALT DES RECHTS

Der erste Berliner Kardinal und seine Zeit

Wolfgang Knauft

Konrad von Preysing

Anwalt des Rechts

Der erste Berliner Kardinal und seine Zeit

Morus

Die Deutsche Bibliothek – CIP-Einheitsaufnahme
Knauft, Wolfgang:
Konrad von Preysing – Anwalt des Rechts:
der erste Berliner Kardinal und seine Zeit/Wolfgang Knauft –
Berlin: Morus 1998
ISBN 3-87554-326-2

Titelgestaltung und Layout: Julius Eschka, Berlin
Titelfoto: Ullstein Bilderdienst
Gesamtherstellung: Druckhaus Benatzky, Hannover

ISBN 3-87554-326-2

INHALT

VORWORT

„Eine dauernde und stabile Rechtsordnung läßt sich nicht erhalten, wenn das Volk oder der Einzelmensch das ‚Ehre sei Gott in der Höhe' übersieht und vernachlässigt." Dieser Satz aus der letzten Weihnachtsansprache, die der siebzigjährige Konrad von Preysing im Jahre 1950 über den RIAS gehalten hat und die erst nach seinem plötzlichen Tod gesendet wurde, gehört zum geistlichen Vermächtnis des ersten Berliner Kardinals.

Mein Vorgänger im Bischofsamt von Berlin zählte zu jener Generation, die ihre Lebenserfahrungen im wilhelminischen Kaiserreich, in der Weimarer Republik, in der NS-Herrschaft, in deren Zusammenbruch und im Aufbau einer freiheitlichen Demokratie wie im Beginn der kommunistischen Diktatur gemacht hat.

In der Rückschau darf man wohl mit Recht sagen: die Berufung Preysings an die Spitze des jungen Bistums Berlin im Jahre 1935 war geradezu ein Glücksfall. Der zu präzisen Analysen fähige und juristisch vorgebildete Bischof verstand sein Hirtenamt in der Reichshauptstadt - deutlich spätestens seit 1937 - als Wächteramt für Recht und Gerechtigkeit. So wertete er seine Mitarbeit im Ordensausschuß der Fuldaer Bischofskonferenz; deutlichster Ausdruck dafür ist sein im Advent 1942 geschriebener Hirtenbrief über das Recht, der im Ausland als Stimme des anderen Deutschland verstanden wurde und heute als historisch höchst bedeutsam gewürdigt wird. Preysings Engagement in der Pastoral zeigt einen Mann, der große Volksmassen wohl wenig direkt angesprochen und bewegt hat, sich aber immer um alle sorgte. Individuelle Seelsorge zeigte deutlicher sein Herz. Das spürten die Kranken, die er oft besuchte, die Inhaftierten, nach denen er unerschrocken schaute und denen er schrieb; das wurde erkennbar in seiner Verantwortung für das „Hilfswerk beim Bischöflichen Ordinariat Berlin" und seiner ganz persönlichen Teilnahme an Schicksalen einzelner Juden.

Das vorliegende Werk ist die erste umfassende Würdigung des dritten Bischofs von Berlin auf der Grundlage jetzt zugänglicher Archivbestände. Es ist mehr als ein einfühlsames Psychogramm eines bayerischen Adligen, der prinzipiell den NS-Staat ablehnte und in Deutschlands dunkelster Zeit die Geschicke des Bistums Berlin geleitet hat. Preysings mutige Strategie der Vorwärtsverteidigung, um die Freiheit und Rechte in Kirche und Gesellschaft zu wahren bzw. einzuklagen, unterscheidet ihn von der großen Mehrheit seiner damaligen Amtsbrüder. Er wollte kirchenpolitische Wege gehen, die zwischen der Eingabenpolitik des Vorsitzenden der Fuldaer Bischofskonferenz und einem sich verbietenden, weil existenzgefährdenden Kollisionskurs lagen. Wäre es nach seinem Gewissen gegangen, hätten Papst Pius XII. und die deutschen Bischöfe deutlicher zu Unrecht und Holocaust gesprochen. Verständlich, daß seine Haltung ihn auch mehr als jeden anderen Bischof in die Nähe der deutschen Widerstandsbewegung geführt hat. Auch für den Weg der Kirche in der DDR hat Preysing durch seinen Erlaß vom 20. Dezember 1947 Weichen gestellt, die die politische Vereinnahmung des Klerus im „Ersten Arbeiter- und Bauernstaat" bis zur Wende 1989 vereitelten. Denn meine Vorgänger im Bischofsamt, Bischof Weskamm, die Berliner Kardinäle Döpfner, Bengsch und Meisner, bekräftigten wiederholt die Position Preysings. Die hier gebotene Biographie stellt den Lebensweg des ersten Berliner Kardinals immer in dem Kontext der anschaulich geschilderten, jeweiligen kirchen- und zeitgeschichtlichen Ereignisse dar. Dadurch ist sie auch ein Beitrag zur immer noch andauernden Diskussion des Verhältnisses der katholischen Kirche zum Nationalsozialismus. Gerade der Blick auf den ersten Berliner Kardinal verbietet jegliche Schwarz-Weiß-Malerei.

Zwischen Bischof Preysing und dem Autor dieses Buches, der Domkapitular im Metropolitankapitel bei St. Hedwig ist, gibt es biographische Berührungspunkte und eine über das gewöhnliche Maß hinausgehende geistige Verbundenheit. Der Biograph, ein durch zahlreiche Veröffentlichungen ausgewiesener Kenner der nationalsozialistischen Zeitgeschichte, ist von dem Bischof, dessen Leben er nachzeichnet, gefirmt worden. Er hat ihn auch bei kirchlichen Großveranstaltungen und als Theologiestudent in kleinerem Rahmen erlebt. Beide wurden durch Erfahrungen während der NS-Herrschaft geprägt: der eine als Jugendlicher, der andere auf höchstem kirchenpolitischen Parkett. Unverkennbar, daß das verantwortungsbewußte sorgsame Ringen des „Pressebischofs" um das richtige Wort bei dem späteren Presse- und Medienfachmann im Berliner Ordinariat Spuren hinterlassen hat.

Es ist zu wünschen, daß im deutschen Katholizismus und besonders im Erzbistum Berlin das ehrende Gedächtnis an Konrad von Preysing lebendig gehalten wird. Seine letzte Ruhestätte in der Unterkirche der St. Hedwigs-Kathedrale, ganz in der Nähe des seligen Dompropstes Bernhard Lichtenberg, mit der schlichten Gedenktafel erinnert an einen Mann, der die Prüfung vor der Geschichte bestanden hat.

Berlin, im Dezember 1997

+ Georg Card. Sterzinsky

Georg Kardinal Sterzinsky

Denke an die Tage der Vergangenheit,
lerne aus den Jahren der Geschichte!
Dtn 32,7

I

Preysings Bischofsamt im Licht neuer Forschung

Bisher unbekannte Briefe - Zusätzliche Quellen nach der Wende

Kaum jemand konnte bei Kriegsende 1945 voraussehen, daß das Thema Katholische Kirche und Nationalsozialismus über mehrere Jahrzehnte eine heftige Kontroverse in der deutschen Öffentlichkeit und weit darüber hinaus auslösen würde. War nicht gerade die Kirche als einzige gesellschaftliche Größe in der NS-Zeit innerlich stabil und intakt geblieben? Waren die vielen hundert Priester, die aus dem KZ Dachau und anderen Gefängnissen in ihre Bistümer zurückkehrten, nicht verläßliche Zeugen eines mutigen Widerspruchs gegen die totalitäre Herrschaft? Hatten nicht ein P. Rupert Mayer, ein Dompropst Bernhard Lichtenberg oder ein Bischof Galen ohne Rücksicht auf Konsequenzen für ihre eigene Person „Gott mehr gehorcht als den Menschen?" Und waren nicht Laien und Priester, wie Dr. Erich Klausener oder Pfarrer Dr. Max Josef Metzger, Opfer der braunen Willkürherrschaft geworden?

Das befreite Aufatmen am Ende des Kirchenkampfes und die Besinnung auf die davongetragenen Wunden führten in den ersten Nachkriegsjahren zu einer fast heroisierenden Darstellung der Kirche im „Dritten Reich", oft in der Form einer „stark apologetisch geprägten Erlebnisliteratur" (v. Hehl). Bücher wie „Kreuz und Hakenkreuz" des ehemaligen Dachau-Häftlings und späteren Münchener Weihbischofs Johannes Neuhäusler, die Biographie „Der Bischof von Münster - Das Echo eines Kampfes für Gottesrecht und Menschenrecht" über Bischof Galen oder das Buch „Blutzeugen des Bistums Berlin" gehörten zu jenen Publikationen, in denen die Position der Kirche und der Christen im NS-Staat rühmend und nahezu kritiklos beschrieben wurde. Auch die dokumentarischen Aufzeichnungen des in Berlin-Plötzensee hingerichteten Jesuitenpaters Alfred Delp „Im Angesicht des Todes" bezeugten, wie ein Mann der Kirche der Diktatur widerstanden hat. Diese Sicht wurde von unverdächtigen Stimmen des Auslandes geteilt. So hieß es im Urteil des Internationalen Gerichtshofes gegen die Hauptkriegsverbrecher, das am 30. September und 1. Oktober 1946 in Nürnberg verkündet wurde, der NS-Staat habe „den Einfluß der christlichen Kirchen, deren Lehren in fundamentalem Gegensatz zu der nationalsozialistischen Philosophie und Praxis standen", bekämpft, ohne allerdings den letzten Schritt zu tun, die Religionsausübung ganz zu verbieten. Aber „Jahr für Jahr" seien Schritte unternommen worden, „um den Einfluß des Christentums auf das deutsche Volk zu beschränken".

Diese Betrachtungsweise galt mehr oder weniger bis zum Anfang der sechziger Jahre. Vorwiegend amerikanische Historiker, wie Gordon Zahn, Guenter Lewy und später Saul Friedländer und John S. Conway, haben dann unerwartet kritische Anfragen an den deutschen Episkopat gestellt. Eine polemische Stoßrichtung mit überraschend großer Breitenwirkung leiteten E.-W. Böckenfördes Aufsatz „Der deutsche Katholizismus im Jahre 1933" in der Zeitschrift „Hochland" im Jahre 1961 und Rolf Hochhuths Schauspiel „Der Stellvertreter" im Februar 1963 ein. Der 1958 verstorbene Papst Pius XII. saß unversehens vor der Weltöffentlichkeit auf der Anklagebank und mit ihm die deutschen Bischöfe. Das Pendel schlug von der anfänglich heroisierenden Darstellung ins Gegenteil um. So sehr das Für und Wider von Hochhuths These vom Schweigen des Papstes zum Holocaust auch emotional überhitzt diskutiert wurde, brachte es doch die historische Forschung in den folgenden Jahren ein beträchtliches Stück voran.

1962 war die katholische „Kommission für Zeitgeschichte" gegründet worden. Es begann nun die mehrbändige Publikation der „Akten der deutschen Bischöfe über die Lage der Kirche 1933-1945", die Edition von einzelnen vatikanischen Akten und die Herausgabe zahlreicher „Blauer Bände" durch die Kommission für Zeitgeschichte. Damit wurde die Diskussion angemessen versachlicht und der historischen Forschung umfangreiches „Rohmaterial" geliefert, das für ausgewogene Urteile über komplexe Sachverhalte unerläßlich ist. Seitdem ist die Anzahl zeitgeschichtlicher Publikationen zum Thema Katholische Kirche und „Drittes Reich" gewachsen und nur noch schwer zu überschauen. Sie haben neue Einsichten und Erkenntnisse für verschiedene Einzelfragen geliefert. In jüngster Zeit allerdings scheint dieses kontroverse Thema für manchen Historiker nur noch marginal zu bestehen oder sogar belanglos geworden zu sein. In großen Abhandlungen über den NS-Staat werden nur noch wenige Absätze darauf verwendet oder die Darstellung des „Dritten Reiches" wird sogar ganz reduziert auf Aufrüstung und Kriegszeit und auf den zweiten Themenkreis „Genozid an Juden und Zigeunern und Ethnozid an Polen und Russen"[1.]

Unter unvoreingenommenen Historikern dürfte dagegen Einmütigkeit bestehen, daß Hitlers Kirchenkampf eines der essentiellen Elemente seiner totalitären Herrschaft war. Selbst wenn die Endabrechnung mit den Kirchen auf die Zeit nach dem „Endsieg" verschoben worden ist, so waren die Jahre 1933 bis 1945 doch eine permanente Herausforderung für Bischöfe, Priester und Laien, dem Druck der Gleichschaltung zu widerstehen und an der Botschaft des Evangeliums und den Grundwerten des Menschen unverrückbar festzuhalten. Dabei ist heute stärker als in den ersten Nachkriegsjahren erkennbar geworden, daß es - bei aller Einheit im Glauben - den deutschen Episkopat als monolithischen Block in den Jahren des „Tausendjährigen Reiches" nicht gegeben hat. Es gab immer einzelne Bischöfe mit unterschiedlichen Auffassungen und Meinungen, mit verschiedenen kirchenpolitischen Konzepten bis hin zu divergierenden Vorstellungen über die notwendige Taktik der Verteidigung gegenüber einem totalitären Staat. Jedes Mitglied der Fuldaer Bischofskonferenz hatte seine urpersönliche, biographische Prägung, seine eigene theologische und pastorale Ausrichtung und nicht zuletzt seine eigene kirchenpolitische Urteilsfähigkeit. Daher zeigen sich im Erscheinungsbild der damaligen Oberhirten manche Grautöne und Spannungsfelder, die jede Schwarzweißmalerei verbieten.

Der mit autoritärem Führungsstil amtierende Konferenzvorsitzende Kardinal Bertram aus Breslau urteilte beispielsweise vorsichtiger und diplomatischer als der wesentlich jüngere Münsteraner Bischof Graf Galen. Hinter den Diskussionsbeiträgen des prinzipienfesten, wortgewaltigen Münchener Kardinals Faulhaber standen die miterlebte Tradition des bayerischen Königreiches und die turbulenten Jahre der wenig geliebten Weimarer Republik. Ein Mann wie der Freiburger Erzbischof Gröber brachte mehr rhetorisches Temperament und emotionale Spontaneität in die Beratungen ein als der mit analytischer Tiefenschärfe urteilende, introvertierte Aristokrat, Bischof Graf Preysing. Hingegen war der vom Wesen her unpolitische Bischof Kaller von Ermland wie kein anderer von den reichen Erfahrungen des Diasporaseelsorgers geprägt. Ein Schwanken zwischen Widerstand und Anpassung, zwischen Glaubenstreue und Staatsloyalität, zwischen Freimut im Bekenntnis und Sorge wegen befürchteter Reaktionen der Gegenseite war auch deshalb schwer vermeidbar, weil die Bischofskonferenz immer einstimmige Beschlüsse anstrebte. Das führte allzuoft zur Einigung auf den kleinsten gemeinsamen Nenner. Hirtenbriefe wurden so lange überarbeitet, entschärft und abgeschwächt, bis auch der letzte Bischof zustimmen konnte. Diese Inhomogenität trat damals nach außen allerdings praktisch kaum in Erscheinung. Zu wichtig war die Einheit des bischöflichen Handelns unter den Augen eines Gegners, der sich nur zu gern das „Divide et impera" zunutze gemacht hätte.

Hier liegen die Gründe, warum in der gegenwärtigen Diskussion nicht ganz zu Unrecht auch manchen Repräsentanten der Katholischen Kirche in der NS-Zeit trotz allen Bekennermutes vieler und trotz zahlreicher Opfer an Leib und Leben im Kirchenkampf der Vorwurf schwerlich ganz erspart werden kann: „Feigheit und mangelnde Zivilcourage, kleinmütiges Lavieren und Arrangieren mit den Machthabern, eine übergroße Anpassungsbereitschaft, egoistische Sorge um die Rettung der eigenen Institutionen"[2]. Die schillernde Formel vom Arrangement mit den damals Mächtigen, zweifellos eine Versuchung der Kirche zu allen Zeiten, verkennt jedoch leicht, wie eng der Spielraum von Überleben und Protest der Kirche und des einzelnen Christen in einer zu allem entschlossenen totalitären Staatsform ist.

Unbestritten unter Historikern ist heute die Erkenntnis, daß die Bischöfe von Berlin und Münster zu jener Minderheit in der Bischofskonferenz in den Jahren 1933-1945 zählten, die in kirchenpolitischen Fragen mit dem taktischen Konzept der Mehrheit, besonders des hochbetagten Breslauer Vorsitzenden, nicht übereinstimmten. Die Strategie der Vorwärtsverteidigung, bei der der Berliner Bischof die Öffentlichkeit soweit wie möglich als Druckmittel im Kirchenkampf einzusetzen versuchte, stand im Gegensatz zu Bertrams Eingabenpolitik. Die Affäre um den schlimmen Geburtstagsbrief des Breslauer Kardinals an Hitler 1940, der Preysings Niederlegung des Pressereferates in der Fuldaer Bischofskonferenz zur Folge hatte, war nur ein Höhepunkt in einer Kette von Meinungsverschiedenheiten. Dahinter stand die tieferliegende, divergierende Auffassung über den Umgang mit dem Faktor Öffentlichkeit in einem totalitären Staat.

Es gehört zum Wesen einer Diktatur, daß sie in ihrem Machtbereich keine kritische Öffentlichkeit duldet. Für die gleichgeschaltete öffentliche Meinung ist jede Form von Presse- und Meinungsfreiheit ein unbequemer, „feindlich-negativer" Störfaktor. Preysing war sich bewußt, daß jedes totalitäre System hier seine Achillesferse hat. Wenn der NS-Staat der Kirche auch nur das begrenzte Forum der innerkirchlichen Öffentlichkeit zugestand, so wollte der Berliner Bischof wenigstens diesen Raum nach Kräften für die Stimme des Rechts und der Gerechtigkeit nutzen. Für den Breslauer Kardinal ging dieser Weg in die begrenzte Öffentlichkeit durch freimütige Hirtenbriefe und zur geistigen Orientierung helfende Kanzelvermeldungen bereits zu weit. Er sah in dieser Vorwärtsverteidigung mit dem „Bündnispartner" Öffentlichkeit ein unverantwortliches Risiko, das zu Lasten von Priestern und Gläubigen gehen müßte. Dabei lag es Preysing ebenso wie Bertram durchaus fern, einen Frontalangriff gegen den NS-Staat zu wagen, dessen Ausgang für die Kirche nicht zweifelhaft gewesen wäre. Aber zwischen den diplomatischen Aktivitäten hinter verschlossenen Türen, eben der Bertramschen „Eingabenpolitik", die sich längst als erfolglos erwiesen hatte, und einem existenzgefährdenden Kollisionskurs lagen Zwischenräume, die Preysing ausnutzen wollte. Nicht zuletzt glaubte er, durch den im Jahr 1941 von der Fuldaer Bischofskonferenz errichteten Ausschuß für Ordensangelegenheiten seinen kirchenpolitischen Vorstellungen mehr Geltung verschaffen zu können. Für das NS-System galten Bertram und Preysing allerdings gleichermaßen als Feinde. Der „radikale Kurs Bertrams" solle durch den „überradikalen Kurs Preysings" ersetzt werden, schrieb Goebbels am 22. August 1942 in sein Tagebuch. Anlaß dieses Urteils war das in Parteikreisen kursierende Gerücht, der Vorsitz des Breslauer Kardinals stehe auf der nächsten Fuldaer Bischofskonferenz zur Disposition.

Bischof Galen, der „Löwe von Münster", gilt durch seine drei historischen Predigten, die er ohne Rücksicht auf seine Person im Jahre 1941 gehalten hat, als die große, heroische Lichtgestalt des Episkopates in der NS-Zeit. Daneben ist sein Vetter, der Berliner Bischof Konrad Graf von Preysing, zu Unrecht immer in den Hintergrund geraten. Letzterem gebührt jedoch zumindest die gleichrangige Position. Denn nicht Galen, sondern Preysing war die in keiner Stunde wankelmütige, kompromißlose Bischofsgestalt im „Dritten Reich", zumal er dessen totalitären Charakter von Anfang an durchschaut hatte.[3] Unbeeindruckt von den Wellen nationaler Begeisterung und unbeeinflußt von manipulierender Propaganda hat er Tun und Lassen der damals Mächtigen stets an den Werten von Recht und Gerechtigkeit gemessen. Galens deutschnationale Sympathien erschwerten das zumindest in der Anfangsphase der braunen Diktatur. Preysings „principiis obsta" machte ihn schon 1933 als Bischof von Eichstätt zum einsamen Rufer inmitten verführerischer weltanschaulicher Turbulenzen. Diese prinzipielle Ablehnung des NS-Staates brachte ihn später als Bischof von Berlin in engen Kontakt zu Männern des Widerstandes, besonders zum Kreisauer Kreis. Kein anderer deutscher Bischof hat so intensiv die gefährlichen politischen Gespräche mit Angehörigen dieser Widerstandsgruppe geführt, so daß Preysing von manchen Historikern sogar zum erweiterten Kreisauer Kreis gezählt wird.

Die Berufung Preysings nach Berlin im Jahre 1935 war für das Berliner Bistum und für die Kirche in Deutschland geradezu ein Glücksfall. Ihm selbst mußte der Abschied von seiner bayerischen Heimat zwar vorkommen wie das „und führen, wohin du nicht willst" (Joh 21, 18). Aber sein Gehorsam in der Konsequenz des Wahlspruchs „Auf dein Wort hin" (Lk 5,5) ließ keine Alternative. Die fünfzehn Jahre in der Reichshauptstadt haben Preysing bei allen politischen Auseinandersetzungen zwar nie zu einem politischen Bischof gemacht, wohl aber zu einem Mann, dessen Verantwortung nicht an der Sakristeitür endete, der sich „Freude und Hoffnung, Trauer und Angst der Menschen" (Pastoralkonstitution über die Kirche in der Welt von heute), besonders der von staatlicher Willkür Verfolgten und Verschleppten, zu eigen machte und in den Wechselfällen von Politik und Gesellschaft unbeirrbar für Recht und Gerechtigkeit eintrat.

Das gilt für die Jahre der NS-Herrschaft ebenso wie für die ersten fünf Nachkriegsjahre, in denen der Bischof von Anfang an die politische Vereinnahmung von Kirche und Klerus durch das neue Machtsystem in der sowjetischen Besatzungszone und in der späteren DDR abgewehrt hat. Ohne den „Preysing-Erlaß" vom 20. Dezember 1947 wäre der Kirche zwischen Elbe und Oder das „Friedenspriester"-Problem, wie es in anderen sozialistischen Staaten auftrat, schwerlich erspart geblieben. Lebenslänglich geprägt von seiner Herkunft aus einem uralten bayerischen Adelsgeschlecht, besaß er stets den kühlen Blick für das vom Evangelium Gebotene oder kompromißlos Abzulehnende, für Wahrheit und Lüge, für Recht und Unrecht. Obwohl kein leutseliger Volksbischof, der gern nach allen Seiten händeschüttelnd ein Bad in der Menge nimmt, gingen ihm dennoch Einzelschicksale stets nahe, selbst wenn ihm nicht wenige eine adlige Unnahbarkeit nachsagten. Seine zahlreichen Krankenbesuche und seine Anteilnahme am Leidensweg der von der NS-Justiz verurteilten Priester sind zeugnishafte Beweise des Menschen und Bischofs Konrad von Preysing. Das im Jahr 1938 von ihm mitgegründete „Hilfswerk beim Bischöflichen Ordinariat Berlin" hätte ohne seinen persönlichen Einsatz kaum seine - bei allen Begrenzungen - segensreiche Unterstützung verfolgter Juden leisten können.

Wenn es nach dem Gewissen des Bischofs von Berlin gegangen wäre, hätte die Kirche darüberhinaus auch ihr Wächteramt in der Öffentlichkeit entschiedener wahrgenommen. Aber Preysings Bemühungen scheiterten. Papst Pius XII. versagte sich seiner Bitte, vor dem Forum der Weltöffentlichkeit für die zur „Endlösung" verurteilten Juden einzutreten. Ebenso konnte sich auch der Vorsitzende der Fuldaer Bischofskonferenz nicht entschließen, die Anklagen des Berliner Oberhirten vom August 1943 als Stimme der Kirche in Deutschland zu akzeptieren. Allerdings blieb Preysing bei alledem immer der geborene Diplomat, einer, der den verhaltenen Kammerton liebte, nicht das rauschende Fortissimo, „ein Mann des Salons, nicht des Forums" (v. Hehl). Daß er leider oft „an vorderster Front allein" [4] gestanden hat, wird selbst von sonst überaus kritischen Historikern eingeräumt. Es muß schon eine bittere Erfahrung gewesen sein, daß ihn beispielsweise kein deutscher Bischof offen zu unterstützen wagte, als die Kontroverse mit Kardinal Bertram im Jahre 1940 ihren Höhepunkt erreicht hatte.

Aber warum ist diese herausragende Haltung Preysings bisher kaum angemessen gewürdigt worden? Der Historiker P. Ludwig Volk SJ, der Preysing schon als Bischof von Eichstätt in politischen Dingen „für den klügsten Kopf des bayerischen Episkopates" gehalten hat, selbst wenn er „leider kein Freund vieler Worte" war, hat die Antwort auf die Formel gebracht: Preysings Größe wird erst aus den Akten auferstehen. [5]

Diese Voraussage hat sich nach der Wende bestätigt. Die jetzt zugänglichen Akten des ehemaligen Reichskirchenministeriums bekräftigen die Auffassung, daß der Berliner Oberhirte schon zu Kriegszeiten im In- und Ausland Symbolgestalt des anderen Deutschland gewesen ist. Man hat in den Amtsstuben mit deutscher Gründlichkeit festgehalten, wann und wo beispielsweise Preysings Hirtenbrief über das Recht ein zustimmendes Echo gefunden hat: nicht nur in Radio Vatikan, sondern auch in mehreren Sendungen des Londoner Rundfunks und im amerikanischen Repräsentantenhaus.

Was die Briefe Pius' XII. an den Berliner Bischof betrifft, die zahlreicher sind als an jeden anderen deutschen Bischof, so hat Burkhart Schneider diese Dokumente bereits im Jahre 1966 publizieren können. Hingegen liegen Preysings umfangreiche Briefe an den Papst noch immer verschlossen in vatikanischen Archiven. Durch die Wende hat sich die Aktenlage insofern verbessert, als jetzt Akten des ehemaligen Reichskirchenministeriums, des ehemaligen Reichsjustiz- und des Reichsinnenministeriums zugänglich geworden sind. Preysings kritische Stellungnahmen zum „Fall Stettin" liegen jetzt dadurch ebenso vor wie Dokumente über die Machenschaften hinter den Kulissen vor seiner Ernennung zum Bischof von Berlin.

In den Akten des Ministeriums für Staatssicherheit (MfS) ist bisher nur ein Aktenvorgang über Preysing gefunden worden. Er stammt vom 30. Juli 1984 und enthält die knappe Eintragung „Kath. Bischof v. Bln. - gehörte zum Moltke-Kreis". Zwei Tage später hat die „Operative Auskunft" der Abteilung XII (Zentrale Auskunft/Speicher) einen als „streng geheim" eingestuften Suchauftrag zur Person Konrad von Preysing aufgegeben, über dessen Ergebnis keine Eintragungen vorhanden sind. Da die Eintragung und der Suchantrag kurz nach den Gedenkfeiern des 40. Jahrestages des Attentats gegen Hitler datiert sind, könnte beides auf das Interesse eines Zeitgeschichtlers zurückgehen, zumal seit Ende der siebziger Jahre auch in der DDR Moltke und der Kreisauer Kreis positiver als früher bewertet wurden. [6]

Preysing hat leider kein Tagebuch geführt. Er gehörte aber zu jener Generation, für die intensive Korrespondenz noch selbstverständlich war. Bedauerlicherweise ist eine große Zahl seiner privaten Briefe verlorengegangen, nach Auskunft seiner Familienangehörigen vermutlich nach dem 20. Juli 1944 vernichtet. Erhalten sind fast nur die Briefe an seinen Freund Graf Paul Thun, [7] die den Zeitraum von 1919-1950 umfassen, an seine Cousine Gräfin Elisabeth Stolberg, [8] die aus den Jahren 1916-1950 stammen, und die Briefe an die ihm nahestehende Äbtissin von St. Walburg in Eichstätt, Maria Anna Benedikta Spiegel von und zu Peckelsheim,[9] die in den Berliner Jahren geschrieben wurden. Diese zumeist handschriftlichen Briefe, die sich großenteils im Diözesanarchiv des Erzbistums Berlin und im Archiv der Eichstätter Abtei St. Walburg befinden, beleuchten das bisher wenig bekannte Persönlichkeitsbild des Menschen und Theologen, des Priesters und Bischofs Konrad Graf von Preysing. Eine zusätzliche, bisher unbekannte Quelle für Preysings Wirken in den Jahren 1943 - 1950 stellen die Notizbücher seines Sekretärs, Msgr. Bernhard Schwerdtfeger (†1981), dar. Sie enthalten teilweise detaillierte Eintragungen für jeden Tag.

Die wichtigsten biographischen und kirchenpolitischen Darstellungen von Bernhard Schwerdtfeger, Walter Adolph und nicht zuletzt von Ludwig Volk haben schon in der Vergangenheit auf die kirchengeschichtliche Bedeutung Preysings hingewiesen. Letzterer hat bereits 1966 festgestellt: „Dem Bischof von Berlin wird von der aktenkundigen Nachwelt manch später Lorbeer auf das Grab gelegt, wie wenn an seinem Andenken eine Unterschätzung wiedergutzumachen wäre.“[10] Der heutige Forschungsstand unterstreicht erneut diese Auffassung und zeigt Format und Größe dieses ersten Kardinals der Ortskirche von Berlin.

Die Geschichte kennt keinen Konjunktiv. Jedes „Was-wäre-wenn“ ist daher müßig; auch die Überlegung, wie der Weg der Kirche im „Dritten Reich“ verlaufen wäre, wenn Preysing statt Bertram an der Spitze der Fuldaer Bischofskonferenz gestanden hätte. Natürlich: Keine noch so überragende Persönlichkeit besteht nur aus Superlativen, auch Preysing nicht. Brillante Geistesgaben und außergewöhnliche Talente können immer mit Grenzen und Defiziten korrespondieren. Hohe Sensibilität und hellsichtige Verstandesschärfe können von niederdrückender Skepsis und von Schatten der Schwermut begleitet sein, wie manche Lebensphasen des Kardinals erkennen lassen. Aber fest steht: Der erste Purpurträger auf dem Bischofsstuhl von Berlin darf zu den herausragenden Persönlichkeiten der Katholischen Kirche Deutschlands im 20. Jahrhundert gerechnet werden. Von ihm kann man mit Fug und Recht sagen: Er hat als Mann der Wahrheit und des Rechts die Prüfung vor der Geschichte bestanden.

Schloß Kronwinkl, oberhalb der Bundesstraße, zwischen Landshut und Moosburg

Konrad Graf Preysing im Alter von drei Jahren

Der Vater Kaspar Graf Preysing

Familienfoto auf Schloß Kronwinkl

*Ganz rechts die Mutter Gräfin Hedwig,
dritter von rechts der spätere Landshuter Stiftspropst Albert,
sechster von rechts der spätere, Münchener Stadtpfarrer Joseph,
links neben ihm Konrad von Preysing
Kardinal Faulhaber hat später über die drei Preysing-Brüder gesagt, „Konrad sei der Gescheiteste, Albert der Leutseligste und Joseph der Frömmste."*

Ich muß doch für soviel „zu Hause“ danken
Konrad von Preysing

II

Kronwinkl - Innsbruck - München
(1880 - 1917)

Kindheit und Studium - Vom diplomatischen zum priesterlichen Dienst - Geheimsekretär von Kardinal Bettinger

„Wer immer das Glück hatte, seine Jugend auf dem Lande in einem alten Schlosse zu verbringen, hat Kultur in sich aufgenommen und zwar mühelos, ganz von selbst. Die Zeugen der Vergangenheit in Stein, in Bild und Schrift, die von früheren Generationen gesammelten Buchschätze, der Verkehr in den verfeinerten Lebensformen, der Verkehr mit vielfach über das Mittelmaß hervorragenden Menschen, der Grundton edelmännischen Lebens und Fühlens, das sind Kulturwerte, die sich nicht ersetzen lassen. Sie sind, zum Teil, in dem recht prosaischen Wort zusammengefaßt: die gute Kinderstube.“ [1] Als Dr. theol. Konrad Graf Preysing im Jahre 1919 so über Adel und Kultur sprach, enthielten gerade diese Sätze ein Stück Autobiographie und ein persönliches Bekenntnis. Vor dem geistigen Auge stand seine eigene „Kinderstube“ auf dem niederbayerischen Schloß Kronwinkl mit jenem verzaubernden Glanz, der Kindheitserinnerungen umgeben kann. Auf diesem uralten Schloß Altenpreysing, genannt Kronwinkl, mit seinem wuchtigen Wehrturm wurde Johann Konrad Graf Preysing-Lichtenegg-Moos am 30. August 1880 als viertes von elf Kindern geboren. Hier empfing er alle jene prägenden familiären Einflüsse, die die einmalige, unverwechselbare Individualität eines Menschen ausmachen.

Das Geschlecht der Preysings kann seine Geschichte bis ins hohe Mittelalter zurückverfolgen. Der erste Burgbau und das älteste Familiendokument weisen auf das Jahr 1100 hin. An der aus der Frömmigkeit der abendländischen Ritterschaft erwachsenen Kreuzzugsbewegung nahmen auch Angehörige des Hauses Preysing teil. Als Dank für die glückliche Heimkehr vom dritten Kreuzzug 1189-1191, bei dem Kaiser Friedrich Barbarossa in Anatolien ertrank, gelobten sie, daß nach Johannes dem Täufer, dem ersten in der Kirche von Ost und West überregional verehrten Heiligen, alle männlichen Nachkommen mit dem ersten Namen Johann heißen sollten; eine Tradition, die bis heute lebendig blieb. Auch der spätere Berliner Kardinal wurde in der Schloßkapelle von Kronwinkl auf die Namen Johann Konrad Maria Augustin Felix getauft. Kaiser Friedrich III. erhob die Preysings 1465 in den Reichsfreiherrenstand. 1766 wurde die Familie in den kurbayerischen Grafenstand erhoben. In der Ahnenreihe derer von Preysing findet sich eine große Zahl geistlicher Würdenträger, unter anderem auch ein Fürstbischof von Chiemsee, der zugleich Generalvikar von Salzburg war. Die im Mittelalter errichtete Diözese ist 1807 aufgelöst worden. Auch zwei Äbtissinnen und zahlreiche Nonnen der Zisterzienserinnenabtei Seligenthal bei Landshut waren Gräfinnen von Preysing. Besonders die bayerische Geschichte des 17. und 18. Jahrhunderts weist mehrere Politiker und Hofräte auf, die den Namen Preysing trugen. Die Brüder Konrad und Kaspar Preysing-Lichtenegg-Moos errichteten 1882 die Fideikommisse Moos und Kronwinkl. Mit dieser Rechtsform sollten die Besitzungen der Familie langfristig gesichert werden.

Das Schloß Kronwinkl, malerisch gelegen an einem der bewaldeten Isarhänge unweit der Bundesstraße 11 von Landshut nach Freising, erhielt seine heutige Gestalt in der zweiten Hälfte des vorigen Jahrhunderts. Die Eltern des Berliner Kardinals, Kaspar Graf Preysing (1844-1897), der den Ehrentitel eines Königlich-bayerischen Kämmerers trug, und seine Frau Hedwig geb. Gräfin Walterskirchen (1849-1938), hatten zunächst recht ehrgeizige Baupläne, als wollten sie dem Schloß Neuschwanstein von König Ludwig II. Konkurrenz machen. Aber der Umbau im Stil des Historismus konnte - die Zinnen des Schlosses ausgenommen - größtenteils nicht ausgeführt werden, vermutlich aus Geldgründen. Es entstanden allerdings viele weitere bewohnbare, mit Kachelöfen beheizbare Räume. Lediglich die im Jahre 1674 in den Bergfried eingebaute Schloßkapelle blieb ohne Heizung, so daß die Temperaturen im Winter auf mehrere Grade unter Null absinken können.

Der Schloßherr von Kronwinkl, Kaspar Preysing, und dessen älterer Bruder Konrad (1843-1903) gehörten im 19. Jahrhundert zu den Hauptvertretern der bayerischen Nationalisten, die sich vehement dem Anschluß Bayerns an das Bismarcksche Reich widersetzten. Aber während andere bayerische Adlige nach der Reichsgründung 1871 ihr politisches Engagement aufgaben und in Resignation auf ihre Schlösser zurückkehrten, ließen sich die königstreuen Brüder Preysing als Abgeordnete der bayerischen Volkspartei in den deutschen Reichstag und in den bayerischen Landtag wählen. Die Kehrseite dieser politischen Arbeit in den Parlamenten von Berlin und München war jedoch die häufige Abwesenheit von der Familie. Die weitreichenden Beziehungen zu anderen Adelshäusern, sei es durch Verwandtschaft oder Freundschaft, ließen es in Kronwinkl jedoch nie einsam werden. Immer wieder waren bedeutende Persönlichkeiten aus Kirche und Gesellschaft zu Gast, darunter Abtprimas Hildebrand de Hemptinne OSB, der erste Abt von San Anselmo in Rom, Abt Maurus Wolter OSB von Beuron, den Gräfin Preysing bei ihrer Verwandten und Gründerin von Beuron, Fürstin Katharina von Hohenzollern, mehrfach gesehen hatte, und die der Kunstrichtung der Nazarener angehörenden Maler Edward von Steinle und Joseph von Führich. Aber auch Männer aus dem politisch-gesellschaftlichen Raum Deutschlands und Österreichs waren Gäste auf Schloß Kronwinkl, wie Ludwig Windthorst, Ferdinand von Galen, der Vater des späteren Bischofs von Münster, und Leo Graf Thun. Zur weitläufigen Verwandtschaft Kaspar Preysings zählte von mütterlicher Seite auch der Mainzer Bischof Wilhelm Emmanuel von Ketteler. Deshalb sollte der große Sozialbischof auch die Trauung von Gräfin Walterskirchen halten. Aber dieser Plan scheiterte aus Termingründen.

Nach dem frühen Tod des Vaters, der seine Gattin und zehn unmündige Kinder hinterließ, lag die ganze Verantwortung der Erziehung auf den Schultern der Mutter. Die aus einer kinderreichen Familie im österreichischen Pressburg stammende ehemalige Hofdame am kaiserlichen Hof in Wien, genauer von 1873 - 1875 beim Bruder von Kaiser Franz Joseph I., dem Erzherzog Carl Ludwig und seiner jungen Frau, der portugiesischen Prinzessin Marie Therese, Infantin von Braganza, besaß neben imponierender Lebenstüchtigkeit einen weltoffenen Blick und ein geschärftes politisches Urteil. Liebe zu absoluter Wahrhaftigkeit und Gerechtigkeit war ein hervorstechender Charakterzug. So war sie bemüht, eine allzu günstige Beurteilung ihrer selbst oder ihrer Kinder zu korrigieren, sobald sie bemerkte, daß ein anderer sie oder die Ihren nach ihrer Meinung zu hoch einschätzte oder sie sich durch Schweigen an dieser Fehleinschätzung mitschuldig gemacht hätte. Über die Mauern des Schlosses hinaus engagierte sie sich im Katholischen Frauenbund, dabei tatkräftig unterstützt von ihrer Tochter Clara (1892-1919). So gründete sie Zweigvereine des Katholischen Frauenbundes in Landshut, Moosburg, Bamberg und anderen bayerischen Orten, errichtete in mehreren Städten „Milchküchen“ und Säuglingsberatungsstellen. Außerdem vertrat sie den bayerischen Landesverband bei Kongressen und Tagungen wie beim Deutschen Frauenkongreß in Berlin im Jahre 1922. [2] Helferinnen in der Erziehung ihrer Kinder waren stets irische Kinderfräulein und Gouvernanten aus dem Elsaß. Letztere sprachen mit den Jungen und Mädchen nur Französisch. Auf diese Weise gab es für die Kinder zwar immer mehrere Bezugspersonen, aber auch die Möglichkeit, fast spielend eine Fremdsprache zu erlernen. Der Kardinal erzählte später einmal, er ertappe sich gelegentlich sogar, französisch zu beten, wie er es in der Kindheit gelernt hatte.

Für die Schloßkapelle Kronwinkl, die dem heiligen Antonius von Padua geweiht ist, war von 1471 bis nach dem Zweiten Weltkrieg ein eigener Benefiziat zuständig. Die tägliche heilige Messe war für die ganze Familie und die Bediensteten selbstverständlich. Sie fiel nur bei extremen Temperaturen im Winter aus. In der Kapelle empfing Johann Konrad Maria Augustin Felix am 31. August 1880 das Sakrament der Taufe, also bereits einen Tag nach der Geburt. Taufpate war sein Onkel Konrad, später ein bevorzugter Gesprächspartner. Den Volksschulunterricht erhielt Konrad wie seine Geschwister durch Hauslehrer auf dem Schloß. In der Kinderstube von Kronwinkl herrschte bei allen Vorzügen gegenüber der bürgerlichen Nachbarschaft durchaus kein Geist der Verweichlichung und Verwöhnung. Dafür sorgte die strenge Hand der Mutter, die von allen Kindern geliebt, aber auch etwas gefürchtet war. Um soziale Verantwortung einzuüben, wurden zu Weihnachten Geschenke gesammelt, die ein persönliches Opfer der Kinder forderten, und an bedürftige Kinder der Nachbarschaft verteilt.

Konrad Graf Preysing beschrieb später die Erziehungsprinzipien der Mutter so: „Ihr leitendes Prinzip war Konsequenz. Wie oft sagte sie, daß das Kind in den allerersten Lebensjahren schon erzogen sein müsse durch Gewöhnung an Pünktlichkeit und Ordnung und dadurch, daß Launen und Widersetzlichkeiten von Anfang an nicht nachgegeben werde. Damit, so meinte sie, ersparten sich die Eltern unendlich viel Mühe und Plage für die späteren Jahre. Wie selbstverständlich war auch die Gewöhnung der Kinder an Selbstüberwindung! Pünktlich wurde aufgestanden, pünktlich zur Kirche, pünktlich zu Tisch gegangen. Auf Reisen, wenn jugendliche Gaumen plötzlich eine starke Lust nach irgendeiner Speise oder nach einem kühlen Trunk verspürten, hieß es: ‚Wenn wir angekommen sind, werdet ihr alles bekommen; man nimmt nichts zwischen den Mahlzeiten.' Auch war sie gegen das viele Sich-Bedienen-Lassen. Die Jugend sollte selbst zugreifen, und da fiel das Wort: ‚Es fallt euch kein Perl' aus der Kron'!"

An langen Winterabenden brachte die literarisch gebildete Mutter ihre Kinder mit Werken von Eichendorff, Mörike und Droste-Hülshoff in Berührung, die den aufnahmebereiten Konrad ein Leben lang begleitet haben. Bei einem Verwandtenbesuch in Böhmen vor dem Zweiten Weltkrieg nahm Preysing eine Wette um zehn Kronen an, wenn er 200 Gedichte fehlerfrei und mit allen Strophen aufsagen könne. Man hatte sein außergewöhnliches Gedächtnis unterschätzt. Er gewann die Wette, wenn auch das Rezitieren der 200 Gedichte aus Zeitgründen auf zwei Tage verteilt werden mußte. Bei dieser Gedächtniskraft verwundert es nicht, daß er einen fast unerschöpflichen Schatz an Anekdoten, Aphorismen und literarischen Zitaten besaß.

Von Herbst 1889 bis Juli 1898 besuchte Konrad das Königlich Humanistische Gymnasium in der niederbayerischen Landeshauptstadt Landshut, das heutige Hans-Carossa-Gymnasium,[3] an dem damals „religiös eine eiskalte Atmosphäre" geherrscht haben soll. Das Zentrum von Landshut an der Isar, seit 1279 mit dem Stadtrecht ausgestattet, ist bis heute von mittelalterlicher Geschichte geprägt, nicht zuletzt durch gotische Gotteshäuser wie St. Martin und Kastulus mit seinem das Stadtbild überragenden 133 Meter hohen Kirchturm. Preysing erlebte hier auf Schritt und Tritt die Welt der Kunst: „Die verwitterten Grabsteine um St. Martin, die vereinzelt auch das Preysingsche Wappen zeigen, die Kunstschätze im Innern der von Stethaimer im 14. Jahrhundert gebauten machtvollen Kirche mit Deutschlands höchstem Turm aus gotischer Zeit, die Madonna von Leinberger, dazu die romantische Burg Trausnitz hoch am Berg."[4] Der Gymnasiast Konrad wohnte mit seinen Brüdern im Preysinghaus am Dreifaltigkeitsplatz unter der strengen Aufsicht eines Hofmeisters. Das Wochenende gehörte regelmäßig dem Schloß Kronwinkl. Wie unter Geschwistern üblich, gab es auch bei den Preysings nicht nur Sonnenschein und Harmonie. Die gegenseitigen Schwächen waren Zielscheibe von Humor und Spott. Konrads besonderes Talent, andere zu parodieren und zu karikieren, fiel schon damals auf. Kinder spielen bekanntlich gern untereinander ihre Überlegenheit aus. Konrad war bei seiner überdurchschnittlichen Begabung wohl nur selten auf der Verliererseite. Der jüngere Bruder Josef (1884-1961), der spätere Münchener Stadtpfarrer von St. Vinzenz, hatte dagegen etwas unter den talentierteren Geschwistern zu leiden. Aus dem Internat Stella Matutina in Feldkirch schrieb er jedenfalls später nicht ohne vorwurfsvollen Unterton: „Ich bin jetzt als Mensch angenommen."[5] Wie berichtet wird, soll zwischen Konrad und Josef in der Kindheit und auch danach kein besonders intensives Vertrauensverhältnis bestanden haben. Dagegen galt Albert (1883-1946) als Konrads Lieblingsbruder. Im Sommer 1898 legte Johann Konrad das Abitur mit der Durchschnittsnote „Gut" ab. In Religion, Geschichte und Französisch erhielt er die Note „Sehr gut“. Vom Turnen war er befreit. Als Grund gab er später auf einem Fragebogen des Innsbrucker Canisianums „Nervosität“ an. Tatsache ist, daß der Abiturient nicht gerade mit einer robusten Gesundheit ausgerüstet war. Eine schwere Verbrennung beider Füße durch kochendes Wasser hatte ihm schon als Kind ein längeres Krankenlager aufgezwungen.

Während die beiden älteren Brüder Johann Warmund (1876-1943) und Johann Emmanuel (1879-1970) ihre Berufswege bereits gewählt hatten - der eine als Besitzer von Kronwinkl ein Jurastudium, der andere die Offizierslaufbahn -, blieb die Berufsfrage bei Johann Konrad zunächst offen. In Gesprächen mit der Mutter und dem Patenonkel Konrad fiel dann die Entscheidung für die Jurisprudenz. 1898 begann der Königliche Kammerjunker - diesen Ehrentitel trug er damals wie viele seinesgleichen - an der Universität München das Jurastudium. Die Juristische Fakultät in München hatte damals einen beachtlichen Ruf in Deutschland und stand im Prestige hinter Berlin, Leipzig und Heidelberg.

Hier hörte Preysing Vorlesungen u.a. bei dem bekannten Juristen Karl von Amira, der für Deutsche und Nordische Rechtsgeschichte zuständig war und dessen zweibändiges Lehrbuch „Germanisches Recht“ in den sechziger Jahren nochmals aufgelegt wurde. Auch der Strafrechtler Karl Birkmeyer und der Staatsrechtler Max von Seydel zählten um die Jahrhundertwende zu den bedeutenden Juristen in München. Letzterer ist mit einem dreibändigen Lehrbuch des Bayerischen Staatsrechts hervorgetreten. Schließlich dürfte der junge Graf aus Kronwinkl auch Vorlesungen bei August von Bechmann besucht haben, der in der Zeit, als Deutschland vom Römischen Recht zum Bürgerlichen Gesetzbuch überging, als einer der scharfsinnigsten Vertreter des gemeinen Rechts galt.

Die Isarmetropole mit ihrem reichen kulturellen Angebot hat Preysing in den Jahren von 1898 - 1901 liebgewonnen. Als Theater- und Konzertbesucher, aber auch als glänzender Gesellschafter genoß er geradezu den Charme Münchens. Danach wechselte er für ein Jahr an die Universität Würzburg. Von Oktober 1901 bis Juli 1902 vertiefte er in der unterfränkischen Stadt des Barock seine juristischen Kenntnisse. Es folgte nach dem Referendarexamen in München die praktische juristische Ausbildung beim Amtsgericht, Landgericht, Bezirksamt und als Anwalt. 1905 bestand Graf Preysing das Staatsexamen mit Auszeichnung, wenn er auch - nach eigener Einschätzung - alles andere als ein Prüfungsmensch mit eisernen Nerven war.

Weder der Justizdienst noch eine profitable Rechtsanwaltspraxis waren für den Juristen mit den exzellenten Examensnoten ein erstrebenswertes Ziel. Stattdessen trat Assessor Preysing im Jahre 1906 als Ministerialpraktikant in das Bayerische Staatsministerium des Äußeren in München ein. Die Wege in diese berufliche Position mit großen Aufstiegschancen hatten nicht zuletzt Beziehungen der Familie geebnet. Wenn irgendwo praktische Verwaltungsarbeit eingeübt werden konnte, wie dem Umgang mit Schriftstücken, Eingaben und Briefen, dann am Schreibtisch dieses Ministeriums. Zu den ungeschriebenen Gesetzen gehörte: „Jedes Schreiben an das Ministerium bedarf einer Beantwortung“, selbst wenn es nur eine höfliche Empfangsbestätigung sein konnte.

Schon nach einem Jahr wurde Preysing an die Bayerische Gesandtschaft beim Quirinal nach Rom versetzt. Sein neuer Titel war Attaché und Legationssekretär. Der Aufenthalt in der Ewigen Stadt von Mai 1907 bis Juni 1908 hat den jungen Diplomaten tief beeindruckt. Zwar war ihm das römische Pflaster nicht ganz unbekannt - er hatte seine Mutter bereits bei Rombesuchen begleitet -, aber erst jetzt hatte er Zeit und Muße, das antike und christliche Rom genauer kennenzulernen. Rom, die einmalige Schatzkammer von Geschichte, Kunst und Kultur, faszinierte Preysing in jeder freien Stunde. Zahlreiche persönliche und gesellschaftliche Kontakte erweiterten seinen Bekanntenkreis. Der Berufsalltag an der Königlich Bayerischen Gesandtschaft gewährte ihm auch Einblicke in Leben und Struktur der vatikanischen Behörden. Sein Romaufenthalt fiel zusammen mit einer turbulenten Amtsphase des Reformpapstes Pius X. Dessen Wahlspruch „Alles in Christus erneuern" war einerseits kennzeichnend für richtungsweisende Erneuerungsimpulse, führte aber auch zu schroffen Abgrenzungen gegenüber dem „Reformkatholizismus" und dem „Modernismus". Preysing hat die Veröffentlichung des Dekrets *Lamentabili sane exitu* am 3. Juli 1907 und der Enzyklika *Pascendi dominice gregis* am 8. September desselben Jahres aus nächster Nähe miterlebt, wenn auch aus der Sicht eines katholischen Diplomaten. Beide päpstlichen Dokumente verurteilten den Modernismus pauschal als „Sammelbecken aller Häresien". Das drängende Problem „Kirche und Fortschritt" hatte damals so manche Theologen in Deutschland, Frankreich und Italien auf neue Bahnen des Denkens und Argumentierens gebracht, ohne daß sie das Glaubensfundament dabei verlassen wollten. Sie gerieten jedoch ebenso in Konflikt mit dem römischen Lehramt wie die wirklichen „Modernisten", die das subjektive religiöse Bewußtsein zum Richter über Offenbarung und Lehre der Kirche machten. Preysing dürfte als theologisch aufgeschlossener Laie an den damals hitzig geführten Diskussionen teilgenommen haben. Jedenfalls haben diese innerkirchlichen Kontroversen jenen Reifungsprozeß der geistlichen Berufung begleitet, der 1908 in der Ewigen Stadt zur Entscheidung kam: der Lebensweg im priesterlichen Dienst. Über die Genese seiner geistlichen Berufung hat Preysing nie öffentlich Auskunft gegeben. Welche Stadien des Suchens und Fragens, des Zweifelns, des Rat-Einholens und Betens zurückzulegen waren, ehe der Ruf Gottes mit dem Ja des Berufenen beantwortet wurde, blieb im Herzen des Menschen Konrad Graf Preysing verschlossen. Für ein verborgenes Damaskus-Erlebnis in der Ewigen Stadt gibt es jedenfalls keinerlei Anhaltspunkte. Im Gegenteil: Aus den Aufzeichnungen seines ältesten Bruders Warmund, zu dem Konrad in jungen Jahren ein besonderes Vertrauensverhältnis hatte, geht hervor, daß Bruder Konrad über längere Zeit den Gedanken erwogen hatte, Theologie zu studieren und Priester zu werden. Offenbar waren die Jahre kritischer Selbstprüfung nunmehr zur Entscheidung gereift. Bekannt ist, daß er im Sommer 1908 in Rom seine Zelte abbrach. Der Weg nach Innsbruck, wo er das Wintersemester vor sich hatte, führte natürlich über Kronwinkl. Wegen der engen Beziehung zu seiner verwitweten Mutter war sie vermutlich die vertraute Bezugsperson, mit der er offen über das Wie und das Warum der Wende seines Lebensweges gesprochen hat. Allerdings war die Gräfin Preysing - zunächst zumindest - alles andere als begeistert über die Lebensentscheidung ihres Sohnes. Auch innerhalb der Familie stieß die Berufswahl Konrads allenthalben auf Widerspruch und Ablehnung.[6] Die Motive der Mutter für ihre Ablehnung können nur vermutet werden. Hatten nicht bereits zwei ihrer Söhne den geistlichen Stand gewählt? War nicht der hochbegabte Konrad besonders für Kunst, Kultur und Politik aufgeschlossen? Hatte er nicht eine steile berufliche Karriere vor sich und konnte dem Namen Preysing neuen Glanz in der bayerischen Gesellschaft geben? Die Vorbehalte der Mutter haben jedoch die Lebensentscheidung des Sohnes nicht umstoßen können.

Der Wechsel vom Ufer des Tiber in die Tiroler Universitätsstadt Innsbruck im Jahr 1908 war für den an einen unabhängigen, selbstbestimmten Lebensstil gewohnten Mann wie den 28jährigen Preysing durchaus nicht ohne Probleme. Gerade ein Spätberufener, der bereits über Berufs- und Lebenserfahrungen verfügte, mußte sich innerlich umstellen, um in die nüchterne Atmosphäre und die engherzige Hausordnung des Canisianums hineinzuwachsen. Preysing hat später erzählt, das einfache Eßbesteck und die großen blechernen Kaffeekannen ebenso wie die kahle Schmucklosigkeit von Zimmern und Hörsälen hätten ihm die neue Lebenswelt sehr eindringlich vor Augen geführt. Diese Umgebung stellte nicht geringe Anforderungen an Selbstdisziplin und Anpassungsfähigkeit an jedes erste Semester. Die beiden jüngeren Brüder Konrads, Albert und Joseph, besuchten bereits das Canisianum. Sie dürften ihrem älteren Bruder wertvolle Tips und Hinweise gegeben haben, worauf es im Studien- und Konviktsalltag besonders ankam.

Die Theologische Fakultät von Innsbruck und das 1858 errichtete, von Jesuiten verantwortete Studienkolleg für zukünftige Weltpriester hatten weit über die Grenzen Österreichs hinaus den Ruf einer soliden, an der kirchlichen Lehre fest orientierten Ausbildungsstätte für zukünftige Priester. Im Vorlesungsverzeichnis standen damals bekannte Namen. So war der Neutestamentler Leopold Fonck SJ (1865-1930) international anerkannt. Seine Bücher „Die Parabeln des Herrn“ und „Die Wunder des Herrn“ haben sicher dazu beigetragen, daß der Jesuit 1908 das neugegründete Päpstliche Bibelinstitut in Rom als Leiter übernahm, an dessen Spitze er bis 1915 stand. Allerdings galt er als Exponent stark konservativer Ansichten und war streng antimodernistisch eingestellt. In der Philosophie dozierte damals Joseph Donat SJ (1868-1946) auf neothomistischer Grundlage und in lateinischer Sprache. Seine Vorlesungsmanuskripte fanden teilweise noch in den vierziger Jahren in manchen deutschen Priesterseminaren Verwendung. Auch der Professor für Moral- und Pastoraltheologie, Hieronymus Noldin SJ (1838-1922), war Verfasser eines weitverbreiteten dreibändigen Lehrbuches der Moraltheologie, dessen übersteigerte Kasuistik allerdings aus heutiger Sicht wenig Sympathien findet.

Stimmen aus dem Lager des damaligen deutschen Reformkatholizismus hatten in Innsbruck kaum Chancen, angemessen gewürdigt zu werden. Im aufgeregten Klima von Verdächtigungen und hitziger Polemik traf manchen progressiven Theologen vorschnell und sachlich unberechtigt der Vorwurf des „Modernismus“. Männer wie der Würzburger Professor Hermann Schell (1850-1906) und die Kirchenhistoriker Albert Ehrhard (1862-1940) und Sebastian Merkle (1862-1945) galten in Innsbruck eher als häresieverdächtige Außenseiter denn als wegweisende Theologen. Besonders der Jesuitentheologe Johann Baptist Stufler (1865-1952) agierte in gnadenloser Polemik gegen Hermann Schell.

Einen sehr persönlichen, starken Einfluß hat P. Michael Hofmann SJ (1860-1946), Rektor des Canisianums, auf Preysing ausgeübt. Offenbar besaß der ehemalige Rektor des römischen Germanikums, des Studienkollegs zur Heranbildung von Priestern aus Deutschland und deutschsprachigen Ländern, das Charisma der Menschenführung. Er wirkte durch Güte und pochte nicht auf die strenge Autorität des Vorgesetzten. Natürlich war der spätberufene Preysing seinen zumeist jüngeren Mitstudenten, die unmittelbar vom Abitur nach Innsbruck gekommen waren, überlegen. Aber er soll seine Überlegenheit nicht ausgespielt haben. Besonders leicht Kontakt fand er zu Kommilitonen aus England und den Vereinigten Staaten, die damals in beträchtlicher Zahl in der Tiroler Landeshauptstadt studierten. Seine Englischkenntnisse erleichterten ihm diese Begegnungen und begründeten manche Freundschaft, die über Jahrzehnte lebendig geblieben ist.

Die seit der Schulzeit vorhandene Neigung zu historischen Themen führte dazu, daß Preysing sein Dissertationsthema aus der alten Kirchengeschichte wählte. „Der Leserkreis der Philosophumena von Hippolyt"[7] war sicher ein Spezialthema. Es betraf das Ringen der jungen Kirche um christologische Wahrheiten im Widerstreit zu Häresien und damit das Festhalten am Credo der Kirche gegen subjektive Interpretation und Einseitigkeiten. Das Bewußtsein, selbst in einer jahrhundertealten, urkundlich belegbaren Ahnenreihe zu stehen, mag das starke persönliche Interesse an geschichtlichen Fragen mitbestimmt haben.

Am Fest der heiligen Mutter Anna, am 26. Juli 1912, wurde Preysing von Weihbischof Dr. Franz Egger aus Feldkirch (1836-1918), dem späteren Bischof von Brixen, in Innsbruck zum Priester geweiht. Seine Mutter und mehrere Angehörige nahmen an der Feier der Handauflegung teil. Die Primiz fand einige Tage später an einem festlich geschmückten Altar unter freiem Himmel unterhalb des Schlosses Kronwinkl statt. Tausende Gläubige aus den umliegenden Ortschaften teilten die Freude der gräflichen Familie Preysing, die bereits die Primiz des dritten Sohnes mitfeiern konnte. Die Primizpredigt hielt Konrads Lieblingsbruder Albert, der damals Prediger an der Herz Jesu-Kirche in München war. Sein Predigtthema war dem Lukas-Evangelium 4,18 f entnommen: „Der Geist des Herrn ruht auf mir; denn der Herr hat mich gesalbt. Er hat mich gesandt, damit ich den Armen eine gute Nachricht bringe; damit ich den Gefangenen die Entlassung verkünde und den Blinden das Augenlicht; damit ich die Zerschlagenen in Freiheit setze." Bei kaum einer anderen Gelegenheit kam damals die enge Verbundenheit zwischen Kirche und Gottesvolk im katholischen Milieu Bayerns so zum Ausdruck wie bei einer Primiz auf dem Lande. Preysing konnte nach der Priesterweihe noch ein Jahr in Innsbruck bleiben. Er hatte den Münchener Erzbischof Bettinger noch vor den höheren Weihen am 12. März darum gebeten. Als Begründung gab er an, er hoffe, „mit Gottes Gnade durch ein längeres und eingehenderes theologisches Studium hier, ein brauchbarer Arbeiter im Weinberg unseres Herrn zu werden, der mich in seiner Erbarmung zu seinem Dienst berufen hat". Das gewährte Studienjahr verwendete Preysing zur Fertigstellung seiner Dissertation, die mit der Promotion zum Dr. theol. abgeschlossen wurde.

Der weitere Weg des Neupriesters Dr. Konrad Graf Preysing war jetzt ganz vom Erzbischof von München und Freising, Franziskus von Bettinger (1850-1917), abhängig. Der aus der Diözese Speyer stammende ehemalige Dompfarrer war 1909 vom bayerischen Prinzregenten Luitpold als Münchener Erzbischof nominiert worden; ein Recht des Königshauses, das auf das Konkordat aus dem Jahre 1817 zurückging. Wenige Wochen nach der Bischofsweihe war der neue Erzbischof - wie übrigens später auch sein Nachfolger Faulhaber - in den persönlichen Adelsstand erhoben worden. Der „Vollblutpraktiker" der Seelsorge ernannte am 8. Juli 1913 überraschend Preysing zum Erzbischöflichen Sekretär. Preysing konnte Fähigkeiten ideal ausgleichen „an denen es seinem Dienstherrn mangelte - Umgang mit Beamten und Politikern, Fremdsprachenkenntnisse, gesellschaftliche Gewandtheit“[8].

Die ersten Bischofsjahre Bettingers waren nicht frei von gesellschaftlichen und innerkirchlichen Spannungen. Obwohl sich die Bevölkerung in Stadt und Land mit ca. 70 Prozent mehrheitlich zum katholischen Glauben bekannte, gab es in der Isarmetropole Freidenker-Kreise, die sich öffentlich zu Wort meldeten. Die lautstarken Forderungen nach Kirchenaustritt und nach der strikten Trennung von Staat und Kirche entzündeten hitzige Kontroversen. Zugleich war München eines der deutschen Zentren des Antisemitismus, propagiert durch die „Münchener Medizinische Wochenschrift“ des Verlegers Julius Friedrich Lehmann.[9] Eine Zeit relativer innenpolitischer Ruhe setzte 1912 ein, als Georg Freiherr von Hertling (1843-1919) an die Spitze der bayerischen Regierung trat. Der spätere Reichskanzler im Ersten Weltkrieg (1917-1918) galt als Wegbereiter der progressiven katholischen Philosophie und als Exponent einer christlichen Verantwortung für Staat und Gesellschaft.

Noch stärker fielen damals innerkirchliche Meinungsverschiedenheiten ins Gewicht. Beherrschende Persönlichkeit im damaligen deutschen Katholizismus war der Breslauer Fürstbischof Georg Kardinal Kopp (1837-1914). Als Mitglied des preußischen Herrenhauses verfügte er über gute Beziehungen zum Hof und der Staatsführung in Berlin, fand aber auch bei Pius X. ein offenes Ohr, da er dessen integralistische Meinungen unterstützte. Im „Gewerkschaftsstreit“ trat Kopp vehement und mit zunehmendem Alter geradezu starrsinnig für die auch vom Vatikan begünstigte „Berliner Richtung“ ein, die für Gewerkschaften kirchliche Aufsicht und kirchliche Leitung nach den alten Formen der katholischen Arbeitervereine forderte. Dagegen stand die „Kölner Richtung“, die interkonfessionelle christliche Gewerkschaften befürwortete. Der Münchener Erzbischof vertrat offen die „Kölner Richtung“, bezog damit eine Gegenposition zum Integralismus-Standpunkt vatikanischer Kreise und setzte sich damit auch in Gegensatz zum einflußreichen Kardinal Kopp. In diesem historisch belasteten Spannungsfeld begann der sprachgewandte und auf dem gesellschaftlichen und diplomatischen Parkett sichere Preysing seine Arbeit als Erzbischöflicher Sekretär. Natürlich war der neue Sekretär aus nächster Nähe über alle kirchenpolitischen Diskussionen informiert, zumal zwischen dem gänzlich uneitlen Erzbischof und seinem Sekretär eine enge Lebensgemeinschaft bestand. In dem von Preysing nach Bettingers Tod verfaßten Lebensbild „Kardinal Bettinger - nach persönlichen Erinnerungen“ hat er davon allerdings wenig Konkretes berichtet. Es heißt lediglich, Bettinger habe sein Bischofsamt nicht als „ein mechanisches Ausführen von Wünschen“ aufgefaßt, die vom Papst oder von seiner Umgebung ausgegangen seien. Er sei sich der Pflicht bewußt gewesen, „mit allem seinen Einfluß dahin zu wirken, daß die eigenartigen deutschen Verhältnisse berücksichtigt wurden“. Es sei für Bettinger schmerzlich gewesen, „daß er mit Ansichten, wie sie in Rom in Bezug auf Organisationsfragen inoffiziell laut wurden, nicht immer im Einklang stand“. Denn der Heilige Vater habe „ihn eben zum Bischof gemacht, um nach seinem Gewissen und seiner Auffassung dem Reich Gottes zu dienen, solange nicht ein Gegenbefehl vorlag“ [10]. Hier dürfte der Biograph auf den „Gewerkschaftsstreit“ angespielt haben, der die Kirche Deutschlands vor dem Ersten Weltkrieg so heftig polarisiert hat. Zugleich hat er für ein Verständis vom Bischofsamt plädiert, das mit dem eines ultramontanen Befehlsempfängers nichts gemein hat. Und an anderer Stelle fügte Preysing hinzu, Bettinger habe die „Uneinigkeit im eigenen Lager", die „Unruhe" tief bedauert, „die durch den Intregralismus in kirchliche Kreise gekommen war"[11]. Wer für den Intregalismus verantwortlich und wer in Deutschland davon besonders betroffen war, verschwieg der Verfasser des Lebensbildes schamhaft-vornehm.

Im Frühjahr 1914 begleitete Preysing seinen Erzbischof auf dessen letzter Ferienreise, die ihn in das „Wunderland Italien" führte. Sie besuchten Florenz, Siena, Assisi, Monte Cassino und Neapel. Unmittelbar nach der Rückkehr von dem für Touristen unvermeidlichen Besuch der Blauen Grotte erhielt Bettinger die Nachricht von seiner bevorstehenden Kardinalsernennung. Obwohl Preysing mit Sicherheit die kirchenpolitischen Hintergründe der überraschenden Kardinalsernennung kannte, erwähnte er sie in Bettingers Lebensbild mit keinem Wort. Der bayerische König Ludwig III. und Ministerpräsident Hertling sahen eigentlich im Speyerer Bischof Faulhaber ihren Wunschkandidaten für die erstmalige Kardinalswürde in Bayern. Sie hielten ihn für geistig überlegener und konservativer als Bettinger, dessen Unterstützung des Volksvereins und der Christlichen Gewerkschaften bei der bayerischen Regierungsspitze auf Kritik gestoßen war. Aber Pius X. gab dem Vorsitzenden der Freisinger Bischofskonferenz den Vorzug gegenüber dem bei Hof und Kabinett in hohem Ansehen stehenden Faulhaber.[12]

Wenige Wochen nach den großen Feierlichkeiten zur Kardinalskreierung in Rom und nach Bettingers Rückkehr nach München fielen in Sarajevo die Schüsse, die zunächst das Machtgefüge der Habsburger Monarchie akut gefährdeten und schließlich das ganze Gebälk des alten Europas erschütterten. Der österreichische Erzherzog Franz Ferdinand und seine Frau wurden am 28. Juni 1914 Opfer des von serbischen Nationalisten ausgeführten Attentats. Die Attentäter konnten sich der Rückendeckung durch Rußland sicher sein. In Wien, Berlin, St. Petersburg, Paris und London überstürzten sich in der zweiten Julihälfte diplomatische Kontakte, Erklärungen der Bündnistreue, Ultimaten, Mobilmachungsbefehle und Kriegserklärungen. Die Fackel des Krieges entzündete den ersten Weltbrand des 20. Jahrhunderts. Die Zentralmächte Österreich-Ungarn und Deutschland auf der einen Seite und Rußland, Frankreich und England auf der anderen Seite waren Kriegsgegner. Zwei Drittel aller damaligen katholischen Christen standen sich in Mitteleuropa feindlich gegenüber.

Eine Welle stürmischer Begeisterung für die Verteidigung des Vaterlandes ging durch das deutsche Kaiserreich, von der auch die Kirchen erfaßt waren. Seit es nach dem Satz von Wilhelm II. auf dem Berliner Schloßplatz „keine Parteien und auch keine Konfessionen" mehr gebe, sondern nur noch „deutsche Brüder", dominierte landesweit die Identifikation mit der großen Sache der Nation. Wie in vielen Landesteilen versammelte sich auch auf dem Münchener Odeonsplatz am 1. August 1914 eine jubelnde Menschenmenge: Der Hurrapatriotismus bestimmte die Gemüter. Die katholischen Bischöfe stellten sich in Hirtenbriefen voll hinter den aus „nationaler Ehre" angetretenen Waffengang. Kardinal Bettinger wurde Feldpropst für die bayerischen Divisionen, die an die Westfront und gegen die russischen Armeen ausrückten. Es galt, in kurzer Zeit Seelsorger aus den bayerischen Bistümern für die Soldaten an der Front, in der Etappe und in den Lazaretten zu finden.

In diese organisatorischen Aufgaben traf überraschend die Todesnachricht von Papst Pius X. ein. Der Münchener Kardinal reiste gemeinsam mit seinem Sekretär in einem Sonderzug, der trotz des Krieges bereitgestellt wurde, zum

Konklave in die Ewige Stadt. Preysing, dessen Italienisch-Kenntnisse besonders hilfreich waren, konnte als Sekretär am 1. September auch ins Konklave einziehen, erlebte also die verschiedenen Wahlgänge der viertägigen Papstwahl mit. Er stand, wie alle Kardinäle und Sekretäre, unter strengstem Schweigegebot. Es sickerte dennoch später durch, daß die kirchenpolitischen Gegensätze zwischen Integralisten und Gemäßigten bei der Wahl des neuen Oberhauptes der Katholischen Kirche eine erhebliche Rolle gespielt haben. [13]

Rund ein Vierteljahrhundert später hat der Berliner Bischof einen neunseitigen maschinengeschriebenen Bericht über Erlebnisse und Beobachtungen beim Konklave 1914 verfaßt. Die humorvoll-lockere, mit vielen Anekdoten gewürzte Schilderung berichtet auch über die damalige Stimmungslage vor und während der Papstwahl, wobei Preysing das strikte Schweigegebot beachtet hat. Aufschlußreich ist dabei unter anderem der Hinweis, daß die Deutschen, also die Kardinäle Bettinger/München, Hartmann/Köln und ihre Begleiter, voller Hoffnung auf einen deutschen Sieg im soeben begonnenen Krieg in das Konklave gegangen seien und fürchteten, daß sie bei einer zu langen Dauer „den siegreichen Einzug der Truppen" versäumen könnten. Denn in der Nacht, bevor die Kardinäle von München nach Rom abreisten, sei der bayerische Ministerpräsident Graf Hertling im Auftrag der Obersten Heeresleitung bei ihnen gewesen, um ihnen mitzuteilen, daß der Krieg in Frankreich binnen sechs Wochen zu Ende sein würde und damit auch die Entscheidung für die Zentralmächte gefallen sei. Die Purpurträger sollten das wissen, weil die Weltlage auch irgendwie bei der Wahl des zukünftigen Papstes mitsprechen würde. Selbstkritisch fügte Preysing aus historischem Abstand hinzu: „Seitdem diese Prophezeihung so gar nicht in Erfüllung gegangen war - und sie war doch von zuständiger Seite getan -, habe ich mir fest vorgenommen, keine Zukunftsprognosen mehr zu stellen." [14]

Aus dem Konklave ging am 4. September als Kompromißkandidat der Kardinal von Bologna, Giacomo della Chiesa, als neuer Petrusnachfolger hervor. Er nannte sich Benedikt XV. Für den neuen Papst war auch der unselige Gewerkschaftsstreit in Deutschland kein Thema mehr. Preysing konnte Benedikt XV. aus einer Audienz mit dem Satz zitieren: „Man spricht nicht mehr von Breslau und nicht von Köln." [15]

Der Sekretärsalltag in München führte Preysing bei Firmreisen in nahezu alle Pfarreien des Erzbistums München und Freising. Die Vorbereitungen der Liturgie lagen in Preysings Händen, und wenn es trotz sorgfältiger Absprachen einmal zu einem kleinen „liturgischen Geländespiel" kam, erlebte er einen stets geduldigen Kardinal. Später hat Preysing bei eigenen Pontifikalgottesdiensten in Erinnerung an seine Sekretärszeit einmal gesagt: „Wenn es zu sehr durcheinandergeht, mache ich einfach die Augen zu." [16]

Im Jahre 1916 begleitete der inzwischen zum Monsignore ernannte Preysing den Feldpropst Bettinger zu einer knapp dreiwöchigen Reise zu bayerischen Divisionen an der Westfront. Täglich standen Gottesdienste und Ansprachen vor Soldaten auf dem Programm, aber auch Besuche von Lazaretten und bei Armee-Oberbefehlshabern. Es wurden Gespräche über Probleme der Seelsorge auf Konferenzen der Feldgeistlichen geführt. Bettingers Grundthema bei allen Ansprachen war: „Trösten, mahnen und ermuntern." Eine zweite geplante Reise zu bayerischen Truppen an der Ostfront kam nicht mehr zustande. [17] Die physische

Belastbarkeit Bettingers hatte zunehmend Grenzen, so daß viele Verpflichtungen der Feldseelsorge vom stellvertretenden Feldpropst, dem Speyerer Bischof Faulhaber, übernommen werden mußten. In der privaten und dienstlichen Korrespondenz lag die Hauptlast mehr und mehr auf den Schultern des Sekretärs Preysing. Am 12. April 1917 erlitt Kardinal Bettinger an seinem Schreibtisch einen Schlaganfall. Preysing spendete ihm noch die Absolution und die letzte Ölung. Alle ärztliche Hilfe kam zu spät.

Für die Bibliothek der Kirchenväter übersetzte Msgr. Preysing Hippolyts Philosophumena, erschienen im Jahre 1922

DES HEILIGEN
HIPPOLYTUS VON ROM
WIDERLEGUNG ALLER HÄRESIEN
(PHILOSOPHUMENA)

ÜBERSETZT VON
DR.THEOL.GRAF KONRAD PREYSING
DOMPREDIGER IN MÜNCHEN

1·9·2·2
VERLAG
JOSEF KÖSEL & FRIEDRICH PUSTET·K.G·MÜNCHEN
VERLAGSABTEILUNG·KEMPTEN

Nuntius Pacelli ließ sich von ihm bei verschiedenen Anlässen begleiten... Eine Zeit lang schien es, als ob die Entwicklung ihm in der päpstlichen Diplomatie einen Platz einweisen würde.

Karl Speckner 1934 über Konrad von Preysing

III

Die Münchener Nachkriegsjahre (1917 - 1932)

Domprediger und Pacelli-Begleiter - Schriftstellerische Arbeiten - Domkapitular

Der plötzliche Tod des 66jährigen Münchener Kardinals Bettinger veränderte die Lebenssituation Preysings schlagartig. Unmittelbar danach hatte er noch alle Hände voll zu tun mit den organisatorischen Vorbereitungen, Absprachen und Protokollfragen für die Beisetzungsfeierlichkeit in der Krypta des Liebfrauendomes. Aber dann galt es für ihn, neue Aufgaben zu finden, an deren Wahl Preysing nicht unbeteiligt sein wollte. Die Bewerbung um eine Pfarrei schied für ihn offenbar aus. Zum einen hatte er noch nicht das Pfarrexamen bestanden, zum anderen gingen seine Neigungen ohnehin mehr in die wissenschaftliche und literarische Richtung. Die Jesuitenpatres in Innsbruck hatten ihm schon vor der Priesterweihe geraten, seine Begabungen in den Dienst der theologischen Forschung zu stellen, mit dem Fernziel der Übernahme einer Professur.

Preysing stellte sich noch vor der Amtseinführung des neuen Erzbischofs Michael Faulhaber dem Kapitularvikar zur Verfügung. Der überließ die Entscheidung offenbar dem neuen Erzbischof. In einem Schreiben an seinen Freund und langjährigen Briefpartner Graf Thun[1] teilte Preysing mit, der neue Bischof habe ihm die „Nichtwiederernennung" in Aussicht gestellt. Er hoffe, stattdessen Stadtpfarrprediger an der Pfarrkirche St. Paul am Rand der Theresienwiese zu werden. Diese Aufgabe wäre ihm „sympathisch, weil sie eine mir liegende Tätigkeit böte, daneben noch etwas Zeit zu literarisch-wissenschaftlicher Arbeit". Und „last not least" sei es kein „Karriere-Sprungbrett". Erwartungsgemäß wurde ihm am 25. Juli 1917 die „Prädikatur" an der Stadtpfarrkirche St. Paul übertragen. Allerdings gab es im Sommer 1917 offenbar gewisse erste Karriere-Gerüchte, Preysing könnte von König Ludwig III. für den freigewordenen Bischofsstuhl von Speyer nominiert werden. Nach

Artikel IX des bayerischen Konkordates von 1817 besaß der König das Ernennungsrecht für Erzbischöfe und Bischöfe in den zwei bayerischen Kirchenprovinzen München und Freising und in Bamberg: De facto handelte es sich um ein Nominationsrecht, da die Übernahme des Bischofsamtes erst durch die päpstliche Bestätigung möglich war. Jedenfalls berichtete Preysing nicht ohne Ironie in einem Brief,[2] der ausnahmsweise kein Datum trägt, aber im Juni 1917 geschrieben sein muß, „zum Bischof von Speyer wäre ich bei bescheidenen Ansprüchen gescheit genug, aber um Pfarrer zu werden, muß ich meinen Konkurs machen“. Seine Vorbereitungen auf diese seine letzte Prüfung, das „Konkurs“ genannte Pfarrexamen, bezeichnete er allerdings als „ganz homöopathisch“. Tatsächlich bestand die Prüfung dann doch aus teilweise recht umfangreichen schriftlichen Aufgaben. Außer Arbeiten in den Fächern Exegese und Kirchenrecht hatte der Prüfling eine „übersichtliche Darstellung der Wirksamkeit des heiligen Bernhard“, eine Katechese über das Gleichnis vom verlorenen Sohn und eine Predigt über den Guten Hirten einzureichen.

Die plötzlich zerrissene enge Lebensgemeinschaft mit Kardinal Bettinger hatte Preysing stärker getroffen, als Außenstehende vielleicht vermuteten. Er betrauerte den Heimgerufenen sehr und „sehe immer mehr ein, welche seltene Persönlichkeit er war mit einem klaren Verstand und einem jeder kleinlichen Regung unfähigen Charakter“, schrieb er an Thun. Als ein persönliches Stück Trauerarbeit darf die bereits erwähnte 23-seitige Broschüre „Kardinal Bettinger - nach persönlichen Erinnerungen“ gelten, die 1918 in Regensburg erschien. „In kindlich dankbarer Gesinnung“ stand wie eine Widmung auf der ersten Seite. Darstellungsform und literarischer Stil der Broschüre sind zweifellos zeitverhaftet, zeigen aber auch schon deutlich, wie selbstkritisch Preysing mit dem Wort umging, genauer, wie er um das treffende Wort gerungen hat. Dabei lag ihm jede Eitelkeit fern, mit Modewörtern zu glänzen. Sprache war für ihn immer das erste Medium des Denkens. Der Umgang mit dem Wort war ihm nie ein belangloses Glasperlenspiel, eher ein tastendes Suchen nach dem angemessenen Begriff für die über die Notbrücke der Sprache erreichbare Wirklichkeit.

Er bewunderte Bettingers Arbeitsdisziplin: „Er schrieb wichtige Briefe ohne Konzept und oft konnte eine solche Niederschrift als Reinschrift ohne Korrektur abgesandt werden; auch seine Ansprachen wie seine Hirtenbriefe waren im ersten stenografischen Entwurf druckreif ... Kardinal Bettinger war kein hinreißender Redner; bei ihm überwog der Verstand die Phantasie, die Willenskraft das Temperament, aber in seinen Ansprachen stand jedes Wort an seinem Platz, da gab es keine Lücke im logischen Aufbau.“[3] Bewunderung des ehemaligen Sekretärs aus dem Wissen, selbst kein Mann der schriftlichen oder rhetorischen Improvisation zu sein, mischte sich mit ausgesprochener Wesensverwandtschaft; denn Preysing selbst predigte ebenfalls mehr mit dem nüchternen Verstand als mit flammendem Herzen. Die Sprache des Gedenkbüchleins wirkt streng gefeilt, geschliffen und bis ins letzte Wort kritisch durchgearbeitet. Noch im Januar 1945 dachte Preysing in einem Brief an seinen Freund Graf Thun „mit Schmunzeln an die Kraftausdrücke“, die jener beim Durcharbeiten des Manuskriptes der Gedenkbroschüre gebraucht habe. „Übrigens war diese gemeinsame Arbeit für mich der erste richtige Deutschunterricht; und heute leiden alle meine Referenten unter meinem Purismus“, bekannte Preysing freimütig.[4] Kritische Töne finden sich übrigens in dem Gedenkbuch an keiner Stelle. Dabei gab es ohne Zweifel auch Tage, an denen Preysing die Luft zum Atmen in Bettingers Nähe dünn geworden ist. Seinem Freund Thun schrieb er darüber: „Der Mensch ist ein soziales Wesen, und verträgt er nichts schlechter als fortgesetzte Sozietät. Ich habe das bei meinem seelenguten und mir sehr lieben Kardinal erlebt. Aber ich glaube, daß eine Verminderung der Zwangssozietät, Frühstück oder Jause nicht gemeinsam, eine fühlbare Erleichterung gäben.“[5]

Im Sommer 1917 entstand für Msgr. Preysing mit dem Amtsantritt des neuen Apostolischen Nuntius am bayerischen Hof, Erzbischof Eugenio Pacelli, einem der damals fähigsten Kuriendiplomaten, ein zusätzliches und für seinen Lebensweg bedeutsames Aufgabenfeld. Für den nach München entsandten Vertreter

Franziskus Kardinal Bettinger (1850-1917) leitete das Erzbistum München und Freising von 1909-1917. Neben ihm sein Sekretär, Msgr. Konrad von Preysing

des Papstes, der später selbst den Stuhl Petri besteigen sollte, bot sich der bayerische Adlige mit seiner Sprachbegabung und den persönlichen diplomatischen Erfahrungen in Kirche, Staat und Gesellschaft geradezu als idealer Helfer und Begleiter an. Im Laufe der Zeit entwickelte sich ein enges Vertrauensverhältnis zwischen den beiden, zumal jeder seine juristisch geschulte Urteilskraft für die jeweiligen Aufgaben mitbrachte. Preysing wurde ohne spezielle Beauftragung eine Art Konsultor und Sekretär des Nuntius und dabei immer wieder verläßlicher Dolmetscher. Pacellis Bemühungen, den Friedensappell Benedikts XV. an die Oberhäupter der kriegführenden Staaten vom 1. August 1917 voranzubringen, machten verschiedene Reisen und intensive Gespräche erforderlich. So fand am 26. Juni eine erste Verhandlung mit

Reichskanzler Bethmann Hollweg in Berlin statt, drei Tage später eine Begegnung mit Kaiser Wilhelm II. im großen Hauptquartier in Bad Kreuznach, am 30. Juni eine solche in München mit dem österreichischen Kaiser Karl I. und am 24. Juli erneut mit der deutschen Reichsregierung in Berlin. Die päpstliche Friedensmission hatte das Ziel, dem Blutvergießen im Ersten Weltkrieg durch die Wiederherstellung des Status quo ante ein Ende zu setzen, was insbesondere den deutschen Verzicht auf Belgien bedeutet hätte. Sie scheiterte nach monatelangen Bemühungen am politischen Kalkül und den Eigeninteressen der kriegführenden Parteien. Preysing hatte als Pacellis Begleiter das diplomatische Tauziehen aus nächster Nähe miterlebt, konnte sich also ein persönliches Bild von dem folgenschweren Desaster europäischer Politik machen. Der in seinen Briefen mit politischen Bemerkungen eher zurückhaltende Geistliche schrieb schon 1916 seiner Cousine Elisabeth Gräfin Stolberg: Er enthalte sich eines Urteils über die jüngste „Friedenskundgebung der Zentralmächte", da er „die Sache nicht überschaue". Daß der „Friede heiß ersehnt und allen Völkern notwendig, daran kann man wohl nicht zweifeln. Europa wird wohl ein Menschenalter brauchen, um sich von dieser Katastrophe zu erholen."[5]

Als Pacelli 1920 zum Apostolischen Nuntius beim Deutschen Reich berufen wurde - ein Amt, das er bis 1925 von München aus in Personalunion als Nuntius in Bayern wahrnahm -, begleitete ihn Preysing am 30. Juli nach Berlin zur Übergabe des Beglaubigungsschreibens an Reichspräsident Friedrich Ebert. Da dem Nuntius die Verhandlungen für ein neues Konkordat zwischen dem Heiligen Stuhl und dem Freistaat Bayern besonders am Herzen lagen - es sollte als Muster für künftige Verträge mit anderen Teilstaaten des Deutschen Reiches gelten -, residierte er weiter in der bayerischen Landeshauptstadt. Dadurch kam es, daß Pacelli die wertvolle Hilfe Preysings weiter bei verschiedenen Gelegenheiten in Anspruch nahm. Das betraf besonders die Begleitung des Nuntius in diplomatischen Missionen zur Reichsregierung nach Berlin. Preysing notierte damals einige Charakterzüge, die ihn an der Persönlichkeit Pacellis besonders beeindruckten. Darunter befand sich eine Erinnerung an die Erlebnisse einer Berlin-Reise. „Im Jahr 1920 waren wir in Berlin mit der Übertragung eines italienischen Textes ins Deutsche beschäftigt. Auch da die Sorge um mögliche Treue. Dabei verriet Pacelli eine so intensive Kenntnis des deutschen Wortschatzes, daß sie mich staunen machte. Er fand Ausdrücke, die wenig gebräuchlich, doch gerade an der betreffenden Stelle die einzig passenden waren, Ausdrücke, die ihm durch seine ausgedehnte Lektüre bekanntgeworden waren und die sein außergewöhnliches Gedächtnis festgehalten hatte."[7] Erst 1924 war das bayerische Konkordat allen Widerständen zum Trotz unter Dach und Fach. Ein Jahr später siedelte Pacelli nach Berlin über und residierte in der Nuntiatur in der Rauchstraße im Tiergartenviertel.

Sorgenvoll betrachtete Preysing am Jahresende 1917 die internationale Lage. Er glaubte, daß Rußland nach dem Separatfrieden von Brest-Litowsk und der blutigen Oktoberrevolution „mehr oder minder für die nächste Zukunft ausscheidet, daß selbst ein Status quo ante, so bitter es wäre, uns Frieden bedeuten würde; denn ein Verschwinden Rußlands von der Bildfläche (unabhängiges Polen, halb unabhängige Ukraine) macht die heutige Koalition gegen uns unmöglich für die Zukunft"[8]. Das war offensichtlich ein Urteil aus begrenzter Münchener Perspektive, bei der das Gewicht des Kriegseintritts der USA für das Kräftepotential der angeblich kriegsmüden Entente-Mächte unberücksichtigt geblieben ist.

Im Amtsblatt des Erzbistums München und Freising vom 8. August 1918 ist die Entscheidung von Erzbischof Faulhaber veröffentlicht, er habe „zur einheitlichen Gestaltung der Interniertenseelsorge die Errichtung eines Feldoberpfarramtes in der Schweiz beantragt und für diese Stelle Herrn Grafen Konrad von Preysing, z.Zt. Stadtpfarrprediger bei St. Paul, vorgeschlagen. Um diese Stelle zu übernehmen, wird Graf Preysing bis auf weiteres der oberhirtlich erforderliche Urlaub erteilt". Preysing hat seinem Biographen Schwerdtfeger offenbar kein Wort über diese befristete Tätigkeit als „Feldoberpfarrer" von August bis November 1918 berichtet. Daß er dieses Amt in der schweizerischen Hauptstadt Bern unmittelbar vor Kriegsende angetreten hat, geht u.a aus einer Schilderung von P. Konrad Klaar SVD (1889-1983) hervor. Dieser nach 1945 im Bistum Berlin tätige, beliebte Steyler Missionar war seit 1915 Hausgeistlicher und Lehrer am Kaiserlichen Hof auf dem österreichischen Schloß Schwarzau gewesen und hatte dann Kaiser Karl I. und Kaiserin Zita ins Schweizer Exil begleitet. Er hat später von einer Begegnung mit Msgr. Preysing in der Schweiz berichtet, bei der es um die Betreuung von deutschen und österreichischen Internierten gegangen sei.[9]

Die militärische Niederlage des ausgebluteten Deutschlands im November 1918 löste in vielen Bevölkerungsteilen Fassungslosigkeit und Trauer aus. Nach vier Jahren unermüdlich propagierter Siegeszuversicht, nach hunderttausenden von Gefallenen, Verwundeten und Vermißten, nach bitteren Entbehrungen und Opfern an der Front und in der Heimat war diese Reaktion wohl unvermeidlich. In Berlin und in anderen Städten überstürzten sich die Ereignisse. In der Nacht zum 8. November riefen Revolutionäre unter Kurt Eisner in München den „Freistaat Bayern" aus. In der gleichen Nacht floh der bayerische Monarch aus seiner Münchener Residenz. Wenige Tage später erklärte König Ludwig III., die bayerischen Beamten seien ihres Eides gegenüber dem König ledig, was in der Öffentlichkeit als Thronverzicht verstanden wurde. Eisner war inzwischen Vorsitzender des Arbeiter- und Soldatenrates und gleichzeitig Ministerpräsident und Außenminister geworden. Bei der ersten Nachkriegswahl zum bayerischen Landtag am 12. Januar 1919 mußte er allerdings eine vernichtende Niederlage hinnehmen. Einige Wochen später wurde er hinterrücks erschossen.

Wie sehr die politischen und gesellschaftlichen Umwälzungen im Reich und in der Isarmetropole den Stadtpfarrprediger Graf Preysing getroffen haben, geht aus einem Vortrag auf der 43. Generalversammlung der Genossenschaft katholischer Edelleute in Bayern hervor. „Ein ehrwürdiger Bau ist eingestürzt, an dem wir mit ganzem Herzen hingen", erklärte Preysing am 26. Januar 1919. Es seien sich wohl alle klar, daß wir „mitten in einem Zusammenbruch stehen, wie er in nationaler, wirtschaftlicher, sozialer, kultureller und religiöser Hinsicht kaum größer gedacht werden kann". In der „trüben Stimmung, die alle rechtlich Denkenden ergreift", sei es gut, daß jeder Tag seine Plage habe und daß „die ganze Wirklichkeit mit all ihren schreckensvollen Möglichkeiten nicht ununterbrochen klar vor Augen stehen kann". Wie viele weiß-blaue Föderalisten, besonders im Adelsstand, dürfte Preysing die politische Entwicklung in seiner bayerischen Heimat zumindest mit großer Skepsis betrachtet haben. Die neue Regierung unter Vorsitz von Johannes Hoffmann (SPD), unterbrochen durch die einwöchige erste Münchener Rätepolitik, konnte schwerlich die Sympathien jener gewinnen, die bisher dem Hause Wittelsbach lebenslänglich die Treue gehalten hatten. Das galt auch für die Regierungszeit nach der Niederschlagung der zweiten Münchener Räterepublik durch Freikorps-Einheiten unter Führung von Franz Xaver Ritter von Epp. Der Terror der Spartakisten und die gewaltsamen Gegenaktionen der Freikorps-Soldaten hatten in wenigen Tagen mehrere hundert Tote gefordert. Der zeitweise nach Bamberg geflohene Ministerpräsident Hoffmann konnte zwar weiterregieren, hatte aber eine schwere politische Hypothek zu tragen. Preysing schrieb nach dem Sturz des bayerischen Regierungschefs im März 1920, er „atme auf, daß wir von Hoffmann befreit sind. Seine Ministerpräsidentschaft war und bleibt ein Skandal für uns". Worin der Skandal nach seiner Meinung bestand, ließ Preysing offen; wohl kaum in Hoffmanns Bereitschaft, mit dem Vatikan eine vertragliche Neuregelung des Staat-Kirche-Verhältnisses anzustreben, eher schon wegen Hoffmanns Aufhebung der geistlichen Schulaufsicht in Bayern.

Der Münchener Erzbischof Faulhaber hat später auf dem Katholikentag in München im August 1922 aus innerer Anhänglichkeit an die Monarchie die Revolution von 1918 als „Meineid und Hochverrat" bezeichnet.[10] Daraufhin konterte der Katholikentagspräsident, der Kölner Oberbürgermeister Dr. Konrad Adenauer, mit der Feststellung: „Es sind hie und da Äußerungen gefallen, die man sich aus Verhältnissen örtlicher Natur erklären kann, hinter denen aber die Gesamtheit der deutschen Katholiken nicht steht." Preysing dürfte es kaum viel anders als Faulhaber beurteilt haben. Ein kurzer Hinweis in einem Brief läßt den Schluß zu, daß er in der Kontroverse Faulhabers auf dem Münchener Katholikentag mit dessen betont republikanisch eingestelltem Präsidenten Dr. Konrad Adenauer für seinen Erzbischof Partei ergriffen hat. Die Bayerische Bischofskonferenz hatte den Klerus schon am 14. September 1919 zumindest zur Zurückhaltung gemahnt, sich „das Gewissen rein und frei gegenüber einer Republik und ihrer Verfassung zu halten, die aus der Sünde der Revolution und damit aus dem Fluch geboren sind".

München Anfang der zwanziger Jahre: das war nicht nur Schwabing und Frauenkirche, Feldherrnhalle, Hofbräuhaus und Theresienwiese, nicht nur Anziehungspunkt für Literaten und Künstler aller Sparten. Es war auch das Eldorado für politische Gruppen und Grüppchen verschiedenster Coleur, für Zeitungen und Zeitschriften aller weltanschaulicher Richtungen. Der Grundtenor in ihren Zusammenkünften waren Wehklagen über den verlorenen Krieg, um die Schmach von Versailles im Sinne der „Dolchstoßlegende", Polemik gegen die „Novemberverbrecher", aggressive antisemitische Hetze und ein Gejammer über die „zerrissene Bande der Ordnung des Rechts und der Sitte". Der Verleger Friedrich Lehmann trug mit seinen Publikationen wesentlich dazu bei, daß München zu einem Zentrum des Antisemitismus wurde. Er zählte auch zu den Hauptförderern der rassistischen Thule-Gesellschaft, in deren Reihen sich illustre Persönlichkeiten befanden wie Alfred Rosenberg, Landesbibliothekar Rudolf Buttmann, Max Amann und Dietrich Eckart, die im „Dritten Reich" zu Rang und Namen kommen sollten. Auch der Deutschvölkische Schutz- und Trutzbund predigte aggressiven Antisemitismus, der immerhin so populär war, daß zur ersten antisemitischen Großkundgebung 7000 Zuhörer in den Münchner-Kindl-Keller kamen. Der noch weithin unbekannte Österreicher Adolf Hitler beteiligte sich dabei an der Diskussion und fiel durch seine massenwirksame Rhetorik auf. Im Programm der nationalsozialistischen Deutschen Arbeiter-Partei, der späteren NSDAP, deren 7. Mitglied der ehemalige Gefreite Adolf Hitler wurde, hatte der Antisemitismus einen festen Platz. In Punkt 4 hieß es: „Staatsbürger kann nur sein, wer Volksgenosse ist. Volksgenosse kann nur sein, wer deutschen Blutes ist, ohne Rücksicht auf Konfession. Kein Jude kann daher Volksgenosse sein." Der Antisemitismus wurde zu einem der drei Wesenselemente der NS-Weltanschauung neben dem Antibolschewismus und der Lebensraum-Ideologie. Der bereits in seinen Wiener Jahren 1908 bis 1913 mit der Zeitströmung des Antisemitismus vertraut gewordene Hitler muß die Ideenwelt in den Münchener Politzirkeln und Parteiversammlungen, in Zeitungen, Zeitschriften und verschiedenen Publikationen geradezu als persönliche Bestätigung empfunden haben. Was Männer wie der Wiener Oberbürgermeister Karl Lueger, der Alldeutsche Georg Schönerer und der Rassist Lanz von Liebenfels in der Donaumonarchie an Judenhaß ausgesät hatten, wurde in den Nachkriegsjahren in der Isarmetropole ähnlich ausgestreut. Als einer der ideologischen Lehrmeister Hitlers in dessen Münchener Jahren muß auch Karl Haushofer, Professor an der Ludwig-Maximilian-Universität, gelten. Haushofers sozialdarwinistisches Weltbild und sein aggressiver Rassismus faszinierte seinen Musterschüler Rudolf Hess, der seinerseits als Sekretär des „Führers" diese Ideenwelt an den Demagogen Hitler weitergab.

Die Erfolgskurve des „unbekannten Gefreiten des Ersten Weltkrieges" stieg Anfang der zwanziger Jahre steil an. Er verstand seine ungestüme politische Sendung pseudomessianisch und erklärte schon im März 1920: „Wir sind zwar klein, aber einst stand auch ein Mann auf in Galiläa, und heute beherrscht seine Lehre die ganze Welt. Ich kann mir Christus nicht anders vorstellen als blond und mit blauen Augen, den Teufel aber nur in der jüdischen Fratze."

Wie aufmerksam Preysing den politischen Aufstieg Hitlers und seiner NSDAP in München und in ganz Bayern verfolgt hat, geht aus seinen Briefen nicht hervor. Auch finden sich keine Hinweise, ob er die Propaganda-Artikel der Parteizeitung „Völkischer Beobachter" kritisch zur Kenntnis genommen hat. Dagegen enthält der Brief an Graf Thun vom 10. Dezember 1923 eine klare Verurteilung des Hitler-Putsches vom November. „Der 8. November ein Verbrechen - und Ludendorff hat jahrelang das ausschlaggebende Wort in Deutschland geführt"[11], schrieb Preysing. Es fällt auf, daß er in diesem Zusammenhang nicht Hitler, sondern den ehemaligen Generalquartiermeister bei der Obersten Heeresleitung nannte. Tatsächlich marschierte der frühere heimliche Regent Deutschlands, Erich Ludendorff, neben Hitler in der vordersten Reihe des Demonstrationszuges, der am 9. November unter den Salven eines Polizeikordons vor der Feldherrnhalle blutig beendet wurde. Möglicherweise war für Preysing der Bekanntheitsgrad Ludendorffs erheblich größer als der des Parteiführers Hitler. Dabei war Letzterer die Schlüsselfigur des „Verbrechens" und hatte seinen Traum vom Marsch auf Berlin nach Mussolinis Vorbild ausgeträumt. Stattdessen mußte er sich zunächst zu seiner Verteidigung mit großsprecherischen Auftritten vor dem Münchener Volksgericht begnügen, dessen mildes Urteil ihn für ein gutes Jahr in die Festung Landsberg aus dem öffentlichen politischen Verkehr zog.

Den Predigtauftrag an der Stadtpfarrkirche St. Paul erfüllte Msgr. Preysing mit gewissenhafter Sorgfalt. Dabei lagen ihm offenbar systematisch gegliederte, thematische Predigten mehr als strenge Homilien über biblische Texte. Seiner Cousine schrieb er: „Ich predige über die Gebote und meinte, ich würde bald fertig sein. Nun habe ich schon fünf Predigten über das Erste gehalten, Glaubenspflicht, Glaubenszweifel, äußere Gottesverehrung, Marienverehrung, mich freut noch immer jede Predigt.“[12] Dabei zog er manchmal auch schon ein „altes Register“, wie beim 25jährigen Stiftungsfest der Englischen Fräulein in Pasing. Aber so lief es nicht immer. Als er am 1. Februar 1923 zum Domprediger am Liebfrauendom ernannt worden war, konnte es auch vorkommen, daß er bekannte: „Ich kaue an meinen Fastenpredigten; wenn ich nur schon das Thema hätte.“ Aber zum Glück habe er „The friendship of Christ“ aufgetrieben und sogar in Englisch, nachdem er „unvorsichtig“ sein eigenes deutsches Exemplar verschenkt hatte.[13] Predigtanregungen entnahm er also schon damals der geistlichen Literatur Großbritanniens.

Die vom Stadtpfarrer von St. Paul im Laufe der Jahre geschriebenen Zeugnisse über seinen hauptamtlichen Prediger lassen die Hochschätzung von dessen Persönlichkeit erkennen, aber auch den Entwicklungsprozeß in dessen Predigtpraxis. „Graf Preysing ist uns Priestern an St. Paul in jeder Hinsicht Muster und Vorbild“, heißt es in einem Leumundszeugnis des Jahres 1918. Ein Jahr später schrieb der Stadtpfarrer, der anfängliche Zulauf zu den Predigten Preysings sei nicht vorübergehend gewesen. „Wenn auch im Winter bei der notorischen Kälte der allseits freistehenden St. Paul-Kirche so manche Predigtbesucher ausblieben, im Frühjahr erscheinen sie wieder. Das Organ des Predigers gewinnt allmählich an Kraft und Klarheit. Inhalt: Graf Preysing ist auch Aristokrat als Prediger.“ Im Jahre 1920 schrieb der Stadtpfarrer: „Ein mustergültiger Priester, der sich ganz in der Hand hat. Ist offenbar zu Höherem berufen.“ Im Vergleich zu seinem Amtsvorgänger habe Preysing um ein Drittel mehr Zuhörer und fessele seine Gemeinde. Und der Stadtpfarrer fügte dann hinzu: „Eine größere physische Kraft wäre ihm zu wünschen. Seine Stimme hat an Wohlklang und Umfang gewonnen.“[14]

Neben dem Verkündigungsdienst in St. Paul blieb Preysing genügend Zeit für seine geliebten wissenschaftlichen Arbeiten. Bereits als Sekretär bei Kardinal Bettinger hatte er sich systematisch mit der Übersetzung des Kirchenschriftstellers und Gegenpapstes Hippolyt von Rom (geb. um 160 n.Chr.) aus dem Griechischen befaßt. Seine Innsbrucker Doktorarbeit hatte die Weichen gestellt für eine intensive Beschäftigung mit Themen aus der alten Kirchengeschichte. Seiner Cousine schrieb er, er arbeite „etwas wissenschaftlich, immer mit etwas schlechtem Gewissen, weil es natürlich akutere Sachen gibt als der heilige Hippolyt“. Andererseits habe er „halt Interesse und Verständnis für solche Sachen“[15]. 1922 erschien „Der heilige Hippolytus von Rom - Widerlegung aller Häresien (Philosophumena)“, übersetzt von Dr. theol. Graf Konrad Preysing, Domprediger in München, mit einer ausführlichen Einleitung des Übersetzers in der Köselschen Bibliothek der Kirchenväter als Bd. 40. Themen der alten Kirchengeschichte behandelte Preysing immer wieder in Beiträgen für die „Zeitschrift für katholische Theologie“. Hinter jedem Aufsatz standen zeitraubende Quellenstudien und monatelange Schreibtischarbeit. Das galt für das Thema „Zwei offizielle Entscheidungen des römischen Stuhles um die Wende des 2. Jahrhunderts“ (1917) und „Hippolyts Ausscheiden aus der Kirche“ (1918) ebenso wie für die Beiträge „Existenz und Inhalt des Bußediktes Kallists“ (1919) und „Römischer Ursprung ‘Edictum Peremptorium’?“ (1926). Darüberhinaus publizierte er im Jahre 1929 in der „Theologischen Quartalschrift“ den Aufsatz „Ehezweck und zweite Ehe von Athenagoras“. Für das Herdersche Standardwerk „Lexikon für Theologie und Kirche“ schrieb er - nach eigenem Bekenntnis „mit viel Mühe und Schweiß“ - verschiedene Beiträge.

Preysings wissenschaftliche Aufsätze und Artikel waren immer ein Ringen um das adäquate Wort, das dem Gedanken wie angegossen sitzt. Seine Diktion mag trocken, glanzlos und mager wirken, ist dafür aber immer präzis. Er lehnte es ab, seine Texte mit modischen Metaphern und sprachlichen Neuschöpfungen zu schmücken. Das Kennzeichnende seiner Sprache lag in ihrer nüchternen Genauigkeit. Im Oktober 1927 bekannte er seinem Freund Thun einmal: „Mühe machen mir immer noch die Modernismen im Ausdruck." Und er fragte ironisch: „Was ist denn eigentlich ein Denkstil? Wie gut umrissen ist der vornovemberliche Besenstil? Ich bin auf der Ebene (hochmoderner Ausdruck übrigens!) des Famulus Wagner ‚Doch ein Begriff muß bei dem Worte sein', und die fehlen mir so oft, und ich kann mich nicht mit dem zu rechter Zeit sich einstellenden Wort trösten."[16] Die Scheu vor improvisierter Rede, die Preysing eigentlich zeitlebens begleitet hat, kommt hier ebenso zum Ausdruck wie die Feindseligkeit gegenüber oberflächlicher Geschwätzigkeit. Vielleicht steht dahinter auch die Einsicht, daß Worte Brücken zur Wirklichkeit sein sollen und die Ahnung, daß sie oft nur untaugliche Behelfsbrücken sind, ein verbaler Notbehelf, um nicht ganz zu verstummen. Spielerei mit schönen Worten, diese Lieblingsbeschäftigung der Eitlen, war jedenfalls seine Sache nicht. Ebensowenig die Alltagskunst gewiefter Politiker, wohlklingende Worthülsen zu benutzen und das Wichtige hinter eleganten, diplomatischen Floskeln zu verstecken. In dieser Zeit hatte Preysing noch eine unklare Lebensperspektive. Entsprechend seiner Begabung arbeitete er viel in der Bibliothek und zwar „altchristlich", wie er seiner Cousine schrieb. Aber er wisse nicht, ob viel dabei herauskomme. „Ich lerne vieles, aber wenn ich nicht bald ein Lehramt bekomme, dann hat es nicht viel Zweck."[17]

Bei der Broschüre „Gesellschaft und Sittlichkeit" gab es mit dem Herausgeber der Schriftenreihe „Zur religiösen Lage der Gegenwart", P. Dr. Erhard Schlund OFM, Differenzen über den Titel. Die Publikation setzte sich ausführlich mit Mode und Tanz auseinander, wobei der Autor die engherzigen Standpunkte damaliger Moraltheologie und damaliger Hirtenbriefe vertrat. Preysing wehrte sich gegen die vorgeschlagene Titeländerung in „Gesellschaft, Mode, Sittlichkeit". Er fand, das Wort Mode drücke seine „natürlich sehr geistreichen philosophisch-historisch-theologischen Ausführungen auf ein allzu zeitbedingtes Niveau". Und er fragte seinen Freund fast hilfesuchend: „Wie heißt das deutsche Wort für Niveau?" Schließlich einigte man sich auf den Titel „Gesellschaftssitten und Sittengesetz"[18] .

Den wortbewußten Preysing als Schöngeist zu bezeichnen, täte ihm sicher Unrecht. Bei aller Liebe zu Lyrik und Belletristik blieb er immer der kritisch urteilende Theologe. Um „Lücken" seiner literarischen Bildung zu füllen, kaufte er sich beispielsweise im März 1927 als Eisenbahnlektüre „Die Weise von Liebe und Tod des Cornets Christoph Rilke", die der Dichter Rainer Maria Rilke schon 1906 veröffentlicht hatte. Preysing teilte seine kritischen Rilke-Impressionen dem Grafen Thun mit. Er habe feststellen müssen, daß der protestantische Deutsche dem Katholischen doch so fern stehe „wie ein Feuerländer einem Eskimo. Freilich sollte dann der Feuerländer sich hüten, Eskimohaftes in seinen Büchern zu berühren". Im ‚Cornet' sage doch der Marquis seinem deutschen Kameraden: ‚Die Maria beschütze sie.' Sic! Wie ist doch so eine traurige Entgleisung möglich! Katholische Ausdrücke aus dem protestantischen Milieu, und dabei ist das Buch in 200 000 Exemplaren verbreitet und niemand hat den Dichter darauf aufmerksam gemacht. Hätte es sich um etwas Indisches gehandelt, so hätte er wohl einen Indologen zu Rate gezogen."[19]

Auch später in seiner Eichstätter und Berliner Bischofszeit hat Preysing immer wieder zu Gedichtbänden und belletristischer Literatur gegriffen. Von Eichstätt aus empfahl er beispielsweise seinem Freund Thun Gertrud von Le Forts „Hymnen an Deutschland", die 1932 erschienen waren. Er hielt die Autorin für die jetzt wohl „bedeutendste Schriftstellerin deutscher Zunge katholischer Konfession". Er habe soeben von ihr die 1931 veröffentlichte „Die Letzte am Schafott", eine Erzählung von Angst und Gnade aus der Zeit der französischen Revolution, „mit Genuß wiedergelesen"[20].

In den zwanziger Jahren entdeckte er für sich einen neuen Schwerpunkt wissenschaftlicher Arbeit: die englischen Schriftsteller und Theologen des 19. Jahrhunderts im Umfeld des großen Kardinals Newman, besonders den Schriftsteller Frederick William Faber (1814-1863). Warum gerade diese Vorliebe für F.W. Faber aus dem 19. Jahrhundert, die bis in die Berliner Jahre andauern sollte? War es die Mischung von Dichtung und intellektueller Schärfe bei diesem Mann der Oxford-Bewegung, der einmal die Hoffnung des literarischen Englands war? Hat ihn der Lyriker und Hymnendichter fasziniert, der mit ungeheurer Kühnheit Bilder geformt hat und abstrakte Gegenstände zu personifizieren verstand? Oder hat ihn der subtil denkende Konvertit beeindruckt, der im Bann des großen Weggefährten Newman im Oratorium des Philipp Neri seinen eigenen theologischen Weg als „Apostel Londons" gegangen ist? Wahrscheinlich waren alle diese Gesichtspunkte ausschlaggebend. Jedenfalls rühmt Preysing die Grundhaltung Fabers: „Er war zutiefst davon durchdrungen, daß Göttliches geheimnisvoll sein muß und daß dem endlichen Geist hienieden über die Mysterien von Gnade und Vorherbestimmung, von menschlicher Freiheit und göttlicher Oberhoheit nie volle Klarheit werden kann."[21] Wie intensiv sich Preysing mit der Gedankenwelt Fabers befaßt hat, bekannte er seinem Freund Thun: „Ich bin zutiefst verfabert." In Kürze komme das sehr strenge Büchlein „An der Schwelle der Ewigkeit" heraus. Es werde wohl nicht den Erfolg der „Güte" haben. Aber die „Selbsttäuschung" werde wohl wieder mehr Zuspruch finden.[22] Tatsächlich schrieb ein Innsbrucker Rezensent darüber: „Ein Buch, ebenso zu empfehlen dem Welt- und Salonmenschen wie dem ringenden Asketen. Die Übersetzung wahrt prächtig die berühmte Stilschönheit des Originals."[23]

Preysing blieb keineswegs Jahr für Jahr in der Enge des Münchener Milieus. 1924 reiste er nach Italien und besuchte unter anderem Venedig. Seinem Freund bekannte er: „Gibt es etwas Schöneres als gegen Abend vom Lido in der Gondel heimzukommen oder mittags nach Murano hinüber; es ist mit einem Eichendorffschen Gedicht und einem Schubertischen Lied das Schönste, was es für mich gibt." Im gleichen Jahr begleitete er einen lungenkranken Vetter nach Ägypten. Auf der Rückfahrt von Assuan über Kairo nach Triest bemerkte er auf dem Schiff bei sich die ersten Symptome einer Typhuserkrankung. Rückschauend war er dankbar, daß der Typhus mit 40 ° Fieber nicht schon früher ausgebrochen war. Er läge sonst „heute im Kairoer Hospital oder auf dem Friedhof - und was das heißt, mutterseelenallein krank sein ohne eine bekannte Seele" - das könne er sich kaum ausdenken. Die Grenzsituation Krankheit hat ihn körperlich und seelisch schwer getroffen. „Wenn man selbst schwer krank ist, weiß man erst recht wieder, was Kranksein heißt und hat doppeltes Mitleid mit allen Leidensgefährten."[24] Dieses zweimonatige Krankenlager hat Preysing offenbar so stark geprägt, daß er Krankenbesuche fortan zu seinen wichtigsten priesterlichen und bischöflichen Aufgaben zählte. Im Bistum Berlin hieß es später scherzhaft: Wenn du den Besuch des Bischofs haben willst, mußt du krank werden. Die Kosten für die ärztliche Betreuung brachten den Patienten damals übrigens arg in die Klemme. Eine Verwandte half ihm, so daß die Aufnahme eines Darlehens vermieden werden konnte. Finanziell aus dem Vollen schöpfen konnte Preysing damals durchaus nicht. Auch seine Reise nach England 1925 war nur möglich, weil er die Honorare seiner Veröffentlichungen dafür verwendete. Aber es war ihm wichtig, London und Oxford kennenzulernen und damit die Spuren von Faber und Newman zu verfolgen, mit deren Werken er sich so intensiv beschäftigte.

Als Seelsorger ohne feste Tagesaufgaben in einer Pfarrei erhielt Preysing immer wieder Anfragen und Bitten, Aushilfen zu übernehmen. An der Münchener Universitätsfrauenklinik war er für die dort wirkenden Vinzentinerinnen jahrelang ordentlicher Beichtvater. Woche für Woche war die große Klinik in der Maistraße der Ort, wo er den etwa 80 Schwestern das Sakrament der Versöhnung spendete und auch regelmäßig geistliche Vorträge hielt. Die Schwestern des heiligen Vinzenz standen ihm auch über die Münchener Jahre hinaus nahe. Zwei Vinzentinerinnen führten ihm später als Bischof von Eichstätt und als Bischof von Berlin den Haushalt. Auch ein kleiner Konvertitenkreis, darunter zwei „wahrheitsbegierige" Amerikanerinnen, hatte sich in den zwanziger Jahren gebildet, in dem der Theologe Preysing die Glaubenswahrheiten darlegte. Mehrfach gab der Münchener Domprediger in seinen Münchener Jahren Exerzitienkurse, die gewöhnlich im großen Exerzitienhaus in Altötting stattfanden. An diesem Wallfahrtsort reifte auch sein Entschluß, Mitglied des Dritten Ordens des heiligen Franziskus zu werden und sein eigenes Leben durch franziskanische Spiritualität prägen zu lassen. Das genaue Datum von Einkleidung und Ordensprofeß war an zuständiger Stelle in Altötting nicht mehr zu erfahren.

1924 kursierte in München ein neues Karriere-Gerücht. Aus angeblich „bester Quelle" in Berlin sei zu hören, daß Preysings Ernennung zum Bischof von Würzburg unmittelbar bevorstehe. In München dagegen machte ihn der „Klerus-Tratsch" zum Pacelli-Nachfolger.[25] Beides ging an der Wirklichkeit vorbei. Matthias Ehrenfried (1924-1948) wurde Würzburger Bischof und als Pacelli-Nachfolger kam Erzbischof Alberto Vasallo di Torregrossa als Nuntius nach München (1925-1934).

Wie bezaubernd selbstironisch Preysing mitunter sein konnte, geht aus einem Brief an Graf Thun hervor. Er teilte ihm mit, er habe „kürzlich einen Hippolyt-Artikel erscheinen lassen von einer phantastischen Langeweile", aber auch der stehe seinem Freund „für allenfalsige Schlaflosigkeit zur Verfügung"[26]. Am 22. Oktober 1926 schrieb er seinem Freund Thun offenherzig: „Mein Hirn ist ausgetrocknet und ich weiß nichts mehr, aber in der Einsamkeit ist auch ein langweiliger Brief besser wie gar keiner, und so soll das Geschwätz abgehen." Auch von den Beschwernissen einer Gürtelrose sprach er ohne wehleidiges Selbstmitleid. „Ich bin etwas unwohl, eine ungefährliche, aber lästige Sache, eine Gürtelrose. Ich habe kein Fieber, esse und schlafe, wenn mich die Unlustgefühle meiner 'Röschen' nicht wachhalten, tue meine Arbeit und spreche hier nicht davon. Aber ab und zu sind es nicht unerhebliche Schmerzen. Aber bis jetzt hat mein Humor noch nicht gelitten und so lange ist es recht erträglich."[27] Monate später berichtete er ihm von einem „ganz interessanten, dreitägigen homiletischen Kurs", dem Kardinal Faulhaber präsidiert habe. „Ich verbrannte mir das gräfliche Maul, indem ich eine neue Perikopenübersetzung, die für die Diözese unter den Auspizien des Generalvikars herausgekommen ist, abfällig beurteilt habe, das heißt auf grobe Fehler hinwies, die allerdings eine gewisse Patina durch ihr Alter haben." Und er fügte abschließend hinzu: „Leider habe ich eigentlich Recht gehabt."[28] Kardinal Faulhaber übertrug Preysing im Dezember 1924 die Aufgabe, an einem Seligsprechungsprozeß mitzuarbeiten. Der in Prozeßfragen versierte Jurist stöhnte über die vom Kirchenrecht vorgeschriebenen Details. „Du ahnst nicht", schrieb er Thun, „wieviel Zopf da drinnen ist, d.h. prozessuale Förmlichkeiten; schon ganze Perücken." Der neue Codex von 1918 schien es zwar vereinfacht zu haben, aber es fehle noch ein „zusammengearbeitetes Prozeßrecht"[29].

In seinen Münchener Jahren suchte Preysing immer wieder den Kontakt mit namhaften Theologen, besonders aus dem Jesuitenorden. Nach einem anregenden Gespräch mit P. Erich Przywara (1889-1972) schrieb er über den vielseitigen Denker und Schriftsteller, der auch den Gedankenaustausch mit Karl Barth, Martin Buber und Martin Heidegger pflegte, man merke dem Redakteur der „Stimmen der Zeit" an, daß er überarbeitet sei. Und Preysing fügte hinzu, „aber vielleicht kommt eine richtige Arbeit nur durch Überarbeitung zustande." Auch die Begegnung mit P. Robert Graf von Nostiz-Rieneck (1856-1929) war ihm wertvoll. Dessen Fachkenntnisse der Geschichte, die er in Vorträgen und in den „Stimmen der Zeit" zeigte, dürften den gleichfalls historisch interessierten Domprediger besonders angezogen haben. Dieses Fachgebiet hat vermutlich auch die Kontakte zu P. Franz Ehrle (1845-1934) hergestellt. P. Ehrle war langjähriger Leiter der vatikanischen Bibliothek, kam dann im Ersten Weltkrieg nach Deutschland zurück und wurde schließlich Kardinal und Archivar des Heiligen Stuhles. Preysing bezeichnete in einem Kondolenzschreiben an den Jesuitengeneral in Rom den verstorbenen Kardinal als einen Mann, „der ihm seit Jahren ein wohlwollender Gönner"[30] gewesen sei. Im Jahre 1929 hatte er dem Kurienkardinal noch mitgeteilt, daß sein „Athenagoras-Aufsatz nach menschlichem Ermessen" wohl sein „wissenschaftlicher Schwanengesang bleiben" werde. Der Grund: „Meine Beschäftigung im Generalvikariat absorbiert meine Zeit so sehr, daß ich nicht mehr, wie ich es so gern bis jetzt getan, mich wissenschaftlicher Forschung werde hingeben können, und so wird ein Aufsatz über die ‚Jugendgeschichte Kallists' wohl ungeschrieben bleiben müssen."[31] Er habe dafür schon einiges Material gesammelt, fügte Preysing hinzu.

Über Begegnungen mit P. Rupert Mayer (1876-1945), der seit 1921 Präses der Marianischen Männerkongregation in München war, liegen keine Zeugnisse vor. Preysing dürfte aber die Predigt- und Vortragstätigkeit des stadtbekannten Jesuiten, besonders auch seine engagierte Auseinandersetzung mit der NSDAP, mit großer Sympathie begleitet haben. Der unbequeme Ordensmann ist später verhaftet und im Dezember 1939 in das KZ Sachsenhausen eingeliefert worden. Hier wurde ihm im Zellenbau für Sonderhäftlinge erlaubt, täglich zu zelebrieren. Da er meinte, Bischof Preysing habe ihm diese Erlaubnis erwirkt, bedankte er sich am 15. April 1940 brieflich bei ihm. Tatsächlich hatten sich aber das Münchener Ordinariat und

Bischof Wienken um diese Sondererlaubnis mit Erfolg bemüht. P. Rupert Mayer erinnerte Preysing an alte Zeiten: „Unsere freundschaftlichen Beziehungen bestehen nun glaube ich seit über 28 Jahren. Vielleicht sind diese Beziehungen von meiner Seite inniger, als Sie selbst ahnen.“ Preysing hatte als Sekretär von Kardinal Bettinger P. Mayer erstmals im Jahre 1917 im Herzog-Karl-Theodor-Lazarett in München Nymphenburg kennengelernt. Der Jesuitenpater kam auch auf den „erbaulichen Tod“ von Preysings Schwester Clara zu sprechen, deren Sterbebildchen er im Brevier trug. „Wie ein Schutzgeist hat es mich schon durch viele Gefängnisse begleitet und täglich werde ich an Gräfin Clara erinnert.“ Zudem habe er einige Wochen vor seiner Verhaftung Preysings Hirtenwort zum Kriegsbeginn über die vollkommene Reue in die Hand bekommen. „Das hat mir so gut gefallen und mich innerlich so beglückt, daß ich es in meine Brieftasche gesteckt und immer bei mir getragen habe.“[32]

Am 1. April 1928 wurde Msgr. Dr. Preysing zum Domkapitular ernannt und war damit zur Teilnahme am Chordienst im Dom verpflichtet. Er erhielt das Referat für Presse, Film und Rundfunk und sollte engen Kontakt zu staatlichen Stellen halten. Das bedeutete wohl, daß er - zumindest teilweise - jene Funktionen wahrzunehmen hatte, die heute ein Katholisches Büro erfüllt. Gleichzeitig wurde das neue Mitglied des Metropolitankapitels Richter am Konsistorium, hatte also Eheprozesse zu führen und Ehedispensen zu bearbeiten. Die Ehenichtigkeitsklagen empfand er als „nicht angenehm, weder für die Paare noch für den Richter“. Aber seinem Freund Thun schrieb er mit einem leisen Unterton von Resignation nach einiger Zeit: „Ich lebe mich allmählich in meine toten Akten hinein oder sterbe hinein. (Kein Wunder), daß ich sehr schnell mich in die aktenmäßige Behandlung der Fälle gefunden habe, was ja nicht verwunderlich ist, da ich jahrlang in Büros gesessen.“ Mit einem Anflug von Wehmut fügte er hinzu, die Scheidung von der Wissenschaft tue ihm doch leid. Später bezeichnete er das neue, nicht gerade aufregende Arbeitsgebiet als sein „Todesurteil bezüglich wissenschaftlicher Forschung“. Er sei nun „ganz in Ehe- und andere Bürokratie versunken“, so daß ihn die Aussicht, über die Römische Frage zu schreiben, fast erschrecke, ebenso der Antrag, bei den Barmherzigen Schwestern eine Profeßpredigt zu halten. „Aber ich will nicht ganz verfilzen“[33], fügte er hinzu; ein Hinweis, daß er sich den an ihn herangetragenen Aufgaben doch stellte. Preysings besondere Verbundenheit mit den Barmherzigen Schwestern kam auch dadurch zum Ausdruck, daß er die Festpredigt anläßlich der Hundertjahrfeier des Eintreffens der ersten Schwestern in Bayern übernahm. Die umfangreiche Predigt, die am 10. März 1932 im Mutterhaus in München gehalten wurde, ist später gedruckt worden (Dokument I). Preysing muß diese Festansprache besonders viel bedeutet haben. Denn nach der Ausbombung 1943 in Berlin fragte er seinen Freund Thun, ob er ihm diesen Predigttext noch überlassen könne. Nach heutigen Predigtkriterien besaßen Preysings damalige Gedanken allerdings weder besondere biblische noch dogmatische Tiefe, sondern spiegelten eher Predigtstil und Spiritualität der Dreißiger Jahre wider.

Der „Schwarze Freitag“, der Zusammenbruch des Aktienmarktes an der New Yorker Börse im Oktober 1929, leitete die Weltwirtschaftskrise ein, die auch in Deutschland katastrophale Folgen hatte. Die rapide steigende Arbeitslosigkeit und der Konkurs zahlreicher Firmen und Betriebe verschärften die sozialen Spannungen. Die NSDAP erhielt politische Schubkraft und eroberte in vielen Teilen des Reiches eine Massenbasis. In München war bald jeder Zehnte der 730 000 Einwohner ohne Arbeitsplatz. In einem undatierten Brief, der aber vermutlich in der Zeit der Weltwirtschaftskrise geschrieben wurde, äußerte sich Preysing besorgt über die „schlechten Zeiten“, die „leider allseits bittere Wirklichkeit“ geworden seien. Man müsse Leute entlassen und „das Heer der Arbeitslosen steigt. Circulus vitiosus“. Und dabei falle den „Großkopfeten“ noch immer nichts Gescheites ein, „um das wirtschaftliche Chaos zu bannen“. Kein Wunder, daß der Münchener Domkapitular angesichts der wirtschaftlichen Rezession und den Anzeichen der Agonie des Weimarer Staates Ende 1931 schrieb, er gehe „mit etwas Bangen in das Neue Jahr“. Aber vielleicht werde es besser, als man zu hoffen wage. Das Jahr 1932 sollte tatsächlich einen Wendepunkt im Lebensweg Preysings bringen: Die Ernennung zum Bischof von Eichstätt.

Der neugeweihte Bischof von Eichstätt, Konrad von Preysing, beim Auszug aus dem Dom. Links der Mitkonsekrator, der Passauer Bischof Sigismund Felix Freiherr von Ow-Felldorf, und rechts der Würzburger Bischof Matthias Ehrenfried

Der Eichstätter Oberhirte Konrad von Preysing, in politischen Dingen der klügste Kopf des bayerischen Episkopats, war leider kein Freund vieler Worte.

Ludwig Volk

IV

Schon in Eichstätt „principiis obsta“ (1932 - 1935)

Agonie von Weimar und der 30. Januar 1933 - Preysings erfolglose Eingabe auf Fuldaer Bischofskonferenz - Erste Konflikte mit NS-Staat in Eichstätt

Das traditionsreiche Bistum Eichstätt, das als ersten Bischof den heiligen Willibald aus dem 8. Jahrhundert verehrt, war durch den Tod des hochbetagten Bischofs Johannes Leo von Mergel (1847-1932) vakant geworden. Der Papst hatte zwar grundsätzlich das Recht der freien Bischofsernennung, war aber durch Artikel 14, § 1 des Bayernkonkordates von 1924 in gewisser Weise eingeschränkt. Er konnte nur den zum Bischof ernennen, der auf der Namensliste stand, die die bayerischen Bischöfe und Domkapitel alle drei Jahre in Rom einreichten oder auf der erneut eingesandten Dreierliste des von der Sedisvakanz betroffenen Domkapitels. Der Vatikan hatte allerdings vor der Ernennung bei der bayerischen Staatsregierung anzufragen, ob gegen den Kandidaten „Erinnerungen politischer Natur“ bestünden. Diese politische Klausel war für Preysing bedeutungslos, doch kam seine Bischofsernennung für Klerus und Gemeinden in Eichstätt überraschend. Er war offenbar nicht der Kandidat des Domkapitels, das vermutlich den Eichstätter Domkapitular Prof. Dr. Ludwig Bruggaier (1882-1970) favorisiert hatte. Jedenfalls machte sich der spätere Domdekan Hoffnungen auf das Bischofsamt und besprach bereits konkret einzelne Modalitäten seines erhofften Amtes. Umso mehr gewinnt die Vermutung Gewicht, daß bei der Eichstätter Bischofsernennung am 9. September 1932 Kardinalstaatssekretär Pacelli entscheidend beteiligt war, der Preysing in den Münchener Jahren schätzen gelernt hatte.[1]

Die erste Information über sein neues Amt erhielt der Münchener Domkapitular in der Berliner Nuntiatur unter strengstem Schweigegebot. Bei seiner Rückkehr traf er in seiner Wohnung zwei Geschwister der gräflichen Familie Montgelas, zu denen die Preysings enge familiäre Kontakte hatten. Die beiden

Besucherinnen überfielen Preysing mit der Behauptung, er sei nur deshalb zum Nuntius gerufen worden, weil er der neue Bischof von Eichstätt werde. Reaktionsschnell antwortete der überraschte Preysing. Er zog eine kleine Porzellandose aus der Tasche, die er unterwegs bei einem Antiquitätenhändler erstanden hatte, und erklärte gespielt seelenruhig: „Schaut diese hübsche Dose an. Geht man in einen Laden und kauft sich Porzellan, wenn man Bischof von Eichstätt geworden ist?“ Die prekäre Situation war gerettet.

Das - zusammen mit den Bistümern Speyer und Würzburg - zur Kirchenprovinz Bamberg gehörende Bistum Eichstätt war 1932 mit 206 000 Katholiken die kleinste deutsche Diözese. In den 213 Pfarreien und 22 sonstigen Seelsorgsbezirken waren 401 Weltpriester und 71 Ordensgeistliche tätig.[2] Während im Nordwesten ein großer Bistumsteil überwiegend evangelisch war, bildete das barocke Eichstätt selbst eine katholisch geprägte Beamten- und Schulstadt. Das katholische Milieu, politisch vertreten von der Bayerischen Volkspartei (BVP), war bestimmt durch die Philosophisch-Theologische Hochschule, von zwei katholischen Lehrerbildungsanstalten und verschiedenen anderen pädagogischen Institutionen und Schulen. Die überwiegend konservativ-national denkenden Lehrer, Beamten und Beschäftigten im öffentlichen Dienst stellten etwa 50 Prozent aller Erwerbstätigen der rund 8000 Einwohner Eichstätts. Prof. Dr. Georg Wohlmuth (1865-1952) von der Philosoph-Theologischen Hochschule, der als Fraktionsvorsitzender der BVP im bayerischen Landtag „ungekrönte König Bayerns“, hatte hier seine starke Hausmacht. Die „Eichstätter Volkszeitung“ war gleichermaßen Sprachrohr für Partei und Kirche. Die NSDAP hatte dagegen im „Schwarzen Eichstätt“ bis 1933 einen schweren Stand. Im Jahre 1930 zählte sie noch keine 100 Mitglieder. Das galt auch für die überwiegend katholischen Landgemeinden, in denen höchstens „der Dorflump Ortsgruppenleiter“ der braunen Partei geworden sei, wie Preysing einmal bemerkte.

Am Fest der Apostel Simon und Judas, am 28. Oktober 1932, empfing Konrad Graf Preysing im Dom zu Eichstätt die Bischofsweihe. Konsekrator war neben Preysings Vetter, dem Passauer Bischof Sigismund Felix Freiherr von Ow-Felldorf, und dem Würzburger Bischof Matthias Ehrenfried, der Erzbischof von Bamberg, Jakobus von Hauck. Der neugeweihte Oberhirte, der einen von seinen Angehörigen geschenkten Bischofsstab trug, hatte als Wahlspruch das Petruswort „Auf dein Wort hin“ (Lk 5,5) als Ausdruck persönlicher Verfügbarkeit unter sein Bischofswappen gesetzt. Preysing empfand die Feierlichkeiten der Bischofsweihe „voll Freude und Trost“. Auch seine 82jährige Mutter habe „die Strapazen und Emotionen gut überstanden“[3], teilt er seinem Freund Thun mit. Bei der Begrüßungsfeier der Philosophisch-Theologischen Hochschule legte der Regens Michael Rackl, dessen Amt stets in Personalunion mit dem des Rektors der Hochschule verbunden war, das Schicksal dieser Institution „vertrauensvoll in die Hände dessen, der in der Vergangenheit durch seine literarische Tätigkeit in der wissenschaftlichen Welt einen geachteten Namen sich erworben hat“[4].

Die Leitung des überschaubaren Bistums übernahm der neue Diözesanbischof offenbar ohne besondere Bangigkeit. „Die Arbeit kenne ich von München her und Kapitel und Seminar tun alles, um mir mein Hiersein angenehm zu machen“, urteilte er. Im Stadtbild war Preysing fast täglich präsent, sei es dienstlich zu Fuß oder bei obligaten Spaziergängen, sehr im Gegensatz zu seinem zurückgezogen lebenden asketischen Vorgänger und Ordensmann. Dabei besuchte der Bischof häufig die alte Benediktinerinnenabtei St. Walburg, die, auf einem Felsvorsprung der Stadt gelegen, weit ins Altmühltal hineinschaut. Mit der Äbtissin Maria Anna Benedikta Gräfin Spiegel von und zu Peckelsheim (1874-1950) bildete sich im Laufe der Zeit ein enges Vertrauensverhältnis, das auch in den späteren Berliner Jahren andauerte.

Von kirchenpolitischer Bedeutung wurde Preysings Beziehung zu P. Ingbert Naab OFM Cap. (1885-1935), der durch seinen reichsweit verbreiteten Aufsatz „Herr Hitler, wer hat Sie gewählt?" im März 1932 Aufsehen erregt hatte. Der hellsichtige Kapuziner prophezeite schon am 1. Mai 1932: „Die Hitlerleute werden im Triumphmarsch in den Reichstag einziehen und nur einen Beschluß fassen: den seiner Entmündigung." Es verwundert nicht, daß Preysing P. Naab schnell „freundschaftliches Vertrauen entgegenbrachte" und mit ihm „schier Tag für Tag die drängenden Fragen des öffentlichen Lebens"[4] besprach. Als P. Naab Ende 1932 einen Monat bettlägerig erkrankt war, besuchte ihn Preysing „fast täglich". Wie sehr sich die politischen Urteile der beiden glichen und wohl auch gegenseitig bestärkten, beweist Naabs Äußerung: „Wir haben in Hitler eine Zusammensetzung von Betrüger und Narr." Von Preysing ist ebenfalls in der Anfangsphase des „Dritten Reiches" die Bemerkung überliefert: „Wir sind in den Händen von Verbrechern und Narren." Um P. Naab, der als Präses der Marianischen Kongregation studierender Jugend viele angehende Akademiker beeinflußt hat, entstand ein Freundeskreis Gleichgesinnter, zu dem u.a. der Eichstätter Dr. Franz Xaver Wutz, Professor für Alttestamentliche Wissenschaft, und der Münchener Journalist Dr. Fritz Gerlich, der die Zeitschrift „Der gerade Weg" gegründet hatte und später im Anschluß an die „Röhm-Affäre" im.KZ Dachau umgebracht wurde, gehörten. P. Naab konnte sich dagegen am 5. Juli 1933 mit falschem Paß in die Schweiz retten. Bischof Preysing ebnete ihm zum Pfingstfest 1934 die Wege nach Rom und traf sich mit dem „P. Peregrinus" anläßlich der Heiligsprechung des Altöttinger Kapuzinerbruders, des Pförtners Konrad von Parzham im römischen Kolleg der Kapuziner.[5] Der schwerkranke P. Naab, der sein Todesleiden u.a. für den Bischof von Eichstätt aufopferte, starb am 28. Mai 1935 im Exil in Straßburg und ist heute in Eichstätt beigesetzt.[6]

Die Agonie des Staates von Weimar hat die als Hochburg der Bayerischen Volks-Partei geltende Bischofsstadt Eichstätt längst nicht so erschüttert wie deutsche Großstädte. Die für Deutschland dramatischen Ereignisse, die mit dem 30. Januar 1933 als Schicksalsdatum deutscher Geschichte im 20. Jahrhundert gipfelten, spielten sich in der Reichshauptstadt Berlin ab. Der greise Reichspräsident Paul von Hindenburg, der gefeierte Sieger der Schlacht von Tannenberg im Ersten Weltkrieg, wurde nicht zuletzt von seiner nächsten Umgebung gedrängt, über seinen Schatten zu springen und den „böhmischen Gefreiten" zum Reichskanzler zu ernennen. Noch wenige Tage zuvor hatte er geglaubt, diese Entscheidung nicht verantworten zu können. Der Katholik Franz von Papen, ein personifiziertes deutsches Verhängnis im damaligen Kräftespiel, hatte in eitler Selbstüberschätzung Hitlers Taktik der „legalen Revolution" in die Hände gearbeitet. Als Vizekanzler der neuen Koalitionsregierung des „Nationalen Zusammenschlusses" hatte er gehofft, die neuen Machtverhältnisse zusammen mit dem deutschnationalen Reichswirtschaftsminister Alfred Hugenberg entscheidend mitbestimmen zu können: „In zwei Monaten haben wir Hitler in die Ecke gedrückt, daß er quietscht... Wir haben ihn uns engagiert." Auch der SPD-Politiker Kurt Schumacher, der spätere Parteivorsitzende nach dem Ende des „Tausendjährigen Reiches“, irrte gröblich, als er feststellte: „Früher war er Dekorateur, heute ist er Dekorationsstück. Das Kabinett heißt Hitler, aber das Kabinett ist Alfred Hugenberg. Adolf Hitler darf reden, Alfred Hugenberg wird handeln.“ Die Fehlanalyse, der braune Spuk werde bald ein Ende nehmen, verkannte, daß Hitler das Tor zur Macht zwar legal geöffnet worden war, daß er aber mit dieser Macht in kurzer Zeit totalitär umgehen werde, zum Unheil des deutschen Volkes und anderer Völker.

In siegesbewußter Euphorie formierten sich am Abend des 30. Januar die braunen SA-Kolonnen zum Fackelzug durch das Brandenburger Tor und die Wilhelmstraße. Der neue erste Mann, der alles zentral dirigierte, ließ sich vom Balkon der Reichskanzlei huldvoll feiern. Der Gleichschritt der Braunhemden symbolisierte den zukünftigen Gleichschritt des Denkens. Er war Signal für die bevorstehende Gleichschaltung aller gesellschaftlichen Kräfte, für das nahe Ende der parlamentarischen Demokratie. Aber wer sah schon am Tage der „Machtergreifung“ den Anfang millionenfacher Perversion staatlicher Macht? Wer durchschaute hellsichtig genug das Schlagwort von der „nationalen Wiedergeburt“ durch Sprengung der Fesseln von Versailles? Wer erkannte das heuchlerische Manöver, der totalitären Alleinherrschaft schrittweise näherzukommen? Schon am 1. Februar wandte sich der „Führer“ mit einem „Aufruf an das deutsche Volk“. Über alle Reichssender versprach er feierlich, „das Christentum als Basis unserer gesamten Moral, die Familie als Keimzelle unseres Volks- und Staatskörpers“ in Schutz zu nehmen. Hitlers Vernebelungstaktik mit Hilfe großer Worte galt besonders den Wählern des Zentrums und der Bayerischen Volkspartei, deren Vorbehalte bei der für den 5. März festgelegten Reichstagswahl wenigstens verringert werden sollten. Er wußte - wie später noch oft - christliche Werte und religiöses Vokabular geschickt für sein Täuschungsmanöver zu verwenden. Es war jenes „geheuchelte Wohlwollen“, das Preysing später als typisch für die Anfangsphase des „Tausendjährigen Reiches“[7] bezeichnete.

Übergriffe und Terroraktionen der braunen Schlägertrupps kennzeichneten im Februar 1933 den heißen Wahlkampf vor der Reichstagswahl, die nach Hitlers Ankündigung die „letzte Wahl“ sein sollte. Der Brand des Berliner Reichstages am Abend des 27. Februar lieferte zusätzlich den willkommenen Anlaß, politisch unbequeme Kräfte auszuschalten, besonders Kommunisten und Sozialdemokraten. Die schon einen Tag später erlassene „Verordnung zum Schutz von Volk und Staat“ und die Notverordnung gaben dafür ein juristisches Instrumentarium. Faktisch waren bereits an diesem Tag die Weichen für die totalitäre Staatsform gestellt. Nicht erst durch das Ermächtigungsgesetz vom 23. März hat die parlamentarische Demokratie den Todesstoß erhalten, sondern bereits am Tag nach dem Reichstagsbrand. Die Verfassung war mit einem Federstrich durch den permanenten Ausnahmezustand ersetzt worden.

Es war ganz und gar ungewöhnlich, daß sich der irenische Breslauer Kardinal Bertram namens aller „in der Fuldaer Bischofskonferenz vereinigten Oberhirten der Diözesen Deutschlands“ am 10. März an Reichspräsident von Hindenburg wandte. Er sprach von der Befürchtung in weitesten Kreisen, daß „die Sicherheit von Recht und Gerechtigkeit und von gesetzlich verbürgter Freiheit“[8] stark erschüttert werde. Außer einer Eingangsbestätigung und der Zusage, darüber mit dem

Reichskanzler zu sprechen, bewirkte das Schreiben nicht das Geringste. Der Eichstätter Bischof, der wie alle deutschen Bischöfe eine Abschrift dieser Eingabe erhalten hatte, dürfte dadurch in seiner skeptisch-ablehnenden Haltung gegenüber Hitler und seinen Helfershelfern nur bestärkt worden sein. Aber Preysing blieb auch nicht verborgen, daß die braune Partei einen Massenzustrom neuer Mitglieder verzeichnen konnte.

In Eichstätt erreichte die Bayerische Volks-Partei bei der Märzwahl zwar immer noch 50 Prozent der Stimmen, aber die Nationalsozialisten errangen immerhin einen Votenanteil von 33 Prozent. Die vom Rundfunk massiv unterstützten Wahlen, bei denen die NSDAP 43,9 Prozent der Stimmen erhielt und mit der Koalition knapp die absolute Mehrheit hatte, sahen nicht wenige als Startzeichen, mit dem neuen Wind zu segeln. Die politischen „Wendehälse", die Opportunisten und Konjunkturritter, wählten die stärkeren Bataillone. Es gab auch unter katholischen Christen das zynische Wort von den „Märzgefallenen", die ins NS-Lager überliefen.

Hitlers Regierungserklärung zur Vorlage des Ermächtigungsgesetzes am 23. März enthielt u.a. erneut Propaganda-Komplimente an die christlichen Kirchen. Die Regierung sei entschlossen, „die politische und moralische Entgiftung" des öffentlichen Lebens vorzunehmen, und schaffe und sichere „die Voraussetzungen für eine wirklich tiefe innere Religiosität". Sie sehe „in den beiden christlichen Konfessionen wichtigste Faktoren der Erhaltung unseres Volkstums", werde in Schule und Erziehung den christlichen Konfessionen den ihnen zukommenden Einfluß einräumen und sicherstellen." Außerdem lege die Reichsregierung „die im Christentum die unerschütterlichen Fundamente des sittlichen und moralischen Lebens unseres Volkes sieht, den größten Wert darauf, die freundschaftlichen Beziehungen zum Heiligen Stuhle weiter zu pflegen und auszugestalten"[9].

Kardinal Bertram, der Vorsitzende der Fuldaer Bischofskonferenz, sah sich jetzt in Zugzwang. In einem Brief an die Mitglieder der Fuldaer Bischofskonferenz[10] und an Kardinal Faulhaber als Vorsitzenden der Freisinger Bischofskonferenz hielt er eine öffentliche Erklärung für „ratsam" und legte einen Entwurf bei. Auch der Münchener Kardinal vertrat die Auffassung, daß Hitlers Reichstagsrede eine neue Situation geschaffen habe. Während Bertram umgehend den Entwurf einer Erklärung und eines Pastorale an den Klerus auf dem Postweg absprachegemäß an alle deutschen Bischöfe, also auch die bayerischen, schickte, verfaßte Faulhaber in einer „Nachtschicht" einen eigenen Entwurf[11] für ein Pastorale, das er seinen Konferenzmitgliedern übersandte. Darin plädierte er „trotz allem" für „mehr Toleranz gegen die Regierung" und meinte, auch in der Ansprache Pius XI. beim Konsistorium vom 13. März eine ähnliche Einschätzung herausgehört zu haben; ein schwerwiegender Irrtum, weil später daraus eine päpstliche Starthilfe für Hitlers erste Regierungszeit abgeleitet wurde. Der Historiker Ludwig Volk[12] hat inzwischen mit überzeugenden Argumenten nachgewiesen, daß der Münchener Kardinal damals lediglich einer unangemessenen Überinterpretation erlegen ist.
Im Eichstätter Bistumsarchiv befindet sich ein undatierter, handschriftlicher Entwurf[13] von Bischof Preysing an Kardinal Faulhaber, der durchaus die Antwort auf dessen nächtlichen Entwurf sein könnte. Er verrät eine kirchenpolitische Konzeption, die bereits ganz auf der Linie der späteren Strategie des Bischofs gegenüber dem NS-Staat liegt. Der Eichstätter Bischof empfahl, „in den ersten Absatz die Erklärungen des Reichskanzlers wörtlich mit Ort, Datum und Charakteristik ihrer Bedeutung

(Verkündigung eines Regierungsprogramms) aufzunehmen", um von daher noch klarer den Konditionalzusammenhang zwischen Erfüllung der programmatischen Zusagen einerseits und dem Abbau der kirchlichen Abwehrhaltung andererseits herauszuarbeiten. Darum sollte der Abschnitt mit dem Satz schließen: „Die Verbote und Warnungen treten außer Kraft, soweit und solange diese Erklärung für das Programm der nationalsozialistischen Bewegung maßgebend ist."

Ein weiterer undatierter Text von Preysing handschriftlich mit „Wünsche an Eichstätt" überschrieben, dürfte nach Hitlers Regierungserklärung am 23. März geschrieben worden sein und möglicherweise ein Votum für Kardinal Bertram darstellen.[14] Darin plädiert er dafür, den Gläubigen Dank auszusprechen, „daß sie dem Urteil der Bischöfe über den Nationalsozialismus so treuen Gehorsam geleistet haben. Dieses Urteil der Kirche über den Nationalsozialismus müßte das gleiche wie bisher bleiben, wenn der Nationalsozialismus selbst der gleiche bliebe". Es müsse die weitere Entwicklung abgewartet werden. Von ihr hänge das „endgültige Urteil der Bischöfe über die Gesamtbewegung ab". Neben dieser klaren Abgrenzung trat der Eichstätter Bischof gleichzeitig dafür ein: „Mahnung zur Pflege der katholischen Presse auf kirchlichem, sozialen und politischem Gebiet. Unterstützung derselben durch Abonnement und Inserate." Außerdem: „Mahnung zur Mitarbeit an der Gestaltung unseres staatlichen Lebens, wie es der katholischen Weltanschauung entspricht und diese fördert." Fest steht, daß Preysings Votum in Bertrams Erklärung vom 28. März keine Berücksichtigung gefunden hat.

Die von Bertram in aller Eile erstellte Endfassung der Erklärung vom 28. März hat dann zwar Faulhabers telegrafische Zustimmung erhalten, ist aber dennoch nicht für die bayerischen Bischöfe, sondern nur namens der Fuldaer Konferenz veröffentlicht worden. So kam es zu der folgenschweren Aussage, der Episkopat glaube „das Vertrauen hegen zu können", daß die früher ausgesprochenen Verbote und Warnungen vor der NS-Regierung „nicht mehr als notwendig betrachtet zu werden brauchen"[15]. Die Wirkung in der katholischen Öffentlichkeit war beträchtlich. Das Tor war „aufgesprengt, durch das auch kirchentreue Zentrums- und BVP-Wähler ins Lager der Nationalsozialisten ziehen konnten"[16]. Um die Kundgebung gerecht zu beurteilen, sollte aber auch bedacht werden, daß der NS-Staat damals noch nicht sein wahres verbrecherisches Gesicht gezeigt hatte. Außerdem war es für die Bischöfe schwerlich verantwortbar, Hitlers ausgestreckte Hand zurückzuweisen, zumal sein erklärter Kampf gegen den Bolschewismus und dessen atheistische Kirchenverfolgung bei Papst und Bischöfen nicht ohne Sympathie betrachtet wurde.

Rückblickend muß wohl gesagt werden: Die Fuldaer Bischofskonferenz, zu der von 1933 an auch die bayerischen Bischöfe gehörten, war in ihrer organisatorischen Struktur auf die Herausforderung des neuen Regimes nur unzulänglich vorbereitet. Die Leitung lag in den Händen des hochbetagten, überbeschäftigten Breslauer Kardinals Bertram, der jedoch kein Weisungsrecht besaß. Ihm stand kein funktionstüchtiges, zuarbeitendes Sekretariat mit angemessener personeller Ausstattung zur Seite. Einzelne Bischöfe hatten Referate wie Caritas und Presse inne, aber ihre Informationen schlugen sich zumeist nur in Berichten bei der nächsten Bischofskonferenz nieder. Hinzu kam die personelle Zusammensetzung, die nach menschlichem Format und kirchenpolitischer Grundhaltung durchaus unterschiedlich war.

Bischof Preysing gehörte zu jenen neun jüngeren Konferenzmitgliedern, die erst 1930 oder später die Bischofsweihe empfangen hatten. Er brachte in alle Diskussionen den juristisch geschulten Blick und ein waches kritisches Urteil dem neuen Staat gegenüber mit. Dagegen glaubte beispielsweise der Freiburger Erzbischof Gröber den Worten des „Führers“ und trat zunächst öffentlich für einen Brückenschlag zum NS-Staat ein. Auch der Münchener Kardinal Faulhaber war unmittelbar nach der Machtübernahme vom „großen Staatsmann“ Hitler geblendet. Ein Mann wie Bischof Kaller von Ermland wiederum besaß kaum politisches Gespür und forderte in Predigten sogar zur Mitarbeit im neuen Staat auf, weil er eine Äußerung des Nuntius als Wegweisung in diese Richtung verstanden hatte.

Auf der Sitzung der Freisinger Bischofskonferenz am 20. April in Regensburg, bei der Preysing als jüngster Bischof das Protokoll führte, wurde u.a. eine Eingabe an Hitler[17] vereinbart, um gegen den Monopolanspruch des Staates auf Lehrerorganisationen Einspruch einzulegen. Bereits zwei Wochen später, am 5. Mai,[18] erließ der bayerische Episkopat einen Hirtenbrief, der sowohl versöhnend als auch kritisch-fordernd war. Die Bischöfe riefen einerseits dazu auf, „in tiefer Liebe zu unserem armen Vaterland, aus innigem Mitleid mit dem Heer der Arbeitslosen und Brotlosen und in großer Sorge um die Zukunft unserer deutschen Heimat“ den Blick nicht mehr zu richten auf das, „was uns trennt, sondern auf das, was uns eint“, und daher „einander die Hand zu reichen und in hochherziger Opferwilligkeit die vereinten Kräfte einzusetzen, um der furchtbaren Not, dem immer weiter fortschreitenden Niedergang und dem unseligen Frieden Einhalt zu gebieten“. Die Stilform des langen Hirtenbriefes läßt an einigen Stellen mit überraschend abstrakten Gedanken über Gemeinwesen, Staat und Recht zumindest die Vermutung zu, daß hier die Handschrift des Eichstätter Bischofs vorliegen könnte. Jedenfalls bezogen sich die bayerischen Bischöfe auch auf die jüngste „Rechtsverletzung und Rechtsungleichheit“ im eigenen Land und erklärten: „Wir sind verpflichtet zu Gerechtigkeit und Liebe gegen alle Menschen.“ Sie hätten sich daher auch bei der Reichsregierung für jene Männer verwendet, „die in stürmischer Übergangszeit von ihrer Stelle entfernt wurden, obwohl sie stets treu ihre Pflicht erfüllt und dem Vaterland mit Einsatz ihrer ganzen Kraft gedient haben“.

Inzwischen war hier und dort „im deutschen katholischen Volk eine gewisse Verwirrung und Unsicherheit“ entstanden, wohl nicht zuletzt durch die Erklärung vom 28. März. Der Meißener Bischof Petrus Legge[19] teilte diese Beobachtungen am 14. Mai dem Breslauer Kardinal mit und fügte hinzu, man warte „auf ein Führerwort der Hochwürdigsten Herren Bischöfe“. Als Tagungsort hatte der Berliner Generalvikar Steinmann die Reichshauptstadt vorgeschlagen, weil dadurch ein stärkeres Signal für die deutschen Katholiken gegeben sei und auch die Reichsregierung vielleicht wirksamer beeinflußt werden könnte. Faulhaber lehnte diesen Konferenzort jedoch ab, „weil eine Bischofskonferenz in Berlin nach Reichskirche riecht und nach Verhandlung mit der Reichsregierung“[20]. Tagungsort der ersten gemeinsamen Plenarkonferenz der Bischöfe seit 1905 wurde vom 30. Mai bis 1. Juni Fulda. Im zweiten Tagungsordnungspunkt wurde das „Gemeinsame Hirtenwort an die Katholiken Deutschlands“[21] behandelt. Mit der Endredaktion wurde ein fünfköpfiger Ausschuß beauftragt, zu dem auch Bischof Preysing gehörte. Der Eichstätter Bischof hatte zu den verschiedenen Vorlagen eine eigene Eingabe[22] beigetragen, die als eine der klarsten Beurteilungen des NS-Staates und seiner Ideologie jener Zeit gelten muß. Preysing bat, „in dem Hirtenbrief (wie auch in den anderen Kundgebungen) kein Bekenntnis zur ‚neuen Ordnung,‘ zum ‚neuen Staat‘ aufzunehmen. Begründung: Der neue Staat wird von seinen Schöpfern mit der nationalsozialistischen Partei gleichgesetzt. Er hat somit, wie diese, Grundlagen, die mit unserer Weltanschauung nicht vereinbar sind.“ Man sei es „dem katholischen Volk schuldig, ihm die Augen zu öffnen über die Gefahren für Glaube und Sitte, die sich aus der nationalsozialistischen Weltanschauung ergeben“. Man müsse sich „bei einem wahrscheinlich kommenden Konflikt auf diesen Hirtenbrief berufen können“. Abschließend bemerkte der Eichstätter Oberhirte, man befände sich in einer ähnlichen Gefahr „wie zur Zeit des Modernismus“: „Heute wird den Worten Gott, Christus, Sittlichkeit, Recht ihr Sinn genommen und ihnen ein entleerter, besser gesagt verderbter Sinn gegeben.“

Die Endfassung des gemeinsamen Hirtenbriefes lag in den Händen des Freiburger Erzbischofs Gröber, der bedauerlicherweise schnell zu beeindrucken war und der die Neubelebung des Volkstumgedankens sympathisch fand. Das Schreiben bekräftigte zwar teilweise die politischen Ziele der neuen Regierung, meldete aber auch Forderungen an, die zu ihnen im Widerspruch standen. Von den nüchternen Vorbehalten und Abgrenzungen gegenüber dem polypenhaft fesselnden Totalitätsanspruch des Staates, die Preysing besorgt vorgeschlagen hatte, findet sich im Text leider kein Wort.

Auf der Fuldaer Plenarkonferenz erhielten die deutschen Bischöfe auch erstmalig Einblick in den Entwurf des beabsichtigten Reichskonkordates. Man war sich darüber einig, daß auch eine Stimme des deutschen Episkopates bei den Verhandlungen im Vatikan nicht fehlen dürfte. Als Vertreter kamen der Eichstätter und der Freiburger Oberhirte ins Gespräch. Vizekanzler Papen bekundete in einem Gespräch mit Faulhaber am 10. Juni seine Symphatie, Preysing mit dieser Aufgabe zu betrauen, da er gute Verbindungen zum Kardinalstaatssekretär habe. Natürlich konnte Faulhaber darüber keine Entscheidung treffen, Preysing zu delegieren. Immerhin wollte er dem Eichstätter Bischof vorschlagen, seinen Ad-Limina-Besuch auf die in Frage kommende Zeit zu legen und „dort mit ihm (Papen) und Don Eugenio zu sprechen“. Da sich der deutsche Vatikanbotschafter von Bergen jedoch wenig begeistert zeigte, als ihm Preysings Name zu Ohren kam - ob er von dessen Fuldaer Vorbehalten erfahren hatte, ist nicht bekannt -, schwenkte auch der grundsatzschwache Papen um und trat für Erzbischof Gröber ein, der bei Pacelli gleichfalls persona grata war. Preysing seinerseits war von dem Ansinnen Faulhabers keineswegs begeistert und erklärte, er wolle sich zur Romfahrt erst entschließen, „wenn ein Mandat der Bischöfe (die Stimmung dafür war in Fulda nicht einheitlich) oder ein Wunsch der römischen Zentrale“ vorliege. Auch wolle er nicht den Anschein erwecken, durch Kontakte zu Papen Teil einer staatlichen Mission zu sein. „Die Haltung des Oberhirten der kleinen Diözese Eichstätt erwies sich in den turbulenten Sommermonaten des Revolutionsjahres 1933 als gradliniger, grundsatzfester und zukunftsorientierter als diejenige anderer Bischöfe in der deutschen Hierarchie.“[23] Er besaß wie kaum ein anderer ein Urteil mit analytischer Tiefenschärfe.

Preysing sah sich Anfang Juli 1933 veranlaßt, dem vatikanischen Verhandlungsführer Kardinalstaatssekretär Pacelli seine Bedenken zum Verhandlungsgegenstand „Reichskonkordat“ schriftlich vorzutragen. Seine Sorgen richteten sich besonders auf die Verkündigungsfreiheit und die Entpolitisierung des Klerus. Er war überzeugt, daß in Zukunft staatlicherseits eine politische Betätigung des Klerus für den Nationalsozialismus nicht nur als nicht verboten erachtet wird, weil derselbe jetzt Staat und nicht mehr Partei sei, vielmehr von den Geistlichen eine solche Betätigung erwartet und gefordert wird. Auch Faulhaber teilte er in einem Brief seine schweren Bedenken gegen das Vertragswerk mit. „Möge es für das kommende Konkordat nicht von böser Vorbedeutung sein, daß die Suspendierung des Kulturkampfs in Bayern nicht als Vorbedingung für weitere Verhandlungen gewährt wurde, sondern als Gegenleistung für die Paraphierung des Vertrags charakterisiert wurde - Friedensverhandlungen und Friedensschluß vor Waffenstillstand."[24]

Ludwig Volk urteilt: „Preysings Einwände zeugen ebenso sehr für Unbestechlichkeit allen berauschenden Parolen gegenüber wie für eine frappierende Klarsicht, die erst in der Rückbetrachtung ihr Format freigibt. Kein Bekenntnis zur neuen Ordnung war das oberste Postulat der Eichstätter Denkschrift. Aus dem Wirrwarr revolutionärer Deklamationen hatte der Warner instinktiv das tragende Thema herausgehört, das als Leitmotiv in der Folgezeit alle sonstigen Weisen übertönen und der Umbruchsdynamik die Richtung vorzeichnen sollte."[25] Mit dieser strategischen Einschätzung nahm Preysing eine Position ein, die er später als Bischof von Berlin ebenfalls beziehen sollte, dann jedoch mit größeren Konsequenzen als im Sommer 1933.

Der Nachfolger Pacellis als Apostolischer Nuntius, Cesare Orsenigo, durch seine heimatlichen Erfahrungen mit dem Faschismus alles andere als ein unvoreingenommener und kritischer Beobachter der neuen politischen Landschaft in Deutschland, sah im Abschluß des Reichskonkordats vorrangig den Erfolg vatikanischer Diplomatie. Seiner Initiative zu einem offiziellen Dankgottesdienst in der Berliner St. Hedwigs-Kathedrale am 17. September konnte oder wollte Kapitularvikar Steinmann - Bischof Schreiber war am 1. September verstorben - nicht widerstehen. Das Te Deum zum bedenklichen Vertragswerk mußte in den Ohren treuer Katholiken die bereits entstandene Verunsicherung nur noch verstärken. Denn der „Völkische Beobachter", die offizielle Zeitung der NSDAP, gab dem Konkordatstext die Überschrift „Anerkennung des nationalsozialistischen Deutschlands durch die Katholische Kirche"[26]. Während Preysings Metropolit, der Bamberger Erzbischof Jakobus Hauck, im Anschluß an den Pfarrgottesdienst ebenfalls das „Großer Gott, wir loben Dich" „zur Erflehung des göttlichen Segens für das glückliche Gelingen des Friedenswerkes, in dem sich Staat und Kirche zu einträchtigem Zusammenwirken"[27] gefunden hätten, anordnete, war die Mehrheit der bayerischen Oberhirten gegen diesen Jubelgesang. Preysing vertrat gegenüber Faulhaber den Standpunkt, die Lage, wenigstens in Bayern, lasse eine derartige offizielle Freudenbezeugung nicht zu.[28]

Kurz nach dem ersten Jahrestag seiner Bischofsweihe teilte Preysing seinem Freund Thun mit: „Allmählich lerne ich Land und Leute kennen... Auch ist hier Sitte, jeden ernannten Pfarrer zu Tisch zu haben am Tag der Investierung, was eine sehr gute Einführung ist; man lernt die Leute viel besser kennen und kommt ihnen näher als bei einer ‚Audienz'."[29] So sehr das Bistum auch seinen Bischof beanspruchte, so nahm sich dieser dennoch Zeit für schöne Literatur. „Meinen Lenau lasse ich mir nicht, auch nicht den lyrischen, nehmen; seine beste Lyrik ist auch nicht seine meistzitierte"[30], vertraute er seinem Freund an.

Auch die schriftstellerische Neigung ließ den Eichstätter Bischof nicht ganz los. In der von ihm schon in den Münchener Jahren gelesenen katholischen Kultur-Zeitschrift „Hochland" veröffentlichte er einen Gedenkaufsatz für den 1535 hingerichteten englischen Staatsmann und Glaubenszeugen Thomas Morus aus Anlaß des 400. Todestages.[31] Für Preysing hatte der Lordkanzler Thomas Morus Vorbildcharakter wegen seiner bedingungslosen Gewissenstreue beim Konflikt mit einer Staatsgewalt, die diese Gewissensfreiheit negierte. Nicht jedem damaligen Hochland-Leser mag die historische Parallele zur NS-Zeit aufgefallen sein, in der Gehorsam gegen Gott und die staatsbürgerliche Loyalität ebenfalls in Konflikt gerieten. Aber mancher mag an die Ermordung der Katholiken Fritz Gerlich, Adalbert Probst und Dr. Erich Klausener gedacht haben, die bei der Abfassung des Aufsatzes erst ein Vierteljahr zurücklag.

Inzwischen hatte die NS-Partei auch in Eichstätt mit der Gleichschaltung des öffentlichen Lebens begonnen. Der der BVP angehörende Bürgermeister Otto Betz wurde im April 1934 zum Rücktritt gezwungen. Der bisherige NS-Kreisleiter Dr. Walter Krauß wurde am Vorabend von Fronleichnam als Nachfolger eingeführt. Bischof Preysing veranlaßte daraufhin, daß jeder Blumen- und Fahnenschmuck in der Stadt und die Aufstellung der Fronleichnamsaltäre an den traditionellen Stellen zu unterbleiben habe. Er hielt die bischöfliche Fronleichnamsprozession nur innerhalb des Doms. Mit dieser Reaktion, die die NSDAP natürlich als unfreundlichen Akt ansah, wollte Preysing den Mißbrauch des Fronleichnamsschmuckes zugunsten der Amtseinführung des neuen Bürgermeisters vermeiden.[32]

Im Juli 1933 verstärkte sich Preysings Sorge um „Glaubens- und Sittenschädigungen" seiner Theologiestudenten durch den „freiwilligen" Arbeitsdienst.[33] In einem Schreiben an den Regensburger Bischof Buchberger stellte er fest, es gäbe Arbeitslager, „die in sittlicher Hinsicht alles andere, nur nicht Aufenthaltsstätten für künftige Priester" seien. Hinter der Heranziehung von Theologiestudenten zum Arbeitsdienst sah er als Ziel „die restlose Politisierung unserer Hochschulen", und das zu einer Zeit, „wo der Geistliche auf Grund des Konkordates gänzlich aus der Politik ausscheiden soll!" Preysing forderte daher „einheitliche und entschiedene Abwehr" dieses Politisierungsversuchs. „In banger Sorge um unseren zukünftigen Klerus, ja um die Zukunft der katholischen Kirche in Bayern möchte ich als unsere Haltung empfehlen: ‚Principiis obsta' - Den Anfängen wehren."[34] Diese Grundmaxime Preysingscher Kirchenpolitik war 1933 maßgebend, und sie blieb so konsequent in der NS-Zeit und bis zu seinem Lebensende.

Im Einvernehmen mit Preysing lehnte daher auch der Eichstätter Regens Rackl im Juli den Versuch einer Erfassung der Theologiestudenten durch den NS-Studentenbund ab. Da im benachbarten Bistum Regensburg das Problem des Arbeitsdienstes nicht so streng gesehen wurde, schrieb Preysing am 12. Oktober erneut an seinen bischöflichen Mitbruder. Er sah in diesem staatlich geförderten „freiwilligen" Arbeitsdienst „einen Eingriff in das dem Bischof allein und ausschließlich zustehende Recht auf Erziehung der zukünftigen Priester. Außerdem trat er dafür ein, „der Frage des Arbeitsdienstes für Seminaristen nicht näher zu treten", bevor die römische Kongregation für die Seminare verständigt sei.[35] Wie Recht Preysing hatte, ging auch daraus hervor, daß der Freiwillige Arbeitsdienst zu einem nationalsozialistischen Verein wurde, der im Februar 1934 den Namen „NS-Arbeitsdienst" erhielt.

In einer anderen damals umstrittenen Frage zeigte der Eichstätter Bischof ebenfalls unbeirrbare Konsequenz. Das Geläut der Kirchenglocken und kirchlicher Fahnenschmuck waren für die NS-Propaganda stets willkommene Helfershelfer. Um die unterschiedliche Praxis der Pfarrer zu vereinheitlichen, strebte das Reichsinnenministerium eine grundsätzliche Vereinbarung auf höchster Ebene an. Preysing erklärte am 24. Oktober 1934: „Kirchenflaggen in meiner Diözese nur aus kirchlichen Anlässen und in kirchlichen Farben."[36] Auch hier die Grenzziehung im Geiste des „principiis obsta". Später als Berliner Bischof bekräftigte Preysing diese Position. Am 6. Dezember 1937 erließ er die Verfügung: Für den Fall des Ablebens des Herrn General Ludendorff dürfen Kirchen und Pfarrhäuser nicht geflaggt werden. Leider waren einige andere Bistümer mit der Ehrung des Generals und antikatholischen Weltanschauungspropheten großzügiger. Bis zum Tod Ludendorffs am 20. Dezember kamen Preysing allerdings mit Rücksicht auf die Reichswehr Bedenken gegen seine eigene Entscheidung. Faulhabers detaillierte Erklärung an alle Seelsorgsstellen des Erzbistums München und Freising[37] , warum bei diesem Anlaß nicht geflaggt wird, dürfte den Berliner Oberhirten dann in seiner Einschätzung bestätigt haben. Jedenfalls ließ er die Faulhaber-Erklärung auch seinem Diözesanklerus zugehen.

Durch die Einrichtung von „Fachschaften" versuchte die Partei gleichfalls Einfluß innerhalb der Philosophisch-Theologischen Hochschule zu gewinnen. Das „principiis obsta" praktizierte Preysing auch hier. Er lehnte jede nationalsozialistische Schulungsveranstaltung im Rahmen der „Fachschaft" ab. Als Begründung führte er Artikel 31 und 32 des Reichskonkordates an, nach denen parteipolitische Schulung nicht möglich sei. Graf Westarp, dem Vertrauensmann der deutschen Studentenschaft im Kreis Bayern, schrieb er am 2. Januar 1934: „Was die staatspolitische Schulung im Sinne der Verbundenheit des künftigen Priesters mit Heimat, Volk und Vaterland anlangt", so würden die Theologiestudenten durch ihre Lehrfächer angemessen vorbereitet, so daß es besonderer Aktivitäten von außen nicht bedürfe.[38] Im August 1934 beantwortete Preysing aus seinem Urlaubsort Wörishofen die Anfrage des Reichsministers des Inneren wegen der Zugehörigkeit von Seminaristen zur Hitlerjugend (HJ), die Kardinal Bertram allen Ordinarien zugeleitet hatte. Da die HJ eine Parteiorganisation sei, sich parteipolitisch betätige und künftige Parteimitglieder heranziehen wolle, war für ihn das Urteil klar: „Die Forderung, Seminaristen zur HJ gehen zu lassen, erscheint mir gleichbedeutend mit einer Forderung, die gegen Reichsgesetz und Konkordat verstößt." Nur nebenbei erwähnte Preysing, daß die HJ in Eichstätt „derartig kirchen- und autoritätsfeindlich" eingestellt sei, daß auch diese Tatsachen gegen eine Zugehörigkeit von Seminaristen spreche. Dazu wies der Bischof auf die gewaltsame Besetzung eines katholischen Jugendheimes und auf nächtliche Sprechchöre am bischöflichen Palais hin.[39]

Umso unverständlicher war bei dieser entschiedenen Haltung des Eichstätter Diözesanbischofs die Unterschriftsleistung der Professoren der Philosophisch-Theologischen Hochschule, mit der sie im Jahre 1933 - wenigstens äußerlich - als Befürworter der nationalsozialistischen Politik auftraten.[40] Das Buch „Bekenntnis der Professoren an den deutschen Universitäten und Hochschulen zu Adolf Hitler und dem nationalsozialistischen Staat" trug die Unterschriften von insgesamt 957 deutschen Professoren, darunter auch die der Eichstätter Professoren Franz Xaver Wutz, dem engen Freund von P. Ingbert Naab, Georg Wohlmuth, der als Landtagsfraktionsvorsitzender der BVP bereits eine Woche Schutzhaft hinter sich hatte, Karl Kiefer, der gleichzeitig Generalvikar war, Joseph Lechner, der Verfasser des „Offenen Briefes“ an Goebbels im Jahre 1937, und Joseph Schröffer, der spätere Eichstätter Bischof und Kurienkardinal. Die Partei hatte diese Unterschriftenaktion als Wahlkampfmaßnahme für die Volksabstimmung am 12. November inszeniert, mit der Deutschlands Austritt aus dem Völkerbund vom deutschen Volk gebilligt werden sollte. Während beispielsweise die Unterschriften der Hochschulprofessoren von Bamberg, Freising und Braunsberg und von den großen Theologischen Fakultäten fehlten, haben die Eichstätter Professoren den willkommenen Propagandadienst geleistet. Wie Bischof Preysing diesen Vorgang beurteilt hat, ist leider nicht bekannt. Fest steht, daß er zusammen mit seinem Bruder Albert am 5. November 1933 eine Romreise angetreten hat. Die Unterschriftenaktion könnte also in seiner Abwesenheit erfolgt sein. Jedenfalls ist schwer vorzustellen, daß sie seine Billigung gefunden hätte.

Der bereits in München als Domkapitular offiziell mit Pressefragen betraute Preysing schenkte diesem Medium auch in Eichstätt besondere Aufmerksamkeit. Am 16. September 1934 erschien die erste Nummer des Kirchenblattes für das Bistum, der „St. Willibalds-Bote“. Es sollte „das notwendige Bewußtsein festigen, daß wir unzertrennlich zusammengehören: Bischof, Priester und Volk“, wie Preysing im Bischöflichen Geleitwort schrieb. Es gehörte Mut dazu, eine eigene Kirchenzeitung zu einem Zeitpunkt herauszubringen, an dem die Presselandschaft mehr und mehr von braunen Parteizeitungen dominiert wurde. Der Chefredakteur des „St. Willibalds-Bote“ wußte, daß mit jedem unliebsamen Artikel die Beschlagnahmung drohte. Seit 1933 gab es neben der BVP-orientierten Tageszeitung „Eichstätter Volkszeitung“ auch die NSDAP-Zeitung „Eichstätter Anzeiger“. Letztere hat die Konkurrenz nicht lange geduldet. 1936 wurde die Zeitung der Bayerischen Volkspartei ein Opfer der Gleichschaltung.

Glanzvoller Höhepunkt der Bistumschronik 1935 waren die Feierlichkeiten zum 900-jährigen Jubiläum der Eichstätter Benediktinerinnenabtei St. Walburg vom 1. bis 8. Mai. Es sollte das letzte große Fest sein, das Preysing in seiner Diözese miterlebte. Die Festwoche stand allerdings im Schatten des „Kontrastprogramms“ der großaufgezogenen Maifeier, die die NSDAP als Dank des Volkes für Hitlers Einführung der allgemeinen Wehrpflicht am 16. März inszenierte. Die Eichstätter Katholiken hatten inmitten des befohlenen Jubels jedoch nicht vergessen, daß sich erst kürzlich der Gleichschaltungsdruck des neuen Staates in der Bischofsstadt gezeigt hatte. Weil der „St. Willibalds-Bote“ vom 24. Februar eine Predigt Preysings zum Papstkrönungstag abgedruckt hatte, wurde diese Ausgabe der Eichstätter Kirchenzeitung beschlagnahmt. Anstößig war offenbar der Satz in der Bischofspredigt: „Wir feiern dieses Papstfest umso inniger, als das Papsttum gerade in den letzten Jahren und gerade in Deutschland in unerhörter Weise angegriffen wird.“ Den braunen Zensoren waren die Hinweise auf Rosenbergs namentlich nicht genannten „Mythus des 20. Jahrhunderts“ zu deutlich. Denn tatsächlich gehörte dieses unwissenschaftliche Machwerk zu jenen Büchern „voll geschichtlicher Verdrehungen, voll von Schmähungen, die sich nicht nur der Duldung, sondern sogar der Förderung einflußreicher Stellen erfreuen, deren Inhalt in Kursen und Lagern den Insassen mitgeteilt und Gläubigen geradezu aufgedrängt“ werde. Die Festwoche in der Abtei St. Walburg, zu der etwa 50000 Gläubige teilweise in Sonderzügen kamen, gestaltete sich zu

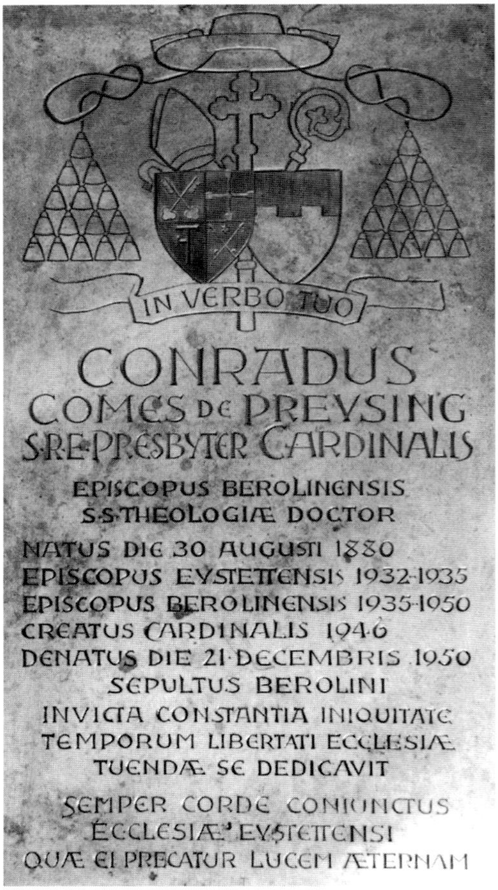

Gedenktafel für Konrad Kardinal Preysing im Dom zu Eichstätt mit der Würdigung: In unüberwindlicher Standhaftigkeit widmete er sich in der Ungunst der Zeiten dem Schutz der Freiheit der Kirche. Im Herzen immer der Kirche von Eichstätt verbunden, die ihm das Ewige Licht erbittet

einem demonstrativen Bekenntnis des Glaubens und der Zusammengehörigkeit der Kirche von Eichstätt, wie es in der NS-Zeit kein zweites Mal stattfand.

Über die Grenzen der Ortskirchen von München und Freising und von Eichstätt hinaus war der Name Preysing übrigens damals kaum bekannt. Als anläßlich der Heiligsprechung von Konrad von Parzham im Jahre 1934 im römischen Collegium Germanicum eine Festakademie vorzubereiten war, beauftragte Rektor P. Konstantin Noppel SJ zwei Studenten mit der organisatorischen Vorbereitung: Wolfgang Haendly, den späteren Berliner Dompropst, und Johannes Maier, später Domprediger in Regensburg und am 23. April 1945 öffentlich hingerichtet, weil er für eine kampflose Übergabe seiner Stadt eingetreten war. Beide Studenten fragten ihren Rektor bei der Suche nach einem Sprecher für das Schlußwort, ob er einen Vorschlag hätte. P. Noppel nannte Bischof Preysing, der sich wie viele andere deutsche Bischöfe zur Heiligsprechung in Rom aufhielt. Als Landescaritasdirektor für Bayern hatte er den damaligen Münchener Domprediger kennengelernt. Als er die überraschten Mienen der beiden Germaniker sah, fügte er hinzu: „Merkt euch diesen Namen. Das ist der kommende Mann." Preysing übernahm das Schlußwort, hielt sich darüber hinaus aber seinem Wesen gemäß im Gedränge der Festakademie distanziert zurück.[41]

Bischof Preysing ging sorgenvoll in das Jahr 1935. „Gott gebe Pax hominibus, 1935 dunkel vor uns"[42] , schrieb er zu Weihnachten seiner Cousine. Seit der Mordaktion vom 30. Juni 1934 hatte der NS-Staat sein gewaltbereites, wahres Gesicht gezeigt. Als die Nachricht vom Tod des zweiten Berliner Bischofs Dr. Nikolaus Bares, der am 1. März 1935 überraschend im St. Hedwig-Krankenhaus gestorben war, in Eichstätt eintraf, löste sie bei Preysing Trauer und Betroffenheit aus. Er hatte seinen bischöflichen Mitbruder, der von Hildesheim in die Reichshauptstadt transferiert worden war, auf gemeinsamen Bischofskonferenzen schätzen gelernt. Nicht zuletzt der Widerspruch von Bares gegen die offizielle Lüge vom angeblichen Selbstmord Dr. Erich Klauseners am 30. Juni 1934 hatte den Berliner Bischof als mutigen Anwalt der Wahrheit gezeigt. Unter den zehn Bischöfen, die den Sarg des von den Berliner Katholiken geradezu geliebten Bischofs begleiteten, befand sich auch der Bischof von Eichstätt. Als der Trauerzug Unter den Linden, der alten Via triumphalis Berlins, entlangzog und dann an der Krypta von St. Hedwig sein Ende fand, dürfte Preysing kaum geahnt haben, daß er selbst in wenigen Monaten als dritter Berliner Bischof in die Kathedrale des jungen Bistums einziehen werde. Die Wärme des katholischen Milieus seiner bayerischen Heimat, zu der seit 1932 auch Eichstätt zählte, gegen den rauhen Norden Berlin-Brandenburgischer Diaspora einzutauschen, lag schwerlich in seiner Vorstellungskraft.

Meine Gebete begleiten Dich auf dem Weg nach Golgatha.
Kardinal Faulhaber an Konrad von Preysing

V

Von Eichstätt in die Reichshauptstadt

Ernennung des Berliner Bischofs ein Politikum - Preysing geht im Glaubensgehorsam nach Berlin - Treueid im Reichskirchenministerium und Antrittsbesuch bei Hitler

Bischofsernennungen beanspruchten damals in der Regel nicht so viel Zeit wie heute, obwohl ebenfalls verschiedene kirchliche und staatliche Instanzen beteiligt waren. Die Geheimakten des Preußischen Ministeriums für Wissenschaft, Kunst und Volksbildung [1] lassen jedoch im Frühjahr und Sommer 1935 ein bemerkenswertes Gerangel um die Besetzung des vakanten Berliner Bischofsstuhles erkennen, verbunden mit grundsätzlichen Neuüberlegungen der Bistumsstruktur in Deutschland. Bereits am 21. März empfahl der stellvertretende Leiter der Geistlichen Abteilung, Ministerialrat Johannes Schlüter, in einer Ministervorlage, [2] anläßlich der Vakanz des Bischöflichen Stuhles in Berlin die Frage zu prüfen, „ob die gegenwärtige Organisation der katholischen Bistümer in Preußen und im Reich zweckmäßig" sei. Dabei ging es zum einen um die Aufwertung des Berliner Bischofs in den Rang eines Erzbischofs. Offensichtlich ärgerten sich Regierungskreise, daß „in der Hauptstadt des Reiches und Preußens an der Spitze der katholischen kirchlichen Organisationen nur ein Bischof steht und der übergeordnete Erzbischof in Breslau sitzt". Das habe den bedauerlichen Nachteil, daß bei öffentlichen kirchlichen Veranstaltungen der Apostolische Nuntius, der den Rang eines Erzbischofs hat, an erster Stelle stehe, „während der deutsche Inhaber des höchsten katholischen Amtes in Berlin sich mit der zweiten Rolle begnügen oder völlig in den Hintergrund treten muß". „Weder in Wien noch in Paris, noch in Warschau oder in ähnlichen Städten" habe der Nuntius eine so überragende Stellung wie in Berlin.

Zum anderen werde für den Staat die laufende Verwaltung der Catholica dadurch „sehr erschwert", daß „keine kirchliche Zentralstelle, die durch einen Erzbischof repräsentiert wird", vorhanden sei. Außerdem fehle für „Verhandlungen wichtiger politischer Art in Berlin eine verantwortliche inländische kirchliche Persönlichkeit, da der katholische Bischof von Berlin infolge seiner Rangunterlegenheit gegenüber den auswärtigen Erzbischöfen eine solche nicht darstellen" könne. Das Fazit der Ministervorlage: „Diesen Nachteilen könnte durch Austausch der Stühle von Breslau und Berlin abgeholfen werden."[3] Allerdings sah der Verfasser der Vorlage die Reaktion der Öffentlichkeit voraus, eine derartige Änderung als „Vergünstigung der katholischen Kirche" anzusehen oder gar „als Vormarsch" im überwiegend protestantischen Berlin.

Vizekanzler Papen hatte schon am Rande der Konkordatsverhandlungen in Rom am 21. Juli 1933 versucht, im Vatikan eine Rangerhöhung des Berliner Bischofs durch Erhebung zum Erzbischof zu erreichen.[4] Auch der Preußische Ministerpräsident Göring war mit einer Rangerhöhung einverstanden, wobei man sich über die Person des zu Erwählenden „unterhalten" müsse. Pius XI. war nicht der Mann, die Freiheit der Bischofsernennung um diesen Preis auch nur in Frage zu stellen. Aus einer Aktennotiz vom 28. März 1935 geht hervor, daß Ministerpräsident Hermann Göring entschieden hat, die Angelegenheit nicht weiter zu verfolgen. Der angegebene Grund, die zu erwartende Errichtung des neuen Kirchenministeriums ändere möglicherweise die Zuordnung der Kirchenabteilung, dürfte kaum der einzige Grund gewesen sein. Denn Verhandlungen mit dem Heiligen Stuhl in dieser Frage waren auf dem Hintergrund der allgemeinen kirchenpolitischen Lage wenig aussichtsreich.

Wie rührig auch Kreise der NSDAP bei der Benennung von Kandidaten für den vakanten Berliner Bischofsstuhl zu Werke gingen, beweist der Brief eines Parteifunktionärs aus Düsseldorf.[5] Er schrieb an Hermann Göring, daß unter den in der Presse genannten Kandidaten leider „kein alter Kämpfer" sei, „doch gibt es auch unter den katholischen Geistlichen solche, wenn auch nur sehr wenige". Warum sollte nicht „einer dieser alten Verfechter nationalsozialistischer Ideen fähig für die Verwaltung des Berliner Bistums sein?" Empfehlend wies der Parteigenosse dann auf den Pfarrer der St. Nikolaus-Kirche in Bonn-Kessenich, Helmut Brinckmann (1882-1955), hin, der sich „wie ein weißer Rabe innerhalb der Geistlichkeit" schon vor 1933 gegen die damalige Regierung und das Zentrum gestellt habe. Natürlich wußte man staatlicherseits, wie irreal ein derartiger Wunsch war, und würdigte ihn lediglich mit einem knappen, höflichen Ablehnungsbescheid.

Konkordatsgemäß trat das Domkapitel bei St. Hedwig am 28. April zur Wahl des neuen Berliner Bischofs aus der vom Vatikan übersandten Dreierliste zusammen. Dompropst Dr. Paul Steinmann teilte Ministerpräsident Göring bereits einen Tag später mit, daß das Domkapitel „den Hochwürdigsten Herrn Bischof von Eichstätt Conrad Graf von Preysing" gewählt habe.[6] Gemäß Artikel 6 des Preußen-Konkordates fragte der Dompropst zugleich an, „ob die hohe Regierung Bedenken politischer Art gegen den Erwählten zu erheben hat".

In den Geheimakten der Geistlichen Abteilung G II findet sich ein Schriftstück, das zumindest die Vermutung zuläßt, daß man von Regierungsseite auf die Bischofswahl des Domkapitels Einfluß zu nehmen versucht hat.[7] Der wahrscheinlich von Ministerialrat Schlüter gefertigte Vermerk vom 16. Mai besagt nämlich, man habe nach dem Tod von Bischof Bares „vertraulich in Erfahrung gebracht, daß das Domkapitel den Bischof von Münster an erster Stelle vorgeschlagen hatte und willens war, diesen zu wählen, daß andererseits die römische Kurie die Wahl des Bischofs von Eichstätt wünschte, wogegen sich das Domkapitel sträubte". Die Wahlabsicht des Domkapitels könnte zutreffend sein, zumal Bischof von Galen in Berlin kein Unbekannter war und durch seine Tätigkeit in St. Clemens und in der Schöneberger St. Matthias-Kirche von 1906-1929 einen guten Namen hatte. Ebenso ist leicht vorstellbar, daß Kardinalstaatssekretär Pacelli tatsächlich den Eichstätter Bischof favorisierte, den er aus seinen Münchener Jahren als Nuntius gut kannte. Andererseits konnte das Domkapitel zwar Vorschläge nach Rom einreichen, wobei aber nach allgemeiner Praxis durchaus offen ist, ob die vorgeschlagenen Namen dann auch auf der vom Vatikan zusammengestellten Dreierliste stehen. Jedenfalls scheint Schlüter durch einen Sachbearbeiter im Vorfeld der Wahl dem Domkapitel „unter allem Vorbehalt" signalisiert zu haben, „daß der Person des Bischofs von Münster voraussichtlich Bedenken begegnen werden und daß über die Person des Bischofs von Eichstätt bis dahin solche Bedenken so nicht bekannt geworden seien" [8].

Gerüchte, Vermutungen und wohl auch Indiskretionen machten schon damals bei einer Bischofsernennung die Runde. Bischof Preysing hörte Anfang Juni, daß im Karussel der Spekulationen immer häufiger sein Name genannt wurde. So wandte er sich aus persönlicher Sorge am 4. Juni an Kardinalstaatssekretär Pacelli [9] mit der inständigen Bitte, „für den Fall, daß an den Gerüchten etwas Wahres sein sollte, Ihren Einfluß aufzubieten, daß in dieser Hinsicht kein Schritt geschehe. Ich darf aus tiefster Überzeugung sagen: Ich bin nicht der Mann mit den eisernen Nerven, der in dieser Stunde diesen Posten gut ausfüllen könnte ... Die einfachen Verhältnisse von Eichstätt sind in der heutigen Lage schon derart, daß ich zweifle, ob ich der Sache gerecht werden kann. Wie würde es sein an dem exponiertesten Platz in Deutschland?" Am gleichen Tag schrieb Preysing auch dem Nuntius in Berlin, Erzbischof Orsenigo [10], mit dem gleichen Ziel: „Ich bin physisch und psychisch nicht der Mann, diesen Posten in dieser Zeit auszufüllen, und ich darf aus tiefster Überzeugung sagen, daß diesen Posten auszufüllen, mir unmöglicher sein wird als anderen in Betracht kommenden Kandidaten. Gewiß spielt der Schmerz, eine geliebte Wirkungsstätte ev. verlassen zu müssen, bei meiner Bitte eine Rolle, aber nicht die ausschlaggebende, sondern die Sorge, es möchte eine unglückliche Wahl für Berlin getroffen werden."

Inzwischen lief ein reger Konsultationsprozeß bei staatlichen Stellen. Berlin fragte in München beim Bayerischen Staatsministerium für Unterricht und Kultur streng vertraulich an, welche Haltung Preysing bisher „gegenüber dem neuen Reich" eingenommen habe. In einer „geheim" - eingestuften Antwort [11] hieß es dort am 15. Mai u.a.: „Nachteiliges ist über ihn bisher nicht bekannt geworden ... Die von ihm veröffentlichten Schriften sind rein theologischer Art und lassen irgendwelche Rückschlüsse auf seine staatspolitische Einstellung nicht zu." In den „Geheimakten des Ministeriums der geistlichen und Unterrichtsangelegenheiten" findet sich allerdings ein aufschlußreicher handschriftlicher Vermerk, ohne Name des Verfassers und ohne Datumsangabe. [12] Darin heißt es über Preysing u.a.: „Er gilt als äußerst gerissener Jurist, ist sehr vorsichtig und schlau, ein nüchterner Beobachter. Er ist sehr beliebt beim Volke wegen seiner persönlichen Einfachheit und Leutseligkeit, er kauft in E. (Eichstätt) selbst ein, geht allein spazieren usw. Besondere Hetzreden hat er nicht gehalten, ein Schritt gegen ihn ist ganz besonders zu überlegen, da er als Jurist äußerst tüchtig ist. Sein Einfluß ist sehr groß." Als Beweis führt der Vermerk an, der „ganze katholische Adel, vor allem des ehemaligen königlichen Hauses, z.B. Prinz Clemens, sind auf seiner Seite". Als Protektor des Katholischen Frauenbundes habe er auch „enge Beziehungen zu Epp [13] und zu hohen SA-Stellen [vor dem 30. Juni 1934], z.Zt. unsicher." Die handschriftliche Aufzeichnung endet mit der Warnung „Höchste Vorsicht daher angebracht." Während diese Warnung offenbar wenig bewirkt hat, glaubte Ministerialrat Schlüter, ein anderes Haar in der Suppe gefunden zu haben. Am Ende seines Schreibens vom 16. Mai wies er nämlich auf einen Mangel bei Preysing hin, der durch Artikel 14,1 des Reichskonkordates bestehe. Danach sei für die Bekleidung eines geistlichen Amtes wenigstens ein dreijähriges Studium an einer deutschen Hochschule erforderlich. Preysing habe jedoch im österreichischen Innsbruck Theologie studiert. Schlüter forderte, hier ganz nach dem Buchstaben des Konkordates zu verfahren.

Dieser Bremsversuch aus formalen Gründen stieß im Vatikan auf heftige Gegenreaktion. Der deutsche Vatikanbotschafter Diego von Bergen telegrafierte an das Auswärtige Amt [14], Kardinalstaatssekretär Pacelli habe zwar begrüßt, daß gegen Preysing von der Regierungsseite keine politischen Bedenken erhoben werden, aber die Bedenken wegen der Vorbildung des Bischofs haben ihn um so empfindlicher getroffen. „Falls es nicht zu einer Einigung käme, wolle der Kardinal den Kampf aufnehmen", hieß es in einem Schnellbrief des Auswärtigen Amtes vom 3. Juni 1935 an das Reichs- und Preußische Ministerium für Wissenschaft, Erziehung und Volksbildung. Die strittige Frage wurde schließlich nach einem mündlichen Antrag des Domkapitels auf Befreiung von dem Hindernis des Reichskonkordates einvernehmlich gelöst.

Erhebliche Widerstände gegen Preysings mögliche Berufung nach Berlin kamen Anfang Juni auch aus höchsten Kreisen der NSDAP. Der Katholik Hermann v. Detten aus dem Stab des Stellvertreters des Führers und leitendes Mitglied der regimefreundlichen „Arbeitsgemeinschaft Katholischer Deutscher" berief sich auf eine entsprechende österreichische Zeitungsmeldung und teilte dem Chef der Reichskanzlei, Staatssekretär Lammers, mit, er halte „diese Persönlichkeit für keineswegs geeignet" und bäte, in diesem Sinne vorstellig zu werden. Seine Bedenken beruhten hauptsächlich darauf, daß „Graf Preysing besonders enge Verbindungen mit dem bayerischen Hochadel und mit dem ehemaligen bayerischen Königshaus habe und als Partikularist anzusehen sei". Major a.D. von Detten unterließ es auch nicht, seinerseits Wunschkandidaten für Berlin zu nennen, wie den Schneidemühler Prälaten Dr. Hartz und eventuell auch den Osnabrücker Bischof Dr. Berning. In einem Aktenvermerk vom 22. Juni heißt es, Hitler sei von dem Schreiben v. Dettens unterrichtet worden, der aber diese Frage in erster Linie dem zuständigen Preußischen Ministerpräsidenten Göring überlassen wolle. Außerdem sei die Angelegenheit schon soweit gediehen, daß sie „kaum rückgängig gemacht werden könne". Tatsächlich hatte Göring die Kurie bereits wissen lassen, daß gegen Preysing politische Bedenken nicht erhoben werden.

Als alle Irritationen ausgeräumt waren, konnte Pacelli am 27. Juni Preysings Brief vom 4. Juni beantworten. [15] Er teilte ihm mit, daß der Heilige Vater glaube, „nach reiflicher Überlegung sowohl das Opfer Ihrer Demut als auch das der begreiflichen und berechtigten Anhänglichkeit an Ihre bisherige Diözese als im Ratschluß Gottes liegend von Ihnen erwarten zu können ... Da die an sich schon überlange Sedisvakanz aus dringenden Gründen nach schneller Besetzung verlangt, wird die amtliche Veröffentlichung der Ernennung auf Anordnung seiner Heiligkeit erfolgen, sobald angenommen werden kann, daß das vorliegende Schreiben in Ihren Händen ist."

Dieser Termin war der 5. Juli 1935. Papst Pius XI. ernannte Bischof Konrad Graf von Preysing zum neuen Bischof von Berlin. Einen Tag später richtete der neue Oberhirte in der Reichshauptstadt ein Schreiben [16] an den Kardinalstaatssekretär und erklärte: „Ich will, gehorsam dem Willen des Statthalters Christi, das Amt antreten, das so überaus schwere, menschlich schier untragbare Verantwortung mit sich bringt, und den Heiland bitten, er möge mir Kraft geben, mein Leben nicht hoch einzuschätzen, wenn ich nur meinen Lauf vollende und die Aufgabe, die ich vom Herrn Jesus erhalten habe, die Frohe Botschaft der Gnade Gottes zu verkünden."

Am gleichen Tag traf in Berlin ein anderer vertraulicher Brief ein, adressiert an Staatssekretär Funk im Reichsministeriums für Volksaufklärung und Propaganda. [17] Hermann von Detten warnte erneut energisch vor Preysing als möglichen Bischof von Berlin: „Seiner ganzen Persönlichkeit und seiner Einstellung nach wird der Graf als Bischof von Berlin, der für die Zukunft als der politisch wichtigste des Reiches angesehen werden muß, seine leidenschaftliche, wenn auch nach außen vielleicht klug abwägende Tätigkeit in einer Richtung innen- wie besonders außenpolitisch entfalten, die sich sehr bald in sehr unliebsamer Weise geltend machen wird." Aber mit resignativem Unterton fügt der Parteifunktionär hinzu, fast scheine es für eine Ablehnung Preysings zu spät, „denn offenbar auf Geheiß der Kurie veröffentlichen gewisse ausländische und deutsche Zeitungen ein nahezu ‚fait accompli'." Er hatte recht, sein massiver Bremsversuch kam um Tage zu spät.

Im Bistum Eichstätt löste der „Transfer" Preysings nach Berlin großes Bedauern aus, obwohl sich seit Tagen entsprechende Gerüchte im Klerus und in den Gemeinden verdichtet hatten. Im „St. Willibalds-Boten", [18] der Eichstätter Bistumszeitung, würdigte das Domkapitel den scheidenden Oberhirten „aus dem uralten edlen bayerischen Geschlecht der Preysings". Auch der Regens des Priesterseminars sprach bewegende Dankesworte bei der Abschiedsfeier von Seminar und Hochschule. Der nach Berlin gerufene Bischof selbst betonte bei dieser Feier, sie wüßten alle, „daß meine neue Berufung ohne mein Zutun - im Gegenteil! - vor sich gegangen" sei. In Erinnerung an seinen bischöflichen Wahlspruch „Auf dein Wort hin" fügte er hinzu: „Ich gehe in ein mir fast unbekanntes Land, auch zu einer Gemeinde, die mich noch kaum gesehen, in andere Verhältnisse, in andere weltliche Interessen, in einen anderen Aufbau der Gesellschaft." Im Abschieds-Hirtenbrief rief Bischof Preysing sein Bistum zu Glaubenstreue auf „trotz aller Stürme, trotz aller Anfechtungen". Zugleich erbat der scheidende Bischof, „der eine noch schwerere Verantwortung jetzt übernehmen muß", das fürbittende Gebet der Eichstätter Katholiken. Auch der Abschiedsgottesdienst im Dom war gekennzeichnet vom Opfer der Trennung, das der Weggang für Bischof, Klerus und Gottesvolk gleichermaßen gefordert hat. Domdekan Dr. Karl Kiefer erinnerte daran, daß Bischof Preysing bei der Wahl seines bischöflichen Leitwortes „Auf dein Wort hin" wohl nicht gedacht habe, „wie dieses Wort einmal einen ganz anderen Sinn sollte gewinnen können". Alle in der Eichstätter Bistumszeitung abgedruckten Texte Preysings zu seinem Abschied zeigen einen politisch-abstinenten Bischof, der nicht die geringste zeitbezogene Äußerung der Kritik an Staat und Gesellschaft fallen ließ, obwohl die Gestapo auch im Bistum Eichstätt bereits ihr repressives Herrschaftssystem etabliert hatte. Ging ein apolitischer Bischof nach Berlin? Jedenfalls telegraphierte Kardinal Faulhaber seinem bisherigen Nachbarbischof Preysing: „Meine Gebete begleiten dich auf dem Weg nach Golgatha."

Tatsächlich hätten die Gegensätze Eichstätt - Berlin kaum größer sein können. Hier ein Bistum in Bayern, dessen Geschichte ins 8. Jahrhundert zurückreicht und eng mit den Namen des heiligen Bonifatius, des Apostels der Deutschen († 754), und des heiligen Bischofs Willibald († 787) verbunden ist; eine Diözese mit einer langen Reihe von Bischöfen, von denen einer sogar zum Papst gewählt wurde, aber sein Herkunftsbistum weiterleitete.

Berlin dagegen, ein junges großflächiges Diasporabistum, das gerade erst fünf Jahre bestand. Eichstätt, eine der schönsten Barockstädte Deutschlands mit katholisch geprägten, überschaubaren Strukturen und Konventionen; dagegen Berlin, eine viereinhalb Millionen Einwohner zählende Steinwüste, ein Schmelztiegel für Zugewanderte aus allen Himmelsrichtungen mit dem unkontrollierten Freiraum einer anonymen Weltstadt. Die „Provinzstadt" Eichstätt mit ihrem überlieferten Brauchtum mußte Preysing wie eine „heile Welt" vorkommen gegenüber dem turbulenten Zentrum des Deutschen Reiches mit seinen verschiedenen Schaltstellen der großen Politik. Auch das repräsentative Bischöfliche Palais in der Behrenstraße 66, einst Besitz der Prinzessin Amalie von Preußen, der Schwester Friedrichs des Großen, und später Sitz des preußischen Generalstabs, in dem Moltke seine Kriegspläne entworfen hatte, konnte sein Stimmungstief kaum aufhellen. Kein Wunder, daß es dem bayerischen Adligen schwerfiel, an der Spree Fuß zu fassen. Walter Adolph gegenüber bekannte er später ganz offen: „Sie müßten einmal in meine Heimat kommen, müßten Eichstätt und mein früheres Bistum kennenlernen, um zu verstehen, wie unglücklich ich mich zunächst hier fühlen mußte. Der Berliner in seiner Riesenstadt kann mich nicht verstehen, wenn er meine Heimat nicht kennt." [19] Seinem Nachfolger, dem Eichstätter Bischof Rackl, schrieb er später: „Meine erste Zeit in Eichstätt war wohl zu schön, um lange dauern zu sollen." Er denke noch so gern an seine Eichstätter Zeit zurück, „die glücklichste meines Lebens wohl" [20].

Von Eichstätt nach Berlin: das war für den empfindsamen Preysing mehr als bloßer Ortswechsel. Es war eine neue, grundverschiedene Welt: politisch, gesellschaftlich, kulturell und auch innerkirchlich. 1935 bedeutete eine schmerzlich einschneidende, fast traumatische Zäsur in seiner Biographie. Noch im Sommer 1938 bekannte er seiner Cousine aus dem Urlaubsort Bad Wörishofen, ihm komme ab und zu ein Gedenken an 1935 und er könne nur dankbar sein, daß sich subjektiv bei ihm „so viel zum Besseren gewendet hat. Es war eine böse Zeit - leider nützt man sie so wenig." [21] Preysings Privatbriefe enthalten zwar sehr häufig die Worte „alles Gott befohlen" oder „Deus providebit". Aber das ermutigende Vertrauen auf den stets größeren Gott bildete in allen inneren Kämpfen, Unsicherheiten und Selbstzweifeln nicht immer nur Herzenstrost, sondern auch Prüfung und Anfechtung. Der Ernstfall seines bischöflichen Wahlspruchs „Auf Dein Wort hin" war wohl zu keiner anderen Stunde so existenziell gegeben wie beim Wechsel von Eichstätt nach Berlin. Das wird in einem Brief vom September 1935 bestätigt. Die Familienangehörigen hatten ihm für sein neues Amt einen Hirtenstab mit dem Motiv von Mt. 14,31 geschenkt. Gerade dieses Jesuswort an Petrus „quare dubitasti“, warum hast du gezweifelt, sei ihm „in Wochen von schwerem Druck“ ein Halt gewesen, schrieb er seiner Cousine. Daher freue er sich besonders, daß dieses Jesuswort auf dem Hirtenstab „schön zu lesen“ sei.[22]

Die herzliche Begrüßung bei der Ankunft auf dem Anhalter Bahnhof, als „Tor zum Süden“ einer der für die Reichshauptstadt typischen Kopfbahnhöfe, konnte Preysings Stimmungsbarometer wohl kaum verbessern. Das gelang weder dem Apostolischen Nuntius, Cesare Orsenigo, noch Msgr. Bernhard Lichtenberg, der in Vertretung des Kapitelvikars Steinmann und des Domkapitels bei St. Hedwig den neuen Bischof willkommen hieß. Vom Anhalter Bahnhof fuhr man unmittelbar zur Bischofskirche. Hier verweilte der dritte Berliner Bischof in der Gruft in stillem Gebet vor denen, die vor ihm in dieser Stadt den Hirtenstab getragen haben: Weihbischof Josef Deitmer (+ 1929), der den fürstbischöflichen Delegaturbezirk Brandenburg und Pommern bis zur Schwelle der Bistumsgründung geleitet hatte, Bischof Dr. Christian Schreiber (+ 1933), der die Gründungsphase des neuerrichteten Bistums tatkräftig begonnen hatte und Bischof Dr. Nikolaus Bares (+ 1935), dem den Bistumsaufbau nach innen und außen fortzusetzen nur kurz vergönnt war. Im Bistum zwischen Ostsee und Fläming, zwischen Elbe und Oder hatte die Ernennung des neuen Bischofs überwiegend Überraschung und Verwunderung ausgelöst. Der Name „Graf Preysing“ war weithin unbekannt. In der Öffentlichkeit der Viermillionenstadt fand die Neubesetzung des Berliner Bischofstuhles starke Beachtung. Allerdings gab es auch hier nur wenige, denen der Name des ehemaligen Eichstätter Oberhirten schon einmal begegnet war. Die „Märkische Volkszeitung“[23] machte in diesem Zusammenhang auf die besondere Prägung des Berliner Katholizismus aufmerksam. „Schlesier, Rheinländer, Bayern usw. sind stark vertreten und haben nicht selten ihre Tradition aus der Heimat in die Metropole des Reiches verpflanzt.“ In dieser Stadt seien schon früher die „großen Entscheidungen des Reiches“ gefallen, und „seit dem Beginn der autoritären Regierung hat die Zentralisierung der Reichsgewalt noch weitere Fortschritte gemacht. Daher ist Berlin auch bei der Lösung geistlich-religiöser Probleme zum Leuchter geworden für das übrige Deutschland.“

Das „Berliner Tageblatt“ hat über die Motive der vatikanischen Personalentscheidung für Berlin Spekulationen angeknüpft und die Meinung vertreten, Preysings Herkunft aus der Diplomatie habe möglicherweise „ebenso eine Rolle gespielt wie seine bisherige zeitweise Verwendung in halbdiplomatischen Stellungen der Kirche und seine daraus resultierenden persönlichen Beziehungen zu Kardinalstaatssekretär Pacelli“. Es sei auch denkbar, „daß die noch nicht abgeschlossenen Verhandlungen über die Ausführungsbestimmungen des Reichskonkordates es dem Vatikan geraten erscheinen lassen, auf dem Bischofsstuhl der Reichshauptstadt einen Mann zu wissen, der in der diplomatischen Verhandlungstechnik kein Fremdling ist“.

Wie durch das Reichskonkordat von 1933 vorgeschrieben, legte Bischof Preysing am Mittag des 30. August den Treueid vor Reichskirchenminister Hanns Kerrl[24] ab, der erst vor wenigen Monaten an die Spitze des neugeschaffenen Ministeriums berufen worden war. Bei dem offiziellen Akt in der Dienststelle Kerrls mitten im politischen Machtzentrum des „Dritten Reiches“ wurde er von Dompropst Dr. Paul Steinmann und Domkapitular Dr. Georg Banasch begleitet. Seine kurze Ansprache bei der Ablegung des Treueversprechens gegenüber dem Deutschen Reich und dem Land Preußen gipfelte in dem Satz: „Die Verpflichtungen, die ich eidlich zu bekräftigen habe, ergeben sich für mich als katholischer Bischof aus dem Sittengesetz meines Glaubens.“ Die Redetexte waren vermutlich vorher ausgetauscht worden; denn Kerrl knüpfte in seiner Antwort an diesen Gedanken an und erklärte, die der geistlichen Führung des neuen Bischofs anvertrauten Menschen seien „zugleich deutsche Volksgenossen und Bürger des nationalsozialistischen Staates“. Die daraus entstehenden Beziehungen „brauchen, dürfen und sollen nicht im Gegensatz zueinander stehen“. Der Minister unterließ es auch nicht hinzuzufügen, daß „trotzdem gewisse Trübungen im Verhältnis Staat und Kirche zur Zeit“ beständen. Auf der Heimfahrt ins Bischöfliche Palais in der Behrenstraße dürfte sich der neue Bischof seine eigenen Gedanken gemacht haben über diese verharmlosende diplomatische Umschreibung der zunehmenden gewalttätigen Übergriffe von SA und Gestapo gegen katholische Laien und Priester. Der feige Mord an Dr. Erich Klausener, dem Vorsitzenden der katholischen Aktion im Bistum Berlin, lag gerade erst ein gutes Jahr zurück.

Am Nachmittag desselben Tages legte der Bischof nach den Bestimmungen des kanonischen Rechts dem Domkapitel bei St. Hedwig seine päpstliche Ernennungsurkunde vor. Damit war die offizielle Besitzergreifung des neuen Bistums verbunden. Bischof Konrad Graf von Preysing trug nun die Hirtenverantwortung für 583 000 Gläubige inmitten von 8,1 Millionen Nichtkatholiken, gegliedert in 13 Dekanate mit 118 Pfarreien und Seelsorgestellen, die die Reichshauptstadt, Brandenburg, Vor- und Hinterpommern und Teile der Neumark östlich der Oder umfaßten. Einige der Dekanate, Berlin Ost, Berlin West, Charlottenburg, Neukölln, Reinickendorf, Oberschöneweide, Steglitz, Frankfurt/Oder, Potsdam, Wittenberge, Stettin, Köslin und Stralsund waren flächenmäßig größer als manches italienische Bistum. In einem Brief an Kardinal Faulhaber schrieb Preysing später: „Es wird kaum eine Diözese in Deutschland geben, die so viele Ansprüche an die Person des Bischofs stellt wie Berlin. Dies ergibt sich aus der Tatsache, daß der überwiegende Teil der Diözesanen in einem Umkreis von etwa 15-20 Kilometer um den Bischofssitz wohnt, weiterhin aus der Tatsache, daß das Bistum erst vor kurzem aus der Pfarrei St. Hedwig hervorgegangen ist, und endlich aus dem Diasporacharakter des Berliner Bistums, das den persönlichen Einsatz des Bischofs nicht nur wünschenswert, sondern auch notwendig macht.“[25]

Beim ersten Bischofsgottesdienst in der überfüllten St. Hedwigs-Kathedrale gab es nicht nur die erhabenen Klänge des „Ecce sacerdos magnus“ von Bruckner, sondern auch ernste Predigtgedanken von Generalvikar Steinmann. Preysing übernehme das Bistum in einem überaus schwierigen Augenblick, wo selbst innerhalb der Kirche viele ihren Glauben nicht mehr in unerschütterlicher Ruhe besäßen und das Bewußtsein verloren hätten, was es bedeute, ein Christ zu sein. Es war dann wohl ein rhetorisches Zugeständnis an die neuen Herren im Staat, daß er hinzufügte: „Wie wir unerschütterlich treu unserem Glauben anhängen, so treu stehen wir auch in unserer Anhänglichkeit und Liebe zum deutschen Vaterland.“ Die Hurra-Rufe der Gläubigen vor der Kathedrale am Ende des Gottesdienstes dürften der neue Bischof und Nuntius Orsenigo wohl mit unterschiedlichen Empfindungen entgegengenommen haben. Preysing ahnte vielleicht, daß das Hosianna dem Crucifige nahe sein kann. Schließlich waren die eingeladenen Vertreter der Reichsbehörden der

Die Berliner Katholiken erlebten bei der Begrüßungsfeier im Sportpalast zunächst einen Bischof, der sehr scheu wirkte. Kaum jemand ahnte, daß Preysings Berufung nach Berlin geradezu ein Glücksfall war. Schwer auszudenken, wenn ein Bischof an der Spitze des Bistums gestanden hätte, der dem NS-Staat und seiner nationalistischen Propaganda gegenüber weniger kritisch und zu Kompromissen bereit gewesen wäre

Inthronisationsfeier demonstrativ ferngeblieben. Der Reichskirchenminister Kerrl hatte sein Fernbleiben „mit der ausdrücklichen Berufung auf die Veröffentlichung des Hirtenbriefes“ begründet. Gemeint war der umfangreiche gemeinsame Hirtenbrief des deutschen Episkopats vom 20. August 1935, in dem der NS-Regierung u.a. „amtliche Duldung und Unterstützung des Kampfes gegen Christentum und Kirche“ vorgeworfen wurde.

Einen Tag danach, am 8. September, war das weite Rund des Berliner Sportpalastes der Ort der weltlichen Begrüßungsfeier des neuen Oberhirten, übrigens die letzte Großveranstaltung des Berliner Katholizismus im „Dritten Reich“. Die großen Hakenkreuzfahnen mußten bei der Miete des Versammlungsraumes als „Schmuckelemente“ in Kauf genommen werden. Längst nicht alle Katholiken hatten in dem größten Saal Berlins Platz gefunden. Als Franz von Papen, Hitlers ehemaliger Vizekanzler, den Sportpalast betrat und seinen Platz einnahm, begrüßten ihn die Berliner Katholiken mit einem vernehmlichen Pfeifkonzert. Mit ernster Miene und zusammengepreßten Lippen nahm Preysing unter den stürmischen Begrüßungsrufen der Anwesenden auf dem Podium Platz. „Warum schreien die Leute so?“ fragte er etwas verwundert seine Begleitung: Mentalitätsunterschiede, die auch die Berliner spürten. Sie verpaßten dem „Neuen“ prompt den Spitznamen „Marmorbischof“. Das Bad in der Menge: für den feinsinnigen Adligen aus Bayern keine erfrischende Wohltat, eher ein nötiges Massenritual. Nach einer rhetorisch brillanten Begrüßung durch Prof. Emil Dovifat, dem Nestor der deutschen Zeitungswissenschaft, trat der neue Bischof ans Rednerpult. Noch sichtlich irritiert von der ungewohnten Atmosphäre der Kundgebung, sprach er über die Kraft des christlichen Glaubens in der Weltstadt Berlin. Den Katholiken als „kleine Minderheit von Andersdenkenden“ sei hier eine besondere Sendung aufgetragen. Nur in leisen Zwischentönen klang durch, daß die Kirche gegenwärtig „heftig befeindet“ werde und der Bischof ein Vorbild in der Glaubenstreue sein wolle, „wenn es sein muß, im Opfer für den Glauben“. Der Beifall am Ende der Ansprache machte Preysing fast etwas verlegen. Statt spontan zu winken, verbeugte er sich vor den Berlinern, was den Beifall noch steigerte, aber auch Heiterkeit erzeugte.

Schon lange vor seiner Kanzlerschaft hatte der katholisch getaufte Adolf Hitler mit Evangelium und Kirche gebrochen. Begegnungen mit Männern der Kirche wie bei Preysings Antrittsbesuch waren für ihn protokollarische Pflicht oder politische Taktik. Aus Kindertagen dürfte ihm die Liturgie eines Requiems nicht fremd gewesen sein, wie bei dem Gedenkgottesdienst für den polnischen Staatspräsidenten Pilsudski am 18. Mai 1935 in der St. Hedwigs-Kathedrale. Wie Beobachter meinten, hatte er seine Mütze absichtlich auf die Kniebank gelegt, um das Hinknieen-Müssen zu umgehen. Das feierliche Hochamt hielt der damalige Dompfarrer Bernhard Lichtenberg.

Der Antrittsbesuch bei Hitler war unvermeidlich. Preysing wurde am 23. Oktober an den Stufen der Reichskanzlei mit militärischen Ehren von einem Zug der SS-Leibstandarte empfangen. Der „Führer“ präsentierte sich dem neuen Berliner Bischof in der geübten Pose des monologisierenden Dauerredners. Er ließ sich weitschweifig über die „verderbliche Politik des Zentrums und über die Sabotage durch die Devisenverbrechen“[26] aus. Wie Preysing in seinem Bericht über das Gespräch[27] berichtete, betonte Hitler, „daß er von seinen Ansichten und Maßnahmen in Bezug auf die Rassenschutzgesetzgebung nicht abgehen könne und seine Überzeugung, daß über kurz oder lang die Kirche ihre Ansichten revidieren würde... Er kam auf die Gefahr des Bolschewismus zu sprechen, gegen die doch alle Kräfte einig sein sollten.“ Die Unterstellung, er wolle eine neue Religion gründen, sei ein Hirngespinst. „Die katholische Kirche habe trotz ihrer bekannten Klugheit einen Fehler begangen, sich gegen Rosenberg zu stellen“, weil dadurch erst dessen Buch „Mythus des 20. Jahrhunderts“ weite Verbreitung gefunden habe. In der dreiviertelstündigen Begegnung, bei der Hitler den Wunsch eines Gespräches mit Kardinal Faulhaber äußerte, bat er Preysing, im Sinne einer Verständigung zwischen Staat und Kirche zu wirken. Bei diesem Antrittsbesuch war Hitler offenbar die innere Reserve seines Gegenübers nicht entgangen. Die suggestive Fähigkeit Hitlers, die auch zahlreiche kritische Besucher beeindruckte, wirkte hier nicht. Jedenfalls beschimpfte er Preysing später 1942 in seinen Tischreden als „absolutes Rabenaas“[28]. Es lagen Welten zwischen den beiden Männern: politisch, moralisch und im Format der Persönlichkeit. Hier der adlige Bischof, der unbestechlich urteilende Sachwalter von Recht und Gerechtigkeit, ungeblendet vom Führermythos, dort der machtbesessene Verführer des eigenen Volkes, der gewissenlos die politische Karte der Gewalt ausspielte und bald Millionen in ein Meer von Blut und Tränen stürzen sollte.

Man braucht Jahre, ehe sich dieser faszinierende Wirrwarr, ehe sich der Zauber und die Drohung und die Wucht und der Schrei und das Jauchzen und die Hypnose dieses Kolosses entwirrt. Ehe der Zugewanderte festen Boden unter die Füße bekommt.

Dr. Carl Sonnenschein über Berlin

VI

Für zwei Diasporabistümer verantwortlich
(1935 - 1937)

Der Devisenprozeß gegen den Bischof von Meißen - Domkapitular Banasch verhaftet - Die Olympischen Sommerspiele 1936 in Berlin

Die Schonfrist der „Ersten hundert Tage" war Bischof Preysing in der Millionenstadt Berlin nicht vergönnt. Vor ihm stand die große Aufgabe, das ausgedehnte Flächenbistum mit seinen zahlreichen Stadtpfarreien und den vielen kleinen Diasporagemeinden in Brandenburg und Vor- und Hinterpommern kennenzulernen. Auch der großenteils aus Schlesien stammende Klerus war ihm fast ausnahmslos unbekannt. Was er einst als Aufgabe des nach München berufenen Erzbischofs Bettinger beschrieben hat, galt jetzt für ihn selbst: „Sicheinleben und Einwurzeln in Herzen von Klerus und Volk" [1].

Berlin, das „Europa an der Spree", hatte seit den Goldenen Zwanzigern nicht überall den besten Ruf. „Berlin ist ein geistiges Chaos geworden", schrieb der Publizist Wilhelm Schramm 1930 in den „Süddeutschen Monatsheften". Die anonyme Asphaltwüste und das glitzernde „Sündenbabel" konnten schon den Eindruck eines geistigen Wirrwarrs erwecken. Viele Philosophien und Weltanschauungen, unterschiedliche Kunstrichtungen und ein Schrifttum aller Coleur bis zu Massenauflagen von Schundliteratur wirbelten durcheinander: Positivismus,Neuidealismus, Marxismus, Naturalismus, Expressionismus, Dadaismus und Neoromantik.

Hinzu kam die zunehmend angespannte politische Atmosphäre in der Reichshauptstadt. Wie zielbewußt hier Schlüsselpositionen in Staat und Gesellschaft nach dem richtigen Parteibuch besetzt wurden, zeigte der Stellenwechsel an der Spitze der Berliner Polizei. Der bisherige Berliner Polizeipräsident v. Levetzow, ein Beamter konservativer Herkunft, war gerade durch den SA-Gruppenführer und Potsdamer Polizeipräsidenten Graf Helldorf abgelöst worden. Im Theater spendeten die Berliner zwar donnernden Applaus, wenn der Schauspieler in Schillers „Don Carlos“ beschwörend ausrief: „Sire, geben Sie Gedankenfreiheit!“ Presse und Rundfunkwaren jedoch bereits weitgehend gleichgeschaltet. Das Post- und Briefgeheimnis war nicht mehr gewährleistet. Das Herrschaftsinstrument des Terrors und der Konzentrationslager lag drohend in den Händen der Gestapo. Die Namen Dachau, Lichtenburg, Sachsenburg, Esterwegen und Oranienburg schüchterten ein und verbreiteten Angst und Schrecken. Das Geheime Staatspolizeiamt, die zentrale Nachrichtensammelstelle der Politischen Polizei für ganz Deutschland mit nahezu unbegrenzten exekutiven Kompetenzen, amtierte nur einige hundert Meter vom Bischöflichen Ordinariat entfernt in der ehemaligen Kunstgewerbeschule in der Prinz-Albrecht-Straße 8.

Wie eine Bombe schlug am 9. Oktober 1935 im Berliner Ordinariat die Nachricht ein, daß der Meißener Bischof Petrus Legge (1882-1951) während einer Firmungsreise im sächsischen Altenburg verhaftet und am folgenden Tag in das Untersuchungsgefängnis in Berlin-Moabit überstellt worden war. Das Vatikanische Staatssekretariat war von der Deutschen Botschaft beim Heiligen Stuhl am Tag der Verhaftung informiert worden, daß „dem leider notwendig gewordenen Vorgehen gegen den Bischof nur strafrechtliche, keineswegs aber irgendwelche politischen Beweggründe zugrunde lägen“ [2]. Diese direkte Information des Vatikans führte zu dessen rascher Entscheidung, den gerade erst in sein Berliner Bischofsamt hineinwachsenden Grafen Preysing „mit der einstweiligen Regierung des Bistums Meißen“ zu betrauen, wie das Kirchliche Amtsblatt in Bautzen am 15. Oktober mitteilte. Den Grund dieser plötzlichen Ernennung des Nachbarbischofs zum Administrator für das erst 1921 wiedererrichtete Bistum Meißen [3] erfuhren die Leser des Amtsblattes freilich nicht. Aber die bestürzende Nachricht, daß jetzt auch ein Bischof in die Devisenprozesse verwickelt sei, hatte sich ohnehin in Windeseile im Meißener Bistum herumgesprochen.

Die Verhaftung Legges war ein Glied in der langen Kette von Devisenprozessen, die seit März 1935 über deutsche Bistümer hereinbrachen. Betroffen waren mehrere Ordensleute, aber auch verschiedene Weltpriester. Am 26. Juni 1935 informierte der Reichsjustizminister den Reichskanzler, daß etwa 60 Strafverfahren gegen Geistliche und Ordensangehörige im Gange seien, die bereits in acht Fällen zur Erhebung der Anklage geführt und in 19 weiteren eine solche binnen kurzem erwarten ließen. Nach dem Buchstaben des Gesetzes waren die Anklagepunkte kaum bestreitbar. Ordensgenossenschaften und andere kirchliche Institutionen, die Auslandsverbindlichkeiten oder -konten besaßen, hatten die noch von Reichskanzler Heinrich Brüning und später von der NS-Regierung weiterentwickelte Devisengesetzgebung „umgangen oder verletzt, wobei nicht immer klar war, ob sie sich der strafrechtlichen und moralischen Seite ihres Tuns bewußt waren“ [4]. Der „Völkische Beobachter“, das Zentralorgan der NSDAP, würzte die Berichterstattung über die Devisenprozesse mit antikatholischen Haßtiraden und schrieb unter anderem über angeklagte Ordensfrauen, die Schwestern hätten „entsprechend ihrer Weltanschauung folgerichtig gehandelt, denn sie erkennen ja den Oberbefehl Adolf Hitlers nicht an, sondern stehen unter dem Befehl der römischen Macht“. Das Ansehen der Kirche sollte in der Öffentlichkeit so stark wie möglich ins nationale und moralische Zwielicht gerückt werden.

Bischof Preysing brachten der Legge-Prozeß und seine Folgen eine erhebliche Mehrbelastung. Er hatte überraschend die Leitungsverantwortung für das Diasporabistum mit den Großstädten Leipzig, Dresden und Chemnitz. Nur die sorbischen Gemeinden in der Oberlausitz bildeten in dem sächsischen Bistum eine überwiegend katholische Enklave. In der ersten Zeit reiste er mehrfach zu Ordinariatssitzungen nach Bautzen. Als sich das als zu beschwerlich herausstellte, wurde der damalige Meißener Ordinariatsassessor Dr. Johannes Hötzel beauftragt, wöchentlich zu einem festen Termin nach Berlin zu reisen und die ausstehenden Fragen und Probleme der Meißener Diözese dem Berliner Bischof zur Prüfung und Entscheidung vorzutragen. In den Monaten Oktober 1935 bis März 1937 besuchte Preysing immer wieder das sächsische Diasporabistum und spendete im Hohen Dom zu Bautzen die niederen und höheren Weihen und hielt zahlreiche Firmungen. Für 1936 sind im Amtsblatt des Bistums Meißen insgesamt 15 Firmhandlungen in Gemeinden des sächsischen und thüringischen Anteils des Bistums verzeichnet, darunter in Chemnitz, Zittau, Zwickau, Altenburg und Glauchau. Wenn es auch manchmal nur wenige Firmlinge waren, so betrug immerhin die Gesamtzahl der gefirmten Kinder doch 1879.[5]

Die Gestapo-Überwachung von Geistlichen im Bistum Meißen führte in der Administrationszeit des Berliner Bischofs zu mehreren Verhaftungen. So war unter anderem Kaplan Fritz Kenter aus Dresden-Neustadt 14 Monate in der Landesstrafanstalt Bautzen in Schutzhaft. Ihm wurde „Greuelpropaganda" vorgeworfen. Während der Haftzeit bemühte sich der Kaplan vergeblich um Zelebrationserlaubnis. Preysing hat im Juni 1936 bei der zuständigen Stelle diese Bitte unterstützt. Daraufhin wurde ihm die erbetene Zelebrationsmöglichkeit gewährt. Im Fall des wegen „staatsfeindlicher" Äußerungen mit Unterrichtsverbot belegten Kaplans Johann Maier aus Zittau bemühte sich das Bischöfliche Ordinariat im Auftrag des Administrators leider vergeblich um Aufhebung dieser Maßnahme. Über zwei weitere Priester, die in der Zeit der Administration im KZ Sachsenburg in Haft waren, fehlen in den Akten des Ordinariats in Bautzen und in den Personalakten der Betroffenen jegliche Hinweise auf eventuelle Interventionen Preysings.[6]

Am 15. November 1935 wurde vor der IV. Strafkammer des Berliner Landgerichts der zehntägige Prozeß gegen Bischof Legge, gegen seinen Bruder, den Generalsekretär der Akademischen Bonifatiusvereinigung in Paderborn, Dr. Theodor Legge, gegen den Bautzener Generalvikar Dr. Wilhelm Paul Soppa und gegen eine Sekretärin eröffnet. Der vom Ordinariat Berlin zur Prozeßbeobachtung entsandte Laie, der jedes Wort mitstenographieren sollte, wurde schon nach dem ersten Tag von der Gestapo verhaftet. Um den Angeklagten qualifizierten juristischen Beistand zu geben, erreichte Preysing, daß Rechtsanwalt Dix die Verteidigung von Bischof Legge übernehmen konnte. Der von der NS-Justiz inszenierte Prozeß konnte immerhin nicht verhindern, daß Preysing als sachverständiger Zeuge vor den Schranken des Gerichtes aussagte. Der Bischof empfand diese Ladung als ein schwieriges Unterfangen. Zunächst wollte er in schlichter, schwarzer Kleidung den Zeugenstand betreten, ließ sich jedoch überzeugen, daß voller Bischofsornat angemessener sei.[7] Er betrat dann auch nach einer tiefen Verbeugung vor dem angeklagten bischöflichen Mitbruder würdevoll den Zeugenstand, legte Bischofsring und violette Handschuhe ab, steckte den Ring wieder an und begann sein Gutachten.

Kirchliches Amtsblatt
für das Bistum Meißen

Herausgegeben vom Bischöflichen Ordinariate in Bautzen

Nummer 10 | Bautzen, 15. Oktober 1935 | 14. Jahrgang

132. Ernennung eines Administrators. **133.** Caritasarbeit der Kirche — Kundgebung des deutschen Episkopates. **134.** Winterhilfswerk — Kundgebung. **135.** Bittandachten um die Wohlfahrt unseres Volkes und um den religiösen Frieden. **136.** Seligsprechungsprozeß Adolf Kolpings. **137.** Auslandsdeutsche Kinderseelsorge — Sammlung. **138.** Jubiläumsfeier des Kinderkommuniondekretes Pius' X. **139.** Ewige Anbetung. **140.** Kirchliche Stiftungen. **141.** Sammel-Haftpflichtversicherung. **142.** Reichsnährstandsbeitrag.

132.

In besonderem Auftrage des Heiligen Stuhles hat Se. Exzellenz der Hochwürdigste Apostolische Nuntius in Berlin unter dem 15. Oktober 1935 den Hochwürdigsten Herrn Bischof von Berlin

Monsignore Konrad von Preysing

mit der einstweiligen Regierung des Bistums Meißen betraut. Den Gläubigen ist von dieser Ernennung Kenntnis zu geben.

133.

Kundgebung des deutschen Episkopats zur Caritasarbeit der Kirche

Die katholische Kirche sieht in der kirchlichen Caritas ein unveräußerliches Gut christlicher Liebesgemein-

Erlasse oberster Reichsbehörden gesichert und ihn neben die anderen von ihm anerkannten Verbände freier Wohlfahrspflege gestellt.

I. Der katholische Christ darf sich daher als Glied der Kirche und Bürger des Staates gebend und nehmend

Nach der Verhaftung des Meißener Bischofs Petrus Legge wurde der Berliner Oberhirte zum Administrator dieses sächsischen Bistums ernannt

Juristisch geschickt betonte er, daß schon vor knapp 2000 Jahren die Frage entstanden sei, wer in der Kirche für die Liebestätigkeit zuständig sein. Damals sei festgelegt worden, daß den Aposteln der Dienst der Verkündigung obliege, während den Diakonen die mit materiellen Gütern verbundene Sorge für die Armen übertragen wurde. Fazit des geschichtlichen Rückblicks: Auch heute habe der Bischof als Nachfolger der Apostel das Evangelium zu verkünden, Laien seien dagegen die caritativen Aufgaben anvertraut. So sei es auch im „Fall Legge" gewesen. Trotzdem wurde der Meißener Bischof wegen Fahrlässigkeit in der Devisenangelegenheit des Bistums zu 100 000 Mark Geldstrafe verurteilt, wobei 40.000 Mark durch die Untersuchungshaft als verbüßt galten. Der sachliche Prozeßhintergrund bestand darin, daß das Bistum Meißen wegen großer Verschuldung 1926 in Holland eine Anleihe in Höhe von 300 000 Gulden aufgenommen hatte. Bischof Legge hatte versucht, diese Anleihe möglichst schnell zu tilgen und war dabei mit den seit 1934 bestehenden komplizierten strengen Devisenbestimmungen der Reichsregierung in Konflikt geraten. [8] Obwohl Legge den Gerichtssaal als freier Mann verlassen konnte, reiste er zunächst nicht nach Bautzen zurück, sondern begab sich zu seiner Mutter nach Westfalen. Im Februar 1937 ernannte der Papst Heinrich Wienken zum Koadjutorbischof für Legge mit dem Recht der Nachfolge. So konnte die Administration des Bistums Meißen durch den Berliner Bischof erst am 15. März aufgehoben werden. Ende März 1937 dieses Jahres kehrte Petrus Legge in sein Bistum Meißen zurück.

Während der Devisenprozeß gegen Legge noch andauerte, traf Preysing ein weiterer schwerer Schlag. Am 22. November 1935 verhaftete die Gestapo Domkapitular Dr. Georg Banasch und beschlagnahmte Akten. Der in Schutzhaft Genommene war Geschäftsführer der „Informationsstelle der bischöflichen Behörden Deutschlands". Man warf ihm Verrat von Staatsgeheimnissen vor, konkret: Weitergabe vertraulicher Informationen an den Nuntius und damit an eine ausländische Macht. Die Informationsstelle war eine Art Katholisches Büro für die deutschen Diözesen, mit deren Leitung der Berliner Prälat betraut worden war. Wie sich später in einem Gespräch Preysings mit Reichskirchenminister Kerrl herausstellte, hatten die staatlichen Stellen bis zu Banaschs Verhaftung keine Kenntnis vom Bestehen der Informationsstelle.[9] Am Tage der Verhaftung durchsuchten Gestapo-Beamte die Räume des Berliner Ordinariats, darunter auch das Sitzungszimmer. Dort waren mit Ausnahme von Banasch alle Ordinariatsräte wie auch Bischof und Generalvikar versammelt. Die Sitzungsmitglieder, außer Bischof und Generalvikar, mußten sich ausweisen, da man Banasch nicht von Angesicht kannte. Letzterer befand sich wegen Finanz-Verhandlungen im Kirchenministerium und wurde dort verhaftet. In den Wochen der Haft ist er insgesamt elf Mal verhört worden. Nach welchen Einzelheiten gefragt und welche Antworten gegeben wurden, ist nicht bekannt.

Am 27. November 1935 intervenierte Preysing im „Fall Banasch" bei dem Reichskirchenminister Kerrl und bezog sich dabei ausdrücklich auf seinen Antrittsbesuch bei Hitler, der ihn aufgefordert habe, sich „bei Auftreten von Schwierigkeiten" an das Reichskirchenministerium zu wenden. Er bat um Aufhebung der Schutzhaft für Dr. Banasch und um Rückgabe der beschlagnahmten Akten der Informationsstelle.[10] Der Vorsitzende der Fuldaer Bischofskonferenz, Kardinal Bertram, wandte sich am folgenden Tage an Hitler mit der devoten Anrede „Höchstzuverehrender Herr Führer und Reichskanzler". „Das Verlangen nach wahrer Befriedung der Verhältnisse zwischen Kirche und Staat und um Abwendung tieferer Verbitterung des katholischen Volkes" sei der Grund seiner Eingabe. Bertram erhob „nachdrücklichst" Einspruch gegen die Verhaftung von Banasch und die Beschlagnahmung der Akten, da „ein unveräußerliches Recht der katholischen Kirche verletzt" sei. Bertram stellte sich rückhaltlos hinter die von ihm errichtete Informationsstelle und deren Leiter und stellte am Ende des Briefes die provokante Frage: „Wohin soll es führen, wenn die weiteste Öffentlichkeit in und außerhalb Deutschlands hört, daß in Deutschland nicht einmal die amtlichen und vertraulichen Akten des Episkopats mehr sicher sind."[11]

Erst Anfang 1936 entschied Hitler persönlich, den geplanten Hochverratsprozeß gegen die Informationsstelle und damit indirekt gegen den Berliner Bischof und die deutschen Bischöfe einzustellen. Er soll die Auffassung vertreten haben, daß man der Katholischen Kirche Einrichtungen wie die Informationsstelle zugestehen müsse. Bertrams Argumente scheinen in diesem Fall nicht ohne Wirkung geblieben zu sein. In einem Gespräch, das Preysing später mit dem Reichsjustizminister Gürtner und mit Reichskirchenminister Kerrl führte, war zu erfahren, daß die staatliche Seite besonders ungehalten gewesen sei, daß katholische Beamte in Ministerien interne Verfügungen an die Informationsstelle weitergegeben hätten. Daraufhin ist eine „Lex Banasch" entstanden, die die Weitergabe von vertraulichen, dienstinternen Erlassen mit Gefängnis bis zu zwei Jahren bestrafte. Die Haftentlassung von Dr. Banasch am

6. März 1936 soll durch eine Intervention des Osnabrücker Bischofs und Staatsrats Dr. Berning bei Heinrich Himmler während einer Staatsratssitzung in Potsdam erfolgt sein. [12] Nach der Verhaftung von Banasch hatte Preysing den Berliner Domkapitular Heinrich Heufers mit der Leitung der Informationsstelle betraut.
Im März 1936 standen die deutschen Bischöfe vor einer schwierigen kirchenpolitischen Entscheidung. Der Grund: Hitler hatte mit viel Propaganda den 29. März zum Wahltag bestimmt. Es ging ihm an diesem Sonntag nicht mehr und nicht weniger als um die nachträgliche Zustimmung des deutschen Volkes zu seinem gesamten innen- und außenpolitischen Kurs. Seine immerhin beachtliche dreijährige Erfolgsbilanz wollte er sich nunmehr mit freiwilligen oder manipulierten Ja-Stimmen bestätigen lassen. Dazu zählte u.a. die Einführung der allgemeinen Wehrpflicht im März 1935, die nicht nur bei den Generälen des 100 000-Mann-Heeres auf große Sympathie gestoßen war. Am 13. Januar 1936 war das Saarland ins Deutsche Reich zurückgekehrt. 90,8 Prozent der Saarbevölkerung hatten den Wiederanschluß gewünscht. Und am 7. März 1936 hatten deutsche Truppen das durch den Versailler Vertrag entmilitarisierte Rheinland besetzt, ohne daß die Westmächte militärisch interveniert hätten. Das vom „Führer" immer wieder geschmähte „Schanddiktat von Versailles" war also in wichtigen Punkten friedlich außer Kraft gesetzt worden. Konnten die deutschen Katholiken jetzt diesen unbestreitbaren Erfolgen ihre Zustimmung versagen, ohne daß sie als unpatriotisch erscheinen mußten? Konnten die Bischöfe eine Wahlempfehlung in dieser Richtung geben? Denn andererseits war zu erwarten, die NS-Führung werde jede Ja-Stimme als Bestätigung des neuen Staates und der staatstragenden Partei vereinnahmen, einschließlich seines Weltanschauungsmonopols.

Kardinal Bertram entschloß sich, einen aus Köln stammenden und von Faulhaber redigierten Entwurf einer Erklärung zum 29. März allen deutschen Bischöfen zuzuleiten, um eine einheitliche Stellungnahme zu erreichen. Daraufhin reagierte Preysing am 17. März mit einem Brief an alle deutschen Bischöfe, in dem er grundsätzliche Bedenken gegen die vorbereitete Erklärung äußerte. Er bezweifelte, ob die Bischöfe überhaupt zu einer Wahlfrage Stellung nehmen könnten, „deren Inhalt und deren Formulierung" zur Zeit unbekannt seien. Noch grundsätzlicher war sein zweites Bedenken: „Haben wir Auftrag und Sendung, als Bischöfe autoritativ zu einer außenpolitischen Entwicklung Stellung zu nehmen?" Da es darauf nur eine negative Antwort geben konnte, sollte diese rhetorische Frage wohl nur Preysings prinzipielle Ablehnung unterstreichen. Denn auch seine dritte Frage konnten die Bischöfe schwerlich mit Ja beantworten: „Kann der Episkopat in einer politischen Frage den katholischen Staatsbürgern bindende Richtlinien geben, wie es in den Schlußsätzen der Erklärung geschieht?" [13] Das Fazit des Berliner Bischofs, nämlich die Erklärung aufzuschieben oder überhaupt auf eine Stellungnahme zu verzichten, war also theologisch und kirchenpolitisch wohlbegründet.

Die Bedenken aus der Reichshauptstadt fanden bei manchen Bischöfen offene Ohren und hatten zur Folge, daß keine einheitliche Stellungnahme zustande kam. So berücksichtigte die Erklärung des Kölner Kardinals Schulte einerseits den schmerzlichen Gewissenskonflikt katholischer Wähler, motivierte aber andererseits gleichzeitig „ruhigen Gewissens" zur Ja-Stimme, „in dem Bewußtsein, so vor aller Welt für die Ehre, Freiheit und Sicherheit unseres deutschen Volkes einzutreten" [14].

Preysing scherte schließlich doch nicht ganz aus der Phalanx der deutschen Bischöfe aus und entschloß sich zu einer eigenen Erklärung zum 29. März, jedoch in verkürzter und veränderter Fassung. Er übernahm wohl den Hinweis auf die vaterländische Gesinnung der deutschen Katholiken und ebenso das Argument des schmerzlichen Gewissenskonflikts, „weil es den Anschein haben könnte", als bedeute die Abstimmung „auch die Billigung von kirchen- und christentumsfeindlichen Maßnahmen und Äußerungen" der letzten Jahre. Aber er vermied den Begriff Ja-Stimme, sondern stellte lediglich fest: „Indem der deutsche Katholik in freier Entschließung für die Ehre, Freiheit und Sicherheit seines Vaterlandes eintritt, tut er das in der Absicht, durch seine Entscheidung den Lebensnotwendigkeiten des deutschen Volkes, dem Frieden der Welt, dem inneren Frieden und damit dem Aufstieg seines Volkes zu dienen."

Im übrigen stand diese bischöfliche Erklärung in der Katholischen Kirchenzeitung für das Bistum Berlin vom 29. März versteckt auf Seite 17. Auf den Vorderseiten war der Wortlaut von Preysings Hirtenwort zum Caritassonntag abgedruckt. Dabei standen an herausragender Stelle Zahlen aus der Jahresarbeit 1935 der Caritas im Bistum Berlin: 796.320 unentgeltliche Essenportionen von 43 gemeinnützigen Einrichtungen an Bedürftige; 3.826 Erwerbslosen wurde Arbeit vermittelt; 4.174 bedürftige Kinder erhielten Erholungsplätze.[15]

In die eineinhalbjährige Administratoren-Zeit Preysings für Meißen fielen auch die XI. Olympischen Sommerspiele in Berlin vom 1. bis 16. August 1936. Sie wurden im Dienste der NS-Propaganda von Regierung und Partei zu einem überwältigenden Schauspiel benutzt. Sie sollten vor aller Welt die Einheit des deutschen Volkes mit der braunen Regierungsform demonstrieren. Der internationalen Öffentlichkeit wurde eine Art deutsche Massenloyalität und ein friedliebendes „Drittes Reich" vorgespielt. Man hatte „das Bild eines versöhnten Europas vor sich, das seine Streitigkeiten im Wettlauf, Hochsprung, Wurf- und Stabwerfen austrägt", schrieb der damalige französische Botschafter in Berlin, André François-Poncet, später in seinen Memoiren. Um diese Propaganda-Schau für Athleten und eine halbe Million Gäste aus aller Welt nicht zu stören, wurden alle Spuren des totalitären Repressionsstaates und besonders der Judenverfolgung aus dem Stadtbild getilgt. Berlin war im Zeichen der olympischen Ringe ein Symbol für Frieden und Völkerverständigung, aber ein befristetes.

Den beiden Kirchen fiel die Aufgabe zu, am Tag der Eröffnung einen Festgottesdienst für die Teilnehmer der Olympischen Spiele zu halten. Während sich evangelische Christen im Berliner Dom versammelten, hielt Bischof Preysing am 1. August in der St. Hedwigs-Kathedrale diesen Eröffnungsgottesdienst. Er nahm die Gelegenheit war, die Gottesdienstbesucher in deutscher, englischer und französischer Sprache zu begrüßen und auf die Hierarchie der Werte hinzuweisen, die auch für die olympischen Wettkämpfe richtungsweisend seien. Es komme nicht nur auf ein Erringen des Sieges um jeden Preis an, sondern „unumgänglich notwendig" sei „die Achtung vor dem Gegner, die Achtung vor den freiwillig übernommenen Gesetzen". Nicht der „Kult des Leibes" dürfe letztes Ziel des Menschen sein. Alles müsse sich unter das Höchste und Letzte, den Willen Gottes, unterordnen. Die christlichen Völker hätten immer nur so lange Herrliches in der Geschichte vollbracht, „als sie das ewige Gesetz geachtet haben und nicht das Gesetz der Selbstbehauptung und Selbstdurchsetzung als letzte Richtschnur".

Beim nachträglichen Lesen dieser Festpredigt, die damals teilweise auch im Rundfunk übertragen wurde, fallen trotz aller Abstraktion Zeitbezüge auf. Ob sie allerdings von den deutschen und ausländischen Gottesdienst-Teilnehmern damals herausgehört wurden, ist schwer zu sagen. Preysings Predigtstil war selten durch zupackende, mitreißende Lebendigkeit und Anschaulichkeit gekennzeichnet, die das gehörte Wort persönlich erlebbar machen konnten. Zudem bevorzugte er fast ausnahmslos thematische Predigten, wie es zur damaligen Zeit vielfach üblich war. Die Verlebendigung des Mysteriums, dem die Eucharistiefeier gilt, durch die mystagogische Predigt, wie sie beispielsweise der Liturgiewissenschaftler P. Odo Casel OSB († 1948) verstand, lag ihm ebenso fern wie die strenge Homilie. Letztere fand sich in den dreißiger und vierziger Jahren zumeist nur bei Anhängern der Liturgischen Bewegung, zu der Preysing kein besonderes Verhältnis hatte. So gibt es keine Zeugnisse der Sympathie seinerseits zu Romano Guardini († 1968), der von 1923 bis 1939 an der Friedrich-Wilhelm-Universität in Berlin den Lehrstuhl für Religionsphilosophie und katholische Weltanschauung inne hatte. Insofern war Preysings Verkündigungsstil typisch vorkonziliar. Denn die Liturgiekonstitution des Zweiten

Bischof Preysing besuchte Pfingsten 1936 ein Reichsarbeitsdienstlager in Kolberg/Ostsee. Links neben ihm Landjahrpfarrer Ernst Tewes, der spätere Münchener Weihbischof († 1998), rechts neben ihm der Bischöfliche Sekretär Franz Rittau, später Pfarrer der Zehlendorfer Herz Jesu-Gemeinde († 1966)

Vatikanums empfiehlt ausdrücklich als Teil der Liturgie die biblisch orientierte Homilie, „in der im Laufe des liturgischen Jahres aus dem heiligen Text die Geheimnisse des Glaubens und die Richtlinien für das christliche Leben dargelegt werden“.

In den Tagen der Olympischen Spiele standen in der St. Hedwigs-Kathedrale mehrere Beichtväter mit Fremdsprachenkenntnissen zur Verfügung. In diese Gruppe reihte sich auch der Bischof ein, zumal er das Bußsakrament gleich in den drei Fremdsprachen Englisch, Französisch und Italienisch spenden konnte.

Unser Kardinal-Staatssekretär Pacelli hat alle Mühe und alle Sorge und Arbeit für das Wohl und die Freiheit der deutschen Katholiken angewandt.

Pius XI. am 17. Januar 1937

VII

Die Enzyklika „Mit brennender Sorge" und die Folgen

Preysing in deutscher Bischofsdelegation - Flexible Vorwärtsverteidigung des Berliner Bischofs - Vergeblicher Kampf gegen die katholischen Schulen

Preysings Stellung in der Fuldaer Bischofskonferenz war im Unterschied zur Mehrheit der Mitglieder ausgesprochen ambivalent. Einerseits besaß er den scharfsinnigen Blick für kirchenpolitische Fakten und Entwicklungen. Der Dunstschleier der Propaganda trübte sein Urteil zu keiner Stunde. Er teilte nie die Meinung einiger Mitbischöfe, die mit dem Diktum „wenn das der Führer wüßte" den „Staatsmann" Hitler in den ersten Jahren noch in Schutz nehmen wollten, wenn SA und Gestapo militant gegen die Kirche vorgingen. Die Verantwortung der Macht und des Terrors in einem totalitären Staat war für ihn unteilbar und lag letztlich immer bei der höchsten Spitze des NS-Staates. Diese Entschiedenheit mußte den Berliner Bischof zwangsläufig in einen schwelenden Gegensatz zum Konferenzvorsitzenden Bertram bringen. Es war geradezu tragisch, daß der noch vom Kulturkampf geprägte Erzbischof der Odermetropole nicht wahrhaben wollte, was sich seit 1933 getan hatte: die Umwandlung des ihm jahrzehntelang vertrauten Rechtsstaates in einen totalitären Weltanschauungsstaat von schonungsloser Intoleranz. Da der sonst irenische Breslauer Kardinal am Konferenztisch nur schwer Widerspruch vertrug, zogen fast alle Bischöfe vor zu schweigen, auch wenn sie Bertrams Auffassungen nicht teilten. Nicht ohne Grund ermutigte Preysing daher seinen Nachfolger, den Eichstätter Bischof Michael Rackl, am 4. Januar 1936, das offene Wort nicht zu scheuen: „In der Regel des heiligen Benedikt heißt es, daß manchmal der Heilige Geist den Jüngsten die besten Gedanken gebe, also in Fulda sich nicht in Schweigen hüllen. Wir haben eine Fülle von Problemen. Gott gebe uns Licht!"[1] Der Berliner Oberhirte hatte Rackl am 21. Dezember 1935 im Eichstätter Dom zum Bischof geweiht.

Andererseits wußte Preysing nur zu gut, daß eine zerstrittene, in Fraktionskämpfe auseinanderfallende Bischofskonferenz vor der Öffentlichkeit ein Schauspiel der Schwäche und Verwundbarkeit böte. So wurde in Fulda nicht selten Einheit demonstriert, trotz divergierender Meinungen; Einmütigkeit aus übergeordnetem Interesse und nicht zuletzt auch aus Rücksicht auf die Person des Konferenzvorsitzenden.

Auf diesem Hintergrund ist auch die Initiative des Freiburger Erzbischofs Gröber vom 21. März 1936 zu verstehen. Er hatte mit seinem Vorschlag, für die Bischofskonferenz durch organisatorische Straffung bei gleichzeitiger Dezentralisierung mehr innere Geschlossenheit und Führungskraft zu erreichen, dem Berliner Bischof eine „führende Stellung im deutschen Episkopat"[2] einräumen wollen. Gröbers Denkmodell lief auf eine Strukturreform der Fuldaer Bischofskonferenz hinaus, die eigentlich längst überfällig war. Der Erzbischof ging von der selbstkritischen Einschätzung aus, daß die einzelnen Diözesanbischöfe „zu sehr auf sich selbst angewiesen" seien. Außerdem werde „der Mangel eines Planes für das Handeln der Kirche in Deutschland auf weite Sicht schmerzlich vermißt". Daraus entstehe „in weiten Kreisen des katholischen Volkes ein Gefühl der Unsicherheit, das leicht in einen Mangel des Vertrauens in die kirchliche Führung sich auswachsen" könne.

Um im Plenum der Bischofskonferenz effizienter handeln zu können, schlug Gröber eine häufigere Zusammenkunft der sechs deutschen Erzbischöfe vor, „wenigstens alle zwei Monate". Die Informationsstelle in Berlin, die der Gestapo im November 1935 ein besonderer Dorn im Auge gewesen war, sollte weiter belebt werden und die Arbeit des Plenums der Bischofskonferenz vorbereiten. Mit deren Leitung solle der Bischof von Berlin delegiert werden, um den kirchlich-hierarchischen Charakter der Informationsstelle zu betonen. Der Freiburger Erzbischof fügte hinzu, daß auch der Vatikan mit dieser neuen Struktur einverstanden sein dürfte, weil Rom selbst, „zumal angesichts der Zusammenballung der weltlichen Macht in Berlin, sodann wohl auch mit Rücksicht auf die Nuntiatur und den leichten Verkehr mit dieser, eine besondere Bedeutung dem Berliner Bischofssitz zumißt"[3]. Durch diese Strukturreform, die u.a. bei Kardinal Faulhaber Zustimmung fand, hätte der Berliner Bischof eine Schlüsselstellung im deutschen Episkopat erhalten, die besonders für den sich verschärfenden Kirchenkampf von großer Bedeutung gewesen wäre. Preysing nahm zu dem von Gröber angestoßenen Diskussionsprozeß über eine wirksamere Arbeit der Fuldaer Bischofskonferenz am 6. Mai 1936 Stellung. Er bezog sich dabei besonders auf die ihn und das Bistum Berlin betreffenden Überlegungen. Sein erstes Bedenken betraf seine große persönliche Beanspruchung durch den Diasporacharakter seines Bistums. Der zweite Vorbehalt ließ den selbstkritischen und zugleich strategisch denkenden Kirchenpolitiker Preysing erkennen. Er hielt es für gefährlich, dem Berliner Bischof „wer immer es sei, die Verantwortung für wichtige Entscheidungen" zu übergeben. Das Zentrum der Macht sei „kein günstiger Boden und keine günstige Umwelt für weittragende kirchenpolitische Entscheidungen". Der Berliner Oberhirte stehe „unter dem Eindruck des Augenblicks und von Informationen, die sich vielleicht binnen kurzem als falsch herausstellen" und könne deshalb weniger „ruhig und sicher" urteilen. Eine aufgeschobene oder ganz unterbliebene Entscheidung sei immer noch besser als eine Fehlentscheidung. „Sicher ist die Kirche, die ihrem hierarchischen Aufbau nach dezentralisiert ist, zur Zeit in einem gewissen Nachteil dem Staat gegenüber, der die straffste Zentralisation hat." Daran sei grundsätzlich nichts zu ändern. Aber es lasse sich auch nicht leugnen, daß Dezentralisation kirchenpolitisch auch große Vorteile habe.[4] Ohne Zweifel Argumente, die manches für sich hatten. Aber stand dahinter nicht auch die besorgte Scheu eines feinnervigen Mannes, der als Bischof ohne Weihbischof damals für die großflächigen Bistümer Berlin und Meißen Verantwortung trug und nicht zusätzlich eine Führungsposition mit vielen Unwägbarkeiten übernehmen wollte? Wie stark das erste Berliner Amtsjahr Preysings tatsächlich durch die Aufbauphase des Bistums bestimmt war, geht aus der Anzahl neuerrichteter Kuratien hervor. In den ersten zwölf Monaten unterschrieb der Bischof insgesamt 22 Errichtungsurkunden für in kirchlich-seelsorglicher Beziehung selbständige Kuratien: acht in der Reichshauptstadt, sechs in Brandenburg und acht in Pommern. Andererseits stellt sich die Frage: Hat Preysing mit seiner ablehnenden Haltung nicht eine nahezu historische Chance versäumt, die verkrusteten Modalitäten der Fuldaer Bischofskonferenz zu verändern und mit seinen persönlichen Akzentsetzungen den neuen pastoralen, gesellschaftlichen und politischen Herausforderungen anzupassen? Wäre nicht mit der vorgeschlagenen strukturellen Reform möglicherweise früher oder später eine kirchenpolitische Weichenstellung verbunden gewesen, zumal Kardinal Bertram selbst zu bedenken gegeben hatte, ob der Konferenzvorsitzende nicht alle drei Jahre neu gewählt werden solle?

Kardinalstaatssekretär Pacelli, der die Fäden der vatikanischen Deutschlandpolitik weiterhin fest in den Händen hielt, äußerte im Sommer 1936 den Wunsch, mehr detaillierte Informationen über Konkordatsverletzungen des NS-Staates zu erhalten. Offenbar genügten ihm die Berichte seines Nachfolgers, des Apostolischen Nuntius, Erzbischof Cesare Orsenigo, nicht mehr, wenn ein vatikanisches „Pastorale" zur Situation in Deutschland geschrieben werden sollte. Auf der Fuldaer Bischofskonferenz vom 18. bis 20. August begrüßte der deutsche Episkopat diese Absicht und bat ausdrücklich um ein Priester und Laien ermutigendes Apostolisches Schreiben zur kirchlichen Lage in Deutschland.

Überraschend kam dann am 4. November 1936 das schon bei Preysings Antrittsbesuch in der Reichskanzlei angesprochene Gespräch Hitlers mit Kardinal Faulhaber auf dem tiefverschneiten Obersalzberg zustande. Es war in der letzten Phase durch den Apostolischen Nuntius vorbereitet worden. Aus dem umfangreichen Bericht des Münchener Kardinals über die dreistündige Aussprache[5] geht einerseits hervor, daß der „Führer" das Stichwort Bolschewismus benutzte, um die Kirche in Deutschland enger an die Seite des neuen Staates zu binden. Andererseits wird auch deutlich, daß Faulhaber - wenigstens teilweise - der Faszinationskraft Hitlers erlegen ist. Wie anders konnte er niederschreiben, der „Führer" beherrsche „die diplomatischen und gesellschaftlichen Formen mehr wie ein geborener Souverän". Wie anders konnte er zur Auffassung gelangen: „Der Reichskanzler lebt ohne Zweifel im Glauben an Gott." Offenbar hatte sich der ehemalige stellvertretende Feldpropst aus dem Ersten Weltkrieg von Hitlers unklarer Feststellung unangemessen beeindrucken lassen: „Ohne Gottesglauben können die Menschen nicht sein. Der Soldat, der drei oder vier Tage im Trommelfeuer liegt, braucht einen religiösen Halt. Gottlosigkeit ist Leerheit." Die Notiz über den Verteiler des Obersalzberg-Berichtes beweist, daß der Berliner Bischof nicht zu jenen acht deutschen Bischöfen gehörte, denen Faulhaber das streng vertrauliche Papier zugeleitet hat. Ein Motiv dafür ist nicht bekannt. Als Preysing schließlich den Text von dritter Seite erhalten hatte, sparte er nicht mit Kritik an Faulhabers Vorgehen.[6] Er muß schon schwer verärgert gewesen sein, daß er dabei den Kraftausdruck „Saubesuch“ benutzte.

Im Weltanschauungskampf blieb die Begegnung auf dem Obersalzberg „Episode“[7]. Faulhabers schlimme Fehleinschätzung Hitlers dürfte Pacelli zusätzlich bewogen haben, fünf Vertreter des deutschen Episkopates im Januar 1937 nach Rom einzuladen: Die Kardinäle Bertram, Faulhaber und Schulte und die Bischöfe Preysing und Galen. Die beiden Letzteren zählten zu den Jüngsten in der Bischofskonferenz. Dem Breslauer Oberhirten gefiel diese Zusammensetzung nicht ganz. Er schlug statt Galen den ihm kirchenpolitisch nahestehenden Osnabrücker Bischof Berning als Delegationsmitglied vor, der als Leiter der Verhandlungen bei der Reichsregierung und seit 1933 als Preußischer Staatsrat eine besondere Position hatte. So sehr er - Bertram - Galens „echt westfälischen Mut achte, seine Meinung und Preysings Meinung erfahren wir ja in Fulda“[8]. Pacelli blieb jedoch bei der beabsichtigten Zusammensetzung der fünfköpfigen Delegation, legte also auf die Anwesenheit von Berning und des Nuntius keinen Wert.

Über die Papstaudienz der fünf deutschen Bischöfe am 17. Januar 1937, die am Krankenlager Pius XI. stattfand, hat Preysing eine Niederschrift[9] verfaßt. Besonders beeindruckt war er, wie der Papst sein Leiden für alle Leidenden, „hauptsächlich pro Germania - für Deutschland“, als persönliches Opfer annahm.

Der von Faulhaber stammende, aus Gründen der Geheimhaltung handschriftliche Entwurf eines „Pastorale“ vom 21. Januar 1937, durch das Hitler kein Vorwand zur Kündigung des Reichskonkordats gegeben werden sollte, wurde von Pacelli vermutlich unter Mithilfe von Prälat Ludwig Kaas, dem ehemaligen Vorsitzenden der Zentrumspartei, überarbeitet und verschärft, und zwar unter persönlicher Oberaufsicht des Papstes. Der Faulhaber-Entwurf wurde „unter seiner Hand zu einer Verurteilung der nationalsozialistischen Kirchenpolitik vor der Weltöffentlichkeit“(H. Hürten). Erstmals als Enzyklika in deutscher Sprache verfaßt, wandte sich das vom 14. März 1937 datierte Rundschreiben „Mit brennender Sorge“ an alle Bischöfe der Weltkirche. „Die Zuwendung zu den deutschen Katholiken vollzog sich gleichsam vor dem Forum der Gesamtkirche.“[10] Die Enzyklika war keine lückenlose Anklage allen Unrechts und aller Konkordatsverletzungen des NS-Staates. Aber sie offenbarte die bedrückende Lage der Katholiken in einem Land, das gerade erst durch die glanzvollen Olympischen Spiele mit ihrem Medaillensegen für die deutsche Mannschaft international aufgewertet worden war. Und zudem wurde vom Glauben her ein striktes Nein zur Rassenideologie, zum Führerprinzip und zum Totalitarismus gesagt: „Wer die Rasse, oder das Volk, oder den Staat, oder die Staatsform, die Träger der Staatsgewalt oder andere Grundwerte menschlicher Gemeinschaftsgestaltung - die innerhalb der irdischen Ordnung einen wesentlichen und ehrengebietenden Platz behaupten - aus dieser ihrer irdischen Wertskala herauslöst, sie zur höchsten Norm aller, auch der religiösen Werte macht und sie mit Götzenkult vergöttert, der verkehrt und fälscht die gottgeschaffene und gottbefohlene Ordnung der Dinge.“ Das Weltrundschreiben schloß mit dem geradezu prophetischen Ausblick auf den Tag, an dem „anstelle verfrühter Siegeslieder der Christusfeinde aus den Herzen und von den Lippen der Christentreuen das Te Deum der Befreiung zum Himmel steigen darf“.

So entschieden auch die Aussagen der Enzyklika waren, so gering waren andererseits die konkreten Positionen für einen weiteren Modus vivendi der Kirche mit dem NS-Staat. Es bleibt glücklicherweise im Reich der Spekulation, wie die Zukunft der Kirche in Deutschland ausgesehen hätte, wäre Hitler nicht zum Anstifter des Zweiten Weltkrieges geworden und hätte er ihn nicht verloren. Die kirchenpolitische Sackgasse, wie sie jahrzehntelang in der UdSSR bestanden hat, wäre kaum vermeidbar gewesen.

Die gleichzeitige Verlesung der Enzyklika in den etwa 115 000 Pfarrkirchen Deutschlands war auf den Palmsonntag, den 21. März 1937, festgelegt worden. Im Berliner Ordinariat herrschte am Vorabend spannungsgeladene Atmosphäre. Preysing, der im Ordinariat bei der Vervielfältigung durch Wachsplatten selbst mitgeholfen hatte, war „sehr nervös" und rechnete sogar mit seiner Verhaftung durch die Gestapo. In diesem Falle solle sofort der Nuntius benachrichtigt werden, der in der nahegelegenen Rauchstraße residierte. Zu Domvikar Adolph, der offenbar eine aufheiternde Bemerkung gemacht hatte, sagte der Bischof: „Ja, mein Lieber, Sie können lachen. Aber auf mich drückt die Verantwortung für 600 000 Seelen."[11] Gemeint waren die Gläubigen in den beiden Bistümern Berlin und Meißen. Was man im Berliner Ordinariat nicht wußte, war die Tatsache, daß der Chef der Sicherheitspolizei und des SD, Reinhard Heydrich, am Palmsonntag kurz nach Mitternacht um 0.30 Uhr einen Funkspruch an alle Dienststellen der Gestapo richtete. Darin hieß es, die zur Verlesung kommende Enzyklika, deren Wortlaut „dank ausgezeichneter Arbeit einer SD-Dienststelle sowie zwei Gestapostellen" bekannt geworden sei, enthalte „hochverräterische Angriffe gegen den nationalsozialistischen Staat". Heydrich befahl, alle katholischen Kirchen in Deutschland auf die Verlesung hin zu überwachen. Alle gedruckten Exemplare der Enzyklika seien „außerhalb der Kirchen und Pfarrhöfe" zu beschlagnahmen. „Soweit Personen außerhalb der Kirchen und Pfarrhöfe Druckschriften verteilen und es sich nicht um Geistliche handelt, sind diese sofort zu verhaften."[12]

Im Berliner Bistum war die Enzyklika von der Salvator-Drukkerei in einer Auflage von 30 000 Exemplaren gedruckt, durch Kurierdienst verteilt und bereits von den Kanzeln verlesen worden, als am Mittwoch der Karwoche ein Schnellbrief des Reichskirchenministeriums eintraf und „Druck, Vervielfältigung und Verbreitung des Rundschreibens in jeder Form" verbot. Daraufhin ließ Preysing die noch vorhandenen Exemplare heimlich von der Druckerei ins Ordinariat bringen. Hier gelang es, die Exemplare unbemerkt zu vernichten. Auf diese Weise wurde die Salvator-Druckerei vor der Schließung gerettet. Daß der von Goebbels' Propagandaministerium gegängelten deutschen Presse verboten wurde, von der Papst-Enzyklika überhaupt Notiz zu nehmen, verstand sich fast von selbst. Intern wurden bei der Gestapo gegen Preysing und die anderen vier Bischöfe, die in Rom an der Enzyklika beteiligt waren, äußerst aggressive Töne laut. Ein Regierungsrat meinte, wenn es nach ihm gegangen wäre, hätte er „die fünf Burschen an der Grenze verhaftet"[13]. Schließlich hätten die Bischöfe Landesverrat geübt. Hitler polemisierte in einer aggressiv gehaltenen Rede am 1. Mai und erklärte: „Auch die Kirchen unterstehen der Staatsautorität ... Wenn sie versuchen, durch irgendwelche Maßnahmen, Schreiben, Enzykliken usw. sich Rechte anzumaßen, die nur dem Staat zukommen, werden wir sie zurückdrücken in die ihnen gebührende geistlich-seelsorgerische Tätigkeit."

Das Echo auf das Weltrundschreiben fiel im Ausland ausgesprochen schwach aus. Bei manchen mögen das anspruchsvolle intellektuelle Niveau des Textes, bei anderen die geradezu kunstvollen Satzkonstruktionen die unmittelbare Wirkung beeinträchtigt haben. Kaum viel besser erging es der am 19. März 1937 veröffentlichten Enzyklika „Divini Redemptoris", in der der internationale atheistische Kommunismus verurteilt wurde. In Kreisen der Kurie sprach man geradezu von einer „Verschwörung des Schweigens" bei der Weltpresse. Pius XI., eine impulsive Kämpfernatur, hat trotzdem später am 22. Juni 1938 noch eine dritte Enzyklika zum weltweiten Rassismusproblem in Auftrag gegeben. Der amerikanische Jesuit LaFarge erarbeitete sie als „Geheimprojekt" in Paris in Zusammenarbeit mit P. Desbuquois und P. Gundlach, wobei letzterer den größten Teil des Entwurfs verfaßte. Diese geplante Enzyklika unter dem Titel „Die Einheit des Menschengeschlechts" ist durch den Jesuitengeneral Ledóchowski allerdings derart verschleppt worden, daß Pius XI. nicht mehr zur Veröffentlichung kam. Sein Nachfolger Pius XII., der vormalige Kardinalstaatssekretär Pacelli, hat zwar bei der zweiten der beiden Konferenzen mit den in Rom weilenden deutschen Kardinälen am 9. März 1939 darüber sprechen wollen. Der Beratungspunkt „Ist eine lehramtliche Behandlung der Rassenfrage, etwa durch eine Enzyklika, ratsam, erwünscht, besser zu unterlassen?" entfiel aber - vermutlich aus Zeitgründen. Der von der Verschleppung der Enzyklika schwer verbitterte P. Gundlach hoffte, daß sich der mit Pacelli „gut befreundete" Preysing für die Enzyklika einsetzen und in der Sache noch etwas bewegen könne. Die beiden trafen sich am 15. März 1939 in Rom und haben vermutlich entsprechende Überlegungen angestellt. Der Berliner Bischof war zur Papstwahl und -krönung in die Ewige Stadt gereist und hatte dort verschiedene Gespräche geführt. Ob Preysing je mit Pius XII. über den Entwurf der Rassismus-Enzyklika gesprochen hat, ist nicht bekannt. Daß sich Hitler, Himmler oder Heydrich durch eine Antisemitismus-Enzyklika in ihrem fanatischen Rassenwahn beeinflussen oder gar davon hätten heilen lassen, ist allerdings schwer denkbar.

Hat die Enzyklika „Mit brennender Sorge" das ökumenische Klima in Deutschland verändert, zumindest gegenüber Teilen der Bekennenden Kirche? Eine allgemeine positive Antwort dürfte sich wohl verbieten. Ökumenische Kontakte waren im Berlin der Dreißiger Jahre noch keineswegs so selbstverständlich wie in den Jahrzehnten nach dem Zweiten Vatikanum. Das konfessionelle Eigengewicht der evangelischen Mehrheitskirche in Berlin und Brandenburg und die unter Diasporabedingungen lebende Katholische Kirche ließen damals kaum mehr als zaghafte Ansätze eines Miteinander zu, obwohl beide Kirchen dem Druck des NS-Staates ausgesetzt waren. Es fällt auf, daß der sonst auf Protokollfragen sorgsam bedachte Preysing bei der Übernahme seines Bischofsamtes in der Reichshauptstadt im Jahre 1935 - soweit bekannt - keinen Antrittsbesuch bei irgendeinem Repräsentanten der evangelischen Landeskirche von Berlin-Brandenburg gemacht hat. Dabei hatte er durchaus keine Berührungsängste mit der evangelischen Seite. Denn kurz nach der Rückkehr aus Rom anläßlich der Vorbereitung der Enzyklika „Mit brennender Sorge" war er beispielsweise bei dem evangelischen Dahlemer Pfarrer Martin Niemöller zu Gast, der als Vorsitzender des „Pfarrernotbundes" und als führendes Mitglied der Bekennenden Kirche ein waches Auge für das Spannungsfeld Staat - Kirche hatte. Bei dieser Begegnung plädierte Niemöller für eine „Einheitsfront" zwischen Bekennender Kirche und Katholischer Kirche. Preysing reagierte zurückhaltend auf diesen

Vorschlag. Er sah „keine greifbare Möglichkeit, die Einheitsfront irgendwie organisatorisch oder in anderer Form herzustellen". Außerdem fürchtete er, durch ein feststellbares Bündnis beider Kirchen die Selbstbehauptung der Bekennenden Kirche schwer zu belasten.[14] In Niemöller-Biographien ist weder für die Preysing-Begegnung noch für die Idee der „Einheitsfront" eine Bestätigung zu finden. Allerdings wird allenthalben erwähnt, daß sich der am 1. Juli 1937 verhaftete Niemöller im KZ Sachsenhausen zeitweilig mit dem Gedanken trug, zur katholischen Kirche zu konvertieren.

Vergleicht man Preysings Protestschreiben an staatliche Instanzen und seine öffentlichen Äußerungen vor und nach der Enzyklika „Mit brennender Sorge", dann fällt ab Frühjahr 1937 ein schärferer, streitbarerer Ton auf. Bis zu diesem Zeitpunkt hatte sich der Bischof sowohl in Eichstätt als auch in Berlin mit Urteilen über Zeitereignisse und politische Fragen in der Öffentlichkeit auffallend, fast schon übertrieben vorsichtig zurückgehalten. Man sagte ihm daher scherzhaft nach, daß seine „Hirtenbriefe und Ansprachen auch im 13. Jahrhundert nichts an ihrer Gültigkeit und Aktualität eingebüßt hätten". Auf diese Zurückhaltung angesprochen, begründete der Bischof sein Verhalten folgendermaßen: „Ich kann so lange die zweifellos guten Taten und Erfolge des Nationalsozialismus nicht loben, als mir jede Kritik zu den ebenso zweifellosen Schattenseiten verboten ist."[15] Mit den Schattenseiten meinte er, wie Adolph berichtet, besonders die Vorkommnisse in den Konzentrationslagern. Das Frühjahr 1937 bildete auch insofern eine Zäsur in Preysings Kirchenpolitik, als er jetzt die für ihn typische flexible Vorwärtsverteidigung begann, indem er die Bistumsöffentlichkeit offensiv als Druckmittel gegen den NS-Staat benutzte und den Informationsfluß Berlin-Vatikan durch eigene Berichte verstärkte.

Walter Adolph hat die damalige kirchenpolitische Position des Bischofs in einem Memorandum vom 17. Oktober 1937 so zusammengefaßt: Die kirchenpolitische Lage erfordere „1. Keinerlei Verhandlungen mit dem Feind, bis er nicht zu einem ehrlichen und tatsächlich durchgeführten Waffenstillstand bereit ist. 2. Endlich Abstand nehmen von der Als-ob-Politik und die geistigen Kräfte und tatsächlichen Vorgänge beim richtigen Namen zu nennen. Das Konkordat ist zur Farce geworden. Jede Berufung auf das Konkordat, die nicht gleichzeitig die hinterhältige Taktik der Partei in der Nichteinhaltung gegebener Versprechen und Verträge entlarvt, wirkt komisch."[16]

Die bilateralen Spannungen zwischen Preysing und Bertram verschärften sich im Herbst 1937. Zwei Problemkreise vergrößerten den Dissens um den gebotenen kirchenpolitischen Kurs. Im Hintergrund stand der noch immer nicht ausgeräumte Streit zwischen der Katholischen Kirche und dem Deutschen Reich um die „Auslegungsgrundsätze" und die Verbändeschutzliste nach Artikel 31 des Reichskonkordates. Faktisch ging es darüber hinaus auch darum, ob die Kirche über den Sakristeiraum hinaus wirken dürfe oder nicht. Am 18. Oktober teilte der Berliner Bischof dem Breslauer Kardinal[17] mit, daß der Episkopat - wie ihm Bischof Berning von Osnabrück berichtet habe - die Reichsregierung möglicherweise erneut „um Eröffnung von Verhandlungen, diesmal in Schulsachen, ersucht". Sollte daran gedacht sein, daß der Bischof der Reichshauptstadt, wie seinerzeit in Fulda vorgesehen, an diesen Verhandlungen teilnehme, möchte er diesen Auftrag „ehrerbietigst in die

Hände Ew. Eminenz zurücklegen". Als Gründe gab Preysing an: „Ich habe in letzter Zeit zweimal (anläßlich der Presseangriffe und der Verweisung der Priester aus der Schule) die Reichsregierung und die NS-Partei öffentlich und klar angegriffen." Es bestehe die Möglichkeit, wenn nicht die Wahrscheinlichkeit, daß die Reichsregierung ihn - Preysing - als Verhandlungspartner ablehne. Das wäre für die Fuldaer Konferenz „eine peinliche Lage". Außerdem stehe er zu seiner bereits auf der Bischofskonferenz geäußerten Meinung über die Opportunität von Verhandlungen ohne vorheriges Ende der Repressionen. Damit war eine strategische Grundposition formuliert, die schon der damalige Eichstätter Bischof im Vorfeld der Reichskonkordats-Verhandlungen eingenommen hatte. Preysing hat diesen Brief an Bertram zur Kenntnisnahme auch Kardinalstaatssekretär Pacelli zugeschickt und war bereit, falls der Apostolische Stuhl auf seiner Teilnahme an Verhandlungen bestehe, auf das Bistum Berlin zu verzichten.[18] Der demonstrative Schritt von 1940, der in der Rückgabe des kirchenpolitischen Pressereferates an den Vorsitzenden der Fuldaer Bischofskonferenz bestand, kündigte sich also schon im Oktober 1937 an.

Der andere Problemkreis betraf Preysings Antrag vom 15. November 1937,[19] Bertram möge eine außerordentliche Bischofskonferenz einberufen, die sich vor allem mit Fragen der Taktik und der Publikation eines gemeinsamen Hirtenbriefes befassen soll, der im Anschluß an den dogmatischen und moralischen Teil der Enzyklika „Mit brennender Sorge", „den Priestern und Gläubigen den Ernst der Lage an den konkreten Vorgängen und Entwicklungen darstellen müßte"[20]. In der Antwort vom 19. November lehnte Bertram den Vorschlag nicht rundweg ab, wollte aber erst durch seinen Vertrauensmann Bischof Wienken bei einzelnen Konferenzmitgliedern sondieren lassen. Der jedem harten Kurs abholde Wienken dürfte kaum ein engagiert werbender Anwalt bei einzelnen Bischöfen gewesen sein. Jedenfalls scheiterte die Preysing-Initiative, daß alle Bischöfe mit einer Stimme noch einmal vor der deutschen Öffentlichkeit die Papstenzyklika bekräftigten. So entschloß sich der Berliner Bischof zum eigenen Hirtenbrief, der am 5. Dezember 1937 verlesen wurde.[21]

Wie stark sich die Sprache Preysingscher Hirtenbriefe inzwischen gewandelt hat, bewies dieses Wort an die Gemeinden. Der Adventshirtenbrief griff noch einmal das Thema Papst-Enzyklika auf. Der Bischof war sich darüber im klaren: Wenn wichtige Gedanken das Bewußtsein der Menschen erreichen und prägen sollen, geht es nicht ohne das Prinzip Wiederholung. So zitierte der Bischof einige zentrale Passagen des Weltrundschreibens, um deren Bedeutung erneut zu unterstreichen. Gleichzeitig schlug er Brücken zur Alltagserfahrung seiner Gläubigen, und zwar in einer früher nicht gekannten, zeitnahen Diktion: „Es genügt, an einem Zeitungskiosk auf der Untergrund- oder Stadtbahn stehenzubleiben und sich die Auslagen anzusehen. In Bild, Karikatur, Schlagzeile, Propagandaplakat, Broschüre - mit allen Mitteln publizistischer Beeinflussung wird eine Einwirkung auf das deutsche Volk erstrebt, die, zumal in den Seelen der Jugendlichen, jede Achtung und Ehrfurcht vor Christentum und Kirche zum Erlöschen bringen muß." Vor 1937 lassen sich schwerlich Hirtenbriefe aus der Feder Preysings finden, die ähnlich konkret an die Erfahrung der Zuhörer anknüpften. Ebenso neu war auch der kämpferische Ton gegenüber einem Staat, der jederzeit den „Volkszorn" noch einmal aufrühren konnte.

Preysings Fazit: „Man kennzeichnet nur die wahre Lage der offenbarungsgläubigen Christen in unserem Vaterlande, wenn man feststellt: Der gläubige Katholik steht in Deutschland unter Ausnahmerecht.“[22] Im In- und Ausland stieß der Hirtenbrief auf große Zustimmung. Im Bistum Berlin wurde der Text zu Tausenden abgeschrieben. Bei deutschen Diplomaten kursierte die Auffassung, daß Preysing „von Pacelli aufgehetzt sei. Er solle als Bischof der Reichshauptstadt besonders scharf vorgehen“, wie Johannes Steinmann, Geistlicher Botschaftsrat aus der deutschen Vatikanbotschaft, berichtete.[23]

Staat und Partei antworteten auf die päpstliche Enzyklika vom 14. März 1937 durch die wie auf Knopfdruck wiederaufgenommene Berichterstattung über Sittlichkeitsprozesse gegen Priester und Ordensleute. Um diese Prozesse war es vor und während der Olympischen Spiele im Sommer 1936 in der gelenkten deutschen Presselandschaft still geworden. Nun wollte Goebbels mit seiner erneut hochgepeitschten Propaganda-Kampagne mehrere Ziele gleichzeitig erreichen: den Klerus diffamieren, die Bischöfe unter Druck setzen und die Öffentlichkeit gegen die Katholische Kirche mobilisieren. Gleichzeitig polemisierte der Propagandaminister gegen eine auch in Deutschland bekanntgewordene Ansprache des Kardinals von Chicago, G.W. Mundelein, der vor 500 Priestern seiner Diözese das NS-Regime verurteilt und Hitler als „an Austrian paperhanger, and a poor one at that“ bezeichnet hatte. Diese Kritik hatte das deutsch-vatikanische Verhältnis schwer belastet.

Preysing reagierte auf diesen Propaganda-Feldzug in doppelter Weise: Einmal wurde am 9. Mai 1937 im Bistum eine Kanzelvermeldung verlesen, in der von Priestern und Ordensbrüdern begangene Vergehen eingeräumt und gleichzeitig die maßlosen Übertreibungen offen beim Namen genannt wurden. Insgesamt, so wurde festgestellt, gab es 170 Verurteilte, von denen bereits 62 zuvor aus dem Dienst geschieden waren, d.h. 0,3 Prozent der Geistlichkeit in Deutschland. Die Vermeldung wirkte auf Priester und Laien als eine „Befreiung von schwerem seelischen Druck“. Zum anderen wurde eine kleine Arbeitsgruppe eingesetzt, die zwei umfangreiche Protestschreiben vorzubereiten hatte: das eine wurde am 27. Mai 1937 Goebbels zugeschickt, das andere am 7. August Reichsjustizminister Gürtner.[24] Durch einen von Preysing an alle 27 deutschen Ordinariate verschickten Fragebogen hatte er versucht, einen verläßlichen Überblick über die Anzahl der Sittlichkeitsprozesse zu erhalten. Wichtig waren dem Bischof bei den beiden Schreiben an Goebbels und Gürtner nicht nur die Unangreifbarkeit der Fakten und Argumente, sondern auch die gezielte Streuung. So wurden beide Texte gleichzeitig allen Mitgliedern der Reichsregierung und allen deutschen Bischöfen zugeleitet und später dann auch in Abschriften allen Seelsorgestationen des Bistums. Beide Proteste betonten, daß nicht die Sittlichkeitsprozesse als solche als Instrumente des Kirchenkampfes betrachtet werden, sondern deren propagandistische Ausnutzung. „Die Sittlichkeitsvergehen und Verbrechen katholischer Priester und Ordensangehöriger geben für die nationalsozialistische Bewegung das zielbewußt ausgenutzte Mittel ab, um die bereits durchgeführten kirchenfeindlichen Maßnahmen zu rechtfertigen, die in Fluß befindlichen zu begründen und weitere vorzubereiten. Diesem Ziel müssen alle Mittel der Propaganda dienen. Von den riesigen Schlagzeilen auf der ersten Seite bis zu der der Eltern- und Lehrerschaft ermöglichten Anwesenheit bei den Prozessen wird ein unablässiges

Trommelfeuer seit Wochen gegen die katholische Kirche auf deutschem Boden losgelassen... In den Kreisen der Partei, denen schon seit Jahren das Wort vom „schwarzen Feind" eingehämmert worden ist, wird der Haß gegen das offenbarungsgläubige Christentum zur Weißglut gebracht werden", hieß es in dem Schreiben an Propagandaminister Goebbels.

In dem langen, mit ausführlichen Statistiken und Presseauszügen untermauerten Schreiben an Reichsjustizminister Gürtner kritisierte Preysing gleichfalls die propagandistische Instrumentalisierung der Sittlichkeitsprozesse als Antwort auf die Enzyklika „Mit brennender Sorge". Diese Gerichtsverhandlungen sollten ein Mittel sein, „um die im augenblicklichen Stadium des Vernichtungskampfes gegen die katholische Kirche in Deutschland durchgeführten und geplanten Maßnahmen direkt oder indirekt zu decken und vor der Öffentlichkeit zu rechtfertigen". Dieser Vorwurf des Vernichtungskampfes im Sommer 1937 stellte einen Höhepunkt der offensiven Verteidigung der Kirche durch den Berliner Bischof dar. Er beließ es jedoch nicht bei dieser Anklage, sondern machte dem Reichsjustizminister auch Vorhaltungen, daß sich der Generalstaatsanwalt und Vertreter anderer Staatsanwaltschaften in den Dienst der kirchenfeindlichen NS-Propaganda stellten. Gleichzeitig bat er, die Justizpressestellen anzuweisen, „der unwahren Zahlenpropaganda durch Mitteilung der wahren Zahlen der Angeklagten und Verurteilten entgegenzutreten". Das reichsweit recherchierte statistische Material hatte der Oberhirte der Reichshauptstadt zuvor ausführlich dargelegt.

Preysing hatte sich durch diese Reaktionen in der Auseinandersetzung um die Sittlichkeitssprozesse als führender Kopf des deutschen Episkopates erwiesen. Als Bischof, dem das Pressereferat der Fuldaer Bischofskonferenz anvertraut war, und als scharfblickender Jurist war er in der Lage, dem NS-Staat die angemessene Antwort zu geben. Die überschäumend haßerfüllte Goebbels-Rede in der Berliner Deutschlandhalle am 28. Mai, die vom Rundfunk direkt übertragen wurde, hatte dann die gespannte Lage zwischen Staat und Kirche noch zusätzlich aufgeheizt. Die „kochende Volksseele" war durch wüste Beschimpfungen mobilisiert worden. Die Rede konnte als Meisterstück der Volksverhetzung gelten. Goebbels hat diese Infamie der Massenbeeinflussung wohl ein zweites Mal nur noch in der Rede zum „totalen Krieg" 1943 erreicht.

Staat und Partei gingen seit der Enzyklika „Mit brennender Sorge" kirchenpolitisch nicht ohne weiteres zur Tagesordnung über. Während die Gestapo die kirchliche Öffentlichkeit verstärkt überwachte und mit Beschlagnahmungen und Verboten von Publikationen operierte, stellte das Reichskirchenministerium (RKM) neue grundsätzliche Überlegungen an. Ministerialdirigent Josef Roth [24] legte der „Chefbesprechung" am 1. Mai 1937 ein zehnseitiges, als „Geheim" eingestuftes Papier vor, das die Überschrift trug „Kirchenpolitischer Aktionsplan gegen die Machtposition der römisch- katholischen Kirche in Deutschland."[25] Dieses aufschlußreiche Grundsatzpapier ging davon aus, daß die Kirche trotz ihrer Ablenkungsversuche eine „politische Macht" sei. Sie vertrete „eine universalistische Weltanschauung," werde darum „immer den Nationalsozialismus ablehnen" und „immer im Gegensatz zum nationalsozialistischen Staate stehen". Nicht durch „Verhandlungen und Verträge, sondern nur durch harte Tatsachen" werde sie „zur faktischen Unterordnung unter die nationalsozialistische Regierung" gezwungen

Unter den wachsamen Augen der Gestapo hielt Bischof Preysing 1937 in der Reichshauptstadt die Fronleichnamsprozession. In der ersten Reihe hinter der Bank Mitglieder des Domkapitels. Von rechts nach links: Prälat Carl Breuer († 1960), Prälat Alois Piossek (†1953) und Dompfarrer Bernhard Lichtenberg (†1943)

werden können. Daraus ergebe sich die Notwendigkeit des „Kampfes gegen die Machtpositionen“ der Kirche.

Das mit Insider-Wissen über beide Fronten verfaßte Strategiepapier des RKM nahm auch zu der Frage Stellung, ob die Papst-Enzyklika mit einer Kündigung des Reichskonkordats beantwortet werden solle. Obwohl Roth erklärte,

daß die Katholische Kirche durch das Reichskonkordat „die stärkste Machtposition" gewonnen habe, sprächen für seine „formale Aufrechterhaltung" augenblicklich zumindest teilweise noch dieselben Gründe, die deutscherseits 1933 maßgebend waren. „Eine Aufkündigung des Konkordates durch Deutschland wäre unklug; ebenso wie heute formale Kriegserklärungen vermieden werden, ist aus propagandistischen

Gründen eine formale Konkordatskündigung zu unterlassen." Die vorgeschlagene Taktik ist insofern aufschlußreich, als einerseits Propaganda gegen das Reichskonkordat gefordert wurde und eine Revision der Vereinbarung nicht in Frage komme, andererseits aber offen bekannt wurde, der Staat müsse sich „in jeweiliger kluger Ausnutzung der augenblicklich gegebenen politischen Lage von einzelnen Konkordatsbestimmungen, in denen die Machtposition der Katholischen Kirche besonders verankert ist, praktisch befreien, ohne dadurch formal das Konkordat als Ganzes aufzugeben". Dieser Aktionsplan aus dem RKM, eine Art Drehbuch des zukünftigen Kirchenkampfes, plädierte also offen für gezielte Konkordatsverletzungen unter Wahrung der Fassade des Vertragswerkes.

Bemerkenswert in diesem Aktionsplan war auch eine Aufzählung der stärksten Machtpositionen der Kirche. An der Spitze standen die katholischen Jugendorganisationen. Hier war unter anderem von einer „Verfügungstruppe des Episkopats zur Nachrichtenübermittlung" und vom „Reservoir für Priesternachwuchs" die Rede. An zweiter Stelle standen die „katholischen Schulen (Volksschulen, Privatschulen, Konvikte)". Es folgten die katholischen Orden, die berufsständischen Vereine, die Finanzkraft der Kirche, die diplomatische Vertretung durch den Nuntius und die Korrespondenz- und Verkehrsfreiheit der Kirchenbehörden mit den Gläubigen, beispielsweise durch Hirtenbriefe und Publikationen. Fazit dieses Aktionsplanes: Wenn die Kirche Teile ihrer äußeren Machtpositionen einbüße, werden „viele katholische Volksgenossen sich von ihr abwenden und eine neue religiöse weltanschauliche Heimat suchen". Welche konkreten Beschlüsse auf der Chefbesprechung im RKM am 10. Mai 1937 gefaßt wurden, ist nicht bekannt. Angesichts des weiteren Kirchenkampfes in der Zeit nach der Enzyklika „Mit brennender Sorge" könnte dieser Aktionsplan maßgebend gewesen sein, selbst wenn Erfordernisse der Tagespolitik später eigene Akzente gesetzt haben.

Ganz im Sinne dieses Aktionsplanes des RKM verlief die Schulpolitik des NS-Staates nach 1937. Roth hatte gefordert, die Gemeinschaftsschule müsse „mehr und mehr die konfessionelle Schule ablösen, auch im Lande Preußen, in dem die konfessionelle Schule noch am meisten Bestand" habe. Tatsächlich bestanden im Bistum Berlin in dessen Gründungsjahr 1930 insgesamt 95 staatliche katholische Volksschulen und in Groß-Berlin fünf private höhere Schulen.[26] Gestützt wurden diese Schulen in hohem Maß von den katholischen Eltern, den Ersterziehern der Kinder. Weil man im RKM darum wußte, wurde gefordert: „Aus grundsätzlichen Erwägungen und aus praktischen Gründen" könne der Staat „den Erziehungsberechtigten nicht das Wahlrecht im schulpolitischen Kampf zugestehen". Das bedeutete ein krasses Nein zur Weimarer Verfassung und zum Reichskonkordat.

Die Umwandlung der staatlichen katholischen Schulen im Berliner Bistum in Gemeinschaftsschulen erfolgte schrittweise. Zunächst wurde verschiedenen Geistlichen die Genehmigung zur Erteilung des Religionsunterrichts entzogen. Preysing sah sich bereits hierbei gezwungen, am 7. Oktober 1937 in einem Hirtenbrief das Ende der „segensreichen Zusammenarbeit zwischen Kirche und Schule" festzustellen. Gleichzeitig teilte er mit, daß der außerschulische Beicht- und Kommunionunterricht und der Schulentlassungsunterricht weiter von Seelsorgern erteilt werden. Außerdem würden sie „in Zukunft alle Kinder der Gemeinde wöchentlich einmal in einem kirchlichen Raum zu einer Kinderseelsorgstunde um sich versammeln". Über Jahre, für den späteren Ostteil des Bistums mit kurzer Unterbrechung in der Zeit nach 1945 sogar für mehr als ein halbes Jahrhundert, sollten diese Kinderseelsorgstunden die einzig effiziente Evangelisierung katholischer Kinder bleiben.

Ein weiterer Schritt im Kampf gegen die katholischen Schulen erfolgte 1939. Bischof Preysing mußte in einem Hirtenbrief am 3. Mai den katholischen Eltern mitteilen: „Seit Ostern dieses Jahres ist in der überwiegenden Zahl der Pfarreien von Groß-Berlin, Brandenburg und Pommern die katholische Schule aufgehoben." Noch stärker als bisher lag die religiöse Erziehung nunmehr beim Elternhaus. Preysing wandte sich daher geradezu beschwörend an die katholischen Väter und Mütter, sich ihrer großen Verantwortung bewußt zu sein. Inmitten des von allen Seiten propagierten Ungeistes von „Rasse, Blut und Boden" hätten sie die Aufgabe, dem Evangelium in der Familie den Weg zu bereiten: „1. Katholische Eltern leben durch ihr Beispiel die Wahrheit unseres Glaubens ihren Kindern vor. 2. Katholische Eltern geben ihren Kindern eine klare und gründliche Unterweisung über unseren Glauben. 3. Katholische Eltern arbeiten in der religiösen Erziehung ihrer Kinder aufs engste mit ihren Pfarrgeistlichen zusammen."[27] Der Begriff „Hauskirche" war damals noch unüblich, der Sache nach war der damalige Hirtenbrief ein deutliches Plädoyer dafür.

Den katholischen höheren Schulen in Groß-Berlin war bereits 1936 ein „Sterben auf Raten" zudiktiert. Am 14. August erhielt der Leiter des Gymnasiums am Lietzensee die Benachrichtigung des Oberpräsidenten der Provinz Brandenburg, daß die Anstalt von Ostern 1937 an stufenweise, mit Sexta und Obersekunda beginnend, abgebaut werde und neue Klassen dieser Stufe nicht wieder zu eröffnen seien. Gleichlautende Schreiben erhielten die vier katholischen Mädchenlyzeen. Preysing nahm diese Strangulierungsmaßnahme nicht widerspruchslos hin. Sogar Kardinalsstaatssekretär Pacelli wurde eingeschaltet, der über den deutschen Botschafter beim Heiligen Stuhl mit einer Note vorstellig wurde. Sein Protest wegen Verletzung des Reichskonkordates blieb erfolglos. Stattdessen wurde die Anordnung bekräftigt, daß der Minister für Wissenschaft, Erziehung und Volksbildung nicht in der Lage sei, „seine Zustimmung zur Weiterführung des privaten Gymnasiums am Lietzensee in Charlottenburg zu erteilen". Rüde hieß es am Ende des Schreibens: „Auf etwaige weitere Vorstellungen in dieser Angelegenheit wird keine Antwort mehr gegeben werden."

Wenige Wochen nach Kriegsbeginn, am 26. Oktober 1939, kam vom Stadtpräsidenten der Reichshauptstadt das endgültige Aus für das Jesuitengymnasium. Er wies den Schulleiter an, „daß die von ihm geleitete Schule mit Ostern 1940 den Unterrichtsbetrieb einstellt und schließt". Beim letzten Schulgottesdienst am 16. März 1940, an dem noch 110 Schüler aus drei Klassen teilnahmen, erinnerte Preysing an die große Bedeutung dieser Schule für das katholische Leben der Hauptstadt. Er sprach von der Wehmut des Bischofs, dem die Jugend anvertraut sei und der sie bei der Lehrerschaft „in so guten Händen wußte"[28].

Das Schicksal der katholischen Schulen war, wie im Aktionsplan des RKM gefordert, mit dem Jahr 1940 besiegelt. Der Religionsunterricht an den staatlichen Schulen konnte dagegen stattfinden, wenn auch die Bedingungen unterschiedlich waren.[29]

Der gläubige Katholik steht in Deutschland unter Ausnahmerecht.
Konrad von Preysing

VIII

Der Pressebischof und seine Vorwärtsverteidigung

Dauerkonflikte mit dem Propagandaministerium - Die „Feierliche Erklärung" der Österreichischen Bischöfe im Jahre 1938 - Hirtenbriefe als Instrumente offensiver Verteidigung

Es war eine kluge Praxis, dem jeweiligen Berliner Bischof das Pressereferat in der Fuldaer Bischofskonferenz anzuvertrauen. Denn Berlin war Zeitungsstadt mit Weltruf. Die großen Verlagshäuser Mosse, Ullstein und Scherl im Berliner Zeitungsviertel prägten mit überregionalen und regionalen Zeitungen große Teile der deutschen Presselandschaft. Allein in der Reichshauptstadt kamen rund 50 Tageszeitungen auf den Markt, unterschiedlich je nach politischem und weltanschaulichem Standort. Wie in kaum einer anderen Großstadt verdichtete sich in Berlin das Zeitgespräch der Gesellschaft.

Bischof Preysing hatte schon in seinen Münchener und Eichstätter Jahren den Printmedien seine besondere Aufmerksamkeit gewidmet. Er übernahm mit dem Fachreferat in der Bischofskonferenz also durchaus kein Neuland. Verändert hatte sich im Herbst 1935 allerdings die Presselandschaft insofern bereits nachhaltig, als das Schriftleitergesetz vom 4. Oktober 1933 dem Staat durch das Goebbelssche Ministerium für Volksaufklärung und Propaganda und durch die Reichspressekammer ein Instrumentarium in die Hand gegeben hatte, Journalisten und Redakteure zu disziplinieren. Die Fuldaer Bischofskonferenz zog in ihrem Hirtenbrief vom 5. Juni 1934 die betrübliche Zwischenbilanz zum Thema „Pressefreiheit" und erklärte: „Während das Neuheidentum vordringlich für sich wirbt, hat unsere katholische Presse nicht mehr die Freiheit, die großen Fragen der Zeit im Lichte der katholischen Glaubens- und Sittenlehre freimütig zu behandeln und die Angriffe auf Christentum und Kirche abzuwehren." [1]

Hauptbetroffene des Schriftleitergesetzes waren zunächst die katholischen Tageszeitungen, die großenteils bis 1935 den NS-Zeitungen das Feld räumen mußten. Die in Berlin verbreiteten Tageszeitungen „Germania" und „Märkische

Volkszeitung" konnten sich zwar noch halten, verloren aber durch häufig aufgezwungene Auflagennachrichten und durch die Goebbelssche Sprachregelung weitgehend ihre Identität. Dagegen konnten die katholischen Zeitschriften, einschließlich der Kirchenblätter, zunächst noch ohne größere Repressionen erscheinen. Im Petrus-Kalender 1936 für das Bistum Berlin wird in einem Artikel „Die katholischen Zeitschriften Deutschlands - Ein Überblick über ihre Lage und Gestalt" die Zahl von 420 Zeitschriften mit einer Gesamtauflage von 11,5 Millionen angegeben. Daß sich hinter diesen imponierenden Zahlen eine immer stärkere Gängelung der katholischen Presse durch Staats-und Parteiinstanzen verbarg, wußte kein anderer besser als der Berliner Domvikar und damalige Chefredakteur des Berliner Kirchenblattes, Walter Adolph (1902-1975), der der Reichspressekammer als Leiter der neugeschaffenen Fachschaft der katholisch-kirchlichen Presse seit Dezember 1933 vom Berliner Ordinariat zur Verfügung gestellt worden war. Seine dabei gewonnenen Innenansichten von der Herrschaftspraxis des NS-Systems sollten bald Bischof Preysings kirchenpolitischen Aktivitäten zugute kommen. Wie ernst Preysing seine Verantwortung als „Pressebischof" der Fuldaer Bischofskonferenz nahm, beweist ein großangelegter Vortrag,[2] den er vor einem geschlossenen Kreis katholischer Zuhörer im Herbst 1936 gehalten hat. Darin wird deutlich, wie intensiv sich Kardinal Bertram namens aller deutschen Bischöfe für die katholische Presse und gegen deren Einschnürung durch das Schriftleitergesetz und das Reichskulturkammergesetz eingesetzt hat. Preysing schreibt der „Energie und Konsequenz" des Breslauer Kardinals die Tatsache zu, daß „wenigstens bis zur Stunde die amtlichen Bistumsblätter praktisch frei vom Schriftleitergesetz" geblieben seien. Die zahlreichen Eingaben allein zum Thema „Katholische Presse" dürften Preysing in seinem Urteil über Bertram bestärkt haben: „Ich möchte die Hälfte seines Geistes und ein Zehntel seiner Arbeitskraft besitzen, so wäre ich zufrieden."[3] Preysing informierte sein Auditorium damals allerdings auch über die zunehmende Erfolglosigkeit seiner Bemühungen, den katholischen Printmedien einen relativen Freiraum zu erhalten. Eilbriefe, Anträge zu Gesprächen, Telegramme wurden entweder dilatorisch behandelt oder blieben unbeantwortet. Es sei „einfachhin unfaßlich" zu nennen, „zu welchen Einschnürungen und Abdrosselungen, geführt von der Formel ‚rein religiös' und ‚vom Religiösen ausgehend', die Reichspressekammer für den Inhalt unserer Zeitschriften" komme. Abschließend versicherte Preysing seinen Zuhörern, daß der deutsche Episkopat auch in Zukunft für die katholische Presse „der unbeugsame Anwalt" sein werde.

Das „Katholische Kirchenblatt für das Bistum Berlin", vor der Bistumsgründung durch die Feder des Großstadtseelsorgers Dr. Carl Sonnenschein und seiner „Notizen" weit über Berlin hinaus bekannt und geschätzt, nahm sich nach der „Machtergreifung" manche erstaunliche Freiheit der Kritik an der NS-Ideologie heraus. Der Kölner Domvikar Joseph Teusch, Leiter der Abwehrstelle gegen antichristliche Propaganda, empfahl seinen Mitbrüdern die Lektüre des Berliner Kirchenblattes, um sich über aktuelle Fragen zu informieren, und nicht das Kölner. Seit dem Frühling 1934 verstärkte sich jedoch der Druck von seiten des Staates. Es gab Verwarnungen durch die Gestapo und auch erste Beschlagnahmungen. Die Redaktion sah sich zunehmend gezwungen, mit der „Schere im Kopf" zu arbeiten und „zwischen den Zeilen" zu schreiben. Trotzdem finden sich im Berliner Kirchenblatt von Januar bis Juni 1935 immer noch zahlreiche Artikel, die sich „apologetisch und polemisch" mit der NS-Ideologie auseinandersetzten.[4] Am 14. Februar 1936 präzisierte Preysing in einer grundlegenden Erklärung die Inhaltsgestaltung der Kirchenblätter. Propagandaminister Goebbels und dem Chef der Reichspressekammer Amann wurde die Erklärung zugeleitet. Beherrschendes Ziel katholischen Schrifttums müsse „Weckung, Förderung und Pflege des religiösen Lebens" sein. Nicht der Glaube, sondern das Leben aus dem Glauben sei „letztes Ziel aller Glaubensverkündigungen". Preysing ließ aber auch keinen Zweifel daran, daß die Beschränkung auf das rein Religiöse in der Auseinandersetzung mit der „Presse des Antichristentums" untragbar sei. Was der politischen Presse recht sei, könne kirchlichem Schrifttum nicht versagt werden.[5] Der weitere Konflikt war programmiert. Diverse Kontakte mit dem Reichspropagandaministerium brachten keine Bereinigung. Jede Abweichung vom rein Religiösen in der Inhaltsgestaltung wurde entweder mit der Drohung beantwortet, auch kirchliches Schrifttum dem Schriftleitergesetz zu unterstellen, oder die Publikation wurde beschlagnahmt.

1938 wurde zum Krisenjahr für das Berliner Kirchenblatt. Der „Anschluß Österreichs" hatte Hitler ohne Zweifel innenpolitische Pluspunkte gebracht. Mit dem Rückenwind dieses bejubelten Erfolgs konnte der antikirchliche Kampf um das gedruckte Wort verschärft werden. Auf den Konflikt um den von Goebbels erzwungenen Abdruck der umstrittenen „Feierlichen Erklärung" der österreichischen Bischöfe im Berliner Kirchenblatt im April 1938 wird im Zusammenhang mit Preysings Taktik der Vorwärtsverteidigung ausführlich eingegangen.

Für die wöchentlichen „Mitleser" des Kirchenblattes im Reichspropagandaministerium war im Mai ein Beitrag zur Mischehenfrage Stein des Anstoßes. Der Schriftleiter Kuratus Franz Radtke hatte durch „Zahlen, die zu denken geben" auf das für die Seelsorge in der Diaspora große Problem der konfessionsverschiedenen Ehen aufmerksam gemacht. Statistische Angaben belegten die Tatsache, daß jährlich zehntausende Katholiken auf diese Weise den lebendigen Kontakt zur Kirche verlieren. Als die Schriftleitung daraufhin von Propagandaminister Goebbels gerügt wurde, sie rede der „Verewigung der konfessionellen Aufspaltung der deutschen Bevölkerung" das Wort, reagierte der scharfsinnige Jurist Preysing. Das Schreiben gipfelte in der Feststellung, daß die Begründung der Rüge seitens des Reichspropagandaministeriums den „Plan einer höchsten Reichsstelle erkennen" lasse, die christlichen Bekenntnisse, in diesem Fall die Katholische Kirche, unter dem Vorwand der „Beseitigung der konfessionellen Aufspaltung" zu beseitigen. Klarer konnte der Goebbelsche kirchenfeindliche Kurs kaum gebrandmarkt werden.

Als das Propagandaministerium dem Kirchenblatt im Mai dieses Jahres auf telefonische Anfrage mitteilte, daß jegliche Berichterstattung über den Eucharistischen Weltkongreß in Budapest verboten sei, wandte sich Preysing erneut mit einem längeren Schreiben an Reichsminister Goebbels. Darin bezeichnete er dieses Verbot als „gewaltsame Absperrung der deutschen Katholiken vom Leben der Gesamtkirche" und als einen „Eingriff in die der katholischen Presse naturgemäß zustehenden und durch staatsamtliche Stellen ausdrücklich anerkannten Rechte und Aufgaben dieser Presse".

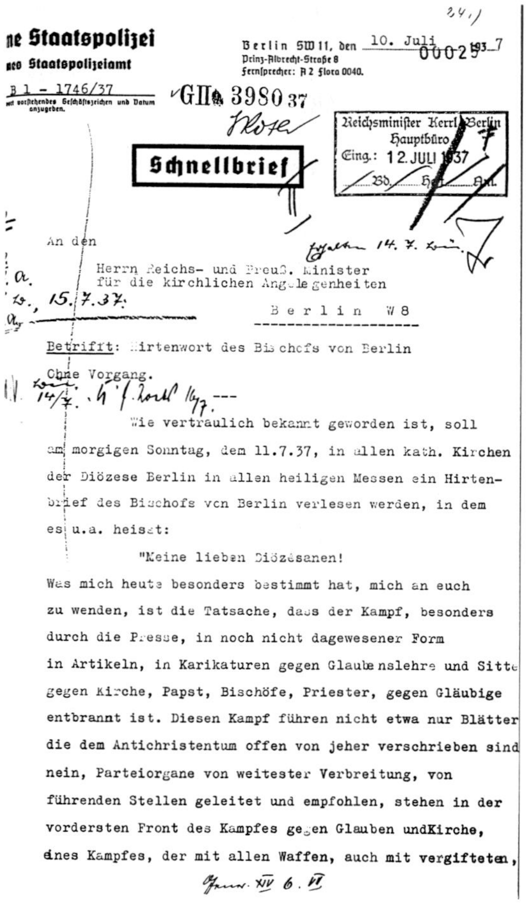

ne Staatspolizei
nes Staatspolizeiamt

Berlin SW 11, den 10. Juli 1937
Prinz-Albrecht-Straße 8
Fernsprecher: A 2 Flora 0040.

B 1 - 1746/37
und vorstehendes Geschäftszeichen und Datum anzugeben.

GIIa 3980 37

Reichsminister Kerrl Berlin
Hauptbüro
Eing.: 12. JULI 1937

Schnellbrief

An den

Herrn Reichs- und Preuß. Minister
für die kirchlichen Angelegenheiten

Berlin W 8

Betrifft: Hirtenwort des Bischofs von Berlin

Ohne Vorgang.

Wie vertraulich bekannt geworden ist, soll am morgigen Sonntag, dem 11.7.37, in allen kath. Kirchen der Diözese Berlin in allen heiligen Messen ein Hirtenbrief des Bischofs von Berlin verlesen werden, in dem es u.a. heisst:

"Meine lieben Diözesanen!
Was mich heute besonders bestimmt hat, mich an euch zu wenden, ist die Tatsache, dass der Kampf, besonders durch die Presse, in noch nicht dagewesener Form in Artikeln, in Karikaturen gegen Glaubenslehre und Sitte gegen Kirche, Papst, Bischöfe, Priester, gegen Gläubige entbrannt ist. Diesen Kampf führen nicht etwa nur Blätter die dem Antichristentum offen von jeher verschrieben sind nein, Parteiorgane von weitester Verbreitung, von führenden Stellen geleitet und empfohlen, stehen in der vordersten Front des Kampfes gegen Glauben undKirche, eines Kampfes, der mit allen Waffen, auch mit vergifteten,

Preysings Hirtenbriefe standen unter scharfer Bewachung durch die Gestapo

Preysing begnügte sich jedoch nicht mit defensiver Argumentation, sondern ging selbst in die Offensive. Er kritisierte scharf zwei gehässige Artikel des „Angriff", der Berliner Parteizeitung, über den Eucharistischen Weltkongreß. Ein führendes Parteiorgan könne „Verdächtigungen und Verleumdungen, Spott und Hohn über eine aus dem kostbarsten Glaubensgute des Christentums geweihte religiöse Kundgebung ausgießen", während der übrigen Tagespresse und „sogar der kirchlichen Presse jeder sachliche Bericht verboten" sei. Abschließend stellte der Berliner Bischof fest: „In weiten Kreisen des Volkes wird durch die ununterbrochene Hetze gegen Christentum und Kirche eine Geistesverfassung geschaffen, die ständig wachsenden Haß gegen die Kirche erzeugt und gegebenenfalls in Zerstörungswut sich auswirken wird." Ob und wie das Reichspropagandaministerium und das Reichskirchenministerium, die eine Kopie dieses Schreibens erhalten haben, auf diesen kämpferischen Brief geantwortet haben, ist nicht bekannt.

Die dritte Kontroverse Preysings mit den Zensoren im Propagandaministerium entzündete sich an zwei Besprechungen des Films „Jugend". Das Kirchenblatt erhielt dafür einen „scharfen Verweis" mit Androhung von weiteren

Maßnahmen im Wiederholungsfall. Die Kirchenzeitung hatte die im Film verzerrte und abstoßende Darstellung von zwei Priestergestalten kritisiert. In einem umfangreichen Brief an Goebbels verwies Preysing auf das Notwehr-Recht der Kirche, wenn priesterliches Handeln verunglimpft werde. Ausführlich und mit detaillierten Zahlenangaben legte er dann die heuchlerischen Hochrechnungen in Goebbels Propaganda im Rahmen der Sittlichkeitsprozesse dar. Er nahm die Gelegenheit wahr, den Minister an das Unrecht seiner schlimmen Deutschlandhallen-Rede von 1937 zu erinnern und warf ihm vor, „die unwahre propagandistische Auswertung der Sittlichkeitsprozesse“ fortzusetzen. Insgesamt sah Preysing seinen anklagenden Hirtenbrief vom November 1937 bestätigt und wiederholte seinen damaligen, in den Ohren der NS-Gewaltigen provokanten Satz: „Der gläubige Katholik steht in Deutschland unter Ausnahmerecht.“

Das „unbotmäßige“ Berliner Kirchenblatt unter seinem Herausgeber Bischof Preysing hatte offenbar nunmehr Goebbels Schmerzgrenze erreicht, zumal der Minister schwer verärgert war, daß die Auflagennachricht der „Feierlichen Erklärung“ der österreichischen Bischöfe nicht gehorsam abgedruckt worden war. Anfang September 1938, als die Sudetenkrise Deutschland und halb Europa an den Rand des Krieges brachte, beschlagnahmte die Gestapo Nr. 37 des Kirchenblattes. Es war der Anfang vom Ende. Denn schon wenige Tage später kam das Verbot der Kirchenzeitung. Gesuchter Anlaß waren drei Beiträge, die angeblich geeignet waren, „die öffentliche Ruhe und Ordnung zu stören“: Ein Artikel über den Berliner Missionsvikar Eduard Müller (1818-1895) und Notizen über die „Beratungsstelle in Ehe- und Familienfragen - Abt. Eheanbahnung“. Als Begründung für das Verbot des Kirchenblattes wurde die Verordnung zum Schutz von Volk und Staat vom 28. Februar 1933 herangezogen, die unmittelbar nach dem Reichstagsbrand erlassen worden war. Preysing legte, wie so oft, Beschwerde gegen die Gestapomaßnahme ein und forderte die Aufhebung des Verbotes. Das Ganze sei, so argumentierte er, „nichts anderes als ein neuer Schlag gegen das katholische Leben im Bistum Berlin“. Man wolle die Kommunikation des Bischofs mit seinen Gläubigen unmöglich machen. Er erwarte bei Lage der Dinge zwar nicht die Rücknahme des Verbots, werde aber nicht aufhören, „ein seelsorgsamtliches Blatt als ein mir als Bischof meiner Gläubigen unabdingbar zustehendes Recht zu fordern“.

Ganz im Sinne seiner Vorwärtsverteidigung machte Preysing das Verbot der Kirchenzeitung im ganzen Bistum publik. Am 25. September ließ er in allen Gottesdiensten eine Vermeldung verlesen, in der auch die Beschwerde des Bischofs mitgeteilt wurde, allerdings auch die Aussichtslosigkeit, daß das Kirchenblatt noch einmal erscheinen dürfe. Der Bischof drückte zugleich seine Zuversicht aus: „Dieser neue Schlag gegen das katholische Leben in unserem Bistum wird Euch aber in Eurer Treue zu Christus und zur Kirche nicht wankend machen.“ Die große Politik überlagerte vier Tage später den Untergang des Berliner Kirchenblattes. Auf der Münchener Konferenz wichen die Westmächte erneut vor Hitlers Expansionsdrang zurück und stimmten dem Einmarsch deutscher Truppen in das Sudetenland zu. Die Öffentlichkeit glaubte aufatmen zu können, weil der Friede in letzter Minute gerettet worden sei.

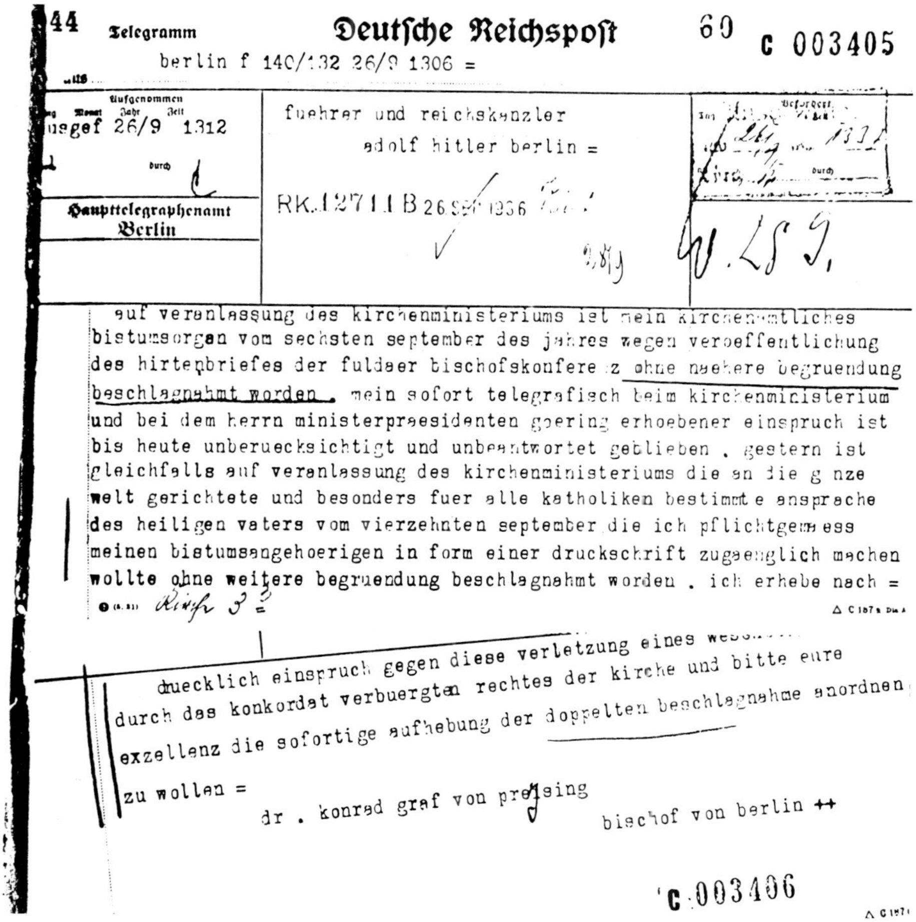

44 Telegramm Deutsche Reichspost 60 C 003405

berlin f 140/132 26/9 1306 =

Aufgenommen
ausgef 26/9 1312
durch

Haupttelegraphenamt
Berlin

fuehrer und reichskanzler
adolf hitler berlin =

RK. 12711 B 26 SEP 1936

auf veranlassung des kirchenministeriums ist mein kirchenamtliches bistumsorgan vom sechsten september des jahres wegen veroeffentlichung des hirtenbriefes der fuldaer bischofskonferenz ohne naehere begruendung beschlagnahmt worden . mein sofort telegrafisch beim kirchenministerium und bei dem herrn ministerpraesidenten goering erhobener einspruch ist bis heute unberuecksichtigt und unbeantwortet geblieben . gestern ist gleichfalls auf veranlassung des kirchenministeriums die an die ganze welt gerichtete und besonders fuer alle katholiken bestimmte ansprache des heiligen vaters vom vierzehnten september die ich pflichtgemaess meinen bistumsangehoerigen in form einer druckschrift zugaenglich machen wollte ohne weitere begruendung beschlagnahmt worden . ich erhebe nach =

Kirch 3 =

drueecklich einspruch gegen diese verletzung eines wes... durch das konkordat verbuergten rechtes der kirche und bitte eure exzellenz die sofortige aufhebung der doppelten beschlagnahme anordnen zu wollen =

dr . konrad graf von preysing bischof von berlin ++

C 003406

Bischof Preysing warf Hitler am 26. September 1936 Verletzung des Reichskonkordates vor, nachdem eine Ausgabe der Berliner Kirchenzeitung und eine gedruckte Ansprache von Papst Pius XI. beschlagnahmt worden waren

Der Gang in die Öffentlichkeit, das freimütige Wort an eine möglichst große gesellschaftliche Gruppe, die ungeschminkte Information mit allen zur Verfügung stehenden Mitteln: Das waren die Mittel der offensiven Abwehr, der zielbewußten Vorwärtsverteidigung, die der Bischof von Berlin wie kein anderer deutscher Oberhirte genutzt hat. Ein totalitäres System ist immer dort verwundbar, wo das freie Wort den Unrechtscharakter dieses Systems vor aller Welt anprangert. Nicht umsonst hofiert ein derartiger Staat jene, die aus taktischen Gründen zu Unrecht und Verbrechen schweigen und anpasserisch auf Kompromisse setzen. Walter Adolph hat diese

Einsicht in seinem Memorandum vom 17. Oktober 1937 so formuliert: „Nach den bisherigen Erfahrungen im kirchenpolitischen Kampf sind Öffentlichkeit und Massenreaktion die von der Partei gefürchtetsten Faktoren, denn in ihnen versinnbildet sich für die Partei am wirksamsten eine noch bestehende Begrenzung ihres universalen Machtanspruchs.“ [6] Preysing hat seinen Protest allerdings in der Regel nicht vor aller Welt aussprechen können. Eine Ausnahme bildet sein Hirtenbrief über das Recht 1942 (Dokument 3).

Der NS-Staat hatte schon in kurzer Zeit die damaligen Medien Presse und Rundfunk auf Parteikurs gebracht, so daß kein unliebsames Wort möglich war. Seit die Kirchenzeitung für das Bistum Berlin 1938 verboten war, blieben dem Bischof somit außer der Information an den Vatikan nur zwei Wege: der Hirtenbrief, der von allen Kanzeln verlesen wurde, und die schriftliche Information der Priester in der Reichshauptstadt, in Brandenburg und Pommern. Beide Marschrouten hat Preysing immer wieder eingeschlagen. Den ersten Weg haben in der NS-Zeit auch andere Bischöfe gewählt, indem sie mehr oder weniger freimütig die Rechte Gottes und der Kirche und die Werte des Evangeliums im Konflikt mit dem NS-Staat deutlich machten. Aber kein anderer deutscher Bischof, auch nicht der Münsteraner Bischof von Galen, hat in den Jahren der braunen Diktatur so viele kirchenpolitische Informationen an seine Priester gerichtet wie Konrad von Preysing. Wie anders hätte er Multiplikatoren für seine sonst totgeschwiegenen kirchenpolitischen Stellungnahmen und für Nachrichten aus dem Bistumsleben finden können?

Seit der Enzyklika „Mit brennender Sorge“ wurde Preysings Vorwärtsverteidigung zunehmend offensiver. Am 11. März 1937 hatte das „Schwarze Korps“, das offizielle Organ der „Reichsführung SS“ mit einer Auflage von ca. 500 000 Exemplaren, einen Artikel unter der Überschrift „Himmlischer Arbeitsdienst“ veröffentlicht. Darin polemisierte das Blatt gegen einen Artikel der „Katholischen Kirchenzeitung“, sprach von „eucharistischem Eintopf“ und enthielt weitere Verunglimpfungen des Priester- und Ordensstandes. Daraufhin stellte der Berliner Bischof gegen den verantwortlichen Schriftleiter Strafantrag wegen des Vergehens der Gotteslästerung. Der Generalstaatsanwalt beim Landgericht Berlin betrachtete den Fall jedoch als Bagatellsache und stellte das Verfahren ein. Preysing legte dagegen Beschwerde ein. Als der Generalstaatsanwalt diese Beschwerde zurückwies und erklärte, die Einstellung des Verfahrens sei zu Recht erfolgt, reagierte der Bischof mit der Anrufung des Kammergerichts, „um eine höchstrichterliche Entscheidung herbeizuführen“. Was für Preysing jedoch wichtiger war als der Ausgang des Verfahrens, kommt darin zum Ausdruck, daß er seinen Klerus am 18. Januar 1938 detailliert über diesen Rechtsstreit informierte und versprach, zu gegebener Zeit über die erhaltene Entscheidung Mitteilung zu machen. [7]

Zwei Monate später stand Preysing vor einer kirchenpolitisch wesentlich brisanteren Entscheidung. Vorausgegangen war die unerleuchtete Erklärung der österreichischen Bischöfe zur Volksabstimmung über den „Anschluß“ Österreichs an das Reich vom 18. März 1938. „Aus innerster Überzeugung und mit freiem Willen“ erklärten die Bischöfe, sie würden freudig anerkennen, „daß die nationalsozialistische Bewegung auf dem Gebiet des völkischen und wirtschaftlichen Aufbaues sowie der Sozialpolitik für das Deutsche Reich und Volk und namentlich für die ärmsten Schichten des Volkes Hervorragendes geleistet hat und leistet“. Diese hitlerfreundliche Wahlempfehlung des Wiener Kardinals Innitzer und seiner Mitbischöfe, über die der Berliner Bischof geradezu entsetzt war ob ihrer Blindheit gegenüber der Enzyklika „Mit brennender Sorge" und gegenüber der Lage der Kirche in Deutschland, kam dem Reichspropaganda-Ministerium natürlich wie ein Geschenk des Himmels vor. So gab Goebbels die Anweisung, die politisch einfältige Stellungnahme der österreichischen Oberhirten sowohl in allen Tageszeitungen als auch in den Kirchenzeitungen abzudrucken. Nach intensiven Beratungen mit engen Mitarbeitern, einer Konsultation des Breslauer Kardinals durch einen Beauftragten und nach Gesprächen mit den Verantwortlichen des Germania-Verlags, in dem das Berliner Kirchenblatt erschien, entschied sich Preysing, mit hohem Einsatz zu operieren. Was war im einzelnen geschehen?

Die „Feierliche Erklärung" des österreichischen Episkopats vom 18. März hatte nicht nur bei den deutschen Bischöfen Bestürzung und Widerspruch hervorgerufen. Auch im Vatikan war man erschrocken. Radio Vatikan sendete am Abend des 1. April 1938 in seinem deutschsprachigen Programm einen aufsehenerregenden Kurzvortrag zum Thema „Was ist politischer Katholizismus?" gehalten von einem namentlich nichtgenannten Jesuiten. Die Stoßrichtung gegen die Bischöfe in Österreich war mit Händen zu greifen. Der Autor des Beitrages vertrat die Auffassung, daß es Hirten gäbe, die „nicht mehr, wie es eigentlich ihre Pflicht ist, den Wolf im Schafspelz erkennen, und daß sie Versprechungen von Menschen glauben, vor denen sie traurige Erfahrungen anderer, ja sogar das Wort des obersten Hirten selbst, hätte warnen müssen". Die Anspielung auf die Enzyklika „Mit brennender Sorge" vom Vorjahr, die die österreichischen Bischöfe im Anschluß-Jubel total aus dem Gedächtnis verloren hatten, war überdeutlich. Verfasser des Radio Vatikan-Beitrages war kein anderer als P. Gustav Gundlach, dessen Position von Pacelli voll gedeckt wurde, obwohl der „Osservatore Romano" den Radio-Kurzvortrag wenige Tage später als „weder offiziell, noch offiziös noch inspiriert" bezeichnete. Preysings Sympathie für den deutschen Jesuiten, der in den zwanziger Jahren in Berlin studiert hatte, dürfte durch diese kritische kirchenpolitische Ansprache noch gewachsen sein. Ob der Berliner Bischof anläßlich seines Ad-limina-Besuches im Februar/März 1938 P. Gundlach gesprochen hat, wie es für seine Rom-Besuche nach dem Zweiten Weltkrieg die Regel war, kann nur vermutet werden. Wie das Gästebuch der „Anima" bezeugt, ist Preysing in der Nacht vom 23. Februar in Rom eingetroffen und hat die Ewige Stadt am Morgen des 4. März wieder verlassen.

Durch den Apostolischen Nuntius Gaetano Cicognani in Wien war Kardinalstaatssekretär Pacelli über den unseligen Vorgang und seine Hintergründe schnell informiert worden. Daß die Bischöfe Österreichs am 18. März den lediglich etwas gemilderten Entwurf des NS-Gauleiters Josef Bürckel mit ihren Unterschriften bestätigt hatten, mußte sie zwangsläufig in den Verdacht der Kollaboration mit dem NS-Staat bringen. Innitzer wurde kurzfristig zu einem Rombesuch gedrängt, wo er auch mit dem österreichischen Rektor der Anima, Bischof Alois Hudal, zusammentraf, der als „Brückenbauer" zwischen Kirche und Nationalsozialismus hervorgetreten war, nicht zuletzt durch sein umstrittenes Buch „Die Grundlagen des Nationalsozialismus". Entscheidend für den Wiener Kardinal war aber neben der Papstaudienz die Begegnung mit Pacelli. Letzterer hatte in der Nacht zum 5. April eine Erklärung formuliert, die Innitzer namens der österreichischen

Bischöfe unterschreiben sollte. Der in der Weltöffentlichkeit entstandene negative Eindruck der „Feierlichen Erklärung" sollte auf diese Weise korrigiert werden. Innitzer unterschrieb diese römische Erklärung, wenn auch sehr „deprimiert und mutlos". Pacelli war der Meinung, daß „es in der Geschichte der Kirche keine beschämendere Episode gegeben habe" als die Erklärung vom 18. März. [8]

Preysings Reaktion auf die Goebbels-Anweisung hinsichtlich des Kirchenblattes ging so weit, daß er mit dieser seiner Entscheidung sogar die Möglichkeit sah, für Rom „persönlich nicht mehr tragbar" zu sein und deshalb auf sein Bistum resignieren müsse. Nach Abwägung aller Umstände ersuchte er seinen Chefredakteur, Kuratus Franz Radtke, von der „gewünschten Propaganda für die Abstimmung am 10. April" abzusehen. Der Germania-Verlag sah sich jetzt unter Druck, nahm Kontakt mit dem in Wien akkreditierten Botschafter von Papen in seiner Funktion als Aufsichtsratsvorsitzenden des Verlages auf und entschied, die Auflagennachricht als „Sonderbeilage zum Katholischen Kirchenblatt für das Bistum Berlin" der nächsten Ausgabe beizufügen, wobei Satzbild und Aufmachung den Eindruck redaktioneller Gestaltung erweckten.

Daraufhin informierte Preysing alle Seelsorgestellen des Bistums durch ein Rundschreiben, wer für die Beilage die Verantwortung trage. Diese Mitteilung sei jedoch nur „zur persönlichen Information und zur Verwendung bei Anfragen aus seelsorglichen Motiven bestimmt" und dürfe „auf keinen Fall" von der Kanzel verlesen werden. Im Unterschied zu anderen Bischöfen war Preysing bemüht, auf diese Weise durch die Auflagennachricht als Herausgeber nicht ins Zwielicht zu geraten, andererseits aber ein Verbot der Kirchenzeitung, seiner „zweiten Kanzel", nicht zu provozieren. [9] Der Berliner Bischof teilte auch die römische Erklärung Innitzers vom 6. April 1938 allen Seelsorgestationen des Bistums am 12. April im Wortlaut mit. Es ist zu vermuten, daß er über das Zustandekommen dieser auferlegten Gegenerklärung des Wiener Kardinals durch Kontakte zum Vatikan zuverlässig informiert war.

Der Jubel bei der „Heimkehr ins Reich" war in Österreich kaum verklungen, als sich der kirchenfeindliche Kurs auch in der angegliederten „Ostmark" zeigte. Am 7. und 8. Oktober war die Person des Wiener Kardinals Theodor Innitzer Zielscheibe von Schmähungen und Ausschreitungen. Nach einer Bekenntnisfeier im Stephansdom, an der rund 9000 Jugendliche teilnahmen, randalierten ca. 100 Personen, überwiegend Angehörige der Hitlerjugend, stürmten das Erzbischöfliche Palais und demolierten blindwütig dessen Inneneinrichtung. Sprechchöre riefen „Unser Glaube ist Deutschland" und „Innitzer nach Dachau". Erst nach 40 Minuten traf die herbeigerufene Polizei ein, ließ jedoch alle Demonstranten ungehindert abziehen. Der Wiener Kardinal konnte sich bei dem Sturm auf das Palais zwar in Sicherheit bringen, aber einer seiner Priester wurde aus dem Fenster des ersten Stocks geworfen.

Über die gewalttätigen Vorfälle informierte Preysing seinen Klerus durch einen authentischen Bericht aus Wien. Was in keiner deutschen Zeitung zu lesen war, erfuhren die Seelsorger auf diese Weise aus erster Hand. Außerdem legte der Bischof den Wortlaut eines Solidaritätsbriefes an Kardinal Innitzer bei. Darin versprach er dem Wiener Oberhirten „treue Gebetsgemeinschaft" und drückte seine Überzeugung aus, daß „die im Kampf für die Freiheit der Kirche erlittene Schmach und Bedrängnis" ein Unterpfand kommender gesegneter Zeit für das Reich

Christi auf Erden sei. Preysing konnte davon ausgehen, daß sein Klerus jetzt noch weniger für die NS-Propaganda anfällig sei und als Multiplikator im Bistum wirken werde.

Preysings Vorwärtsverteidigung beachtete immer abgestufte Maßnahmen je nach Anlaß und Gewicht seiner Reaktionen. So beließ er es am 4. September 1938 nicht bei einer Klerus-Information, sondern ordnete außerdem eine Kanzelverkündigung in allen Kirchen an.[10] Hintergrund waren die Ereignisse im Bistum Rottenburg, nachdem dessen Bischof Johannes Baptista Sproll nicht zur Wahl gegangen war. Es sei als „schwerer Eingriff in die Freiheit" zu beklagen, daß der Bischof „von der Polizei aus dem Land Württemberg weggeführt wurde". Am Ende der Kanzelvermeldung wurde jede Gemeinde zu einem gemeinsamen „Vaterunser" für Bischof Sproll aufgefordert. In dem Rundschreiben an den Klerus schilderte er die Vorfälle in Rottenburg detailliert und korrigierte damit die Darstellungen in den gleichgeschalteten deutschen Zeitungen.

Als „Pressebischof" in der Fuldaer Bischofskonferenz fühlte sich Preysing zusammen mit seinen Mitarbeitern verantwortlich, auch den braunen Blätterwald kontinuierlich zu beobachten. Ergebnis dieser kritischen Lektüre war eine umfangreiche Denkschrift, die im Dezember 1938 fertiggestellt wurde, also zu einem Zeitpunkt, als Hitler durch das „Münchener Abkommen" gerade das Sudetenland gewonnen hatte und außenpolitisch auf einem Höhepunkt seiner Macht stand. Sie stellte zunächst eine Antwort auf die Artikelreihe „Die große Lüge des politischen Katholizismus" dar, die im „Schwarzen Korps" und später auch im NSDAP-Zentralverlag als Broschüre erschienen ist. Die Denkschrift war aber insgesamt eine Generalabrechnung mit der gleichgeschalteten Presse im NS-Staat. Die Kapitelüberschriften lassen diese grundsätzliche Auseinandersetzung erkennen:

I. Die Anklage des „Schwarzen Korps" gegen die Katholische Kirche.
II. Die Behauptungen des „Schwarzen Korps" über die Lage der Katholischen Kirche in Deutschland.
III. Der Kampf gegen Christentum und Kirche in den nationalsozialistischen Zeitschriften und durch andere Massenführungsmittel.
IV. Die Unfreiheit und Unterdrückung des katholisch-kirchlichen Schrifttums.
V. Schlußgedanken.

Dieses großangelegte Weißbuch, das auf jeder Seite sachlich dokumentiert und messerscharf und ohne diplomatische Leisetreterei argumentiert, stellte Preysing den Mitgliedern der Reichsregierung, allen Mitgliedern der Bischofskonferenz und später auch seinem Klerus zu.[11] Während das Preußische Staatsministerium lediglich eine Empfangsbestätigung gab und der Reichskirchenminister mit Hinweis auf die angebliche Vermischung von Weltanschauung und Religion durch die „Wortführer der römisch-katholischen Kirche" alle Vorwürfe zurückwies, erhielt Preysing von mehreren Mitbischöfen anerkennende Dankbriefe, darunter Kardinal Bertram und Bischof Galen.

Das Euthanasie-Programm der Nationalsozialisten, das in verschiedenen Kreisen der Bevölkerung Unruhe hervorgerufen hat, ließ das Propagandaministerium 1941 durch den künstlerisch gut gemachten Film „Ich klage an" unterstützen. Gerade die zurückhaltende und desto wirksamere Tendenz hielt der Berliner Bischof für gefährlich. Im Oktober dieses Jahres, als sich die Siegesmeldungen über den Rußlandfeldzug noch häuften, richtete Preysing eine längere Information an seinen Klerus. Darin wurde zunächst die Spielhandlung beschrieben und analysiert und dann eine kritische Würdigung gegeben. Das Fazit: Der Film stelle eine „treffsichere und unaufdringliche Propaganda für die Euthanasie und die Vernichtung des ‚lebensunwerten Lebens' dar". Für die Diskussion der Seelsorger in den Gemeinden gab das Rundschreiben eine wertvolle Orientierungshilfe, um sich gegenüber der öffentlichen Meinung behaupten zu können.[12]

In der Strategie seiner Vorwärtsverteidigung setzte der Berliner Bischof in Einzelfällen auch jenes Instrument ein, das die größte, für ihn erreichbare Öffentlichkeit bewirkte: den Hirtenbrief. Typisch dafür war das Hirtenwort, das am 3. März 1942 in allen Gottesdiensten des Bistums zu verlesen war.[13] Um seinen Klerus dabei aus der Schußlinie der Gestapo zu nehmen, stand auf dem verschickten Text ausdrücklich der Vermerk „Verantwortlich für Herausgabe und Vervielfältigung Dr. Konrad Graf von Preysing, Berlin W 8, Behrenstraße 66". Tatsächlich war der eigentliche Charakter eines Hirtenbriefes lediglich im Schlußabsatz gewahrt. Der übrige Teil war objektive Information und massive Anklage des NS-Staates.

Der Bischof informierte zunächst seine Gläubigen über die Beschlagnahmung der St. Clemenskirche und des angrenzenden St. Josef-Hospizes, das frühere Gesellenhaus in der heutigen Kreuzberger Stresemannstraße, am 17. Juni 1941 (Näheres im Kapitel „Preysings Mitarbeit im ‚Ordensausschuß' 1941-1943"). Er teilte mit, daß er drei Tage später beim Reichsminister des Innern dagegen Einspruch erhoben und diesen Übergriff der Gestapo als „Fall offener Säkularisierung von Kirchenvermögen" bezeichnet habe.[14] Obwohl er eine Kopie seines Schreibens an verschiedene andere Ministerien geschickt habe, sei keine Antwort eingetroffen. Dagegen habe der dafür zuständige Kirchenvorstand von St. Hedwig eine Verfügung der Gestapo erhalten. Darin hieß es, daß „auf Grund des Gesetzes über die Einziehung kommunistischen Vermögens vom 26.5.1933 in Verbindung mit dem Gesetz über die Einziehung volks- und staatsfeindlichen Vermögens vom 14.7.1933 die Grundstücke Saarlandstraße 66 und Wilhelmstraße 122 zugunsten des Deutschen Reiches eingezogen" seien. Preysing legte in seinem Hirtenwort, das sich eher anhört wie ein prägnant formulierter juristischer Schriftsatz, besonderen Wert auf die Feststellung, daß damit „die St. Clemens-Kirche, Sitz einer Kuratie, und das St. Josefs-Hospiz, das hunderten von jungen Deutschen, die zum großen Teil im Felde stehen, ein Heim geboten hat, der Kirche genommen" worden seien durch „Gesetze und Erlasse, die der Staat ausdrücklich erlassen hat, um Kommunisten, Volksfeinde, Staatsfeinde, Reichsfeinde zu treffen".

Gleichzeitig berichtete Preysing in diesem ungewöhnlichen Hirtenwort von der Beschlagnahme des Priesterseminars Hedwigshöhe in Berlin-Bohnsdorf, das von der Gestapo „dem Gau Berlin der NSDAP in treuhändlerische Verwaltung" übergeben worden ist. Damit sei auch die Kapelle für die Lokalie Berlin-Grünau dem Gottesdienst entzogen. Weder der Leiter des Priesterseminars noch die in St. Clemens amtierenden Jesuiten seien von einem Gericht als „Reichsfeind" festgestellt oder verurteilt worden. Aber man gehe „in unserem Vaterland nunmehr so weit, daß Gesetze gegen Kommunisten „jetzt gegen katholische Gotteshäuser, Priesterseminare und Gesellenhäuser angewendet werden". Es handele sich bei den Enteignungen „um das Werk der Kirchenfeinde in Staat und Partei. Diese glauben, daß die infolge des Krieges von allen Deutschen geforderte Disziplin und Zurückhaltung im Innern ihnen günstige Voraussetzungen liefere, der Kirche Schlag um Schlag zuzuführen. Ohne Rücksicht auf das Konkordat, ohne Rücksicht auf die Freiheit des religiösen Lebens, ohne Rücksicht auf die Gewissensfreiheit, ohne Rücksicht auf die Volkseinheit arbeiten die Kirchenfeinde an der Vernichtung des christlichen Lebens in unserem Vaterlande."

Schärfer hätten die kirchenfeindlichen Ereignisse in Kreuzberg und Grünau kaum angeprangert werden können. Wenn auch die praktische Wirkung dieses Protestes bei den NS-Behörden gleich Null war, so wußten die Katholiken des Berliner Bistums jedenfalls genau, was vorgefallen war und wie ihr Bischof reagiert hatte. Verwirrende Gerüchte waren ausgeräumt, die Fronten geklärt.

Hinter den staatlichen Kulissen hatte Preysings Hirtenbrief allerdings erheblichen Unmut verursacht. Reichspropagandaminister Goebbels hielt den Berliner Bischof zwar prinzipiell für einen „Hetzer auch gegen die deutsche Kriegsführung", in diesem Fall jedoch notierte er verärgert am 11. Mai 1942 in seinem Tagebuch: „In Berlin haben wir infolge eines Hirtenbriefes des Bischofs Preysing in der Konfessionsfrage eine etwas prekäre Lage bekommen. Leider sind ohne mein Wissen eine Reihe von kirchlichen Gebäuden von Partei und Gestapo beschlagnahmt worden. Obwohl ich das schärfstens verboten hatte, sind hier wieder ein paar Besserwisser am Werk gewesen und die Folge ist, daß wir uns auch in Berlin einen Kirchenkonflikt heraufbeschworen haben, den ich unter keinen Umständen wollte." [15]

Außer in Berlin beschlagnahmte die Gestapo im Jahre 1941 auch in anderen Bistümern „Großdeutschlands" kirchliche Gebäude und Institutionen. Der Chef der Reichskanzlei, Hans Heinrich Lammers, sah sich daher am 16. August veranlaßt, vom „Führer-Hauptquartier" aus Martin Bormann, den Leiter der Partei-Kanzlei, über die inzwischen eingegangenen kirchlichen Beschwerden zu informieren. [16] Lammers glaubte, bei ihm an der richtigen Adresse zu sein, weil Bormann von Hitler mit der „Prüfung sämtlicher von dem Bischof von Münster erhobener Vorwürfe" betraut worden war. Gleichzeitig erhielt Bormann von Lammers u.a. die Kopie eines Schreibens von Reichskirchenminister Kerrl an den Reichsführer SS, Heinrich Himmler, vom 2.August, dem auch Preysings Protest vom 9. August beilag. [17] Der wieder einmal übergangene und längst ins politische Abseits gedrängte Reichskirchenminister gab darin „seiner Mißbilligung der Beschlagnahme kircheneigener Gebäude" Ausdruck. Lammers teilte indessen Bormann mit, er habe Kerrl, „von der Entscheidung des Führers in der Angelegenheit" nicht unterrichtet, werde auch auf das Schreiben aus dem Kirchenministerium nicht eingehen und stelle anheim, wie man Kerrl über die Führer-Entscheidung informiere. Unaufrichtigkeit und zynische Täuschungsmanöver bestimmten also sogar den Umgang von NS-Ministern untereinander. Um Hitlers Letztverantwortung für offenes Unrecht zu verschleiern, wurde selbst ein amtierender Minister an der Nase herumgeführt.

IX

Im Vorfeld des Zweiten Weltkrieges (1937 - 1939)

Alltagsdruck des NS-Staates im Bistum - Preysing zur Wahl Pius XII. in Rom - Hirtenbrief zum Kriegsbeginn

Preysings Silbernes Priesterjubiläum am 27. Juli 1937 gestaltete sich zu einem großen Freudentag in der St. Hedwigs-Kathedrale. Der Bischof feierte in der Mutterkirche des Bistums das Pontifikalamt, wobei ihm seine Brüder Albert und Josef assistierten. Albert Preysing, seit Wiedererrichtung des Kollegiatsstifts zu den heiligen Martin und Kastulus am 23. Januar dieses Jahres Stiftspropst in Landshut, hielt die Festpredigt. Um möglichst vielen Gläubigen die Teilnahme am Gottesdienst zu ermöglichen, war die Genehmigung zu einer parallelen Eucharistiefeier auf den Stufen vor der Kathedrale beantragt worden. Aber die Gestapo hielt es nicht einmal für nötig, eine negative Antwort zu erteilen. Immerhin: Der Jubilar war an diesem Sonntag wie verwandelt. Er erfüllte sogar einen lange gehegten Wunsch der Berliner Katholiken - er lächelte.[1] Was Preysing drei Jahre später seinem Freund Thun über den priesterlichen Dienst schrieb, galt ganz besonders an diesem Jubiläumstag. Er könne „nicht genug für die Gnade der Berufung danken, so viele Mängel man sich auch im Mitwirken mit der sakramentalen Gnade vorzuwerfen hat“[2]. Die anläßlich des Priesterjubiläums im Bistum gehaltene Kollekte wurde „zum Bau einer Kirche in der Stadtrandsiedlung verwandt“, hieß es damals im Berliner Kirchenblatt.[3] Der Erlös der Sammlung kam der St. Konrad von Parzham-Kirche in Berlin-Falkenberg zugute, deren ungewöhnlicher Zwiebelturm sogar bayerische Assoziationen weckt.

Wenige Monate nach diesem festlichen Sonntag verschärfte Hitler seinen politischen Kurs und stellte die Weichen endgültig auf Krieg. Auf der Geheimkonferenz vom 5. November 1937, über die Oberst Hoßbach eine Niederschrift anfertigte, eröffnete er im kleinen Kreis höchster Militärs der drei Waffengattungen seine Eroberungspläne in Europa. In einem über zweistündigen Monolog entwickelte er vor den in der Reichskanzlei Versammelten seine Auffassung, das „Volk ohne Raum" müsse „Lebensraum im Osten" gewinnen und dafür „die Fesseln des Versailler Schanddiktats" abstreifen. Die alten Ideen aus „Mein Kampf" wurden in einen festen politisch-militärischen Zeitfahrplan gegossen. Der Griff nach der Hegemonialstellung in Europa war proklamiert, selbst wenn einige Teilnehmer der Geheimkonferenz den Eroberungsplänen ihre Zustimmung versagten. Die Menschen in Deutschland und den Nachbarländern lebten seitdem, ohne es zu wissen, im Vorfeld einer bewußt angesteuerten, bewaffneten Auseinandersetzung, in der kritischen Inkubationszeit des Zweiten Weltkriegs.

Den 4,3 Millionen Berlinern wurde im Sommer des Jahres 1937 das Gesicht eines friedliebenden NS-Staates gezeigt. Der Architekt Albert Speer wurde Generalbauinspektor „zur planvollen Gestaltung des Stadtbildes der Reichshauptstadt". Kernstück sollte der protzige Ausbau der Ost-West-Achse zur Via triumphalis werden. Im August wurde das Schauspiel der 700-Jahr-Feier der Spreemetropole inszeniert. Daß diese Festwoche ohne jedwede kirchliche Beteiligung ablief und ganz im Dienst der Propaganda inszeniert war, verstand sich von selbst.

Der Aufbau des jungen Bistums Berlin ging auch in dieser Zeit zielstrebig weiter. Durch die große Zahl neuentstandener Seelsorgstellen sah sich der Bischof veranlaßt, mit Wirkung vom 1. Januar 1938 die Archipresbyterate (Dekanate) von 13 auf 19 zu erhöhen. Trotzdem blieben einzelne Sprengel wie Neukölln, Berlin-West oder Steglitz mit 12, 14 und 15 Gemeinden noch immer flächen- und zahlenmäßig relativ groß. Wie die Amtsblätter von 1938 und 1939 dokumentieren, wurden allein in dieser Zeit insgesamt 21 vermögensrechtlich selbständige Kuratien errichtet, zumeist in Groß-Berlin und der näheren Umgebung.

In dieser Aufbauphase traf Preysing nach längerem Zögern eine für ihn und das Bistum glückliche Personalentscheidung: Er ernannte Dr. Maximilian Prange (1893 - 1965) am 23. Februar 1938 zum neuen Generalvikar als Nachfolger des verstorbenen Dr. Paul Steinmann. Der manchmal rauhbeinige, mit Berliner Mutterwitz ausgestattete ehemalige Germaniker war ein nüchterner Pragmatiker, der für langatmige, feierliche Sprüche wenig Sinn hatte. Aber gerade diese Eigenschaften hatten bei Preysing offenbar Sympathien geweckt. Die Anziehungskraft von Gegensätzen hatte sich erneut bestätigt. Bischof und Generalvikar waren in den Augen des Klerus bald ein nahezu ideales Gespann. Preysing scheint erst in dieser Zeit seine fast ängstliche Scheu vor dem unvorbereiteten, spontanen Wort in der Öffentlichkeit langsam überwunden zu haben. Er schrieb Graf Thun: „Allmählich, der Not gehorchend, verliere ich meine Scheu vor notgedrungen mehr oder weniger improvisiertem Sprechen."[4]

Der Alltag des Bistums blieb weiter überschattet vom gnadenlosen Überwachungsdruck des „SS-Staates". Die Gestapo verhörte, verwarnte oder verhaftete, wer sich unvorsichtig über Staat und Partei äußerte. So mußte sich - um nur einige Beispiele zu nennen - der streitbare Pfarrer Albert Coppenrath von St. Matthias (1883-1960), ein Miterbauer des Bistums, vor dem Moabiter Schöffengericht verantworten. Später wurde „der westfälische Dickkopf am Winterfeldtplatz" aus dem Bistum ausgewiesen. Erzpriester Paul Ernst Gediga aus Stolp in Hinterpommern (1887-1945) kam im Mai 1938 wegen Verbreitung verbotener Schriften in Gestapohaft. Der

Brandenburger Pfarrer Bruno Schubert (1883-1937) wurde verhaftet und ist im Berliner Polizeipräsidium zu Tode gekommen. Albert Willimsky (1890-1940), zuletzt Pfarrer in Stettin-Podejuch, wurde 1938 und dann erneut 1939 wegen regimekritischer Äußerungen verhaftet und starb im KZ Sachsenhausen.[5] Zwar dachte der Klerus des Bistums fast ausnahmslos ebenso wie die einzelnen verhafteten Mitbrüder, hielt sich aber in der Öffentlichkeit zumeist zurück, um nicht Zufallsopfer einer Denunziation bei der Gestapo zu werden. Die wenigen mit den Ideen des Nationalsozialismus sympathisierenden Geistlichen wurden von Preysing nur so lange toleriert, wie sie sich nicht öffentlich zu Wort meldeten. Als sich jedoch Pfarrer Walter Leonards aus Prenzlau (1887-1965) journalistisch für das Niederländische Presse-Büro Berlin betätigte und den Staat-Kirche-Konflikt in Deutschland verharmloste, untersagte ihm der Bischof die weitere schriftstellerische Tätigkeit. 1939 wurde das NSDAP-Mitglied Leonards in den Ruhestand versetzt. Auch gegenüber dem pensionierten Pfarrer Karl König (1877-1939) zeigte Preysing Härte. Der aus dem Erzbistum Paderborn stammende und mit den Ideen des Nationalsozialismus sympathisierende Geistliche sollte in städtischem Auftrag Religionsunterricht in Höheren Lehranstalten erteilen. Der Bischof untersagte ihm kurzerhand diese Tätigkeit und entzog ihm die missio canonica.[6] Bereits 1936 hatte Bischof Preysing Johannes Strehl (1887-1951), Pfarrer der damals unter Regierungspatronat stehenden Pfarrei Peter und Paul in Potsdam, zur Resignation veranlaßt. Bei dem Vorwurf der Veruntreuung von 14 000 Reichsmark konnte selbst der Oberpräsident der Provinz Brandenburg, Wilhelm Kube, den von ihm protegierten Parteigenossen Strehl nicht länger decken. Der Hauptgrund der Versetzung des Potsdamer Pfarrers nach Berlin-Hakenfelde war jedoch dessen offenes Eintreten für den NS-Staat.

Wie eng Preysings Verhältnis zu seiner Mutter über die Jahrzehnte geblieben ist, trotz der räumlichen Trennung und nur sporadischer Kurzbesuche, geht aus seinen Briefen hervor. Im März 1938 hatte er bei einem Besuch auf Schloß Kronwinkl den Eindruck gewonnen, daß das Alter der Mutter immer stärker seinen Tribut fordere. Er habe sie zwar verhältnismäßig wohl angetroffen, schrieb er seiner Cousine, „freilich immer etwas abnehmend, wenn auch das Gedächtnis nicht schlechter war“[7]. Hedwig Gräfin Preysing starb dann im gleichen Jahr am 4. September. Der Berliner Bischof hielt am Hochaltar der Pfarrkirche von Eching das Requiem, während seine beiden Brüder gleichzeitig an den Nebenaltären eine stille heilige Messe feierten. Ihre letzte Ruhestätte fand Gräfin Preysing in der Familiengruft neben der Echinger Pfarrkirche. Stiftspropst Albert, der seiner Mutter noch wenige Stunden vor ihrem Tod das Sakrament der Krankensalbung gespendet hatte, hielt die Grabrede. Es war eine warmherzige Danksagung für die Mutter, die bei allen Schicksalschlägen stark war im Leiden und „mutig in allen Sorgen des Lebens“. Preysing ließ durch das Domkapitel zur heiligen Hedwig ein Erinnerungsheftchen herausgeben - der Text dürfte aus seiner Feder stammen -, gab in die Gemeinden seines Bistums Gedenkbilder und bat um ein Memento für die heimgerufene Mutter.

Leidige Erfahrungen in der Fuldaer Bischofskonferenz, besonders in den Jahren seit 1933, haben den Berliner Bischof im Frühjahr 1938 veranlaßt, nach Wegen für eine größere Effizienz dieses Gremiums zu suchen. Er machte dem Konferenzvorsitzenden Kardinal Bertram am 3. Mai konkrete Vorschläge für eine bessere Zusammenarbeit des deutschen Episkopats. Preysing stellte fest, daß „der Apparat der Fuldaer Konferenz für eine schnelle Verständigung der hochwürdigsten Herren und für eine Ausrichtung auf gemeinschaftlichem Handeln zu schwerfällig“ sei. Er schlage daher „ehrerbietigst“ vor, eine Art engeren Ausschusses ins Leben zu rufen. Er solle aus den sechs deutschen Erzbischöfen von Breslau, München, Köln, Bamberg, Paderborn und Freiburg und einem gewählten Bischof aus jeder Kirchenprovinz bestehen. Als Vorteil dieses Ausschusses nannte der Oberhirte aus Berlin die „Möglichkeit einer öfteren Einberufung“. Tagungsort solle nicht Fulda sein, damit der Ausschuß nicht nur in den Alumnatsferien des dortigen Priesterseminars zusammentreten müsse und die Versammlung „eine weniger offizielle und auffällige Note“[8] hätte. Was Jahrzehnte später die Deutsche Bischofskonferenz durch die Errichtung des Ständigen Rates mit ähnlicher Zielsetzung angestrebt hat, wollte Preysing also schon im Jahre 1938 erreichen. Leider verpuffte der damalige Vorstoß an Vorbehalten verschiedener Erzbischöfe und Bischöfe, die offenbar das kirchenpolitische Motiv ihres bischöflichen Mitbruders in der Reichshauptstadt nur ungenügend verstanden und unterstützten.

So fand wie eh und je die nächste Bischofskonferenz als Plenarkonferenz vom 17. bis 19. August 1938 in Fulda statt. Im Rahmen der umfangreichen Tagesordnung fiel Punkt XIV „Die Kirchenzeitungen (Kirchenblätter, Bistumsblätter)“ dem Bischof von Berlin zu. Preysings Referat wurde jedoch nur dem Konferenzprotokoll beigefügt, allerdings nicht ohne im Protokoll folgende Charakteristik zu geben: „Ein Zeitdokument für die Unterdrückung katholischer Lebensnotwendigkeiten. Der Episkopat darf nicht müde werden, sich der Sorge für die kirchliche Pressearbeit zu widmen, besonders der Frage des Nachwuchses, der inhaltlich und äußerlich zeitgemäßen Gestaltung der Zeitschrift und der Erhaltung des katholischen Schrifttumes.“[9] Der am 22. August von Berlin aus allen Bischöfen übersandte Wortlaut des Referates stellte die umfassendste Bestandsaufnahme des Kampfes um das gedruckte katholische Wort zur damaligen Zeit dar.

Die staatlichen Stellen nahmen besonderen Anstoß am gemeinsamen Hirtenbrief der deutschen Bischöfe, der in Fulda bei dieser Konferenz verabschiedet wurde. Das Bischofsschreiben wurde am 28. August von allen deutschen Kanzeln verlesen. Der vom Freiburger Erzbischof Gröber entworfene Text war die bisher entschiedenste Frontstellung der Kirche zum nationalsozialistischen Staat. Wenn auch sehr umfangreich, oft pathetisch und manchmal schwülstig, klagte er den Staat unmißverständlich des Kampfes gegen das Christentum an. Man erstrebe „die Zerstörung der katholischen Kirche innerhalb unseres Volkes, ja selbst die Ausrottung des Christentums überhaupt und die Einführung eines Glaubens, der mit dem wahren Gottesglauben und dem christlichen Glauben an ein Jenseits nicht das Geringste mehr zu tun hat. Und der Hirtenbrief stellte nachdrücklich fest, man kenne „das vierte Gebot, das uns zum Gehorsam in allem Erlaubten auch gegen den Staat und die Staatsführung verpflichtet, freilich aber auch eine Ergänzung im Apostelwort findet: ‚Man muß Gott mehr gehorchen als den Menschen‘.“[10]

Wenige Wochen später brachte die „Sudetenkrise“ halb Europa an den Rand des Krieges. Die von Berlin gesteuerten „Heim-ins-Reich“-Parolen erhitzten die Gemüter in dem mehrheitlich von deutscher Bevölkerung bewohnten Sudetenland bei der Prager Regierung. Die deutsche Opposition, bestehend aus Männern um

Generalstabschef Beck und den ehemaligen Leipziger Oberbürgermeister Goerdeler, wollte Hitlers imperiale Kriegspläne gegen die Tschechoslowakei in letzter Minute mit einem Staatsstreich durchkreuzen. Aber die Appeasement-Politik Englands und Frankreichs, die mit dem „Münchener Abkommen" am 29./30. September ihren Höhepunkt fand, führte nicht nur zum Anschluß des Sudetenlandes an Deutschland, sondern auch zum abrupten Ende aller Staatsstreichpläne. Denn das Vorhaben der Verschwörer basierte auf der unverzichtbaren Voraussetzung, daß die Westmächte durch politische Härte Hitler die Rolle des machthungrigen Kriegsanstifters übernehmen ließen.

Als sich im Frühjahr 1939 die internationale Lage weiter dramatisch zuspitzte, starb am 10. Februar Papst Pius XI. Bereits im dritten Wahlgang wurde der bisherige Kardinalstaatssekretär Eugenio Pacelli zum Nachfolger gewählt, der den Namen Pius XII. annahm. Preysing verfaßte noch am Tag der Papstwahl, dem 2. März, einen Hirtenbrief, der am folgenden Sonntag im Bistum verlesen wurde. Darin erinnerte er an die Deutschfreundlichkeit des neuen Papstes, der „den deutschen Geist und die deutsche Eigenart kennt und schätzt". Ohne seine langjährigen persönlichen Kontakte zu Pacelli zu erwähnen oder gar herauszustreichen, wies er auf dessen Amt an der Spitze der Kirche hin, geriet aber dabei teilweise in ein ihm sonst fremdes Pathos, etwa bei dem Satz: „Je stärker die Wogen um die Barke der Kirche branden, umso dankbarer grüßen wir den Steuermann."[11] Die innere Bewegung der Anteilnahme hatte ihm wohl mehr als sonst die Feder geführt. Preysing ließ es sich nicht nehmen, zur Papstkrönung am 12. März in die Ewige Stadt zu reisen. Er dürfte dort auch vom Inhalt der beiden Audienzen für die vier deutschen Kardinäle Bertram, Faulhaber, Schulte und Innitzer bei Pius XII. am 6. und 9. März erfahren haben. Laut Protokoll hatte der Papst dabei seine Deutschland-Politik formuliert. Sie bestand darin, zu sehen, „ob es irgendwie möglich ist, zum Frieden zu kommen... Wenn wir dann alles versucht haben und sie doch unbedingt Krieg wollen, werden wir uns wehren."[12] Die erhoffte Verbesserung der Beziehungen zum nationalsozialistischen Deutschland blieb allerdings aus, wie Pius XII. schon nach kurzer Zeit feststellen mußte. Hinter der brüchigen Fassade höflicher Diplomatie blieb die NS-Staatsführung bei ihren kirchenfeindlichen Aktivitäten.

In den ersten Wochen der Amtszeit des neuen Papstes setzte Hitler sein politisches Vabanquespiel für ein größeres „Großdeutschland" fort. Am 14. März erklärte die Slowakei unter dem Nationalistenführer Msgr. Josef Tiso mit deutscher Rückendeckung ihre Unabhängigkeit von Prag und nahm als Satellitenstaat zugleich die politische Abhängigkeit von Berlin auf sich. Einen Tag später besetzten deutsche Truppen die „Rest-Tschechei", nachdem in der Nacht in einem dramatischen Meinungsaustausch in der Berliner Reichskanzlei von Staatspräsident Emil Hacha die Auslieferung seines Staates erpreßt worden war. Das Land im Herzen Europas wurde „Reichsprotektorat Böhmen und Mähren". Auf dem Hradschin über der Moldau wehte die Hakenkreuzfahne. Eine Woche später erzwang Deutschland von Litauen die Rückgabe des Memelgebietes, das durch den Versailler Vertrag von Deutschland abgetrennt worden war. Polen dagegen widerstand dem Drängen der deutschen Reichsregierung, als Juniorpartner unter der Devise „Lebensraum im Osten" gegen die UdSSR instrumentalisiert zu werden. Der nächste Konfliktherd hieß für Hitler daher im Frühjahr 1939: das selbstbewußte Polen. Das Problem in der Freien Stadt Danzig sollte ihm dabei als Vorwand dienen.

Im Sommer 1939 suchte Preysing, wie schon in früheren Jahren, den Kurort Bad Hofgastein auf. Seine rheumatischen Beschwerden sollten hier durch medizinische Anwendungen gelindert werden. Ihm gehe es hier gut, schrieb er seiner Cousine Elisabeth, „abgesehen von der merklichen Ermüdung durch die Bäder. Ich bin nicht mehr 28 und auch nicht mehr 50 wie die letzten Male“[13]. Einen Monat später nahm Preysing vom 22. bis 24. August an der letzten Fuldaer Bischofskonferenz vor Kriegsbeginn teil. Nach allen Informationen, die am Konferenztisch zusammengelaufen sind, dürften die Bischöfe damals kaum noch gezweifelt haben, daß ein Krieg unmittelbar bevorstand, sollte nicht in letzter Minute die Vernunft siegen. Aus den Aufzeichnungen des Speyerer Bischofs Sebastian über den Konferenzverlauf geht hervor, daß die Bischöfe auch über ein Hirtenwort im Falle des Kriegsausbruchs gesprochen haben. Wahrscheinlich hat man sich lediglich auf den Tenor verständigt, die katholischen Soldaten seien „verpflichtet, in Treue Gehorsam gegen Führer und Obrigkeit, opferwillig unter Hingabe ihrer ganzen Persönlichkeit zu erfüllen gemäß den Mahnungen der Heiligen Schrift. An das Volk richten wir die Bitte, unsere innigen Bitten zum Himmel zu senden, daß Gott den ausgebrochenen Krieg zu einem für Vaterland und Volk siegreichen Erfolge führen möge.“[14] Diese Leitlinie war frei vom überschwenglichen nationalen Pathos der Hirtenbriefe beim Kriegsausbruch 1914. Sie findet sich so oder ähnlich in fast allen Hirtenbriefen im September 1939, ohne sich mit den Kriegszielen Hitlers zu identifizieren, wenngleich die Worte der meisten Bischöfe kaum anders als eine „Anerkennung der Rechtmäßigkeit des Hitlerkrieges“[15] verstanden werden konnten.

Die wochenlangen diplomatischen Bemühungen des Vatikans, dem Frieden in Europa noch eine Chance zu geben, fanden am 24. August ihren Höhepunkt. Einen Tag nach dem Hitler-Stalin-Pakt mit dem Geheimen Zusatzprotokoll, der die „vierte“ polnische Teilung besiegelte, richtete Papst Pius XII. über Radio Vatikan einen geradezu beschwörenden Friedensappell an die verantwortlichen Politiker: „Nichts ist verloren durch den Frieden, alles kann verloren sein durch den Krieg.“[16] Hitler ließ sich durch nichts und niemanden mehr in seinen Eroberungsplänen stören. Auf seinen Befehl überschritten deutsche Truppen am 1. September um 4.45 Uhr ohne Kriegserklärung die deutsch-polnischen Grenzen. Am 3. September antworteten England und Frankreich mit der Kriegserklärung.

Wie alle anderen deutschen Bischöfe hat auch Preysing aus Anlaß des Kriegsbeginns einen Hirtenbrief geschrieben, gegeben am Fest der Sieben Schmerzen Mariens, am 15. September. Aber er war der einzige deutsche Bischof, der sich von dem in der Fuldaer Konferenz vorgeschlagenen Tenor konsequent freigehalten hat. An keiner Stelle hat er vom „Krieg für das Vaterland“ gesprochen oder ähnliche den Krieg bejahende Formulierungen benutzt. Stattdessen forderte er zum Gebet auf für „alle, die draußen stehen, alle Notleidenden und Bedrängten, unser ganzes Volk.“[9] Zugleich erinnerte er an den biblischen Ruf „Seid bereit; denn der Menschensohn kommt zu einer Stunde, die ihr nicht kennt“, empfahl den Empfang des Bußsakramentes und wies auf die Liebesreue hin, um jederzeit vor das Angesicht Gottes treten zu können. Jeder Satz dieses Hirtenbriefes war pastoral motiviert und als Wegweisung für gelebten Glauben gedacht. Es gehörte in den Tagen des erfolgreichen Blitzkrieges gegen Polen schon große Risikobereitschaft dazu, den Gedanken vom „Kampf für Volk und Vaterland“ bewußt auszuklammern und mit keinem Wort vom erhofften eigenen Sieg zu sprechen. Der Historiker Heinrich Misalla vertritt daher die Auffassung, Preysings bewußtes Verschweigen jeglicher inhaltlicher Äußerung zum Thema „Krieg“ sei „wohl ebenso mutig gewesen wie der offene Protest des Bischofs von Münster gegen den nationalsozialistischen Terror in seinen Predigten vom Juli und August 1941“[17].

Ganz im Gegensatz zu Preysing hat der an der Berliner Heereskirche, der heutigen St. Johannes-Basilika in Kreuzberg, amtierende Feldbischof Franz Justus Rarkowski (1873-1950) in seinem Hirtenbrief zum Kriegsbeginn nationalistische und parteifreundliche Töne angeschlagen. Er mahnte die Soldaten, sich an „das leuchtende Vorbild eines wahrhaften Kämpfers, unseres Führers und Obersten Befehlshabers“ zu halten, des „ersten und tapfersten Soldaten des Großdeutschen Reiches“. Daß Preysing zu Rarkowski stets ein mehr als unterkühltes Verhältnis hatte, wird durch diesen Hirtenbrief zusätzlich verständlich.

Aber selbst ein seelsorglich engagierter Mann wie der Ermländer Bischof Maximilian Kaller (1880-1847), dessen Bistum ebenso wie das Bistum Berlin zur Breslauer Kirchenprovinz gehörte, stellte seinen Hirtenbrief zum Kriegsbeginn unter das Leitwort „ Nie mögen unsere Feinde herrschen über uns“; ein Gedanke, der dem unchristlichen Freund-Feind-Denken bedenklich nahe kam.

Es würde mich zu großem Danke verpflichten, wenn das anliegende, im Namen der Bischöfe Deutschlands verfaßte Schreiben zu eigenen Händen des Herrn Reichskanzlers und Führers gelangen könnte. Gestatten Sie mir gütigst, Sie um gütige Übermittlung ganz ergebenst zu bitten.

Begleitschreiben Bertrams an Lammers vom 10. April 1940

X

Die Kontroverse Preysing/Bertram (1939 - 1940)

Verfolgung der Kirche Polens - Vorbehalte gegen Nuntius Orsenigo - Bertrams Gratulation zu Hitlers Geburtstag 1940 - Preysing denkt an Rücktritt

Bereits am Tag des Kriegsbeginns wurde das Abhören ausländischer Sender unter Strafe gestellt. Durch Plakate an den Litfaßsäulen erfuhr die Bevölkerung, daß die Verbreitung von Nachrichten dieser Sender mit Zuchthaus und in schweren Fällen mit der Todesstrafe geahndet werde.[1] Der Versuch, das Herrschaftswissen des Staates und dessen Propaganda vor kritischen Fragen zu schützen, funktionierte zwar nicht lückenlos, begünstigte aber in großen Volksteilen die Ausbreitung von unkontrollierbarer Flüsterpropaganda und die Vernebelung seriöser Informationen. So mancher hat sein freiheitliches Informationsbedürfnis später mit dem Leben bezahlen müssen, im Bistum Berlin u.a. mehrere Opfer im „Fall Stettin".

Mit Kriegsausbruch gewann der „Geheime Anhang" des Reichskonkordats vom Jahr 1933 zunehmend an Bedeutung. Diese selbst den deutschen Bischöfen, einschließlich des Feldbischofs Franz Justus Rarkowski, bis Kriegsbeginn unbekannte Vereinbarung für den „Fall einer Umbildung des gegenwärtigen deutschen Wehrsystems im Sinne der Einführung der allgemeinen Wehrpflicht"[2] sah vor, daß Majoristen (Theologen, die die Subdiakonats-, Diakonats- oder Priesterweihe empfangen haben) nur zum Sanitätsdienst eingezogen werden, und zwar nur dann, wenn sie keine selbständige Stelle in der Seelsorge hatten. Damit mußten die meisten Berliner Kapläne, die die Musterung als wehrtauglich hinter sich hatten, seit dem 1. September 1939 mit dem Einberufungsbefehl durch das zuständige Wehrkreiskommando rechnen. Tatsächlich ist dann im Laufe der Zeit der größte Teil der Kapläne eingezogen worden, ausgenommen „Halbarier", d.h. die nach den „Nürnberger Gesetzen" von 1935 als „Mischlinge 1. Grades" bezeichneten Personen mit zwei jüdischen Großeltern. Einigen Kaplänen ist nach Kriegsbeginn noch schnell eine

Kuratie übertragen worden, um sie auf diese Weise vor der Einberufung zu bewahren. Da vor Beginn des Rußlandfeldzuges Angehörige des Jesuitenordens gemäß „Führerlaß" vom 31.Mai 1941 als „wehrunwürdig" entlassen wurden, übernahmen mehrere Jesuitenpatres im Bistum Berlin die vakanten Kaplanstellen.

Der briefliche Kontakt von Bischof und Bischöflichem Ordinariat zu den eingezogenen Priestern ließ leider zumeist zu wünschen übrig. Die Kapläne in Uniform stießen mit ihren Problemen bedauerlicherweise überwiegend auf Unverständnis. Nur vereinzelt sind handschriftliche Kartengrüße Preysings an den einen oder anderen bekannt. Die Mehrzahl der eingezogenen Kapläne war von jeglicher Kommunikation mit dem Heimatbistum abgeschnitten. Erst nach der Rückkehr bei Kriegsende oder nach der Gefangenschaft waren die Geistlichen für das Bischöfliche Ordinariat offenbar wieder Glieder des Presbyteriums.

Ob Bischof Preysing bereits während des Polen-Feldzuges von der Welle der Morde und Verbrechen gegen die Menschlichkeit gegenüber der polnischen Bevölkerung und besonders gegenüber den Juden erfahren hat, kann heute nicht mehr gesagt werden. Bei den langsam durchsickernden Nachrichten über Geiselerschießungen, Verfolgung der polnischen Intelligenz, darunter besonders des Klerus, war die Trennungslinie zwischen vermuteter Übertreibung und Gerüchten und der grausigen Realität oft nur schwer zu ziehen, zumal die im Namen der „Herrenrasse" verübten Verbrechen jegliche Vorstellungskraft überstiegen. Wer wollte schon den unbestätigten Informationen Glauben schenken, daß allein im Bistum Kulm (Chelmno) mehr als zweihundert Priester, darunter alle Domherren mit einer Ausnahme und fast die gesamte Professorenschaft von Pelplin, auf der Stelle erschossen worden sind? Wer kannte damals schon das mörderische Wüten der fünf mobilen Einsatzkommandos der Sicherheitspolizei und des SD?

In der Berliner Nuntiatur verdichteten sich im Oktober 1939 immer mehr Berichte über deutsche Greueltaten in Polen. Nuntius Orsenigo wurde schließlich am 29. November im Auswärtigen Amt vorstellig und beklagte „privat" das unbarmherzige Vorgehen deutscher Besatzungsstellen im westpolnischen „Warthegau" und im zentralpolnischen „Generalgouvernement". Da Orsenigo wußte, daß er als beim Deutschen Reich akkreditierter Nuntius keine Zuständigkeit für die besetzten Gebiete besaß, obwohl diese Gebiete zum Teil des „Großdeutschen" Reiches erklärt worden waren, äußerte er seine Forderung nach Untersuchung der Vorgänge in Polen als „Mensch" und als Privatperson.[3] In den folgenden Monaten intervenierte er trotzdem immer wieder, ohne sich entmutigen zu lassen, gegen Verhaftungen von polnischen Geistlichen, zumeist Bischöfen, und stellte Dienstreiseanträge für Nuntiaturmitarbeiter zum Besuch des „Generalgouvernements," „nicht um dort ‚Greuelmärchen' zu suchen und dann zu verbreiten, sondern um sachliche Feststellungen über die Besetzung und Verwaltung des dortigen Kirchengebietes zu treffen"[4]. Alle Anträge wurden unter fadenscheinigen Begründungen abgelehnt.

Nach der ersten Verhaftungswelle polnischer Bischöfe und Priester im Herbst 1939 kam es ein Jahr später zu einer weiteren Verhaftungsaktion. Die meisten der Verhafteten kamen nach einiger Zeit in das KZ Dachau. Die gewalttätigen Repressionen gegen die Katholische Kirche hatten nicht zuletzt das Ziel, die „religiösen Ausdrucksformen polnisch-nationalen Lebens"[5] zu beseitigen. Dazu diente auch die strikt vorgeschriebene Trennung von Deutschen und Polen im kirchlichen Leben. Polen war der Besuch deutscher Gottesdienste und umgekehrt Deutschen der Besuch polnischer Gottesdienste verboten. Deutsche Kirchen mußten das Schild „Für Polen verboten" tragen. Die Bilanz der Verfolgung im Erzbistum Posen-Gnesen, für das das Reichskonkordat keine Gültigkeit besaß, wurde den deutschen Bischöfen erst im Oktober 1941 vertraulich mitgeteilt: „Von 681 Geistlichen (1939) haben 22 keine Seelsorgserlaubnis, 120 im Generalgouvernement (deportiert), 74 erschossen oder im KZ gestorben, 24 außerhalb der Reichsgrenzen, 12 vermißt, 451 in Gefängnissen oder Konzentrationslagern. Von ehem. 431 öffentlichen Kirchen und 74 Kapellen waren noch 30 Kirchen und 1 Kapelle geöffnet."[6] In Posen waren von den 30 Kirchen nur noch zwei für die Polen und eine für die deutschen Katholiken geöffnet. Der „Reichsgau Wartheland" sollte modellhaft zum „Exerzierplatz der nationalsozialistischen Weltanschauung" werden. Staatssekretär Ernst von Weizsäcker im Auswärtigen Amt notierte am 20. September 1940 die Mitteilung des Nuntius, nach der „an vielen Orten im ehemaligen Polen (er nannte Gnesen, Posen, Kutno usw.) in mehreren Wellen Priesterverhaftungen" vorgekommen seien, die sich heute schon „auf ca. 200 Personen erstrecken dürften". Anscheinend seien die Verhafteten „nach Dachau oder Oranienburg" gebracht worden.[7]

Bischof Preysing berichtete Pius XII. am 4. Oktober 1940 von dieser neuerlichen Verhaftungswelle und übermittelte dazu den Vorschlag des polnischen Generalvikars von Gnesen. Dieser hatte gebeten, der Heilige Stuhl möge für die Verhafteten intervenieren. Der Generalvikar habe „die Hoffnung aufgegeben, daß sie in ihrer Diözese weiter Seelsorge üben können. Er meint, ob es nicht möglich wäre, sie in ein neutrales Land zu bringen, Schweiz oder Spanien, sie dort umzuschulen und irgendwo anders in der Welt einzusetzen, eventuell in Amerika."[8] Diesen Vorschlag griff der Vatikan tatsächlich auf und beauftragte Nuntius Orsenigo, deswegen im Auswärtigen Amt zu sondieren. Nach den Aufzeichnungen Weizsäckers brachte der

Ein kühles Verhältnis zum Apostolischen Nuntius Erzbischof Cesare Orsenigo zog sich wie ein roter Faden durch die Amtszeit des Berliner Bischofs. Der Nuntius beim Verlassen der Reichskanzlei nach dem Neujahrsempfang 1933

vatikanische Diplomat dieses Thema am 6. November zur Sprache, wobei der deutsche Staatssekretär die Frage stellte, ob nach Südamerika geschickte polnische Priester dort nicht zu „antideutschen Hetzaposteln“ würden. So scheiterte dieser außergewöhnliche Plan. Stattdessen erhielt der Nuntius am 23. November eine Verbalnote des Auswärtigen Amtes, in der die Konzentration aller verhafteten katholischen Priester im KZ Dachau mitgeteilt wurde.[9]

Wenn auch der Nuntius bei den fast wöchentlichen Verhandlungen im Auswärtigen Amt wiederholt das Schicksal der verhafteten polnischen Priester und Bischöfe angesprochen hat, so lassen die nach jeder Begegnung angefertigten Aufzeichnungen von Staatssekretär Weizsäcker jedoch erkennen, daß Orsenigo zumeist pflichtgemäß vorsprach, wenig entschlossen, ohne persönlich engagierte Eindringlichkeit. Er vermied jegliche Polarisierung und wurde darin unterstützt von seinem deutschen Sekretär, P. Eduard Gehrmann SVD. Er wußte sich aber auch dabei im Einklang mit jenem Flügel im deutschen Episkopat, der unermüdlichem Verhandeln einer offenen Konfrontation mit ungewissen Konsequenzen den Vorzug gab, wie Kardinal Bertram, der Osnabrücker Bischof Berning und der Leiter des Kommissariates der Fuldaer Bischofskonferenz, Bischof Wienken. Als der Nuntius beispielsweise nach mehrmaligen Bitten am 26. Januar 1941 das Gefangenenlager Moosburg bei München besuchen durfte, sprach er zwar mit den dort festgehaltenen etwa 200 französischen Priestern, wagte es aber nicht, auch die inhaftierten polnischen Geistlichen anzusprechen, weil ihm dazu die Erlaubnis gefehlt habe.[10] Der nachgiebig-ängstliche Diplomat dominierte über den Bischof und Seelsorger.

Die Vorbehalte Preysings gegen Orsenigo verstärkten sich im Laufe der Jahre. Die Verärgerung über die Tätigkeit des Nuntius mußte schon erheblich geworden sein, wenn der stets behutsam und abgewogen urteilende Bischof von Berlin seine Sorgen Pius XII. mitteilte. Er kritisierte am 23. Januar 1943 nicht nur die rein technische Arbeitsweise der Nuntiatur als „unzulänglich“, sondern auch die Haltung des vatikanischen Vertreters in der Reichshauptstadt: „Seine wie instinktive Stellungnahme gegen glaubenstreue Elemente, die mit der Gestapo in Konflikt kommen, hat ihn wohl bei den Katholiken in Deutschland jeder Sympathie und jeden Vertrauens beraubt. Nunmehr kommt seine Stellung in der Frage der Fürsorge für die deportierten Polen hinzu.“ Preysing befürchtete eine große Schädigung der kirchlichen Interessen durch Orsenigo und fügte die Frage an, ob der Nuntius nicht einen längeren Urlaub antreten solle und ein neuer „Mann von Kopf und Herz“ den umstrittenen Nuntiaturrat Carlo Colli ablösen und dann mit der Wahrnehmung der Geschäfte des Nuntius betraut werden solle.[11] Pius XII. ist in seinen Briefen an Preysing auf diesen Vorschlag nicht eingegangen.

Die Informationen über die deutsche Besatzungspolitik in Polen haben Preysings strikte Zurückhaltung in allen nationalen, den Krieg betreffenden Fragen nur noch verstärkt. Andererseits wurde seine Diktion bei Protesten noch schärfer. Als vom 15. Dezember bis 21. Januar 1940 in den Räumen des Kaiser-Friedrich-Museums in Berlin die Ausstellung „Frau und Mutter - Lebensquell des Volkes“ gezeigt wurde, die ganz von der christentumsfeindlichen Gedankenwelt des braunen Chefideologen Alfred Rosenberg geprägt war, protestierte Preysing am 13. Februar bei Reichskirchenminister Kerrl. Die Ausstellung „sei eine neue Form des offenen Vernichtungskampfes gegen Kirche und Christentum in Deutschland“. Da die Gestapo kurz zuvor verschiedenen kirchlichen Stellen des Landes den Vorwurf gemacht hatte, sie gefährdeten die „Einheit der inneren Front“, stellte Preysing offensiv fest: „Angriffe gegen Christentum und Kirche erfolgen - ohne Rücksicht auf die Einheit der inneren Front. Abwehr solcher Angriffe wird der Kirche unmöglich gemacht - mit Rücksicht auf die Einheit der inneren Front.“[12] Eine Antwort des Ministeriums auf diesen Protest ist nicht bekannt.

Das Propaganda-Wort „Einheit der inneren Front“ griff Preysing wenige Wochen später in einem anderen Zusammenhang erneut auf. Kardinal Bertram hatte seine Mitbischöfe gefragt, ob eine besondere Eingabe zu den lautstark vorgetragenen bevölkerungspolitischen Kundgebungen des Staates, die zum christlichen Sittengesetz in krassem Widerspruch standen, ratsam und opportun sei.[13] Preysing lehnte am 8. März 1940 „betr. außerehelichem Geschlechtsverkehr eine Spezialeingabe“ ab. Stattdessen plädierte er für eine „umfassende Denkschrift zur Lage“. Sie müßte „sämtliche Angriffe gegen Glaube und Sitte, sämtliche Verletzungen kirchlicher Rechte, die seit Kriegsbeginn von seiten der Regierung und der Partei geschehen sind, darstellen.“ Als Leitgedanken der Denkschrift schlug er die „Einheit der inneren Front“ vor, da „dieser Gedanke zur Zeit als Schlagwort gegen uns verwendet wird“[14]. Die Denkschrift-Initiative Preysings, die ein geistiger Befreiungsschlag hätte werden können, fand bei Bertram keine Zustimmung.

Das Verhältnis Preysing-Bertram war schon seit längerem höflich abgekühlt. Bereits Anfang April 1937 hatte Preysing überlegt, ob er dem Breslauer Kardinal nicht mitteilen solle, daß er das Pressereferat in der Bischofskonferenz niederlege. In einem Gespräch mit Domkapitular Heufers und Domvikar Adolph hat er diese Überlegung jedoch verworfen, „da niemand vorhanden wäre, der die Arbeit weiterführt“[15]. Der einundachtzigjährige Konferenzvorsitzende, der nach den Bestimmungen des Zweiten Vatikanums längst nicht mehr im Amt gewesen wäre, scheute immer wieder das Risiko eines offenen Affronts gegenüber Staat und Partei. Er sah, daß Hitler durch den „Blitzkrieg“ in Polen und den erfolgreichen Überfall auf Dänemark und Norwegen im April 1940 in breiten Bevölkerungsschichten Rückhalt gewonnen hatte. Entscheidend für Bertrams „Eingabepolitik“ waren jedoch pastorale Rücksichten. Als einer der wenigen deutschen Bischöfe, die Bismarcks Kulturkampf noch am eigenen Leib erlebt hatten, war er kontinuierlich bemüht, durch betont loyales Verhalten den deutschen Katholiken eine ähnliche Prüfung zu ersparen.

Auch das unselige Glückwunschschreiben zu Hitlers 51. Geburtstag am 20. April 1940 spiegelte Bertrams Loyalität wider. Die Gratulation war in einem Vokabular verfaßt, das dem eines devoten Untertans entnommen war. Schon die Anrede- und Grußformel - „Hochgebietender Herr Reichskanzler und Führer“ und „In ehrerbietigstem Gehorsam“ gingen über das erträgliche Maß Höflichkeit weit hinaus. Dann hieß es: „Der Rückblick auf die unvergleichlich großen Erfolge und Ereignisse der letzten Jahre und der tiefe Ernst der über uns gekommenen Kriegszeit gibt mir als Vorsitzenden der Fuldaer Bischofskonferenz besonderen Anlaß, namens der Oberhirten aller Diözesen Deutschlands Ihnen zum Geburtstag die herzlichsten Glückwünsche darzubringen. Es geschieht das im Verein mit den heißen Gebeten, die die Katholiken Deutschlands am 20. April an den Altären für Volk, Heer und Vaterland, für Staat und Führer zum Himmel senden.“ Und die Enzyklika „Mit brennender Sorge“, die Herrschaftsinstrumente der Konzentrationslager und die Judenverfolgung ganz und gar vergessend und die vaterländische Anhänglichkeit im Übermaß pointierend, erklärte der Breslauer Kardinal, diese Gratulation geschehe „in dem tiefen Bewußtsein der ebenso vaterländischen wie religiösen Pflicht der Treue zum jetzigen Staat und seiner regierenden Obrigkeit". Verklausuliert und unter einer Schutzschicht höflicher Formulierungen äußerte Bertram dann auch die „dringende Bitte" um Verständnis für die Sorge der Bischöfe, „alle entgegenarbeitenden Einflüsse vom Volkscharakter, von Familie und Jugend abzuwenden und solchen Einflüssen gegenüber unserem Volke jene geistigen Kräfte zu erhalten, durch die zu allen Zeiten Deutschland groß geworden ist"[16].

Bertram war zutiefst von der Loyalitätspflicht dem Staat gegenüber überzeugt, auch wenn die höchsten Repräsentanten dieses Staates offen gegen Recht und Gerechtigkeit verstießen. Wie extrem er mit seiner nationalen Loyalität umging, beleuchtet unmittelbar nach Kriegsende seine schriftliche Anweisung an seine Pfarrer im Erzbistum Breslau, „ein feierliches Requiem zu halten in Gedenken an den Führer und alle im Kampf für das deutsche Vaterland gefallenen Angehörigen der Wehrmacht". Selbst wenn diese Aufforderung vom abgelegenen Schloß Johannesberg im Sudetenland in den Gemeinden ohne Wirkung geblieben ist, wirkt diese auf die Spitze getriebene Loyalitätshaltung des alten Kardinals geradezu anachronistisch.

Für Bertram lag diese Gratulation zu Hitlers Geburtstag in der Konsequenz seiner bisher geübten „Eingabepolitik". Preysing sah das Schreiben als verhängnisvoll und unverzeihlich an, zumal es ohne Absprache namens des deutschen Episkopats verschickt worden war. Er entschloß sich, seinem Naturell gemäß unter erheblichen inneren Kämpfen, dem Vorsitzenden der Fuldaer Bischofskonferenz am 6. Mai 1940 wie folgt zu schreiben: „Die tiefgehende Verschiedenheit, die meine Auffassung über die kirchenpolitische Lage sowohl bezüglich des grundsätzlichen wie bezüglich der von Fall zu Fall zu unternehmenden Schritte von der Auffassung Eurer Eminenz trennt, hat mich zu dem Entschluß bewogen, das kirchenpolitische Referat, das mir im Jahre 1935 von der Bischofskonferenz übertragen wurde, nämlich das Pressereferat, hiermit in die Hände Eurer Eminenz zurückzugeben."[17] Eine knappe, sachlich-vornehme Erwiderung, ohne das geringste Pathos der Empörung. Unter den deutschen Oberhirten mag es hinter vorgehaltener Hand Sympathie und Zustimmung zur Entscheidung des Berliner Bischofs gegeben haben. Aber kein Kardinal, kein Erzbischof und kein Bischof wagten den Akt der Solidarität und damit den offenen Widerspruch zu Bertram. Preysing stand völlig allein.

War Preysings Protestschritt eine sprichwörtlich einsame Entscheidung? Oder hat er andere vorher ins Vertrauen gezogen? Immerhin residierten oder amtierten damals vier weitere Bischöfe in der Reichshauptstadt. Doch die für eine Konsultation nötige Vertrauensbasis bestand in kirchenpolitischen Fragen zu keinem einzigen dieser vier bischöflichen Mitbrüder. Den Apostolischen Nuntius Orsenigo hielt Preysing für eine glatte Fehlbesetzung. Ein Mann, der mit der faschistischen Bewegung in seiner italienischen Heimat sympathisierte, war kaum in der Lage, den Ernst der Stunde im deutschen Kirchenkampf zu begreifen. Der wegen seiner überdiözesanen Aufgaben häufig in Berlin weilende Osnabrücker Oberhirte Berning, der 1914 von Bertram zum Bischof geweiht worden war, stand ganz auf dessen kirchenpolitischer Linie und war zu Preysings Verdruß noch immer Preußischer Staatsrat. Bischof Wienken, der das Commissariat der Fuldaer Bischofskonferenz leitete, galt als treu ergebener „Gehilfe" des Breslauer Kardinals und schied daher ebenfalls aus.

Schließlich kam der mit unerleuchteten Hirtenbriefen hervorgetretene Feldbischof Rarkowski, der im deutschen Episkopat ein allseits gemiedener Outsider war und auch nicht an den Fuldaer Bischofskonferenzen teilnahm, erst recht nicht in Frage.

Ob der Berliner Bischof mit seinen vertrauten Mitarbeitern Generalvikar Dr. Prange und Pfarrer Adolph den demonstrativen Affront gegenüber Bertram vorbesprochen hat, kann nur vermutet werden. In den „Geheimen Aufzeichnungen" Adolphs findet sich erst am 10. Oktober 1940 eine längere Eintragung über den Verlauf der Fuldaer Bischofskonferenz vom 20. bis 22. August, bei der Preysing nachträglich die Motive seines Protestschrittes erläutert hat, jedoch kein Hinweis auf den Entscheidungsprozeß Preysings bis zu seinem Schreiben vom 6. Mai. Da Adolph seit 1939 die Gemeinde Christus König in Berlin-Adlershof leitete, war der ad-hoc-Kontakt zu Preysing naturgemäß nicht mehr so leicht wie in den Jahren zuvor. Blieb der nüchterne Realist Prange, der in seinem Nachlaß leider keinerlei Aufzeichnungen hinterlassen hat, aber am ehesten als Ratgeber Preysings tätig gewesen sein dürfte. Denn daß der in seinem Arbeitsstil ganz auf Dialog ausgerichtete Berliner Bischof eine derart brisante Entscheidung wie die Niederlegung des Pressereferates im Alleingang getroffen hat, muß als höchst unwahrscheinlich gelten.

Sicher ist indes: der Brief vom 6. Mai war der Schlußpunkt eines lange schwelenden Entfremdungsprozesses, der bis in die Zeit der Enzyklika „Mit brennender Sorge" im Jahre 1937 zurückreichte. Und sicher ist auch: Hinter der Reaktion vom 6. Mai standen tagelange, quälende, selbstkritische Überlegungen. Preysing war nie ein Mann spontaner Antworten, weder beim gesprochenen noch beim geschriebenen Wort. Man konnte ihm auch nicht besondere Konfliktfreudigkeit nachsagen, eher das Gegenteil. Es ist schwer vorstellbar, daß er je einen Brief in der ersten Erregung herunterdiktiert und abgeschickt hätte. Die Sorge vor der Tragweite einer Entscheidung konnte ihn zeitweilig sogar bis zur Entschlußlosigkeit lähmen. „Wenn man nur wüßte, wenn man nur wüßte ... Aber das ist es eben, daß man's nicht weiß"[18], vertraute er einmal seiner Cousine an. Entscheidungen unter dem Vergrößerungsglas unbestechlicher Selbstkritik können quälend sein.

Der greise Kardinal Bertram, der die Gratulationen zu Hitlers Geburtstag übrigens bis 1944 fortsetzte, wenn auch nunmehr mit dem Briefkopf als Breslauer Erzbischof, fühlte sich von seinem Berliner Suffragan zu Unrecht kritisiert und schrieb ihm am 9. Mai, der Brief habe ihn wegen der Begründung „sehr schmerzlich berührt". Es läge ihm fern, sich einzubilden, daß er „in jedem Fall das Richtige treffe". Aber daß es auf seiner Seite „an offenherzigen und festen Kundgebungen in Eingaben an geeigneten Stellen, an Würde und Ernst in Geltendmachung heiligster Prinzipien nicht gefehlt hat", glaube er nachgewiesen zu haben. „Die Last der Verantwortung des Vorsitzenden der Konferenz" habe ihn stets tief „beunruhigt, ganz besonders in so entscheidungsvoller Zeit"[19]. Preysing ließ dieses Schreiben nicht unbeantwortet. Er interpretierte seinen demonstrativen Schritt mit dem Hinweis, daß er das kirchenpolitische Referat nur loyal innehaben könne, „wenn die kirchenpolitische Linie des Vorsitzenden der Konferenz auch die seine"[20] sei.

Während Preysing die Mitglieder der Bischofskonferenz von der Niederlegung des Pressereferates ohne Angabe von Gründen informierte, kündigte Bertram an, er werde auf der nächsten Bischofskonferenz die Frage aufwerfen, ob seine Meinung von den päpstlichen Intentionen in „grundsätzlicher oder praktischer Richtung"[21] abwiche.

Inzwischen schlug Bertrams Geburtstagsschreiben hohe Wellen. Nuntius Orsenigo informierte Kardinalstaatssekretär Maglione am 24. Mai über das umstrittene Schreiben und über Hitlers sehr kurze Antwort, in der lediglich das vage Versprechen gemacht wurde, „die Achtung vor der katholischen Betätigung auf dem Gebiet der Seelsorge zu gewährleisten". Der Bericht Orsenigos läßt erkennen, Bertram vor Preysings Kritik in Schutz zu nehmen. Die Behauptung, der Briefwechsel Bertram/Hitler habe die „straffe Einigkeit, die der deutsche Episkopat zum Unterschied von der Zersplitterung der protestantischen Autoritäten aufweist, sichtbar"[22] gemacht, stellte die Situation geradezu auf den Kopf. Denn durch den Bertram-Brief und Preysings Reaktion ist im Gegenteil der Dissens der Oberhirten von Breslau und Berlin gerade offenbar geworden.

Der Berliner Bischof hat seinerseits Pius XII. von der Kontroverse informiert. Am 29. Mai ging Preysing noch einen Schritt weiter und sprach dem Papst gegenüber seine Bereitschaft zur Resignation auf das Bistum Berlin aus. Er schrieb u.a.: „Das Zerwürfnis in prinzipieller Sache mit Breslau meinerseits, die daraus entstehende Spaltung im Episkopat, noch mehr die sichere Voraussicht, daß die Regierung ihre Gegnerschaft gegen mich in absehbarer Zeit mir und meiner Diözese fühlbar machen wird, machen es nur wahrscheinlich, daß meine Tätigkeit in Berlin auf die Dauer nicht tragbar sein wird. Ich möchte nun heute schon Eurer Heiligkeit die Erklärung abgeben, daß ich mit jeder Verfügung, die Eure Heiligkeit einmal in Bezug auf Berlin treffen wollen, einverstanden bin, ja daß Eure Heiligkeit dieses Schreiben, wenn die Zeit Eurer Heiligkeit gekommen erscheint, ohne weiteres als Resignationsgesuch auffassen mögen." Er wolle „gewiß nicht fahnenflüchtig" werden, aber mit seiner Person auch nicht das geringste Hindernis bilden, „wenn es sich um Kirche und Sache handelt"[23].

Papst Pius XII. antwortete auf diese die eigene Zukunft Preysings freistellende Blankovollmacht mit der Bitte, „den Gedanken an Resignation" auf das Berliner Bistum nicht weiter zu verfolgen. „Angesichts des Vertrauens und der Wertschätzung, welche Du bei deinen Diözesanen und den deutschen Katholiken überhaupt genießt, würde dein Rücktritt oder irgend eine andere als vorbereitender Schritt auszudeutende Maßnahme ernsthafte seelische Schäden anrichten und gerade in das Lager der Getreuesten Bestürzung und vielleicht Verwirrung bringen." Gleichwohl empfahl der Papst „eine freimütige und abgeklärte Aussprache" über die entstandene Spannung in der nächsten Fuldaer Bischofskonferenz.

Aber Bertram vermied diese freimütige Aussprache. Die päpstliche Aufforderung paßte auch kaum in seinen wenig dialoggewöhnten Arbeitsstil. Natürlich herrschte auf der Bischofskonferenz vom 20. bis 22. August 1940 in den Räumen des Fuldaer Priesterseminars eine gespannte Atmosphäre. Preysing hatte sich auf eine erklärende Stellungnahme ohne jegliche verbale Schärfen vorbereitet, erfuhr jedoch noch vor Konferenzbeginn, daß sich Bertram und der Freiburger Erzbischof Gröber bereits geeinigt hätten, den inkriminierten Brief an Hitler nicht in der Vollversammlung zur Sprache zu bringen. Als Preysing am Abend des zweiten Beratungstages zu Wort kam, wies er einleitend darauf hin, daß er vereinbarungsgemäß nicht über das Bertram-Schreiben sprechen werde. Stattdessen machte er zur Erklärung seiner Handlungsweise grundsätzliche Ausführungen zum Thema totalitärer Staat und dessen Beurteilung durch die deutschen Bischöfe. Bertram war ruhiger Zuhörer, erklärte aber danach, die Bischöfe könnten bei Bedarf darüber sprechen, er selbt aber verlasse den Raum. Kardinal Schulte schloß daraufhin die abendliche Sitzung. „Das Gremium glaubte nämlich, daß Eminenz Adolf in seiner Erklärung, die nicht überall verständlich gewesen war, den Vorsitz niedergelegt habe.“ Am nächsten Tag leitete Bertram wieder die Konferenz, ließ sich nichts anmerken und fragte, ob jemand noch etwas zu bemerken habe. Alle Bischöfe schwiegen. Schon drei Jahre zuvor hatte der junge Domvikar Adolph voll Bitterkeit angemerkt: „Wir gehen im Autoritätsnebel zugrunde. Der Kardinalspurpur wird zum Fetisch, dem sich alles beugt.“[24] Diese Einschätzung hatte sich erneut bewahrheitet.

Am 4. April 1944 hat Bischof Preysing noch einmal seine Sicht der dramatischen Vorgänge von Fulda am 21. August 1940 niedergeschrieben. Darin wehrte er sich gegen die Auffassung, er habe damals ein Mißtrauensvotum gegen Bertram eingebracht. Er wiederholte den Ablauf der Kontroverse und erwähnte auch, daß Bertram vor einer möglichen Aussprache den Konferenzsaal verlassen hat. Daraufhin hatten die Bischöfe beschlossen, „dem Wunsch des Heiligen Vaters nicht zu folgen aus Besorgnis, der Kardinal möchte seinen Vorsitz niederlegen“. Bei dieser Sachlage von einem Mißtrauensvotum zu sprechen, werde wohl auf einem „Gedächtnisfehler“ beruhen. Aus der Rückschau auf vier weitere Jahre des Kirchenkampfes schrieb Preysing: „Wenn an dem Vorgehen des Bischofs von Berlin etwas inkonsequent erscheint, so ist es, daß er nicht aus der Fuldaer Konferenz ausgetreten ist.“ Er sei dazu ebenso bereit gewesen wie zur Resignation auf das Berliner Bistum, habe sich jedoch vom Papst abhalten lassen. Da Bertram geäußert hatte, er könne mit Kritik nichts anfangen und brauche stattdessen Vorschläge, stellte Preysing fest: „Soviel ist sicher, daß der Kardinal wissen müßte, daß kaum ein Bischof in Deutschland vom Jahre 1933 bis zum Jahre 1940 mit soviel Vorschlägen an Breslau herangetreten ist wie der Bischof von Eichstätt und Berlin.“[25]

Was diese lange schwelende und dann offene Kontroverse mit Kardinal Bertram dem Berliner Bischof innerlich abgefordert hat, wird kein Außenstehender ermessen können. Der nach innen gekehrte, nie die streitbare Polarisierung suchende Mann bezeichnete sich selbst als „Rehgeiß“, was wohl eine Mischung von Scheu, Verletzbarkeit und Ängstlichkeit andeuten sollte. Preysing war durchaus kein kämpferischer Typ, der sich im Konfliktfall mit lautstarken Temperamentsausbrüchen Gehör verschafft hätte. Nach jeder wichtigen Entscheidung kamen ihm eine Reihe von Bedenken. „Er versetzte sich dann in die Lage des Widersprechenden und würdigte auch dessen Gründe.“[26] Seine Neigung zu Poesie und Belletristik weist auf geistige Räume hin, in die er sich immer gern zurückzog, weil er dort beheimatet war. Das Gespräch mit Schriftstellern und Dichtern war ihm allemal lieber als die Teilnahme an Konferenzen und Sitzungen.

Zu den häufigen Besuchern in den Kriegsjahren gehörte auch Reinhold Schneider (1903-1958), der damals als freier Schriftsteller in Potsdam und Berlin lebte. Als Lyriker, Essayist und Kulturphilosoph, der 1938 zur katholischen Kirche zurückgefunden hatte, lebte Schneider in einer Gedankenwelt, die dem Berliner Oberhirten nahestand, zumal beide auch in der Ablehnung des NS-Staates übereinstimmten. „Ich sehe Reinhold Schneider öfters, ein sehr angenehmer, sympathischer Mann, der auch, wenn man ihn allein hat, aus sich herausgeht“, schrieb Preysing seinem Freund Thun im Herbst 1940. Reinhold Schneider hat seinerseits seine

Eindrücke von Besuchen beim Berliner Bischof festgehalten, die durch eine von P. Erich Przywara SJ vermittelte Einladung Preysings zustande gekommen waren. „Der Bischof machte den Eindruck eines sehr einsamen Mannes: Er hatte sich die Stadt noch nicht in dem Maße gewonnen, wie es ihm später als ausharrenden Zeugen, Mitleidendem, Helfer beschieden war. ‚Was werden Sie morgen tun?' fragte ich ihn einmal am Abend vor Pfingsten. ‚Ach, ich gehe in den Tiergarten und sehe mir die Rhododendren an'. Die märkische Erde war ihm fremd, es war ja nicht schwer, in Bayern und Franken und gerade unter seinen Standesgenossen Menschen zu finden, die nach Berlin gekommen waren; ich kann nur ahnen, was es ihn gekostet hat, seinen Acker zu bestellen." Das Berliner Pflaster war dem Bayer Preysing noch nach Jahren tatsächlich die nur im Gehorsam angenommene Zweit-Heimat. Letztlich hat er in der preußischen Spreemetropole und in der ausgedehnten Diaspora von Brandenburg und Pommern wohl nie wirklich Wurzeln geschlagen. Die Sehnsucht nach der heimatlichen Wärme und Geborgenheit von Kronwinkl, München und Eichstätt ließ ihn lebenslänglich nicht los.

Reinhold Schneider berichtete auch von einem Plan einer gemeinsamen Fahrt mit dem Bischof nach Eichstätt und durch seine bayerische Heimat, die allerdings nicht zustande kam. Durch Preysings Erzählungen, so Schneider, „ging das Bild der Mutter; die Jugend auf der uralten Familienburg dämmerte auf: Lebensumstände von patriarchalischer Ordnung, streng, erfüllt, ohne Betonung eines Anspruchs und eben dadurch legitimiert."[28] Tatsächlich waren es Bayern und besonders Preysings „erste Liebe" Eichstätt, die ihn lebenslänglich nicht losließen. Anläßlich des 10. Jahrestages seiner Bischofsweihe schrieb er der Eichstätter Äbtissin in Erinnerung an seine ersten drei Bischofsjahre: „‚Was vergangen, kehrt nicht wieder, aber ging es leuchtend nieder, strahlt es lange noch zurück.' Ich glaube, so sagt Goethe, und für mich strahlt es wohl für alle Zeit leuchtend zurück, so sehr, daß einer meiner Vertrauten hier vom Eichstätter Mythos spricht."[29]

Der Verkehr zwischen Rom und Berlin ist gesichert, jede Woche. Wir haben den besten Beweis für die Sicherheit dieser Kurierverbindung aus der Zeit der Enzyklika „Mit brennender Sorge". Kein Mensch hat etwas gewußt.

Pius XII. zu deutschen Kardinälen am 9. März 1939

XI

Briefwechsel mit Pius XII.

Papst bittet um streng vertraulichen Rat - Pius XII. lehnt öffentlichen Appell zugunsten verfolgter Juden ab - Zerstörung der St. Hedwigs-Kathedrale

Kardinalstaatssekretär Eugenio Pacelli ging am 2. März 1939 aus dem Konklave als Petrusnachfolger hervor und nahm den Namen Pius XII. an. Die vier „großdeutschen" Kardinäle Bertram aus Breslau, Faulhaber aus München, Schulte aus Köln und Innitzer aus Wien, die an der Wahl teilgenommen hatten, wurden vom neugewählten Papst vier Tage später in Privataudienz empfangen. Sie wußten, daß kaum jemand die seit 1933 extrem angespannte Lage der Kirche in Deutschland so genau kannte wie Pacelli. Es löste daher auch kaum Überraschung aus, als Pius XII. erklärte: „Die deutsche Frage ist mir die wichtigste. Ich werde mir ihre Behandlung vorbehalten."[1] Dabei forderte er die deutschen Kardinäle ausdrücklich auf, ihn über die schwierige Lage der Kirche in Deutschland weiter detailliert zu informieren.

Dieses besondere Mitgefühl des Papstes hat sich in den folgenden Jahren unter anderem in einem intensiven, umfangreichen Briefverkehr mit den deutschen Bischöfen niedergeschlagen. Die 1966 publizierten achtzig persönlichen Briefe oder Handschreiben des Papstes sind einerseits wichtige Zeugnisse für die enge Verbundenheit Pius XII. mit den bedrängten deutschen Ortskirchen in der NS-Zeit. Andererseits geben sie Aufschluß über besondere Probleme, vor die sich die Bischöfe innerhalb ihres Bistums gestellt sahen. Der Papst hat die jeweiligen Briefentwürfe, die ihm von Mitarbeitern vorgelegt wurden, sorgfältig überarbeitet und sowohl stilistisch als auch inhaltlich korrigiert. Mit achtzehn päpstlichen Schreiben steht der Berliner Bischof an der Spitze des deutschen Episkopats als Empfänger von Papstbriefen. Grund dafür könnte sein, daß Pacelli den Oberhirten in der Reichshauptstadt in seiner Zeit als Nuntius in Deutschland besonders gut kennengelernt hatte und ihn

Handschreiben des Papstes an den Bischof von Berlin

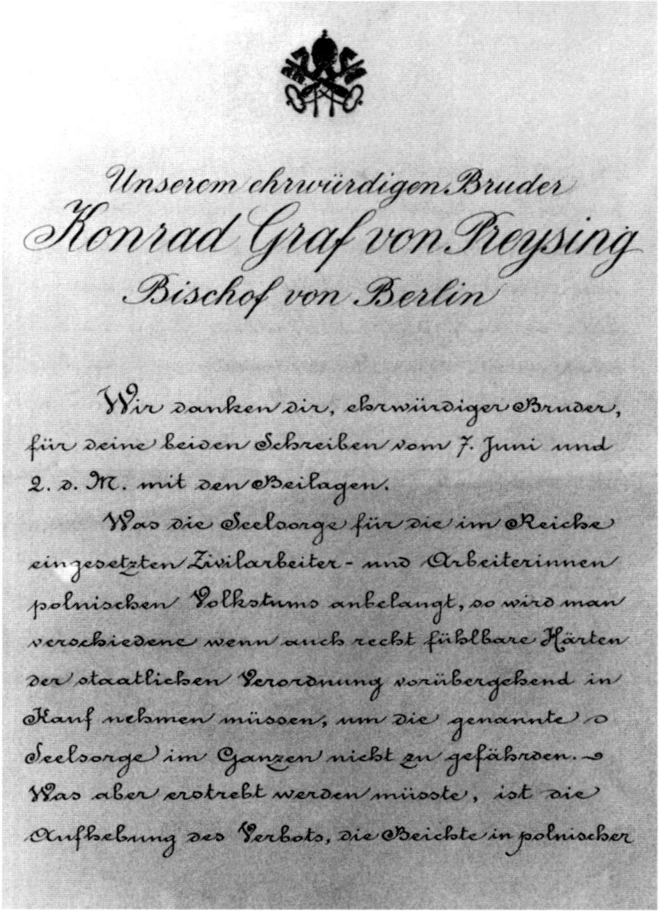

Unserem ehrwürdigen Bruder
Konrad Graf von Preysing
Bischof von Berlin

Wir danken dir, ehrwürdiger Bruder, für deine beiden Schreiben vom 7. Juni und 2. d. M. mit den Beilagen.

Was die Seelsorge für die im Reiche eingesetzten Zivilarbeiter- und Arbeiterinnen polnischen Volkstums anbelangt, so wird man verschiedene wenn auch recht fühlbare Härten der staatlichen Verordnung vorübergehend in Kauf nehmen müssen, um die genannte Seelsorge im Ganzen nicht zu gefährden. Was aber erstrebt werden müsste, ist die Aufhebung des Verbots, die Beichte in polnischer

vielleicht auch schon aus den Jahren vor dem Ersten Weltkrieg kannte, als Preysing an der bayerischen Gesandtschaft in Rom tätig war und Msgr. Pacelli das Amt eines Unterstaatssekretärs bekleidete. Außerdem war Berlin als Sitz aller Ministerien die Machtzentrale des NS-Staates, in der viele Informationsstränge des Reiches zusammenliefen. Preysing seinerseits hatte zahlreiche Kontakte - auch verdeckte – und war so in der Lage, wichtige Informationen über die nahegelegene Nuntiatur in der Rauchstraße im Tiergartenviertel relativ rasch an den Apostolischen Stuhl weiterzuleiten. Er übernahm auch in verschiedenen Fällen die Weiterleitung von Informationen aus anderen Bistümern, sei es auf Bitten des jeweiligen Bischofs, sei es aus eigener Initiative. Aus den Papstbriefen läßt sich schließen, daß er von dieser Möglichkeit kontinuierlicher Kommunikation regen Gebrauch gemacht hat. Immer wieder sandte er Kopien von verschiedenen Dokumenten und Papieren nach Rom: Hirtenbriefe, Predigten, Eingaben und Proteste bei Regierungs- und Parteiinstanzen und nicht zuletzt Berichte über kirchenfeindliche Maßnahmen. Der ganze Umfang

der Informationstätigkeit Preysings wird sich erst nach Öffnung der vatikanischen Archive ermessen lassen.
Bereits zu Anfang des neuen Pontifikats, genauer am 8. April 1939, stellte der Berliner Bischof sich selbstkritisch die Frage nach der jetzt erforderlichen kirchenpolitischen Strategie in Deutschland und schrieb dazu dem Papst: „Wenn ich gefragt würde, was tun, so würde ich sagen: die bisherige Linie ‚Mit brennender Sorge‘ etc. einhalten, ohne unnötige Reibungen hervorzurufen, fest und entschieden Glaube und kirchliche Rechte verteidigen, Klerus und Volk im Ausharren stärken. Die Treue der Katholiken ist unsere letzte und einzige Hoffnung. Ob dieser Haltung Erfolg beschieden sein wird, weiß Gott allein. Jedenfalls ist es die einzige Haltung, die nicht von vornherein zum Untergang der Kirche in Deutschland führt.“[2] In seinem Antwortbrief bekräftigte Pius XII. ausdrücklich diese abgewogene Lageeinschätzung Preysings und stellte fest, daß „damit unsere eigene Absicht gegenüber der kirchlichen Lage in Deutschland ausgedrückt ist und daß wir den hochwürdigsten Episkopat nur ermuntern können zum Festhalten an dieser Linie, solange keine sicheren und echten Zeichen dafür vorliegen, daß das Verhalten gegenüber der katholischen Kirche sich zum Besseren zu ändern beginnt“[3].

Für Preysing war dieser Papstbrief vom 7. Mai 1939 ohne Zweifel eine große Bestärkung seiner Strategie der nächsten Jahre, die ihm nicht zuletzt auch bei internen Meinungsverschiedenheiten mit einzelnen bischöflichen Amtsbrüdern half. Am 19. Mai bekannte er in seiner Antwort an Pius XII., ihm sei „dieser Brief ein Lichtstrahl in dunkler Zeit ebenso sehr wegen der günstigen Gesinnung Eurer Heiligkeit, die aus ihm spricht, wie durch die richtungsgebenden Worte, die er enthält“[4].

Im Brief vom 17. Juli 1939, also kurz vor Beginn des Zweiten Weltkrieges, findet sich in den Papstbriefen an Preysing erstmalig ein Hinweis auf die „Emigrantenhilfe“[5]. Der Berliner Bischof hatte dem Heiligen Vater eine Denkschrift über die Organisation einer Emigrantenhilfe auf internationaler Basis übersandt, verfaßt von einer namentlich nicht genannten Dame aus den Niederlanden. Informationen in Sachen katholische Emigranten seien ihm „immer wertvoll“, erklärte der Papst. Bereits im Dezember dieses Jahres kam Pius XII. auf dieses Thema zurück und bekannte: „Wir tun für sie, was in unseren Kräften steht; aber ihre hohe Zahl, ihre völlige Mittellosigkeit und der heute auch den Hilfsaktionen fast unerschwingliche Preis für die Fahrt nach Übersee hat bis jetzt eine durchgreifende Hilfe unmöglich gemacht.“ Aber der Papst fügte hinzu: „Wir werden jedoch versuchen, noch weitere finanzielle Mittel für den Zweck zur Verfügung zu stellen.“[6] Klienten des St. Raphaels-Vereins und des Hilfswerks beim Bischöflichen Ordinariat Berlin konnten - wenigstens teilweise - durch diese Finanzhilfe bei der Ausreise unterstützt werden.

Generalvikar Dr. Maximilian Prange, Berliner Urgestein innerhalb des Klerus, den Preysing nach gewissenhaften und gründlichen Vorüberlegungen am 31. Januar 1938 in dieses Amt berufen hatte, war – vermutlich im Februar 1940 - überraschend in die Gestapoleitstelle Berlin zitiert worden. Dort wurde ihm - gemäß seines Gedächtnisprotokolls - eröffnet, die Gestapo sei „angesichts der Kriegszeit nicht mehr wie bisher in Friedenszeiten gewillt, staatsgefährdende Äußerungen von kirchlichen Stellen zu dulden. In Zukunft müßten Äußerungen in Predigten, Hirtenbriefen und Enzykliken, die geeignet seien, die Einheit der inneren Front oder den Wehrwillen des deutschen Volkes zu gefährden - auch wenn eine solche Absicht nicht nachzuweisen wäre - als Sabotageakt gewertet und strenger als bisher geahndet werden."[7] Der Berliner Bischof informierte den Papst über diesen massiven Einschüchterungsversuch der Gestapo, den Pius XII. in seinem Brief vom 7. März 1940 als „außerordentlich bezeichnend für die Unfreiheit der katholischen Kirche in Deutschland" ansah.

Bereits eine Woche später, am 14. März 1940, übermittelte Preysing weitere Materialien nach Rom, darunter die Niederschrift eines namentlich ungenannten Mitglieds der Bekennenden Kirche über die Enzyklika „Summi Pontificatus", die Pius XII. zum Beginn seines Pontifikates veröffentlicht hatte. In dem Schreiben des evangelischen Theologen hieß es u.a.: „In diesem kirchen- und weltgeschichtlichen Dokumente sehe ich, allem Ansturm des Unglaubens, des Antichristentums gegenüber, unseren christlichen Glauben in seiner ganzen zeitüberlegenen Größe sieghaft aufleuchten; so oft ich zu ihr zurückkehre, ist mir immer wieder, als höre ich nicht allein die Stimme des verehrungswürdigen Oberhauptes der römisch-katholischen Kirche - nein, als spreche hier, über alle Kirchengrenzen hinweg, aus berufenstem Munde in der Kraft des Heiligen Geistes jene ‚Eine, heilige, christliche Kirche', zu der wir uns im dritten Artikel bekennen. Angesichts einer solchen Kundgebung aus Rom, unter einem solchen Papste - und ich darf mit Überzeugung hinzusetzen: unter einem Episkopat wie dem heutigen - wäre keinem der Reformatoren, am allerwenigsten wohl unserem Doktor Martin Luther etwas wie eine Absage an Rom jemals in den Sinn gekommen."[8]

Etwa sechs Wochen später, am 22. April, sah sich das Oberhaupt der Kirche veranlaßt, Preysing erneut zu schreiben. Dabei antwortete er auf drei seiner Briefe und konsultierte den Bischof in zwei heiklen Angelegenheiten. Die eine betraf die Opportunität von Sendungen des vatikanischen Rundfunks, an denen die Reichsregierung Anstoß genommen hatte. Obwohl der Papst meinte, daß „ein vollständiges Schweigen des Heiligen Stuhles in der Öffentlichkeit geeignet gewesen wäre, die deutschen Katholiken zu entmutigen und außerhalb Deutschlands Mißverständnisse zu fördern, als ob die kirchlichen Dinge in Deutschland eigentlich ziemlich normal stünden, jedenfalls sich gebessert hätten", habe er jedoch „jene Berichte vorerst einstellen lassen", um über die Wirkung ein klares Urteil zu gewinnen. „Wir möchten gewiß den deutschen Katholiken keine unnötigen Opfer auferlegen, wo sie um ihres Glaubens Willen schon so bedrängt sind", fügte Pius XII. hinzu. In diesem Dilemma bat der Papst um Preysings „geschätztes Urteil." Schon am 1. Mai 1940 antwortete der Berliner Bischof: „Der Heilige Stuhl kann wohl nicht darauf verzichten, kirchliche Ereignisse, auch solche, die sich in Deutschland vollziehen, zum Gegenstand der Besprechung vor der Weltöffentlichkeit zu machen. Abraten möchte ich, Dokumente des internen Verkehrs, Eingaben, Proteste als solche zuveröffentlichen. Aber Mitteilungen über kirchenfeindliche Maßnahmen, besonders wenn sie notorisch sind, Enteignungen, Aufhebungen von Vereinen, Beschlagnahme der Gelder katholischer Institutionen nach dem Gesetz über kommunistische Umtriebe etc. können (m)einer M (einung) n(ach) unbedenklich besprochen werden."[9] Preysing schrieb diese konkrete Antwort in einer Zeit zunehmender Meinungsverschiedenheiten innerhalb der Bischofskonferenz, besonders mit ihrem Vorsitzenden Kardinal Bertram, hinsichtlich der Frage, welche Strategie in dem aufgezwungenen Kirchenkampf einzuschlagen sei. Bertram bevorzugte aus wohlerwogenen Gründen die „Eingabepolitik", während der Berliner Oberhirte für eine „Vorwärtsverteidigung" eintrat, für ein mehr öffentlich-offensives Vorgehen. Dabei verband er, wie das Schreiben vom 1. Mai beweist, unbeirrbare Festigkeit im Grundsätzlichen mit Umsicht und Außenmaß im Einzelfall. Soweit wie möglich machte er die Öffentlichkeit zu seiner Verbündeten. Er war - aus späterer Sicht - „ein Stratege, ein Moltke geradezu inmitten unkundiger Oberhirten" (L. Volk).

Das zweite Problem des Papstschreibens vom 22. April 1940 wurde Preysing „im strengsten Vertrauen" mitgeteilt. In Rom hatten sich Gerüchte verdichtet, die Reichsregierung wolle den Vatikanbotschafter Diego von Bergen ablösen und den umstrittenen ehemaligen Vizekanzler Franz von Papen zum Nachfolger präsentieren. Pius XII. stand vor der schwierigen Frage, ob eine Zustimmung des Vatikans zu der möglichen Botschafter-Funktion Papens die „Vertrauensbasis" zwischen dem Apostolischen Stuhl und den „Katholiken Großdeutschlands" übermäßig belasten würde. Da die Entscheidung angeblich drängte, bat Pius XII. um telegraphische Nachricht. Der Text „bitte um Segen anläßlich Trauung" sollte besagen, das Agrément könne erteilt werden. Der Satz „bitte um Segen für Schwerkranken" sollte das Votum für die Verweigerung ausdrücken. Da Telegramme deutscher Staatsangehöriger ins Ausland damals nicht mehr befördert wurden, telegraphierte Preysing am 30. April 1940 durch die Nuntiatur: „Der Bischof von Berlin erbittet Segen für Schwerkranken. Orsenigo." Einen Tag später gab er durch Kurierpost der Nuntiatur die Begründung für sein negatives Votum. Er schrieb unter anderem: „Es besteht die Gefahr, daß bei den deutschen Katholiken, wenn eine derartige Persönlichkeit eine einflußreiche Stellung einnimmt, die Meinung Platz greift, Reden oder Schweigen, Handeln oder Nichteingreifen seitens des Heiligen Stuhles sei von den Machinationen dieser Persönlichkeit beeinflußt." Auch fürchte er, „dieser Typ eines hochgestellten katholischen Nationalsozialisten" erschiene „irgendwie mit kirchlicher Sanction versehen" und könne bald eine „Clique" um sich bilden, die ihre Auffassung in weite Kreise trage.[10] Die unselige Erinnerung an die kleine Gruppe katholischer „Brückenbauer" zum NS-Staat im Jahre 1933 stand Preysing offenbar warnend vor Augen. Papen, das national-konservative Aushängeschild der neuen Regierung, hatte den regimefreundlichen, politisch naiven Bund „Kreuz und Adler" unterstützt, der allerdings schon bald ein ruhmloses Ende nahm.

Auch bei anderen wichtigen Personalentscheidungen war dem Papst die Meinung des Berliner Oberhirten von großer Bedeutung. So legte er ihm am 30. September 1941 „streng vertraulich" die Frage vor, wer als neuer Erzbischof von Köln und als Erzbischof von Prag seiner Meinung nach geeignet sei.[11] Bekanntlich trat Dr. Joseph Frings in Köln am 1. Mai 1942 die Nachfolge von Kardinal Schulte an, während der am 21. April 1941 verstorbene Prager Fürstbischof Karel Kaspar erst am 4. November 1946 in dem aus einem deutschen KZ zurückgekehrten Dr. Josef Beran einen Nachfolger fand. In den Kriegsjahren hatte der Vatikan keinen geeigneten Kandidaten als Prager Erzbischof finden können, der sowohl deutscherseits im „Protektorat" als auch auf Seiten der Tschechen - zumal bei den Kräften des Widerstandes in Böhmen und im fernen englischen Exil - „persona grata" gewesen wäre.
In einem Brief Preysings an den Papst im Sommer 1940 ist auch das Problem der Seelsorge an polnischen Zwangsarbeitern zur Sprache gekommen. Zu den intoleranten Reglementierungen der Pastoral an den überwiegend katholischen Arbeitskräften

aus Polen gehörte auch das Verbot, die Beichte in polnischer Sprache abzunehmen. Pius XII. antwortete darauf am 21. Juli sehr moderat gegenüber den restriktiven Bestimmungen der deutschen Behörden, nahm aber einen harten Standpunkt ein beim Verbot des Beichthörens in polnischer Sprache. „Was die Seelsorge für die im Reiche eingesetzten Zivilarbeiter - und -arbeiterinnen polnischen Volkstums anbelangt, so wird man verschiedene, wenn auch recht fühlbare Härten der staatlichen Verordnung vorübergehend in Kauf nehmen müssen, um die genannte Seelsorge im Ganzen nicht zu gefährden. Was aber erstrebt werden müßte, ist die Aufhebung des Verbots, die Beichte in polnischer Sprache abzunehmen."[12] Denn der Sinn des Verbots sei nicht ersichtlich, weil das Bußsakrament unabhängig von der Sprache keiner Kontrolle unterliegt und weil sich viele Polen dabei nur ihrer Muttersprache bedienen können.

Wie sehr Pius XII. die umfangreichen Informationen des Berliner Bischofs geschätzt hat, geht aus seinem Brief vom 15. Dezember 1940 an Preysing hervor. Der Papst bedankte sich zunächst bei ihm für die Mühe, ihm „über den Gang der kirchlichen Ereignisse in Deutschland jeweils wertvolle Nachrichten und abgewogene Darstellungen zu senden". Die Informationen würden ihn in seinen Entschließungen und Maßnahmen unterstützen, und zwar als „Grundlage eines Licht und Schatten gerecht verteilenden Urteils." Der Antwortbrief des Papstes bezog sich auf insgesamt elf Briefe aus Berlin im Zeitraum vom 9. August bis zum 20. November. Dieses Schreiben ging auf die Spannungen in der Fuldaer Bischofskonferenz vom 20. bis 22. August zwischen Bertram und Preysing ein und versuchte, die verschiedenen Standpunkte zu berücksichtigen (Kapitel X). Den Protest des evangelischen Landesbischofs Wurm gegen die „Euthanasie" der Geisteskranken, besonders in der Anstalt Grafeneck b. Stuttgart, gerichtet an Reichsminister Frick, bezeichnete der Papst als „mutiges Schreiben". Das Heilige Offizium habe inzwischen dazu Stellung genommen, „so kurz und sachlich", als es eben möglich war. Nun müßten die deutschen Bischöfe sehen, „was an Ort und Stelle selbst die Umstände zu tun gebieten"[13].

Summarisch bestätigte und beantwortete der Heilige Vater am 19. März 1941 insgesamt sieben Preysing-Briefe nebst beigefügten Anlagen. Darunter befand sich auch dessen bedeutsamer Brief vom 17. Januar 1941, der Preysings ökumenisches Denken und seine Sorge um die verfolgten Juden widerspiegelt. Zur Weihnachtsansprache des Papstes am Heiligabend 1940 bemerkte er, daß sie leider den meisten in Deutschland unzugänglich bleiben werde. Und er fügte hinzu: „Besonders danke ich für die Worte und den Segen für die von der Kirche getrennten Christen." Er habe davon schon einem führenden Mitglied der Bekennenden Kirche eine Übersetzung dieser Weihnachtsansprache gegeben. Schließlich unternahm Preysing einen behutsamen Vorstoß, zur Judenverfolgung offen Stellung zu nehmen. Der Berliner Oberhirte, der durch das „Hilfswerk beim Bischöflichen Ordinariat Berlin" über den administrativen Verfolgungsdruck gegenüber „Nichtariern" genau informiert war, schrieb: „Eure Heiligkeit sind wohl über die Lage der Juden in Deutschland und den angrenzenden Ländern orientiert. Lediglich referierend möchte ich anführen, daß von katholischer wie von protestantischer Seite an mich die Frage gestellt worden ist, ob nicht der Heilige Stuhl in dieser Sache etwas tun könnte, einen Appell zugunsten der Unglücklichen zu erlassen?"[14] Die Antwort des Papstes vom 19. März ging mit keinem Wort darauf ein, sondern empfahl Preysings Anliegen und Sorgen lediglich „dem gütigen Schutz des heiligen Joseph und der erbarmenden Liebe des Erlöserherzens".

Eine wohl bittere Enttäuschung für den Bischof, der in der Stadt mit den Befehlszentralen der NS-Judenpolitik amtierte und dem das Schicksal der jüdischen Mitbürger und Mitchristen so nahe ging.

In dem Schreiben vom 22. Februar 1941 kündigte der Berliner Bischof an, er werde die Papstkrönungsfeier am 9. März 1941 zum Anlaß nehmen, auf das Problem der „Euthanasie“ einzugehen und dabei auch die dazu am 2. Dezember des Vorjahres veröffentlichte Erklärung des Heiligen Offiziums verlesen. Preysing unterließ es auch nicht, dem Papst seine brüderlichen Empfindungen mitzuteilen, die ihn beim Gedanken an die Last des Petrusamtes in den gegenwärtigen Weltkonflikten bewegten: „Immer und immer wieder tritt mir, mitten in den eigenen Sorgen vor die Seele, wie schwer die Last ist, die Gott auf die Schultern Eurer Heiligkeit gelegt, und mit diesem Gedanken kommt das Gebet, der Allmächtige möge Eure Heiligkeit im Schatten seiner Fittiche behüten... Wir wissen ja, wie viel für das Heil der Seelen, für das Wohl der Kirche, für die Ehre Gottes an der Gesundheit und Kraft Eurer Heiligkeit liegt.“[15]

Der Berliner Bischof hielt es auch für richtig, den Papst über persönliche Begegnungen zu informieren, wenn dabei das Gesamtwohl der Kirche in Deutschland berührt wurde. So berichtete er über Gespräche mit dem Münchener Kardinal Faulhaber am 16. März und 17. April 1941. Preysing schrieb dem Heiligen Vater am 22. März, er habe in München mit dem dortigen Kardinal über die schweren Sorgen gesprochen, die ihn wegen der Lage der Kirche drücken. Faulhaber sei seiner Meinung gewesen. „Mein Gedanke, in einer Denkschrift der Regierung aufzuzählen, was seit Kriegsbeginn gegen Kirche und Christentum geschehen ist, war ihm sympathisch, aber er glaubte, daß dies bei Eminenz Bertram nicht erreicht werden könnte. Auf eine Andeutung, ob nicht er so eine Eingabe machen wollte, ging er nicht weiter ein.“ Bei dem Besuch am 17. April 1941 kam Preysing auf dieses Thema zurück und versuchte, Kardinal Faulhaber nochmals „zu bewegen, sich in einer Denkschrift an die Reichsregierung zu wenden, aber ohne Erfolg“[16]. Pius XII. nahm zur Frage einer Denkschrift an die Reichsregierung in seinem Antwortbrief vom 10. Juni 1941 Stellung. Er sei der Auffassung, daß die Bedenken Faulhabers in diesem Falle „nicht schlechthin entscheidend zu sein brauchten. Die Spannung zwischen Kirche und Partei ist in Deutschland so offenbar, daß eine in ruhiger, wenn auch freimütiger Form gehaltene Denkschrift des Episkopats an den maßgebenden Stellen keine Überraschung auslösen dürfte.“ Die „bekenntnistreuen Katholiken“ sollten das Bewußtsein haben, daß der Episkopat alles tue, „um einer Besserung die Wege zu bereiten und die Rechte der Kirche mit geeigneten und würdigen Mitteln zu verteidigen“[17].

Der auf der Fuldaer Bischofskonferenz vom Juni 1941 beschlossene gemeinsame Hirtenbrief und die drei mutigen Predigten des Bischofs von Münster waren Ausgangspunkte des Papstbriefes vom 30. September an den Berliner Oberhirten. Der Heilige Vater sah in beidem den Beweis, „wie viel sich durch offenes und mannhaftes Auftreten innerhalb des Reiches immer noch erreichen läßt“. Die Kirche in Deutschland sei auf das öffentliche Handeln der Bischöfe um so mehr angewiesen, „als die allgemeine politische Lage in ihrer schwierigen und oft widerspruchsvollen Eigenart dem Oberhaupt der Gesamtkirche in seinen öffentlichen Kundgebungen pflichtmäßige Zurückhaltung auferlegt“. Auf Preysings Vorschlag, der Heilige Stuhl möge „zur Stärkung der Bischöfe“ über die Deutsche Botschaft beim Vatikan diplomatische Schritte bei der Reichsregierung unternehmen, reagierte Pius XII. sehr zurückhaltend. Er begründete seine Haltung damit, daß auf derartige päpstliche Schreiben in der Vergangenheit noch nicht einmal eine Antwort aus Berlin eingetroffen sei. Dagegen begrüßte der Papst ausdrücklich die Zusammenkunft von drei Bischöfen „mit Vertretern der so hart geprüften Ordensfamilien“ (Kap. XIV). „Wir loben solche Beratungen und würden es begrüßen, wenn die auf der Fuldaer Konferenz erfolgte Anregung zur Ausführung gelangte, durch häufigere Sonderberatungen der Bischöfe der einzelnen Kirchenprovinzen und sodann der Metropoliten untereinander die Gesinnungseinheit des Episkopats zu lebendiger Tateinheit werden zu lassen.“[18] Da Bertram die Suffragane der Breslauer Kirchenprovinz nie zu Sonderberatungen einlud, orientierte sich Preysing zunehmend auf die westdeutsche Bischofskonferenz.

Die zahlreichen Papstbriefe an Preysing bezeugen immer wieder eine große Wertschätzung des abgewogenen Urteils, die dem Berliner Bischof eigen war. Immer wieder teilte ihm der Papst heikle kirchenpolitische und juristische Probleme mit, die im Verhältnis Staat und Kirche in Deutschland entstanden waren. So schilderte er am 1. März 1942 anläßlich der Bestätigung und Beantwortung von insgesamt neun Briefsendungen aus Berlin die Versuche der Reichsregierung, die Konkordatsbestimmungen bei Bischofsernennungen extensiv auszulegen und anzuwenden. Das Reichskonkordat legt in Artikel 14 fest, daß sich der Heilige Stuhl vor einer Bischofsernennung mit der zuständigen staatlichen Autorität ins Benehmen setzt, um festzustellen, daß gegen den Kandidaten keine Bedenken allgemein politischer Natur bestehen. Pius XII. sah in der jetzt festzustellenden Strategie der Reichsregierung eine gefährliche Praxis, die „die Freiheit der Kirche zu einem Schatten ihrer selbst machen würden“. Berechtigte Bedenken staatlicherseits wolle er gern berücksichtigen, aber ebenso selbstverständlich sei für ihn das „principiis obsta“, wenn die andere Seite die „politische Klausel“ zum Instrument der Kirchenpolitik ausnutze.[19] Um welche Bischofsernennung es sich konkret handelte, geht aus dem Brief nicht hervor. Es könnte der Vorlauf der Ernennung von Erzbischof Joseph Frings gemeint sein, den der Papst am 1. Mai 1942 zum Kölner Erzbischof berief. Es wäre aber auch ein Rückblick auf die staatliche Handhabung der „politischen Klausel“ bei der Ernennung des Paderborner Erzbischofs Lorenz Jaeger am 10. August 1941 denkbar.[20]

Warum von März 1942 bis April 1943 in der Aktenpublikation von Burkhart Schneider kein Briefwechsel zwischen Rom und Berlin vorliegt, ist nur schwer zu klären. Eine Erklärung wäre, es könnten Briefe aus unerfindlichen Gründen nicht ins vatikanische Archiv gelangt sein. Dagegen spricht allerdings, daß im genannten Zeitraum Papstbriefe an andere deutsche Bischöfe archiviert worden sind. Dagegen spricht auch, daß in diesen dreizehn Monaten immerhin mindestens neun Briefsendungen Preysings im Vatikan eingetroffen sind. Nicht auszuschließen ist auch eine gewisse Scheu in der Umgebung des Papstes oder bei ihm selbst, den Berliner Bischof gegenüber seinen bischöflichen Amtsbrüdern durch die Vielzahl der Handschreiben allzusehr auszuzeichnen.

Im Frühjahr 1943 war die militärische Initiative an allen Fronten längst an die Alliierten übergegangen. Der nächtliche Angriff britischer Flugzeuge vom 1. zum 2. März 1943 traf die Berliner Innenstadt besonders schwer. Mehrere Brandbomben entzündeten auch das Gebälk der Kuppel der St. Hedwigs-Kathedrale. Bald stand der klassizistische Bau in hellen Flammen und stürzte in sich zusammen.

Während Hitler fast eine pathologische Phobie entwickelt hatte, die Trümmerwüsten Berliner Wohnviertel persönlich zur Kenntnis zu nehmen, besuchte sein Propagandaminister Goebbels dagegen immer wieder zerstörte Stadtteile und sprach mit ausgebombten Berlinern. Nach dem verheerenden Nachtangriff auf das Zentrum der Reichshauptstadt suchte er auch die ausgebrannte St. Hedwigs-Kathedrale auf. Als Vertreter des Bistums begrüßte ihn aber nicht der Bischof, sondern - vermutlich in dessen Auftrag - Domkapitular Dr. Banasch, wie die Kamera der Wochenschau festgehalten hat. Einen Tag nach dem Verlust der Bischofskirche richtete Preysing ein Pastoralschreiben an den Klerus, in dem es unter anderem heißt: „Wir beklagen in der Kathedrale zur heiligen Hedwig den Verlust des ältesten Denkmals des wiedererwachten katholischen Lebens in Berlin, das Gotteshaus, in dem einst das apostolische Wort Wilhelm Emmanuel von Kettelers erklungen ist; das Gotteshaus, in dem im Kulturkampf sich die Verteidiger der kirchlichen Rechte und Freiheiten allsonntäglich zusammenfanden ... Dies Gotteshaus ist nun vernichtet und mit ihm ein Zentrum regen, religiösen Lebens, ja man kann sagen, das Zentrum des religiösen Lebens in Berlin, nicht nur die Kathedrale."

In einem Brief an Graf Thun[21] schilderte Preysing ebenfalls den für die Diözese schmerzlichen Verlust der St. Hedwigs-Kathedrale, „weil ihr und dem katholischen Berlin jetzt der Mittelpunkt" fehle. „Nachdem in der Nacht vom 1. zum 2. März die Brandgefahr von meinem Haus abgewandt war, bin ich nach St. Hedwig gegangen, das wie eine Fackel loderte; das Gewölbe und der Dachstuhl waren bereits eingestürzt. Das Kreuz auf dem Tambour hat den Fußboden sogar durchschlagen, und damit ist auch in der Gruft viel Unordnung entstanden. Ich pontifiziere jetzt in St. Michael, einer großen Kirche aus der Zeit Friedrichs IV. (gemeint ist der Preußen-König Friedrich Wilhelm IV. [1795 - 1861]Verf.), leider nicht zentral gelegen." Im Mai beginne er wieder die Firmungen „ohne Auto und auf überfüllten Stadtbahnen und Eisenbahnzügen". Aber das seien „ja Kleinigkeiten".

Pius XII. ging in seinem Handschreiben vom 30. April, dem umfangreichsten Brief an Preysing, auch auf „die Schrecken des Krieges in der unsagbar schweren Form der Luftangriffe" ein und erwähnte auch den „Einsturz der Hedwigs-Kathedrale". Anschließend berichtete der Papst von seinen leider erfolglosen Bemühungen um eine „Humanisierung des Krieges", an der Deutschland leider nicht interessiert sei. Außerdem sei es bedauerlich, daß die Reichsregierung dem „Päpstlichen Nachrichtendienst für Kriegsopfer" die Tätigkeit in Großdeutschland untersagt habe. Allerdings seien auch Versuche ohne Erfolg geblieben, „Mitteilung über die in Rußland lebenden Kriegsgefangenen" zu erhalten.

Bischof Preysing hatte in seinem Brief vom 6. März den Verlust der Bischofskirche in Beziehung gesetzt zu den jüngsten antijüdischen Maßnahmen in der Reichshauptstadt und dem Papst geschrieben: „Wohl noch bitterer trifft uns gerade hier in Berlin die neue Welle von Judendeportationen, die gerade in den Tagen vor dem 1. März eingeleitet worden sind. Es handelt sich um viele Tausende, ihr wahrscheinliches Geschick haben Eure Heiligkeit in der Radiobotschaft von Weihnachten angedeutet. Unter den Deportierten sind auch viele Katholiken. Wäre es nicht möglich, daß Eure Heiligkeit noch einmal versuchten, für die vielen Unglücklichen-Unschuldigen einzutreten? Es ist dies die letzte Hoffnung so vieler und die innige Bitte aller Gutdenkenden." Wäre der Papst dieser dringenden Bitte Preysings, auch wenn sie diplomatisch behutsam formuliert war, nachgekommen und hätte damit vor der Weltöffentlichkeit den Weg der Vorwärtsverteidigung für die verfolgten Juden eingeschlagen und zwar über die eigene humanitäre Hilfe im Verborgenen hinaus, dann hätten spätere Diskussionen der Historiker und Publizisten über das päpstliche Schweigen zum Holocaust eine andere Richtung genommen. Das Hochhuth-Drama „Der Stellvertreter" und die anschließenden heftigen Kontroversen hätten so nicht entstehen können. Pius XII. antwortete jedoch mit dem Hinweis auf die vatikanische Unterstützung für die von Deportation bedrohten Juden, die „Geduld und Selbstentäußerung" bedurft hätten, „um den Erwartungen, man muß schon sagen den Anforderungen, der Hilfesuchenden zu entsprechen, wie auch der auftauchenden diplomatischen Schwierigkeiten Herr zu werden". Aber wie die augenblickliche Lage sei, könne der Papst den verfolgten Juden keine andere wirksame Hilfe zukommen lassen als das Gebet. „Wir sind aber entschlossen, je nachdem, was die Umstände heischen oder erlauben, von neuem die Stimme zu erheben." An anderer Stelle dankte der Papst den Berliner Katholiken für die Hilfe, die sie verfolgten „Nichtariern" geleistet hätten. [22]

Beide Bitten Preysings an Pius XII. die vom 17. Januar 1941 und die vom 6. März 1943, die moralische Autorität des Petrusamtes vor aller Welt zugunsten der verfolgten Juden in die Waagschale zu werfen, blieben ohne Erfolg, wobei der Papst ohne Zweifel gewichtige Gründe auf seiner Seite hatte. Der gemeinsame Hirtenbrief des niederländischen Episkopats gegen die Judendeportation, der den Abtransport auch der bisher verschonten, katholisch getauften „Nichtarier" nach Ausschwitz zur Folge hatte, stand warnend vor Augen. Andererseits war Preysing keineswegs der einzige, der den Papst zum Eintreten für die aller Menschenrechte beraubten Juden zu bewegen versuchte. Auch Wladyslaw Raczkiewicz, der als nominelles Staatsoberhaupt im Londoner Exil lebte, hatte beispielsweise Pius XII. eindringlich gebeten, seine Stimme gegen jene zu erheben, „die die Gesetze Gottes mit Füßen treten, die Menschenrechte mißachten und Hunderttausende von Unschuldigen ermorden". Der polnische Politiker hatte zuvor erschreckende Details des Holocausts von dem polnischen Kurier Jan Karski erfahren.[23]

Aber hätte ein päpstlicher Appell an das Gewissen der Mächtigen den unmittelbar Betroffenen tatsächlich Hilfe gebracht? Der ehemalige Kardinalsstaatssekretär Pacelli durfte nach den Erfahrungen mit der Enzyklika „Mit brennender Sorge" wohl seine begründeten Zweifel haben. Andererseits stellt sich die Frage, ob der durch die jahrzehntelange Schule der Diplomatie charakterlich geprägte Papst nicht zu stark in den Kategorien der Kirchenpolitik gedacht hat, während zur gleichen Zeit ein nie gekannter Völkermord an den europäischen Juden begangen wurde. Und ist nicht jedes Amt, das höchste in der Kirche nicht ausgenommen, auch von charakterlichen Komponenten des Amtsträgers abhängig, die den einen zögern und zaudern lassen, den anderen dagegen zum Propheten machen, „sei es gelegen oder ungelegen", und zwar mit allen Konsequenzen?

Inzwischen hatte sich die politische und militärische Lage in Italien tiefgreifend zuungunsten Hitlers verändert. Die Alliierten waren auf Sizilien gelandet. Der Große Faschistische Rat hatte Mussolini abgesetzt und am Abend des 25. Juli 1943 verhaften lassen. Trotz gegenteiliger Beteuerungen der neuen italienischen Regierung unter Marschall Badoglio erkannte man im Führerhauptquartier in diesem

Vorgang mit Recht das Ende der ohnehin wenig rühmlichen Waffenbrüderschaft der „Achsenmächte". In der Abendlage-Besprechung, die Hitler am 26. Juli mit seinen Generälen und Beratern hielt, wurden die ersten notwendigen militärischen Gegenmaßnahmen eingeleitet. Dazu gehörte u.a. die Konzentrierung deutscher Truppen in der Umgebung der Ewigen Stadt, um beim offenen Abfall des Verbündeten handstreichartig ganz Italien bis südlich Neapel einschließlich der Hauptstadt besetzen zu können. Als in dieser Besprechung die Frage auftauchte, ob auch die Vatikan-Ausgänge besetzt werden sollten, reagierte Hitler äußerst erregt und aggressiv. Das sei ihm ganz egal, er gehe sofort in den Vatikan hinein, erklärte er. „Glauben Sie, daß mich der Vatikan geniert? Der wird sofort gepackt. Da ist vor allen Dingen das ganze diplomatische Korps drin. Das ist mir Wurscht. Das Pack ist da, das ganze Schweinepack holen wir heraus... Dann entschuldigen wir uns hinterher. Das kann uns egal sein...Da werden wir Dokumente kriegen, da holen wir was heraus an Verrat."[24]

Dieser Temperamentsausbruch war dann allerdings nicht das letzte Wort. Denn die deutschen Truppen erhielten bei der Besetzung Roms den Befehl, die Grenzen des Vatikans nicht zu überschreiten. Nuntius Orsenigo wurde am 9. Oktober 1943 vom Auswärtigen Amt schriftlich versichert, daß „Deutschland die Souveränität und Integrität des Vatikanstaates in vollem Umfang respektiert und daß in Rom anwesende deutsche Wehrmachtsangehörige sich entsprechend verhalten"[25]. Diese politische Entscheidung der Reichsregierung ermöglichte es dem Papst u.a., auch nach der Kriegserklärung Italiens an Deutschland den Briefwechsel mit den deutschen Bischöfen aufrechtzuerhalten und zwar nachweislich bis zum März 1944.

Als die alliierten Luftangriffe auf die Reichshauptstadt im Sommer 1943 immer größere Verluste unter der Bevölkerung anrichteten, bat Preysing den Papst um ein besonderes Trostwort für die Bewohner der Stadt. Pius XII. entsprach am 3. September dieser Bitte und versicherte allen Betroffenen seiner Teilnahme. Allen gehöre „unser Mitempfinden und Mitleiden, umso mehr, als Uns das Berlin einer glücklichen Zeit Jahre hindurch eine Heimstätte war, mit der Uns angenehme und freundliche Erinnerungen verknüpfen"[26]. Der Berliner Bischof ließ diesen Trostbrief des Papstes am 3. Oktober in allen Kirchen des Bistums verlesen.

Die letzten Papstbriefe an deutsche Bischöfe in den Kriegsjahren datieren - soweit bisher aufgefunden - vom Ende März 1944. In den vatikanischen Archiven befindet sich zwar noch ein Brief Preysings, datiert vom 13. Juni 1944. Eine Antwort Pius XII. liegt jedoch nicht mehr vor. Vermutlich haben die Beförderungsschwierigkeiten durch die Kriegsverhältnisse und nicht zuletzt die Einnahme der „offenen Stadt" Rom durch die Alliierten am 4. Juni zunächst jegliche weitere Korrespondenz Pius XII. mit den deutschen Bischöfen blockiert.

Im Notizbuch von Domvikar Schwerdtfeger findet sich zwar noch am 28. November 1944 das Stichwort „Papstbrief". Aber ob dieser Brief Preysings den Adressaten in Rom je erreicht hat und wenn ja, welchen Inhalt er hatte, darüber könnte nur das vatikanische Archiv Aufschluß geben.

Wer ein Menschenleben rettet, rettet die ganze Welt.
Jüdisches Sprichwort

XII

Das Hilfswerk für verfolgte Juden

Gründung am 24. August 1938 - Informationen an den Vatikan - Die gescheiterte Eingabe der Bischofskonferenz für verfolgte Juden vom August 1943 - Weiterarbeit nach Kriegsende

Preysing hatte als Bischof in der Reichshauptstadt Informationsquellen wie kaum ein anderer Oberhirte in „Groß-Deutschland". Dennoch dürfte auch für ihn das Gesamtpanorama des verbrecherischen NS-Staates nur allmählich erkennbar gewesen sein. Das gilt auch für den Umfang der Verfolgung der Juden, der weder im In- noch im Ausland vorstellbar war und in der „Endlösung der europäischen Judenfrage"[1] gipfelte. Hinter die sorgsam abgeschirmten Kulissen des zum millionenfachen Massenmord an Juden entschlossenen NS-Systems zu schauen, gelang nur den allerwenigsten und dann auch nur punktuell und unvollständig. Es gibt keinerlei Zeugnisse, daß Preysing vom Netz der Vernichtungslager im Osten wie Sobibor, Majdanek, Treblinka und Auschwitz vor Kriegsende detaillierte Kenntnisse besaß. Wohl aber sind seine Berliner Bischofsjahre geprägt von der Sorge um die verfolgten „Nichtarier".

Berlin war mit 115 Synagogen und Betstuben zu Beginn des „Dritten Reiches" das Zentrum des deutschen Judentums. Schon eine Woche nach der Inthronisationsfeier des neuen Bischofs in der St. Hedwigs-Kathedrale, genauer am 15. September 1935, erhielt der von Staat und Partei betriebene Antisemitismus durch die „Nürnberger Gesetze" eine Verschärfung: Dem jüdischen Bevölkerungsteil wurde die bürgerliche Gleichberechtigung aberkannt. Kein Jude in dem gesetzlich genau festgelegten Sinn hatte mehr den Status eines Reichsbürgers, kein Jude durfte weiter dem Staat dienen. Durch das zugleich erlassene „Gesetz zum Schutz des deutschen Blutes und der deutschen Ehre" wurden rassische Mischehen sowie „der außereheliche

Verkehr zwischen Juden und Staatsangehörigen deutschen oder artverwandten Blutes" verboten. Diese Gesetzgebung, die damals etwa 1,5 Millionen Deutsche betraf, davon ungefähr die Hälfte „Mischlinge", hat die späteren radikalen Verfolgungsmaßnahmen psychologisch vorbereitet und ihnen im juristischen und verwaltungstechnischen Bereich Vorschub geleistet. Das NS-Parteiprogramm in seinen antisemitischen Passagen hatte damit praktisch Gesetzeskraft erhalten. Die wütenden Haßtiraden in Hitlers Buch „Mein Kampf", das bis 1933 von vielen als literarisches Kuriosum belächelt und wegen seiner bombastisch gespreizten Phrasen und seines ideologischen Kauderwelschs nicht ernstgenommen worden war, schlugen sich jetzt in Gesetzesparagraphen nieder.

Es ist nicht bekannt, ob und wann Preysing „Mein Kampf" gelesen hat. Mit Sicherheit war ihm aus seinen Münchener Jahren die antisemitische Agitation brauner Funktionäre zumindest aus der Presse bekannt. Den reichsweiten Boykott jüdischer Geschäfte, Ärzte und Rechtsanwälte am 1. April 1933 hatte er in Eichstätt miterlebt. Allerdings gab es in dieser Bischofsstadt weitaus weniger Opfer als in München oder Berlin, da hier nach dem Wegzug in Großstädte nur noch ca. 30 Juden lebten. Aber der Schlachtruf „Juda verrecke" aus dem Munde gewaltbereiter SA-Kolonnen war auch auf den Straßen von Eichstätt zu hören gewesen. An drei Ausfallstraßen der Stadt hatten Parteigenossen große Plakatwände mit antisemitischer Hetze aufgestellt, wobei frühere Eichstätter Bischöfe als Vorläufer der braunen Judenfeindschaft mit folgendem Text vereinnahmt wurden: „Im Fürstbistum Eichstätt werden die Juden vertrieben durch Johann III. 1445, neuerliche Ausschaffung 1529 und 1552. Pfarrer Pörschel, Töging, sorgt für Entfernung der Juden 1697. Die Fürstbischöfe erlassen mehrfach Verordnungen gegen Handel und Verträge mit Juden 1655, dann 1738-1751. Noch viel gefährlicher als damals ist heute der Jude für Volk und Kirche! Meidet deshalb den Juden als Ausgeburt der Hölle."

In der Reichshauptstadt war der Kreis der Betroffenen, die sich durch die „Nürnberger Gesetze" und die im Laufe der Zeit erlassenen insgesamt 13 Ergänzungsverordnungen vor die Alternative „Aushalten oder Emigrieren" gestellt sahen, natürlich wesentlich größer. Im April 1934 hatte die Caritas in der Reichshauptstadt bereits das Caritas-Notwerk gegründet, dessen Vorsitz der Berliner Bischof Dr. Nikolaus Bares übernommen hatte. Die neue Hilfsstelle war als Abteilung der Hauptvertretung Berlin des Deutschen Caritas-Verbandes errichtet worden. Ihre wichtigsten Aufgabe wurden nun die Stellenvermittlung für jene, die durch die NS-Gesetze und Verordnungen ihren Arbeitsplatz verloren hatten, Hilfe und Betreuung für Ausreisewillige sowie Berufsumschulung „nichtarischer" Katholiken. Im Mai 1938 sah sich der Deutsche Caritas-Verband allerdings gezwungen, das Caritas-Notwerk in Berlin schriftlich anzuweisen, daß „nach Wunsch der Verbandsleitung" nunmehr „Nichtarier" von der Unterstützung ausscheiden müßten. Dahinter stand nicht die Absicht, sich von einem heiklen Problem zu distanzieren, sondern es gab die berechtigte Sorge, durch zu befürchtende negative steuerliche Konsequenzen könnte die Arbeit des Caritas-Verbandes insgesamt gefährdet werden. Es bestand die Gefahr, daß die Caritasverbände und die caritativen Vereinigungen den Charakter der Mildtätigkeit verlieren, wenn sie über die Beratung hinaus auch Auswanderungsbeihilfen und andere Unterstützungen gewährten. Da auch in der Berliner Beratungsstelle des St. Raphaels-Vereins in der Niederwallstraße die Zahl der hilfesuchenden „Nichtarier" ständig größer wurde und der amtlich zugelassene Berater allein nicht mehr in der Lage war, die zeitraubenden Gespräche und Verhandlungen mit Behörden und Reedereien mit dem Ziel von Ausreisen zu führen, war ein neues Konzept caritativer Beratung und Hilfe dringend erforderlich.

Auf einer Konferenz am 24. August 1938 in den Räumen des Berliner Ordinariates kam es zur Gründung des „Hilfswerkes beim Bischöflichen Ordinariat Berlin“[2]. Anwesend waren dabei Bischof Preysing, der Osnabrücker Bischof Berning in seiner Eigenschaft als Präsident des Raphaels-Vereins und als Referent für Auswanderungsfragen in der Bischofskonferenz, Bischof Heinrich Wienken, Leiter des Commissariates der Fuldaer Bischofskonferenz in Berlin, und der Geschäftsführer des Caritas-Notwerkes Dr. Heinrich Krone, der spätere Fraktionsvorsitzende der CDU/CSU-Bundestagsfraktion und Bundesminister für besondere Aufgaben von 1961-1966. Letzterer war 1933 als stellvertretender Generalsekretär des Zentrums und Mitglied des Deutschen Reichstages berufs- und arbeitslos geworden. Das versammelte Gremium beschloß, unter dem unverfänglichen Namen „Hilfswerk beim Bischöflichen Ordinariat Berlin“ ein eigenes Büro einzurichten, das seinen Sitz im „Wohlfahrtshaus“, Berlin C 2, Oranienburger Straße 12/14, haben sollte. Die neue Institution, die sich ganz offen ins Berliner Telefonbuch eintragen ließ, war bewußt als kirchliche Stelle letztverantwortlich Bischof Preysing unterstellt. Wie aus einem Aktenvermerk über diese Besprechung hervorgeht, sollte Dompropst Bernhard Lichtenberg die Funktion eines „Referenten“ für dieses Hilfswerk im Berliner Ordinariat wahrnehmen. Preysing sah ihn für diese Aufgabe als geradezu prädestiniert an. Denn Lichtenberg hatte schon 1936 in der St. Hedwigs-Kathedrale eine Sonderkollekte für „Nichtarier“ halten lassen und sein Sprechzimmer war längst Anlaufstelle für viele in Bedrängnis geratene jüdische Katholiken geworden. Faktisch übernahm das Hilfswerk die bisherige Tätigkeit des Caritas-Notwerkes mit dem Schwerpunkt, ausreisewillige katholische „Nichtarier“ zu betreuen und zu unterstützen. Wie sehr die neue Hilfsorganisation zum richtigen Zeitpunkt gegründet worden war, bewies bald darauf das November-Pogrom, der angeblich spontane Volkszorn über den Pariser Mord an dem deutschen Diplomaten Ernst vom Rath. In Wirklichkeit hatten höchste Parteikreise von München aus reichsweit das Signal zum Terror gegen Synagogen und jüdische Geschäfte gegeben. Die Existenzangst der noch in Deutschland verbliebenen Juden nahm nach dieser Nacht die Züge unermeßlicher Verzweiflung an. Aber selbst nach der Progromnacht am 9. November 1938 ahnte kaum jemand, daß die brennenden Synagogen nur der erste Schritt auf dem Weg zu den Krematorien beim Holocaust des europäischen Judentums waren. Das hilflose und ängstliche Schweigen der überwiegenden Mehrheit der Bevölkerung angesichts des verbrecherischen Vandalismus hatte für viele Katholiken noch ein zusätzliches Motiv: Judenverfolgung und Bedrohung der Katholischen Kirche lagen eng beieinander. Viele dachten: Was heute den Juden geschieht, müssen wir morgen für uns befürchten. Selbst ein Nichtkatholik wie der im amerikanischen Exil lebende Thomas Mann sprach damals öffentlich von „Juden- und Christenverfolgung“.

Der Zustrom von hilfesuchenden „Nichtariern“ wuchs nach dem November-Pogrom erheblich. Im Frühjahr 1939 stieg die tägliche Besucherzahl in den Büroräumen des Hilfswerkes auf durchschnittlich 20 Personengruppen aus dem Bistum Berlin und anderen deutschen Bistümern. Das seit dem 1. April 1939 auf dem

Grundstück der Herz Jesu-Gemeinde in Berlin N 54, Schönhauser Allee 182, untergebrachte Hilfswerk sah sich allerdings erheblichen Schwierigkeiten gegenüber, die Ausreise jüdischer Mitbürger organisatorisch zu unterstützen, besonders bei weniger Begüterten und bei Angehörigen akademischer Berufe, deren berufliche Eingliederung im Aufnahmeland oft problematisch war. Nach einer Zählung am 14. Mai 1939 betrug die Zahl der Juden in der damaligen Reichshauptstadt insgesamt noch 75 344, davon über 20 Prozent im Alter von über 60 Jahren. Die Zahl der katholischen „Nichtarier einschließlich der nichtarisch versippten Katholiken" mit allen ihren Familienangehörigen schätzten Mitarbeiter des Hilfswerks damals in Groß-Berlin auf etwa 4000.

Die letzte Fuldaer Bischofskonferenz vor Kriegsausbruch behandelte als 24. von insgesamt 31 Tagesordnungspunkten das immer drängender werdende Problem der „Kirchlichen Arbeit für die katholischen Nichtarier"[3]. Die vom 22. - 24. August 1939 in der Bonifatiusstadt versammelten Oberhirten „Großdeutschlands" erfuhren im Referat des Osnabrücker Bischofs Wilhelm Berning, des Protektors des St. Raphael-Vereins für die Auswandererbetreuung, von den vielfältigen Schwierigkeiten in der Sorge für verfolgte Juden. „Der Pariser Mord und die Novemberereignisse, dazu auch die Vertreibung der Juden aus dem Wirtschaftsleben" hätten eine „sehr große Steigerung der Hilfstätigkeit" gebracht, erklärte Berning. Mit den Novemberereignissen war das reichsweite Pogrom in der Nacht vom 9. zum 10. November 1938 gemeint. Die vom St. Raphaels-Verein mit Sitz in Hamburg und seinen 16 Zweigstellen in ganz Deutschland geleisteten Hilfen für auswanderungswillige „Nichtarier" würden sowohl durch die „Absperrung der meisten Länder" als auch durch die „Verarmung der Juden in Deutschland" erheblich erschwert.

Obwohl Berning an der Gründungssitzung des Hilfswerkes beim Bischöflichen Ordinariat Berlin persönlich teilgenommen hatte, gab er der Bischofskonferenz darüber nur die unpräzise, kurzgefaßte Information: „In Berlin ist in den letzten Monaten des Jahres 1938 das Hilfswerk beim Bischöflichen Ordinariat begründet worden, das als Beratungsstelle des Raphaelsvereins Auswanderern dient und zugleich die Riesenzahl der katholischen Nichtarier in Berlin selber betreut." Die Eigenständigkeit des Hilfswerkes in der Letztverantwortung des Berliner Bischofs kam zumindest nur undeutlich zum Ausdruck.

Anschließend sprach der Osnabrücker Oberhirte über die heikle Praxis der Visaerteilung durch Regierungen im europäischen Ausland und in Übersee. Er überging allerdings mit Schweigen die unrühmliche Konferenz von Evian, die im Juli 1938 am französischen Ufer des Genfer Sees stattgefunden hatte. Die meisten Vertreter potentieller Aufnahmeländer für jüdische Flüchtlinge hatten dort die verschiedensten Argumente vorgetragen, warum sie Bürgern mosaischen Glaubens und ebenso christlichen „Nichtariern" kein Asyl gewähren könnten. Während die Niederlande und Dänemark zu den wenigen hilfswilligen Ländern gehörten, begründete Australien seine ablehnende Haltung mit dem geradezu zynischen Hinweis: „Da wir kein eigentliches Rassenproblem haben, wünschen wir auch keines zu importieren."[4] Berning erwähnte in diesem Zusammenhang auch nicht die erst vor wenigen Wochen gescheiterte Überfahrt des Luxusschiffes „St. Louis" mit 930 jüdischen Auswanderern an Bord von Hamburg mit dem Ziel Kuba. In Havanna hatten die kubanischen Behörden den Passagieren jedoch verboten, an Land zu gehen, und den Kapitän gezwungen, die

Der Bischof von Berlin

Berlin W 8, den 7. 11. 1941
Behrenstraße 66

Reichssicherheitshauptamt
Zentrale für jüdische Auswanderung
zu Hd. d. Herrn Sturmbannführer E i c h m a n n
B e r l i n W

Kurfürstenstr. 116/20

Frau Meta Sara S o m m e r f e l d geb. 11. 2. 83 in Bamberg, katholisch, der Rasse nach Nichtarierin, besitzt seit April d.J. das Einreisevisum für Argentinien. Für sie ist gebucht auf Dampfer "Buena Esperanza". Die Ausreise dieses Schiffes erfolgt am 18. 11. 41 ab Bilbao. Frau Sommerfeld war in die Liste des geschlossenen Nichtariertransportes aufgenommen worden, der zwischen dem 28. und 31. 10. nach Spanien abgehen sollte. Ihr wurde aber der Ausreisesichtvermerk nicht gegeben, weil sie das 60. Lebensjahr noch nicht vollendet hatte. Da Frau Sommerfeld erst 58 Jahre alt ist, wurde ihr also 1 ½ Tage vor Abgang des Transportes die Ausreise unmöglich gemacht. Weitere geschlossene Nichtariertransporte sind meines Wissens noch nicht genehmigt worden.

Ich erlaube mir daher, um die Ausreisegenehmigung für Frau Sommerfeld zu bitten und zugleich um die Erlaubnis, einzeln ausreisen zu dürfen, falls in den nächsten Tagen kein geschlossener Nichtariertransport abgehen sollte. Frau Sommerfeld hätte nämlich schon Ende August ausreisen können, wenn die Passagekosten damals gesichert gewesen wären. Durch die Auflösung des St. Raphaelsvereins in Hamburg verzögerte sich aber unsere Hilfsaktion

für Frau Sommerfeld. Wiederholte Schreiben und Telegramme der Berliner Nuntiatur an S. Eminenz, den Herrn Kardinalstaatssekretär, in Rom blieben unbeantwortet, sodass die für Frau Sommerfeld schon damals erfolgte Buchung wieder rückgängig gemacht werden musste. Auf meine weiteren ständigen Bemühungen hin wurde mir nun am 27. 10. aus Rom telefonisch auf Veranlassung des Herrn Kardinalstaatssekretärs mitgeteilt, dass die Passagekosten bewilligt seien. Es trifft daher Frau Sommerfeld besonders hart, dass zwei Tage nach dieser Bewilligung ein zweites Mal ihre Ausreise durch die neue Verfügung vom 29. 10. unmöglich wird. Da der Sohn von Frau Sommerfeld bereits in Argentinien ist und die Mutter zu sich gerufen hat, erlaube ich mir nochmals herzlichst zu bitten, doch für die sonst hier in Berlin alleinstehende Mutter die Einzelauswanderung gütigst genehmigen zu wollen, besonders da Frau Sommerfeld sich ja schon im 59. Lebensjahr befindet. Da die "Buena Esperanza" bereits am 18. 11. dem Hafen von Bilbao verlässt, darf ich wohl um gefl. baldige Erledigung meines Antrags bitten.

Dr. Konrad Graf von Preysing
Bischof von Berlin

Mit diesem Brief an Adolf Eichmann, den Leiter des Judenreferats im RSHA, unterstützte der Berliner Bischof die Arbeit des Hilfswerks kubanischen Hoheitsgewässer wieder zu verlassen. Da auch in den USA eine Landung unerwünscht war, mußte die „St. Louis“ über den Atlantik zurückfahren und im Hafen von Antwerpen festmachen.[5]

Dagegen informierte Berning die Mitglieder der Bischofskonferenz eingehend über die „Brasilien-Aktion“. Kardinal Faulhaber hatte den neugewählten Papst Pius XII. am 31. März brieflich gebeten, „beim Herrn Staatspräsidenten Getulio Vargas in Rio de Janeiro die Ausstellung von 3000 Visa in Gnaden zu befürworten, so daß noch in den nächsten Monaten dieses Jahres 3000 christliche Nichtarier in Brasilien einwandern könnten“. Damit wäre die größte Not für ausreisewillige katholische „Nichtarier“ behoben und „ein säkulares Werk der Humanität“[6] geschaffen. Tatsächlich hat Brasilien der Bitte des Heiligen Stuhles entsprochen. Subalterne brasilianische Beamte in Europa haben jedoch dann unter nur schlecht verhüllten antisemitischen Vorwänden die Freigabe der Visa verschleppt, so daß höchstens die Hälfte der zugesagten Visa erteilt wurde, die den Weg in die Freiheit geöffnet haben. Auch viele Hoffnungen von Klienten des Hilfswerkes in Berlin sind auf diese Weise schmerzlich enttäuscht worden. Jedes verfallene Visum bedeutete die Verurteilung eines Juden zu weiterer Verfolgung im Hitler-Deutschland, wahrscheinlich sogar zur späteren Deportation nach dem Osten.

Preysing unterstützte persönlich die Arbeit des Hilfswerkes von Anfang an. Verständlicherweise gibt es darüber kaum direkte Aufzeichnungen und Unterlagen. Immerhin sind einzelne Briefe erhalten, in denen sich der Berliner Bischof für ausreisewillige „Nichtarier“ eingesetzt hat. So bat er u. a. im Mai 1939 den brasilianischen Geschäftsträger in Berlin in einem Schreiben in französischer Sprache mit Erfolg, einem katholischen Akademiker aus Kleinmachnow das Visum für Brasilien zu erteilen. Erhalten sind auch drei Preysing-Briefe an das „Reichssicherheitshauptamt Zentrale für jüdische Auswanderung zu Hd. d. Herrn Sturmbannführer Adolf Eichmann Berlin W Kurfürstenstr. 116/20“, datiert vom 7. November 1941. Darin bat der Bischof um Ausreisegenehmigung für mehrere Personen, die alle bereits die Einreisevisa für Argentinien besaßen. In einem Fall schilderte Preysing seine Bemühungen, vom Kardinalstaatssekretär in Rom die Übernahme der Passagekosten zu erreichen, was schließlich telefonisch zugesagt worden sei. Bei einer anderen Familie fügte der Bischof hinzu, der Vater des Ausreisewilligen sei „Ordinarius von Horst Wessel“[7] gewesen und es habe „ein sehr gutes Verhältnis zwischen Lehrer und Schüler bestanden“. Es ist leider nicht bekannt, ob diese Bischofsbriefe den bedrohten „Nichtariern“ das rettende Tor zur Freiheit geöffnet haben.

Es gehörte zum Arbeitsstil des Bischofs, seine Referenten häufig zu Vier-Augen-Gesprächen zu sich zu bitten, besonders wenn es sich um brisante, vertraulich zu behandelnde Fragen handelte. So dürfte er mit Dompropst Lichtenberg bis zu dessen Verhaftung mehrfach über die Hilfsmöglichkeiten für verfolgte Juden gesprochen haben. Nach dessen Verhaftung stellte sich Preysing selber für die Öffentlichkeit an die Spitze des Hilfswerkes, um keinen weiteren Mitarbeiter zu gefährden.

Wenige Wochen nach dem Amtsantritt der neuen Geschäftsführerin des Hilfswerks, Dr. Margarete Sommer (1893-1965), am 15. September 1941, verließ der erste Transport mit ca. 1000 Juden die Reichshauptstadt mit dem Ziel Lodz. Die Deportation galt als „eigene Verlegung des Aufenthaltes in das Ausland“ und war deshalb mit Entziehung der Staatsangehörigkeit und mit Vermögensverlust verbunden, bedeutete also staatlich organisierten Vermögensraub. Die seitdem von den Berliner Bahnhöfen Grunewald und Putlitzstraße abfahrenden Güterzüge mit deportierten Juden stellten das Hilfswerk vor ungeahnte Herausforderungen. Durch Vertrauensleute erhielt Dr. Sommer vorher Kenntnis der jeweiligen Deportationslisten und konnte mit den darauf verzeichneten katholischen Juden Kontakt aufnehmen. Allerdings lagen zwischen der Mitteilung über die bevorstehende Evakuierung und der Abholung durch die Gestapo mitunter nur zwei Stunden. Das von Dr. Sommer heimlich geführte Abwanderungsbuch, das die Kriegswirren überstanden hat, ist ein erschütterndes Zeugnis von Ausweglosigkeit und Verzweiflung, aber auch von unmenschlichem Rassenwahn.[8] Nur relativ wenige Juden waren in der Lage und bereit, als „U-Boot" in der Millionenstadt Berlin unterzutauchen und die unabsehbaren physischen und mehr noch psychischen Zerreißproben einer erzwungenen Illegalität auf sich zu nehmen. Andere suchten als Menschen des Glaubens vor der Deportation den Trost der Sakramente. Es ist bezeugt, daß Bischof Preysing mehrfach verfolgten Juden in seiner Privatkapelle die Sakramente der Firmung gespendet hat. Er gab Dr. Margarete Sommer die damals völlig ungewöhnliche Erlaubnis, die heilige Kommunion in das jüdische Sammellager in der Großen Hamburger Str. 26 zu bringen. In diesem zur Deportationssammelstelle umfunktionierten jüdischen Altersheim, de facto eine Art exterrritoriale Außenstelle der Todeslager, erwarteten Juden ihren Abtransport nach dem Osten. Allerdings erhielt die mutige Kommunionhelferin nach einiger Zeit von der SS Hausverbot. Mindestens in einem Fall hat Preysing für eine junge Jüdin, die hier auf die bevorstehende Deportation wartete, in der Kapelle des nahegelegenen St. Hedwig-Krankenhauses im kleinsten Kreis eine „Abschiedsmesse" gefeiert. Danach schenkte der Bischof der listenmäßig praktisch schon zum Tode Verurteilten eine Wolldecke. Im Wissen darum, wie wenig er mit alledem die Todesmaschinerie beeinflussen konnte, hat sich der empfindsame Preysing, nur schwer seine Tränen verbergend, mit dem bischöflichen Segen von der jüdischen Katholikin verabschiedet , wie Dr. Marianne Pünder berichtete. In einigen Fällen, in denen finanzielle Engpässe die Auswanderung behinderten, stellte er innerhalb weniger Stunden erhebliche Summen zur Verfügung, die Dr. Sommer zur Bezahlung gefälschter Pässe dringend benötigte. Graf Moltke, der führende Kopf des Kreisauer Kreises, schrieb seiner Frau, der Bischof habe „am Morgen Juden gefirmt, die am Abend nach Litzmannstadt abtransportiert werden sollten". Preysing habe über diese Firmung der „Sternträger" am 13. November 1941 gesagt, „das sei wohl seine schönste Erinnerung gewesen"[9]. In diesen Wochen hat Preysing - wie wohl alle deutschen Bischöfe - vermutlich noch an eine zwar inhumane Umsiedlungsaktion geglaubt, bei der sehr viele Juden ihr Leben verloren, aber nicht an die gezielte Ausrottung des europäischen Judentums. Für die Behauptung, der evangelische SS-Offizier Kurt Gerstein habe Preysing über den Syndikus Dr. Winter über die Vernichtungsaktionen in Polen informiert, gibt es keinerlei Anhaltspunkte. Der Name Dr. Winter als Syndikus des Bischofs ist unbekannt.[10]

Mit Wirkung vom 19. September 1941 mußten alle Juden vom 6. Lebensjahr an im Reichsgebiet und im Protektorat Böhmen und Mähren den Judenstern tragen. Bei Verstößen wurden „weitgehende polizeiliche Sicherungsmaßnahmen" angedroht. Das Hilfswerk erstellte bereits wenige Tage nach Erlaß der Polizeiverordnung ein detailliertes Gutachten auf der Grundlage von Stellungnahmen, die aus den Gemeinden eingeholt worden waren. Mit großer Wahrscheinlichkeit kann angenommen werden, daß Dr. Margarete Sommer dieses Gutachten mit dem juristisch versierten Bischof überlegt und formuliert hat, zumal konkrete pastorale Wünsche und Empfehlungen vorgebracht wurden. Dazu gehörte die strikte Ablehnung von Sondergottesdiensten für „Sternträger", weil sie ein kirchliches Ghetto schaffen würden. Außerdem wurde u.a. ein Appell an die deutschen Bischöfe gerichtet. Priester und Laien, die mit der an Verzweiflung grenzenden Verfassung katholischer Juden vertraut waren, erbäten „wegweisende, aufrichtende und die Gewissen aller Katholiken aufrüttelnde Worte von unseren verehrten Oberhirten". Daß dieser Mahnruf, der nur wenige Monate nach den drei berühmten Galen-Predigten formuliert wurde, ohne Absprache mit Preysing erfolgte, ist kaum anzunehmen.

Für viele „Nichtarier" brachen die letzten Hoffnungen, doch noch das rettende Ausland zu erreichen, endgültig zusammen, als am 23. Oktober 1941 überraschend allen Juden die Auswanderung aus „Großdeutschland" verboten wurde. Das traf auch verschiedene Klienten des Hilfswerkes, deren Ausreise sich aus unterschiedlichen Gründen verzögert hatte. Eine Intervention Preysings am 24. November 1941 für vier zur Deportation bestimmte „nichtarische" Mitarbeiterinnen des Hilfswerkes hatte zumindest in einem Fall nachweislich Erfolg. Die als „Seelsorgehelferin und Fürsorgerin" tätige Lieselotte Neumark wurde von der Evakuierung zurückgestellt. Allerdings erhielt sie 1943 trotzdem den Deportationsbescheid, tauchte zunächst unter, stellte sich dann aber nach kurzer Zeit aus Gewissensgründen gegenüber der durch ihren Aufenthalt gefährdeten Familie den Behörden und wurde am 3. März mit dem Transport 7043 in den Osten deportiert.[11]

Verläßliche Informationen jenseits der Grauzone von Gerüchten und Flüsterpropaganda waren für Preysing und das Hilfswerk unerläßliche Voraussetzung für wirksame Hilfe. Was Preysing auf seinen Kanälen erfuhr, gab er auf dem Kurierweg über die Nuntiatur kontinuierlich an Pius XII. weiter. Auf diesem Weg gelangte auch im Sommer 1942 ein umfangreicher Bericht über die Deportationen deutscher Juden in die Hände des Papstes.[12] Verfasserin dürfte Dr. Margarete Sommer gewesen sein.

Zur „gegenwärtigen Lage" hieß es in diesem Dokument, es sei „nicht mehr gestattet, das Wort Evakuierung zu gebrauchen. Statt dessen muß gesprochen werden von ‚Abwanderung' der Juden." Im ganzen Reich, einschließlich Österreich, würden „die Transporte nach dem Osten, bzw. nach Theresienstadt" fortgesetzt. Zwar könne die Gesamtzahl der deportierten Juden „nicht mit Sicherheit" festgestellt werden. Sie sei aber nach den bisher bekannt gewordenen Zahlen auf 60 000 bis 70 000 zu schätzen. Auf Berlin entfielen davon etwa 21 000 bis 22 000. In der Reichshauptstadt seien seit kurzer Zeit nur über 65 Jahre Alte abtransportiert worden, die ausnahmslos nach Theresienstadt kommen. Wöchentlich - außer am Wochenende - wurden fünf Transporte zu je 100 Personen zusammengestellt. Es handele sich „um sogenannte interne und externe Alterstransporte, d.h. es werden sowohl die Alten aus den Heimen und Pensionen, wie auch aus eigenen Wohnungen und möblierten Zimmern abtransportiert. Auch völlig Sieche und Kranke sollen, teilweise sogar auf Bahren, in den Möbelwagen verladen und dann in die Sammelstelle getragen worden sein." Bei einem dieser Transporte sei es in Berlin zu „Unruhen" gekommen, da die Bevölkerung in scharfer Weise gegen diese unmenschliche Art des Transportes Stellung genommen hatte. Die Behörden hätten mit Verhaftungen reagiert und den Vorfall mit strengstem Stillschweigen übergangen.

Neben diesen Alterstransporten gab es im Mai und Juni 1942 zwei aus Berlin abgehende Sondertransporte. Einer bestand hauptsächlich aus Vorstandsmitgliedern und leitenden Angestellten der Reichsvereinigung der Deutschen Juden. Die Gestapo hatte die Betroffenen zuvor eigens in der Geschäftsstelle der Reichsvereinigung in der Charlottenburger Kantstraße aufgesucht. Die Verfasserin dieses für den Vatikan bestimmten Berichtes vermutete, daß mit dieser Deportation „bewußt führende, besonders intelligente Persönlichkeiten" erfaßt werden sollten. Der zweite Sondertransport betraf „die Angehörigen von 250 männlichen Juden", die in den letzten Maitagen in der Reichshauptstadt erschossen worden waren. Die Erschießungen standen in Zusammenhang mit dem „Attentatsversuch in der Ausstellung ‚Sowjetparadies' im Berliner Lustgarten". Nach dem Attentat seien zahlreiche Verhaftungen vorgenommen worden, darunter „fünf junge jüdische Burschen, die sich ohne Stern eingeschlichen hatten. Daraufhin wurden 500 Verhaftungen von männlichen Juden jeden Alters vorgenommen. 250 wurden erschossen und 250 teils in Konzentrationslager untergebracht, teils abtransportiert."[13]

Der Bericht des Hilfswerkes informierte auch über bisher in Berlin bekannt gewordene „Abwanderungsziele". Nur die ersten Deportationszüge seien nach „Litzmannstadt", nach Lodz gegangen. Später seien die Zielorte Minsk, Kowno und Riga gewesen, aber auch Piaski, Warschau und Isbitza im damaligen Generalgouvernement. Die Verfasserin des Dokumentarberichtes stellte anschließend fest: „Bis Ende Januar 42 hatten wir regelmäßige schriftliche Verbindung mit den nach Litzmannstadt Abgewanderten. Auch Geldsendungen kamen, abgesehen von Ausnahmen, an und wurden handschriftlich bestätigt. Von Januar bis Ende April erreichten uns nur noch kleine vorgedruckte Zettel, die teils handschriftlich, teils durch den Judenältesten ausgefüllt, nur den Empfang von Geld bestätigten. Nur die Höhe der Summe und der Name waren teils vom Empfänger selbst, teils durch den Judenrat eingesetzt. Seit Ende April besteht keinerlei Verbindung mit Litzmannstadt. Auch die Kultusvereinigungen und die Reichsvereinigung erhält aus Litzmannstadt keine Nachrichten mehr. Die letzten Bescheide, die wir erhielten, waren die zurückgesandten Postanweisungen, die den Vermerk tragen, ‚Adressat unbekannt verzogen.'. "

Weiter heißt es: „Gerüchtweise verlautet, daß nach der unzählige Todesopfer fordernden Flecktyphusepidemie ein planmäßiger Weitertransport erfolgt sei, und zwar in weiter östlich gelegene Gebiete oder in die Ukraine. Es fehlt über das Schicksal der Litzmannstädter also jegliche Nachricht und Sicherheit. Die letzte nicht auf offiziellem Weg eingetroffene Nachricht, die wir in Berlin erhielten, war die Mitteilung eines jüdischen evangelischen Arztes, der auch im Ghetto seine ärztliche Praxis in Litzmannstadt ausübte, und der schrieb, daß noch nicht alle aus Litzmannstadt abtransportiert seien; man habe solche, die sich in der Industrie besonders bewährt hätten, zurückbehalten. Nach dieser Nachricht scheinen aber weitere Abtransporte stattgefunden zu haben. Arier, die beruflich vorübergehend in Litzmannstadt waren, und aus irgendwelchen Gründen einen Einblick, und sei es auch nur in die Randgebiete des Ghettos erhielten, berichten von grauenvollen Eindrücken, von teilweise bis zum Skelett abgemagerten, verhungerten Menschen."

Nach anschaulichen Schilderungen der Lebensumstände in den Ghettos von Minsk und Riga, basierend auf Informationen von Fronturlaubern und eines deutschen Geschäftsmannes, kam auch die Situation im Warschauer Ghetto zur

Sprache. Es wurde ein schriftlicher Bericht zitiert, in dem es u.a. hieß: „Ein Gang durchs Ghetto ist in jeder Beziehung interessant, man muß das Grausen ignorieren und das Gruseln verlernt haben. Auf der anderen Seite sehen wir auch eine gewisse Eleganz. Es gibt in den äußerlich in einem entsetzlichen Zustand befindlichen Schaufenstern alles zu sehen und im Laden alles, aber auch alles zu kaufen, was nur ein Herz und ein Magen begehren kann, wenn man das nötige Kleingeld dazu hat. In den Straßen der ca. 600 000 Menschen fassenden abgeschlossenen Stadt wimmelt es von Menschen und Läusen; keine Phantasie kann sich die Lumpen ausmalen, mit denen viele bekleidet sind. Beinahe verhungerte Kinder, besser gesagt Skelette, liegen hingeklebt an den Häusern, auch Tote sieht man liegen und die dichte Menge geht teilnahmslos daran vorüber. Aber Weißbrot, schönste Brötchen und Kuchen werden in Bäckerläden angeboten. Man kann sämtliche Delikatessen sehen, zwar ohne jede Aufmachung, aber sie sind da."

Zur seelsorglichen Situation in den Zielorten deutscher Judentransporte konnte das Hilfswerk dem Vatikan nur über das Warschauer Ghetto konkrete Einzelheiten berichten. Ein polnischer Vikar - es handelte sich um Dr. Aleksander Plater - Zyberk - suche die „Nichtarier" häufig auf, gebe Gelegenheit zum Empfang des Bußsakramentes und der heiligen Kommunion und halte auch Andachten mit Predigt. „Unsere katholischen Nichtarier schreiben ganz begeistert von der verständnisvollen, gütigen Art dieses Priesters und haben gebeten, ihm für seine treue Hilfe aus Deutschland Dank zu schreiben", hieß es abschließend in dem Hilfswerk-Bericht.

Es fällt auf, daß das umfassende Hilfswerk-Dokument kein einziges der verschiedenen Todeslager im Generalgouvernement erwähnt. Denn zum Zeitpunkt der Abfassung des Berichtes hatten die Lager Majdanek, Belzec, Auschwitz-Birkenau und Chelmno bereits seit mehreren Monaten ihren fabrikmäßigen Mordbetrieb aufgenommen. Im Berliner Hilfswerk wußte man zwar um die unmenschliche Brutalität gegenüber deportierten Juden, nicht aber um den radikalen Plan der „Endlösung" des europäischen Judentums. Die von Preysing an Pius XII. herangetragene Bitte vom 6. März 1943, öffentlich „für die vielen Unglücklichen - Unschuldigen einzutreten", konnte voraussetzen, daß dem Papst neben anderen Informationen zur Judenverfolgung auch der Bericht des Hilfswerkes vom Jahre 1942 bekannt war.

Im Herbst 1942 erhielt Dr. Sommer völlig gleichlautend - natürlich streng vertraulich - aus drei verschiedenen Quellen, eine davon war Dr. Hans Globke im Reichsinnenministerium, die Information über ein geplantes „Mischehen"-Gesetz. Das bereits unterschriftsreife Gesetz sehe vor, daß sich „Nichtarier" von ihrem „arischen" Ehepartner scheiden lassen. Der „nichtarische" Eheteil werde in jedem Fall deportiert. Wenn die Scheidung nicht erfolge, werde die Trennung zwangsweise geschehen. Die „Mischlingskinder" würden als Ganzjuden betrachtet, erhielten Eheverbot und würden sterilisiert. Am 5. November 1942 erörterten die Bischöfe Preysing und Berning und Dr. Sommer in den Amtsräumen des Berliner Oberhirten die beabsichtigte einschneidende Verschärfung der Judenverfolgung.[14] Ergebnis dieser Besprechung war die Abfassung einer Denkschrift, die umgehend Kardinal Bertram zugeleitet worden ist. Sie trägt den Breslauer Eingangsstempel vom 10. November 1942. Ob sie von Dr. Sommer allein, ob mit Hilfe des Bistumsjustitiars Wilhelm Happ oder von Preysing persönlich unterstützt niedergeschrieben wurde, ist nicht bekannt.

Die Denkschrift legte im ersten Teil ausführlich die geplanten Gesetzesbestimmungen dar. Im zweiten Teil fügte Dr. Sommer „eigene persönliche Äußerungen" an. Darin hieß es u.a., staatlicherseits solle zunächst alles versucht werden, „dem Staat das Odium der zwangsweisen Trennung abzunehmen. Haben sich die arischen Ehegatten und auch die halbarischen Kinder von dem nichtarischen Familienglied schon ‚freiwillig' getrennt, sie also selber schon aus der Familie, der Wohnung ausgewiesen, dann spart der Staat die Anwendung der brutalen gewaltsamen Trennung, dann hat er ja nicht getrennt. Dann braucht er nur die auf diese Weise ‚Alleinstehenden' in gleicher Weise abzutransportieren, wie er die ‚isolierten Privilegierten' schon jetzt abtransportiert. Sie sind dann schon Tage und Wochen vor der Evakuierung obdachlos, vielleicht in Sammelunterkünften, preisgegeben und verlassen von den ihnen Nächststehenden." In letzter Sekunde, so fährt die Denkschrift fort, müsse „noch einmal schärfster Protest der ganzen Familie und schärfster moralischer Widerstand geleistet werden, wenn die zwangsweise Abholung erfolgt." Das arme „nichtarische" Familienmitglied müsse wenigstens den Trost mitnehmen können „in seine furchtbare Zukunft, daß die ganze Familie bis zur letzten Minute einmütig für seine Rettung gekämpft hat". Es müsse „ein solcher Opfermut geweckt werden, daß die ganze Familie fordert, mit dem armen Nichtarier in die Verbannung mitgehen zu dürfen; mindestens der Ehegatte, der ‚Treue bis in den Tod' gelobt hat, muß sich zu diesem Entschluß durchringen können".

Abschließend stellte die Geschäftsführerin des Hilfswerkes fest: „Trotz strengster Geheimhaltung haben einige Familien von den Plänen in den letzten Tagen gehört. Die Verzweiflung ist grenzenlos. Selbstmorde ganzer Familien stehen bevor. Aber noch haben sie die Hoffnung und flehen uns an, in dieser Richtung unsere Bitte zu unterstützen, daß die Kirche sich doch schützend vor das Heiligtum ihrer Ehe stellen möge. Selbst wenn nichts erreicht werden sollte, wäre es ihnen ein steter Trost zu wissen, daß doch alles versucht worden ist." Als Konsequenz fügt Dr. Sommer die „ergebenste, ehrerbietigste Bitte" hinzu: „1. Der Heilige Vater möchte innig gebeten werden, durch einen persönlichen Schritt die Unterzeichnung dieses Gesetzes durch Hitler zu verhindern. Vielleicht würde der Heilige Vater das italienische Königspaar, Graf Ciano, vielleicht auch Mussolini für einen ähnlichen Schritt gewinnen können. 2. Wir erhoffen und erflehen außerdem von Ew. Eminenz im Namen der deutschen Bischöfe eine Intervention, um die Unterzeichnung des Gesetzes durch Hitler zu verhindern."[15]

Der Vorsitzende der Fuldaer Bischofskonferenz richtete bereits am 11. November 1942 gleichlautende Eingaben an den Reichsminister des Innern, den Reichsjustizminister und an das Reichsministerium für kirchliche Angelegenheiten. Darin wurden gegen das geplante Gesetz „ernste Vorstellungen" erhoben; denn es würde in seinen Auswirkungen „nicht nur die einzelnen Nichtarier und ihre Familien, sondern auch das gesamte katholische, ja das ganze deutsche Volk aufs empfindlichste treffen, das noch nach dem Bekenntnis bei der letzten Volkszählung 1939 in seiner überwältigenden Mehrheit ein christliches Volk sein und bleiben will"[16]. Tatsächlich blieb der Gesetzentwurf, der in seinem Inhalt teilweise schon auf der „Wannsee-Konferenz" am 20. Januar 1942 kontrovers diskutiert worden war, in der Schublade der staatlichen Behörden.

Im Frühjahr 1943 alarmierten Informanten erneut kirchliche Stellen, daß der Erlaß eines Gesetzes zur Trennung rassisch gemischter Ehen doch unmittelbar bevorstehe. Auf einer Besprechung Anfang April, an der außer Preysing der Osnabrücker Bischof Berning und Dr. Sommer teilnahmen, wurden geeignete Reaktionen erörtert, die über die vorbereitete Kanzel-Vermeldung hinausgingen. Der Berliner Bischof entschloß sich am 16. April - Goebbels hatte gerade im Sportpalast den „Totalen Krieg“ proklamiert, und im Wald von Katyn waren zum Entsetzen der Öffentlichkeit die Massengräber von über 4000 erschossener polnischer Offiziere entdeckt worden -, „die Hochwürdigsten Ordinarien in Großdeutschland“ über das drohende Gesetz zu informieren und ihnen vertraulich den Entwurf des Hirtenwortes zuzuschicken, das Kardinal Bertram formuliert hatte und das erst nach Veröffentlichung des Gesetzes verlesen werden sollte. Preysing war vom Vorsitzenden der Fuldaer Bischofskonferenz um diese Weitergabe gebeten worden, da von Breslau aus der Postweg zu riskant war und keine Kuriermöglichkeit bestand. In dem Entwurf des Hirtenwortes, das nie zur Verlesung kommen mußte, bekräftigten die deutschen Bischöfe die Unauflöslichkeit der sakramental geschlossenen Ehe und stellten fest, das gelte „für alle rechtmäßigen Ehen, ohne Unterschied der Rassen, für die Ehen, die nach den Gesetzen von Kirche und Staat gültig geschlossen sind, mag auch ein Eheteil einer anderen Rasse angehören“[17].

Der Berliner Oberhirte war wie nur wenige andere deutsche Bischöfe davon überzeugt, daß die Kirche das himmelschreiende Verbrechen an den Juden nicht mit diplomatischem Schweigen hinnehmen darf. Er sah dafür allerdings offenbar nur zwei Wege. Einmal sollte Pius XII. als oberste moralische Autorität der Kirche vor dem Forum der Weltöffentlichkeit „für die vielen Unglücklichen-Unschuldigen eintreten“, wie er dem Papst am 6. März 1943 schrieb. Zum anderen setzte er auf eine gemeinsame Erklärung oder auf einen gemeinsamen Hirtenbrief aller deutschen Bischöfe. Am 21. August 1943 beauftragte Preysing seine Mitarbeiterin Dr. Margarete Sommer „einen Entwurf für ein Eintreten der Fuldaer Bischofskonferenz in Sachen der Nichtarier unter sachgemäßer Beratung fertigzustellen“[18]. Außerdem sollte ein weiterer Entwurf für ein Schreiben an die Reichsregierung erarbeitet werden, in dem um eine Auskunft über das Schicksal der Deportierten gebeten wird. Beide Entwürfe sollte Dr. Sommer persönlich dem Breslauer Kardinal Bertram überbringen.

Der Entwurf der Eingabe des deutschen Episkopats vom 22./23. August 1943, bei dem eine maßgebliche Beteiligung Preysings als sicher gelten darf, ist das bemerkenswerteste Zeugnis der Solidarität mit den verfolgten Juden, das je in der NS-Zeit formuliert worden ist. Die Eingabe begann mit der Feststellung: „Mit tiefstem Schmerz - ja mit heiliger Entrüstung - haben wir deutschen Bischöfe Kenntnis erhalten von den in ihrer Form allen Menschenrechten Hohn sprechenden Evakuierungen der Nichtarier. Es ist unsere heilige Pflicht, für die schon durch Naturrecht verliehenen unveräußerlichen Rechte aller Menschen einzutreten.“ Damit ging die Eingabe über die Grenzen der eigenen Konfession hinaus. Die Bischöfe sahen sich als Anwalt der Rechte aller Menschen, selbst wenn sie anschließend hinzufügten: „Unsere besondere Pflicht aber erkennen wir darin, uns schützend vor die vielen Tausenden von Nichtariern zu stellen, die durch die heilige Taufe Glieder unserer heiligen katholischen Kirche geworden sind. Die Welt würde es nicht verstehen, würden wir nicht laut unsere Stimme erheben gegen solche Entrechtung unschuldiger Menschen. Vor Gott und den Menschen würden wir durch Schweigen schuldig werden. Die Last unserer Verantwortung wird umso drückender, als die Nachrichten, die spärlich genug - aber mit nicht zu überhörender Eindringlichkeit - zu uns gelangen, erschütternde

Nr.	Name		Pers. Zahl	Mann	Frau	Kind	Konf.	Bemerkungen	Räumung	Liste	Abtransport	Rückst.
			120									
73	Goldner, Werner		2	+	+		evgl.		+	+	+	
74	Heimann, Martha		1		+		evgl.		+	+	T.	
75	Ascher, Magda		1		+		evgl.		+	+	T.	
76	Bestcher, Hedda		1		+		evgl.		+	+	T.	
77	Hirschel-Heiser, Rose		1		+		evgl.		+	+	T.	
78	Weber, Jenny		1		+		rk		+	+	IV.	
79	Hirschberg, Fritz		2	+	+		rk	Arzt	+			+
80	Schirokauer, Max		1	+			rk	Arzt	+		+	+
81	Hirschberg, Eduard		2	+	+		rk		+			
82	Simonstein, Betty, Charl.		2		++		rk	Suicid 3.8.42	+	+		
83	Steinberg, Walter		2	+	+		mos.		+		25.1.43	
84	Voss, Felise [illegible]		2	+	+		rk		+	+	26.9.42	+
85	Seelenfreund, Else	T	1		+		rk		+		XII. 42	
86	Ellend, Pauline		2		++		rk		+			
87	Sommerfeld, Meta		1		+		rk		+		+	
88	Lewinger, Eleonore	T	3 2		+++		rk	Mutter u. Großmutter Prot. abgew.	+	+	13.8.42 10.2.43	
89	Feige, Franz	T	1	+			rk	privilegiert	+		+	+
90	Schwarz, Herta		1		+		rk		+	+	13.1.42	
88			147 146									

Schilderungen sind von dem grausam harten Los der Evakuierten, die diesen geradezu unmenschlichen Lebensbedingungen in erschreckend hoher Zahl bereits erlegen sind."

Nach dieser grundsätzlichen Stellungnahme wurden in der Eingabe fünf konkrete Forderungen erhoben:

„1. Heilighaltung des Lebens und Schutz für die Gesundheit der Lagerinsassen, daher menschenwürdige Unterkunftsräume, ausreichende Ernährung und erträgliche Arbeitsbedingungen;

2. die Möglichkeit eines regelmäßigen brieflichen Austausches mit Verwandten und Freunden in Deutschland, auch die Möglichkeit der schriftlichen Verbindung mit ihren Seelsorgern in der Heimat.

3. Mit aller Dringlichkeit fordern wir vor allem die Zulassung von katholischen Priestern, die im Einvernehmen mit den zuständigen Staatsstellen durch die deutschen Bischöfe zu benennen wären, damit eine ordentliche Seelsorge für die katholischen Nichtarier gesichert wird in den Evakuiertenlagern.

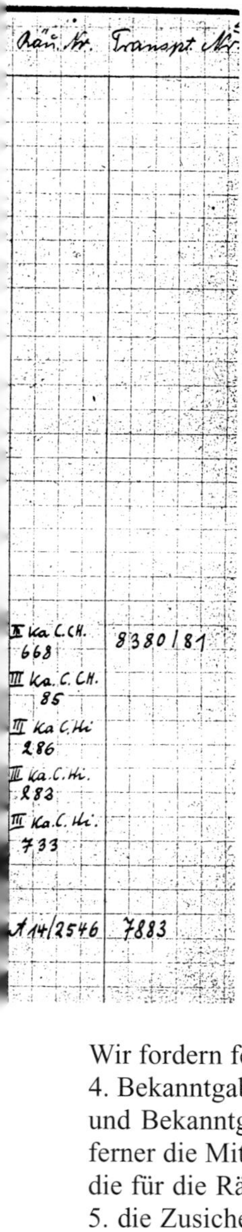

Räu. Nr.	Transpt. Nr.
II Ka. C. CH. 668	8380/81
III Ka. C. CH. 85	
III Ka. C. Hi 286	
III Ka. C. Hi. 283	
III Ka. C. Hi. 733	
A 14/2546	7883

Das von Dr. Margarete Sommer geführte Abwanderungsbuch des Hilfswerks mit persönlichen Daten über zur Deportation bestimmte Juden ist über den Krieg gerettet worden

Die Eintragungen zeigen, daß unabhängig von der Konfession zu helfen versucht wurde

Wir fordern ferner:
4. Bekanntgabe aller Lager (bzw. Ghettos), in denen zur Zeit noch Evakuierte leben, und Bekanntgabe der Lager (bzw. Ghettos), die inzwischen geräumt worden sind; ferner die Mitteilung, wohin die Insassen gebracht wurden, mit Angabe der Gründe, die für die Räumung bestimmend waren;
5. die Zusicherung, daß eine Kommission diese Lager besuchen und in persönliche Verbindung mit den Lagerinsassen treten dürfe.
Wir verfehlen nicht, darauf hinzuweisen, daß die Erfüllung unserer Forderungen der sicherste Weg wäre, die ununterbrochen laut werdenden Gerüchte über das Massensterben der evakuierten Nichtarier zu entkräften.“[119]

Der zweite Entwurf war ein Protest „gegen Maßnahmen und Pläne, die die rassische Mischehe in ihrem Fortbestand, in ihrer gottgewollten Unauflöslichkeit bedrohten“. Konkreter Hintergrund stellte u.a. die Gefahr dar, daß Juden, die aus rassischer Mischehe zum Arbeitseinsatz zwangsverpflichtet waren, nach

Beendigung ihrer Arbeit möglicherweise nicht wieder zu ihren Familien zurückkehren könnten. Am Ende dieser Eingabe stand die unverhüllte Drohung, daß die deutschen Bischöfe in die Öffentlichkeit gehen, falls der Protest wirkungslos bliebe. „Das katholische Volk - ja darüber hinaus alle christlichen Kreise - haben ein Recht zu erfahren, daß die Bischöfe die heiligsten Güter der Menschen gegen unberechtigte Eingriffe stets verteidigt haben."[20] Gerade in diesem Vorhaben, den diplomatischen Raum zu verlassen und vor aller Öffentlichkeit zu protestieren, kam die Preysingsche Kirchenpolitik der Vorwärtsverteidigung zum Ausdruck, die sich Dr. Sommer entweder zu eigen gemacht hat oder die der Berliner Bischof direkt in die Eingabe hineingeschrieben hat.

Bereits drei Tage später steht der Name „Margarete Sommer, Berlin" im Breslauer Audienzbuch, das Bertram eigenhändig über alle Besucher führte. Sie überreichte also beide Entwürfe dem greisen Vorsitzenden der Fuldaer Bischofskonferenz persönlich. Der stets auf beweiskräftige Argumente und sorgfältige Formulierungen achtende hochbetagte Kardinal hatte in seiner fast skrupulösen Gewissenhaftigkeit allerdings Bedenken, sich beide Entwürfe zu eigen zu machen und verweigerte die Unterschrift. Er glaubte, es würden Forderungen erhoben, die nicht hinreichend durch Fakten gestützt seien, so daß man dem Vorsitzenden der Bischofskonferenz in diesen Fragen die Kompetenz bestreiten könnte. Zudem war er zutiefst davon überzeugt, kein Mandat für die Gesamtgesellschaft und für alle Verfolgten, unabhängig von ihrer Religion, zu besitzen. Die naturrechtliche Argumentation schien ihm nicht ausreichend. Es ist geradezu tragisch zu nennen, daß die entschiedene Solidarität seitens der deutschen Bischöfe mit den zum Holocaust verurteilten Juden, die beide Eingaben dokumentierten, auf diese Weise zu Fall gekommen ist.

Dr. Margarete Sommer trat ungeachtet dieser gescheiterten Initiative dafür ein, daß sich die deutschen Bischöfe offen auf die Seite der verfolgten Juden stellen sollten. Sie wußte sich dabei in voller Übereinstimmung mit Preysing. Mehrfach überbrachte sie trotz der Ablehnung vom November 1943 dem Breslauer Kardinal, der aus Gesundheitsgründen bereits seit 1942 nicht mehr an der Fuldaer Bischofskonferenz teilnehmen konnte, weitere Informationen. Bertram fühlte sich durch diese Besuche von Frau Dr. Sommer offenbar durch Preysing indirekt unter Druck gesetzt und schrieb daher am 17. April 1944 an den Berliner Generalvikar Dr. Maximilian Prange: „Wiederholt erscheint bei mir in Sachen Nichtarier Frau Dr. Sommer als Angestellte Ihres Ordinariats mit Darbietung detaillierter Berichte über das den Mischlingen und Nicht-Arier-Familien geschehene Unrecht mit der Behauptung, sie komme im Einvernehmen Ihres hochwürdigsten Herrn Bischofs. Ich soll dann alles, was sie bringt, als vollgültige Unterlage für Eingaben an höchste Behörden betrachten. Nun aber habe ich Grund, damit nicht zufrieden zu sein. Soll ich alle heißen Kohlen aus dem Feuer holen, dann darf ich bitten, die beteiligten Oberhirten wollen mit voller Unterschrift den Bericht als geprüft und richtig bezeichnen, so daß ich mich nötigenfalls auf den berichtenden Oberhirten amtlich berufen kann. Ich bitte, das gütigst der Frau Sommer klar zu machen, da meine Mahnungen nicht helfen. Andernfalls kann ich ihren Besuch nicht mehr annehmen."[21] Bis Kriegsende hat daraufhin kein Besuch von Dr. Sommer bei Bertram stattgefunden, wie sein Besucherverzeichnis bezeugt.

Kardinal Preysing hat nach 1945 in der Öffentlichkeit weder über das Hilfswerk mit seinen Aktivitäten im Rahmen des Möglichen gesprochen noch von seinen gescheiterten Versuchen, Papst Pius XII. und auch den deutschen Episkopat zu einem Protest gegen die Judenpolitik des NS-Staates zu bewegen. Ein Grund für dieses Schweigen könnte darin gelegen haben, daß Preysing in der Öffentlichkeit nicht als Ankläger seiner Mitbischöfe und sogar des Papstes auftreten wollte. Denn ein kritischer Rückblick auf das Verhältnis Kirche und Judenverfolgung in Deutschland hätte deren fragwürdiges Verhalten schwerlich ausklammern können. In der Schwerdtfeger-Biographie, die großenteils auf persönlichen Informationen Preysings beruht, gibt es zwar das Kapitel „Hilfe für die Juden“[22]. Darin wird die humanitäre und seelsorgliche Unterstützung durch das Hilfswerk hervorgehoben, um dann sogleich auf den aufsehenerregenden Hirtenbrief Preysings über das Recht vom Dezember 1942 zu verweisen. Damit sollte offenbar hervorgehoben werden, daß der Berliner Bischof in der Kriegszeit zum Holocaust nicht ganz geschwiegen hat. Aber dieses Hirtenwort konnte damals, jedenfalls im Inland, wohl nur von den wenigsten Zuhörern als Anklage gegen die Deportationszüge jüdischer Mitbürger verstanden werden, zumal es nirgendwo nachzulesen war. Den Alleingang eines flammenden, heroischen Widerspruchs zur NS-Judenpolitik in der Öffentlichkeit glaubte auch der Bischof von Berlin in den Kriegsjahren nicht gehen zu sollen.

Auch nach Kriegsende blieb für das Hilfswerk ein großes Tätigkeitsfeld, auch wenn sich die konkrete Aufgabenstellung verändert hatte. Ende Mai 1945 wurde das „Hilfswerk beim Bischöflichen Ordinariat Berlin“ als eigene Dienststelle in den Räumen des St. Josefsheim in der Pappelallee 61 im Bezirk Prenzlauer Berg aufgelöst, wo damals nach der Ausbombung am Michaelkirchplatz das Bischöfliche Ordinariat behelfsmäßig untergebracht war. Preysing beauftragte Dr. Sommer allerdings mit „Liquidationsarbeiten“, für die zwei Jahre angesetzt wurden. Die Abwicklung der mit dem früheren Hilfswerk zusammenhängenden Arbeiten dehnte sich dann auf sieben Jahre aus.

Dr. Margarete Sommer verfaßte am 26. Januar 1946 eine Denkschrift an den Vatikan, in der die veränderte Lage der getauften Juden zur Sprache kam, die den Holocaust überlebt hatten. Da Preysing am 31. Januar zur Kardinalskreierung von Berlin nach Rom abreiste, liegt die Vermutung nahe, daß er selbst diese Denkschrift mitgenommen und dem Papst oder dem Staatssekretariat übergeben hat.

Dr. Sommer klagte in ihrer Denkschrift, daß in der Weltöffentlichkeit häufig von den „armen Juden“ gesprochen werde, die in Deutschland „um ihres Glaubens willen“ so Schweres hätten erdulden müssen. Dagegen würden die christlichen „Nichtarier“ völlig vergessen. Das habe auch ganz praktische Folgen. „So treffen z.B. reiche Lebensmittelspenden aus dem Ausland ein und werden in Berlin regelmäßig alle zwei Wochen an die Glaubensjuden verteilt. Noch nicht eine einzige Spende kam unseren christlichen Nichtariern zugute.“ Es sei in dieser Zeit des Hungers daher „nicht erstaunlich, wenn auch auf das Tiefste bedauerlich, daß uns von der Jüdischen Gemeinde, der Kultusvereinigung der mosaischen Juden Berlins, vor wenigen Tagen berichtet werden konnte, daß aus christlichen Nichtarierkreisen ‚Hunderte‘ von Anträgen auf Aufnahme in die Jüdische Gemeinde eintreffen“. Diese Zahlenangabe dürfte von der Jüdischen Gemeinde zwar übertrieben gewesen sein, kam aber Dr. Sommer offenbar gelegen, um ihre Sorgen zu unterstreichen. Die

Denkschrift vergaß auch nicht darauf hinzuweisen, daß die christlichen Juden anläßlich ihrer Taufe ausdrücklich aus der Jüdischen Gemeinde ausgetreten seien. Sie würden dort als „Abtrünnige“ diffamiert und „nicht selten verfolgt“.

Die unter Einsatz ihres Lebens und mit Rückendeckung ihres Bischofs jahrelang für verfolgte Juden tätige Dr. Margarete Sommer notierte später am 13. Juli 1946 nicht ohne Bitterkeit: „Die allgemeine Not, von der die weitesten Kreise in Deutschland betroffen wurden, der wirtschaftliche Zusammenbruch, die Leiden der deutschen Flüchtlinge aus dem Osten, haben die Aufmerksamkeit von den Opfern der Rassenverfolgung abgelenkt, so daß die Hoffnung der heimgekehrten und der in Deutschland gebliebenen Juden, also auch unserer katholischen Juden, bitter enttäuscht wurde; nämlich die Hoffnung, daß nun endlich durch besondere Liebe, besonderes Sich-Einfühlen in ihre auch jetzt noch ungewöhnlich schwierige Situation, alles das wiedergutgemacht wird, was ihnen Interesselosigkeit, Lieblosigkeit und Grausamkeit zugefügt haben.“ Dr. Sommer sah es als ihre Aufgabe, weiter für die Rechte der Juden und die Wiedergutmachung des ihnen zugefügten Unrechts einzutreten. „Nur Schritt für Schritt konnte ihnen die Anerkennung als ‚Opfer der Nürnberger Gesetzgebung‘ erkämpft werden. Und noch heute fehlt in weitesten Kreisen das Verständnis für die Leiden derer, die in Mischehen verheiratet waren, und für die Leiden der Mischlinge.“

Hinzu kam die Praxis verschiedener ausländischer Hilfsorganisationen und Spenderkreise, Hilfe nur „mosaischen“ Juden zu gewähren und getaufte Juden leer ausgehen zu lassen. Das mußte von christlichen Juden als ungerecht empfunden werden. Denn der Nationalsozialismus hat nie den jüdischen Glauben als solchen verfolgt, sondern einzig und allein die jüdische Rasse, unabhängig vom religiösen Bekenntnis des einzelnen. „Der Nationalsozialismus machte keinen Unterschied zwischen Jude und Christ, sondern einen Unterschied zwischen Arier und Nichtarier“, stellte Dr. Sommer fest. Und sie fügte hinzu: „Da die rassischen Volljuden, die als ‚Opfer der Nürnberger Gesetzgebung‘ anerkannt werden, zum großen Teil aus der Jüdischen Gemeinde ausgeschieden waren, und entweder evangelischer oder katholischer Konfession sind, die Kinder aus solchen Mischehen fast durchweg im christlichen Glauben erzogen worden sind, müssen neben der wieder neu entstandenen Jüdischen Gemeinde in Groß-Berlin auch die Hilfsorganisationen für christliche Rassenverfolgte, also auch unser Bischöfliches Hilfswerk, weiter arbeiten, da die Jüdische Gemeinde die Interessen der christlichen Juden und Halbjuden selbstverständlich nicht vertreten kann, weder dem Auslande noch dem Inlande gegenüber.“

Der Kreis der von Dr. Sommer Betreuten war auch nach 1945 noch erstaunlich groß. Eine Übersicht vom 27. Mai 1946 ergab, daß die im sowjetischen Sektor der Viersektorenstadt untergebrachte Institution ca. 2700 bis 3000 Personen betreute, von denen ca. 600 hochgradig unterernährt waren. Bei vielen machten sich erst jetzt „die schweren Folgen des Lageraufenthaltes oder die ihren Kräften und sonstigen Lebensverhältnissen nicht entsprechende Zwangsarbeit (Erdarbeiten, Bergbau, Straßenreinigung, Bauarbeiten usw.) bemerkbar“. Täglich meldeten sich im Sommer 1946 noch Juden, die erstmalig Rat und Hilfe suchten.

Zum Alltag nach Kriegsende gehörte auch die Beantwortung von behördlichen Anfragen, wie überlebende ehemalige Gestapo-Angehörige zu beurteilen seien, und die Ausstellung von Erklärungen zugunsten verschiedener

Personen, die in der NS-Zeit mit dem Hilfswerk zusammengearbeitet hatten und dafür für ihren neuen beruflichen Weg eine Bescheinigung brauchten. Aus den in den Akten erhaltenen Durchschlägen läßt sich ermessen, wieviele Kontakte Dr. Margarete Sommer während des Krieges im Vertrauen auf die Zuverlässigkeit der zumeist nichtkatholischen Informanten, Helfer und Helfershelfer unterhalten hat. Ohne dieses Risiko, das nie ganz kalkulierbar war, hätte das Hilfswerk seine umfangreiche Hilfstätigkeit für zur Deportation bestimmte und für untergetauchte Juden überhaupt nicht durchhalten können.

Die mutige Helferin verfolgter Juden, Dr. Margarete Sommer, die sich immer wieder für die große gemeinsame Solidarität des deutschen Episkopates mit den zum Massenmord verurteilten „Nichtariern" eingesetzt hatte, war in den letzten Lebensjahren bis zu ihrem Tod im Jahre 1965 von quälenden Gewissensfragen belastet, die sich auch in einem Brief an den ehemaligen Leiter der von Kardinal Innitzer 1940 in Wien eingerichteten „Erzbischöflichen Hilfsstelle für nichtarische Katholiken", P. Ludger Born SJ, niedergeschlagen haben.

Dr. Sommer schrieb während des Jerusalemer Eichmann-Prozesses im Jahre 1961, je länger sie über ihren damaligen Auftrag der Hilfe für verfolgte Juden nachdenke, „um so mehr bedrückt er mich. Meine Arbeit aus der Verfolgungszeit kommt mir so unbedeutend, so recht armselig vor", schrieb sie. „Allerdings, als ich heute zufällig am Radio einen Auszug aus einem Grüber-Artikel über seine Rolle in Jerusalem im Eichmann-Prozeß hörte, da wurde der Widerstand gegen diese ‚Schuld-Tiraden', diese Beschuldigung der Christen, der Kirche gestärkt. Es sieht nachgerade so aus, als ob die Christen - als Christen - die Juden verfolgt haben. Schon die Gegenüberstellung Juden-Christen ist falsch! Für die Verfolgungszeit muß die Gegenüberstellung heißen: Juden und Nichtjuden! Die Verfolger waren wirklich alles andere als Christen, auch wenn sie zufällig in einer Kirche getauft worden waren. Die Entchristlichung der Menschen, der Zeit, hat diese Verfolgung erst möglich gemacht."

Ich habe stets eine hohe Verehrung für ihn gehabt, weil er mir als einer der edelsten Priester erschien, die mir in meinem langen Leben begegnet sind.

Kardinal Bertram über Lichtenberg

XIII

Der Bischof und sein Dompropst

Preysings Sorge für inhaftierten Lichtenberg - Gestapo der fahrlässigen Tötung angeklagt

Als Bischof Preysing im Gehorsam das ausgedehnte Diasporabistum Berlin übernahm, stand er einem heterogenen Welt- und Ordensklerus gegenüber, der aus den verschiedensten deutschen Provinzen stammte und auch unterschiedliche Universitäten und Seminare besucht hatte. Der größte Teil der Weltpriester kam aus Nieder- und Oberschlesien, war bis zur Bistumsgründung 1930 im Fürstbistum Breslau inkardiniert gewesen und hatte seine theologische und pastorale Prägung in der Odermetropole erfahren. Mehrere Priester galten als „Utraquisten“, konnten also zweisprachig predigen und die Sakramente spenden, nachdem sie während des Studiums in Breslau Polnisch gelernt hatten und auf die Pastoral für polnische Schnitter vorbereitet worden waren. Polnisch-Kenntnisse waren besonders für die Seelsorger in den Gemeinden Vor- und Hinterpommerns und in der nördlichen Mark Brandenburg mit ihren großen Gütern nötig. Zehntausende Saisonarbeiter aus dem östlichen Nachbarland lebten hier in oft schwierigen sozialen Verhältnissen. Die ersten Weihejahrgänge Berliner Kapläne waren dagegen bereits durch das Priesterseminar in Berlin-Hermsdorf gegangen, andere Weltpriester stammten aus dem westfälischen Bistum Münster und dem Saarland. Der Ordensklerus wiederum kam aus den verschiedensten Landesteilen Deutschlands. Jeder brachte seine eigene landsmannschaftliche Prägung und seine besondere religiöse Tradition in das junge Bistum mit. Der „Amtliche Führer durch das Bistum Berlin“ von 1938 verzeichnete insgesamt 14 männliche Ordensgemeinschaften, von denen die Jesuiten, die Dominikaner und die Salvatorianer zahlenmäßig am stärksten vertreten waren.

Tragende Schicht des Bistumsklerus war die schlesische Pioniergeneration, bei der das Leitungsamt der Pfarrei fast immer mit der Funktion eines

Bauherrn verbunden war. Dazu zählten u.a. Dr. Georg Auditor, zuletzt Pfarrei St. Sebastian, Maximilian Beyer, zuletzt in der Gemeinde Heilige Familie in Lichterfelde, Dr. Karl Pelz, zuletzt Pfarrei St. Augustinus, Joseph Rennoch, zuletzt in der Pfarrei Herz Jesu in der Fehrbelliner Straße und Viktor Trawnik in der Neuköllner Pfarrei St. Clara. Eine besonders herausragende Persönlichkeit dieser Generation von Miterbauern des Bistums war ohne Zweifel Bernhard Lichtenberg, nach Gründung der Diözese Berlin im Jahre 1930 Mitglied des Domkapitels bei St. Hedwig. Er hatte als Pfarrer der großen Charlottenburger Gemeinde Herz Jesu in den Zwanziger Jahren fünf neue Kuratien ausgegliedert und damit in dem ausgedehnten Stadtbezirk eine überschaubare Pastoral ermöglicht.

Der neue Bischof Konrad von Preysing und Bernhard Lichtenberg waren von biographischem Hintergrund und von ihrer Wesensart her grundverschieden. Hier der aus einem uralten bayerischen Adelsgeschlecht stammende Graf, der seine Erziehung in den Gemächern des väterlichen Schloßes genossen hatte, da der in einer einfachen Familie im schlesischen Ohlau bei Breslau Aufgewachsene, dessen Eltern den Lebensunterhalt durch eine „Colonial-, Tabak-, Zigarren- und Weinhandlung" verdient hatten. Der eine der kühl-distanzierte, umsichtige Theologe, der verbalen Schnellschüssen abhold war und der die Seelsorge zumeist aus der höheren Perspektive eines Bischöflichen Sekretärs und später aus der eines Domkapitulars kennengelernt hatte, der andere der impulsive, von schlesischer Frömmigkeit geprägte Großstadtseelsorger, dem die Berliner Katholiken von Hausbesuchen, vom Sprechzimmer und Beichtstuhl, von Schulklassen- und Krankenbesuchen vertraut waren. In der Ablehnung des NS-Staates und seiner Herrschaftsmethoden waren sich beide dagegen völlig einig. Lichtenberg hatte als einer der wenigen in Deutschland Hitlers polemische Autobiographie „Mein Kampf" von der ersten bis zur letzten Seite gelesen. Für die politischen Realitäten nach der Machtübernahme hatte er einen geschärften Blick, zumal er als ehemaliges Zentrumsmitglied aus seiner Arbeit in der Berliner Stadtverordnetenversammlung gegen den Strom zu schwimmen gewohnt war und so zu keiner Stunde in der Gefahr war, sich von der nationalen Aufbruchstimmung des Jahres 1933 mitreißen zu lassen. Freimütig notierte er in der von ihm handschriftlich geführten Chronik der St. Hedwigs-Gemeinde wichtige Ereignisse wie beispielsweise den Mord an Dr. Erich Klausener wenige Tage nach dem Märkischen Katholikentag: „Dr. Klausener, Vorsitzender der Katholischen Aktion, sprach Worte tiefsten Glaubens und feuriger Liebe. Das war am 24. Juni. Am 30. Juni lag er in seinem Amtszimmer im Reichsverkehrsministerium, von einer Kugel im Hinterkopf durchbohrt, bis abends um sechs Uhr im verschlossenen Zimmer von zwei SS-Leuten bewacht, die jedem, auch seiner Frau und seinem Sohn, den Eintritt verwehrten." Obwohl das Wort Mord nicht benutzt wird, zielen die Formulierungen eindeutig auf dieses Faktum.

In der Sedisvakanz des Bistums[1] nach dem Tod von Bischof Bares, also noch vor der Amtsübernahme durch Bischof Preysing, hatte Lichtenberg persönlich ein Protestschreiben im Büro des Preußischen Ministerpräsidenten Hermann Göring abgegeben. Darin hatte er die inhumanen Verhältnisse im Konzentrationslager Esterwegen b. Papenburg beklagt und verurteilt. Er tat das in Vertretung des erkrankten Kapitelvikars Dr. Paul Steinmann, also als amtierender Ordinarius des Bistums. Außer daß er selbst als mißliebiger Staatsfeind registriert wurde, hatte Lichtenberg am 18. Juli 1935 nicht das Geringste erreicht. Dieser spontane, mutige Protest dürfte aber bei Preysing in jedem Fall Sympathie gefunden haben.

Nicht von allen Mitgliedern des Domkapitels und auch nicht von allen Priestern des Bistums wurde die bedingungslose, schroffe Anti-Haltung Lichtenbergs zum NS-Staat geteilt. Preysing schätzte ohne Zweifel nicht nur die politische Grundeinstellung Lichtenbergs, sondern auch dessen priesterliche Lauterkeit, sah aber auch die Grenzen seiner Wesensart. Er sei nicht imstande, „ein Ding und einen Vorgang allseitig zu sehen. Er sieht immer nur das, was unmittelbar vor ihm steht“[2]. Für das im Jahre 1938 neu zu besetzende Amt des Generalvikars hielt der Bischof daher Lichtenberg für nicht geeignet, obwohl ihn ein anderer Domkapitular empfohlen hatte. In kirchenpolitischen Fragen konnte sich Preysing allerdings stets auf Lichtenberg verlassen. Als der Bischof sich gegen den Zwangsabdruck des Wahlaufrufes des österreichischen Episkopats im April 1938, der die „Heim-ins-Reich“-Kampagne unterstützte, im Berliner Kirchenblatt wehrte, fand er bei Lichtenberg „wärmste Unterstützung“[3]. Letzterer empfahl sogar eine Anweisung an die Pfarrer des Bistums, den Vertrieb der Kirchenzeitung mit diesem Zwangsabdruck einzustellen und dem Germania-Verlag keine Pfarrnachrichten mehr zukommen zu lassen. Dieser Verlags-Boykott hätte dann wohl auch das baldige Ende des Kirchenblattes bedeutet, was Preysing vermeiden wollte.

„Nichtarische“Katholiken, die seit den „Nürnberger Gesetzen“ mehr und mehr unter administrativem Verfolgungsdruck standen, hatten im Sprechzimmer der Dompfarrei immer eine verläßliche Anlaufstelle. Bereits 1936 ließ er in der St. Hedwigs-Kathedrale „für schwer notleidende nichtarische Katholiken“ eine Kollekte halten. Lichtenberg war also geradezu prädestiniert, als „Referent“ die Verbindung zwischen dem im August 1938 gegründeten „Hilfswerk beim Bischöflichen Ordinariat Berlin“ und der bischöflichen Behörde in der Behrenstraße 66 zu halten. De facto war Lichtenberg jedoch mehr als nur Verbindungsmann am Schreibtisch, sondern half konkret, wo er konnte. Als in der Nacht vom 9. zum 10. November dieses Jahres in der Reichshauptstadt und in ganz Deutschland Synagogen brannten, jüdische Geschäfte verwüstet und geplündert und Juden zu Hunderten in Konzentrationslager eingeliefert wurden, hat Dompropst Lichtenberg den öffentlichen Widerspruch gegen das Pogrom von der Kanzel der St.-Hedwigs-Kathedrale gewagt. Bischof Preysing hat wie alle anderen deutschen Bischöfe in dieser Stunde den öffentlichen Protest dagegen unterlassen.[4] Hatte er die Befürchtung, das gerade erst gegründete Hilfswerk könnte als Racheakt von der Gestapo verboten werden? Hatte er Sorgen vor einem Alleingang in der Reichshauptstadt und wollte er die allgemeine Zurückhaltung des Episkopats nicht durchbrechen? Oder fürchtete er unabsehbare Zwangsmaßnahmen für Priester und Laien oder sogar für sich selbst? Die Motive dieser Vor-Auschwitz-Mentalität können nur vermutet werden. Sicher ist aber, daß das gesellschaftspolitische Wächteramt eines Bischofs als Anwalt der Menschenrechte, unabhängig von Volks- und Religionszugehörigkeit, damals noch längst nicht so lebendig war wie nach dem Zweiten Vatikanum. Und es kommt hinzu: Die Güterabwägung kann in einem totalitären Staat zu Entscheidungen führen, für die spätere Generationen nur schwer Verständnis aufbringen.

1939 veranlaßten die bereits im Vorjahr aufgetretenen gesundheitlichen Probleme, jetzt verursacht durch eine Nierenbeckenvereiterung, Dompropst Lichtenberg, seinen Bischof um Entpflichtung von allen Ämtern zu bitten. Preysing lehnte jedoch dieses Gesuch ab, weil er auf seinen engen Mitarbeiter nicht verzichten wollte. Er stellte ihm aber einen zweiten Kaplan als Entlastung in der St. Hedwigs-Gemeinde zur Seite.

Dem Bischof dürfte bekannt gewesen sein, daß sein Dompropst beim täglichen Abendgebet auf der Kanzel der Kathedrale auch der verfolgten „Nichtarier" und der KZ-Häftlinge gedachte. Bei der damaligen Zuträgerrolle vieler „Volksgenossen" war ein öffentliches Gebet dieser Art nicht ohne Risiko. Dennoch gibt es keinerlei Anhaltspunkte, daß Preysing irgendwann versucht hätte, Lichtenberg von dieser öffentlichen Fürbitte abzubringen. Als der Dompropst dann von zwei Besucherinnen des Abendgebetes in der St. Hedwigs-Kathedrale denunziert und am 23. Oktober 1941 verhaftet wurde, dürfte dieser Zugriff der Gestapo für Preysing kaum völlig überraschend gewesen sein.

Unmittelbar nach der Verhaftung Lichtenbergs unternahm Preysing erste Schritte, um für seinen Dompropst nach Möglichkeit Haftverschonung zu erwirken. Bereits am 24. Oktober wurde ein Attest, ausgestellt vom behandelnden Arzt des nahegelegenen St.-Joseph-Krankenhauses in der Niederwallstraße, im Polizeipräsidium am Alexanderplatz abgegeben. Der Arzt bescheinigte eine bedenkliche Nierenerkrankung des überraschend Verhafteten.

Gleichzeitig ließ Preysing mit Rechtsanwalt Dr.Dr. Paul Stenig (1893-1952), einem erfahrenen Strafverteidiger aus dem katholischen Ermland, Kontakt aufnehmen, der seinerseits das Mandat zur Verteidigung übernahm. Der Berliner Bischof war offenbar der Meinung, die Verhaftung Lichtenbergs stehe in Zusammenhang mit dessen Tätigkeit im Hilfswerk für verfolgte Juden, und letztlich solle mit Lichtenberg die Hilfsorganisation getroffen werden. Für diese Vermutung gab es gute Gründe. Bei der Haussuchung in den Wohn- und Büroräumen des Dompropstes waren nicht nur der Text einer geplanten Kanzelvermeldung als Antwort auf ein antisemitisches Flugblatt gefunden worden, sondern auch zwei Briefe hilfesuchender katholischer „Nichtarier". Zudem war auch der evangelische Pfarrer Heinrich Grüber, der die Hilfsstelle für verfolgte Juden, das „Büro Grüber" leitete, bereits am 19. Dezember des Vorjahres von der Gestapo verhaftet, sein Büro geschlossen und alle Akten beschlagnahmt worden. Und schließlich hatte die Gestapo-Leitstelle Hamburg erst wenige Monate zuvor am 25. Juni den St. Raphaels-Verein in der Hansestadt aufgelöst und verboten, der katholischen „Nichtariern" ebenfalls bei der Auswanderung Hilfe geleistet hatte. Jedenfalls war Preysing nunmehr entschlossen, die Außenvertretung des Hilfswerkes durch seine Person wahrzunehmen. Er riskiere jetzt für das Hilfswerk keinen Domherren mehr und übernehme selbst die Aufgaben des verhafteten Dompropstes, äußerte er zu einem Mitarbeiter.[5] Praktisch bedeutete das: Preysings Zusammenarbeit mit Dr. Margarete Sommer wurde noch intensiver.

Preysing schöpfte alle Rechtswege aus, um für seinen Dompropst Haftverschonung zu erreichen oder wenigstens eine seinem Krankheitszustand angemessene Unterbringung. Er ließ erneut ein ärztliches Attest ausstellen. Der Generalstaatsanwalt beim Landgericht gab es an einen ärztlichen Gutachter weiter, der seinerseits jedoch die Haftfähigkeit Lichtenbergs bejahte.[6] Noch vor dem Weihnachtsfest gelang es, eine Besuchserlaubnis im Untersuchungsgefängnis zu erwirken. Dieser Besuch am 19. Dezember 1941 war der erste von insgesamt fünf Besuchen, die der

Bischof seinem inhaftierten Dompropst abstattete. Vermutlich fertigte der versierte Jurist Preysing nach jeder Begegnung mit Lichtenberg einen schriftlichen Vermerk an. Da nur die Aufzeichnung nach dem letzten Besuch am 29. September 1943 vorliegt, ist zu vermuten, daß die anderen kurzen Gedächtnisprotokolle beim Luftangriff am 23./24. November dieses Jahres verbrannt sind.

Die Erlaubnis, einmal monatlich einen Brief zu schreiben, nutzte Lichtenberg am 16. Februar 1942 für ein Schreiben an seinen Oberhirten, da er meinte, „es dürfte wohl an der Zeit sein, daß der Untersuchungsgefangene Dompropst seinem hochwürdigsten, hochverehrten und sehr lieben Herrn Bischof ein Lebenszeichen gibt." Der Brief enthielt neben einer optimistisch klingenden Information über seine Gesundheit auch ganz praktische Bitten. Im Schlußsatz kam die Hochschätzung Lichtenbergs für Preysing mit den Worten zum Ausdruck: Seinem „guten Vater Bischof" küsse er ehrfurchtsvoll den Ring und bitte herzlichst, das Domkapitel von seinem gefangenen Dompropst zu grüßen.[7]

Im Wissen um die tröstende und stärkende Bedeutung der Eucharistiefeier für Lichtenberg richtete Preysing am 17. Februar 1942 ein Schreiben an den Generalstaatsanwalt. Darin bat er „ergebenst um die Erlaubnis zur täglichen Darbringung des heiligen Meßopfers in der Zelle, die er im Lazarett des Untersuchungsgefängnisses bewohnt". Mit Berufung auf die „Erfordernisse der Ordnung im Gefängnis" wurde die bischöfliche Bitte mitleidslos abgelehnt.[8]

Der Bischof hatte die Hoffnung, durch einen baldigen Termin der Hauptverhandlung gegen Lichtenberg, bei der er ein mildes Urteil, vielleicht sogar einen Freispruch erwartete, ein möglichst schnelles Ende der beschwerlichen Haftbedingungen zu erreichen. Er bat den Apostolischen Nuntius, Erzbischof Cesare Orsenigo, in dieser Angelegenheit bei Regierungsstellen vorstellig zu werden. Der Staatssekretär im Auswärtigen Amt, Ernst Freiherr von Weizsäcker, ist vom Nuntius auch am 10. März 1942 in diesem Sinne angesprochen worden. Eine Aktennotiz des Staatssekretärs hält allerdings fest, Orsenigo habe, „ohne eine direkte Bitte auszusprechen" gewünscht, „auf eine Beschleunigung des Verfahrens hinzuwirken"[9].

Tatsächlich hat die Hauptverhandlung vor dem Sondergericht I beim Landgericht Berlin erst am 22. Mai stattgefunden. Die überall im Deutschen Reich bei Oberlandesgerichten geschaffenen Sondergerichte waren, wie der spätere Volksgerichtshof-Präsident Freisler schon 1939 erklärte, Gerichte „der inneren Front", die den „Dolchstoß in den Rücken des Volkes" verhindern sollten. Gegen die Urteile konnten keine Rechtsmittel eingelegt werden. Sie waren daher mit der Verkündigung sofort vollstreckbar. Die Verhandlung fand in der Regel unter Ausschluß der Öffentlichkeit statt. Aber dennoch gelang es Domkapitular Dr. Georg Banasch und Dr. Margarete Sommer, in den Verhandlungssaal zu kommen. Preysing besaß also detaillierte Informationen über den Prozeßverlauf, der am 26. Mai mit einer Verurteilung zu zwei Jahren Gefängnis wegen Kanzelmißbrauchs und Vergehens gegen das „Heimtückegesetz" endete.[10] Lichtenberg selbst hatte fest auf einen Freispruch gehofft. „Für das Gebet kann man doch nicht verurteilt werden", äußerte er zu seinem Kaplan Dr. Wolfgang Haendly unmittelbar vor Verhandlungsbeginn. Aber selbst dafür war eine Verurteilung durch das Gesetz gegen heimtückische Angriffe auf Staat und Partei vom 20. Dezember 1934 möglich. Es konnte jede mißliebige Äußerung gegen das NS-Regime kriminalisiert werden.

Der Bischof ließ sich ständig von Besuchern des nun im Gefängnis Tegel einsitzenden Dompropstes über dessen Befinden unterrichten. Auch noch in seinem bayerischen Urlaubsort in Bad Reichenhall ließ er sich von der Gemeindeschwester von St. Hedwig, Sr. Stefana Ostendorf, über den Inhaftierten informieren. Lichtenberg selbst erzählte am 4. Juli 1942 seinem „Vater Bischof" in einem längeren Brief von seinem Häftlingsalltag als „Kartäusermönch".

Im März 1943 verschlechterte sich Lichtenbergs Gesundheitszustand so bedrohlich, daß der Anstaltsarzt dessen Bruder in Oppeln/OS benachrichtigen ließ. Auch Preysing erwirkte eine Besuchserlaubnis und richtete an den Anstaltsleiter die „ebenso herzliche wie dringende Bitte, wenn es möglich ist, zu gestatten, daß ich von hier aus zusätzlich Lebensmittel ihm zukommen lassen darf." Der Grund: nach seinem Eindruck sei „Gefahr im Verzug". Als Sr. Stefana einige Tage später Lebensmittel mitbrachte, wurde die Annahme verweigert.

Bereits zwei Tage nach Lichtenbergs Verhaftung, am 25. Oktober 1941, hatte Preysing den Papst über den Vorfall informiert und geschrieben: „Ich bin überzeugt, daß die tiefe Frömmigkeit und der Bekennermut des H. Prälaten ihn mit Gottes Gnade im Gefängnis seelisch aufrecht erhalten werden, fürchte aber einen ungünstigen Einfluß der Haft auf seine schon sehr erschütterte Gesundheit." Später unterrichtete der Bischof den Heiligen Vater auch über den Prozeß und legte eine Abschrift des Urteils bei. Daraufhin übermittelte Pius XII. in seinem Brief an Preysing vom 30. April 1943 „ein besonderes Wort väterlicher Anerkennung wie innigen Mitgefühls dem in Gefangenschaft befindlichen Prälaten Lichtenberg"[11]. Von dieser Anteilnahme des Papstes an seinem Schicksal war der inhaftierte Dompropst geradezu „überwältigt vor Glück".

Im Oktober 1943, vierzehn Tage vor Ablauf der Haftzeit, fuhr der Berliner Bischof zum letzten Mal in das Gefängnis Tegel. Aus der Gesprächsaufzeichnung wird das besonders herzliche Verhältnis der beiden Männer deutlich. Da Lichtenberg offenbar meinte, er solle sich im Gehorsam gegen den Bischof auf ein von der Gestapo verhängtes Predigtverbot für die Dauer des Krieges einlassen, versicherte ihm Preysing, daß er ihm seinerseits „nichts zumute, was er irgendwie unvereinbar mit seinen Grundsätzen fände". Er habe nur gemeint, daß er sich diesem Verbot von ihm aus fügen könne und er dagegen keinen Einspruch erhöbe. Lichtenberg war von dieser pastoral klugen, einfühlsamen Haltung seines „Vaters Bischof" erleichtert.[12] Im übrigen hoffte der Dompropst noch immer, die Gestapo würde das Versprechen halten, ihn nach dem damaligen Litzmannstadt, dem heutigen Lodz in Polen, zur Seelsorge der dort im Ghetto untergebrachten Juden zu entlassen.

Aber die Geheime Staatspolizei hatte anderes vor. Am 23. Oktober 1943 wurde der Dompropst vor dem Gefängnistor Tegel erneut in Schutzhaft genommen. Der neue Bestimmungsort des schwerkranken „Schubgefangenen" war das Konzentrationslager Dachau. Auf dem Transport starb Bernhard Lichtenberg, gestärkt mit den Sterbesakramenten, am Herz-Jesu-Freitag, dem 5. November 1943, im Krankenhaus in Hof/Saale. Preysing schickte Domkapitular Piossek und seinen Sekretär Domvikar Schwerdtfeger am 7. November in die nordbayerische Stadt, um Einzelheiten über den Tod zu erfahren. Gleichzeitig sollten die Berliner Priester die notwendigen Formalitäten an Ort und Stelle erledigen.

Preysing nahm den Tod seines Dompropstes zum Anlaß, drei Tage später an den Reichminister für kirchliche Angelegenheiten einen bemerkenswert aggressiven Brief zu richten. Unter „Betrifft: Ableben des Dompropstes Bernhard Lichtenberg" wurde zunächst dessen Tod mitgeteilt. Dann erinnerte der Bischof daran, daß er bereits mehrere Wochen vor Lichtenbergs „gesetzlicher Entlassung aus der Haft" durch Bischof Wienken bei der Gestapo vorstellig geworden sei, daß der Dompropst ein „schwerkranker, ja vom Tode gezeichneter Mann" sei und deshalb von einem Transport nach Dachau Abstand genommen werden möge. „Diese wiederholt mündlich durch Bischof Wienken vorgetragenen Anträge wurden aber abgelehnt und der dem Sterben nahe Mann zuerst in ein Konzentrationslager, dessen Name nicht genannt wurde, in der Nähe von Berlin geschafft und dann nach Dachau transportiert." Der Schlußsatz des Preysingbriefes enthält de facto die Anklage fahrlässiger Tötung: „Dieses Vorgehen hat ursächlich den raschen Tod des an sich schon schwerkranken Mannes bewirkt. Es liegt mir daran, diese Tatsache amtlich festzustellen."[13] Ohne jegliche Grußformel hat Preysing diesen mutigen Brief unterschrieben.

Die sterblichen Überreste des „Märtyrers seiner Gesinnung", wie ihn der Breslauer Kardinal Bertram nannte, konnten wider Erwarten auf dem St. Hedwigs-Friedhof in der Liesenstraße beigesetzt werden. Eine später von einem Ministe-

Die Beisetzung des auf dem Transport in das Konzentrationslager Dachau verstorbenen Dompropstes Bernhard Lichtenberg auf dem St. Hedwigs-Friedhof in der Liesenstraße am 16. November 1943 gestaltete sich unter den Augen der Gestapo zu einem Glaubenszeugnis der Berliner Katholiken

rialbeamten angefertigte Notiz am Rand des unbeantworteten gebliebenen Preysing-Briefes an den Reichskirchenminister bestätigt, daß etwa 5000 Menschen an dem Requiem für Lichtenberg in der St. Sebastian-Kirche teilnahmen.[14] Die Beteiligung an der Beisetzung auf dem Friedhof „soll noch stärker gewesen sein. Keine Zwischenfälle". Beim Pontifikalrequiem würdigte der Bischof Leben und Wirken seines Dompropstes, ohne die anwesenden Gestapo-Spitzel durch die Wortwahl zu provozieren. Er bezeichnete ihn als Mann der Kirche, „dem die Wahrheit, für die Christus gestorben ist, heilig war und der jedes Opfer zu bringen bereit war". Wenige Monate nach Ende des Zweiten Weltkrieges hat der Berliner Bischof den verstorbenen Dompropst eingehend in der Öffentlichkeit gewürdigt, ohne jetzt auf Gestapo-Aufpasser Rücksicht nehmen zu müssen. Bei einem Gedenkgottesdienst für alle Opfer nationalsozialistischer Verfolgung am 9. September 1945 in der Neuköllner St. Clara-Kirche erwähnte er von denen, die „ob ihrer Glaubenstreue, ob ihrer Charakterstärke einer ungerechten, erbarmungslosen Justiz zum Opfer gefallen sind oder die ohne gerichtliche Untersuchung und ohne Richterspruch durch Hunger und Entbehrung oder auch durch Folter und Qual das Leben in Konzentrationslagern lassen mußten," in besonderer Weise Bernhard Lichtenberg. Diese Preysingsche Predigt spiegelte noch einmal die große Wertschätzung wider, die der Bischof für seinen Dompropst empfunden hat. Lichtenberg habe sich „nie gescheut, der Wahrheit die Ehre zu geben und offen und unerschrocken auch in gefährlichen Lagen für Gott und die heilige Kirche einzutreten... Er hat klar und deutlich seinen Standpunkt vertreten, ohne die geringste Konzession zu machen." Seine Beisetzung im November 1943 auf dem St. Hedwigs-Friedhof, an der mehrere Tausend Gläubige das „Triumph, der Tod ist überwunden" gesungen haben, sei „die letzte große öffentliche Kundgebung des katholischen Berlins" in der NS-Zeit gewesen.

Der Todestag Bernhard Lichtenbergs ist nach Kriegsende zum Gedenktag aller Blutzeugen des Erzbistums erhoben worden. Die Seligsprechung des Dompropstes von St. Hedwig am 23. Juni 1996 durch Papst Johannes Paul II. im Berliner Olympiastadion, zusammen mit dem im KZ Dachau zum Priester geweihten Karl Leisner, war die Anerkennung der Kirche für das zeugnishafte Leben und Sterben des Dompropstes Bernhard Lichtenberg.[15] Die Gebeine des ersten Seligen der Kirche von Berlin ruhen seit 1965 in der Unterkirche der Berliner Kathedrale.[16]

Tausende von Männern und Frauen schmachten in den Sammellagern der Geheimen Staatspolizei, ohne jemals vor einem unabhängigen Richter einer Schuld überführt zu sein. Wir Bischöfe verwahren uns vor Gott und vor dem deutschen Volk feierlich gegen diese ungerechte Vernichtung der persönlichen Freiheit.

Aus dem nicht verlesenen Hirtenbrief über die Menschenrechte 1941

XIV

Preysings Mitarbeit im „Ordensausschuß" (1941 - 1943)

Klostersturm und Euthanasie-Aktion - Preysings Denkschrift - Entwurf - Hirtenbrief über das Recht und ausländische Reaktionen - Der Dekalog-Hirtenbrief - „Wandernde Kirche"

Ohne Kriegserklärung begann am 22. Juni 1941 der lange vorbereitete „Fall Barbarossa", der Überfall auf die UdSSR. Begleitet von konzentrierten Schlägen der Luftwaffe drangen drei deutsche Heeresgruppen, insgesamt 153 Divisionen mit über drei Millionen Mann, auf einer Linie von der Ostsee bis zu den Karpaten in Litauen, Weißrußland und in die Ukraine ein. Der Großdeutsche Rundfunk brachte mehrfach Sondermeldungen über den stürmischen Vormarsch, stets eingeleitet mit den pathetischen Takten aus Liszts „Les Préludes", um im deutschen Volk Siegesbegeisterung zu verbreiten. Was die deutsche Öffentlichkeit nicht erfuhr, war die Tatsache, daß mit diesem Feldzug ein rassenideologischer Versklavungs- und Vernichtungskrieg gegen große Bevölkerungsteile in den eroberten Gebieten, besonders Hunderttausende von Juden, begonnen hatte. Was als „antibolschewistischer Kreuzzug" ausgegeben wurde, war ein beispielloser blutiger „Weltanschauungskrieg".

Bestürzt durch die Nachricht von der schicksalhaften Ausweitung des Krieges, die die „Anti-Hitler-Koalition" Stalins, Churchills und später Roosevelts zur Folge hatte, traten die Bischöfe zwei Tage später unter Vorsitz von Kardinal Bertram in Fulda zu ihrer jährlichen Plenarkonferenz zusammen. Von den jetzt 35 Bischöfen „Groß-Deutschlands" waren 30 in die Bonifatiusstadt gereist.[1] Auf der Tagesordnung stand unter TOP VII „Ordensfragen. Aufhebung von Klöstern. Beschlagnahme kirchlichen Eigentums". Man beschloß, bei den Ministerien Einspruch gegen die Beschlagnahmungen und Enteignungen von Klöstern und klösterlichen Niederlassungen zu erheben und außerdem mit einem gemeinsamen Hirtenbrief an die Öffentlichkeit zu gehen. In diesem Hirtenwort, das am 6. Juli 1941 von allen Kanzeln „Groß-Deutschlands" verlesen wurde, sprachen die Bischöfe eine deutliche, anklagende

Sprache. sie nahmen zum „Kloštersturm“ Stellung und gedachten „mit Trauer daran, daß in den letzten Monaten so manche Klöster und kirchliche Anstalten geschlossen und nichtkirchlichen Zwecken zugeführt wurden.“ Sie solidarisierten sich „mit den Ordensleuten, die aus ihrer klösterlichen Heimat verwiesen wurden“. Sie erinnerten auch an die Beseitigung der katholischen Kindergärten in vielen Gebieten Deutschlands. Und da der Religionsunterricht in den Schulen „immer mehr verkürzt oder ganz ausgeschaltet“ werde, gelte jetzt für christliche Eltern „das streng verpflichtende Gottesgebot, selbst die Religionslehrer der Kinder zu werden“. Der Hirtenbrief gipfelte schließlich in der Feststellung: „Es geht um Sein oder Nichtsein des Christentums und der Kirche in Deutschland.“[2]

Das war die eine bischöfliche Reaktion auf den „Klostersturm“, bei dem seit Dezember 1940 über 200 Gebäude von Ordensgemeinschaften beschlagnahmt worden waren. Im „konkordatsfreien“ Österreich wurde bespielsweise mit fadenscheinigen Begründungen die Benediktinerabtei Seckau in der Steiermark beschlagnahmt, im „Altreich“ u.a. das Franziskanerkloster auf dem Frauenberg in Fulda und die Abtei Münsterschwarzach der Missionsbenediktiner in Franken.[3] Nachdem der gemeinsame Hirtenbrief vor der Verlesung in Berlin durch Indiskretion bekannt geworden war, setzte sich der Chef der Parteikanzlei, Martin Bormann, für ein sofortiges repressives Vorgehen gegen die Bischöfe ein. Hitler soll dagegen erklärt haben: „Den richtigen Zeitpunkt, um auf diese Herausforderung zu antworten, bestimme ich. Ich werde diesen hochverräterischen Bischöfen den Prozeß machen. Es kommt mir nicht darauf an, zwei an die Wand zu stellen.“[4] Tatsächlich hat Bormann am 30. Juli 1941 den Hitlererlaß an die Gauleiter weitergegeben: „Ab sofort haben Beschlagnahmungen von kirchlichen und klösterlichen Vermögen bis auf weiteres zu unterbleiben.“[5]

Die andere wichtigere Reaktion war der Beschluß der Bischofskonferenz, ein ständiges Referat für Ordensfragen zu errichten. Damit war eine zentrale Forderung des Jesuitenprovinzials Rösch erfüllt, der in einer Denkschrift an die Bischofskonferenz ein „einheitliches Vorgehen aller Bischöfe bei etwaigen neuen Übergriffen und kommenden Erlassen“ des Staates gefordert hatte. Seine militärisches Denken verratende Strategie sah vor: ein „Ausschuß von Bischöfen (Generalstab), der regelmäßig monatlich zusammenkommt, auf jeden Fall sofort nach Erscheinen eines Erlasses oder eines Vorkommnisses, die in die Rechte der Kirche eingreifen.“ Der Ausschuß solle sofort dazu Stellung nehmen und seine Entscheidung solle „bindend sein für alle Ordinariate, die vor Erhalt dieser Entscheidung nichts in der Sache tun“[6]. Auf diese Weise sollte ein einheitliches Vorgehen des deutschen Episkopates gewährleistet sein.

Die Leitung des ständigen Referates für Ordensfragen wurde zunächst dem Passauer Bischof Simon Konrad Landersdorfer übertragen, vermutlich weil er selbst dem Benediktinerorden angehörte. Letzterer bat jedoch wenige Tage später „aus Zweckmäßigkeitsgründen (ungünstige Lage von Passau)“ den Konferenzvorsitzenden, an seiner Stelle den Fuldaer Bischof Johannes Baptist Dietz mit dieser Aufgabe zu betrauen. „Fulda liege vor allem verkehrsgünstiger und sei leichter zu erreichen“. Das Protokoll der zweitägigen Fuldaer Bischofskonferenz vermerkt ausdrücklich: „Der Herr Bischof von Berlin hat sich dem Herrn Bischof von Passau gegenüber zur Mitarbeit bereit erklärt.“ Nach der Niederlegung des Pressereferates im Vorjahr übernahm Preysing also freiwillig neue Gesamtverantwortung innerhalb der Bischofskonferenz, nicht zuletzt wohl in der Erwartung, für seine kirchenpolitischen Vorstellungen im Ordensausschuß ein offeneres Ohr zu finden als in der Plenarkonferenz und sie dann im Episkopat besser durchsetzen zu können. Hinzu kam noch die jüngste Erfahrung des „Klostersturms“ in seinem eigenen Bistum. Als weitere Bischöfe waren Erzbischof Gröber aus Freiburg und später Bischof Berning aus Osnabrück für dieses neue Gremium benannt worden, letzterer von Kardinal Bertram. Die Stimmung unter den Bischöfen soll im Fuldaer Konferenzraum merklich gereizt gewesen sein, „weil die Führung des greisen Kardinals der Lage gar nicht mehr entspreche“[7]. Die auf Harmonisierung bedachte, stets den möglichen Konflikt vermeidende Konferenzleitung Bertrams war offenbar hinter vorgehaltener Hand kritisiert worden. Nach dem Eklat wegen der Hitler-Gratulation 1940 hatte der langjährige Vorsitzende seine bisherige Stellung, eine Symbolgestalt der Einheit des deutschen Episkopats zu sein, zunehmend verloren.

Der Berliner Bischof stand während der Plenarkonferenz sicher noch ganz unter dem Eindruck der überraschenden Gestapo-Aktion gegen die Jesuiten im Kreuzberger Gesellenhaus bei St. Clemens. Am 17. Juni hatten 20 Gestapobeamte alle Ausgänge von Haus und Kirche besetzt und eine Haussuchung durchgeführt.[8] Anlaß waren die offenen Gesprächsabende, geleitet von P. Otto Futterer, bei denen neben religiösen Themen auch tagespolitische Fragen zur Sprache kamen. Ein ehemaliger Kolpingssohn hatte sich als Gestapospitzel nachträglich alle regimekritischen Äußerungen notiert. P. Futterer wurde sofort verhaftet, danach auch der Superior P. Josef Lünenborg sowie P. Johannes Kipp und P. Herbert Roth. In den Mittagsstunden wurde dem herbeigerufenen Dompropst Lichtenberg, der als Pfarrer der St. Hedwigs-Gemeinde auch für Grundstück, Kirche und Gesellenhaus zuständig war, von der Gestapo eröffnet, daß das gesamte Grundstück wegen „staatsfeindlicher Umtriebe der Geistlichkeit“ beschlagnahmt sei und geräumt werden müsse. Im Pfarrhaus zog eine SS-Dienststelle ein, die dort bis Kriegsende geblieben ist. 1942 wurden Kirchengrundstück und das in ein Kameradschaftsheim der SS umgewandelte Gesellenhaus „zu Gunsten des Deutschen Reiches“ eingezogen. P. Futterer wurde vom Sondergericht Berlin wegen Vergehens gegen das Heimtückegesetz zu drei Jahren Gefängnis verurteilt, während seine Mitbrüder nach ein oder zwei Monaten Haft wieder entlassen wurden. P. Lünenborg erhielt allerdings Aufenthaltsverbot für Berlin und die Provinz Brandenburg.

Preysing hatte an der letzten Tagung der Superioren-Vereinigung deutscher Ordensoberer am 26. und 27. Mai in den Räumen des Berliner Ordinariats in der Behrenstraße aktiv teilgenommen.[9] Diese Vereinigung löste sich auf dieser Tagung, an der fast 50 deutsche Provinziale teilnahmen, zwar selbst auf, es blieben aber einzelne regionale Gruppen für die Weiterarbeit bestehen. Auf dieser Tagung hat Preysing verschiedene Ordensleute näher kennengelernt, die kirchenpolitisch ganz auf seiner „Wellenlänge“ lagen: P. Augustinus Rösch, Provinzial der Oberdeutschen Jesuitenprovinz, der sich nie Illusionen über den NS-Staat hingegeben hat, sein Münchener Mitbruder P. Lothar König, der bereits manche heiklen Verhandlungen mit NS-Instanzen geführt hatte, P. Laurentius Siemer, Provinzial der deutschen Dominikaner, der rigoros forderte, „daß die Nachfolger der Apostel die Pflicht hätten, für die Kirche in den Tod zu gehen, wenn sie nicht anders die Kirche verteidigen könnten“, P. Odilo Braun aus dem Berliner Dominikanerkonvent St. Paulus und Generalsekretär der Superiorenvereinigung deutscher Ordensoberer und Dr. Dr. Georg Angermaier[10], Laie und Justitiar des Bistums Würzburg und des Erzbistums Bamberg. Preysing dürfte dazu beigetragen haben, daß diese fünf Personen im neugeschaffenen Gremium der Bischofskonferenz mitarbeiteten, das später als „Ausschuß für Ordensangelegenheiten" tätig wurde. Die von P. Rösch am 31. August 1941 niedergeschriebene Beurteilung des „Klostersturmes" deckte sich ganz mit der Auffassung des Berliner Bischofs. Der Kampf gegen die Ordensgemeinschaften sei nur als Teilziel von Staat und Partei auf dem Weg zum eigentlichen Endziel anzusehen: Die Ausrottung von Kirche und Christentum insgesamt. „Die Orden sind nicht das Primäre, sie sind nur ein Bollwerk im Kampf gegen die Kirche."[11]

Unmittelbar vorher, genauer am 13. und 20. Juli und am 3. August, hatte der Bischof von Münster seine drei bedeutsamen Predigten gehalten. In einem fast selbstquälerischen Entscheidungsprozeß hatte sich Clemens August Graf von Galen zu diesem Schritt in die Öffentlichkeit durchgerungen.[12] Preysing war von den Predigten überrascht. Er äußerte sich gegenüber seinem vertrauten Gesprächspartner Moltke über den Cousin, Galen sei „ein ganz durchschnittlicher Zeitgenosse von durchaus beschränkten Geistesgaben, der daher bis in die jüngste Zeit hinein nicht gesehen habe, wohin die Reise geht und darum immer zum Paktieren geneigt habe. Umso eindrucksvoller ist es, daß ihn jetzt der Heilige Geist erleuchtet hat und erfüllt. Wieviel bedeutsamer ist dieses Zeichen, als wenn es sich um einen überragend klugen Mann gehandelt hätte."[13] Der negative Tenor dieses hart klingenden Urteils überrascht. Aber offenbar ist die Äußerung so oder ähnlich gefallen, selbst wenn Moltke dieses Gespräch mit Preysing erst einen Tag später verkürzt in einem Brief an seine Frau niedergeschrieben hat. Am 17. Oktober 1941 urteilte Preysing in einem Brief an den Heiligen Vater über die Galenpredigten dagegen uneingeschränkt positiv und schrieb: „Es erfüllt mich mit wahrer Freude, daß das Vorgehen des Bischofs von Galen dem Herzen Eurer Heiligkeit Trost bereitet hat. Der Bischof von Münster hat sich tatsächlich um die Kirche in Deutschland in mehr als einer Hinsicht ein unschätzbares Verdienst erworben."[14] In zahllosen Abschriften gingen die Texte der drei aufsehenerregenden Predigten Galens von Hand zu Hand und zwar weit über die Bistumsgrenzen von Münster hinaus. Gestapohaft war das mindeste, was denjenigen traf, der im Besitz von Galen-Predigten angetroffen wurde.

Galens Vetter in Berlin lag der flammende, mitreißende Redestil nicht, weder vom Podium noch von der Kanzel aus. Sein Talent bestand in der geschliffenen, abgewogenen, „wasserdichten" Formulierung, in nüchterner Sachlichkeit und Präzision. Zwar hatte Kardinal Bertram bereits am 11. August 1940 in einer längeren Eingabe Reichsminister Lammers auf die „unbedingte Unerlaubtheit" der Tötung „lebensunwerten Lebens" hingewiesen. Aber hinter den Türen der braunen Ministerialbürokratie blieb dieser Protest wirkungslos. Die Mitglieder des Ordensausschusses waren sich dagegen über die zwingende Notwendigkeit öffentlichen Protestes einig. So griff auch Preysing am Allerseelentag 1941 in der St. Hedwigs-Kathedrale das Thema Euthanasie auf: „Weil die Verwirrung der Geister groß ist, weil die straflose Tötung von Unschuldigen so weit in Deutschland um sich greift, darum will ich heute und hier von den unwandelbaren Grundsätzen reden, die das Leben des einzelnen stützen." Nach dem Hinweis auf Kriegshandlungen, auf Todesstrafe und den Notwehrakt stellte Bischof Preysing fest: „Jede andere Tötung ist schwere Sünde, schwere Schuld, ob es sich um das Kind im Mutterleib handelt oder um alte, gebrechliche, geistig kranke Menschen, um sogenannte ‚lebensunwerte' Existenzen. Das Grundgesetz, das in den Zehn Geboten enthalten ist, lautet: ‚Du sollst nicht töten!'; an dem darf nicht gedreht und gedeutelt werden.“ Anschließend setzte sich Preysing kritisch mit dem massenwirksamen NS-Propagandafilm „Ich klage an“ auseinander und lehnte dieses staatliche Plädoyer für die Euthanasie ab. Ein besonders offenes Ohr hatten die Zuhörer in der Berliner Bischofskirche übrigens, als Preysing den inhaftierten Dompropst Lichtenberg in die Fürbitte mit den Worten einschloß: „Wir wollen auch für den beten, der hier so oft das Wort Gottes verkündet hat und nunmehr verhaftet ist.“

Was Preysing in seiner „Anti-Euthanasie“-Predigt namentlich nicht erwähnte, waren die Vorgänge auf dem Territorium seines eigenen Bistums, genauer in der „Landes-Pflegeanstalt Brandenburg a.H“. Hier, in den Räumen des alten Zuchthauses am Nikolaiplatz, fanden von Januar bis Oktober 1940, zeitgleich mit Grafeneck bei Stuttgart, die ersten Tötungen im Rahmen des von Hitler am 1. September 1939 angeordneten „Euthanasie-Programms“ statt. 9722 Menschen aus verschiedenen Pflegeanstalten starben in der Gaskammer, die in einer Anstaltsscheune eingerichtet war, einen qualvollen Erstickungstod, darunter psychisch Kranke, körperlich Behinderte, Versehrte des Ersten Weltkrieges und zahlreiche Kinder aus Verhältnissen, die als „asozial“ bezeichnet wurden. Den Angehörigen wurden Sterbeurkunden mit gefälschten Todesursachen und geheuchelte Trostbriefe zugeschickt.[15] Unter vertrauenswürdigen Katholiken der Brandenburger Gemeinde Heilige Dreifaltigkeit ist damals hinter vorgehaltener Hand über diese Vernichtungsaktion „lebensunwerten Lebens“ gesprochen worden, wohl ohne zu wissen, daß es sich um die erste stationäre Anlage zur Massenvernichtung der NS-Zeit handelte. Wieweit der Berliner Bischof über den Umfang dieser Aktion T4, genannt nach der Adresse der für die „Euthanasie“ zuständigen SS-Zentrale in der Berliner Tiergartenstraße 4, konkret unterrichtet war, muß heute offen bleiben. Sicher ist aber, daß Bischof Wienken im Jahre 1940 mehrfach erfolglos über das „Euthanasie-Programm“ verhandelt hat, wobei seine Verhandlungsführung teilweise kirchlicherseits nicht unumstritten war.[16] Das Dekret des Heiligen Offiziums vom 27. November 1940, das die Tötung „lebensunwerten Lebens“ strikt verurteilte, hat den deutschen Episkopat dann zusätzlich motiviert, in seiner Denkschrift an die Reichsregierung vom 12. Juli die Euthanasie-Frage kurz anzusprechen.[17] Im gemeinsamen Hirtenwort vom 26. Juni 1941 findet sich dagegen kein Wort zu den Massentötungen.

Bald mußten die Mitglieder der Fuldaer Bischofskonferenz erkennen, daß der Ordensausschuß mit Nachdruck für eine härtere Gangart in der Auseinandersetzung mit dem kirchenfeindlichen Nationalsozialismus eintrat. Auf Einladung von P. König SJ, der immer häufiger als Kurier und Verbindungsmann quer durch die deutschen Lande reiste, um die Weitergabe von Informationen vom Gestapo-überwachten Postweg unabhängig zu machen, traf sich der Ausschuß zur „konstituierenden“ Sitzung am 1. September im Dompfarramt von Frankfurt/Main, übrigens zum ersten und letzten Mal in Anwesenheit aller Mitglieder dieses Gremiums. Der zuvor am 26. August 1941 in Fulda geführte Meinungsaustausch des neuen Gremiums verlief enttäuschend, da außer dem Ortsordinarius Dietz kein weiteres bischöfliches Mitglied anwesend war.

Unter Vorsitz von Bischof Berning, der von Bertram als verläßlicher Anhänger seiner Eingabepolitik betrachtet wurde, diskutierten die Tagungsteilnehmer im Schatten des Frankfurter Domes kontrovers die Frage, welche Antwortform auf die Eskalation der antikirchlichen Maßnahmen des Staates angemessen und verantwortbar sei. Berning stand mit seiner Meinung, „eine Eingabe des Gesamtepiskopats sei das gegebene", völlig allein. Die Mehrheit betrachtete dieses Instrument im Kirchenkampf als erwiesenermaßen stumpf und trat stattdessen dafür ein, es solle ein „Hirtenbrief über die kirchliche Gesamtlage und dabei auch über Ordensangelegenheiten (Beschlagnahmungen, Enteignungen) verfaßt werden"[18]. Schließlich schloß sich Berning der Mehrheit an und stimmte einem Menschenrechts-Hirtenbrief zu, widersprach aber heftig einem Junktim zwischen Eingabe und späterem Hirtenbrief, wie es der Berliner Bischof vorgeschlagen hatte. Hinter Preysings Strategie stand die aus mehrjährigen Erfahrungen gewonnene Auffassung, daß im kirchenpolitischen Kampf „Öffentlichkeit und Massenreaktion die von der Partei gefürchtetsten Faktoren" seien; „denn in ihnen versinnbildet sich für die Partei am wirksamsten eine noch bestehende Begrenzung ihres universalen Machtanspruchs"[19].

Die Atmosphäre bei dieser Konferenz in Frankfurt muß übrigens einigermaßen steif gewesen sein. P. Siemer OP schrieb später über die Stimmung bei der Zusammenkunft der Bischöfe und Ordensleute: „Die hochwürdigsten Herren waren gegeneinander von einer außergewöhnlichen, fast fürstlichen Höflichkeit. Sie redeten einander mit Exzellenz an; nur Bischof Berning wurde manchmal mit „Herr Staatsrat" angeredet. Dabei waren die Herren, wenn wir sie allein antrafen, durchweg sehr menschenfreundlich, manchmal - vor allem Bischof Dietz von Fulda - väterlich und sogar - wie Bischof Preysing - witzig und unterhaltsam. Keinem der hochwürdigsten Herren waren eine relativ hochstehende Geistigkeit und eine gewisse menschliche Größe abzusprechen, aber wir waren meistens etwas enttäuscht, wenn wir von den hochwürdigsten Herren weggingen." Etwas frustriert fügte der Dominikanerprovinzial hinzu: „Es war fast niemals zu einem richtigen Kontakt gekommen."[20]

Die letzte größere Zusammenkunft aller Ordensausschußmitglieder in der Vorbereitungsphase des Menschenrechtshirtenbriefes fand am 18. Oktober 1941 statt. Der Tagungsort Würzburg war nicht zuletzt wegen der 1200-Jahrfeier des Würzburger Domes gewählt worden. Die Anwesenheit auswärtiger Bischöfe mußte in den Augen der Gestapo als innerkirchliche Selbstverständlichkeit erscheinen, auch die Anreise des Bischofs aus der Reichshauptstadt. Gewisse Spielregeln konspirativen Verhaltens haben die Ordensausschußmitglieder bei ihren Reisen und Zusammenkünften verständlicherweise stets beachtet. Da die Ordensleute zumeist in unauffälligem Zivil unterwegs waren, legitimierten sie sich bei Besuchen von Bischöfen, die ihnen persönlich fremd waren, durch Empfehlungsschreiben, die ihnen die Bischöfe Preysing oder Dietz oder auch Kardinal Faulhaber ausgestellt hatten. Die Verschwiegenheit der Mitglieder des Ordensausschusses ging soweit, daß nicht einmal Mitbrüder der beteiligten Orden von der Existenz dieses Gremiums wußten.

Ob die Gestapo über einzelne Zusammenkünfte des Ordensausschusses trotz aller Geheimhaltung - wenn auch unklar - informiert war, läßt sich nicht mit Sicherheit sagen. Die Bemerkung in Goebbels Tagebuch[21] vom 25. September 1941 könnte jedoch ein Indiz dafür sein. Es heißt da, der Bischof von Berlin habe „eine Geheimkonferenz abgehalten, in der die Parole ausgegeben wurde, man solle überhaupt nicht mehr mit den Staatsstellen konferieren, sondern sich auf offenen Kampf einstellen." Salopp fügte der Propagandaminister hinzu: „Diesem Herrn Preysing werden wir bei nächster bester Gelegenheit ein paar passende Worte ins Ohr flüstern." Goebbels könnte die Sitzung des Ordensausschusses vom 1. September im Frankfurter Dompfarramt gemeint haben, bei der Preysing anwesend war, vielleicht aber auch die Tagung der

Superioren-Vereinigung deutscher Ordensoberer am 26. und 27. Mai im Berliner Ordinariat. Letztere Konferenz hat Preysing zwar nicht „abgehalten“, sich aber als Gastgeber aktiv an der Diskussion beteiligt.

Im Sommer 1941, als immer wieder Sondermeldungen von der Ostfront deutsche Erfolge verbreiteten, sahen die bayerischen Behörden eine willkommene Gelegenheit, die Kreuze aus den Schulen zu verbannen. Nicht das Siegeszeichen von Golgotha sollte die Klassenräume schmücken, sondern einzig und allein Hitler-Bilder. Bei der bayerischen Bevölkerung, besonders in Landkreisen, stieß diese Maßnahme auf erheblichen Widerstand. Der Berliner Bischof, der aus heimatlicher Verbundenheit diese NS-Aktion empört verfolgte, nahm das Fest Kreuzerhöhung am 14. September 1941 zum Anlaß, sich mit einem Hirtenbrief an seine „lieben Diözesanen“ zu wenden. Ein Kreuz, so Preysing, drücke „uns alle gemeinsam und in gleicher Weise“. Es sei das Kreuz, unter dem die Kirche heute leide. „Ihr wißt, wie sehr sie in der Verkündigung ihrer Lehre und ihrer segensreichen Arbeit gehemmt und eingeschränkt ist. So viele Ordensmänner und Ordensfrauen sind aus ihrem verdienstvollen Wirken für Kirche und Volk gerissen, so viele aus ihrem Heimatort, ja aus ihrem Heimatland ausgewiesen worden - ohne Verfahren, ohne Möglichkeit der Verteidigung, ohne Urteil. Ihr Kreuz ist auch unser Kreuz.“[22]

Die Herbstwochen waren gekennzeichnet durch zahlreiche Reisen der Ordensvertreter, bei denen sie die einzelnen Bischöfe unter strengster Geheimhaltung zur Zustimmung eines Entwurfes des Hirtenbriefes zu Konkordats- und Menschenrechtsfragen zu gewinnen versuchten. Die Patres Odilo Braun und Lothar König machten dabei recht zwiespältige Erfahrungen. „Einige Bischöfe hatten beim Lesen des Hirtenbriefes vor Angst beinahe ihre bischöfliche Haltung verloren und sich bereits in Dachau oder Buchenwald gesehen“ gab der Dominikanerprovinzial Laurentius Siemer die Eindrücke der beiden Ordensleute wieder. Die beiden Ordensleute seien über die Reaktionen mancher Oberhirten „völlig erschlagen“ gewesen. Der Entwurf des Ordensausschusses, den Kardinal Faulhaber eine „Ambrosius-Tat“ nannte und damit zur kirchenpolitischen Entschiedenheit des großen Mailänder Bischofs und Kirchenlehrers aus dem 4. Jahrhundert in Parallele rückte, stellte fest, daß ähnlich wie an den Fronten auch in der Heimat ein Kampf tobt; „ein Kampf der Geister um die unsterblichen Seelen. In diesem Kampf müssen wir Bischöfe mit dem freien Mut apostolischer Männer zu euch und zu allen sprechen, denen Wahrheit und Gerechtigkeit am Herzen liegen.“ Der Menschenrechts-Hirtenbrief sollte am zweiten Adventssonntag, dem 7. Dezember 1941, von allen Kanzeln des „Großdeutschen Reiches“ verlesen werden.

Auf der Konferenz der westdeutschen und norddeutschen Bischöfe in Paderborn vom 24. bis 25. November, bei der auch die Oberhirten von Berlin und Fulda anwesend waren, nahm das Für und Wider um die Verlesung des Menschenrechts-Hirtenbriefes eine überraschende Wendung. Der Osnabrücker Bischof Berning erreichte einen neuen Beschluß. Es spricht einiges dafür, daß das Angebot eines ökumenischen Protestes durch den evangelischen Landesbischof Theophil Wurm der Argumentation Bernings und damit Bertrams die entscheidenden Pluspunkte gebracht hat. Jedenfalls sollte nun statt des Hirtenbriefes „eine Eingabe, womöglich gemeinsam mit den Protestanten - gemeinsam wenigstens zeitgleich - an den Führer und an die Reichsregierung gerichtet werden“. Jesuitenprovinzial Rösch notierte in seinen Aufzeichnungen: „Bischof von Fulda und Berlin stimmen zwar zu, sind aber am Tag darauf sehr unglücklich über die neue Wendung und Lage." Der Münchener Kardinal Faulhaber war sogar „geradezu bestürzt"[23].

Die Umwandlung des Hirtenbrief-Entwurfes des Ordensausschusses in eine Denkschrift sollte nach dem Willen der Konferenz in Paderborn Bischof Galen vornehmen, der diese Aufgabe jedoch an seinen Vetter auf dem Berliner Bischofsstuhl weitergab. Preysing seinerseits stand u.a. unter den frischen Eindrücken der verschärften Judenverfolgung. Am 18. Oktober hatte der erste Deportationszug mit Berliner Juden die Reichshauptstadt in Richtung Lodz verlassen. Schon im Vorjahr, genauer am 12. Februar, waren 800 Juden aus Stettin, der großen Hafenstadt im Norden des Berliner Bistums, nach Ostpolen deportiert worden. Ohne Zweifel war der Berliner Bischof von den Mitarbeitern des „Hilfswerkes beim Bischöflichen Ordinariat Berlin" über diese Verschärfung der staatlichen Judenpolitik detailliert informiert worden. Hier dürfte auch ein Grund liegen, warum Preysings Überarbeitung des Hirtenbrief-Entwurfes zusätzliche, verschärfende Akzente erhielt. Der überarbeitete Entwurf (Dokument 2) ging als Denkschrift von Berlin aus zunächst an den Osnabrücker Bischof Berning. In Preysings Begleitbrief vom 1. Dezember 1941 hieß es u.a.: „Ich habe wunschgemäß eine Reihe von Momenten neu eingeführt, das, was ausschließlich für einen Hirtenbrief passend schien, weggestrichen, rhetorische und stark zugespitzte Wendungen abgeändert. Ich möchte besonders bitten, den Passus über Nichtarier und Fremdvölker nachzuprüfen."[24] Berning seinerseits bat seinen Nachbarbischof in Münster, den Preysing-Text, genauer den in eine Denkschrift umgearbeiteten Menschenrechts-Hirtenbrief, durchzusehen. Galen hat dann verschiedene Änderungsvorschläge in den Preysing-Text handschriftlich eingefügt. Die wichtigste Änderung war leider die Streichung der konkreten Hinweise auf „Nichtarier" und auf „Angehörige von Völkern, mit denen das Reich im Kriegszustand ist und war". Stattdessen war jetzt von Gesetzen die Rede, „die nicht gegenüber dem Volksgenossen, sondern auch gegenüber Menschen fremden Blutes" gelten müßten. Kardinal Bertram, dem als Vorsitzenden der Fuldaer Bischofskonferenz die Endredaktion oblag, glättete schließlich auf seine Art jegliche schroffen Formulierungen, so daß „die ursprüngliche offene und rückhaltlose Darstellung der Fakten und Forderungen weitgehend verlorengegangen ist"[25]. Die Brisanz des Preysingschen Denkschrift-Entwurfes war bedauerlicherweise aus diplomatischen Gründen entschärft.

Schon der Anfang der Bertram-Fassung sollte offenbar auf staatlicher Seite Sympathie und Wohlwollen wecken. Es hieß da: „Mit Genugtuung verfolgen wir den Kampf gegen die Macht des Bolschewismus, vor dem wir deutschen Bischöfe in zahlreichen Hirtenbriefen vom Jahre 1921 bis 1936 die Katholiken Deutschlands gewarnt und zur Wachsamkeit aufgefordert haben, wie es der Reichsregierung bekannt ist. Infolge ihrer grundsätzlichen Ablehnung ist die Kirche immer noch die stärkste geistige Macht gegenüber dem Bolschewismus, und die gesamte Seelsorgearbeit ihrer Priester im Kampf gegen die Lehren, Grundsätze und Ziele des Bolschewismus ist die wirkungsvollste Abwehr." Von Preysings Gedanken, daß die Bedrängnisse in Deutschland durch eine „den Gesinnungen des Bolschewismus verwandten inneren Haltung" verursacht seien, blieb in Bertrams Endredaktion nichts übrig. Trotzdem zählte die ausführliche Denkschrift anschließend zahlreiche Fakten im Altreich und in den dem Reich nunmehr angeschlossenen Gebieten im Westen und Osten auf, die „Rechtsverletzungen und Gewaltakte gegen Christentum und Kirche" darstellten und gegen die die deutschen Bischöfe protestierten. Sie seien „Folgerungen und Früchte einer Geisteshaltung und Gesinnung," die „die Wahrheitsbekenntnisse und sittlichen Grundsätze des Christentums und der gesamten abendländischen Kultur verleugnet und beseitigen will"[26].

Die Bertram-Fassung der Denkschrift, adressiert an Hitler, wurde von Bischof Wienken am 10. Dezember 1941 in Berlin an Reichsminister Lammers übergeben, während ebenfalls der evangelische Landesbischof Theophil Wurm seine Denkschrift überreichte. Außer einer Empfangsbestätigung erhielt der Vorsitzende der Bischofskonferenz keinerlei Antwort. Zwar teilte Bischof Berning in Bertrams Auftrag mit, daß die Eingabe auch allen Mitgliedern der Reichsregierung zugeleitet wurde. Tatsächlich hat der greise Kardinal diese Zusage jedoch - aus welchen Gründen auch immer - nicht eingehalten.

Wenige Wochen vor Übergabe der Denkschrift hatte Bertram dem deutschen Episkopat den Wunsch von vier Bischöfen zur Stellungnahme vorgelegt, noch im Herbst 1941 eine zweite Plenarkonferenz einzuberufen. Positiv reagierte darauf u.a. der Speyerer Bischof Sebastian, der es für notwendig hielt, „daß der gesamte Episkopat seine Zustimmung zu dem machtvollen Auftreten eines seiner Mitglieder öffentlich bekundete". Gemeint war Galen von Münster nach seinen aufsehenerregenden Predigten. Zwar konnte sich die Mehrheit der deutschen Bischöfe mit diesem Plan aus unterschiedlichsten Gründen nicht anfreunden, aber diese Initiative der Minderheit veranlaßte Bertram immerhin, die Frage nach der Person des Vorsitzenden der nächsten Konferenz zu stellen, da er selbst „wegen des körperlichen Befindens und wegen der großen Erschwerung der Reiseverhältnisse" diese Aufgabe nicht wahrnehmen könne. Er schlug zunächst den Münchener Kardinal Faulhaber für den Konferenzvorsitz vor, fürchtete jedoch gleichzeitig, daß dieser das Amt ablehnen werde. In diesem Falle sollte man die Wahl des Vorsitzenden einfachheitshalber dem Gremium selbst überlassen. Als Kandidaten nannte Bertram Bischof Buchberger von Regensburg, den Trierer Bischof Bornewasser oder den Senior der Kölner und Paderborner Kirchenprovinz, Bischof Berning von Osnabrück.[27] Es ist bemerkenswert, daß er die Namen Gröber von Freiburg, Galen von Münster und Preysing von Berlin mit Schweigen überging.

Tatsächlich lehnte Faulhaber am 28. Oktober den Konferenzvorsitz aus gesundheitlichen Gründen ab. Er machte aber seinerseits Personalvorschläge, die sich von denen Bertrams nicht wesentlich unterschieden. Bei einer Wahl durch die Mitglieder der Konferenz dürfte nach seiner Ansicht der Freiburger Erzbischof Gröber gewählt werden. Gegenüber dem „Staatsrat", den er hoch schätzte, meldete er zugleich Vorbehalte an und erinnerte daran, daß Berning nicht zu den fünf Bischöfen gehört habe, die Pius XI. vor der Enzyklika 1937 nach Rom eingeladen hat. Dafür plädierte er nachdrücklich für Bischof Preysing und gab dafür folgende Begründung: „Am schnellsten würde sich als Vorsitzender der Konferenz der Ordinarius der Reichshauptstadt einarbeiten, der für die diplomatische Abfassung von Schriftstücken als ehemaliger Diplomat die beste Vorschule hat, das Vertrauen des Heiligen Vaters im höchsten Maße genießt, durch seine tüchtigen Referenten und die Nähe des mit neuen Mitteln ausgestatteten Büros Wienken gute Mithilfe hat, die Nachbehandlung der gemeinsamen Eingaben bei den Reichsbehörden intensiv betreiben kann und wegen der Diplomaten in Berlin weniger in Gefahr steht, zur Rechenschaft gezogen zu werden."[28] Auf dem Hintergrund der einschneidenden Kontroverse Preysing-Bertram, die erst ein gutes Jahr zurücklag, mußte Faulhabers letzter Personalvorschlag beim greisen Breslauer Kardinal alles andere als spontane Sympathie hervorrufen.

Vom 23. bis 24. Februar 1942 traten die westdeutschen und norddeutschen Bischöfe im Wallfahrtsort Kevelaer zur Bischofskonferenz zusammen. Der Berliner Bischof fehlte aus Krankheitsgründen. Unter dem Eindruck der totalen Wirkungslosigkeit der Denkschrift beschlossen die Oberhirten, Preysings alte Forderung nach einem Junktim von Eingabe und Hirtenbrief zu realisieren und erzielten Einvernehmen, am Passionssonntag, dem 22. März, mit einem allerdings in großen Teilen veränderten Hirtenbrief[29] an die Öffentlichkeit zu gehen. Der Hirtenbrief „war aus einem angreifenden Löwen zu einem zahmen Haustier geworden", wie P. Siemer spöttisch feststellte. Der Trierer Bischof Franz Rudolf Bornewasser gab die allgemeine Stimmung unter den bischöflichen Mitbrüdern wieder: „Regierung und Partei, die ja heute ganz dominiert, kümmern sich weder um die Denkschrift noch um allgemeine oder einzelne Hirtenbriefe. Von ihnen erwarte ich nichts mehr. Ihr Vernichtungsplan für Christentum und Kirche ist fertig. Sie werden ihn brutal durchführen, sobald sie können - falls nicht eine höhere Gewalt eingreift."[30] Die Bischöfe waren Realisten genug, um auch eine Behinderung beim Verlesen des Hirtenbriefes in den Gemeinden in Rechnung zu stellen. In jedem Fall sollten die Bischöfe persönlich das Schreiben auf der Kanzel verlesen. Während im süddeutschen Raum bereits die Vervielfältigungsmaschinen liefen, setzte der Breslauer Kardinal am 11. März bei einem Besuch der Bischöfe Berning und Wienken allen Vorbereitungen sein entschiedenes persönliches Nein entgegen. Er machte staatsrechtliche Bedenken geltend und fürchtete negative Reaktionen angesichts der angespannten Kriegslage. Gegenüber der überwiegenden Mehrheit seiner bischöflichen Mitbrüder hatte der greise Kirchenfürst in der Odermetropole beim Menschenrechts-Hirtenbrief in letzter Minute auf die Bremse getreten.

Für den Münchener Kardinal Faulhaber und die drei süddeutschen Diözesen Bamberg, Speyer und Würzburg kam das Stopsignal aus Breslau jedoch zu spät. Faulhaber telegraphierte am Tag vor dem Passionssonntag den bayerischen Bischöfen lakonisch: „Jeder einzelne Freiheit." Die westdeutschen und norddeutschen Bischöfe dagegen wollten retten, was zu retten war. Sie versammelten sich kurzfristig am 20. März in Bonn. Die jetzt vorgelegten Entwürfe aus Münster, Trier und Köln für einen Hirtenbrief enthielten jeweils die drei Komplexe aus dem ehemaligen Preysingschen Denkschrift-Entwurf. Es handelte sich: 1. um den Protest gegen den (braunen) Bolschewismus im eigenen Land, 2. um die Terrorherrschaft der namentlich beschuldigten Gestapo und 3. um den Menschenrechtsprotest für die „Nichtarier"[31]. „Man wollte im Sinne Preysings die Öffentlichkeit aufrütteln." Am Ende der Bonner Konferenz stand nach kontroversen Diskussionen jedoch der Beschluß, im Hirtenbrief die Preysingschen Protest-Passagen fallen zu lassen und so wenigstens in insgesamt neun Bistümern der Kölner und Paderborner Kirchenprovinz einen gleichlautenden Text zur Verlesung zu bringen. Die Motive dieser Entscheidung sind nur zu vermuten. Eine Rolle dürften Schreiben von Reichsmarschall Hermann Göring vom 5. März gespielt haben, in denen er Galen und Berning in scharfem Ton an ihren Loyalitätseid gemahnt hatte, der durch deren Proteste von der Kanzel verletzt sei. Während die Deportationszüge mit jüdischen Mitbürgern aus deutschen Städten zu den Vernichtungsstätten im Osten rollten, so wie die „Wannseekonferenz" die „Endlösung" organisiert hatte, scheiterte auf diese Weise der gemeinsame Protest deutscher Bischöfe und damit der Akt öffentlicher Solidarität mit den verfolgten und totgeweihten Juden. Der Episkopat als Gesamtheit hatte versagt.

Der wachsame Jesuitenprovinzial Rösch hat nicht versäumt, genau festzustellen, wo der entschärfte Hirtenbrief verlesen worden ist und wo nicht. Die Auskunft aus dem Bistum Berlin, in dem dieser nicht verlesen worden war, erhielt er von Generalvikar Dr. Maximilian Prange, da Bischof Konrad zur Erholung von einer Krankheit bis zum 1. Mai in seiner Heimat Kronwinkl weilte. Als Begründung für die Nicht-Verlesung hieß es, „es sei acht Tage vorher (15. März 42) ein sehr energisches Schreiben wegen der Enteignung von St. Clemens, Berlin, und des Priesterseminars verlesen worden. Das sei vorläufig genug“[32]. Während der Hirtenbrief in allen Pfarreien der Kölner und Paderborner Kirchenprovinz verlesen wurde, scherte das Bistum Berlin aus. Ob Pranges Entscheidung mit Preysing abgesprochen war, ist nicht bekannt, aber bei der Grundhaltung des Berliner Bischofs wenig wahrscheinlich.

Mit großer Sorge verfolgten die Mitglieder des Ordensausschusses im Sommer 1941 die verstärkten Bestrebungen des Staates, die katholischen Kindergärten in die Regie der Nationalsozialistischen Volkswohlfahrt (NSV) zu überführen. Als Begründung hatten die Behörden angegeben, es läge „im Sinne der heutigen Staatsführung, daß auch die Betreuung und Erziehung des Kindes im vorschulpflichtigen Alter in einheitliche Bahnen gelenkt und im nationalsozialistischen Geiste ausgerichtet wird“. Der Fuldaer Bischof Dietz hatte gegen diese ideologisch begründete Zwangsmaßnahme bereits am 15. April 1941 „entschiedensten Einspruch“ eingelegt. Zugleich hatte er sich strikt geweigert, „die einzelnen Träger der leerstehenden Anstalten anzuweisen, durch Verhandlungen den reibungslosen Übergang der Anstalten an die NSV zu bewirken“[33]. Als in Sachsen und in anderen Teilen des Reiches die Übernahme von Kindergärten in die NSV-Trägerschaft durch ministerielle Verfügung vollzogen wurde, protestierte der Vorsitzende der Fuldaer Bischofskonferenz, Kardinal Bertram, am 3. Juni in ungewöhnlich scharfer Form gegen diese „Verletzungen unveräußerlicher Rechte des katholischen Volksteils“[34]. Bertrams Einspruch konnte jedoch nicht verhindern, daß bis Mitte August 1941 von 4300 Kindergärten der deutschen Bistümer insgesamt 1100 von der NSV übernommen wurden. Besonders betroffen waren Regierungsbezirke in Westdeutschland, aber auch Niederschlesien im Erzbistum Breslau.

Die ca. 80 Kindergärten im Bistum Berlin blieben dagegen weiter in kirchlicher Trägerschaft. Zwei Umstände haben entscheidend dazu beigetragen. Caritasdirektor Dr. Wilhelm Albs (1907 - 1993) informierte den Berliner Bischof über die auch in der Reichshauptstadt drohende Zwangsübernahme der Kindergärten durch die NSV. Preysing entschied daraufhin, alle staatlichen Verhandlungsangebote mit dem Ziel einer NSV-Trägerschaft konsequent abzulehnen. Auf einer Versammlung der Leiterinnen aller katholischen Kindergärten - damals fast ausnahmslos Ordensschwestern -, die in Anwesenheit von Dompropst Lichtenberg in der Niederwallstraße 11 stattfand, ließ er die Weisung ausgeben „Wir weichen nur der staatlichen Gewalt.“ Und um keine Mißverständnisse aufkommen zu lassen, präzisierte er „staatliche Gewalt“ als Beschlagnahmung durch die Polizei, nicht durch Parteidienststellen.[35] Ob diese entschlossene Haltung allein den Erhalt der Berliner Kindergärten gesichert hätte, muß allerdings bezweifelt werden. Hinzukamen die aufsehenerregenden Galen-Predigten im Juli und August 1941, die zu Hitlers Stopsignal aller spektakulären

Kirchenkampfmaßnahmen führten. Dazu gehörte auch das Ende der Zwangsüberführungen der Kindergärten in die Hände der NSV.

Preysing, dessen geradezu angeborenes Gerechtigkeitsgefühl durch die blanke Willkür der NS-Politik zutiefst verletzt war, entschloß sich am 28. Juni 1942, anläßlich des silbernen Bischofsjubiläums Pius XII. zu einer Predigt über Recht und Gerechtigkeit. „Der Einzelne kann und darf nicht völlig aufgehen im Staat oder im Volke oder in der Rasse“, betonte er und grenzte sich von der herrschenden Ideologie ab. Diese Predigt in der St. Hedwigs-Kathedrale erregte über die Grenzen des Bistums hinaus Aufmerksamkeit. Die britische „Times“ urteilte: „Der Bischof von Berlin hat niemals Mut vermissen lassen ... Alles, was er sagte, traf genau die Wurzeln der nationalsozialistischen Grundsätze und Praktiken.“[36] Propagandaminister Goebbels notierte verärgert am 13. Juli 1942 in sein Tagebuch,[37] Preysing habe in dieser Predigt „wiederum all die staatsfeindlichen Theorien entwickelt, die der Katholizismus uns und unserer Auffassung entgegenstellt“. Der Minister fühlte sich insbesondere durch den „Führungsanspruch der Kirche in weltanschaulichen Dingen“ provoziert. Zudem ärgerte ihn, daß Preysing eine Sprache sprach, „die, wenn sie von einem normalen Sterblichen gesprochen würde, ihn zuchthaus- oder todesreif machen würde“. Offenbar hatte der Spitzel in der St. Hedwigs-Kathedrale berichtet, daß sich ein großer Teil der Zuhörer bei der Predigt zum Papstjubiläum aus „Offizierskreisen“ zusammengesetzt habe; denn Goebbels fügte hinzu: „Wir werden noch viel zu tun haben, um die Wehrmacht gänzlich nationalsozialistisch zu machen.“ Einige Tage vorher, am 4. Juli, hatte Goebbels diese „staatsfeindliche Rede“ noch als „nicht so wichtig“ eingestuft, war jedoch aufgebracht über die Tatsache, daß zwei schwedische Korrespondenten die Rede „promptestens nach Stockholm gemeldet haben und sie von Stockholm binnen 24 Stunden in London war“. Er wolle deshalb „ein paar Stockholmer Journalisten“ ausweisen lassen. Diese empfindliche Reaktion auf ausländisches Presseecho ist typisch für ein totalitäres System. Sie war später kaum anders beim DDR-Presseamt und anderen staatlichen Organen festzustellen, wenn westliche Journalisten kritische Äußerungen von Personen aus der DDR aufgriffen und verbreiteten.

Daß der Oberhirte in der Reichshauptstadt schon lange im Visier der Gestapo und des Propagandaministeriums war, bezeugt die Eintragung in Goebbels Tagebuch vom 21. Februar 1942. Preysing betätigte sich „als Hetzer gegen die deutsche Kriegführung“. Er - Goebbels - habe ihm zunächst persönlich die Leviten lesen wollen, sei aber davon abgekommen, weil er damit nichts erreiche. „Er würde mir wahrscheinlich nur die Liste seiner Beschwerden vorhalten und im übrigen seine Untaten ableugnen oder in scheinheiliger Weise Besserung versprechen.“[38] Der Minister tröstete sich mit Hitlers Weisung, die Abrechnung mit den Pfaffen bis zum Kriegsende zu vertagen.

Auf der Plenarkonferenz der deutschen Bischöfe vom 18. bis 20. August 1942 in Fulda waren die Erzdiözesen Köln und Paderborn durch deren neue Oberhirten Frings und Jaeger vertreten. Dagegen war der Vorsitzende Kardinal Bertram „an persönlicher Teilnahme gesundheitlich verhindert“, wie das Protokoll vermerkt. Als Vorsitzender der August-Konferenz wurde schließlich in geheimer Wahl mehrheitlich der Freiburger Erzbischof Gröber gewählt, nachdem dieser beim ersten Wahlgang dem Osnabrücker Bischof Berning ganz knapp unterlegen war, dieses Ergebnis als Mißtrauen gegen seine Person interpretiert und mit dem Konferenz-Austritt beantwortet hatte.[39] Pure Menschlichkeit und hierarchische Eitelkeit konnten selbst in einer Stunde äußerer Bedrängnis in einer Personalfrage den Sieg davontragen. Auf der dritten Sitzung der Bischofskonferenz wurde u.a. über „die Entstehung und den Tätigkeitsnachweis des Ausschusses für Ordensangelegenheiten" berichtet. Der im Nachlaß von Faulhaber aufgefundene detaillierte Bericht spiegelt den „harten Kurs" dieses Gremiums in kirchenpolitischen Fragen wider. Das Stopp-Signal Hitlers für den Klostersturm sei in erster Linie durch die mutigen Galen-Predigten erreicht, nicht durch Eingaben: „Ein klarer Beweis, daß nicht durch papierene Proteste, sondern nur durch furchtlosen persönlichen Einsatz und entschlossenes Handeln heute etwas zu erreichen ist." Die Maßnahmen gegen Orden und Klöster hielt der Ordensausschuß nur für den ersten Schritt, um kirchliche Institutionen insgesamt auszuschalten. Er zog daraus die Folgerung: „Wer also die Kirche schützen will, darf auch ihre Bollwerke, die Klöster, nicht preisgeben, und die Klöster, lassen sich wirksam nur im Rahmen der gesamtkirchlichen Belange schützen. Absolut einheitliche Linie und Geschlossenheit in den gesamtkirchlichen Belangen ist unbedingt erforderlich, verbürgt aber umgekehrt sicheren Erfolg."[40]

Zuvor waren Berichte über die religiösen Verhältnisse in Slowenien, in Luxemburg, Lothringen und Elsaß gegeben worden. Die Bischöfe beschlossen darüber eine Denkschrift zu verfassen, „die den in Betracht kommenden Reichsstellen mit der Forderung auf Abstellung der vorhandenen Übelstände überreicht werden soll". Die Abfassung des Entwurfs übernahm der neue Paderborner Erzbischof Lorenz Jaeger.

Diese Denkschrift, für die sich der Verfasser die Rückendeckung Faulhabers sicherte, um nicht durch die Bertramsche Endredaktion wie zuvor beim Preysing-Entwurf um die persönliche Handschrift und Schärfe gebracht zu werden, ist vom Breslauer Kardinal diesmal nicht entschärft, sondern nur in bestimmten Passagen erweitert und ergänzt worden. So wurde Jaegers Denkschrift-Entwurf „zur letzten und vielleicht wirkungsvollsten Eingabe des Episkopats in der Kriegsphase des Dritten Reiches"[41]. Die Bertram-Fassung ist am 18. Dezember 1942 an den Chef der Reichskanzlei, den Reichskirchenminister und den Reichsinnenminister übergeben worden. Sie enthielt Vorwürfe von kaum gehörter Härte. „Rings um Deutschland herum baut sich in allen besetzten Gebieten ein Wall von Erbitterung und Feindschaft auf, der zum guten Teil entstanden ist durch die rücksichtslosen Eingriffe der deutschen Partei- und Zivilverwaltungsbehörden in die Gewissensfreiheit und das Glaubensleben der Bevölkerung." Gemeint waren die Gebiete Elsaß-Lothringen, Luxemburg, der „Warthegau" und Teile von Slowenien. Es sei „eine Erfahrung, die zu allen Zeiten der Weltgeschichte gemacht worden ist, daß nichts aufreizender wirkt, nichts gewaltigere Verbitterung und glühendere Feindschaft weckt, als wenn ein Siegervolk dem Besiegten die Religion zu nehmen versucht ist". Daher baten die deutschen Bischöfe „die Reichsregierung inständig, der hemmungslosen antireligiösen Agitation von Parteistellen und den politisch unklugen und aller Menschlichkeit hohnsprechenden Vernichtungsmaßnahmen gegen Kirche und Christentum Einhalt zu gebieten"[42].

In der deutschen Öffentlichkeit blieb diese Denkschrift wirkungslos. Die parteilich gelenkten Medien durften darüber kein Wort verbreiten. Anders dagegen die ausländischen Nachrichtenagenturen und Zeitungen. Durch Indiskretion ist dort - wenn auch mit zeitlicher Verzögerung - die Denkschrift bekannt geworden. Das „DNB - vertrauliches Rohmaterial" vom 15. Mai 1943, der als Geheim eingestufte Pressedienst des Deutschen Nachrichtenbüros, wußte von amerikanischen Kommentaren „zum Memorandum der katholischen Bischöfe an das Deutsche Reich" zu berichten. Darin teilte das Deutsche Nachrichten-Büro dem Reichskirchenministerium mit, daß Senator Edwin Johnson aus Colorado, Mitglied des Ausschusses für militärische Angelegenheiten, erklärt habe: „Bei jedem Protest gegen den Mißbrauch der Religion durch die Nazi haben die deutschen katholischen Bischöfe zweifellos die Unterstützung aller anständigen Elemente in Deutschland. Sie haben recht, wenn sie darauf hinweisen, daß die Behandlung der christlichen Religion in Polen und anderen Ländern, „Abscheu und Entrüstung" unter den Deutschen, die davon wissen, hervorgerufen hat. Wir zweifeln jedoch, daß der beredte Protest irgend einen Eindruck auf die Nazi-Führer gemacht hat. In autoritären Staaten berauschen sich die Führer und offiziellen Philosophen so sehr an der brutalen blinden Macht, daß sie nicht davor zurückschrekken, das göttliche Recht der Freiheit der Gottesverehrung zu unterdrücken." Der Senator fügte dann prophetisch hinzu: „Das ist ganz gewiß wie der Sonnenaufgang am nächsten Morgen, daß der Nazismus bald eine weitere vergessene philosophische Irrlehre sein wird, während das Christentum weiterhin den Weg zum Licht des Friedens, der Bruderliebe und des Glückes gehen wird." Über den Kommentar des US-Senators James J. Davis aus Pensylvanien berichtete das DNB an gleicher Stelle: „Wir begrüßen den Mut jener deutschen Bischöfe, die, obschon sie unmittelbar in dem Schatten des Nazi-Terros leben, von Hitler forderten, daß die Entpolitisierung der Kirche enden müsse." Deutschland habe von Zeit zu Zeit immer wieder gegen NS-Angriffe auf das Christentum protestiert, erklärte der amerikanische Senator. Aber dieses Mal „erfolgte nicht nur ein Protest, sondern auch eine Warnung an die Nazi-Herrscher"[43].

Auch die Nachrichtenagentur Reuter meldete am 13. Mai 1943 die „Petition der katholischen Bischöfe Deutschlands an das Reich". Das US-Kriegsinformationsamt hat Teile vom Wortlaut der Denkschrift bekannt gegeben, die „eine der stärksten Anklagen gegen die nazistische Einstellung in religiösen Dingen" darstellen, die jemals von der deutschen Hierarchie erhoben wurde. Diese Reuter-Meldung ist übrigens von der Presseabteilung der Reichsregierung „wegen ihrer Bedeutung sofort dem Führerhauptquartier auf der direkten Leitung" durchgegeben worden. In einem Vermerk eines Mitarbeiters des Reichskirchenministeriums vom 13. Mai 1943 findet sich die Mitteilung, „daß die Reichskanzlei dem Vorsitzenden der Fuldaer Bischofskonferenz auf Bitten des Leiters der Partei-Kanzlei hin auf die Denkschrift" keine Antwort erteilen werde.[44]

Auf der Bischofskonferenz der Oberhirten der Kölner und Paderborner Kirchenprovinz in Kevelaer am 18. und 19. November 1942, an der u.a. der Berliner Bischof wieder als Gast teilnahm, soll Preysing von seinen bischöflichen Mitbrüdern gebeten worden sein, einen Advents-Hirtenbrief im Sinne seiner Predigt vom 28. Juni zu erstellen. Das Protokoll der Kevelaerer Konferenz enthält zwar keinen derartigen Hinweis, aber ein ungenannter Beobachter (Nachlaß R. Leiber) hielt diese Entstehung des berühmten Hirtenbriefes über das Recht fest. Preysing hat auftragsgemäß einen Entwurf dem Kölner Erzbischof Frings zugeleitet und erarbeitete nach Änderungsvorschlägen einen zweiten Entwurf. Erst wenige Tage vor dem vorgesehenen Verlesungstermin, am vierten Adventssonntag, traf in Berlin eine zweite geänderte Fassung ein. Im Bistum Berlin ist dann auch zum vereinbarten Termin der Hirtenbrief über das Recht (Dokument 3) verlesen worden. Auf der Höhe der Stalingrad-Krise besaß das pastorale Dokument eine zusätzliche Brisanz. Leider bekamen mehrere

Bischöfe „durch irgendein nicht geklärtes Mißverständnis" den endgültigen Text zu spät, so daß die Verlesung zunächst nur in den Bistümern Berlin, Mainz, Limburg und Köln stattfand.[45] Teilweise stieß der Text, der eigentlich mehr zum Lesen als zum Hören geeignet war und für sehr doktrinär gehalten wurde, auch bei anderen Bischöfen auf Vorbehalte, wie bei Oberhirten der Paderborner Kirchenprovinz. Bischof Galen ließ eine abgeänderte Hirtenbrief-Fassung verlesen. Das beabsichtigte einheitliche Vorgehen der Kevelaerer Bischofskonferenz war unrühmlich gescheitert. „Gezeichnet hat jeder Bischof nur für sich, so daß nach außen von der ursprünglichen Vereinbarung nichts bemerkt wurde", kommentierte der ungenannte Beobachter.

Das Echo in der Öffentlichkeit weit über die Landesgrenzen hinaus war dagegen erstaunlich. Da deutsche Stellen u.a. auch Radio Vatikan kontinuierlich abhörten, war man in Berlin über den Umfang der ausländischen Reaktionen voll informiert. Das Reichsministerium für kirchliche Angelegenheiten sah sich am 12. März 1943 veranlaßt, das Auswärtige Amt deshalb um eine Demarche beim Heiligen Stuhl zu bitten. Zur Begründung wurde angegeben: „Nachdem am 21.1. d.Js. ein amerikanischer Senator namens Lee oder Meede vor dem Senat der USA den Adventshirtenbrief des Bischofs von Berlin vom 13.12.1942 verlesen hatte und ohne weiteres zu erkennen war, daß die feindliche Agitation diesen Hirtenbrief für ihre Zwecke ausnutzen würde, brachte der Vatikansender in einer deutschen Sendung am 26.1.1943 von 20.45 Uhr bis 21 Uhr den authentischen Text dieses Hirtenwortes, der in dem wohl auch Ihnen vorgelegten Protokoll des Sonderdienstes Seehaus vom 26.1.1943 wiedergegeben ist. Darauf behandelte der feindliche Rundfunk, insbesondere der Sender London, dieses Thema unter ausdrücklicher Berufung auf den Vatikansender, der den Hirtenbrief nochmals in zwei französischen Sendungen am 4. und 5. Februar 1943 jeweils um 20 Uhr veröffentlichte, so daß nunmehr auch die ausländische Hetzpresse dieses Thema aufgriff und der Sender London nochmals in fünf Sendungen am 6. 7. 11. 14. 18.2. auf den Hirtenbrief zurückkam." Da der Vatikansender diesen authentischen Hirtenbrief-Text nur von der Kurie erhalten haben könne, wurde die Deutsche Botschaft beim Vatikan gebeten zu veranlassen, „wegen der Haltung des Vatikansenders und insbesondere wegen der nur durch Indiskretion möglichen Veröffentlichung von Hirtenbriefen katholischer Bischöfe in Großdeutschland bei der Kurie nochmals vorstellig zu werden"[46]. Ob der neue Vatikanbotschafter Ernst Frhr. von Weizsäcker, der Diego von Bergen im April 1943 abgelöst hatte, tatsächlich im vatikanischen Staatssekretariat interveniert hat, ist nicht bekannt. Fest steht jedoch, daß Preysings Hirtenbrief über das Recht als Stimme des anderen Deutschlands im westlichen Ausland hohe Anerkennung gefunden hat. Kein Wunder, daß Propagandaminister Goebbels notierte: „Bischof Preysing hat einen neuen Hirtenbrief zur Verlesung gebracht, der nun von der gesamten feindlichen Propaganda als Paradestück vorgeführt wird. Die USA zeigen sich sehr zufrieden damit. Auch die Engländer verwenden den Preysingschen Hirtenbrief in ihrer Propaganda, und sogar die Rabbiner können ihre unverhohlene Genugtuung nicht verbergen."[47]

Die Gestapo erkannte die prinzipielle Bedeutung dieses Hirtenwortes über das Recht und stellte in den „Meldungen aus dem Reich Nr. 348" vom 7. Januar 1943 fest, hier werden „ziemlich unverhüllt die weltanschaulichen Grundlagen des nationalsozialistischen Rechtsdenkens" angegriffen. Die Ausführungen sollten „offensichtlich die auch rechtlich ihren Ausdruck findende Politik des Reiches gegenüber fremden Rassen und Volkstümern der Rechtlosigkeit verdächtigen und in den Gläubigen den Eindruck erwecken, als beruhe der nationalsozialistische Staat einseitig auf Macht, ohne das Recht anzuerkennen und zu achten“[48].

Während die deutsche Endsieg-Propaganda über zunehmende Rückschläge an fast allen Fronten hinwegtäuschen sollte, einigte sich die Anti-Hitler-Koalition über die Art der Beendigung des Zweiten Weltkrieges. Auf der Casablanca-Konferenz vom 14. bis 25. Januar 1943 stellten Churchill und Roosevelt die Grundforderung nach „Unconditional surrender“ auf, nach bedingungsloser Kapitulation des Deutschen Reiches, für die Männer des deutschen Widerstandes übrigens eine zusätzliche Schwierigkeit bei ihren Planungen. Stalin machte sich von Moskau aus diese Casablanca-Formel zu eigen. Denn zeitgleich zu dieser Konferenz tobte in der Schneewüste zwischen Don und Wolga und in den Ruinen von Stalingrad eine der blutigsten Schlachten des Krieges. Der Untergang der 6. Armee im Kessel von Stalingrad war die bisher schwerste Niederlage unter Hitlers vielgerühmter „Feldherrenkunst“ und wurde von vielen als Schicksalswende des Zweiten Krieges betrachtet. Die schwarzumrandeten, mit dem Eisernen Kreuz geschmückten Todesanzeigen der für „Führer, Volk und Vaterland“ Gefallenen nahmen in den Tageszeitungen immer größeren Raum ein. Das Schlagwort von der „Festung Europa“ hatte sich als eine großspurige, propagandistische Erfindung entlarvt.

Wenige Wochen nach dem Schock von Stalingrad, am 18. Februar 1943, inszenierte Goebbels vor einem handverlesenen, fanatisierten Publikum im Berliner Sportpalast eine seiner demagogischen Meisterleistungen: den theatralischen Appell zum totalen Krieg. Seine in die Masse hineingeschrieene Frage „Wollt ihr den totalen Krieg?“ und die kindgläubigen Ja-Rufe sollten einen „Volksentscheid für den totalen Krieg“ (Gruchmann) vortäuschen.

Zehn Tage nach den Goebbelschen Sportpalast-Tiraden wurde im Bistum Berlin Preysings traditioneller Fastenhirtenbrief verlesen. Er war der diffizile Versuch, die Realität des Krieges vom Glauben her zu sehen und das Geheimnis des Kreuzes aufzuschließen als „die einzige Hoffnung und auch die einzige Lösung des furchtbaren Welträtsels, das da Leiden heißt“. Mit schlichten Worten und in einer nahezu kindlichen Frömmigkeit forderte der Bischof die Gemeinden auf: „Das Schicksal des Heilands in seiner Passion und seiner Verherrlichung, das soll auch unser Schicksal sein.“

Kardinal Bertram unterließ es sogar noch 1943 nicht, zu Hitlers Geburtstag am 20. April wieder einen „herzlichen Glück- und Segenswunsch“ zu schicken - natürlich nicht mehr namens der ganzen Bischofskonferenz. Er wagte aber immerhin die Behauptung, „Ihre Sorgen sind unsere Sorgen und sind Sorgen des ganzen katholischen Deutschlands.“ Zuvor, nämlich Anfang März, hatte der Breslauer Oberhirte gegenüber dem Hildesheimer Bischof Machens die Auffassung vertreten, es sei „zeitgemäß,“ in der Öffentlichkeit zu erklären, „welche eminente und grundlegende Bedeutung der Dekalog für das gesamte Volksleben“ habe. Bertram schwebte dazu ein Text vor „in rein sachlicher Weise“ ohne „aggressive Tendenz“[49]. Damit war der Anstoß zum späteren Dekalog-Hirtenbrief gegeben.

Die Konferenz der westdeutschen Bischöfe, die am 17. und 18. März 1943 in der ostwestfälischen Bischofsstadt Paderborn stattfand, griff Bertrams Anregung „betr. Vorbereitung eines allgemeinen Hirtenwortes über den Dekalog“ auf. Der Berliner Bischof nahm wieder wie bereits früher als Gast an der Konferenz teil, da Bertram nie eine Konferenz seiner Suffragane der ostdeutschen Kirchenprovinz einberufen hat, obwohl das damalige Kirchenrecht CIC c. 292 diese Teilkonferenz wenigstens alle fünf Jahre vorschrieb. Der Hirtenbrief-Entwurf stammte großenteils aus der Feder des Münsteraner Moraltheologen Tischleder und des Dompropstes Donders, stieß aber bei Bertram auf ablehnende Kritik. Statt des von ihm gewünschten rein pastoralen Hirtenschreibens sei der vorliegende Text eine „kritische Abrechnung mit verschiedenen Akten und Bestrebungen des öffentlichen Lebens, die von den massgebenden Kreisen als politisch wird betrachtet werden“[50]. Dahinter stand die nicht unberechtigte Befürchtung, das feindliche Ausland könnte den Hirtenbrief propagandistisch aufgreifen und die Bischöfe träfe der Dolchstoß-Vorwurf. Um diesen Entwurf des Dekalog-Hirtenbriefes zu Fall zu bringen, bat Bertram den Regensburger Oberhirten Buchberger, einen Entwurf für ein gemeinsames Hirtenwort zu verfassen, das die Teilnahme am „schweren Los und Leid des Vaterlandes und so vieler hart betroffener Mitbrüder und Mitschwestern“ zum Ausdruck bringt. So sollte wenigstens in letzter Minute in Fulda eine Alternative auf dem Tisch liegen.

Die Mitglieder des Ordensausschusses verfolgten das Schicksal des geplanten Dekalog-Hirtenbriefs mit wachsender Sorge. Da die endgültige Entscheidung über das Ob und Wie auf der Fuldaer Bischofskonferenz vom 17. bis 19. August fallen sollte - übrigens die letzte Plenarkonferenz im „Dritten Reich“ -, legte der Ordensausschuß den Bischöfen zwei Papiere vor, darunter den Tätigkeitsbericht dieses Gremiums vom Jahr 1942/1943. Nicht zuletzt dadurch waren die Konferenzteilnehmer zum damaligen Zeitpunkt über die NS-Verbrechen besser informiert als die überwiegende Mehrheit in Deutschland. Dazu beigetragen hatten auch fast 2000 Leichenschauscheine von 1938 - 1943 und heimlich fotografierte Todeslisten von über 10 000 Opfern des KZ Dachau, die Münchener Jesuiten auf konspirativem Weg erhalten und ausgewertet hatten.[51] Über die „Endlösung“ der Judenfrage dürfte zwar immer noch die letzte Klarheit gefehlt haben, aber mit Sicherheit waren die Bischöfe durch Preysing im Besitz der erschreckenden Informationen über die Judendeportationen, die dem „Hilfswerk beim Bischöflichen Ordinariat Berlin“ bekannt waren.

Die Bischöfe beschlossen am Ende ihrer Konferenz die Verlesung von zwei Hirtenbriefen, einen zum Thema „Teilnahme am Leiden des Volkes“, basierend auf Entwürfen aus Regensburg und Köln, und einen zum Dekalog. Letzterer enthielt die „grundsätzlichen Felsblöcke von Sinai, die endlich wieder einmal freigelegt“ wurden, wie Kardinal Faulhaber formulierte. Er war eine überarbeitete Fassung des Dekalog-Entwurfs der Münsteraner Theologen, über die Preysing nicht glücklich war. Er konnte seine Enttäuschung darüber nicht für sich behalten. In einem Gespräch mit Graf Moltke äußerte er sich über die Endfassung alles andere als zufrieden. Sie sei „chemisch gereinigt: die letzten Flecken sind heraus, aber die Farbe auch“. Kein Wunder, daß Moltke über das Klima dieses Gesprächs mit dem Bischof schrieb: Conrad sei „wohlgemut und voller Bosheiten aus Fulda zurückgekommen. Es ist das Schlimmste verhütet worden und das, was wir wollten, soll Ende September kommen.“[52] Preysing hatte den Kopf des Kreisauer Kreises über die Entstehung des Dekalog-Hirtenbriefes und über den Breslauer Versuch, ihn zu verhindern, offenbar genau informiert.

Der Dekalog-Hirtenbrief, der am 12. und 19. September 1943 von den Kanzeln Deutschlands verlesen wurde, war die letzte gemeinsame lehr- und hirtenamtliche Darlegung des deutschen Episkopats in der NS-Zeit. Er hatte - trotz aller von Preysing bedauerten Mängel - durchaus politischen Charakter, weil er der herrschenden öffentlichen Ordnung das unveränderliche Gesetz Gottes entgegenstellte. So hieß es u.a.: „Kein Volk darf sich selbst zum Abgott machen, als ob sein Wille, und nicht der Wille Gottes die Quelle aller Sittlichkeit und alles Rechtes sei... Es ist nicht wahr, daß die Arbeit schon an und für sich Gottesdienst sei. Der Mensch, das Volk, die Welt sind letztlich für Gott da... Tötung ist in sich schlecht, auch wenn sie angeblich im Interesse des Gemeinwohls verübt wurde: An schuld- und wehrlosen Geistesschwachen und -kranken, an unheilbar Siechen und tödlich Verletzten, an erblich Belasteten und lebensuntüchtigen Neugeborenen, an unschuldigen Geiseln und entwaffneten Kriegs- oder Strafgefangenen, an Menschen fremder Rassen und Abstammung."

Im SD-Bericht zu Inlandsfragen vom 20. September nahm die Berliner Gestapo-Zentrale zu beiden Hirtenbriefen Stellung. Nach umfangreicher Inhaltswiedergabe fiel das Urteil über den Dekalog-Hirtenbrief ambivalent aus. Er stelle einerseits „ein volles Bekenntnis zum Kampf des Reiches" dar, andererseits werde diese positive Wirkung wieder aufgehoben „durch die nachfolgenden Ausführungen mit ihren geschickt religiös fundierten Spitzen gegen staatliche Massnahmen"[53]. Als besonders gefährlich und für das „gesunde Volksempfinden" schädlich hat die Gestapo den Hirtenbrief demnach offenbar nicht eingestuft. Im übrigen galt die Devise: Die Abrechnung mit den Kirchen wird auf die Zeit nach dem „Endsieg" verschoben.

Das Attentat auf Hitler am 20. Juli 1944 setzte der weiteren Arbeit des Ordensausschusses abrupt ein Ende. Allzu eng hatten sich seit 1941 die Querverbindungen einzelner Ausschußmitglieder zu Einzelpersonen und zu Kreisen des Widerstandes gestaltet. Jesuitenprovinzial Rösch, der in Rom den Ruf hatte, „der stärkste Mann des Katholizismus in Deutschland"[54] zu sein, unterhielt enge Kontakte zum Kreisauer Kreis, besonders zu Moltke, und zusammen mit P. König zum Münchener Sperrkreis, der nach dem bayerischen Diplomaten Franz Sperr benannten Widerstandsgruppe. Rösch und König tauchten nach dem gescheiterten Attentat unter und wurden steckbrieflich gesucht. Während König von Januar 1945 bis zum Einmarsch amerikanischer Truppen im Kohlenkeller des Münchener Berchmannskollegs den Krieg überlebte, wurde der Unterschlupf von Rösch verraten. Nur günstige Umstände im Berliner Gestapogefängnis Lehrter Straße, darunter der Tod Freislers bei einem Luftangriff, haben ihn vor dem sicheren Todesurteil bewahrt. Der Dominikanerprovinzial Siemer hatte in Köln einen Gesprächskreis, zu dem u.a. Nikolaus Groß, Bernhard Letterhaus, Jakob Kaiser und Prälat Otto Müller zählten. Siemer konnte sich der Verhaftung in letzter Minute durch die Flucht entziehen und lebte bis Kriegsende im Untergrund. P. Braun, dessen Bürowohnung in der Oldenburger Straße in Berlin-Moabit ein beliebter Treffpunkt der konspirativ operierenden Mitglieder des Ordensausschusses war, wurde im Oktober in Berlin verhaftet. Nach teilweise qualvollen Verhören und Beschimpfungen als „Hund, der rumgefahren ist und die Bischöfe aufgehetzt hat"[55], wurde der Dominikaner im Februar 1945 überraschenderweise wieder entlassen. Der inzwischen zur Wehrmacht eingezogene Jurist Angermaier kam am 27. März 1945 unter nicht ganz geklärten Umständen bei einem Verkehrsunfall auf der Schloßstraße in Berlin-Steglitz ums Leben.[56]

Die zwei bischöflichen Ordensausschußmitglieder, Dietz und Preysing, beide Gesprächspartner von Männern des Widerstandes, mußten bis Kriegsende mit Angst vor dem Zugriff der Gestapo leben. Die unter dem Protektorat von Bischof Dietz stattfindenden Tagungen der Kirchlichen Hauptstelle für Männerseelsorge und Männerarbeit in Fulda, bei denen u.a. auch P. Delp referierte, waren nicht selten Umschlagplätze regimekritischer und oppositioneller Meinungen gewesen. Preysing mußte, nicht zuletzt wegen seiner Besucher Moltke, Goerdeler, Yorck von Wartenburg und Stauffenberg, jederzeit mit Verhör oder Verhaftung durch die Gestapo rechnen.

Je länger der Krieg dauerte, umso mehr verschärfte sich in der Reichshauptstadt und überall in „Groß-Deutschland" ein früher so nicht gekanntes Problem: die Binnenwanderung von Millionen Menschen. Abgesehen von den Einberufungen zum Wehrdienst wurden Hunderttausende Männer und Frauen zum Arbeitsdienst, Landjahr, Landdienst, Pflichtjahr und Arbeitseinsatz verpflichtet. Hinzu kam seit 1939 die „Heim-ins-Reich"-Bewegung von Volksdeutschen, die zumeist aus östlichen und südöstlichen Nachbarländern ins Altreich oder in die besetzten Gebiete umgesiedelt wurden. Man schätzte, daß die Hälfte der Umsiedler katholisch war. Schließlich vergrößerte sich die Zahl der Neuzugezogenen durch die zumeist zwangsverpflichteten ausländischen Arbeiter. Als der Luftkrieg an Heftigkeit zunahm, setzte ein zusätzlicher Umquartierungsprozeß von den Städten aufs Land ein. Eltern wurden aufgefordert, ihre Kinder zur Verschickung anzumelden. Ein Massen-Exodus setzte ein, besonders nachdem die Schulen geschlossen worden waren. Manche Eltern fanden für ihre Kinder bei Verwandten und Bekannten Unterkunft, andere nahmen die staatlichen Angebote der Verschickung schul- oder klassenweise in Begleitung von Lehrkräften in Anspruch. Bei der „Verschickung durch die NSDAP im Rahmen der Erweiterten Kinderlandverschickung" (KLV) - das Wort Evakuierung war verboten - hatten die Behörden die Zielgebiete unterschiedlich aufgeteilt. Für den „Entsendegau" Berlin waren als „Aufnahmegaue" die Mark Brandenburg, Ostpreußen und das Wartheland vorgesehen. Das zum Bistum Berlin gehörende, als „bombensicher" geltende Pommern war dem „Gau Westfalen-Süd" zugeteilt. Die von dort stammenden Kinder und Jugendlichen waren überwiegend katholisch und kamen nun in ein ausgesprochenes Diasporagebiet. Hier wie anderswo entstanden erhebliche Schwierigkeiten und direkte Behinderungen bei der religiösen Unterweisung der Kinder und Jugendlichen. Bischof Berning intervenierte zwar namens der west- und norddeutschen Bischöfe beim Reichskirchenminister und beim Reichserziehungsminister gegen die repressive Praxis. Aber er erhielt vom Reichsleiter für NS-Jugenderziehung, Grüttner, lediglich am 16. Mai 1941 die knappe Mitteilung: „In Anbetracht der Tatsache, daß es sich bei den Lagerinsassen um Angehörige aller Glaubensrichtungen handelt, kann ich im Interesse der Einheitlichkeit der Lagerführung keinen religiösen Unterricht dulden in den Lagern."[57]

In der obengenannten Denkschrift des deutschen Episkopats vom 10. Dezember 1941, die zum Leidwesen des Ordensausschusses nur ein unvollkommener Ersatz des geplanten Menschenrechtshirtenbriefes darstellte und an der mehrere Federn, darunter die Preysings, mitgeschrieben hatten und die von Bertram in der Endredaktion entschärft worden war, wurde jedoch u.a. beklagt, die Jugend werde „in staatlichen Jugendorganisationen, in Landjahrheimen und Arbeitsdienstlagern, vielfach sogar in den Schulen und in den Heimen der erweiterten Kinderlandverschickung im widerchristlichen Sinne beeinflußt und von der Teilnahme an Gottesdienst und religiösen Veranstaltungen ferngehalten"[58]. Dieser Passus blieb auch in dem Hirtenbrief der deutschen Bischöfe erhalten, der am 22. März in einigen Diözesen im ursprünglichen Text verlesen wurde, in anderen überhaupt nicht.

Die praktische Durchführung stieß besonders im Wartheland auf erhebliche Probleme. Durch die Verhaftung zahlreicher polnischer Seelsorger waren viele Pfarreien verwaist. Der als Apostolischer Administrator eingesetzte deutsche P. Hilarius Breitinger OMF Conv. verdeutlichte den seelsorglichen Notstand mit folgenden Zahlen: Im Erzbistum Posen waren bei Kriegsbeginn 828 Welt- und Ordensgeistliche tätig. Am 10. Oktober 1941 war diese Zahl auf 51 gesunken, während 82 weitere Geistliche keine Seelsorgserlaubnis hätten. In kirchlichen Kreisen herrschte damals die Auffassung, daß der „Warthegau" das Modell- und Experimentierfeld der NS-Kirchenpolitik war, die nach dem „Endsieg" dann für ganz Deutschland gelten sollte. P. Breitinger betonte in einem Brief an Kardinal Bertram am 23. November 1942 besonders die Tatsache, daß es Jugendliche seien, „die in großen Mengen in das Wartheland wandern müssen und hier in Kinder-Landheimen, Lehrlingsheimen und Arbeitsdienst-Lagern, wie auch in einzelnen Familien, anläßlich ihres Landjahr-Dienstes oder ihrer Berufsausbildung, eine neue Heimat finden sollen"[59]. Obwohl im Bistum Berlin durch die zum Wehrdienst einberufenen Kapläne ein personeller Engpaß bestand, stellte der Bischof Kaplan Robert Lange, den späteren Diözesanjugendseelsorger, zur Seelsorge für die etwa 150 KLV-Lager im Wartheland frei, in denen überwiegend Berliner Kinder untergebracht waren. Generalvikar Prange beantragte beim Reichserziehungsministerium die Zulassung Langes für diese Aufgabe. Er erhielt dort die Antwort, daß die Entscheidung darüber in der Hand von Reichsstatthalter Arthur Greiser liege. Letzterer lehnte jedoch den entsprechenden Antrag ab. Über die Tätigkeit von Kaplan Lange ist lediglich bekannt, daß er ab Dezember 1944 als Pfarrer in Konin tätig war und Mitte Januar 1945 nach Berlin zurückgekehrt ist.

Der ermländische Bischof Maximilian Kaller hatte bereits auf der Fuldaer Bischofskonferenz im August 1940 die Frage gestellt, ob nicht in wenigen Jahren die „ganze Kirche in Deutschland völlig umgeschichtet" werde. Der von ihm geprägte Begriff der „Wandernden Kirche" bedeutete eine pastorale Herausforderung, die neue Wege der Seelsorge nötig machte. Kaller beklagte vor seinen Mitbischöfen, viele katholische Christen seien „mit ihrer Religion schnell zu Ende, wenn sie nicht mehr von der ‚ruhigen, heimatlichen Umwelt' gehalten werden". Und noch trauriger sei „das langsame Erliegen, die Aufsaugung auch bester katholischer Substanz in katholischer Gegend von der Übermacht einer glaubensfremden, ja glaubensfeindlichen Umwelt". Die Konsequenz formulierte Kaller geradezu provokativ: „Die Wandernden sind das ständige Gericht der Gemeinde; die Abwandernden das Gericht über ihren Glauben, die Zuwandernden über ihre Liebe." Der in Sorge für die „Wandernde Kirche" beauftragte ermländische Oberhirte bot gleichzeitig seinen Mitbischöfen einen Hirtenbrief an, der diese pastoralen Probleme aufgriff und zu beantworten versuchte.[60]

Aus dem Protokoll der Plenarkonferenz des deutschen Episkopats vom August 1940 geht hervor, daß die deutschen Diözesen gebeten wurden, durch „Vermittlung des Katholischen Seelsorgedienstes Berlin W 8, Behrenstraße 66, geeignete Geistliche" für die Seelsorge an der Wandernden Kirche zur Verfügung zu stellen. Akten über die entsprechenden Reaktionen sind in Berlin nicht auffindbar. Bekannt ist jedoch, daß das Erzbistum Paderborn dem Berliner Bistum mehrere Seelsorger zur Verfügung gestellt hat, vornehmlich für die Betreuung von „Bombenflüchtlingen" in Pommern. Sie erhielten von Bischof Preysing ein Anstellungsdekret als „exponierter Lokalkaplan" und wohnten häufig sehr beengt in Pfarrhäusern oder in provisorisch gemieteten Räumen. Bei dem aus der Not geborenen innerkirchlichen Lastenausgleich übernahm das Heimatbistum die Kosten.

Bischof Preysing ließ den von Kaller angebotenen Hirtenbrief über die „Kirchliche Sorge für die wandernden Katholiken“[61] im Berliner Bistum am 22. Juni 1941 verlesen. Das ganz pastoral gehaltene Bischofswort, das die Binnenwanderung als eine Prüfung auf die Stabilität des Glaubens darstellt, rief gleichzeitig zu sehr konkreten Konsequenzen auf. Dazu gehörte besonders die Aufforderung, alle „Wandernden und Umziehenden“ dem Seelsorger zu melden, ausgenommen Angehörige der Wehrmacht. Selbstmeldekarten sollten in geeigneter Weise in der Kirche ausgelegt werden. Das Pfarramt sollte die neuen Adressen möglichst unmittelbar an das für den Ankunftsort zuständige Pfarramt weitergeben.

Als die Seelsorger des Berliner Bistums an diesem schicksalsbeladenen Sonntag - es war der Beginn des deutschen Überfalls auf die UdSSR - diesen Hirtenbrief verlasen, konnte niemand ahnen, daß wenige Jahre später das Problem der „Wandernden Kirche“ durch die schier endlosen Flüchtlingstrecks, die der näherkommenden Front entrinnen wollten, und durch die Vertreibung von zehn Millionen Deutschen aus den Gebieten jenseits von Oder und Neiße unter anderen Bedingungen eine neue Dringlichkeit erhalten sollte.

Unsere Schuld war es, daß wir ihre Gefährlichkeit nicht ernst genug genommen haben

Heinrich Wessels/Demmin

XV

Der „Fall Stettin“

Verfälschte Geschichte zu DDR-Zeiten - Schwerdtfeger als Hauptinformant - Preysings Besuche bei Verurteilten - Behrenstraße 66 ausgebrannt

Die deutsche Kriegswirtschaft nutzte von Anfang an das Arbeitskräftepotential der eroberten und besetzten Länder rücksichtslos aus. Schon unmittelbar nach Ende des Polen-Feldzuges wurden polnische Bürger zwangsrekrutiert und als „Fremdarbeiter“ nach Deutschland verbracht. Sie mußten ein großes „P“ auf der Kleidung tragen und wohnten zumeist in abgeschlossenen Behelfsunterkünften. Später wurden Hunderttausende aus den westeuropäischen Ländern und aus dem eroberten Territorium der UdSSR zwangsverpflichtet und zum Bau von Verkehrs- und Befestigungsanlagen und in der Rüstungsindustrie eingesetzt. Formale Grundlage dafür war ein „Führer-Erlaß“ vom 21. März 1942. Darin wurde der Einsatz „sämtlicher verfügbarer Arbeitskräfte einschließlich der angeworbenen Ausländer und die Kriegsgefangenen sowie die Mobilisierung aller noch unausgenutzten Arbeitskräfte im Großdeutschen Reich einschließlich des Protektorates sowie im Generalgouvernement und in den besetzten Gebieten“ angeordnet, um Kriegswirtschaft und Rüstung zu sichern.[1] Die „rassisch minderwertigen“ Ostarbeiter aus der Ukraine und Weißrußland - großenteils Frauen - litten besonders unter dem Lagersystem und dem niedrigen Lebensstandard. Auf der einen Seite traf sie der Überlegenheitsdünkel mancher Angehöriger der „Herrenrasse“, andererseits weckten sie Mitleid und Achtung für ihren Fleiß. „Sie wollten so gar nicht in das indoktrinierte Bild vom ‚slavischen Untermenschentum‘ passen, und die Machthaber sahen sich deshalb gezwungen, propagandistisch in der Bevölkerung gegenzusteuern.“[2]

Der „Generalbevollmächtigte für den Arbeitseinsatz“, Fritz Sauckel, stellte im März 1944 fest, daß von den nach Deutschland dienstverpflichteten fünf Millionen Fremdarbeitern - ihre Zahl stieg später auf über sieben Millionen -

höchstens 200 000 freiwillig gekommen seien. Während dienstverpflichtete Arbeiter aus westeuropäischen Ländern an deutschen Gottesdiensten teilnehmen durften, war Polinnen und Polen diese Teilnahme streng untersagt. Lediglich Sondergottesdienste waren sporadisch erlaubt. Verschiedene deutsche Seelsorger ließen sich vom Verbot der Polenseelsorge nicht abhalten und übersahen das „P“ auf der Kleidung der Gottesdienstbesucher. Einzelne Priester im Bistum Berlin wurden denunziert, verhaftet und in Konzentrationslager eingewiesen. Dazu zählten der 1940 verhaftete Pfarrer Adolf Nolewaika aus Demmin, der bis 1945 im KZ Dachau war, der 1941 inhaftierte Rathenower Pfarrer August Froehlich, der 1942 im KZ Dachau starb, sowie der im gleichen Jahr verhaftete Pfarrer von Swinemünde, Paul Adamus, bis 1945 im KZ Dachau, und der 1942 inhaftierte Pfarrer Joseph Lenzel aus Berlin-Niederschönhausen, der im gleichen Jahr im KZ Dachau umgekommen ist.[3] Jede Verhaftung riß eine neue Lücke in der Pfarrseelsorge. Das sollte im Jahr 1943 noch dramatisch zunehmen.

In der Nacht vom 4. zum 5. Februar 1943 begann die Verhaftungsaktion in den Nord-Dekanaten des Berliner Bistums. Sie war der größte konzentrierte Schlag der Gestapo gegen katholische Christen in der NS-Zeit und ist als „Fall Stettin“[4] in die Geschichte des NS-Kirchenkampfes eingegangen.

Die Gestapo-Aktion war in der Stapoleitstelle Stettin monatelang logistisch vorbereitet worden mit dem Ziel, den seit seinem Aufenthalt im KZ Dachau politisch besonders verdächtigen Innsbrucker Prälaten Dr. Carl Lampert zu observieren und darüberhinaus den Klerus der Hafenstadt Stettin auszuhorchen. Diese Aufgabenstellung stand ganz im Einklang mit Weisungen, die SS-Sturmbannführer Albert Hartl, Leiter der Gruppe IV B „Politische Kirchen, Sekten, Freimaurer, Juden“, ausgegeben hatte. Auf einer Konferenz im RSHA in der Berliner Prinz-Albrecht-Straße, der Befehlszentrale für die gesamte Verfolgungs- und Vernichtungspolitik des „Dritten Reiches“, hatte er am 22. September 1941 vor 141 für Kirchenfragen zuständigen Sachbearbeitern von Stapoleitstellen und anderen Gestapo-Außenstellen in „Großdeutschland“ die zukünftige konkrete Politik in folgenden Punkten zusammengefaßt: „Vermeidung aller größeren Aktionen und Maßnahmen gegen die Kirche und ihre Einrichtungen; Einstellung der Maßnahmen gegen Klöster, auch der getarnten Maßnahmen dieser Art; in Einzelfällen ist nach wie vor einzuschreiten, jedoch ist in jedem Fall dem RSHA zu berichten; in besonders schwierigen Fällen wird die Entscheidung des Führers eingeholt; es ist in der Hauptsache dafür zu sorgen, daß die Kirche keine Positionen zurückerobert; wir sollen uns darauf beschränken, bisher eroberte Positionen zu halten; das Hauptgewicht ist auf die kirchenpolitische Nachrichtentätigkeit zu richten; jegliches Material, das irgendwie von Bedeutung ist oder Bedeutung erlangen könnte, ist sorgfältig zu sammeln...; das Nachrichtennetz ist mit größter Sorgfalt zu pflegen und durch Gewinnung neuer V-Personen auszuweiten; insbesondere wird Wert gelegt auf Verbindungen kirchlicher Kreise zu Staatsstellen.“[5]

Diese Befehlsausgabe, wenige Wochen nach den aufsehenerregenden Galen-Predigten, lief auf einen gebremsten Kirchenkampf hinaus. Sie ließ aber genügend Freiraum, um im Einzelfall mit aller Härte vorgehen zu können. Hartl hat bei einer Vernehmung im Jahre 1968 die Meinung vertreten, bei der Tragweite des „Falles Stettin“ hätte wohl der Chef des RSHA, SS-Gruppenführer Heinrich Müller, das Startsignal höchstpersönlich gegeben und die Letztverantwortung getragen.

Die Stettiner Gestapo rüstete den 26-jährigen SS-Bewerber Franz Pissaritsch mit falschen Papieren auf den Namen „Ingenieur Georg Hagen" aus. Er fand im Sommer 1942 schnell Kontakt zu Dr. Carl Lampert, wobei ihm sein österreichischer Charme das Vorgehen erleichterte. Er gewann auch das Vertrauen verschiedener anderer Seelsorger in Stettin, dem heute polnischen Szczecin, und in der Umgebung. Nach jeder Begegnung mit Priestern, Ordensschwestern und Laien notierte er deren regimekritische Äußerungen und schuf so die Voraussetzungen für die Verhaftungen, Hausdurchsuchungen und späteren Verhöre.

Bei der überraschenden Aktion in Stettin und auf der Insel Usedom, die einen beträchtlichen Einschüchterungseffekt unter der Bevölkerung bewirkte, wurden insgesamt etwa 40 Personen festgenommen, „darunter neun Ausländer (Polen und Holländer), wegen dringenden Verdachts der Vorbereitung zum Hochverrat, der Zersetzung der Wehrkraft, wegen Verbrechen gegen das Rundfunkgesetz und die Kriegswirtschaftsordnung", wie es in der in Berlin herausgegebenen „Meldung staatspolizeilicher Ereignisse"[6], vom 28. Mai 1943 hieß. Es habe sich bei allen Festgenommenen um „fanatische Katholiken" gehandelt, die der erwähnten Straftaten überführt und geständig seien. „Kennzeichnend für den Einfluß der katholischen Kirche" sei es, „daß sie die konfessionelle Bindung von Wehrmachtsangehörigen und höheren Beamten für ihre Zwecke ausnutzte". Neben dem katholischen Klerus sei ein Marineintendanturrat, gemeint ist der aus Berlin-Köpenick stammende und später in Brandenburg-Görden hingerichtete Amtsgerichtsrat Rudolf Mandrella, „besonders aktiv beteiligt"[7]. Die „Wühlarbeit der katholischen Geistlichen" habe zugenommen, „je größer die Schwierigkeiten im vergangenen Winter an der Ostfront wurden", hält der Verfasser der Gestapo-Meldung fest. Aus dem Bistum Berlin wurden u.a. inhaftiert: Propst Ernst Daniel, Kaplan Herbert Simoleit, P. Friedrich Lorenz OMI, sämtlich aus der Stettiner Propsteigemeinde, Kuratus Leonhard Berger aus Zinnowitz, Pfarrer Werner Bunge aus Stettin, Pfarrer Vincenz Plonka aus Wolgast und Pfarrer Albert Hirsch aus Louisenthal. Hinzu kamen Provikar Dr. Carl Lampert[8] aus Innsbruck und Prälat Dr. Jakob Weinbacher aus Wien. Im St. Otto-Heim in Zinnowitz wurde Sr. Oberin Raphaela, eine Marienschwester mit bürgerlichem Namen Luise Feike, verhaftet und in Stettin der Küster Valentin Witek und die Haushälterin Therese Wittelsbach. Auch die Pfarrer Paul Bartsch aus Cammin und Karl Böhmer aus Bergen/Rügen kamen in den Strudel des „Falles Stettin" und wurden darüber hinaus wegen unerlaubter Polenseelsorge verhaftet und verurteilt. Später gerieten Pfarrer Dr. Alfons Maria Wachsmann, Kaplan Friedrichkarl Förster und Kaplan Dr. Karl Renner aus Greifswald ebenfalls in die Fallstricke der Gestapo.

Der „Fall Stettin" wurde von Historikern der ehemaligen DDR im Sinne des von der KPD dominierten „antifaschistischen Widerstandskampfes"[9] interpretiert. Es war für die parteilich gelenkte Geschichtsschreibung bis 1989 typisch, den kommunistischen Widerstand derart überhöhend ins Licht zu rücken, daß nichtkommunistische Männer und Frauen des deutschen Widerstandes zwangsläufig in den Schatten geraten mußten und damit marginalisiert wurden. Hinzu kam, daß jedes Mitglied des deutschen Widerstandes an seiner Einstellung zur KPD und zur UdSSR gemessen wurde. Christen hatten bei dieser unwissenschaftlichen Betrachtungsweise mit den Etiketten „fortschrittlich" und „reaktionär" verständlicherweise wenig Chancen. Erheblichen Anteil an dieser Akzentsetzung und Uminterpre-

„Ich präsentiere Ihnen jetzt einen Schweizer Sender!'

Das Stettiner Sondergericht sprach Todesurteil und harte Freiheitsstrafen gegen Rundfunkverbrecher aus — In gehässiger Weise Feindpropaganda erörtert — Andere Angeklagte in der eigenen Wohnung zum Abhören von Auslandssendern aufgeforder

*sch Stettin, 6. Juli.

Das Stettiner Sondergericht verhandelte gegen eine Reihe von Personen, die sich des gemeinsten Verbrechens gegen die geistige Wehrhaftigkeit unseres Volkes schuldig gemacht hatten. Es wurden wegen Abhörens feindlicher Sender und Weiterverbreitung der jüdischen Lügenagitation unter Bezugnahme auf die Außerordentliche Rundfunkverordnung vom 1. September 1939 verurteilt:

Der 58 Jahre alte Küster Valentin Wietek aus Stettin, Greifenstraße 3, zum Tode und Verlust der bürgerlichen Ehrenrechte, der 48 Jahre alte Pfarrer Albert Hirsch aus Louisenthal, Kr. Naugard, zu vier Jahren Zuchthaus und fünf Jahren Ehrverlust, der 51 Jahre alte Johann Ziob aus Zinnowitz, Alte Strandstraße 6, zu drei Jahren Zuchthaus und drei Jahren Ehrverlust, die 36 Jahre alte Margarethe ter Morsche aus Zinnowitz, der 52 Jahre alte Hans Krabbenhöft aus Zinnowitz, Alte Strandstr. 8, und der 52 Jahre alte Georg Riebe aus Stettin, Bismarckstraße 26, zu je zwei Jahren Zuchthaus und drei Jahren Ehrverlust; ferner die 52 Jahre alte Therese Wittelsbach aus Stettin, Greifenstraße 3, und der 71 Jahre alte Ewad Thurow aus Wolgast, Bismarckstraße 9, zu je einem Jahr Gefängnis, und schließlich die 42 Jahre alte Martha Krabbenhöft aus Zinnowitz, Alte Strandstraße 8, zu zwei Monaten Gefängnis. Die Rundfunkapparate sämtlicher Angeklagten wurden eingezogen.

Das Sondergericht hatte sich in diesen Fällen mit kleinen Teilausschnitten eines im Hintergrund stehenden größeren Verfahrens zu befassen, das vor anderen Gerichten abgeurteilt werden wird.

„Bei mir werden Sie die Wahrheit hören!"

Der Angeklagte Wietek hat als Küster der Katholischen Kirche seine Dienstwohnung und seinen Rundfunkapparat dazu benutzt, feindliche Nachrichten in deutscher Sprache zunächst allein zu hören. Er hat sich jedoch damit nicht begnügt, sondern späterhin die Lügenmeldungen englischer, amerikanischer und anderer ausländischer Sender innerhalb seines Hauses auch noch verbreitet. Auf die Einwendungen und Warnungen seiner Mitbewohner hörte er nicht. Er brachte sie sogar dazu, in seiner Wohnung mitzuhören: „Ihnen wird scho die Lust vergehen, so dämlich zu reden. Be mir werden Sie die Wahrheit hören; Sie sin ja noch vollkommen dumm!" Auch seine Zahntechniker brachte er mit in seine Wohnung, um ihm Gelegenheit zu geben, dort feind liche Rundfunknachrichten zu hören. Er ha das Gehörte dann mit seinen Besuchern in ge hässigster Weise erörtert.

Wietek hat jahrelang feindliche Rundfunk nachrichten verbreitet und eine Einstellung ge zeigt, die als staatsfeindlich bezeichnet werde muß. Ein Verbrechen in diesem Umfang is dem Landesverrat gleichzuachten! Es kan kaum einen Fall geben, der noch schwere wiegt. Das Urteil gegen Wietek ist als War nung für alle die anzusehen, die glauben, klüge zu sein und mehr zu wissen als die übrige Volksgenossen, wenn sie feindliche Rundfunk nachrichten abhören. Das Sondergericht ver kennt — je länger der Krieg dauert — nich seine Pflicht und Verantwortung gegenüber de Volksganzen, solche Elemente unschädlich z machen.

„Versuchung aus Einsamkeit"

Auch alle anderen Angeklagten haben, sofer sie mit Zuchthaus bestraft worden sind, nic nur feindliche Rundfunknachrichten abgehör sondern auch verbreitet. So hat der Angeklag Pfarrer Hirsch etwa alle acht Tage den Lon doner Sender eingestellt und auch anderen G legenheit gegeben, Feindnachrichten zu höre Gerade er als katholischer Geistlicher hätte d [illegible]

Swinemünder Zeitung vom 6.Juli 1943

Domvikar Bernhard Schwerdtfeger informierte Preysing über Ablauf und Umfang des "Falls Stettin". Die heute im Sonderarchiv Moskau liegenden Akten des RSHA, der Gestapo Stettin und des SD Abschnittes Stettin können vermutlich die gegenwärtig noch offenen Fragen der größten Verhaftungsaktion während des Kirchenkampfes beantworten

Geheime Kommandosache! 00135

StPL 2.Senat 78/44
RKA. I 351/43.

Haftsache!

28.3.45.

22 Abdrucke

Im Namen
des Deutschen Volkes!

Feldurteil.

In der Strafsache gegen
den ehem. Provikar Karl Lampert aus Stettin
wegen Spionage
hat das Reichskriegsgericht, 2.Senat, in der Sitzung vom 8.September 1944, an der teilgenommen haben
als Richter:
Generalstabsrichter beim Reichskriegsgericht Biron, Senatspräsident,
Vizeadmiral Arps,
Oberst Röhrs,
Oberst Matthey,
Oberkriegsgerichtsrat Vollbrecht,
als Vertreter der Anklage:
Generalstabsrichter beim Reichskriegsgericht Dr.Kraell, Oberreichskriegsanwalt,
Oberstrichter Dr.Speckhardt,
als Urkundsbeamter:
Reichskriegsgerichtsoberinspektor Wagner,
für Recht erkannt:
Der Angeklagte wird wegen Spionage zum Tode und zum dauernden Verlust der Ehrenrechte verurteilt.
Sein Vermögen wird eingezogen.

Von Rechts wegen.

Gründe:

Im Prozeß gegen Prälat Lampert stand Aussage gegen Aussage. Das Reichskriegsgericht schloß sich den Beschuldigungen des Gestapospitzels an und fällte das Todesurteil

In der ehemaligen Propsteikirche St. Johannes der heutigen polnischen Hafenstadt Szczecin wurde anläßlich einer Wallfahrt Berliner Katholiken am 12. November 1994 eine Gedenktafel enthüllt, die in deutscher und polnischer Sprache an die Blutzeugen des "Falles Stettin" erinnert

tation des „Falles Stettin" hatte der 1943 in Zinnowitz mitverhaftete Hans Krabbenhöft. Er war zu zwei Jahren Zuchthaus verurteilt worden, wurde am 7. Mai 1945 vom sowjetischen Ortskommandanten als Bürgermeister von Zinnowitz eingesetzt und trat der KPD und später der SED bei. Nach dieser Lesart sei nicht Prälat Dr. Lampert, sondern der in Zinnowitz lebende niederländische Kommunist Johannes ter Morsche die Schlüsselfigur des Geschehens gewesen. Ter Morsche selbst hat diese Parteizugehörigkeit vor Gericht allerdings bestritten und auf seinen Beitritt zur niederländischen nationalsozialistischen Mussert-Bewegung hingewiesen, vermutlich jedoch eine bloße Schutzbehauptung. Der Oberreichsanwalt beim Volksgerichtshof warf ihm in der Anklageschrift [10] jedenfalls „im Laufe des Jahres 1942 betriebene kommunistische Zersetzungspropaganda" vor. Außerdem habe er „durch die Weiterverbreitung feindlicher Rundfunknachrichten zugleich auch den Feind begünstigt". Beim Abhören von Auslandsnachrichten waren mehrfach befreundete Kollegen aus den Niederlanden, Polen und Deutschland anwesend, darunter auch der SS-Bewerber Franz Pissaritsch, alias Ingenieur Hagen. Ter Morsche erzählte diese Nachrichten auch wiederholt jenen weiter, die irgendwann nicht mitgehört hatten, u.a. dem zeitweilig in Zinnowitz wohnenden Prälat Dr. Lampert, Pfarrer Plonka aus Wolgast und zwei Marienschwestern des St. Otto-Heimes. Katholischer Treffpunkt war für viele damals das „Waldhaus" in der Nähe des als Reservelazarett eingerichteten St. Otto-Heimes. Eigentümer des „Waldhauses" war der gastfreundliche Wolgaster Pfarrer Plonka, der hier seinen Besuchern mehrfach das Abhören ausländischer Sender ermöglichte. Die sicher sehr freimütigen Gespräche sind zu DDR-Zeiten von kommunistischer Seite zu Gesprächen eines Widerstandskreises hochstilisiert worden.

In den Vernehmungen hat Dr. Lampert zugegeben, im Sommer 1942 mit ter Morsche „wiederholt politische Gespräche deutschfeindlichen Inhalts" geführt zu haben. Der Niederländer habe Deutschlands Niederlage gewünscht, damit die Niederlande wieder „frei" würden und er dorthin zurückkehren könne. Lampert habe ter Morsche in seiner Auffassung bestärkt und darüberhinaus in einem Gesprächskreis mit ausländischen Arbeitern in der Wohnung des Niederländers „staatsfeindliche Witze" erzählt. Nach Aussagen bei der Vernehmung von Gesprächsteilnehmern - die zumindest in der Tendenz wohl zutreffend sind - hat Dr. Lampert u.a. erklärt, die Deutschen hätten in Österreich das Volk „mit denselben Methoden behandelt", wie sie heute in Polen angewendet würden. Er soll staatsfeindliche Witze erzählt und den Nationalsozialismus als eine „auf Unrecht aufgebaute Weltordnung" bezeichnet und die Erwartung ausgesprochen haben, daß „die göttliche Gerechtigkeit siegen" und „die Freiheit für die kleinen Völker" bald kommen werde. Daß sich Dr. Lampert der politischen Brisanz dieser Gespräche mit den ausländischen Katholiken bewußt war, geht daraus hervor, daß er seinen Gesprächspartnern einschärfte, nichts über die Kontakte zu ihm verlauten zu lassen und ihn immer nur mit dem Decknamen „Onkel Willi" zu bezeichnen und ihm auch nur unter diesem Decknamen durch Vermittlung des St. Otto-Heimes nach Stettin zu schreiben.

Die am 4. Februar 1943 zeitgleich mit der Verhaftungsaktion in Stettin oder wenig später festgenommenen acht ausländischen Arbeiter in Zinnowitz und Umgebung sind vom Volksgerichtshof am 1. Oktober 1943 ausnahmslos wegen „Vorbereitung zum Hochverrat" verurteilt worden, darunter der Niederländer ter Morsche und der Pole Siekierski zum Tode.

Ter Morsche als Schlüsselfigur des „Falles Stettin“ zu würdigen, muß als parteiliche Überbewertung aus der Sicht befangener DDR-Historiker angesehen werden, zumal der Niederländer unter den insgesamt etwa 40 Verhafteten der einzige war, der entweder in seiner Heimat der kommunistischen Partei angehört oder ihr zumindest innerlich nahegestanden hat. Aus allen Berichten, Anklageschriften und Urteilsbegründungen im „Fall Stettin“ geht dagegen hervor, daß als Hauptperson der österreichische Prälat Dr. Carl Lampert gelten muß. Im Zusammenhang mit seiner Observierung durch seinen Landsmann „Hagen“ stieß man dann auch auf die anderen regimekritisch eingestellten Geistlichen und Laien.

Prälat Dr. Lampert war der einzige Angeklagte im „Fall Stettin“, den das Reichskriegsgericht am 22. September 1944 „wegen Spionage zum Tode und zum dauernden Verlust der Ehrenrechte“ und Einziehung seines Vermögens verurteilte.[11] Hauptbelastungszeuge war wie für viele andere Betroffene der Gestapoaktion der Gestapospitzel Pissaritsch, alias Hagen. Lampert hatte bei seinem Aufenthalt im St. Otto-Heim in Zinnowitz, wo er einen Urlaubsort für seinen Innsbrucker Bischof erkunden wollte, von der Entwicklung der V-Waffen im nahegelegenen militärischen Sperrgebiet Peenemünde erfahren. Als er hörte, daß „Hagen“ als Ingenieur in dieser Heeresversuchsanstalt arbeite, soll er seinem Landsmann dem Sinne nach über diese „große Sache“ am 13. November 1942 folgendes gesagt haben: „Sie haben doch die Pläne dieser Erfindung; wir werden es verantworten können, wenn wir diese Pläne dem Gegner geben; es wäre eine Rettung der Welt... Wir werden den Weg wahrscheinlich über Rom einschlagen... Es ist doch eigentümlich, daß ich dazu nach Stettin kommen mußte, um der Welt eine Erlösung von dieser Nazibarbarei zu geben.“ Insgesamt fanden mehr als zehn Begegnungen Lampert-„Hagen“ statt, bei denen zuletzt auch über Vorsichtsmaßnahmen bei der Beschaffung der Unterlagen gesprochen wurde. Es käme nicht eigentlich auf die Beschaffung der Pläne an, sondern auf die „Lieferung einer Berechnung dahin, welche magnetischen Kräfte erforderlich seien, um das neue Kampfmittel von seinem Ziel abzulenken“. Bei einem Treffen am 21. Januar 1943 soll Lampert erklärt haben, „wenn die Angelegenheit klappen sollte“, d. h , wenn Hagen ihm das geforderte Material gefahrlos beschaffen und übergeben könnte, würde er damit „v.P. gleich fortfahren, und zwar am besten über Rostock“.

War damit nicht der Spionage-Vorwurf gegen den Innsbrucker Provikar bewiesen? Fest steht jedenfalls, daß die inkriminierten Äußerungen ganz und gar in das Persönlichkeitsbild von Dr. Lampert paßten. Schon vor seiner Verbannung war der Gestapo seine schroffe Ablehnung NS-Deutschlands bekannt. Mehrfach ist er in seiner Heimat mit der Geheimen Staatspolizei in Konflikt geraten und wurde schließlich im August 1940 ein Jahr im KZ Dachau inhaftiert. Seine Absage an das NS-Regime vertrat er auch in dem ihm staatlicherseits als Aufenthaltsgebiet bestimmten Pommern und Mecklenburg mit großem Freimut, der schon bis zur Grenze von Unvorsichtigkeit und Leichtsinn ging. Vor Gericht hat er zwar die schwersten Beschuldigungen „Hagens“ zurückgewiesen, das Gericht wies jedoch seine Einlassungen als leicht zu widerlegende Schutzbehauptungen zurück. Die fünf Richter des Reichskriegsgerichtes schenkten stattdessen dem Gestapospitzel und seinen schriftlichen Aufzeichnungen Glauben. Er besitze „eine gute Auffassungsgabe, so daß er imstande ist, das an den Abenden Gehörte unmittelbar darauf oder spätestens am folgenden Tage, wie es nach seiner Bekundung geschehen ist, in einem schriftlichen Bericht einwandfrei niederzulegen“.

Im Zuge der Gestapoaktion fanden verschiedene Haussuchungen statt, so auch im Pfarrhaus der Stettiner Propsteigemeinde. Dabei wurde bei Propst Daniel unter anderem der authentische „Möldersbrief" gefunden,[12] der bei einer länger zurückliegenden Stettiner Jugendveranstaltung verlesen worden war. Englische Flugzeuge hatten später einen gefälschten „Möldersbrief" über dem Reichsgebiet abgeworfen, dessen Verbreitung und bloße öffentliche Erwähnung mit KZ-Haft geahndet wurde. Der Breslauer Kardinal Bertram protestierte am 27. März 1942 bei Reichsminister Lammers gegen die Verhaftung von Priestern seines Erzbistums.[13] Er begründete die große Sympathie für den aus der Gemeinde Heilige Dreifaltigkeit in Brandenburg/Havel stammenden Oberst Werner Mölders damit, daß in der Zeit der „ständigen, hemmungslosen Angriffe gewisser kleiner, aber einflußreicher Kreise in Deutschland gegen Christentum und Kirche" das Beispiel dieses hochdekorierten Jagdfliegers deutlich mache, ein Christ könne auch ein guter Deutscher sein.

Erst dreieinhalb Monate nach der überraschenden Verhaftungswelle im Norden des Berliner Bistums reagierte Preysing offiziell darauf. Warum dieses ungewöhnlich lange Schweigen und Zuwarten? Offenbar erschienen ihm die ersten Nachrichten zu zufällig, bruchstückhaft und unzuverlässig. Das änderte sich erst durch die Mission des jungen, umsichtigen Domvikars Bernhard Schwerdtfeger (1914 - 1981), der in den nächsten Wochen zu einer Schlüsselfigur für authentische Informationen im „Fall Stettin" wurde.

In Preysings Auftrag reiste er am 20. Februar 1943 erstmalig in die pommersche Hafenstadt. Er übernahm die Gottesdienste am Sonntag in der verwaisten Propsteigemeinde, kehrte aber noch am gleichen Tag nach Berlin zurück. Aus Schwerdtfegers Notizbuch geht hervor, daß er nicht nur Generalvikar Prange von der Situation in Stettin in Kenntnis gesetzt hat, sondern auch P. Eduard Gehrmann SVD, den Sekretär von Nuntius Orsenigo. Auf diesem Weg dürfte der Vatikan also bereits frühzeitig von der Verhaftungsaktion im Bistum Berlin informiert worden sein.

Um dem Seelsorgs-Notstand in den von der konzertierten Verhaftungsaktion betroffenen pommerschen Gemeinden zu begegnen, ernannte der Berliner Bischof am 22. Februar 1943 Domvikar Schwerdtfeger zum Pfarradministrator, Klaus Gawlitta zum Kaplan an dieser Gemeinde, Kaplan Dr. Wolfgang Haendly mit Wirkung vom 1. März 1943 zum Pfarradministrator in Wolgast für den verhafteten Pfarrer Vincenz Plonka und später Kaplan Heinz Endres zum Pfarradministrator in Greifswald, nachdem die Gestapo Pfarrer Dr. Wachsmann und seine beiden Kapläne verhaftet hatte.

Bereits einen Tag nach seiner erneuten Ankunft in Stettin suchte Schwerdtfeger am 24. Februar das Polizeipräsidium auf und konnte erstmalig mit dem inhaftierten Propst Daniel sprechen. Darüber und über den Inhalt der späteren Gespräche hat er seinem Notizbuch verständlicherweise kein Sterbenswörtchen anvertraut. Insgesamt zehnmal hat der Domvikar während seiner dreimonatigen Zeit als Pfarradministrator die Gestapo oder das Polizeipräsidium aufgesucht. Aber nicht immer fand er offene Türen. So steht am 6. April die Eintragung im Notizbuch: „Polizeipräsidium: Besuch bei Kpl. Simoleit abgelehnt". Aber trotzdem haben die häufigen Besuche und Kontaktversuche Schwerdtfegers den verhafteten Priestern zumindest das Gefühl vermittelt, daß sie von der wachen Sorge des Bischofs und der Bereitschaft zur Hilfe begleitet waren. Am Osterdienstag konnte der Domvikar sogar einen Gefängnisgottesdienst halten. Ob daran auch die im Zusammenhang mit dem „Fall Stettin" Inhaftierten teilnehmen durften, ist nicht bekannt.

Dreimal reiste Schwerdtfeger während seiner Zeit als Pfarradministrator für wenige Tage nach Berlin, um Bischof und Generalvikar über den neuesten Erkenntnisstand im „Fall Stettin" und über die seelsorglichen Probleme in der pommerschen Hafenstadt zu unterrichten. Die Pastoral stand nicht zuletzt durch die vielen tausend ausländischen Zwangsarbeiter und zahlreichen Kriegsgefangenen, von denen sich viele zum katholischen Glauben bekannten, vor großen Herausforderungen. So hielt Schwerdtfeger beispielsweise auch am Sonntagnachmittag Gottesdienst für polnische Zwangsarbeiter. Durch den verheerenden alliierten Luftangriff am 20. April 1943 sanken große Teile Stettins in Schutt und Asche. Zwei Tage danach fand in der Propsteikirche für einige Zeit der letzte Gottesdienst statt, da der Gottesdienstraum zur Unterstellung von Möbeln ausgebombter Stettiner zur Verfügung gestellt werden mußte.

Am 27. Mai kehrte Domvikar Schwerdtfeger endgültig nach Berlin zurück, nachdem Kuratus Bernhard Hack zum Pfarradministrator in Stettin ernannt worden war. Zwei Tage zuvor, am 22. Mai 1943, hatte Bischof Preysing ein erstes Schreiben an den Reichskirchenminister im „Fall Stettin" gerichtet.[14] Der Pegelstand des bischöflichen Unmuts war abzulesen an der Tatsache, daß der Brief weder Anrede noch abschließende Grußformel enthielt. Schon im zweiten Satz seines Schreibens an das Kirchenministerium beschwerte sich Preysing, daß ihm staatlicherseits bisher „keinerlei Mitteilung über die Inhaftierung" von sieben Priestern seines Bistums aus Stettin und Umgebung zugegangen sei. Auch sei von ihm beauftragten Herren „weder bei der Staatspolizei-Leitstelle Stettin noch beim Geheimen Staatspolizeiamt Berlin eine Auskunft über Grund und voraussichtlicher Dauer dieser Inhaftierung" gegeben worden. „Einem meiner Herren wurde zwar von der Staatspolizei-Leitstelle Stettin das Gerücht dementiert, daß die verhafteten Priester mit dem Auslande in Verbindung gestanden hätten." Aber mit dem Hinweis auf die totalitäre Gleichschaltung der Presse fügte der Bischof hinzu: „Bei der vor Jahren durchgeführten Unterdrückung aller kirchlichen Presseorgane meines Bistums ist es mir nicht möglich, dieses Dementi der Öffentlichkeit mitzuteilen".

Der Berliner Bischof machte in diesem Zusammenhang der propagandistischen Ausweitung der Verhaftungen durch parteiamtliche Kreise in Pommern, hinter der besonders der NS-Gauleiter Schwede-Coburg stand, den Vorwurf, daß eine „Pogromstimmung gegen den katholischen Klerus und gegen die Katholiken" um sich gegriffen habe. Bei der „hochgradigen Beunruhigung" in Stettin durch die jüngsten Luftangriffe sei es natürlich, daß systematisch ausgestreute Gerüchte der Zusammenarbeit von Katholiken mit England zu „Anpöbelungen von Geistlichen in Straßen von Stettin" geführt hätten. Er halte es nicht für ausgeschlossen, daß es noch zu weiteren Ausschreitungen gegen die gesamte katholische Bevölkerung, Priester, Ordenspersonen und Laien in Stettin und in der ganzen Provinz Pommern" komme. Abschließend erklärte Preysing: „Ich halte es daher für meine Pflicht als Bischof, dem Kirchenministerium von der parteiamtlichen, systematisch betriebenen Agitation gegen die katholische Kirche in Pommern Kenntnis zu geben; außerdem bitte ich, staatlicherseits dafür Sorge zu tragen, daß solche Gerüchte (d.h. der Zusammenarbeit mit dem Feind. D.Verf.) nicht nur nicht parteiamtlich genährt werden, sondern daß ihnen auch klar und energisch entgegengetreten wird."[15]

Warum die schriftliche Intervention Preysings erst nach einem Vierteljahr erfolgte, war also durch die Tatsache begründet, daß sich offenbar erst nach den mehrfachen Informationen von Domvikar Schwerdtfeger ein Gesamtbild des „Falles Stettin" ergeben hatte. Der juristisch geschulte Oberhirte war eben zu keiner Stunde ein Mann von „Schnellschüssen". Es ist schwer vorstellbar, daß er je einen Brief aus der ersten Erregung heraus geschrieben hat. Er verfaßte auch keinen Schriftsatz bei ungenügendem Informationsstand, geschweige denn auf der Grundlage einzelner ungeprüfter subjektiver Berichte. Offenbar hat er über Wochen verschiedene Nachrichten aus unterschiedlichen Quellen über die Vorgänge im Norden seines Bistums gesammelt, gründlich analysiert - einzelne Verhaftungen erfolgten mehrere Tage und Wochen nach dem 4. Februar - und sich erst dann mit seinem Protest zu Wort gemeldet. Es könnte außerdem sein, daß Preysing vermutete, selbst vom „Fall Stettin" betroffen zu sein. Sein Sekretär Schwerdtfeger schrieb in dem 1950 erschienenen Buch „Konrad Kardinal von Preysing" - also noch zu Lebzeiten des Bischofs -, die „NS-Gauleitung Stettin" habe dem Berliner Oberhirten eine Falle zu stellen versucht, „um ihn offen als Landesverräter vor Gericht zitieren zu können" [16]. Auch Walter Adolph wiederholte noch 1971 diese Auffassung. [17] Zwar wurde Propst Daniel im Verhör einmal gefragt, ob er nicht Berichte an Preysing zur Weiterleitung an den Vatikan gegeben habe. Auch hat der Vernehmungsbeamte einmal geäußert: „Euch kleine Pinscher müßte man eigentlich frei lassen, einige Wochen Arbeitslager, ja, aber wen man einsperren müßte, das sind eure Bischöfe, den Galen von Münster und euren ‚den Berliner, den Preysing. Das sind die eigentlichen Staatsfeinde und Verbrecher." Aber darüber hinaus gibt es in den heute zugänglichen Akten zum „Fall Stettin" für Schwerdtfegers Vermutung keine Bestätigung.

Der Berliner Bischof war sicher Realist genug, um zu wissen, daß seine Bitte, staatlicherseits die antikatholischen Gerüchte zu dementieren, mehr oder weniger in den Wind geschrieben war, zumal das Reichskirchenministerium längst kaum mehr als eine Briefträgerrolle innerhalb des NS-Herrschaftssystems spielte. Die eigentlich Handelnden mit Entscheidungsbefugnis waren die Gestapo und vielleicht noch Partei-Instanzen. Das Reichskirchenministerium gab dann auch die Eingabe Preysings an die Partei-Kanzlei in München und an den Chef der Sicherheitspolizei und des SD in Berlin weiter.

Martin Bormann, der Chef der Partei-Kanzlei, beantwortete am 14. Juli aus dem „Führerhauptquartier" das Schreiben des Reichskirchenministeriums und bezeichnete Preysings Darstellung als „völlig abwegig" [18]. Eine gegen die katholische Kirche gerichtete Agitation der Partei, „die den erteilten Weisungen widersprechen würde". habe nicht stattgefunden. Allerdings räumte Bormann ein, daß es in Pommern eine Flüsterpropaganda gegeben habe. Sie habe dazu geführt, daß „die Diskussionen über die Inhaftnahme der katholischen Geistlichen ständig an Umfang zunahmen und sich schnell über das ganze Gaugebiet und sogar bis nach Berlin ausdehnten".

Lakonisch und ebenfalls ohne Anrede und Grußformel war am 7. August daraufhin die Antwort des Reichskirchenministeriums [19] an Bischof Preysing. Es hieß lediglich, „nach dem Ermittlungsergebnis sehe ich mich nicht in der Lage, in dieser Sache Weiteres zu veranlassen." Die Ohnmacht und Einflußlosigkeit eines Ministeriums im Machtgefüge des Staates konnte sich kaum überzeugender darstellen.

Preysing brachte das in seiner knappen Empfangsbestätigung vom 12. August[20] folgendermaßen zum Ausdruck: Er entnehme dem Schreiben, „daß die von mir dem Kirchenministerium vorgelegten tatsächlichen Angaben nicht bestritten werden können, daß aber trotzdem das Kirchenministerium nicht in der Lage ist, für die Abhilfe der darin geschilderten Zustände einzutreten".

Natürlich hat dieser bischöfliche Affront das Reichskirchenministerium beträchtlich verärgert. Nach eingehendem Vortrag hat Staatssekretär Büchner entschieden, dem Bischof „eine energische Antwort"[21] zu erteilen. Allerdings wollte man der Angelegenheit „jede unnötige Schärfe" nehmen und diese Antwort Regierungspräsident a.D. Happ, dem Justitiar im Berliner Ordinariat, persönlich im Kirchenministerium übergeben. Das Schreiben begann mit der Feststellung, der zweite Satz des bischöflichen Kurzbriefes habe „verwundert und befremdet". Denn die Kurzfassung des Bescheids sei „im Interesse der Vermeidung unnötiger Schärfe" formuliert worden. Im übrigen wiederholte der Staatssekretär nahezu wörtlich die Argumente, die ihm Martin Bormann geliefert hatte.

Obwohl Preysing nur zu gut wußte, daß seine Interventionen im „Fall Stettin" an der Mauer der totalitären NS-Behörden wirkungslos abprallten, richtete er am 14. Januar 1944 erneut eine Anfrage an das Reichskirchenministerium.[22] Er wies einleitend darauf hin, daß ihm die genauen Daten der Verhaftung mehrerer Priester seines Bistums „wegen Vernichtung sämtlicher Akten in der Brandnacht vom 23. zum 24. November" nicht zur Verfügung stünden. Gleichzeitig erneuerte er die dringende Bitte, daß ihm über möglicherweise bereits verurteilte Priester Kenntnis gegeben werde. Gemeint waren offenbar die vom Militärgericht in Halle im Prozeß gegen „Lampert und andere" am 20. Dezember 1943 verurteilten Geistlichen. Da auch dieses Schreiben ohne Antwort blieb, insistierte der Berliner Bischof am 19. Juni 1944 ein weiteres Mal auf eine Antwort, da er „weiterhin ohne jede amtliche Nachricht über Verurteilungen von Priestern" seiner Diözese geblieben sei. Daraufhin gab es aus dem Reichskirchenministerium lediglich die knappe Auskunft,[23] der Chef der Sicherheitspolizei und des SD habe mitgeteilt, daß er „nach Abschluß der schwebenden Verfahren auf die gesamte Angelegenheit zurückkommen wolle". Handschriftlich findet sich auf einer Kopie dieses Schreibens allerdings die Bemerkung, daß Bischof Heinrich Wienken am 14. Juli im Sinne dieser Auskunft mündlich verständigt worden sei, der seinerseits den Bischof von Berlin unterrichten werde. Erst nach nochmaliger Erinnerung am 26. Oktober gab das Reichssicherheitshauptamt schließlich dem Kirchenministerium am 12. Dezember die zugesagte Auskunft.[24] Danach sei durch die Verurteilung von Prälat Dr. Lampert das „Verfahren zum Abschluß" gelangt. Im einzelnen wurde das Strafmaß der verurteilten Geistlichen Hirsch, Berger, Plonka, Daniel, Lorenz, Simoleit und Lampert mitgeteilt, verschwiegen wurde jedoch, daß Pfarrer Hirsch schon am 22. August 1944 im Zuchthaus Gollnow verstorben war und die drei Stettiner Geistlichen Lampert, Lorenz und Simoleit bereits am 13. November 1944 in Halle enthauptet worden waren. Ob das Reichskirchenministerium in den turbulenten Monaten der Schlußphase des Krieges diese längst überfällige Nachricht überhaupt noch schriftlich an Bischof Preysing weitergegeben hat, ist zumindest fraglich.

Parallel zu den schriftlichen Bemühungen, den spektakulärsten Verhaftungskomplex im Kirchenkampf aufzuhellen, gelenkt von dem Wunsch, nicht in schwebende Verfahren einzugreifen, suchte Bischof Preysing nach Mitteln und

Wegen, die Verhafteten zu besuchen und so ein Zeichen persönlicher Solidarität zu setzen. Wenigstens im Falle des zum Tode verurteilten Greifswalder Pfarrers Dr. Alfons Maria Wachsmann hat der Bischof, so weit heute bekannt, auch diplomatische Kanäle benutzt, um eine Begnadigung zu erreichen. Domkapitular Piossek und Domvikar Schwerdtfeger, die als Beobachter bei der Verhandlung vor dem Volksgerichtshof gegen Dr. Wachsmann am 5. November 1943 anwesend waren, hatten ihn über die vorgebrachten Anklagepunkte eingehend informiert. Als der Pfarrer von Greifswald dann nach vierwöchiger Verhandlungspause am 4. Dezember zum Tode verurteilt wurde, konnte Preysing bereits einen Tag später den Papst um Hilfe bitten. Im Antwortbrief von Kardinalstaatssekretär Maglione vom 10. Januar 1944[25] heißt es u.a.: „Auf Anweisung seiner Heiligkeit habe ich unverzüglich bei der deutschen Botschaft vorgesprochen, die leider nicht glaubte, wirksam intervenieren zu können." Er habe daraufhin versucht, auf einem anderen Weg zu intervenieren, der hoffentlich zu einem besseren Ergebnis führen werde. Er hoffe, daß seine Schritte nicht zu spät kämen. Tatsächlich blieben diese Bemühungen, die vermutlich über die Nuntiatur gelaufen sind, erfolglos. Pfarrer Dr. Wachsmann wurde am 21. Februar 1944 im Zuchthaus Brandenburg-Görden hingerichtet. Ob der Berliner Bischof auch für andere zum Tode verurteilte Priester Gnadengesuche eingereicht hat, ist nicht mit Sicherheit zu sagen. Schriftliche Hinweise dafür sind jedenfalls nicht erhalten. Von Preysings Grundeinstellung her ist einerseits zu vermuten, daß er jeden juristischen Weg gesucht hat, um die Vollstreckung der Todesurteile abzuwenden. Andererseits könnte er auch nach dem Attentat in der „Wolfsschanze" eine persönliche Intervention für völlig aussichtslos gehalten haben. Denn er mußte damit rechnen, daß die „Sonderkommission 20. Juli" auf seine persönlichen Kontakte zu Oberst Stauffenberg und anderen Verschwörern stoßen werde. Wie sehr diese Befürchtung zutraf, belegen die „Kaltenbrunner-Berichte", in denen der Name Preysing mehrfach auftaucht.

Es bedurfte jeweils mühsamer Vorgespräche und entsprechender offizieller Gesuche des Bischofs, um eine Besuchserlaubnis bei den inhaftierten Priestern zu erwirken. Bei der Rekollektio am 8. Dezember 1943 in der St. Franziskus Xaverius-Kapelle in der Kaiserstraße 36a, Nähe Alexanderplatz, berichtete der Oberhirte dem versammelten Berliner Klerus tiefbewegt und mit fast tränenerstickter Stimme von seinem Besuch bei Pfarrer Dr. Wachsmann am Vormittag des gleichen Tages.[26] Er habe mit dem zum Tode verurteilten Greifswalder Pfarrer nur wenige Minuten im Beisein eines Gefängnisbeamten sprechen können. Mit Tränen in den Augen hätten beide voneinander Abschied genommen, wobei Dr. Wachsmann sich nicht einmal seine Tränen abwischen konnte, weil ihm als Todeskandidaten die Hände auf den Rücken gefesselt waren. In einem Brief an Gräfin Stolberg[27] schrieb Preysing einen Tag nach dem Besuch bei Pfarrer Dr. Wachsmann, er könne gar nicht sagen, „wie er mich erbarmt, ein tüchtiger, seeleneifriger Priester. Mir ist für künftige Todesängste ein Trost, sie für alle die, die so leiden, aufzuopfern".

An den befreundeten Grafen Thun schrieb Preysing am 8. Februar 1944, er vertrage „das Leben voll Aufregungen aller Art weit besser" als er hätte erwarten können. Er habe daher auch dem Drängen seiner Angehörigen widerstehen können, die ihn, „wenn auch für kurz, im Süden haben möchten zum Ausspannen - wohl auch im Unterbewußtsein - zur Sicherheit"[28]. So blieb der Berliner Bischof in der Stadt: „Es muß jetzt in diesen schweren Tagen jeder Pfarrer auf seinem Posten sein und erst recht der

Bischof; denn ich habe das Gefühl, daß mein Hiersein und Hierbleiben dem katholischen Volk ein Trost, ja eine Art Beruhigung ist."[29]

Am 23. Juni 1944 trat Preysing eine fünftägige Firmungsreise in die pommersche Diaspora an, ohne zu ahnen, daß es die letzte Pastoralvisite eines Berliner Bischofs in Stettin und östlich der Oder sein sollte. Seit der Ausbombung des Bischöflichen Palais in der Behrenstraße stand ihm kein eigener PKW mehr zur Verfügung, er mußte also für alle Reisen die Reichsbahn benutzen. Erstes Ziel der Reise war die Hafenstadt Stettin, wo der Bischof 140 Kindern das Sakrament der Firmung spendete. Er übernachtete im St. Carolus-Stift, das vom „Fall Stettin" durch die Verhaftung von Prälat Dr. Lampert mitbetroffen war. Von da aus war die Kleinstadt Gollnow - heute Goleniów - östlich von Stettin die nächste Station. Der Direktor des dortigen Zuchthauses ließ Preysing mit einem anstaltseigenen Fuhrwerk am Bahnhof abholen; denn neben der Firmung von 82 Kindern stand ein Besuch Berliner Priester im Zuchthaus Gollnow auf dem Tagesprogramm. Dreißig Minuten konnte der Bischof mit Pfarrer Albert Hirsch, Pfarrer Karl Böhmer und Kaplan Friedrichkarl Förster sprechen. Die drei Berliner Geistlichen, die ins Umfeld der Stettiner Verhaftungsaktion geraten waren, hatten den schikanösen Gestapo-Gefängnisalltag bereits hinter sich und waren im normalen, etwas leichterem Strafvollzug untergebracht. Nach Gollnow besuchte Preysing noch die Gemeinde St. Marien in Altdamm - heute Dąbie - und die Pfarrgemeinde St. Marien in Schivelbein - heute Świdwin - im Dekanat Stargard. In den beiden Gemeinden empfingen insgesamt 285 Kinder das Firmsakrament.

Da die Hauptbeschuldigten im „Fall Stettin", Dr. Lampert, P. Lorenz und Kaplan Simoleit, zur Aburteilung durch das Reichskriegsgericht in das Wehrmachtsgefängnis Torgau überstellt waren, versuchte der Berliner Bischof auch hier eine Besuchserlaubnis zu erhalten. Man hatte von wohlmeinender Stelle geraten, zunächst dem Präsidenten des Reichskriegsgerichtes, Admiral Max Bastian, einen Höflichkeitsbesuch abzustatten. Preysing war sich dafür nicht zu schade, hoffte er doch, dadurch die Stettiner Priester sprechen zu können. Obwohl der Adjutant des Admirals den Höflichkeitsbesuch zunächst blockieren wollte, kam diese Anstandsvisite dann am 11. Juli 1944 doch zustande. Selbst wenn Preysing die Stettiner Geistlichen zunächst nicht sprechen durfte, hatte er wenigstens die bange Hoffnung, daß das in konventioneller Form geführte Gespräch mit Bastian dazu beitragen könnte, in der Hauptverhandlung anstelle der Todesstrafe mehrjährige Haftstrafen zu erwirken. Auch durch einen Höflichkeitsbesuch beim Chefankläger des Reichskriegsgerichts, Oberreichskriegsanwalt Alexander Kraell, glaubte er, die Atmosphäre der kommenden Verhandlung verbessern zu können. Als dann wider Erwarten doch Todesurteile gefällt worden waren - der Verteidiger Dr. Kurt Valentin hatte sich mit seinem Plädoyer für eine Haftstrafe nicht durchsetzen können -, reiste der Bischof am 8. August erneut von Berlin zum Reichskriegsgericht nach Torgau. Er konnte die beiden zum Bistum Berlin gehörenden Todeskandidaten im Fort Zinna, dem Untersuchungsgefängnis des Reichskriegsgerichts, ein letztes Mal sprechen und ihnen den bischöflichen Segen auf den Weg zum Schafott mitgeben. Mit dem Verteidiger der zum Tode Verurteilten, Rechtsanwalt Valentin, führte Preysing ebenfalls ein Gespräch, vermutlich über die Möglichkeiten von Gnadengesuchen. Dagegen war ihm ein Abschiedsbesuch bei Prälat Dr. Lampert verwehrt, da dieser nicht zu seiner Diözese gehörte. Welche Stärkung die besuchten Priester durch ihren mitfühlenden Diözesanbischof in der extremen Grenzsituation der Todeszelle erfahren haben, kann wohl kein Außenstehender je ermessen. Preysing faßte seinen Eindruck so zusammen: „Sie sind noch voller Hoffnung auf Begnadigung, zugleich aber gefaßt und ergeben."[30]

Wann Bischof Preysing den Papst über den „Fall Stettin" informiert hat, läßt sich aus den bisher zugänglichen Akten nicht sagen. Es könnte im Laufe des Sommers 1943 geschehen sein. Jedenfalls ging Pius XII. in seinem Brief an den Berliner Bischof vom 5. September 1943[31] auch kurz auf dieses schmerzliche Kapitel des Kirchenkampfes ein und sagte den „von ebenso gehässigen wie gefährlichen Verleumdungen betroffenen Gläubigen in Stettin und Pommern" ein Wort des Trostes und des Segens. Er nehme an, daß „die Katholikenhetze daselbst von den furchtbaren Ereignissen überholt" worden sei, die Berlin inzwischen getroffen hätten. Diese Hoffnung aus der Distanz des Vatikanstaates war allerdings trügerisch.

Im Herbst 1943 nahmen die alliierten Flächenbombardements auf Berliner Stadtteile an Heftigkeit zu. Unter der Zivilbevölkerung gab es Tausende von Toten und Verletzten und noch mehr Obdachlose. Am 22. November wurde das Schöneberger St. Norbert-Krankenhaus „durch mehrere Bomben-Volltreffer in Schutt und Asche" gelegt. „Fast 70 Insassen des Hauses, darunter 16 Dominikanerinnen und fünf Caritas-Schwestern kamen dabei ums Leben."[32] Die Verlustliste von katholischen Kirchen im Stadtgebiet von Groß-Berlin wurde immer länger. Insgesamt waren zum damaligen Zeitpunkt folgende Gotteshäuser total zerstört: Die St. Hedwigs-Kathedrale, St. Fidelis, St. Robert, St. Laurentius, St. Ansgar, St. Konrad in Schöneberg, St. Bernhard in Dahlem, Mater Dolorosa in Lankwitz, St. Canisius, St. Johannes in Südende und St. Josef in Tegel. Außerdem waren 15 Kirchen so schwer beschädigt, daß sie „zur Zeit unbenutzbar sind."[33]

Der Großangriff alliierter Bomberverbände in der Nacht vom 23. zum 24. November richtete in der Berliner City schwere Schäden an. In der Nacht zuvor konnten Löschtrupps aus der Hausgemeinschaft des Bischöflichen Palais in der Behrenstraße 66 noch alle eingeschlagenen Brandbomben löschen. Aber in dieser Nacht hatten sich die Brandnester in den verschiedenen Etagen bereits so ausgebreitet, daß alle stundenlangen Löschversuche schließlich scheiterten.

Der Bischof hatte im Luftschutzkeller bei Beginn des Angriffs noch die Generalabsolution erteilt und anschließend den schmerzhaften Rosenkranz vorgebetet. Aber wie der Bischöfliche Sekretär, Dr. Wilhelm Wagner, später berichtete, mußte bald der Mauerdurchbruch zum Nachbarhaus aufgeschlagen werden. Alle Personen des Luftschutzkellers gelangten so sicher in die ehemalige russische Botschaft. Das Bischöfliche Palais stand indessen in hellen Flammen. Dr. Wagner: „Exz. hat sehr viel verloren. Sechs Kisten standen für solche Fälle fertig gepackt bereit: Darin die kostbarsten Pontifikalien und das beste Porzellan." Aber es sei nicht mehr gelungen, diese Kisten ins Freie zu schaffen. So seien „fast die ganze Bibliothek, all die Handakten mit den interessanten Korrespondenzen, alle Skripta"[34] verbrannt. Preysing beklagte in einem Brief ebenfalls, daß von seiner Bibliothek nicht viel mehr als das Brevier geblieben sei, fügte aber hinzu: „Deus dedit, Deus abstulit, sit Nomen Domini benedictum! Aber es ist eine neue schwere Situation - ein Bischof ohne Kathedrale, ohne Wohnung und besonders ohne Ordinariatsräume. Aber auch hier: Deus providebit."[35] Gegenüber seinem Nachfolger, dem Eichstätter Bischof Rackl, schrieb

Preysing am 10. Dezember 1943 bereits zuversichtlicher: „Nun heißt es für Berlin von Neuem anfangen; wäre ich nur zehn Jahre jünger! Deus providebit.“[36]

Preysing und seine Begleitung begaben sich zu Fuß am Morgen des 24. November nach einem Frühstück im St. Hedwigs-Krankenhaus zum Bahnhof Gesundbrunnen und von dort in einer überfüllten S-Bahn zum Dominikus-Krankenhaus in Hermsdorf. Gräfin Stolberg teilte Preysing wenige Tage später mit, daß er mit seinen Ordensschwestern im Hermsdorfer Dominikusstift „gut untergebracht“ sei. Gleichzeitig wiederholte er einige Bestimmungen seines Testamentes für den Fall, daß er „diese Zeit nicht überleben sollte“. Aus diesen handschriftlichen Zeilen spricht der besondere Schmerz des Bischofs über den Verlust seiner großen Bibliothek, von der nur eine Kiste gerettet werden konnte. Aber die verlorenen Bücher, die Korrespondenz und die Predigten seien zu verschmerzen, „wenn es mir gelingt, wieder die Diözese aufzubauen“[37].

Preysing fuhr jetzt fast tagtäglich von Hermsdorf in die Berliner Innenstadt, wo in St. Michael behelfsmäßig Ordinariatsräume eingerichtet waren. Er benutzte dabei die oft überfüllte S- und U-Bahn, um in sein „sehr bescheidenes, neues Büro im Südosten“ zu kommen, das „etwas schwach geheizt, sich an Komfort“ nicht mit seiner Kurie in der Behrenstraße messen könne, wie er nach Eichstätt schrieb. Aber er tröstete sich mit einem Merksatz seiner „seligen Mutter“:“Lorsqu’ on ne peut avoir ce qu’ on aime, il faut aimer ce qu’ on a“, - Wenn man nicht haben kann, was man liebt, muß man lieben, was man hat.[38]

Am weitesten unter seinen Amtsbrüdern hat sich Bischof Preysing den Kräften des Widerstands genähert.

Heinz Hürten

XVI

Mit Männern des Widerstands im Gespräch

Gesprächspartner des Kreisauer Kreises - Besuch von Stauffenberg - Die Kaltenbrunner-Berichte

Preysing liebte zeitlebens die leisen Töne. Für lautstarke Reden und für vollmundige Redner hatte er wenig übrig. In einer Talkshow hätte der kühl und zurückhaltend wirkende Bischof heutzutage einen schweren Stand. Sein Charme blühte im kleinen Kreis. Wenn er vertraute Menschen um sich hatte, konnte er aus sich herausgehen. „Dann sprühte er vor Geist. Seine Bonmots blitzten auf wie geschliffene Steine. Anekdote reihte sich an Anekdote, und es war ein Hochgenuß, ihm zuzuhören, ihm, der so viele Menschen aus Kirche und Welt kannte, so viele Länder gesehen, so seltene und so seltsame Begegnungen in seinem Leben gehabt hatte.“ So beschrieb Domprediger Wilhelm Föhrer später treffend den Berliner Bischof.[1]

Die Diskretion, die Feinfühligkeit für die Grenze des eigenen Wortes und für die Weitergabe ihm anvertrauter Informationen, lag Preysing geradezu im Blut. Mitarbeiter bezeichneten die Taktik seiner Verschwiegenheit als „Schottensystem“. Jeder sollte nur das wissen und erfahren, was für seinen Aufgabenbereich von Bedeutung war. Diese fast an Konspiration grenzende Arbeitsmethode war in einem totalitären Staatsapparat, nicht zuletzt aus Sicherheitsgründen, wohlbegründet. Wer von den heiklen Vorgängen nichts wußte und die Namen anderer Beteiligter nicht kannte, konnte bei „verschärften Vernehmungen“ auch nichts aussagen. Wer wollte schon nach einigen Stunden schwerer Folter noch für seine eigene Verschwiegenheit garantieren?

So mancher Besucher mußte erleben, daß der Berliner Bischof im Gespräch eine Mauer persönlicher Unnahbarkeit aufbauen konnte, zumal wenn er Zweifel über die politische Einstellung seines Gegenübers hatte. Er konnte fast einsilbig reagieren, um später kein unbedachtes Wort bereuen zu müssen. P. Hilarius Breitinger OFM Conv., der seit 1934 als Deutschenseelsorger in Posen tätig war, stattete Preysing wenige Monate nach Kriegsbeginn im Auftrag des polnischen Generalvikars Weihbischof Valentin Dymek - der Erzbischof von Posen-Gnesen, Primas Hlond, hatte sich im Exil in Sicherheit gebracht - einen Besuch ab. Er suchte „in einigen wichtigen Fragen" den Rat des Berliner Nachbarbischofs. Breitinger beschrieb den Besuch später so: „Der Bischof behandelte mich mit Eiseskälte und erwiderte stereotyp auf jede Frage: ‚Da kann ich Ihnen keine Antwort geben.' Ich war ganz geschlagen über diese Begegnung. Vier Wochen später suchte ich ihn trotzdem wieder auf, um in einer Sache seinen Rat zu erbitten. Da nun war er wie umgewandelt und sprach vertrauensvoll mit mir über alle Probleme. Als ich meine Verwunderung über diesen Klimawechsel bekundete, erklärte er mir: ‚Inzwischen habe ich meine Erkundigungen eingezogen

Wie kein anderer deutscher Bischof hat Preysing Kontakte zu Männern des Widerstands unterhalten. Wegen der zahlreichen Gespräche mit Graf Moltke, dem Haupt des Kreisauer Kreises, mußte er nach dessen Verhaftung und Verurteilung zum Tode durch den Volksgerichtshof bis Kriegsende selbst mit Verhaftung rechnen

Helmuth James Graf von Moltke mit Sohn Caspar (um 1938)

und weiß jetzt, daß Sie ein vir totus catholicus sind'." Von da an sei Breitinger wiederholt bei Preysing gewesen und habe von ihm „in kirchenpolitischen und Pastoralfragen immer Rat und Hilfe empfangen"[2]. Später, am 10. Februar 1943 in Berlin, saßen beide, der Oberhirte der Reichshauptstadt und P. Breitinger, der Apostolische Administrator für die deutschen Katholiken im Wartheland, bei der Konferenz der für die Seelsorge in den deutschen oder besetzten Ostgebieten Verantwortlichen gemeinsam an einem Tisch.

In der Reichshauptstadt mit ihren zahlreichen Ministerien und Behörden, Parteiinstanzen und Wehrmachtsdienststellen liefen mehr als anderswo im Reich unzählige Informationen zusammen. Berlin war offener und heimlicher Treffpunkt politisch unterschiedlich denkender Menschen und Umschlagplatz von Meinungen, die nicht im „Völkischen Beobachter", dem Zentralorgan der NSDAP, zu lesen waren. Der Bischof von Berlin hatte spätestens seit seinen Hirtenbriefen im Jahre 1937 den Ruf, dem NS-Staat kritisch gegenüberzustehen, weil er den unüberbrückbaren Gegensatz zwischen NS-Ideologie und Christentum klar erkannt hatte. Wer Graf Preysing in der Behrenstraße 66 besuchte, wußte also mit Sicherheit, daß er dort einem Mann der Kirche begegnete, der von den Parolen und Schlagworten des NS-Staates unbeeinflußt war. Leider hat Preysing kein Besucherbuch geführt wie etwa Kardinal Bertram, aus dem Historiker Aufschluß über die jeweiligen Besucher gewinnen können. Aber selbst wenn es geführt worden wäre und die Kriegszeit überdauert hätte, blieben Zweifel, ob alle Gesprächspartner Preysings wirklich verzeichnet worden wären. Denn die Namen mehrerer Besucher in der Behrenstraße und später im Hermsdorfer Dominikus-Krankenhaus hätten andernfalls bei einer Haussuchung zweifellos den Argwohn der Gestapo erregt. Erst nach Kriegsende und teilweise erst nach Preysings Tod ist das ganze Ausmaß seiner Kontakte zu Männern des deutschen Widerstandes bekannt geworden.

Viele Männer, die spätestens seit der Sudetenkrise 1938 auf eine politische Veränderung in Deutschland hinarbeiteten und Staatsstreichpläne schmiedeten, standen auf dem Boden des Christentums und orientierten ihre Entscheidungen am christlichen Gewissen. Wie sehr beispielsweise dem zurückgetretenen Generaloberst Ludwig Beck, der nach erfolgreichem Umsturz als Staatsoberhaupt designiert war, daran gelegen war, Papst Pius XII. über die Staatsstreichpläne ins Bild zu setzen, beweist die „Müller-Mission" im Jahre 1943.[3] Beck war bekannt, daß das ehemalige Mitglied der Bayerischen Volks-Partei und damaliger Abwehr-Offizier Josef Müller, der bereits mehrfach im Auftrag von Admiral Canaris und Oberst Oster in Rom gewesen war, über gute Kontakte zu hochrangigen Persönlichkeiten des Vatikans verfügte. Beck beauftragte jetzt Müller, Pius XII. zu bitten, er möge nach einem geglückten Staatsstreich Bischof Preysing zum Päpstlichen Legaten ernennen. Offenbar hielt er - wie viele andere - den damaligen Nuntius Orsenigo für politisch kompromittiert. Der Berliner Bischof ist von Müller natürlich vorher gefragt worden, ob er diese Aufgabe übernehmen würde. Er sagte zu unter der Voraussetzung, daß diese Ernennung ausdrücklich durch den Papst erfolge.[4] Dabei soll Preysing dem katholischen Abwehroffizier seine Skepsis dem Staatsstreich gegenüber nicht verhehlt haben: „Die Generale zögern so lange, bis die Russen in Berlin stehen; dann werden sie vielleicht versuchen zu handeln."[5] Angenommen, dieses Zitat ist authentisch, wäre es ein Beleg dafür, daß Preysing zumindest allgemein über die Verschwörung der militärischen Opposition informiert war.

Bedeutsamer als diese Zusage zu einer möglichen Beauftragung als „Quasi-Nuntius“ nach einem Staatsstreich war für Preysings Einbindung in Pläne von Männern des deutschen Widerstandes allerdings eine andere, bereits früher stattgefundene Begegnung. Am 5. September 1941, also wenige Wochen nach dem „Fall Barbarossa“, dem Überfall deutscher Armeen auf die UdSSR, besuchte der evangelische Helmuth James Graf von Moltke, damals Sachverständiger für Kriegs- und Völkerrecht, erstmals den Berliner Bischof in der Behrenstraße 66. Vermittelt hatte dieses Treffen der zum Bistum Berlin gehörende Staatsrechtler Professor Hans Peters.[6] Moltke hatte Peters bereits in den zwanziger Jahren bei dessen Vorlesungen an der Breslauer Universität kennengelernt. Peters seinerseits hatte in den ersten Kriegsjahren in seiner Wohnung im Stadtteil Charlottenburg, Herbartstraße 16, zwei „soziale Abende“ veranstaltet, um verschiedene Berliner Katholiken mit dem „Zukunftsmodell Deutschland“ bekannt zu machen, wie es von Helmuth James Graf Moltke, Peter Graf Yorck von Wartenburg und den ihnen Gleichgesinnten vorausgedacht wurde. An den beiden informellen Abenden hatte u.a. auch der Berliner Bischof teilgenommen, ebenso Paul Lejeune-Jung und Bernhard Letterhaus. Die beiden Letzteren sind nach dem „20. Juli“ als Mitverschwörer vom Volksgerichtshof zum Tode verurteilt und hingerichtet worden. Die Gestapo hat später den Widerstandskreis um Moltke nach dessen Gut Kreisau in Schlesien Kreisauer Kreis genannt, während sich die Mitglieder untereinander selbst damals einfach als „die Freunde“ bezeichneten. Er hatte sich aus Männern des Adels und des Bürgertums, aus evangelischen und katholischen Christen, aus Sozialisten und Konservativen gebildet mit dem gemeinsamen Ziel, über eine neue staatliche Ordnung aus christlichen Grundsätzen nach dem Tag X, dem Ende des „Dritten Reiches“, nachzudenken. Der Kreis bestand aus etwa 20 festen „Freunden“ und einer größeren Zahl von Sympathisanten, Mitarbeitern und Mitwissern, die aus Sicherheitsgründen nicht über alles eingeweiht waren. Aus dieser ersten Begegnung Moltkes mit Preysing erwuchs eine Kette intensiver Gespräche, die bis zur Verhaftung Moltkes am 19. Januar 1944 andauerte. Aus der umfangreichen, fast täglichen Korrespondenz des jungen Grafen mit seiner Frau Freya in Kreisau geht hervor, daß die Besuche in nahezu regelmäßigen Abständen stattfanden. Insgesamt 15 teilweise stundenlange Gespräche sind durch diese Briefe bezeugt. Moltke, führender Kopf des Kreisauer Widerstandskreises, lag viel daran, die Kirchen stärker zur Kritik am Regime zu mobilisieren, wobei ihm der Jesuitenprovinzial P. Augustin Rösch, „der Motor des katholischen Kirchenkampfes“ (Ger van Roon), bei der Kontaktaufnahme mit einzelnen Bischöfen half. Am 20. Oktober 1943 schrieb er an seine Frau: „Mittags ging ich dann zu Konrad, mit dem ich eine anstrengende, aber im ganzen fruchtbare Unterhaltung von zweieinhalb Stunden hatte. Er ist doch ein ungewöhnlich kluger und scharfdenkender Mann. Jedenfalls war ich wieder von ihm sehr angetan, wenn auch seine Skepsis bei einem Kirchenfürsten immer etwas arg herabziehend wirkt.“[7]

Preysing und Moltke haben eine breitgefächerte Auswahl an Themen besprochen, darunter auch die verbrecherische Judenpolitik des Regimes und die Bemühungen des „Hilfswerks beim Bischöflichen Ordinariat.“ Am 13. November 1941 besuchte der preußische Graf aus Kreisau den Bischof in Begleitung von Prof. Hans Peters. Letzterer hatte ein Papier über die Stellung der Kirchen im Staat verfaßt, das in dieser kleinen Runde der drei Männer keineswegs auf ungeteilte Zustimmung stieß. Zweiter Gesprächsgegenstand war die Beschlagnahmung des Gesellenhauses und der St. Clemens-Kirche in der Stresemannstraße. In dem Brief an seine Frau vom 14. November 1941 schrieb Moltke es seinem Drängen zu, daß Preysing gegen die „Konfiskation" nun doch Klage erhob. Dritter Gesprächspunkt war die Judenverfolgung. Der Bischof erzählte, daß er am Morgen Juden gefirmt habe, die am Abend nach Litzmannstadt abtransportiert werden sollten; „das sei wohl seine schönste Firmung gewesen"[8]. In diesem Zusammenhang kam auch das Schicksal des am 23. Oktober 1941 verhafteten Dompropstes Lichtenberg zur Sprache. Preysing hatte gerade schriftliche Informationen über Lichtenbergs Vernehmung erhalten. Daraus ging hervor, daß der Dompropst von St. Hedwig die Bitte ausgesprochen hatte, als Seelsorger ins Ghetto Litzmannstadt zu gehen: „Denn was könnte es für einen alten Geistlichen Schöneres geben, als diesen zum Tode geweihten jüdischen Christen beizustehen." Preysing hatte offenbar diese Information über die Vernehmung an Moltke weitergegeben. Denn dieser zitierte in seinem Brief an Freya längere Passagen daraus. Am Ende fügte er in einer Mischung aus Hochachtung vor Lichtenberg und aus Zynismus gegenüber der Gestapo hinzu: „Das ganze ein ehemaliger Zentrumsbonze"[9].

Gesprächsgegenstand zwischen Preysing und Moltke war im Herbst 1942 die Bedeutung und Wirkung von Hirtenbriefen und Predigten in einem totalitären Staat. Moltke plädierte für eine unmißverständliche und deutliche Sprache. Ein Fünfunddreißigjähriger konnte verständlicherweise leichter „Klartext" in der Predigt fordern als ein Zweiundsechzigjähriger, auf dessen Schultern die Verantwortung für ein großes Bistum lag. Moltke teilte seiner Frau jedenfalls mit, er müsse noch zu Bischof Konrad fahren, „um ihm noch eine Stütze für Sonntag einzuziehen"[10]. Gemeint war die Predigt am 15. November 1942 in der St. Hedwigs-Kathedrale, in der Preysing das Thema seines Hirtenbriefes über das Recht vom 20. Dezember erstmalig aufgriff. Moltke urteilte später über diese Predigt: „Das Produkt von Konrad von Sonntag ist gut, aber nicht sehr gut und nicht sehr eindringlich. Es ist an die gerichtet, die hören können, nicht an die Tauben."[11] Aus Moltkes Sicht gewiß eine berechtigte Kritik. Ihm wäre eine flammende, öffentlichkeitswirksame Verkündigung im Stil eines Bischofs von Galen lieber gewesen.

Preysing und Moltke waren sich in der Ablehnung des NS-Staates von vornherein stets einig. Dissens hat es dagegen darüber gegeben, mit welchem Programm die staatliche und gesellschaftliche Neuordnung nach dem Ende der braunen Diktatur dargestellt werden soll. Als erfahrener Jurist wußte der Berliner Bischof, wie prägnant, exakt und unmißverständlich jeder Satz formuliert sein muß, um nicht unterschiedlichen Interpretationen Tür und Tor zu öffnen. Am 10. Juni 1942 schrieb Moltke an seine Frau: „Nachmittags war ich bei Preysing, mit dem ich bis 7.30 über das Kreisauer Programm sprach. Es ging nicht ganz glatt bei ihm und er brachte einige Einwände, die berücksichtigt werden müssen. Leider bin ich mir nicht klar geworden, ob die Einwände sich gegen die Sache oder gegen die Form richten. Am nächsten Mittwoch soll der Kampf weitergehen. Ich muß in der Sache mit ihm klarkommen und wir werden eben solange dabei bleiben, bis es klar ist."[12] Am 17. Juni konnte Moltke berichten: „Um 5 bin ich in der Behrenstr. Das wird heute eine schwierige Unterhaltung werden und es wird wohl auch lange dauern; bis 7 sicher und wahrscheinlich bis 8. Es hängt sehr viel vom Gang der Unterhaltung ab. Ich möchte so sagen: geht sie gut, ist es ein wirklicher Erfolg, geht sie nicht gut, muß man über die Umwege nachdenken, auf denen man Konrad umstimmen kann und das kostet Zeit."[13]

Das Gesprächsergebnis beschrieb der schlesische Graf zwei Tage später optimistisch: „Meine Unterhaltung mit Konrad am Mittwochnachmittag hat wieder zweieinhalb Stunden gedauert, hat aber einen großen Schritt weitergeführt. Ein Großteil der Schwierigkeiten ist überwunden und den Rest werden wir auch noch wegräumen.“[14]

Der genaue Inhalt des kontroversen Gesprächs kann nur vermutet werden. Es könnte um die auf der Ersten Kreisauer Tagung vom 22. bis 25. Mai 1942 behandelten Fragen über Staat und Kirche gegangen sein, bei denen der Jesuitenprovinzial Augustin Rösch den katholischen Standpunkt eingebracht hatte. In den am 27. Mai in Kreisau unterzeichneten Grundsatzerklärungen waren Thesen enthalten, auf die Preysing zumindest mit Skepsis reagiert haben dürfte. Die Präambel „Wir sehen im Christentum wertvollste Kräfte für die religiös-sittliche Erneuerung des Volkes, für die Überwindung von Haß und Lüge, für den Neuaufbau des Abendlandes, für das friedliche Zusammenarbeiten der Völker“ konnte von einem Mann der Kirche zwar nur begrüßt werden. Aber schon der folgende Satz schloß Konsequenzen ein, die schwerlich zu überblicken waren: „Wir begrüßen und anerkennen den bereits erfolgten Zusammenschluß von führenden Männern, bestehend aus je einem Bischof als Vertreter der beiden großen christlichen Bekenntnisse, für eine einheitliche Regelung aller die Gestaltung des öffentlichen Lebens betreffenden gemeinsamen Fragen der christlichen Weltanschauung.“[15] Es könnte aber auch um den Themenkomplex „Schule“ Meinungsverschiedenheiten gegeben haben, zumal die Kreisauer zwar eine „christliche Schule mit Religionsunterricht beider Konfessionen als Pflichtfach“ vorgesehen hatten, zunächst aber keine konfessionellen Privatschulen. Schließlich ist nicht auszuschließen, daß es auch beim Thema „Naturrecht und göttliches Recht“, das auf der Zweiten Kreisauer Tagung vom 16. bis 18. Oktober zur Sprache kommen sollte, Differenzen zwischen Preysing und Moltke gegeben hat.

Der Berliner Bischof ging keineswegs auf alle Vorschläge seines Gesprächspartners ein, als es darum ging, weitere „Freunde“ persönlich kennenzulernen. So lehnte er beispielsweise eine Begegnung mit einem sozialdemokratischen Politiker ebenso ab wie mit Peter Graf Yorck von Wartenburg, und zwar mit der Begründung, er erhalte doch von allen wissenswerten Vorgängen durch Moltke selbst Kenntnis, und es sei sicherer, „den Augen der Gestapo kein Material zu liefern“[16]. Yorck besaß „die integrierende Kraft, zusammenhaltend und ausgleichend“[17] unter „den Freunden“, während Moltke der „Motor“ des Widerstandskreises war, in dessen Hand auch die Verhandlungsführung lag. Nach Moltkes Verhaftung im Januar 1944 und seiner Einlieferung als „Schutzhäftling“ in einen Zellenbau neben dem KZ Ravensbrück war Preysings ablehnende Begründung hinfällig geworden. Er empfing daher Peter Yorck in den Räumen des Ordinariats am Michaelkirchplatz zu einem vertraulichen Gespräch. Yorck überbrachte Moltkes Bitte, Preysing solle bei einer eventuellen Vernehmung durch die Gestapo nichts von Moltkes Reise nach Norwegen aussagen. Er möge auf Befragen lediglich zugeben, daß sich beide über das Naturrecht und derartige Fragen unterhalten hätten. Der genaue Besuchstermin von Yorck in Preysings Büro am Michaelskirchplatz ist nicht bekannt.

Mit Sicherheit hat es erhebliche Differenzen zwischen Preysing und einigen „Kreisauern“ in der Frage gegeben, wie die Hauptverantwortlichen für die NS-Verbrechen zu bestrafen sind. Paulus van Husen, seit 1942 Oberverwaltungsrichter beim Reichsverwaltungsgericht und mit Moltke gut bekannt, hatte 1943 für den Kreisauer Kreis entsprechende Entwürfe erarbeitet. In dieser Zeit hat er mindestens einmal den persönlichen Kontakt Preysings gesucht, vermutlich u.a. zum Problem der „Bestrafung der Rechtsschänder". Es hieß dazu in Husens Entwurf: „Als Rechtsschänder ist zu bestrafen, wer wesentliche Grundsätze des göttlichen und natürlichen Rechts, des Völkerrechts oder des in der Gemeinschaft der Völker überwiegend übereinstimmenden positiven Rechts in einer Art bricht, die erkennen läßt, daß er die bindende Kraft dieser Rechtssätze freventlich mißachtet."[18] Der Katholik van Husen vertrat hier deutlich die katholische Naturrechtslehre, kam aber in diesem Zusammenhang trotzdem zu einer anderen Auffassung als Preysing. Der Berliner Bischof vertrat nämlich in der heiklen Frage rückwirkender Strafbestimmungen kategorisch die Meinung, der Grundsatz „nulla poena sine lege" müsse unbedingt gewahrt bleiben. Moltke hat seiner Frau im Juni 1943 mitgeteilt, van Husen habe versprochen, „die Gesichtspunkte, die Konrad angebracht hatte, bei der Neufassung zu berücksichtigen"[19].

Bereits im Sommer 1942 hatte der Kreisauer Kreis zudem nach einem evangelischen und einem katholischen Bischof Ausschau gehalten, der am Tag X das Programm dieser Widerstandsgruppe durch einen Aufruf in der Öffentlichkeit unterstützen könnte. Gedacht war an eine Verlesung im Rundfunk. Moltke hielt Preysing katholischerseits dafür besonders geeignet, während evangelischerseits an den Württembergischen Landesbischof Theophil Wurm gedacht war. Offenbar ist Moltke bei diesem Plan auf erhebliche Vorbehalte gestoßen. Auch Jesuitenprovinzial Rösch und P. König, die zu Vorbereitungsgesprächen der Zweiten Kreisauer Tagung nach Berlin gereist waren, haben am 30. Juni 1942 „wohl etwa drei Stunden" mit Preysing gerungen. Sie hätten „ihn aber - wie ich - als ein schwer zu knackendes Nüßchen, aber auch nicht unbekehrbar gefunden"[20], bemerkte Moltke. Der Berliner Bischof hatte offenbar schwerwiegende Gründe, die ihm zugedachte führende Rolle bei den Aktivitäten des Kreisauer Kreises abzulehnen. Einmal könnte sein Verständnis vom Bischofsamt, das er nicht dem Primat des Politischen unterordnen wollte, dieser exponierten politischen Vorreiterrolle widersprochen haben. Zum anderen könnte auch die in seinem Wesen liegende Zurückhaltung maßgebend gewesen sein, in ein nicht mehr kalkulierbares politisches Risiko mit ungewissen Konsequenzen für sich und sein Bistum hineingezogen zu werden. Die Kreisauer hatten jedenfalls den Eindruck, Preysing sei erleichtert gewesen, in der Öffentlichkeit nicht die Hauptrolle nach dem Tag X spielen zu müssen. Er hatte an seiner Stelle den Freiburger Erzbischof Conrad Gröber vorgeschlagen. P. Rösch sprach dann zwar mit Gröber, aber ohne den erhofften Erfolg, weil der Erzbischof damals rund um die Uhr von der Gestapo observiert wurde. Ob Moltke daraufhin den Fuldaer Bischof Johannes Dietz für seinen Plan hat gewinnen können, muß offen bleiben. Tatsache ist immerhin, daß Dietz nach dem gescheiterten Attentat am „20. Juli" zahlreiche Schriftstücke im Garten des Bischöflichen Palais hinter der romanischen St. Michael-Kirche verbrennen ließ.

Wie stark Preysingsche Gedanken in einen Strategie-Text des Kreisauer Kreises Eingang gefunden haben, beweist das Arbeitspapier vom 2. Juli 1942, in dem Forderungen für die gemeinsame Weiterarbeit aufgestellt wurden. Darin heißt es u.a.: „Die Themenwahl ist vorgezeichnet in der Predigt Preysings vom 28.6.1942: a) Gott steht über allem Irdischen, vor ihm sind alle Menschen gleich und stehen nicht etwa auf einer höheren Stufe der Manifestation oder Inkarnation. b) Der Mensch wird mit Rechten geboren, die nicht vom Staat abgeleitet, sondern ursprünglich und von Gott gegeben sind."[21] Die angeführte Predigt hatte der Berliner Bischof anläßlich des silbernen Bischofsjubiläums von Papst Pius XII. in der St. Hedwigs-Kathedrale gehalten. Dabei hatte er über das Recht u.a. erklärt: „Wenn die Menschen, ob es sich um den Einzelnen, um größere Gemeinschaften, um Völker handelt, sich nicht an ein unverrückbares, ewiges Gesetz gebunden fühlen, so kann nur Kampf und Streit, Haß und Zwietracht, Unordnung und Chaos entstehen. Wenn tatsächlich Macht Recht schafft und Recht ist, dann kann es kein friedliches Zusammenleben der Einzelnen, der kleineren Gemeinschaften, der Völker geben. Dann muß notwendig der Kampf aller gegen alle einsetzen."[22] (vgl. Preysings Mitarbeit im „Ordensausschuß" 1941 - 1943, S. 161 ff.)

Die Kontakte Preysings zum Kreisauer Kreis liefen nicht nur über Moltke, sondern auch über den als „Kurier" fungierenden P. Lothar König SJ. In dessen Tagebuch sind u.a. Besuche beim Berliner Bischof am 29. Juni, am 2. August und am 13. August 1943 verzeichnet. Daß König über seine Kurierdienste hinaus aktiv im Kreisauer Kreis mitgearbeitet hat, selbst wenn er an keiner der drei Kreisauer Tagungen persönlich teilgenommen hat, ist von der zeitgeschichtlichen Forschung inzwischen eindeutig belegt.[23] Als Überbringerin von Nachrichten und schriftlichen Informationen besuchte auch Moltkes Privatsekretärin, Katharina Breslauer, mehrfach den Berliner Bischof. Im Moltke-Nachlaß fand sich ein kleiner Zettel mit dem Text: „Von jedem Dokument drei Exemplare, eines an Preysing und eines über Dietz an Faulhaber."[24]

Erst nach dem Krieg hat Preysing seine Eindrücke von den zahlreichen Begegnungen mit Moltke niedergeschrieben. Der Graf aus Kreisau sei „kein Parteigänger von Goerdeler" gewesen. Er habe auch alle Attentatspläne abgelehnt und sei mehr und mehr zu der Überzeugung gekommen, „daß Deutschland seinen furchtbaren Leidensweg bis zu Ende werde gehen müssen und daß dann erst an eine Genesung und an einen Wiederaufbau zu denken sei". Moltke sei „ein Mann von festen, unerschütterlichen Grundsätzen" gewesen, dem das Naziregime „vom ersten Tage an verhaßt" war. Moltke habe ihm aus dem Gefängnis noch einen Brief geschrieben, den er damals, weil täglich Haussuchung und Vernehmung zu befürchten waren, gleich vernichtet habe. Moltke hat bei den Gestapo-Vernehmungen seine Besuche beim Bischof von Berlin nicht verschwiegen. „Merkwürdigerweise wurde ich nicht vernommen, im Unterschied zu Kardinal Faulhaber, der eine dreistündige Vernehmung über sich ergehen lassen mußte"[25], fügte Preysing rückschauend hinzu.

Unter Würdigung der intensiven Kontakte Preysings zu Moltke und anderen Verschwörern ist der holländische Historiker Ger van Roon[26] zu dem Urteil gelangt, daß der Kreisauer Kreis durch den Berliner Bischof „faktisch erweitert" gewesen sei, Preysing also dem erweiterten Widerstandskreis angehört habe. Auch W. E. Winterhager hält es durchaus für gerechtfertigt, wenn Preysing, der so eng wie kein anderer Kirchenführer mit den Kreisauern verbunden gewesen sei, „in der Literatur teilweise direkt dem (äußeren) Kreisauer Kreis zugerechnet wird"[27]. Moltkes Sekretärin, Katharina Breslauer, hat nach dem Krieg gleichfalls die Meinung vertreten, „Preysing könnte man eigentlich als Mitglied des Kreises ansehen, Faulhaber sehr viel weniger, und Dietz liegt dazwischen"[28]. Tatsächlich nahm Preysing mit seinen intensiven Kontakten zu Männern des Widerstandes im deutschen Episkopat eine singuläre Außenseiterrolle ein. Typisch für die Mehrheit der Bischöfe dürfte die Reaktion des Kölner Erzbischofs Josef Frings im Vorfeld des „20. Juli“ gewesen sein. Er antwortete dem Verbandspräses der westdeutschen Arbeitervereine, dem später in Berliner Gestapo-Haft verstorbenen Prälat Dr. Otto Müller, auf dessen Ansinnen, sich dem Goerdeler-Kreis anzuschliessen, er - Frings - halte es „nicht für die Sache eines Bischofs, sich in so hochpolitische Händel einzulassen“[29].

Der designierte neue Reichskanzler nach dem Tag X, der ehemalige Leipziger Oberbürgermeister Dr. Carl-Friedrich Goerdeler, war Exponent des konservativ-bürgerlichen Widerstandes, den „ein unverwüstlicher, fast ins Pathologische reichender Optimismus und der nie versiegende Glaube an die Macht des überlegenen Arguments“ (J. Fest) geleitet hat. Niemand konnte ihm allerdings in seinen Aktivitäten Mut und Entschlossenheit absprechen. Unermüdlich knüpfte er nach allen Seiten Kontakte, auch zu einzelnen Bischöfen. So suchte er den Münchener Kardinal Faulhaber zu einem Gespräch auf. Den Berliner Bischof besuchte Goerdeler sogar zweimal, ohne daß für diese Treffen Orte und Termine angegeben werden können. Auch von welcher Seite der Besuch vermittelt wurde, ist nicht bekannt. Über den zweimaligen Besuch des ehemaligen Leipziger Oberbürgermeisters hat Preysing nach dem Zusammenbruch seine Erinnerungen zu Papier gebracht. Sie fielen für den Gesprächspartner nicht unbedingt schmeichelhaft aus. Er habe - so Preysing - wohl Goerdelers Mut und Tatkraft bewundert, aber sein Urteilsvermögen schiene ihm nicht dem zu entsprechen. So habe ihn Goerdeler einmal gefragt, ob die Juden, die vor 1914 in Deutschland gelebt hätten, nach dem Tag X wieder zurückkommen könnten. Er, Preysing, sei erstaunt gewesen über diese Frage und habe geantwortet: „Wenn einmal die Niederlage perfekt ist und eine Neuordnung kommt, ist natürlich von Judengesetzgebung keine Rede mehr.“[30]

Im Mai 1942 hatte in Stockholm ein Gespräch der evangelischen Pastoren Hans Schönfeld und Dietrich Bonhoeffer mit dem englischen Bischof von Chichester, George Bell, stattgefunden. Die beiden Geistlichen, der eine Mitarbeiter des Ökumenischen Rates in Genf mit Kontakten zum Kreisauer Kreis, der andere Abgesandter von Generaloberst Beck mit einem von der Abwehr ausgestellten Kurierausweis des Auswärtigen Amtes, wollten unabhängig voneinander über den ihnen bekannten Bischof die britische Regierung über die deutsche Opposition informieren. Um den Umfang der oppositionellen Kräfte in Deutschland mitzuteilen, sollten auch die wichtigsten Namen der Opposition genannt werden. Das von Bell über diese Gespräche verfaßte Geheime Memorandum, das am 30. Juni 1942 dem britischen Außenminister Anthony Eden überreicht wurde, enthielt u.a. die Feststellung, daß führende Männer der protestantischen und katholischen Kirche „in enger Beziehung zu der ganzen Widerstandsbewegung“ stehen, „besonders Bischof Wurm aus Württemberg (protestantisch) und Bischof von Preysing aus Berlin, der als Wortführer der katholischen Bischöfe wirkte“. Preysing galt also der Ökumene offenbar als der wichtigste katholische Repräsentant in Kreisen der deutschen Opposition. Ob der Berliner Bischof vom Inhalt dieses Geheimen Memorandums je erfahren hat, ist aber zumindest fraglich.

Drei Wochen vor dem mehrfach verschobenen Attentat auf Hitler, das dann am 20. Juli im Führerhauptquartier „Wolfsschanze“ in Ostpreußen stattfand, besuchte Oberst Claus Schenk Graf von Stauffenberg den Berliner Bischof in dessen

Domizil im Hermsdorfer Dominikus-Krankenhaus.[32] Preysing hat sich über den Inhalt dieser Unterredung bis zu seinem Tod öffentlich leider ausgeschwiegen. Das Siegel des Seelsorgsgesprächs, das für den Bischof bedingungslos galt, hat ihn offenbar daran gehindert, der Neugier von Historikern und Journalisten nachzugeben. Lediglich seinem Sekretär, Domvikar Bernhard Schwerdtfeger, hat er gesprächsweise anvertraut, Stauffenberg habe mit ihm nicht konkret über den geplanten Staatsstreich gesprochen, geschweige denn, daß er ihn im voraus zur Billigung des Attentats vom „20. Juli" habe motivieren wollen. Es sei wesentlich um das militärische und politische Schicksal Deutschlands nach der inzwischen gelungenen Invasion der Alliierten in der Normandie am 6. Juni 1944 gegangen.[33] Berücksichtigt man jedoch die intensiven Vorbereitungen und Pläne, die Stauffenberg im Zentrum des militärischen Widerstandes in den letzten Wochen vor dem Attentat umtrieben, dann ist kaum vorstellbar, daß das ethische Problem des Tyrannenmordes nicht angesprochen worden sein soll, das für ihn als katholischen Christen eine zentrale Frage seines Gewissens war. Noch wenige Tage vor dem „20. Juli" hatte er seine Gewissenslast so ausgedrückt: „Es ist Zeit, daß jetzt etwas getan wird. Derjenige allerdings, der etwas zu tun wagt, muß sich bewußt sein, daß er wohl als Verräter in die deutsche Geschichte eingehen wird. Unterläßt er jedoch die Tat, dann wäre er ein Verräter vor seinem eigenen Gewissen."[34] Auch ein Brief, den Preysing nach dem Krieg an Stauffenbergs Mutter gerichtet hat, verstärkt die Vermutung, daß bei dem Gespräch im Dominikus-Krankenhaus auch das Thema des Tyrannenmordes berührt worden ist. Der Bischof schrieb der Gräfin, er habe ihrem Sohn nicht den Segen der Kirche, wohl aber seinen eigenen priesterlichen Segen erteilt.

Nach dem gescheiterten Attentat auf den „Führer" setzte eine fieberhafte Fahndung der Gestapo nach Mitverschwörern und Mitwissern ein. Vier Hauptbeteiligte der Verschwörung, General Olbricht, Oberst Stauffenberg, Oberst Mertz v. Quirnheim und Oberleutnant von Haeften, wurden noch in der Nacht zum 21. Juli im Hof des Bendlerblocks standrechtlich erschossen. Statt der angeblich „ganz kleinen Clique ehrgeiziger, gewissenloser und zugleich verbrecherisch dummer Offiziere", wie Hitler noch in der Nacht nach dem Attentat im Rundfunk erklärte, stieß die „Sonderkommission 20. Juli" bald auf einen in die Hunderte gehenden Verschwörerkreis in Wehrmacht, Politik und Gesellschaft.[35]

Alle deutschen Bischöfe, einschließlich Konrad von Preysing, waren vom konkreten Ereignis des „20. Juli" - soweit jetzt bekannt - ebenso überrascht, wie die deutsche und die internationale Öffentlichkeit. In der Berliner Reichskanzlei wurde ein Buch ausgelegt, damit auch das Diplomatische Corps seine Anteilnahme am Attentat zum Ausdruck bringen konnte. Als Doyen des Diplomatischen Corps mußte sich der Apostolische Nuntius Erzbischof Orsenigo verständlicherweise gleichfalls in das Dokument der Huldigung für den „Führer" eintragen, um im Rahmen der diplomatischen Gepflogenheiten die Reichsregierung nicht offen zu brüskieren.[36]

Es war damals nicht auszuschließen, daß auch von der Kirche in Deutschland ein öffentlicher Akt der Solidarität verlangt werden könnte. Der Münchener Kardinal Faulhaber, selbst „Goerdeler-belastet", entwarf daher vorsorglich einen Text, der „das furchtbare Verbrechen des 20. Juli und seine Nachspiele", also das Attentat und die Gestapo-Orgie der Rache auf eine Ebene stellte und zugleich das fünfte Gebot „Du sollst nicht töten" betonte. Ein Treuebekenntnis zum

Führer enthielt der Entwurf nicht, aber die Aufforderung an Hitler, „er möge mit seiner ganzen Macht die deutsche Justizpflege anweisen, daß für jeden Angeklagten, für den deutschen Volksgenossen und auch für den Ausländer, nach den Gesetzen der Gerechtigkeit und der Menschlichkeit gerichtlich geprüft werde, ob von Fall zu Fall wirklich ein todeswürdiges Verbrechen vorliege". Diese Erklärung Faulhabers blieb bis Kriegsende in der Schublade. Die Frage, ob der Entwurf je die Billigung der Fuldaer Bischofskonferenz und besonders von Bischof Preysing erhalten hätte, stellte sich nicht. Dieses Eventual-Papier dokumentierte einmal mehr die prinzipielle Spannung zwischen Kirche und NS-Staat: „Betonung der Loyalität bei gleichwohl ständig wachsendem Protest gegen immer zahlreichere Maßnahmen eben dieses Staates."[37]

Preysing lebte in den ersten Wochen nach dem mißlungenen Staatsstreich ständig in Sorge, als Mitwisser oder sogar Mitverschwörer verhaftet zu werden. Seine vielfältigen Gespräche mit Moltke, Yorck von Wartenburg, Goerdeler und nicht zuletzt Stauffenberg und die engen Arbeitskontakte mit den untergetauchten und steckbrieflich gesuchten Mitgliedern des Ordensausschusses, Rösch, König und Siemer, mußten ihn in den Augen der Gestapo so erscheinen lassen. Diese Sorge verstärkte sich, als der bereits am 19. Januar 1944 verhaftete Graf Moltke von seiner Anklageschrift erfahren hatte. Darin war auch der Name des Berliner Bischofs als Gesprächspartner des Angeklagten genannt, neben Kardinal Faulhaber, Bischof Dietz und dem evangelischen Landesbischof Wurm. Außerdem hatte die Gestapo auch jene Personen ermittelt, die die Kontakte des Kreisauer Kreises zu den Bischöfen hergestellt und unterhalten hatten. Moltke gelang es, diese brisanten Informationen dem Gefängnisseelsorger Peter Buchholz mitzuteilen, der wiederum unverzüglich Preysing aufsuchte und ihn über diesen Tatbestand in Kenntnis setzte.[38]

Die Herren in den „unauffälligen" Ledermänteln konnten also zu jeder Stunde vor der Tür stehen und den Gesprächspartner Stauffenbergs, Goerdelers, Yorcks und Moltkes vor die Schranken des Volksgerichtshofes holen oder wenigstens zu zermürbenden Verhören in die Gestapo-Zentrale in der Prinz-Albrecht-Straße. Auch mit den steckbrieflich gesuchten Münchener Jesuitenpatres Rösch und König hatte der Berliner Bischof mehrfach gesprochen. Trotzdem hat sich Preysing in diesen Wochen nicht aus dem Umfeld der von den Gestapo-Ermittlungen Betroffenen zurückgezogen. Er hat vielmehr so manche Ehefrau von verhafteten Verschwörern in Hermsdorf empfangen, die sich bei ihm nach dem Verbleib ihrer Männer erkundigt haben. Zu ihnen gehörte auch Elisabeth von und zu Guttenberg, deren Mann Karl Ludwig,[39] ein Vetter Stauffenbergs, ebenfalls verhaftet worden war. Er zählte zum engen Verschwörerkreis in der Abwehr und hatte Kontakte zum Kreisauer Kreis und zur Goerdeler-Gruppe. Preysing konnte der katholischen Adligen zwar keine Auskünfte über ihren Mann und über Berthold Stauffenberg geben, versprach aber, Guttenberg „Nahrung für Leib und Seele" zukommen zu lassen. Er kenne eine Sozialarbeiterin,[40] die zu Gefängnissen Zugang habe. Sie trage - verborgen unter ihrem Mantel - geweihte Hostien ins Gefängnis, übergebe sie einem zuverlässigen Gefängnisaufseher, der die Hostien den katholischen Gefangenen in die Zelle bringt. P. Augustinus Rösch, einer der überlebenden Insassen des Gestapogefängnisses Lehrter Str. 3, hat Elisabeth von und zu Guttenberg später berichtet, ihr Mann habe sich täglich ein Stück der Hostie abgebrochen, „um bis zum Erhalt einer neuen nicht ohne tägliche Kommunion bleiben zu müssen"[41]. Auch der wegen Mitgliedschaft im Goerdeler-Kreis zum Tode verurteilte Andreas Hermes konnte im Gefängnis Lehrter Straße bis zu seiner Befreiung bei Kriegsende mehrfach die Kommunion empfangen. Seine Frau überbrachte die Eucharistie jeweils bei kurzen Besuchen. Die dafür damals nötige bischöfliche Erlaubnis bekam sie vermutlich über die beiden „Mariannen", Marianne Hapig und Dr. Marianne Pünder,[42] die ihrerseits engen Kontakt zu Preysing besaßen. Durch diese beiden mutigen Frauen, die P. Alfred Delp SJ bis zu seiner Hinrichtung besonders betreuten, dürfte der Berliner Bischof immer wieder wertvolle Informationen erhalten haben. Der Pfarrer der Dahlemer St. Bernhard-Gemeinde, Hermann Josef Gebhardt, hat der Frau des zum Tode verurteilten Josef Wirmer ebenfalls eine konsekrierte Hostie anvertraut, die sie ins Gefängnis schmuggelte und die der Todeskandidat am Sonntag vor seiner Hinrichtung zu sich nahm. Ob Pfarrer Gebhardt vorher die Erlaubnis des Berliner Bischofs eingeholt hat, ist nicht bekannt.[43]

Als Preysing von der Gestapo unbehelligt blieb, glaubte er, daß seine Verbindungen zum deutschen Widerstand nicht enttarnt worden seien. Tatsächlich aber waren die Verschwörer des „20. Juli" großenteils so schwer gefoltert worden, daß nur wenige die Kraft zum Schweigen aufbrachten. So fiel bei den „verschärften Verhören" auch mehrfach der Name Preysing, wie aus den „Kaltenbrunner-Berichten"[44] hervorgeht. Sowohl der Stauffenberg-Besuch als auch die Gespräche Goerdelers mit dem Berliner Bischof wurden der Gestapo bei den Vernehmungen bekannt. Der „Sonderkommission 20. Juli" war bereits am 16. August klar, daß „ein großer Teil von Personen, sowohl im Stauffenberg-Kreis wie in der Gruppe Goerdeler wie im Gewerkschaftsklüngel" konfessionell stark gebunden seien. In den als „Geheime Reichssache" eingestuften Kaltenbrunner-Berichten vom 15. September über Untersuchungsergebnisse des Kreisauer Kreises hieß es u.a.: „Mit Graf Preysing, Berlin, hat Graf Yorck gesprochen (Aussage Haubach). Eine Begegnung mit Mierendorff soll Preysing als ‚unzuständig' abgelehnt haben (Aussage Moltke). [45] Graf Preysing veranlaßte jedoch die Einführung von Mierendorff bei dem Bischof von Fulda, Dr. Dietz, mit dem Mierendorff eine kurze Aussprache gehabt hat (Aussage Moltke)." Dr. Theodor Haubach (SPD), ehemaliger Pressereferent im Reichsinnenministerium, hat offenbar nur den bereits hingerichteten Yorck von Wartenburg als Gesprächspartner Preysings genannt, nicht jedoch Graf Moltke, der die intensiven Kontakte von 1941-1944 mit dem Berliner Bischof unterhalten hat und darüber noch befragt werden konnte. Die Kaltenbrunner-Berichte lassen daher den Schluß zu, daß der Gestapo zwar „die schwarzen Beziehungen" des Kreisauer Kreises zu Preysing, Dietz, Faulhaber und dem Salzburger Erzbischof Rohracher[46] bekannt waren, nicht jedoch die Tatsache, wie eng diese Beziehungen im Einzelfall waren.

Die Frage, warum dem schwerbelasteten Berliner Bischof Verhaftung und Verhör durch die Gestapo erspart geblieben sind, läßt sich nicht eindeutig beantworten. War es reine Taktik, in der Reichshauptstadt bei der ohnehin schwierigen Kriegslage keine neue Front aufzubauen? Wollte man lieber erst alle in den „20. Juli" Verwickelten unter den Militärs und den Politikern hinter Schloß und Riegel bringen, weil von ihnen eher eine verschwörerische Kettenreaktion zu befürchten war? Oder gab es von höchster Stelle spezielle Anweisungen, die Abrechnung mit den der Konspiration überführten Bischöfen auf die Zeit nach dem „Endsieg" zu verschieben?

Roman Bleistein vertritt die Auffassung, daß die Nichtverfolgung der Bischöfe, die mit Männern des Widerstands Kontakte unterhielten, auf eine nach dem Beginn des Rußlandfeldzuges von Hitler persönlich erlassene Anordnung zurückgehe.[47] Darin habe der „Führer" alle spektakulären Aktionen gegen Kirchen und Bischöfe untersagt. Als Gewährsmann führt Bleistein den ehemaligen evangelischen Theologen und späteren SS-Sturmbannführer DDr. Karl Neuhaus an. Letzterer war im RSHA nach der Bildung der „Sonderkommission 20. Juli" für „Kirchliche Angelegenheiten und Sippenhaft" zuständig. Seine Vernehmungsmethoden, u.a. gegen Moltke und Delp,

waren besonders gefürchtet. Neuhaus hat 1988 ausgesagt, daß nach dem 20. Juli „sofort auf die Kirche als geistigen und aktuellen Hintergrund ein von vornherein als begründet angesehener Verdacht“ gefallen sei. Die Abrechnung sollte aber erst nach dem „Endsieg“ in einem Kirchenprozeß geschehen, „wobei der 20. Juli und die Rolle, die Kirchenvertreter darin gespielt haben, natürlich eine wichtige Rolle gespielt hätten; ebenso die Feststellungen, Beobachtungen und Hirtenbriefe aus der Zeit vorher“. Die Unsicherheit für die nach dem 20. Juli ins Fadenkreuz der Ermittlungen geratenen Bischöfe blieb bis Kriegsende bestehen. Hitlers Strategie gegen Regimegegner konnte

Der alliierte Luftkrieg und der Endkampf des Zweiten Weltkrieges hinterließen in der ehemaligen Reichshauptstadt eine Trümmerlandschaft

jederzeit zum Mordbefehl umkippen, selbst noch in den letzten Kriegstagen, wie die Hinrichtungen des Theologen Dietrich Bonhoeffer, Admiral Wilhelm Canaris, Hauptmann Ludwig Gehre, Generalmajor Hans Oster und Heeresrichter Karl Sack am 9. April 1945 im KZ Flossenbürg beweisen.

Nach dem Zusammenbruch hat Preysing erst auf ausdrückliche Bitten die Erinnerungen über seine Begegnungen mit Männern des deutschen Widerstandes zu Papier gebracht. Daraus ging jedoch keineswegs die ganze Intensität dieser Kontakte hervor, über die hinsichtlich des Kreisauer Kreises erst die Veröffentlichung der Briefe Moltkes an seine Frau Freya im Jahre 1988 Aufschluß gegeben haben. Es mag auf der einen Seite an der typisch Preysingschen Zurückhaltung und Diskretion gelegen haben, daß er viele Details über die zahlreichen Gespräche mit den Verschwörern für sich behalten hat. Aber es gab andererseits auch in den ersten Nachkriegsjahren im besiegten Deutschland noch wenig Interesse für den Komplex „Deutscher Widerstand". Es war noch längst nicht unumstritten, wie über die Ziele der Widerstandskämpfer zu urteilen sei. Selbst die Alliierten haben erst allmählich die Männer des „20. Juli" als Vertreter eines anderen Deutschlands betrachtet. Bis weit in die fünfziger und sechziger Jahre hielten viele in Deutschland die Attentäter „für Verräter und den Widerstand von innen und außen für Hoch- und Landesverrat"[48]. Erst im Laufe der Jahre vollzog sich ein Wandel im öffentlichen Bewußtsein, der darin bestand, den deutschen Widerstand als „Aufstand des Gewissens" gegen die totalitäre Herrschaftsform des NS-Staates zu begreifen. Bis zu Preysings Tod 1950 war dieser Wandel noch keineswegs abgeschlossen. Es war bezeichnend, daß die erste Gedenkfeier zum Jahrestag des „20. Juli" erst 1951 im Auditorium der Berliner Freien Universität stattgefunden hat.

Berlin. Der Schutthaufen bei Potsdam.
Bertolt Brecht

XVII

Schwere Prüfungen für Bistum und Bischof (1944/1945)

Situationsbericht 1944 - Bistum wird Frontgebiet - Kapitulation Berlins und Deutschlands

Als besonders schweres „Schicksal" empfand Preysing den Verlust seines Bischöflichen Sekretärs Dr. Wilhelm Wagner, der am 20. Januar 1944 bei einem Luftangriff im Luftschutzkeller ums Leben kam. Wagner hatte einige Tage im Reinickendorfer St. Josephs-Heim gewohnt, um einen Mitbruder als Hausgeistlichen zu vertreten. Gegenüber Graf Thun bekannte Preysing, er sei „mehr ein Sohn als ein Untergebener" gewesen, „hochbegabt, für alles interessiert, Dogma, Kunst, Sport, und dabei ein Priester, der nach zehn Jahren noch den ersten Eifer und die heilige Angerührtheit seines Primiztages hatte". Wagners „süddeutsche Abstammung (in Wien geboren, in Prag erzogen) seine Jesuitenschulung" hätten ihn „neben anderen Imponderabilien so nahe gebracht", gestand Preysing seinem langjährigen Freund. Und er fügte hinzu: „Es ist wieder recht einsam um mich geworden."[1] Auf vier eng beschriebenen, hektographierten Schreibmaschinenseiten schrieb der oft als kühl eingeschätzte Berliner Bischof für seinen Sekretär einen ehrenden, fast hymnischen Nachruf, der in den Sätzen gipfelte: „Um diesen Priester trauert das katholische Berlin. Auf dieses Priestertum ist Berlin stolz." Unter dieser so warmherzigen Würdigung stand „Verantwortlich für Inhalt und Vervielfältigung: Dr. Konrad Graf von Preysing, Bischof von Berlin, Berlin SO 16, Michaelkirchstr. 3"[2].

Wie tief Preysing von dem plötzlichen Tod seines Sekretärs getroffen war, geht auch aus einem Brief an seine Cousine hervor. Darin berichtet er, Wagners Vater habe ihm das Brevier seines Sohnes übergeben, das dieser in der Todesstunde bei sich hatte, und drinnen ein Stück des blutigen Hemdes, das er - Preysing - fast wie eine „Reliquie" betrachte. „Je mehr ich von ihm höre, sehe ich die wunderbaren Gnadenfügungen in seinem Leben. ‚Gott schreibt gerade auch auf krummen Linien'."[3] Später kam Preysing in einem anderen Brief darauf zurück, und bekannte: „Es ist eine Zeit der Abschiede, mehr als sonst. Aber wenn man über das Schicksal eines Abgerufenen beruhigt sein kann, trägt man es leichter."[4] Des weiteren ging aus dem Brief hervor, daß sich die Besprechungen, die der Bischof mit Pfarrer Walter Adolph wegen einer Wagner-Biographie führte, über Monate hinzogen, wobei er „wie immer sehr eigensinnig" sei, gestand er seiner Cousine selbstkritisch ein.[5]

Im Februar 1944 ließ Bischof Preysing seinem Klerus eine detaillierte Übersicht über die aktuelle Bistumssituation zugehen.[6] Bei der Brisanz des Inhalts, besonders durch die Namen der im Konzentrationslager inhaftierten Mitbrüder, hatte Generalvikar Dr. Prange die Empfänger ausdrücklich gebeten, daß von einer „Veröffentlichung und Vermeldung der angegebenen Zahlen" vorerst abgesehen werden möge. Aus der Klerusinformation geht hervor, daß von den 360 inkardinierten Priestern zu Beginn des Jahres 1944 insgesamt 80 zur Wehrmacht einberufen waren, von denen zum damaligen Zeitpunkt vier gefallen und vier vermißt waren. Bis Mai 1945 erhöhte sich die Zahl der durch Kriegseinwirkungen gestorbenen Diözesanpriester dann auf 19, die der vermißten Geistlichen auf acht. Von den 96 Theologiestudenten des Bistums leisteten 88 Wehrdienst, von denen 17 gefallen waren. Namentlich wurden außerdem die fünf in Strafhaft und die sieben in Schutzhaft oder Untersuchungshaft befindlichen Seelsorger aufgeführt. Auch der ausgewiesene Erzpriester Coppenrath von St. Matthias wurde genannt. Unerwähnt blieben jedoch - wohl aus Gründen der Vorsicht - der verstorbene Dompropst Lichtenberg, die im KZ umgekommenen Pfarrer Froehlich und Lenzel und der hingerichtete Pfarrer Dr. Wachsmann.

Durch diese informelle Mitteilung konnte sich darüber hinaus jeder ein Bild von den Zerstörungen im Bistum machen. Insgesamt 17 Kirchen - davon 15 im Stadtgebiet von Berlin - und sechs Kapellen waren am Jahresanfang 1944 durch Luftangriffe zerstört und 15 Gotteshäuser durch schwere Beschädigungen unbenutzbar geworden.

In einem längeren Brief an Graf Thun[7] reflektierte Preysing seine durch die Ausbombung am 23. November 1943 veränderte Lebenssituation im Dominikus-Krankenhaus im Berliner Norden. Ohne Wehleidigkeit zitierte er das Paulus-Bekenntnis im Römerbrief 14,8 „Sive vivimus, sive morimur, Christi sumus", Ob wir leben oder ob wir sterben, wir gehören Christus. Und er fügte hinzu: „Ich ertrage das Leben voll Aufregungen aller Art weit besser, als ich hätte erwarten können." Vom Lebensstil eines Kirchenfürsten war allerdings nicht das Geringste übriggeblieben. Detailliert beschrieb der Berliner Bischof sein tägliches Pflichtenpensum: „Ich führe ein sonderbares Leben, lese um 6 h die Conventmesse für die Schwestern. Nach dem Frühstück ca. 8 h fahre ich aufs Büro (1 Std., teils zu Fuß, teils S- und U-Bahn) Michaelkirchstr. 3,[8] ein trister Winkel von Berlin, bleibe bis gegen 1 Uhr, dann beginnt meine ‚retraite', ich sehe niemand mehr, bete, schreibe, lese, entwerfe; es ist auch deswegen sonderbar, weil ich ganz ohne eigene Gegenstände in einem Krankenzimmer campiere, fast gar keine Bücher habe, auch keine geliebte Poesie, nur der Band Longfellow[9] ist gerettet, stammt von meiner Tante Clara Walterskirchen, gestorben als Sacré Coeur-Oberin in Pest, so habe ich den Song von Hiawatha zum ersten Mal gelesen und sehr schön gefunden, anderes kannte und liebte ich schon lange." Der Eichstätter Äbtissin schrieb der Bischof, daß es in Hermsdorf an sich schön sei, aber er wünschte sich doch wieder, „wenn auch noch so bescheiden, eine eigene Häuslichkeit; Hospitalität rechnete St. Paulus zu den Bischofseigenschaften, und die kann man in einem Krankenhaus nicht ausüben."[10]

Poesie war immer Preysings stilles Refugium, so als habe er ein Gegengewicht zu seiner nüchternen, sachlichen Denkwelt gesucht. Sie war ihm mehr als ein Tanzschritt der Worte. Sie öffnete ihm lautlos die vielstimmigen, geheimnisvollen Seiten des Schöpfungsbuches. Seinem langjährigen Dichterfreund Thun vertraute er charmant die Bitte an: „Wenn Du den Dichter Thun kennst, so frage ihn, ob er mir nicht ein Exemplar seiner Gedichte schicken könnte, ich sehne mich geradezu nach den Monatssonetten (sind besser als die Reinhold Schneiderschen), auch quält mich, daß ich den Eingang eines Gedichtes nicht mehr rekonstruieren kann, wo es so richtig heißt: ‚viele kleine Mißgeschicke sind noch kein Mißgeschick.‘ Er ist sicher gutherzig und erfüllt meine Bitte, wenn er kann."[11] Graf Thun machte daraufhin ein großzügiges Angebot, seinem bischöflichen Freund einiges aus dessen verbrannter Bibliothek zu ersetzen. Aber Preysing wehrte ab. Die Bücher des von ihm geschätzten englischen Theologen F.W. Faber brauche er nicht; „Schöpfer und Geschöpf" habe er noch vom Buchhändler bekommen, während die „Geistlichen Konferenzen" auf englisch gerettet seien. Außerdem werde wohl nach dem Krieg „das meiste neu aufgelegt" oder er werde es antiquarisch bekommen. Seine Bitte beschränke sich daher auf „drei Dinge": „Kardinal Bettinger, die Predigt für die Barmherzigen Schwestern und die goldene Hochzeitsansprache." Im übrigen: Hätte er nicht einen „ziemlich starken Muskelrheumatismus in den Schultern," würde er sich recht wohl befinden. Freilich sei es etwas einsam in Hermsdorf, „aber bei den vielen Alarmen würde man wohl auch in der Stadt recht einsam sein"[12].

Sorgen um die Aufrechterhaltung der ordentlichen Seelsorge begleiteten Preysing auch durch die letzten Kriegsjahre. So war der Religionsunterricht seit 1943 längst nicht mehr überall im Bistum Berlin gewährleistet. Für Berliner Kinder und Jugendliche, die immer mehr aus der verstärkt durch alliierte Luftangriffe heimgesuchten Reichshauptstadt evakuiert wurden, hatte in den KLV-Lager, von Ausnahmen abgesehen, die religiöse Erziehung praktisch aufgehört. Der morgendliche Fahnenappell mit markigen Hitler-Sprüchen trat an die Stelle von sonntäglichem Gottesdienstbesuch. Im Wartheland und im Generalgouvernement war der Besuch von polnischen Gottesdiensten, soweit sie überhaupt stattfanden, für die Berliner Kinder aus eigener Initiative schwer zu realisieren.

Anders lagen die Probleme beispielsweise in Pommern, wo westfälische, überwiegend katholische Schulklassen im Rahmen der Erweiterten Kinderlandverschickung untergebracht waren. Zusammen mit diesen jugendlichen „Bombenflüchtlingen" waren Geistliche Studienräte und vom Erzbistum freigestellte Geistliche mit in die pommersche Diaspora gekommen, die den überforderten Berliner Seelsorgern halfen. Diese „mitevakuierten" Priester erhielten von Bischof Preysing ein Anstellungsdekret als „exponierter Lokalkaplan". Sie wohnten zumeist sehr beengt in den einzelnen Pfarrhäusern oder in provisorisch gemieteten Räumen, wobei das westdeutsche Heimatbistum die Kosten trug. Dieser aus der Not geborene innerkirchliche Lastenausgleich stieß allerdings teilweise auf Schwierigkeiten durch örtliche Behörden. So klagte Pfarrer Alfred Kurts aus Greifenberg, heute Gryfice, über Behinderungen bei der Vergabe von Klassenräumen für den Religionsunterricht.

Preysing griff die Klage aus der pommerschen Kleinstadt Greifenberg umgehend auf und wandte sich am 14. Oktober 1943 und dann ein zweites Mal am 13. November an das Reichskirchenministerium „betr. Überlassung von Räumen für die Erteilung des kath. Religionsunterrichts an den aus luftgefährdeten Gebieten verlegten Schulen". Er bat erneut dringend, „das Erforderliche doch bald veranlassen zu wollen, damit die Erteilung des Religionsunterrichts keine Unterbrechung erleidet"[13]. Gleichfalls am 14. Oktober 1943 machte Preysing auf kirchenfeindliche Tendenzen aufmerksam, die sich seitens örtlicher Behörden bei der Behinderung des Religionsunterrichts zeigten. Er übermittelte dem RKM den Bericht des katholischen Pfarramtes von Stolp i. Pom., in dem es hieß, der Gauleiter für Pommern, Franz Schwede-Coburg, habe die Bestimmung erlassen, „daß Schulräume zur Erteilung des Religionsunterrichts nicht zur Verfügung gestellt werden dürfen". Der Landrat in Stolp habe sich auf diesen Erlaß berufen und auch eine persönliche Rücksprache von Geistlichem Rat Paul Ernst Gediga bei der Regierung in Köslin sei erfolglos gewesen.

Der Berliner Bischof argumentierte dem RKM gegenüber in diesem Schreiben grundsätzlich und erklärte: „Unter den aus gefährdeten Luftgebieten Westdeutschlands nach der Provinz Pommern Umquartierten befindet sich eine sehr große Zahl von Katholiken, für deren religiös-seelsorgliche Betreuung zu sorgen, der Diözese Berlin obliegt." Besonders schwierig gestalte sich die Beschaffung von Räumen für die religiöse Unterweisung. Die kirchlichen Räume allein reichten nicht aus, da an vielen Orten keine katholischen Kirchen und damit auch keine sonstigen kirchlichen Räume vorhanden seien. Ausdrücklich berief sich Preysing auf den Erlaß des Reichsministers für Wissenschaft, Erziehung und Volksbildung (RWEV) vom 25. August 1943. Danach könnten „für die konfessionelle Unterweisung auch andere als kirchliche Räume benutzt werden", wenn diese „in einem Umkreis von nicht mehr als 4 km von dem Unterbringungsort liegen". Abschließend bat der Bischof das RKM, den Oberpräsidenten der Provinz Pommern „anweisen zu wollen", auf Antrag der zuständigen Pfarrämter die entsprechenden Räume für die Erteilung des Religionsunterrichts zur Verfügung zu stellen.[14]

Noch ein letztes Mal erhielt der Berliner Bischof einen vom 21. März 1944 datierten längeren Papstbrief. Obwohl Preysing nach dem Verlust des Bischöflichen Palais erschwerte Arbeitsbedingungen hatte, schickte er von September 1943 bis Februar 1944 insgesamt dreizehn Informationssendungen an den Heiligen Stuhl, die Pius XII. zusammenfassend beantwortete. Im Blick auf die großen Verluste und Verwüstungen in der Reichshauptstadt durch alliierte Tag- und Nachtangriffe, darunter das St. Norbert-Krankenhaus und die Bischöfliche Kurie, schrieb der Papst: „Was können Wir und Ihr in der gegenwärtigen Stunde anderes tun als in ehrfurchtsvollem Schweigen vor den erschütternden Fügungen des allwissenden und allweisen Gottes stehen, von dem es ewig wahr bleibt, daß er die Gerechtigkeit und die Liebe ist und daß er denen, die ihn lieben, alles, und wenn es rein irdisch gesehen das Grauenvollste wäre, zum Besten lenkt."[15]

In der zweiten Jahreshälfte 1944 entwickelte sich eine Kontroverse um die Genehmigung zur Erteilung des Religionsunterrichts an der Oberschule für Jungen in Wandlitz/Mark. Dem zuständigen Pfarrer Werner Hennig war die Abhaltung des Religionsunterrichts untersagt worden. Am 3. Juni und 25. Oktober 1944 hatte Preysing gegen diese Maßnahme beim RKM Einspruch eingelegt, ohne eine Antwort zu erhalten. Aus den Akten des RKM geht hervor, daß man dort zwar das Schreiben an den Reichsminister für Wissenschaft, Erziehung und Volksbildung weitergeleitet hat, aber dort trotz mehrmaligem Nachfragen auf eine Mauer des Schweigens gestoßen ist. Das Ansehen des RKM scheint am Ende des Krieges bis zur Bedeutungslosigkeit abgesunken zu sein. Jedenfalls sah sich das RWEV erst am 29. Januar 1945 veranlaßt, die leidige Beschwerde des Berliner Bischofs aus der Welt zu schaffen. Er teilte dem Reichskirchenministerium mit, die Nachprüfung des katholischen Religionsunterrichts an den Höheren Schulen durch den Oberpräsidenten der Provinz Mark Brandenburg habe ergeben, daß Pfarrer Hennig den Religionsunterricht ohne Genehmigung erteilte. Diese Genehmigung müsse „grundsätzlich vor der Übernahme des Unterrichts eingeholt werden“. Man sei aber zu der Feststellung gekommen, „daß dem Pfarrer Hennig die Erteilung des katholischen Religionsunterrichts an der Oberschule in Wandlitz belassen werden kann“[16]. Die bischöfliche Eingabe hatte also zum Erfolg geführt. Eine schriftliche Bestätigung des RKM an Bischof Preysing findet sich allerdings in den Akten nicht.

Im April 1944 suchte Preysing in Bad Reichenhall im Sanatorium der Barmherzigen Brüder Ruhe und Erholung von den Belastungen der letzten Monate. „Ich schreibe Briefe und auch an einem Hirtenbrief, sonst ist die Langeweile auch ein Kurmittel“, teilte er der Eichstätter Äbtissin mit. Seine gewählte Lektüre scheint geradezu eine Flucht in die Vergangenheit inmitten der Kriegswirren zu sein. „Ich lese - mirabile dictu - zum ersten Mal den Trompeter von Säckingen aus der Hausbibliothek. Ich will noch den Grünen Heinrich kennenlernen, was ja zur allgemeinen ‚Büldung‘ gehört.“[17] Man wird nicht behaupten können, daß Preysing eine besondere Vorliebe für theologische Neuerscheinungen hatte, die in der Kriegszeit auf dem deutschen Büchermarkt ohnehin spärlich gesät waren. Aber auch in den Nachkriegsjahren nahm er lieber Zeitschriften zur Hand wie die „Stimmen der Zeit“, das „Hochland“ und „Der Monat.“

Die Fuldaer Bischofskonferenz, die immer einen unmittelbaren Meinungs- und Erfahrungsaustausch im deutschen Episkopat ermöglicht hatte, fand 1944 nicht mehr statt. Der hochbetagte Vorsitzende Kardinal Bertram hätte den Sitzungen ohnehin nicht mehr präsidieren können. Die Festwoche anläßlich der Gründung des Klosters Fulda vor 1200 Jahren, die vom 4. - 6. Juni 1944 in der Bonifatiusstadt gehalten wurde, war für Preysing jedoch eine willkommene Gelegenheit, wenigstens einen Teil seiner bischöflichen Mitbrüder zu treffen. Als Gast nahm er an der am Rande der Fuldaer Festwoche stattfindenden Konferenz der westdeutschen Bischöfe teil. Darüber hinaus konnte er mit dem Fuldaer Bischof Dietz neue Informationen über die Arbeit des Ordensausschusses austauschen.

Der Vorhang zum letzten Akt des „Dritten Reiches“ hob sich im Januar 1945. Nach der gescheiterten Ardennen-Offensive an der Westfront standen die mit überlegener Luftunterstützung vorstoßenden alliierten Divisionen an der Reichsgrenze und teilweise bereits auf deutschem Boden. An der Ostfront hatte der langerwartete Großangriff aus den Weichselbrückenköpfen begonnen mit der Stoßrichtung auf das oberschlesische Industriegebiet im Süden, auf Ostpreußen im Norden und in der Mitte auf Posen, die mittlere Oder und auf das Fernziel Berlin. Die Panzerverbände der Ersten Bjelorussischen Front unter Führung von Marschall Schukow überrollten die deutschen Verteidiger und legten täglich 40 bis 60 Kilometer zurück. Sie erreichten

Anfang Februar die Oder zwischen Frankfurt und Küstrin. Die Front hatte damit das Territorium des Bistums Berlin erreicht.

Unter dem Eindruck der immer näher rückenden sowjetischen Armeen im Osten Deutschlands richtete der Berliner Bischof am 29. Januar 1945 ein Pastorale an seinen Klerus.[18] Er forderte die Seelsorger auf, ihre Gemeinden nicht zu verlassen. „Sollte auch unsere Diözese das Los treffen, Kriegsgebiet oder vom Feind besetzt zu werden, so muß es unser Grundsatz sein, daß der Hirt bei der Herde zu bleiben hat." Davon dürfe es nur eine Ausnahme geben: bei befohlener und durchgeführter totaler Evakuierung. „Jetzt ist es an uns, die Gläubigen aufzurichten und neu zu stärken, und dafür bedürfen wir eines festen, unerschütterlichen Glaubens an den Allmächtigen, den Allweisen und den Allgütigen, der Überzeugung, daß denen, die Gott lieben, alles zum besten gereicht. Gott vermehre uns den Glauben!" Gleichzeitig übertrug der Bischof allen Pfarrern und Kuraten besondere jurisdiktionelle Vollmachten „für den Fall der Behinderung des Verkehrs mit dem Ordinariat". Dieses Pastoralschreiben sollte bereits wenige Tage später in Reppen östlich von Frankfurt/Oder und in Hinterpommern zu ersten schmerzlichen Konsequenzen führen.

Zunächst aber erlebte die Reichshauptstadt am 3. Februar den bisher schwersten Tagesangriff des Krieges. In zwei Wellen belegte die 8. US-Luftflotte die Berliner City mit einem Flächenbombardement von Spreng- und Brandbomben. Es war „praktisch das Ende der Berliner Innenstadt"[19]. Die Flammen hatten ganze Straßenzüge leergefressen. Von der St. Agnes-Kirche in der Kreuzberger Hollmannstraße blieb nur ein rauchender Trümmerhaufen übrig. Auch die St. Michael-Kirche im heutigen Bezirk Mitte, von Theodor Fontane als die schönste Kirche Berlins gerühmt, bot „das Bild einer furchtbaren Zerstörung"[20]. Das nahegelegene Pfarrhaus der Berliner Ur-Gemeinde wurde ein Raub der Flammen. Damit verlor das Bistum zum zweiten Mal die Diensträume des Bischöflichen Ordinariats, die hier nach der Ausbombung in der Behrenstraße 66 provisorisch eingerichtet worden waren. Preysing schrieb aus dem Hermsdorfer Krankenhaus der Äbtissin in Eichstätt: „Wir haben am 3.2. und vorgestern sehr schwere Tagesangriffe gehabt, die große Michaelskirche ging am 3. in Trümmer und gestern brannte noch die Kirche in Weißensee, die schon stark angeschlagen war. Fiat."[21] Was stand nicht alles hinter diesem letzten Wort „es geschehe!" Der Bischof erhielt vom ganzen Ausmaß der schweren Verluste erst im Laufe der nächsten Tage volle Gewißheit. Die Telefonverbindungen in die Innenstadt waren großenteils zerstört.

Der traditionelle Fastenhirtenbrief des Bischofs, verlesen am Sonntag Quinquagesima, dem 11. Februar, war dem Thema gewidmet: „Ich glaube an das ewige Leben." Er sollte ein Trostschreiben sein. Im Blick auf die eschatologischen Wahrheiten wollte Preysing eine Antwort auf die bedrängenden Gegenwartsfragen geben. In den Zeitbezügen sehr sparsam und zurückhaltend, sollte die Hoffnung gestärkt werden, daß „Gott die Zeit der Trübsal abkürzen" möge. Für einige Gemeinden östlich der Oder, die im Kampfgebiet lagen oder von den „Befreiern" schon erobert waren, kam dieser Fastenhirtenbrief bereits zu spät. Die Postverbindungen und damit der Kontakt des Berliner Bischofs mit seinen Gemeinden waren abgerissen. Ende Februar 1945 bedankte sich Preysing bei der Eichstätter Äbtissin für deren Weihnachtsgrüße. Er hatte sich gerade von einer starken Grippe erholt. Dieser Brief beleuchtete schlaglichtartig die seelische Verfassung des Bischofs in seiner

Hermsdorfer „Ein-Zimmer-Residenz“. Die Äbtissin werde wohl den „Hohen Gast“, so schrieb er, inzwischen schon kennengelernt haben, und meinte damit den Apostolischen Nuntius Orsenigo, der am 8. Februar mit Zustimmung der Reichsregierung von Nedlitz bei Potsdam nach Eichstätt umgezogen war. Preysing fügte hinzu: „Halb bin ich neidisch, obwohl ich nicht daran denke, von hier wegzugehen, sauf force majeure“, vorbehaltlich höherer Gewalt. Er bekomme von vielen Seiten Briefe voll Teilnahme. Es sei zur Zeit - und Preysing unterstrich diese zwei Wörter - noch sehr ruhig, bis auf die Luftangriffe. Aber er trachte „ruhig zu bleiben, wenn man auch begreiflicherweise sich sehr sorgt“[22].

Das erste Opfer im Berliner Klerus nach dem Preysingschen Pastorale vom 29. Januar war der Seelsorger der kleinen, östlich der Oder gelegenen Herz Jesu-Gemeinde in Reppen, der heute polnischen Stadt Rzepin. Schukows Panzerverbände hatten bereits nördlich und südlich von Frankfurt Brückenköpfe auf dem westlichen Oder-Ufer bilden können. Der 44-jährige Pfarrer Wilhelm Kusch wurde am 5. Februar in seinem Pfarrhaus von einem betrunkenen Rotarmisten erschossen.

Schier endlose Flüchtlingstrecks aus Ost- und Westpreußen, aus der Grenzmark und aus Schlesien zogen in den Monaten Januar, Februar und März 1945 über die verschneiten Straßen Hinterpommerns und der Mark Brandenburg. Die Pferdewagen und -schlitten waren hochbepackt mit den letzten Habseligkeiten, oft eine Plane oder ein Teppich als Schutz darüber. Bei eisigen Temperaturen hockten Kinder, Kranke und Alte frierend auf den Wagen. Andere begleiteten den Treck halb erschöpft zu Fuß. Der Kreis Demmin im Norden des Berliner Bistums war Aufnahmegebiet für die überwiegend katholischen Evakuierten aus den Kreisen Schneidemühl und Deutsch-Krone. Auch der Oberhirte der Freien Prälatur Schneidemühl, Dr. Franz Hartz, wie Preysing Suffragan des Breslauer Kardinals, kam gleichfalls für einige Zeit nach Demmin. Mehrere seiner Priester sind damals mit ihren Gemeinden mitgezogen und haben in Vorpommern eine neue Heimat gefunden. In manchen Dörfern, in denen bisher kaum Katholiken gelebt hatten, entstanden sozusagen über Nacht neue katholische Gemeinden, so in Jarmen und Altentreptow.

Wenige Wochen später überrollte die Rote Armee große Teile des Berliner Bistums in der Neumark und im südlichen Hinterpommern. Brennende und verwüstete Häuser, gnadenlose Erschießungen und Massenvergewaltigungen waren die Spuren des Schreckens, die die zum Haß aufgestachelten Sowjetsoldaten hinter sich herzogen; Rache für deutsche Verbrechen in der UdSSR. Das Oberkommando der Wehrmacht gab am 3. März bekannt, daß sowjetische Panzer „aus ihrem Einbruchsraum östlich Stargard bis nordwestlich Dramburg vordringen“ konnten. „Im Kampfraum Rummelsburg“ hätten deutsche Schlachtflieger erfolgreiche Angriffe geflogen. Eine Woche später, am 10. März, meldete der Wehrmachtsbericht aus dem Führerhauptquartier Kämpfe an der „Abwehrfront Stettin“ und zahlreiche feindliche Angriffe „im Raum Kolberg“. Wer Wehrmachtsberichte damals zu lesen verstand, wußte nur zu gut, daß es fast immer weitaus schlimmer um die deutsche Front stand als es mit den verschleiernden Formulierungen wie „planmäßige Absetzbewegungen“ oder „feindliche Durchbrüche, die abgeriegelt wurden“, zugegeben wurde. Es ist schwer vorstellbar, daß der kritische Preysing aus den OKW-Berichten nicht die wirkliche Lage herausgelesen hat. Ob er als Korrektiv der NS-Propaganda heimlich den Londoner Rundfunk gehört hat, ist wahrscheinlich. Denn sein vertrauter Gesprächspartner Adolph, der in seinem Adlershofer Pfarrhaus ausländische Sender hörte, besprach den Inhalt der Nachrichten mit seinem Bischof, der seinerseits zusätzliche Informationen beisteuerte. Fest stand jedenfalls, daß die Rote Armee inzwischen einen Teil des hinterpommerschen Berliner Bistumsteils entweder bereits erobert oder zum unmittelbaren Kampfgebiet gemacht hatte. Dazu zählte beispielsweise Stargard, heute Stargard SzczeciÒski, das seit 1850 Pfarrei und Sitz des Erzpriesters des Archipresbyterates (Dekanates) Stargard war, zu dem u.a. die Kuratie Dramburg (Drawsko Pomorskie) und die St. Martin-Pfarrei in Kolberg (Kołobrzeg) gehörten. Das schwerumkämpfte Rummelsburg (Miastko) war dem Archipresbyterat Köslin (Koszalin) zugehörig.

Fast jeder Pfarrer in Hinterpommern mußte zusammen mit der Zivilbevölkerung - teilweise in letzter Minute - den Pfarrort vor den vordringenden sowjetischen Truppen räumen. Pfarrer Paul Sawatzke aus Schönow (Jesionowo), Kreis Pyritz (Pyrzyce) konnte dagegen bei seiner kleinen Gemeinde bleiben. Weil er sich schützend vor Frauen gestellt hatte, fand er am 24. Februar 1945 den Tod durch mehrere Kopfschüsse. Andere Geistliche des Berliner Bistums wie Pfarrer Georg Klemt aus Köslin, Pfarrer Wilhelm Book aus Grünhoff (Swieciehowo) und Erzpriester Paul Ernst Gediga aus Stolp (Slupsk) wurden verschleppt -sozusagen als Reparationszahlungen in menschlicher Währung- und kamen in Lagern oder in einem Seuchenlazarett um. Erzpriester Gerhard Kunza, Pfarrer der St. Martin-Gemeinde im zur „Festung" erklärten Kolberg, die Hiltruper Missionsschwestern, die Verwundete in einem Notlazarett aufopferungsvoll betreuten, und der größte Teil der Bevölkerung und der Flüchtlinge mußten zunächst die schweren Kämpfe um die eingeschlossene Hafenstadt miterleben. Für Soldaten und Zivilbevölkerung blieb nur der Fluchtweg über die Ostsee in Richtung Westen. Seelsorger und Ordensschwestern gehörten zu den letzten, die noch kurz vor der endgültigen Räumung des brennenden Kolberg auf Kriegsschiffen den Hafen verlassen konnten.

Bischof Preysing dürfte von all diesen tragischen Ereignissen erst nach Kriegsende erfahren haben. Das galt auch für die zerstörten Kirchen und Kapellen in Kolberg, Pyritz, Stargard und Altdamm b. Stettin, von den vielen anderen beschädigten oder demolierten Gotteshäusern ganz zu schweigen. Nur Zufallsinformationen trafen im Ordinariat ein, aus denen sich schwer ein authentisches Gesamtbild gewinnen ließ. Wie sehr sich Preysing um den vom Kriegsgeschehen überrollten Bistumsteil sorgte, schrieb er nach Eichstätt. Er lebe die Fastenzeit „viel verständiger und intensiver mit als in alten Zeiten", und er fügte hinzu: „In manibus tuis sortes meae", in deinen Händen liegt mein Schicksal. „Ein nicht unbeträchtlicher Teil meiner schon recht geprüften Diözese ist russisch besetzt, Pommern von der Odermündung bis nach Stolp. Gott schütze Priester und Volk, die dort zurückgeblieben sind." Gleichzeitig dachte er auch voller Sorge an das „so geprüfte Rheinland", dessen gegenwärtig meist umkämpften Teil er vor 40 Jahren so oft besucht habe. Sein besonderes Mitgefühl galt ebenfalls seinem früheren Bistum: „Gott schütze Eichstätt und St. Walburg! Die Angriffe auf Nürnberg und Ingolstadt wird man wohl sehr gespürt haben." Und nun habe auch „das arme, schöne Würzburg", seine Studienstadt im Jahre 1901/1902, durch den verheerenden Terrorangriff am 16. März 1945 schwer gelitten. Preysing schloß seinen Brief an die Eichstätter Äbtissin mit der französisch geschriebenen Lebensweisheit: „Man muß sich Gott niemals so sehr hingeben, wie in jenen Augenblicken, in denen er uns im Stich zu lassen scheint."

So oft wie möglich fuhr Preysing im März und April 1945 noch in die provisorischen Ordinariatsräume, die jetzt in der Pappelallee 61 im Bezirk Prenzlauer Berg eingerichtet waren. Am 23. März hielt der Bischof in Oranienburg das Requiem für den am 15. dieses Monats bei einem Luftangriff ums Leben gekommenen Kaplan Bruno Komischke. Die verstärkten Tag- und Nachtangriffe angloamerikanischer Bomberverbände erlaubten es in der Karwoche nicht mehr, die Missa chrismatis mit der Weihe der heiligen Öle in einer Innenstadt-Kirche zu halten. So mußte die Gründonnerstags-Liturgie mit der Weihe der heiligen Öle unter Teilnahme des Domkapitels in der Kapelle des Dominikus-Stiftes stattfinden. Nur drei Geistliche aus der Umgebung waren außerdem dabei: der Hermsdorfer Pfarrer Franz Kaiser, Prof. Dr. Hermann Muckermann vom Dominikus-Krankenhaus und Heerespfarrer Johannes Opfermann.

Am frühen Morgen des 16. April eröffnete die Erste Bjelorussische Front das Trommelfeuer aus über 20 000 Geschützen aller Kaliber auf die deutschen Stellungen im Oderbruch beiderseits der Reichsstraße 1 Küstrin-Berlin. Das dumpfe Grollen der letzten großen Schlacht des Zweiten Weltkrieges drang bereits bis in die östlichen Außenbezirke der Reichshauptstadt. Preysings kirchenpolitischer Berater, der Adlershofer Pfarrer Walter Adolph, notierte nach dem Zusammenbruch in der Pfarr-Chronik, er habe zunächst noch gehofft, daß „der verbrecherische Wahnsinn, eine Schlacht über Berlin kommen zu lassen, durch ein gütiges Geschick verhindert" würde. Aber nun sei wohl auch die Frage beantwortet, „ob die Amerikaner und Engländer oder die Russen nach Berlin kämen". An diesem schicksalhaften 16. April besuchte Adolph seinen Bischof im Hermsdorfer Krankenhaus. Während der Besuch vertrauter Personen bei Preysing sonst immer besondere Freude auslöste, war es an diesem Tag anders. Nach kurzem Gespräch wurde Adolph mit dem Abschiedswort „In Gottes Namen" wieder entlassen. Wohl beide, Bischof und Pfarrer, waren sich über die Realitätsferne der Prophezeihung Hitlers in Tagesbefehl vom 13. April einig: „Berlin bleibt deutsch, Wien wird wieder deutsch und Europa wird niemals russisch."

Der sowjetische Vormarsch auf Berlin nach dem 16. April überrollte zunächst das Territorium der beiden Pfarreien Heilig Kreuz in Frankfurt/Oder und St. Laurentius in Wriezen. Beide Orte waren noch Anfang des Jahres zu „Festungen" erklärt worden, wenn auch von zweifelhaftem militärischen Wert. Bald tauchten im täglichen Wehrmachtsbericht Ortsnamen anderer Gemeinden des Bistums Berlin auf: Müncheberg, Buckow, Fürstenwalde, Strausberg, Bernau und Jüterbog. Da es kaum verläßliche Nachrichten aus den dortigen Gemeinden gab, konnte Preysing in seinem Krankenhaus-Domizil nur ahnen, was Seelsorger und Gläubige in dieser Schlußphase durchmachen mußten.

Die Häftlinge in den beiden auf dem Territorium des Berliner Bistums liegenden Konzentrationslagern Sachsenhausen bei Oranienburg und Ravensbrück bei Fürstenberg/Havel sahen im raschen Vormarsch der sowjetischen Truppen ihre letzte Überlebenschance. In dem von der SS fluchtartig verlassenen Lager Sachsenhausen wurden am 22. April 1945 rund 3000 zumeist kranke Häftlinge, darunter auch einige hundert Frauen, befreit. Die Rote Armee, darunter eine mitkämpfende polnische Division, erreichte das ausgedehnte Lagergelände und beendete ein schändliches Kapitel verbrecherischer NS-Herrschaft über Deutsche und Ausländer, über Christen, Sozialisten und Kommunisten, die in diesem KZ seit 1938 drangsaliert und teilweise ermordet worden waren. Zwei Tage vor der Befreiung hatten die SS-Bewohner das Lager überstürzt evakuiert. Über 30 000 Häftlinge mußten in Gruppen von 500 Mann den „Todesmarsch" durch brandenburgische Dörfer in nordwestlicher Richtung antreten, wo sie schließlich von der Roten Armee befreit wurden. Wer den Strapazen des Gewaltmarsches nicht gewachsen war, wurde gnadenlos durch Genickschuß liquidiert und im Straßengraben liegen gelassen. Andere Häftlinge haben sich für das SS-Kommando „Dirlewanger" gemeldet, weil sie hier ihre bessere Chance sahen, noch in letzter Minute dem Terror zu entgehen.

Das Frauen-Konzentrationslager Ravensbrück wurde dagegen erst am 30. April befreit. Während zuvor ca. 7500 Frauen aus dem westlichen Ausland durch die „Aktion Bernadotte" des Schwedischen Roten Kreuzes in Sicherheit gebracht und ca. 2000 Häftlinge in das KZ Mauthausen bei Linz evakuiert worden waren, erlebten überwiegend krank zurückgelassene Frauen die Befreiung des Lagers. Auch hier hatte die SS noch kurz vor der Ankunft der sowjetischen Vorausabteilungen etwa 20 000 Häftlinge, darunter zahlreiche Polinnen, durch mecklenburgische Dörfer und Wälder in Richtung Westen getrieben.

Das einzige, als Durchschrift im Archiv des Erzbistums Breslau erhaltene Zeugnis, das beweist, daß sich der Bischof von Berlin um ein Minimum an Seelsorge in KZs bemüht hat, trägt das Datum des 19. Juni 1944.[23] In einem Schreiben an den Reichsminister für kirchliche Angelegenheiten mit dem Vermerk „Seelsorge in dem Konzentrationslager Ravensbrück" wies Preysing darauf hin, daß nach seiner Kenntnis im „Konzentrationslager Ravensbrück, das im Bereich meiner Diözese in der Pfarrei Templin liegt, eine große Zahl Katholiken" seien, die jeder seelsorglichen Betreuung entbehrten. Auch sei seines Wissens „noch nie ein Priester gerufen worden, um einem der dortigen Katholiken die Sterbesakramente zu spenden". „Gestützt auf Artikel 28 des Reichskonkordates" beantragte er als zuständiger Bischof „die Zulassung des Pfarrers von Templin zur seelsorglichen Betreuung der in Ravensbrück befindlichen Katholiken, insbesondere zum Beistand in der Todesstunde". Gleichzeitig erklärte der Bischof sein Einverständnis, sollte „auf einem anderen Wege durch einen anderen Priester die Abhilfe dieser brennenden Seelsorgsnot ermöglicht werden". Der die Geschäfte des Reichskirchenministers führende Staatssekretär Hermann Muhs teilte Preysing am 26. September 1944 mit, der Chef der Sicherheitspolizei und des SD habe ihn in Kenntnis gesetzt, daß „die Abhaltung von regelmäßigen oder periodischen Gottesdiensten oder die Durchführung einer Einzelseelsorge an Schutzhäftlingen in dem oben bezeichneten Konzentrationslager aus sicherheitspolizeilichen und lagertechnischen Gründen nicht möglich" sei.

Preysing dürfte kaum eine andere Antwort erwartet haben. Warum er trotzdem diesen fast aussichtslosen Vorstoß unternommen hat und sogar noch im Sommer 1944, kann nur vermutet werden. Mit Sicherheit wußte er seit einiger Zeit, daß sein vertrauter Gesprächspartner Graf Moltke, der am 19. Januar 1944 in Berlin verhaftet worden war, in Sonderhaft im KZ Ravensbrück war. Da Moltke evangelisch war, dürfte dessen Haftort kaum Preysings Intervention veranlaßt haben. Ob dem Bischof das Schicksal der am 6. August 1941 umgekommenen Sorbin Dr. Maria

Grolmuss zu Ohren gekommen war und ob er sie wegen ihrer Verurteilung zu einer Zuchthausstrafe im Jahre 1935 aus seiner Zeit als Administrator des Bistums Meißen wenigstens dem Namen nach gekannt hat, ist nicht bekannt. Ebensowenig läßt sich sagen, wie detailliert Preysing über das Schicksal der vielen Tausend katholischen Polinnen in Ravensbrück informiert war, die teilweise für medizinische Versuche gequält und getötet wurden. Am ehesten könnte die Eingabe des Bischofs durch die Einlieferung von Dr. Gertrud Luckner, Haftnr. 24648, am 5. November 1943 ausgelöst worden sein. Es kann gut sein, daß deren Aufenthalt im KZ erst nach längerer Zeit in Berlin bekannt geworden ist. Außerdem mußte die enge Zusammenarbeit zwischen Dr. Luckner in Freiburg i.Br. und Dr. Sommer, der Geschäftsführerin des Hilfswerkes beim Bischöflichen Ordinariat in Berlin, in der Sorge um verfolgte Juden in Deutschland bei Preysing zwangsläufig die Befürchtung wecken, daß auch Dr. Sommer jederzeit das KZ-Schicksal bevorstehen könnte.

Am 22. April 1945 erreichte die Rote Armee im Norden Berlins die Stadtteile Frohnau und Hermsdorf. Die für diesen Tag vorgesehene Firmung in Wandlitzsee mußte deshalb ausfallen. Sie konnte erst am 8. September 1946 nachgeholt werden. Das Dominikus-Krankenhaus in Hermsdorf wurde von plünderungswütigen Russen betreten, aber eine andere Gruppe, angeführt von einem sowjetischen Arzt, bremste mit Waffengewalt das räuberische Treiben ihrer Kameraden. Viele Frohnauer und Hermsdorfer Bürger, die mit Schlafmitteln in den Tod hatten gehen wollen, lagen auf den Gängen und Fluren des Krankenhauses. In der extremen „Emotionslähmung" und Perspektivlosigkeit der letzten Kriegstage glaubten viele nicht mehr an eine Zukunft. Der Berliner Bischof hat sicher von alledem erfahren, hat aber im Krankenhaus keinerlei Übergriffe auf seine Person und seine Begleitung hinnehmen müssen.

Währenddessen blutete die Berliner Innenstadt weiter im sinnlosen „Endkampf", auf deutscher Seite angetrieben von fanatischen SS-Einheiten, die nichts mehr zu verlieren hatten. Auch die katholischen Gemeinden von Groß-Berlin erlitten noch unmittelbar vor Kriegsende bittere Verluste. Pfarrer Georg Tuntke von Hohenschönhausen wurde auf offener Straße Opfer eines rücksichtslosen Schußwaffengebrauchs eines sowjetischen Soldaten. In Oberschöneweide erlitt Kaplan Hubert Bienen durch Granatsplitter schwere Verletzungen, denen er bald darauf erlag. Die St. Joseph-Kirche im Bezirk Wedding erhielt am 26. April bei einem sowjetischen Luftangriff einen Volltreffer. „Durch Bombensplitter, den Luftdruck und die herabfallenden schweren Trümmer des Gewölbes, der Eisenträger und des schweren Hochaltars wurden 35 Personen getötet", darunter Pfarrer Augustinus Knauft und Kaplan Franz Pagel. Einen Tag später wurde der Kaplan der Neuköllner St. Christophorus-Gemeinde, P. Joseph Dubis SJ, von einer russischen Patrouille abgeführt und erst nach drei Wochen erschossen aufgefunden.[24]

Am 2. Mai 1945 schwiegen in der Reichshauptstadt die Waffen. Am 8. Mai kapitulierte die deutsche Wehrmacht an allen Fronten. Der Zweite Weltkrieg, die schmerzlichste Zäsur des 20. Jahrhunderts, hatte sein bitteres Ende gefunden. Dem totalen Krieg war die totale Niederlage gefolgt. „Die Nazis sind weg. Das Land ist von dieser Pest befreit. Unsagbares Unglück hat dieser Sohn des Satans über Deutschland und andere Länder gebracht", kommentierte ein Berliner Pfarrer in seiner Chronik.[25] Das besetzte Deutschland war dem Willen der alliierten Siegermächte bedingungslos ausgeliefert. Die Bilanz des Weltkriegs: ca. 55 Millionen Tote, Soldaten und Zivilisten. Die schwersten Verluste hatten die UdSSR und Polen zu beklagen. Dazu der Holocaust des europäischen Judentums mit Auschwitz, dem „Golgota des 20. Jahrhunderts“ (Johannes Paul II.); ein Verbrechen, das dem deutschen Namen für alle Zeiten anhaftet. Halb Europa war eine grauenerregende Trümmerwüste mit ungewisser Zukunft. Die deutsche Gesellschaft stand vor schier ausweglosen Problemen.

Wir aber wünschen, da Wir an allen Euren Sorgen und Kümmernissen herzlich teilnehmen, denen mit Namen Unseren Kummer zum Ausdruck zu bringen, die in Berlin und im östlichen Deutschland wohnen. Wir kennen nämlich ihr überaus hartes Los und sehen sozusagen mit Unseren Augen jene entsetzlichen Ruinen und Verwüstungen, die der Krieg im letzten Abschnitt und seine Nachwirkungen über jene blühenden Provinzen, Städte und Orte jammervoll gebracht hat.

Papst Pius XII. am 1. November 1945 an die deutschen Bischöfe

XVIII

Aufbau im Schatten neuer Auseinandersetzungen (1945 - 1947)

Das Pastorale vom 24. Juni 1945 - Konflikte mit der FDJ - Einsatz für Verschleppte und Zivilinternierte - Entnazifizierung - Morus-Verlag und Petrusblatt gegründet - Kardinalsernennung - Neuer Schulkampf - USA-Reise - „Preysing-Erlaß" 1947

Für Bischof Preysing bedeutete die bedingungslose Kapitulation des Deutschen Reiches am 8. Mai 1945 Befreiung von Zwangsherrschaft und Kirchenkampf, von Meinungsterror und Gestapo-Regime. Aber welcher Preis wurde dafür bezahlt! „Das Ende mit Schrecken ist da, nur noch viel furchtbarer als man geahnt. Die Goebbelssche Propaganda in der letzten Zeit wurde allgemein abgelehnt, dieses eine Mal hatte er recht." So schilderte Preysing dem Privatsekretär Pius' XII, P. Robert Leiber (1887 - 1967), die unmittelbare Nachkriegssituation.[1]

Abgeschnittensein von fast allen Informationswegen, fehlende ermutigende Zukunftsperspektiven, auf Gedeih und Verderb der Roten Armee und der hinter ihr stehenden Ideologie ausgeliefert: Das belastete den äußerst sensiblen, stets zur kritischen Reflexion und Skepsis neigenden Berliner Bischof zutiefst. Er ahnte den sich abzeichnenden Kreuzweg des Bistums. Dabei konnte er noch nicht einmal wissen, daß Stalin etwa ein Drittel des Bistum-Territoriums, nämlich Stettin und Hinterpommern mit den Archipresbyteriaten Stargard und Köslin und Teile der Neumark, schon für den polnischen Nachbarstaat bestimmt hatte.

Zeuge dieser extremen Niedergeschlagenheit Preysings[2] war dessen vertrauter Mitarbeiter Walter Adolph. Er besuchte den Bischof Ende Mai im Hermsdorfer Dominikus-Krankenhaus. Was in Schwerdtfegers Biographie noch als bloße Möglichkeit angedeutet ist, dem Bischof sei unmittelbar nach Kriegsende die Frage gekommen, „ob sein Bistum überhaupt noch als selbständige kirchliche Verwaltungseinheit lebensfähig" sei, verbunden mit der Versuchung, „den Heiligen Vater zu bitten, die verbliebenen Gebiete des Ostens mit einem größeren Bistum zu einer neuen Einheit zu verschmelzen"[3], hat Adolph 1972 konkretisiert. Er sprach von Preysings damaliger Erwägung, das „bettelarme" Bistum Berlin „als Kommissariat mit dem Erzbistum Paderborn verbinden zu lassen"[4]. Diese Angliederung an Paderborn schloß natürlich ein, daß der Berliner Oberhirte auf sein Bistum verzichtete. Persönlich trug sich der Bischof mit dem Gedanken, anschließend in ein Kloster zu gehen. Daß diese Überlegung tatsächlich bestanden hat, dürfte sicher sein, zumal Schwerdtfegers Manuskript zu Lebzeiten Preysings entstanden ist. Bei dem introvertierten Preysing könnte, begünstigt durch die „Hermsdorfer Isolation", niedergedrückt von den Erfahrungen und Erlebnissen der vergangenen Wochen, ohne den korrigierenden Gedankenaustausch mit vertrauten Mitarbeitern, durchaus ein pessimistischer Gefühlsstau entstanden sein, der zu derartigen Überlegungen geführt hat. Dafür spricht auch, daß Preysing am Ende seines düsteren Klageliedes zu Adolph sagte: „Jetzt fühle ich mich etwas wohler, weil ich mir das alles habe mal vom Herzen reden können."

Großen Einfluß auf Preysing hatte auch stets der nüchtern-realistische Generalvikar Dr. Maximilian Prange. Er besuchte den Bischof ebenfalls in den ersten Nachkriegstagen in dessen Ein-Zimmer-Residenz im Dominikus-Krankenhaus. Der Oberhirte soll an diesem Tag wieder von düsterer Melancholie und dem Gefühl scheinbarer Ausweglosigkeit geplagt gewesen sein. Er hatte sich nachdenklich auf das Sofa gelegt und eine Zigarre angezündet. Als Prange das Zimmer betreten hatte, habe ihm Preysing von seinem Schwermutsanfall erzählt. Aber der Generalvikar schien wenig beeindruckt und habe trocken gekontert: „Exzellenz, man riecht es schon auf dem Gang." Ob so geschehen oder als Wanderlegende im Bistum: Jedenfalls gehörte Prange zu jenen, die die Herausforderung der neuen Bistumssituation erkannten, sie anzunehmen bereit waren und den Bischof ebenfalls dafür motivierten.

Die vier Siegermächte hatten bereits am 5. Juni die oberste Regierungsgewalt im besiegten Deutschland übernommen und dafür den aus den vier Oberbefehlshabern der Besatzungsmächte bestehenden Alliierten Kontrollrat gebildet. Die Trümmerlandschaft von Groß-Berlin stand noch allein unter sowjetischer Befehlsgewalt. Denn erst Anfang Juli trafen die amerikanischen, britischen und französischen Vorauskommandos ein, um die ihnen zugewiesenen drei Westsektoren der Stadt im Tausch gegen Thüringen und Teilen von Mecklenburg, Anhalt und Sachsen in Besitz zu nehmen. Inzwischen hatte die „Gruppe Ulbricht" bereits zielstrebig eine deutsche Verwaltung aufgebaut, die zwar „demokratisch aussehen" mußte, bei der aber die kommunistischen Kader „alles in der Hand haben" sollten. Zum „demokratischen Aussehen" gehörte auch der „Beirat für Kirchenfragen", der bei der am 17. Mai errichteten Berliner Stadtverwaltung geschaffen wurde. An die Spitze wurde Pfarrer Peter Buchholz, der ehemalige Gefängnispfarrer von Tegel und Plötzensee, berufen. Der evangelische Pfarrer Heinrich Grüber übernahm die Funktion des Stellvertreters. Am 11. Juni trat die KPD mit einem noch im Moskauer Exil ausgearbeiteten Aufruf an die Öffentlichkeit, wurde aber trotz ihres aus taktischen Motiven versprochenen Eintretens für „eine parlamentarisch-demokratische Republik mit allen demokratischen Rechten und Freiheiten für das Volk" von der Mehrheit der Bevölkerung als „Russenpartei" abgelehnt. Wenige Tage später wurden neue „freie Gewerkschaften" ins Leben gerufen, die Bildung antifaschistischer Jugendausschüsse genehmigt, die Keimzellen der späteren FDJ, und die SPD, CDU und LDP gegründet. Von den Unterzeichnern des CDU-Gründungsaufrufes kannte Preysing einzelne seit

Jahren persönlich, wie Prof. Emil Dovifat und Dr. Heinrich Krone. Ob es in der Gründungsphase zwischen dem Bischof und den katholischen Gründungsmitgliedern informelle Gespräche gegeben hat, ist nicht bekannt. Die bereits am 14. Juli proklamierte „Einheitsfront der antifaschistisch-demokratischen Parteien" barg ein politisches Konfliktpotential in sich, dessen Schärfe damals kaum jemand ahnen konnte. Der einflußreiche Oberst Tulpanow von der Sowjetischen Militäradministration (SMAD) wußte diese Einheitsfront so zu steuern, daß die kommunistischen Interessen stets gewahrt blieben.

Es war mehr als ein Sich-Frei-Schreiben von der düsteren Vergangenheit, als Preysing am 24. Juni nach intensiven Gesprächen mit engen Mitarbeitern eine umfassende Bilanz der NS-Zeit zog und zugleich die seelsorglichen Leitlinien für die Zukunft aufstellte. Der politische Neuanfang in Stadt und Land, wenn auch erkennbar unter „Patenschaft" der sowjetischen Besatzungsmacht, hatte also bereits begonnen, als er das erste Pastoralschreiben nach Kriegsende an seinen Klerus (Dokument 5) richtete.[5] Er bekannte sich darin zu dem „neuen Zeitabschnitt", von dem „wir nichts wissen, nichts wissen können, als daß auch über ihm Gottes Hand waltet". Auf der einen Seite hatte die Kirche von Berlin „schwere Wunden und Verluste" erlitten. Zum anderen konnte der Bischof dankbar betonen, daß „Klerus und das gläubige Volk in den Tagen der Verfolgung den Grundsätzen Christi und seiner heiligen Kirche Treue gehalten" haben. In der Reihe der Blutzeugen „für Gewissensfreiheit und Menschenrecht" gedachte er besonders des Dompropstes Bernhard Lichtenberg, „des Priesters ohne Furcht und Tadel". In der „Erschütterung, ja Auflösung des Gedankens des Rechtes" sah Preysing „die tiefste Wunde der vergangenen Zeit". Was sein vielbeachteter Hirtenbrief über das Recht schon im Dezember 1942 gefordert hatte, rückte er erneut ins Bewußtsein: „Das erste Grundrecht, das nicht durch eine Majorität und nicht durch das Diktat eines Staates gegeben und auch nicht genommen werden kann, ist das Recht der Persönlichkeit."

Breiten Raum im Pastorale nahmen „christliche Grundsätze für das öffentliche Leben" ein. Den „uniformen staatlichen Zentralismus", der „mit den Machtmitteln der Bürokratie und Polizei die organischen Volkstumskräfte verkümmern ließ und das Verantwortungsbewußtsein erdrückte," machte Preysing mitverantwortlich für das Unglück des NS-Staates. Er erinnerte an jene Form eines Staatslebens, das auf der Achtung des Grundrechts der Persönlichkeit und der Familiengemeinschaft beruht. Gleichzeitig setzte sich der Bischof für eine „friedliche und verständnisvolle Zusammenarbeit" von Staat und Kirche ein. Dabei erinnerte er jedoch an den Grundsatz für den Christen, „keine Erklärungen abzugeben oder Schritte zu tun, die sich nicht völlig mit Wahrheit und Ehre vereinbaren lassen". Hier klang eine erste Sorge an, Priester und Laien könnten unter der Parole vom „Antifaschismus" parteilich in den politischen Raum hineingezogen werden. Wie recht Preysing mit dieser Besorgnis hatte, zeigte die weitere Entwicklung in der sowjetisch besetzten Zone (SBZ) und der späteren DDR.

Auffallend ist in diesem bedeutsamen Pastorale auch der allgemein gehaltene Hinweis auf zerstörte Kirchen, kirchliche Anstalten und Pfarrhäuser „in Berlin, Brandenburg und Pommern". Es fehlt dagegen jegliche Angabe zur politischen Situation in Hinterpommern, der Neumark und in Stettin.[6] Das berechtigt zur negativ begründeten Annahme, daß Preysing Mitte Juni 1945 noch keine für die

Öffentlichkeit verwertbaren Informationen über Ereignisse und Schicksal seines nordöstlichen Bistumsteiles besaß. Einzelne Seelsorger aus diesem Gebiet hatten ihm oder dem Ordinariat sicher von ihren Erlebnissen berichtet und waren mit bischöflichem Einverständnis teilweise wieder in ihre Gemeinden jenseits der Oder zurückgegangen.[7] Das galt beispielsweise für Pfarrer Franz Müller aus Königsberg i. Neumark (Chojna), der zu Pfingsten 1945 unter abenteuerlichen Umständen in seine alte Pfarrgemeinde zurückgekehrt ist. Wie sehr sich Preysing zu dieser Zeit noch voll im Jurisdiktionsbesitz für sein Bistumsterritorium jenseits der Oder wußte, geht auch daraus hervor, daß er noch am 17. Juli 1945 Pfarrer Gerhard Kunza zum Pfarradministrator der Stettiner Propsteigemeinde ernannte, nachdem der bisherige Pfarradministrator Bernhard Hack im April 1945 die Stadt verlassen hatte. Der ehemalige Pfarrer von Kolberg hatte nicht mehr in seine Gemeinde in der pommerschen Hafenstadt zurückkehren dürfen und war stattdessen bereit, die Seelsorge an den Deutschen in Stettin zu übernehmen.

Im Laufe des Sommers 1945 verdichteten sich verläßliche Nachrichten über das Schicksal der Gebiete jenseits von Oder und Neiße. Zum einen hatte die Potsdamer Konferenz der Siegermächte (17. Juli - 2. August) u.a. Absprachen über Polens Westgrenze getroffen. Zum anderen hatte der polnische Primas Augustin Hlond mit Berufung auf seine römischen Sondervollmachten vollendete Tatsachen geschaffen. Er drängte den Breslauer Kapitelsvikar Ferdinand Piontek, den ermländischen Bischof Maximilian Kaller und den Schneidemühler Generalvikar Bleske zur Resignation auf ihre Jurisdiktion. Der Berliner Bischof dagegen hat für sein Territorium in Hinterpommern und der Neumark keine derartige Verzichtserklärung abgegeben. Trotzdem hat der polnische Primas am Fest Mariä Himmelfahrt für alle „wiedergewonnenen Gebiete“ polnische Administratoren eingesetzt. Der Berliner Generalvikar Dr. Maximilian Prange schrieb am 27. September 1945 an den Rand eines schriftlichen Berichtes, den ein aus Hinterpommern ausgewiesener Pfarrer über seine Erlebnisse im Ordinariat abgegeben hatte: „Außerdem wird hier nicht amtlich, aber glaubhaft berichtet, daß die von Polen besetzten Teile Pommern nicht mehr der Jurisdiktion des Berliner Bischofs, sondern der des neubestellten Administrators unterstehen.“ Man nahm also zu diesem Zeitpunkt, nach Ende der Potsdamer Konferenz, von der faktischen Neuordnung der Jurisdiktion in den polnisch verwalteten Gebieten rechts der Oder Kenntnis, ohne darüber von kirchlicher Seite Polens, geschweige denn vom Vatikan offiziell informiert worden zu sein.

Für den nördlichen Berliner Bistumsteil wurde Dr. Edmund Nowicki in Landsberg/Warthe (Gorzów Wp.) zuständig. Er nahm erst im Sommer 1946 beim Weggang des deutschen Pfarrers Edmund Helewski aus Hohengrape, jetzt Chrapowo, brieflich mit Kardinal Preysing Kontakt auf. Dabei teilte er ihm mit, daß er u.a. für den Teil der Diözese Berlin, „der jetzt der Verwaltung der Republik Polen unterstellt“ sei, als Apostolischer Administrator fungiere. Er nannte dann einzelne Berliner Priester, die noch „in ihren Pfarreien voller Eifer tätig sind“ und bedauerte zugleich, daß ihm „über das Schicksal anderer Priester nichts bekannt“[8] sei. Die von Kardinal Hlond damals errichtete polnische Kirchenorganisation, die erst 1972 vom Vatikan endgültig neugeschaffen worden ist, war ein eigenmächtiger Schritt des nationalbewußten Primas, die ethnische Neuordnung im östlichen Mitteleuropa kirchlich mitzuvollziehen.[9]

1945 war nicht nur das Jahr der deutschen Kapitulation und das Jahr des Abwurfes der ersten Atombombe auf Hiroshima und damit der Eintritt der Menschheit in das Nuklearzeitalter, es war auch das Jahr der Elendszüge von Flüchtlingen und Vertriebenen aus dem östlichen Mitteleuropa. Mehr als die Hälfte der etwa zehn Millionen östlich von Oder und Neiße lebenden Deutschen war in den letzten Kriegsmonaten vor der heranrückenden Roten Armee geflüchtet. Ein Teil davon, der bis Juni 1945 wieder in die Heimat zurückkehren konnte, teilte wenig später das Schicksal der zurückgebliebenen Bevölkerung in Pommern, Schlesien, Ostpreußen, der Tschechoslowakei und Ungarn: Sie wurden Heimatvertriebene. In zunächst „wilden Vertreibungen", dann nach der Potsdamer Konferenz in angeblich „geordneter und humaner Weise" durchgeführten Umsiedlungen vollzog sich eine „Tragödie ungeheuren Ausmaßes" (Churchill), die größte Bevölkerungsverschiebung der Neuzeit. Jahrelange NS-Verbrechen in Osteuropa schlugen unbarmherzig auf deutsche Städte und Dörfer zurück. Die These von der Kollektivschuld begünstigte die ethnische Säuberung.

Spätestens durch den aus seinem Bistum Ermland ausgewiesenen Bischof Maximilian Kaller ist Preysing Ende August über die inhumane Vertreibung der deutschen Bevölkerung umfassend und verläßlich informiert worden. Da gegenwärtig nur sie „Anwälte" der Menschen Ostdeutschlands sein konnten, entschlossen sich beide Oberhirten am 3. September zu einer dringlichen Intervention an den Alliierten Kontrollrat in Berlin, in dessen Hand inzwischen die gesamte Regierungsgewalt über Deutschland lag.[10]

Einerseits bekundeten sie Verständnis für die „Westverschiebung Polens", wofür das vergangene NS-Regime die Verantwortung trage. Andererseits schaffe die Oder-Neiße-Linie „unsagbares Leid" unter mindestens fünf Millionen Deutschen im jetzt polnisch verwalteten Gebiet. Preysing und Kaller erinnerten dabei aber auch an das Potsdamer Abkommen, Art. IX b, wonach die westliche Grenze des späteren polnischen Gebietes erst im Friedensvertrag festgelegt werden solle. Die Polen handelten demgegenüber aber so, als ob bereits Oder und westliche Neiße als endgültige Grenze festgelegt seien. Das jedoch werde deutscherseits als „unrechtmäßig" empfunden. Die beiden Oberhirten baten den Alliierten Kontrollrat abschließend, „Polen anzuweisen, die Grenze für die Auswanderung vorläufig zu sperren und den Deutschen Lebensmöglichkeiten zu bieten, bis durch die alliierte Kommission bzw. durch den deutschen Verwaltungsrat die Möglichkeit zur Aufnahme der Flüchtlinge geschaffen" sei. Der Bischofsbrief hatte allerdings auf die Vertreibungspraxis keinerlei Einfluß.

Anfang August 1945 fand im Pfarrhaus der Adlershofer Gemeinde Christus König ein informelles Gespräch statt, an dem Bischof Maximilian Kaller, Pfarrer Walter Adolph und der aus Ostpreußen stammende Rendant Paul Jagdt teilnahmen. Ergebnis dieses Gedankenaustausches war der Entwurf eines Situationsberichtes über die innerkirchliche und kirchenpolitische Lage, den Adolph für Preysing anläßlich der bevorstehenden Bischofskonferenz in Fulda verfaßte.[11] Darin wurden sowohl Informationen über Ereignisse vom Kriegsende aus dem Bistum Berlin als auch aus dem Bistum Ermland verwendet. Der Tenor war identisch mit der Befürchtung Preysings aus den ersten Nachkriegstagen, die SBZ würde langfristig bolschewistisch werden. Die Sowjetische Militäradministration habe zwar mitgeteilt, daß das religiöse Leben wieder frei sei. Aber nach drei Monaten könne man feststellen, „daß das kirchliche Leben keine größeren Freiheiten genießt als zur Zeit des Nationalsozialismus". Es gebe Rechtsunsicherheit auf verschiedenen Gebieten der kirchlichen Tätigkeit. Wenn auch die wiedererstandene KPD „noch nicht ihr früheres antikatholisches und antichristliches Gesicht" zeige, so behindere sie doch nach Kräften das Wirken der Kirche.

Auf dem Sektor Kirchliche Jugendarbeit konnte von Repressionen der wiedergegründeten KPD zunächst gleichfalls nicht die Rede sein. Der aus dem Moskauer Exil nach Berlin zurückgekehrte Walter Ulbricht erklärte am 25. Juni 1945 ausdrücklich den Verzicht auf eine eigene kommunistische Jugendorganisation, erwähnte aber natürlich nicht, daß dies Teil einer Strategie bildete, die längst in der UdSSR beschlossen gewesen war.[12] So gestattete die SMAD die Bildung von antifaschistischen Jugendausschüssen auf kommunaler Ebene, in denen Jugendliche aller Parteien und Konfessionen zusammenarbeiten sollten. Zu dieser politischen Weichenstellung gab es für Bischof Preysing schwerlich eine verantwortbare Alternative, so daß er die Mitarbeit der katholischen Jugend seines Bistums in den Jugendausschüssen wagte, zumal die SMAD am 31. Juli lakonisch das Verbot „aller anderen Jugendorganisationen" verkündet hatte. Als in Berlin der Zentrale Jugendausschuß für die ganze SBZ gegründet wurde, stellte sich um der formalen Überparteilichkeit dieses Gremiums willen die Frage der Vertretung der beiden christlichen Kirchen. Erich Honecker als maßgeblicher Funktionär der Jugendorganisation hatte für die Katholische Kirche Vorsorge getroffen in der Person des aus der Katholischen Jugend stammenden Manfred Klein.[13]

Letzterer besprach das Angebot mit Domvikar Robert Lange (1908-1955), seit 15. Juli 1945 Diözesanjugendseelsorger. Lange wiederum unterbreitete diese Offerte umgehend dem Bischof und dieser bat Klein mit „Gruß und Segen," diese Aufgabe zu übernehmen.[14] Auch als Domvikar Lange offizieller Vertreter der Katholischen Kirche im Zentralen Jugendausschuß wurde und später am 26. Februar 1946 seine Unterschrift unter das Gründungsdokument der Freien Deutschen Jugend (FDJ) setzte, waren diese Entscheidungen mit Kardinal Preysing mündlich abgestimmt, für den klug abwägenden Leiter des Bischöflichen Jugendseelsorgeamtes eine Selbstverständlichkeit. Schriftliche Unterlagen sind dazu nicht erhalten. Die Mitarbeit Langes im Zentralrat der FDJ war, trotz aller taktischen Harmonisierungsbemühungen Honeckers, nie ganz konfliktfrei: Nicht von ungefähr gab es daher in Dekanatsversammlungen in West-Berlin besorgte Vorbehalte, die vor einer kommunistischen Umarmungs strategie warnten. Wie berechtigt diese Bedenken waren, bewies der Verlauf des I. Parlaments der FDJ, das vom 8. - 10. Juni 1946 in Brandenburg/Havel stattfand. Trotz allen festlichen Glanzes der dreitägigen Veranstaltung brachte die interne Äußerung des sächsischen Landesjugendleiters Robert Bialek die gerade erst gegründete FDJ an den Rand der Spaltung. Der kommunistische Jugendfunktionär hatte erklärt, man werde den Kirchen „täglich zehn Nackenschläge geben, bis sie am Boden liegen, und wenn wir sie wieder brauchen, streicheln wir sie ein wenig, bis die Wunden geheilt sind. Dann schicken sie wieder ein Rundschreiben aus, welches uns Mitglieder einbringt und dann schlagen wir wieder ihnen in den Nacken, bis sie am Boden liegen"[15].

Domvikar Lange und der evangelische Jugendpfarrer Hanisch waren daraufhin entschlossen, die Mitarbeit in der FDJ aufzukündigen. Da sich Kardinal Preysing an den Pfingstfeiertagen gerade zur Firmspendung in der nahegelegenen ehemaligen Bischofsstadt Havelberg[16] aufhielt, konnte Lange die prekäre Situation mit seinem Oberhirten besprechen. Auch Preysing trat für den offenen Bruch ein, wenn nicht die Äußerung Bialeks vor dem Plenum verurteilt werde. Am nächsten Tag wurde unter Druck des Jugendoffiziers der SMAD und der SED-Vertreter in der FDJ-Führungsspitze das Auseinanderbrechen der FDJ in letzter Minute verhindert: Man leitete eine Untersuchung ein mit dem Ziel, die „Angelegenheit in ehrlicher Zusammenarbeit klarzustellen". Die Vertreter der beiden Kirchen bekräftigten in einer Erklärung, die das „Petrusblatt" am 23. Juni 1946 in vollem Wortlaut veröffentlichte, daß sie trotz der erlittenen Erfahrungen zur weiteren Mitarbeit in der FDJ bereit seien. Sie verlangten jedoch, daß „ab sofort auf der ganzen Linie ein Kampf gegen unehrliche Arbeitsmethoden" aufgenommen werde. Es traf sich, daß Kardinal Preysing zeitgleich mit dem „Brandenburger Parlament" anläßlich des ersten Bekenntnistages der Jugend nach dem Krieg am Dreifaltigkeitssonntag einen Hirtenbrief veröffentlicht hatte. Darin wurde der spezifisch katholische Charakter der Jugendarbeit unterstrichen und nachdrücklich die Freiheit kirchlichen Lebens betont. Die kommunistischen Vertreter in der FDJ, die diesen Hirtenbrief mit Sicherheit gleichfalls in die Hand bekommen haben, mußten Preysings Feststellung zur Kenntnis nehmen, daß die Siegermächte - gemeint waren die drei Unterzeichner der Potsdamer Beschlüsse - „auch die Freiheit und Eigenständigkeit der kirchlichen Jugendarbeit" feierlich zugesichert hätten. Domvikar Lange und die katholischen Jugendlichen in Brandenburg sahen in dieser Erklärung mit Recht eine Stärkung ihrer Position innerhalb des neugegründeten Jugendverbandes der SBZ.

Endgültig und formell ausgeschieden aus der FDJ sind die beiden Kirchen dann erst beim III. Parlament in Leipzig im Jahre 1949, nachdem bei Zentralratssitzungen die Plätze von Lange und Hanisch schon vorher häufig leer geblieben waren. Das „Petrusblatt" vom 5. Juni 1949 meldete unter den Bistumsnachrichten, daß Diözesanjugendseelsorger Robert Lange aus der FDJ ausgeschieden sei. Die Entwicklung habe ein Stadium erreicht, daß „eine kirchliche Mitarbeit unmöglich" geworden ist. Das Ziel der katholischen Jugend bleibe nach wie vor, „sich frei zusammenzuschließen und arbeiten zu können."

Die besiegte deutsche Bevölkerung empfand in der ersten Nachkriegszeit als die eigentlichen „Besatzungsmächte": Hunger, Kälte, Wohnraummangel, Arbeitsplatznot, Angst vor den Russen, und Gefühle von Rechtsunsicherheit und Resignation. Nicht zuletzt hatten die ungezählten Vergewaltigungen von Mädchen und Frauen durch die sowjetischen Befreier einen starken Anti-Russen-Komplex hinterlassen. In Berlin mußten zunächst die schlimmsten Spuren des Endkampfes zur Seite geräumt werden: ausgebrannte Fahrzeuge und Panzerwracks, Schuttmassen, die Straßen und U- und S-Bahn-Verbindungen blockierten. Zerstörungen und Beschädigungen der Infrastruktur mußten, soweit irgend möglich, wenigstens notdürftig behoben werden. Auf abenteuerlichsten Tausch- und Hamsterfahrten über Land eroberten Stadtbewohner mühselig einige Kilo Kartoffeln. Der Schwarze Markt blühte. Ebenso das Tauschgeschäft vor den Kasernen der Besatzungstruppen. Für ein paar Lebensmittel gab man goldene Uhren, Brillantschmuck und Kleidungsstücke. Das Überleben-Wollen und blanker Opportunismus um materieller Vorteile willen gingen Hand in Hand. Die Lebensmittelversorgung war durch ein abgestuftes Kartensystem von I bis V geregelt. Während Schwerarbeiter und hervorragende Persönlichkeiten der Verwaltung Lebensmittelkarte I erhielten, blieb den Nichtberufstätigen die Karte V „Sonstige", auch „Friedhofskarte" genannt: zum Leben zu wenig, zum Sterben zu viel.

Hinzu kamen massive Reparationsforderungen der Sowjetunion, die jeglichen wirtschaftlichen Wiederaufbau ungewiß und teilweise unmöglich machten. Lange Güterzüge rollten täglich gen Osten, voll beladen mit demontierten Industrieanlagen in großen Holzkisten, mit Kohle und Gütern aus der laufenden Produktion. Die hochentwickelte mitteldeutsche Industrie verlor etwa die Hälfte ihrer Kapazität. Außerdem gingen 213 der wichtigsten Industriebetriebe der SBZ im Rahmen sowjetischer Reparationsansprüche in das Eigentum der UdSSR über. Durch die kurzsichtige Demontage der zweigleisigen Strecken des Schienennetzes entstanden in der Infrastruktur Schäden, die die spätere DDR noch lange ertragen mußte. Aber auch im französischen Sektor von Berlin lösten Demontagepläne noch 1949 erhebliche Besorgnis aus. Denn immer war damit der Verlust zahlreicher Arbeitsplätze verbunden. Da Preysing den französischen Hohen Kommissar François-Poncet noch aus dessen Berliner Botschafterzeit in den dreißiger Jahren gut kannte, schaltete er sich persönlich mit Erfolg in die Bemühungen ein, geplante Industrie-Demontagen zu verhindern. Ohne seine eigene Rolle dabei sonderlich hervorzuheben, schrieb er seinem Freund Thun lediglich: „Hier in Berlin sind wir z.Zt. etwas erleichtert, weil die Borsigwerke, bei denen 300 Arbeiter noch arbeiten, nun doch nicht demontiert werden, was zu befürchten war. Ich habe mich an Francois-Ponçet gewandt."[17]

Der ungewöhnlich strenge Winter 1945/46 war unter diesen Umständen besonders für Kinder und ältere Menschen lebensbedrohlich. Um das soziale Gewissen wachzurufen, hatte Preysing den 14. Oktober 1945 zum Caritassonntag bestimmt. Zur Vorbereitung ließ er zuvor einen längeren Hirtenbrief[18] verlesen. Darin erinnerte er besonders an auseinandergerissene Familien, an alleinstehende Mütter mit Kindern, an hilfsbedürftige Alte und Flüchtlinge. Im Hinblick auf die Kriegsjahre erwähnte er die zerstörten caritativen Institutionen: Außer dem Schöneberger St. Norbert-Krankenhaus waren acht Altersheime und fünf Kinderheime dem Krieg zum Opfer gefallen. Gegenwärtig ständen insgesamt 17 Krankenhäuser, 13 Altersheime, zehn Kinderheime, sieben Jugend- und Erziehungsheime und 45 Kindergärten im Dienst der Caritas. Realistisch erklärte der Bischof: „Angesichts des furchtbaren Ausmaßes des Elends werden wir gewiß nicht jede Not beseitigen können, zumal da viele von uns selber über weniges verfügen. Aber wieviel Gutes könnten wir noch tun!"

Auch nach Kriegsende hat Bischof Preysing seine Praxis beibehalten, den Vatikan über das Bistum Berlin und die politische Situation zu informieren. Da die Nuntiatur seit dem 8. Februar 1945 ihren Sitz in Eichstätt hatte, was dem Vatikan übrigens „nicht eben gefallen" hat, dürfte Preysing - wenigstens in der ersten Zeit - seine von Anfang an guten Kontakte zur amerikanischen Besatzungsmacht eingeschaltet haben, um Post an den Vatikan zu befördern. P. Robert Leiber SJ bedankte sich am 28. Oktober 1945 für insgesamt vier Schreiben und verschiedene Beilagen, die er „jeweils dem Heiligen Vater zur Kenntnis gegeben" habe.[19] Am 23. Juli hatte der Berliner Bischof dem Privatsekretär des Papstes u.a. geschrieben: „Das Weiteramtieren von Msgr. Orsenigo bedrückt mich sehr. Mehr möchte ich nicht sagen." Vermutlich in demselben Brief hat Preysing auch um Hilfe des Papstes für den Apostolischen Visitator und Administrator der ukrainischen Katholiken in Deutschland,

Dr. Petro Werhun, gebeten, der am 22. Juni in seiner Wohnung in Berlin-Treptow vom sowjetischen Geheimdienst verhaftet und verschleppt worden war. „Viel Hoffnung" werde „im Falle von Prälat Werhun" nicht bestehen, antwortete P. Leiber dazu. Werhun ist am 2. Februar 1957 in Sibirien verstorben. Auch für die von Preysing übersandten „Anmerkungen zum Fall des Bischofs von Danzig," Carl Maria Splett (1898-1964) bedankte sich der deutsche Jesuit. Der Bischof von Danzig war nach Kriegsende in mehrwöchige russische Haft geraten. Er konnte dann zwar in sein Bistum zurückkehren, wurde aber Anfang 1946 in einem Schauprozeß von einem polnischen Gericht wegen Schädigung und Germanisierung des polnischen Volkes zu einer achtjährigen Zuchthausstrafe verurteilt.

Im Brief vom 5. September hatte Preysing Berichte von Flüchtlingen aus Schlesien beigelegt und auf die gedrückte Stimmung hingewiesen, die auch durch die „Suspension der Jurisdiktion der bisherigen Ordinarien" entstanden sei. „Man spricht davon, daß der Hl. Stuhl die Sache der deutschen Katholiken aufgibt." Ausdrücklich begrüßte Preysing die zwanzigtägige Sondierungsreise von P. Ivo Zeiger SJ durch westdeutsche Bistümer, um den Vatikan umfassend über die deutsche Nachkriegssituation zu informieren. Obwohl der römische Abgesandte die Viersektorenstadt nicht besucht hatte, wertete der Berliner Bischof diese Mission sehr positiv, fügte aber hinzu, „die Verhältnisse in den westlichen Zonen sind so verschieden von denen in der östlichen, dass man meinen möchte, es handle sich um verschiedene Länder." Daher bestehe „der Wunsch der Katholiken im Osten", der auch sein eigener sei, „einen Vertreter des Heiligen Stuhles in Berlin zu haben". Dieser Wunsch, der von Preysings Nachfolgern nicht immer geteilt worden ist, blieb über ein halbes Jahrhundert unerfüllt. Erst durch den Regierungsumzug von Bonn nach Berlin wird der Apostolische Stuhl wieder einen Vertreter in der deutschen Hauptstadt haben.

P. Leiber bestätigte in seiner Antwort die Tatsache, daß Kardinal Hlond in Rom „weitgehende Vollmachten für den Fall der Not" gegeben wurden. Er durfte aber keine endgültigen Anordnungen treffen. Denn der Heilige Stuhl sehe nichts als endgültig an, bevor ein formeller Friedensschluß vorliege. Das habe ihm „seine Heiligkeit so ausdrücklich erklärt". Man sei im Vatikan etwas überrascht, daß „der Kardinal von seinen Vollmachten so schnell und so durchgreifend Gebrauch gemacht" habe. So frage man sich, ob beispielsweise in Breslau ein Wechsel notwendig gewesen sei.[20] Jeder im Vatikan verstehe, daß die Vorgänge in den Ostgebieten, auch die unvermeidlichen, für die Deutschen bitter seien. Aber Leiber fügte kritisch hinzu: „Es wäre aber vieles gemildert, wenn der polnische Klerus merken ließe, daß die den Deutschen bitteren Maßnahmen von kirchlicher Seite nur aus Not, nicht etwa mit nationalem Hochgefühl vorgenommen werden."

Der Berliner Bischof erhielt durch die Alliierten die Möglichkeit, zur ersten Nachkriegskonferenz des deutschen Episkopats vom 21. bis 23. August 1945 nach Fulda zu reisen. Dabei traf er auch die aus dem Krieg heimgekehrten Berliner Theologiestudenten, die sich im Priesterseminar auf den Empfang der Weihe vorbereiteten. Verständlicherweise wollten die Theologen das durch Militärdienst und Gefangenschaft unterbrochene Studium möglichst bald abschließen. Preysing reagierte verständnisvoll und sagte drei Studenten die Priesterweihe zu Weihnachten zu. Seine Begründung: „Wenn Sie in der langen Zeit bei Krieg und Wehrmacht keine Seelsorge gelernt haben, werden Sie dies auch in Fulda nicht mehr lernen."

Im ersten gemeinsamen Hirtenbrief der Fuldaer Bischofskonferenz gewann die Frage nach der Schuld an den NS-Verbrechen besondere Bedeutung. Die Verstrickung vieler in Ideologie und Gefolgschaft des NS-Regimes - auch von katholischen Christen - wurde in dem Schreiben zwar allgemein beklagt, aber durch Hinweise auf den bestandenen Kirchenkampf in ihrer Eindringlichkeit gemindert. Erst 1995 gingen deutsche Bischöfe in ihrem Schreiben zum Gedenken an das Ende des Zweiten Weltkrieges einen Schritt weiter. Bei der Frage, ob der Protest der Kirche immer genügend deutlich gewesen ist, um den menschenverachtenden Maßnahmen Einhalt zu gebieten und die Widerstandskraft der Christen und der ganzen Bevölkerung zu stärken, räumten sie nun „Mängel, Fehler und Widersprüche" ein.

Im Sommer 1945 zeigte das Unterdrückungssystem des Stalinismus in der sowjetisch besetzten Zone mehr und mehr sein wahres Gesicht. Eine Welle von Verhaftungen und Verschleppungen bei Nacht und Nebel verbreitete Angst und Rechtsunsicherheit. Die Besatzungsmacht hatte angeordnet, daß sich ehemalige Mitglieder der NSDAP, SA, SS und Gestapo bis zum 25. September bei den zuständigen Ortskommandanturen melden sollten. Damit hatte die Stunde der Denunzianten geschlagen. Offene Rechnungen aus privater Feindschaft in Nachbarschaft und Bekanntenkreis konnten jetzt beglichen werden. Tausende wurden vom NKWD (Narodnys Komisariat Wnutrinich Dtel, „Volkskommissariat für innere Angelegenheiten") aus dem Schlaf gerissen, verhaftet und abtransportiert. Oft waren es Jugendliche der Jahrgänge 1929-1931, denen Mitgliedschaft in der Partisanenorganisation „Werwolf" nachgesagt wurde. Dafür genügte schon die pflichtgemäße Teilnahme an Wehrertüchtigungslagern oder an Volkssturm-Ausbildungen. Aber auch politisch Unbequeme und Andersdenkende wurden abgeholt und in Speziallager der SBZ deportiert. Vier dieser Lager befanden sich auf dem Territorium des Berliner Bistums: Berlin-Hohenschönhausen, Sachsenhausen, Frankfurt/Oder und Ketschendorf b. Fürstenwalde. Nach einer Denkschrift des sowjetischen Innenministeriums vom Juli 1990 sollen von 1945-1950 insgesamt 122 671 Deutsche in sowjetischen Speziallagern inhaftiert gewesen sein. 12 770 Personen habe man in die UdSSR gebracht. Insgesamt 42 889 Häftlinge seien verstorben. Diese Zahlen dürften allerdings eher zu niedrig als zu hoch sein.

Der Berliner Bischof war für viele verzweifelte Eltern und Angehörige der letzte Hoffnungsträger, von den Verhafteten irgendein Lebenszeichen zu erhalten. Auf seinem Schreibtisch stapelten sich herzzerreißende Bittbriefe, geschrieben in der Hoffnung, eine so angesehene Persönlichkeit wie der katholische Bischof könne erfolgversprechend bei der „Sowjetischen Militäradministration für Deutschland" intervenieren. Preysing beantwortete zwar jedes Bittgesuch, teilte aber auch ehrlich mit, daß ihm wirksame Hilfe kaum möglich sei. Am 7. Februar 1947 wandte er sich an den Chef der SMAD, Marschall Wassilij Sokolowski,[21] und wies besonders auf die Lage im ehemaligen KZ Sachsenhausen hin, wo „seit Jahr und Tag tausende unschuldig Inhaftierter beiderlei Geschlechts und jeden Alters" festgehalten seien. „In diesem und anderen Lagern finden sich Erscheinungen, die seinerzeit charakteristisch waren für die Konzentrationslager des NS-Regimes." Eine Antwort erhielt der Kardinal aus dem Hauptquartier in Berlin-Karlshorst nicht. Auch die später unternommene ökumenische Initiative, die Freilassung der Kriegsgefangenen und Zivilinternierten zu erreichen, blieb erfolglos. Preysing und Bischof Otto Dibelius stießen mit ihrer Bitte beim sowjetischen Armeegeneral Tschuikow auf taube Ohren.

Auf eine Mauer des Schweigens stieß Preysing auch im Falle des aus West-Berlin vom sowjetischen Geheimdienst (NKWD) verhafteten Leiters des Katholischen Bildungswerkes und späteren Bonner Professors für Kirchengeschichte, Dr.Dr. Bernhard Stasiewski (1905-1995). Der als Hausgeistlicher im Knaben-Waisenhaus und Lehrlingsheim in der Moabiter Turmstraße 44 wohnende Berliner Priester war am 19. Juli 1946 vom NKWD unter einem Vorwand aus West-Berlin in den sowjetischen Sektor gelockt und dort wegen Spionage verhaftet worden. Seit seinem plötzlichen Verschwinden war sein Schicksal im Bistum Berlin unbekannt. Nachdem ein erstes Schreiben von Generalvikar Prange an die SMAD ohne Antwort geblieben war, wandte sich der Berliner Kardinal selbst am 12. September an die sowjetische Besatzungsbehörde in Berlin-Karlshorst. Er bat um Auskunft über den Verhaftungsgrund von Dr. Stasiewski, über die voraussichtliche Haftdauer und über die Möglichkeit einer Kontaktaufnahme mit dem Verhafteten. „Angesichts der wachsenden Beunruhigung, die diese Verhaftung in den Kreisen der Berliner Bevölkerung hervorruft und die sich in zahlreichen Anfragen“ bei ihm äußere, bat Preysing „dringend um baldige Auskunft“[22]. Der Kardinal ließ dieses Schreiben an die SMAD durch Weihbischof Wienken persönlich überbringen. Erst im November erfuhr Letzterer, daß im Fall Stasiewski der NKWD-General Iwan Serow zuständig sei. Serows Macht in der damaligen SBZ war fast unbegrenzt. Die von ihm aufgebauten NKWD-Operationsgruppen hatten die Aufgabe, „Ermittlungen gegen Spione und Abweichler“ zu planen, diese festzunehmen und zu überführen. Außerdem sollte die NKWD Agenten zu nachrichtendienstlichen Zwecken in den drei Westzonen plazieren und „Ermittlungen gegen Agenten früherer Nachrichtendienste in Deutschland“ führen.[23]

Am 5. Dezember 1946 überreichte Weihbischof Wienken in Karlshorst ein Schreiben Preysings an den NKWD-General, in dem der Bischof alle bisher unbeantwortet gebliebenen Anfragen dokumentierte und seine dringende Bitte um Aufklärung des Falles Stasiewski wiederholte. Die Sowjets würdigten den Berliner Kardinal auch diesmal keiner Antwort. Erst am 15. Juni 1947 wurde Dr. Stasiewski ohne Gerichtsverfahren entlassen und erhielt lediglich eine vom Dresdener Polizeipräsidenten gestempelte, in kyrillischer Schrift ausgefertigte Bescheinigung über die Entlassung aus der Gemeinschaftsverpflegung, damit ihm in Berlin wieder Lebensmittelkarten ausgehändigt werden konnten. Der Entlassene hat später in seinem Lebenslauf lapidar angegeben, er sei „von der russischen Besatzungsmacht verhört“ worden. Tatsächlich hat er seine Haftzeit großenteils in Gefängnissen in Ostberlin, Weißwasser und Bautzen und zuletzt im NKWD-Gefängnis Dresden verbracht und wurde regelmäßig nachts von einem NKWD-General verhört. In das Fadenkreuz des NKWD war Stasiewski geraten, weil er von 1940 - 1944 als dienstverpflichteter Dolmetscher in der Forschungsabteilung für Ostgeschichte beim Stab des III. Generalkommandos in Berlin tätig gewesen war, das dem Abwehr-Chef Admiral Canaris unterstand. Es ist verständlich, daß er nach den zermürbenden monatelangen Verhören die Angebote einer Professur an der Humboldt-Universität in Ostberlin und an der Universität Rostock abgelehnt hat. [24]

Pfingsten 1947 ging Preysing mit dem Problem der Internierten an die Öffentlichkeit. Rücksichten auf andere Bischöfe um der Einheit der Bischofskonferenz willen wie in der NS-Zeit nahm er jetzt nicht mehr. In der überfüllten Reinickendorfer St. Marien-Kirche erinnerte er an „tausende und abertausende von

Internierten, die ihren Familien keinerlei Nachrichten geben können". Ausdrücklich erwähnte er „das Los der Eltern in Berlin und Umgebung, denen Kinder und Jugendliche genommen sind, abgeholt und verschwunden, und seit über einem Jahr kein Lebenszeichen, keine Angabe des Grundes, weshalb sie verhaftet wurden". Die Predigt erregte damals in der deutschen Öffentlichkeit beträchtliches Aufsehen und aus vielen Landesteilen trafen Dankschreiben ein.

Zum Jahreswechsel 1949/1950 kam das Schicksal der sowjetischen Schweigelager erneut in die westliche Öffentlichkeit, während dieses Thema in der gerade gegründeten DDR strikt tabu war. Preysing nahm am 12. Januar 1950 durch eine Presseerklärung[25] noch einmal zum Fortbestand der Konzentrationslager

unter sowjetischer Verantwortung Stellung. Darin hieß es unter anderem: „Zwölf Jahre lang haben in Deutschland unter der Naziherrschaft Konzentrationslager bestanden. Viele Hunderttausende haben in diesen Lagern ohne Freiheit, ohne Recht sich jahrelang dahingeschleppt, sind oft auf grausame Weise vernichtet worden ... Diese Tatsache bleibt für immer eine Schmach in der Geschichte unseres Volkes. Nach der Kapitulation hofften wir mit allen Gutgesinnten, daß es nie mehr auf deutschem Boden Konzentrationslager geben würde. Diese Hoffnung hat getrogen... Als Bischof habe ich nach der Kapitulation mehrfach für die Verschleppten Gerechtigkeit, Gerichtsverfahren und Benachrichtigung der Angehörigen gefordert. Ich erhebe heute von neuem meine Stimme: Solange die Schmach der Konzentrationslager besteht, wird kein Friede und keine Einheit in unserem Volk herbeigeführt werden. Es wird auch Friede und Versöhnung unmöglich gemacht, solange Menschen ihrer Menschenrechte bei uns brutal beraubt werden." Zwei Tage nach dieser Erklärung ordnete die Besatzungsmacht die Auflösung der ehemaligen KZ Sachsenhausen und Buchenwald an. Wie viele Zivilinternierte in den verschiedenen sowjetischen Speziallagern in den ersten Nachkriegsjahren umgekommen sind, ist erst nach der „Wende" annähernd genau bekannt geworden. Die Gedenkstätten Sachsenhausen und Buchenwald sind später zu DDR-Zeiten nachgerade zu Tempeln des Antifaschismus erklärt worden, wobei die schlimme Rolle der ehemaligen Konzentrationslager nach 1945 natürlich totgeschwiegen wurde.

Mehrfach intervenierte Kardinal Preysing bei der SMAD gegen die willkürlichen Verhaftungen und Verschleppungen von Deutschen, die in sowjetischen Speziallagern inhaftiert waren.
Nach der Wende 1989 wurde im ehemaligen Konzentrationslager Sachsenhausen ein Gedenkstein für die Opfer der unmenschlichen Haftbedingungen aus den Jahren 1945-1950 errichtet.

Unmittelbar nach Kriegsende setzte in allen vier Besatzungszonen und in der Vier-Sektorenstadt Berlin die politische Säuberung des ganzen Volkes ein. Der Geist des Nationalsozialismus sollte aus dem öffentlichen Leben, aus Verwaltung, Justiz und Wirtschaft ausgerottet werden. Wer als mitverantwortlich für das Funktionieren des „Dritten Reiches" galt und als Parteigenosse oder Mitglied von NS-Organisationen dem NS-Herrschaftssystem gedient hatte, wurde zur Verantwortung gezogen. Zur Beurteilung der jeweiligen Verantwortlichkeit wurden die Betroffenen von den dafür eingerichteten Spruchkammern in folgende Gruppen eingeteilt: Hauptschuldige, Belastete, Minderbelastete, Mitläufer und Entlastete. Bei der hohen moralischen Autorität der Katholischen Kirche lag es nahe, daß viele ehemalige Mitglieder der NSDAP Pfarrer und Bischöfe um politische Leumundszeugnisse baten. Auch der Berliner Oberhirte hat sich diesen zahlreichen Bitten in der Regel nicht verschlossen. Denn der Name Preysing war in der Öffentlichkeit Gewähr für Wahrhaftigkeit, Objektivität und Ausgewogenheit.

Noch aus dem Hermsdorfer Dominikus-Krankenhaus im Sommer 1945 erhielt Rechtsanwalt Egon Endres, der spätere CDU-Fraktionsvorsitzende im Berliner Abgeordnetenhaus, die Versicherung, er habe als Anwalt von Preysings „besonderen Vertrauens“ die Verteidigung einer Anzahl von Geistlichen übernommen. Der Benennung als Parteianwärter seitens des Gaurechtsamtes Berlin habe Endres nur deshalb nicht widersprochen, „um die Möglichkeit des Eintretens für seine Klienten besonders vor dem Volksgerichtshof unter allen Umständen zu erhalten“[26].

Der Kardinal zögerte besonders dann nicht mit einem positiven Zeugnis, wenn er die von der Entnazifizierung Betroffenen persönlich kennengelernt hatte. So bescheinigte er Rechtsanwalt Dr. Kurt Valentin, dem er bei seinem zweimaligen Besuch in der Strafanstalt Torgau/Elbe begegnet war, daß dieser bei derVerteidigung von Kaplan Simoleit und P. Lorenz vor dem Reichskriegsgericht alles aufgeboten habe, um sie vor dem Todesurteil zu retten, und sich später „auch eifrig um die Begnadigung der Verurteilten bemüht“ habe.

Sehr persönlich formulierte Preysing das Zeugnis für Rechtsanwalt Dr. Werner Pünder, der während des Krieges zur Spionageabwehr eingezogen worden war. Er habe ihn bereits nach seiner Entlassung aus Gestapo-Haft im Sommer 1935 kennengelernt. Pünder habe „das widerchristliche und unmenschliche Vorgehen der nationalsozialistischen Behörden auf das entschiedenste verworfen“. Mit seinem Verhalten im Fall des am 30. Juni 1934 erschossenen Dr. Erich Klausener, dessen Witwe er als Anwalt bei der Verfolgung ihrer Rechtsansprüche vertreten hat, sei er bereit gewesen, sich „mit großem persönlichen Risiko trotz seiner zahlreichen Familie“ einzusetzen. So habe er nach dem Klausener-Mord gewagt, eine Klage einzureichen, „die sich gegen das Deutsche Reich, vertreten durch den Führer und Reichskanzler Adolf Hitler, und gegen das Land Preußen, vertreten durch den Preußischen Ministerpräsidenten Hermann Göring, richtete“.

Rechtsanwalt Dr. Kurt Behling erhielt gleichfalls ein entlastendes Zeugnis, da er nach Preysings Meinung nur nominelles Pg-Mitglied gewesen sei, um die Wiederzulassung zur Rechtsanwaltschaft vor dem Volksgerichtshof zu erhalten. Er habe sich „in hochherziger Weise um politisch Verfolgte, insbesondere Priester“ als Verteidiger bemüht. Behlings Mandanten waren u.a. der Widerstandskämpfer Karl-Ludwig Freiherr von und zu Guttenberg und Angehörige der Familie Stauffenberg.

Auch für zwei juristische Mitarbeiter im Bischöflichen Ordinariat setzte sich der Berliner Kardinal ein: für den seit 1937 als Justitiar tätigen Regierungspräsidenten a.D. Wilhelm Happ und für Rechtsanwalt Ferdinand Bartmann. Ebenso erhielt Rechtsanwalt Hellmuth Dix, Verteidiger des verhafteten Domkapitulars Georg Banasch, im Prozeß gegen den Meißener Bischof Petrus Legge und für den nach dem 20. Juli verhafteten Staatssekretär a.D. Hermann Pünder, ein positives Leumundszeugnis.

Oft stützte sich Preysing in seinen Zeugnissen ausdrücklich auf die Aussagen glaubwürdiger Priester seines Bistums. Das galt auch für Oberarzt Dr. Erhard Lux vom St. Hedwig-Krankenhaus, dem späteren Chefarzt des Lankwitzer Krankenhauses Maria Trost. Noch im August 1949 schrieb der Kardinal an die Spruchkammer in Berlin-Lichterfelde, Lux habe „in der Zeit des Nationalsozialismus und besonders in den letzten Jahren vor Kriegsende alles Menschenmögliche geleistet, um das bittere und brutale Unrecht der Geheimen Staatspolizei an unschuldigen

Menschen zu verhüten resp. zu mildern". Als von den Behörden eingesetzter Polizeiarzt im Gefängnis der Großen Hamburger Straße habe er „in sehr vielen Fällen Untersuchungsgefangene vor dem Abtransport in Konzentrationslager bewahrt und ihnen durch Überweisung in die Sanitätsabteilung dortselbst die harte Gefangenschaft erleichtert". Wie „unmittelbare Zeugen" - gemeint war sicher u.a. die Krankenhausfürsorgerin Marianne Hapig - mitteilten, habe Lux „immer neue Vorstöße" gemacht, um die hygienischen Einrichtungen zu verbessern und „nahm sich besonders der schwangeren Frauen und Ausländer an, von denen er sogar einer gewissen Anzahl die Freiheit erwirken konnte". Gerade im Fall Lux wird deutlich, wie ungerecht der pauschale Vorwurf ist, alle Leumundszeugnisse zugunsten von der Entnazifizierung Betroffenen seien „Persilscheine" gewesen.

Hochbrisant für die spätere politische Diskussion im geteilten Deutschland wurde nach Preysings Tod das Zeugnis für den Ministerialrat Dr. Hans Globke, der von 1949-1963 Staatssekretär des Bundeskanzleramtes war und als einer der engsten Vertrauten Adenauers galt. Der Kardinal achtete ihn trotz dessen Mitautorschaft beim Kommentar zu den „Nürnberger Gesetzen" „als einen überzeugten katholischen Christen, dessen Leben und Handeln von den Grundsätzen des katholischen Glaubens bestimmt waren". Er habe „die Gefahren und Irrtümer des Nationalsozialismus richtig eingeschätzt und verurteilt". Der Wortlaut des Leumundzeugnisses vom 18. Januar 1946 geht auf einen Entwurf von Dr. Margarete Sommer zurück, den Preysing mit unwesentlichen stilistischen Änderungen übernommen hat. Ausführlich wurden Globkes Hilfen für die Arbeit des Hilfswerkes beim Bischöflichen Ordinariat Berlin zugunsten verfolgter Juden erwähnt. Eine zeitlang habe man ihn „fast täglich" in Anspruch nehmen müssen. Er habe Freiheit und Leben aufs Spiel gesetzt, da er „in selbstloser Weise Verfügungen und Gesetzesvorlagen des Judendezernates im Innenministerium sabotiert" habe. „Da diese Zersetzungsarbeit um ihrer Wirkung willen von allen Beteiligten streng geheim gehalten werden mußte, ist es allen Nichtbeteiligten unbekannt geblieben, was die Juden in Deutschland Herrn Dr. Globke zu verdanken haben."[27] Ingesamt hat die von den Alliierten erstrebte „Befreiung von Nationalsozialismus und Militarismus" das gesteckte Ziel in allen vier Besatzungszonen kaum erreicht. Schriftliche Entlastungszeugnisse wurden nicht selten nahezu leichtfertig ausgestellt. Die dadurch mögliche Einstufung als Entlasteter oder Mitläufer brachte zahlreiche ehemalige Pgs. nach kurzer Zeit wieder in alte Positionen zurück, besonders in der Justiz und der Verwaltung, aber auch im Bereich von Hochschulen und Universitäten. In der SBZ genügte mitunter das neue Parteibuch der SED für den neuen Posten und in den Westzonen halfen den einst massenweise entlassenen ehemaligen Mitgliedern der NSDAP oft gute Beziehungen, wieder in Amt und Würden zurückzukehren.

Wie im Pastorale vom Juni 1945 bereits angekündigt, sah der Berliner Bischof eine seiner vordringlichsten Aufgaben darin, „die periodische katholische Presse, insbesondere das Katholische Kirchenblatt, dieses in der modernen Seelsorge unentbehrliche Mittel der religiösen Führung und Beeinflussung", wieder aufzubauen. Über den Beirat für Kirchenfragen im ersten Magistrat von Groß-Berlin, Pfarrer Peter Buchholz, ließ er schon am 2. Juli dem sowjetischen Stadtkommandanten Gorbatow einen Antrag zur Genehmigung eines katholischen Wochenblattes zuleiten. Die zunächst nur mündlich gegebene Zusage wurde bald wieder zurückgezogen. Daraufhin stellte Preysing unter seinem Namen bei den amerikanischen Besatzungsbehörden einen Lizenzantrag für einen katholischen Verlag. Unter der Lizenznummer B 202 wurde am 10. November 1945 Dr. Konrad Graf v. Preysing die Zulassung erteilt, drei Tage später erhielt er von einem Vertreter der amerikanischen Militärregierung die Urkunde und war damit autorisiert, folgende Tätigkeit auszuführen: „Verlag von religiösen Büchern und Zeitschriften unter dem Namen ‚Morus-Verlag'." Der Verlag bezog bald danach Räume in der Neuköllner Bergstraße 22, der späteren Karl-Marx-Straße,[28] während die Redaktion durch Pfarrer Ferdinand Blaesing (1895-1968) in der Neuköllner St. Eduard-Pfarrei Aufnahme fand. Der Pfarrer der St. Clara-Gemeinde, Erzpriester Viktor Trawnik (1884-1965), beantragte beim Neuköllner Bezirksamt, Abtl. Handel und Gewerbe, die benötigte Gewerbebescheinigung für den Morus-Verlag. Verlagsleiter wurde Domkapitular Walter Adolph, der in vorderster Reihe den Kampf um die katholische Presse in der NS-Zeit mitgeführt hatte. Später, am 1. April 1947, zog der Morus-Verlag in die Dahlemer Arnimallee 11 um.

Mit dem Verlag waren das wöchentliche „Petrusblatt", das Kirchenblatt für das Bistum Berlin, mit einer Auflage von 20 000 Exemplaren und das „Amtsblatt des Bischöflichen Ordinariats Berlin" mit 500 Exemplaren verbunden. Der amerikanische Presseoffizier hatte bei der Lizenzvergabe ausdrücklich erklärt, daß die Beschränkung in Umfang und Auflagenhöhe nur durch Papierknappheit bedingt sei und später aufgehoben werde. In der Planung waren ein Gebet- und Gesangbuch und verschiedene pastorale Publikationen.

Mit der Schlagzeile „Der Bischof begrüßt sein Kirchenblatt" wurde am ersten Adventssonntag, dem 2. Dezember 1945, das „Petrusblatt" an die Gemeinden ausgeliefert. Preysing unterstrich die seelsorgliche Zielrichtung der Wochenzeitung: „die Herrscherrechte Gottes und das Sittengesetz Christi" verkünden und zugleich „das Bewußtsein der Zusammengehörigkeit von Bischof, Klerus und Gläubigen" fördern. Preysing ließ es sich nicht nehmen, bei der Auslieferung der ersten Nummer der Kirchenzeitung im Morus-Verlag anwesend zu sein und einzelne Vertriebshelfer aus den Gemeinden Berlins und des Umlandes wie beispielsweise aus Werder und aus Frankfurt/Oder zu begrüßen. Von Anfang an wurden im Kirchenblatt Anzeigen aufgenommen, um die finanzielle Belastung für den Morus-Verlag in Grenzen zu halten.

Als ständige Mitarbeiter des Petrusblattes sorgten für das Niveau der Kirchenzeitung damals u.a. Erzpriester Oskar Feige, P. Dr. Johannes Lichy SVD, Prof. Hermann Muckermann, P. Franz Hillig SJ, die Schulschwester Ehrentrudis Elisabeth Kawa, Alfons Erb, Pfarrer Melchior Grossek und nicht zuletzt Domkapitular Walter Adolph. Preysing, der am 6. November 1945 von seiner „Ein-Zimmer-Residenz" im Dominikus-Krankenhaus in eine Villa in der Zehlendorfer Bogotastraße 10 umgezogen war, sorgte persönlich dafür, daß der Meldungsteil über Ereignisse der Weltkirche möglichst umfassend und wohlfundiert war. Über amerikanische Stellen ließ er regelmäßig den Informationsdienst von „NCWC", herausgegeben vom National Catholic Welfare Conference, schicken, der von Mitarbeitern übersetzt und ausgewertet wurde. Aus der katholischen Zeitung „La Croix" übersetzte er oft selbst aus dem Französischen und leitete die Meldungen an die Redaktion weiter. Breiten Raum nahmen in den Nummern des Petrusblattes immer wieder detaillierte Informationen über die zurückliegende Auseinandersetzung mit dem NS-Staat ein. Preysings „Kurze Darstellung des Kampfes der Katholischen Kirche gegen den Nationalsozialismus 1933/1945" wurde in Fortsetzungen veröffentlicht, daneben Berichte über den Leidensweg von Dompropst Lichtenberg und anderer Blutzeugen, über den „Fall Stettin“ und über Berliner Priester, die in Konzentrationslagern gelitten haben oder dort gestorben sind. Diese zahlreichen Artikel dürften nicht wenig dazu beigetragen haben, daß die Kirche im „Dritten Reich“ über viele Jahre überwiegend im Licht der Zeugen für Glaubens- und Gewissensfreiheit gesehen worden ist.

Das „Petrusblatt“ hatte von 1946 an zunehmend mit Vertriebsschwierigkeiten im Ostteil des Bistums zu kämpfen. Um Abhilfe zu schaffen, intervenierte Preysing mehrfach bei der SMAD in Berlin-Karlshorst In seinem Auftrag suchte Domkapitular Adolph am 24. April 1947 den Leiter der Abteilung „Verbindungen zu Kirchen“, Oberleutnant Jermolajew, auf.[29] Dabei erklärte der Sowjetoffizier, es bestünden Bedenken, die Vertriebserlaubnis für das „Petrusblatt“ zu erteilen, weil „das Blatt eine kämpferische Haltung einnehme und dabei unfair verfahre“. Im Lauf des Gesprächs wies Jermolajew u.a. darauf hin, daß „die evangelische Kirche und auch die Sekten williger mit der SMAD zusammenarbeiteten als die Katholische Kirche“. Erst nach Gründung der DDR erhielt der Berliner Bischof am 11. April 1950 vom Ministerium für Post- und Fernmeldewesen den schriftlichen Bescheid, daß das „Petrusblatt“ in der DDR verboten sei. Als Grund wurde angegeben, daß „beispielsweise die Berichte und Kommentare des Petrusblattes über den Mindszenty-Prozeß in den Nummern Anfang des Jahres Verstöße gegen die Kontrollrat-Direktive“ darstellten. Diese Direktive aus dem Jahre 1946 enthielt „Richtlinien für deutsche Politiker und die deutsche Presse, sich nicht ‚friedensstörend‘, ‚undemokratisch‘ und ‚hetzerisch‘ zu verhalten“. Dagegen konnte die Bistumszeitung im Ostteil von Berlin noch bis 1953 in den Gemeinden angeboten werden, wenn auch unter Schwierigkeiten. Der Vier-Mächte-Status der Stadt verhalf zunächst noch zu diesem Spielraum.

Das Verlagsprogramm blieb bei dem herrschenden Papiermangel zunächst recht bescheiden, weitete sich dann aber beachtlich aus. Kardinal Preysing bestimmte entscheidend die Richtung der Verlagsleitung und hatte auch an der Wahl der Titel maßgeblichen Anteil. So lag ihm daran, die in der NS-Zeit unterdrückte Stimme des Papstes und der Weltkirche wieder vernehmbar zu machen. Zu den ersten Publikationen des Morus-Verlags gehörten u.a. die Broschüre „Der Papst spricht - Ansprachen und Botschaften Papst Pius XII. aus der Kriegs- und Nachkriegszeit“ (1947) und die „Enzyklika Papst Pius XI. vom 14. März 1937 über die Lage der katholischen Kirche im Deutschen Reich“ (1948). Wie der Berliner Bischof die Herausforderungen des NS-Kirchenkampfes und die Probleme der ersten Nachkriegsjahre beantwortet hat, erfuhr die breite Öffentlichkeit durch die „Dokumente aus dem Kampf der katholischen Kirche im Bistum Berlin gegen den Nationalsozialismus“ (1946) und durch die Broschüre „Hirtenworte in ernster Zeit“ (1947), die Hirtenbriefe und Verlautbarungen Preysings aus den Jahren 1945-1947 enthielt. Schon 1947 erschien die erste Biographie über Bernhard Lichtenberg von Alfons Erb, die bald die vierte Auflage erlebte. Vermutlich eine Frucht von Preysings USA-Reise war das Buch des Rundfunkpredigers und späteren Weihbischofs Fulton J. Sheen „Der Kommunismus und das Gewissen der westlichen Welt“, das 1950 in deutscher Übersetzung erschien. Der Morus-Verlag war sich „der ungeheuren Gefahr voll bewußt“, die sich in Berlin „für die Glaubens- und Gewissensfreiheit und nicht minder für die anderen unabdingbaren Rechte des einzelnen Menschen“ zusammenziehe, wie es im Vorwort der deutschen Ausgabe hieß.

Der Kardinal hat zeitlebens die Sorgen des Morus-Verlages als seine eigenen angesehen. Er nahm sich sogar die Zeit, als „unbezahlter Lektor" bei Buchproduktionen mitzuhelfen. In den Urlaub nach Adelholzen bei Traunstein nahm er beispielsweise das Manuskript einer Biographie über Kardinal Newman mit, das die Schulschwester Elisabeth Kawa aus dem Englischen übersetzt hatte. Seiner Cousine schrieb er, er habe als einzige Arbeit diese Biographie aus der Feder von Moodry „durchkorrigiert". Die Schwester habe die Biographie „nicht gut übersetzt, so was muß eben auch gelernt sein"[30]. Aber sie nehme Korrekturen gerne an. Er habe „eben zweimal eine Kirchengeschichte von P. Ludwig Hertling durchgeackert", schrieb er am 7. Oktober 1948. Sie sei sehr interessant, „bedurfte aber doch einer anzahl stilistischer und sachlicher Retuschen". Der bischöfliche „Lektor" urteilte: „Für alle im Lehrfach Befindlichen wird es einen sehr guten objektiven Überblick über die Geschichte der Kirche geben."

Auch an anderen Manuskripten nahm Preysing tätigen Anteil. Denn er berichtete seinem Freund Thun: „Der Schriftsteller Alfons Erb, der eine Reihe guter Sachen herausgegeben hat, äußerte einmal, als man ihn fragte, ob seine Bücher schon in fremde Sprachen übersetzt worden seien, ‚nein, aber der Bischof von Berlin übersetzt sie ins Deutsche'."[31]

Finanziell war der Morus-Verlag von Anfang an nicht auf Rosen gebettet. „Die Diözesanfinanzen und auch die Morusfinanzen" machten ihm immer noch große Sorgen; denn die zwei Währungen, die es mittlerweile im Stadtgebiet Berlins gab, wären eine „rechte Plage", schrieb der Bischof 1949. „Mir als Verlagsinhaber geht es recht schlecht. Zu wenig D-Mark und alle Menschen sagen: so kann es ja nicht lange dauern. Wollen wir hoffen, daß irgend jemandem die Quadratur des Zirkels einfällt, um diesem Zustand ein Ende zu machen."[32] Seine Cousine Gräfin Stolberg bat der Bischof um Unterstützung: „Wenn Du Propaganda für die Erzeugnisse des Morus-Verlages im Westen machen kannst, so tust Du ein gutes Werk; denn wir müssen hier die ganze Ostzone mitschleppen z.Zt. mit Preisen, die den Gestehungspreis bei weitem nicht decken."[33] Trotz der angespannten Finanzlage gab es im Sommer 1949 Pläne, das Zeitgespräch der Gesellschaft durch eine weitere Publikation zu fördern. Preysing schrieb seiner Verwandten: „Nun soll ja bald unser kleines katholisch-politisches Wochenblättchen starten. Ich habe etwas Angst davor, aber es muß eben sein."[34] Tatsächlich ist dieses Unternehmen über die Planungsphase nicht hinausgekommen. Ob finanzielle oder inhaltliche Probleme oder beides zum Scheitern geführt haben, ist nicht bekannt.

Der Zustrom Millionen Heimatvertriebener stellte die Seelsorge im Bistum Berlin und in den kirchlichen Gebieten der SBZ zunehmend vor große Herausforderungen. Die Konfessionsstruktur änderte sich zwar auch in der britischen, amerikanischen und französischen Besatzungszone, betraf aber das Kernland der Reformation ganz besonders. Bei der Volkszählung vom 29. Oktober 1946 betrug die Gesamtzahl der Einwohner in der SBZ 17,3 Millionen und die Zahl der Heimatvertriebenen insgesamt 20,8 Prozent, von denen sich 2110000 Personen zum katholischen Glauben bekannten. Zahlreiche Außenstationen mußten in kleinen Dörfern eingerichtet werden, in denen es seit der Reformation noch nie eine katholische Messe gegeben hatte. Zumeist stellten evangelische Gemeinden in ökumenischer Gastfreundschaft Kirchen oder Gemeinderäume zur Verfügung. Viel caritative Hilfe wurde auf lokaler Ebene organisiert, um die materiellen Sorgen der Heimatlos-Gewordenen wenigstens etwas zu erleichtern. Aber es trafen auch Nahrungs- und Kleiderspenden aus dem Ausland ein, die zentral vom jeweiligen Caritasverband verteilt werden mußten. Um hier effektiver tätig sein zu können und darüber hinaus die gesamte neue pastorale Situation in der Viersektorenstadt und der SBZ zu erörtern und angemessene Konsequenzen zu ziehen, lud Bischof Preysing zu einer Konferenz in das West-Berliner St. Gertrauden-Krankenhaus. Erstes Hauptthema der Besprechung am 5. und 6. Dezember 1945, an der u.a. Erzbischof Jaeger von Paderborn, der heimatvertriebene Bischof Kaller vom Ermland und Bischof Wienken teilnahmen, war „die durch die Flüchtlingsnot geschaffene neue Lage der Seelsorge". Diese von Preysing geleitete Zusammenkunft kann als erste Vorform der 1950 offiziell vom Vatikan errichteten ostdeutschen Bischofskonferenz betrachtet werden.[35] Wenige Wochen später, am Heiligen Abend, kündigte Papst Pius XII. ein Konsistorium an, bei dem 32 Bischöfe aus aller Welt zu Kardinälen kreiert werden sollten, darunter auch drei deutsche. Staunen und Skepsis waren Preysings erste Reaktionen, als ihm sein Sekretär die Meldung des Londoner Rundfunks mitteilte, daß der Bischof von Berlin, der Kölner Erzbischof Frings und der Münsteraner Bischof Galen die drei Erwählten aus dem besiegten Deutschland seien. Da weder Berlin noch Münster traditionell mit dem Kardinalat verbunden waren, mußten gerade diese Auszeichnungen Überraschung auslösen. Der Kommentator des Berliner „Tagesspiegels" suchte die Erklärung einerseits in der im Osten Deutschlands entstandenen Lage, „die eine Neubesetzung des Fürstbischöflichen Stuhles in Breslau vorerst nicht möglich" mache; eine Auffassung, die der persönliche Sekretär des Papstes, P. Robert Leiber, übrigens in einem Brief an Preysing später als ein Motiv bestätigt hat. Andererseits wies der „Tagesspiegel" darauf hin, daß der Bischof am Sitz der Reichsregierung „den Ansturm der Kirchenfeinde gleichsam als erster auszuhalten und abzuwehren" hatte. Bischof Konrad habe sich „als ein weitblickender konsequenter Verteidiger der religiösen Grundsätze und Grundrechte bewährt"[36]. Die überregionale „Neue Zeitung" bemerkte, mit dieser Kardinalsernennung sei „zum ersten Mal in Deutschland der Bischof einer Diasporagemeinde, einer großen Gemeinde allerdings, die etwa 400 000 Seelen zählt, zum Kardinal gemacht worden. Zum ersten Male gibt es im protestantischen Norden Deutschlands einen Kirchenfürsten, der an den Papstwahlen teilnehmen wird." Die „Tägliche Rundschau", das Organ der SMAD mit ihrer Auflage von 800 000 Exemplaren wollte dagegen die Kardinalsernennung Preysings offenbar politisch nicht bewerten und schwieg sich darüber aus.

Aus Ländern, die unter den Kriegsereignissen und der deutschen Besatzung besonders gelitten hatten, wurden außerdem in den Senat der Kirche berufen: der Erzbischof von Utrecht, De Jong, der Primas von Ungarn, Mindszenty, der Erzbischof von Toulouse, Saliège, und der Krakauer Erzbischof Sapieha. Sie waren in den Jahren 1939 bis 1945 besonders als Anwälte des Evangeliums hervorgetreten.

Der neue Kardinal aus Berlin dankte Pius XII. in einem Schreiben für die Ehrung, in der er eine Anerkennung für Klerus und Gläubige sah, „die durch die schweren letzten zehn Jahre trotz aller Bedrückungen und Verlockungen in ihrer Treue zum Statthalter Christi nicht wankend geworden sind"[37]. Auch bei der Feierstunde anläßlich seiner Kardinalsernennung am 5. Januar 1946 im Bischöflichen Ordinariat bezog Preysing diese Ehrung auf Klerus und Gläubige des Berliner Bistums und fügte hinzu, die junge Diözese habe in den zurückliegenden zehn Jahren „soviel erlebt und soviel durchlitten, wie manche Diözesen in Jahrhunderten nicht". Ohne das Wort Kollektivschuld zu erwähnen, sah er in der päpstlichen Entscheidung auch eine Ablehnung des damals international vielfach erhobenen Schuldvorwurfes an alle Deutschen. Pius XII. habe mit der Kardinalsernennung deutlich gemacht, „daß jene, deren Verbrechen nunmehr der Weltöffentlichkeit bekannt werden, nicht das ganze Deutschland darstellen". Wenn einmal die Geschichte der letzten zwölf Jahre deutschen Elends geschrieben werden könne, „werden die Tausende, die für ihre Überzeugung gestorben sind, in ihrem Tod ein stummes und doch beredtes Zeugnis für ihre Heimat ablegen"[38].

Die Vorbereitungen für die Reise nach Rom zur Entgegennahme des Kardinalshutes mögen in Preysing Erinnerungen an die Reise unmittelbar vor Ausbruch des Ersten Weltkrieges wachgerufen haben, die er als Sekretär des Münchener Erzbischofs Bettinger zu dessen Kardinalserhebung mitgemacht hatte. Ihm waren die bevorstehenden protokollarischen Abläufe und Pflichten also durchaus vertraut. Allerdings ließen die organisatorischen Schwierigkeiten einer Rom-Reise nach dem Zweiten Weltkrieg wenig Zeit für nostalgische Empfindungen. Dank der Französischen Militärregierung konnte Preysing mit einer Sondermaschine bis Paris fliegen. Der dortige Apostolische Nuntius, Angelo Roncalli, der spätere Papst Johannes XXIII., rüstete den bischöflichen Mitbruder mit französischen Francs aus, damit die Weiterfahrt über Lausanne, Mailand und Pisa nach Rom im Simplon-Express nicht ohne Devisen bestanden werden mußte. Daß ihn dann auf dem Bahnhof in Rom ausgerechnet der Rektor des deutschen Kollegs „Anima", Bischof Alois Hudal, einer der prominentesten österreichischen „Brückenbauer" zum NS-Staat, begrüßte, dürfte beim Berliner Bischof zwiespältige Gefühle ausgelöst haben.

Unter den drei deutschen Kardinälen in Rom war der „Löwe von Münster" bei Journalisten und in der nichtkirchlichen Öffentlichkeit mit Abstand am bekanntesten. Dagegen hatte Preysing einen „Platzvorteil": Er kannte die Örtlichkeiten und die italienische und englische Sprache. Galen stützte sich daher in praktischen Dingen auf seinen Vetter aus Berlin und meinte scherzhaft: „Am besten, wir halten es wie Paulus und Barnabas in der Apostelgeschichte: Du führst das Wort und ich mache die gute Figur."[39] Als Titelkirche erhielt Preysing St. Agata dei Goti auf der Via Nazarino zugewiesen, ein ursprünglich dem arianischen Glauben dienendes Gotteshaus, das später von einem katholischen Bischof konsekriert worden war. Das damalige Protokoll des Vatikans regelte detailliert den Ablauf von Kardinalskreierungen. Zweimal gehörte eine Papstaudienz dazu, zweimal versammelten sich alle in Rom anwesenden Kardinäle zu einem Geheimen Konsistorium, während beim Öffentlichen Konsistorium im Petersdom am 21. Februar 1946 die 32 neuernannten Purpurträger den großen Kardinalshut empfingen. Ein Besuch beim deutschen Vatikanbotschafter, Ernst von Weizsäcker, der 1943 ernannt worden war und noch bis kurz nach Kriegsende weiteramtierte, gehörte ebenso dazu wie Begegnungen mit den wichtigsten Persönlichkeiten im Päpstlichen Staatssekretariat, Msgr. Montini, dem späteren Papst Paul VI., und Msgr. Tardini. Wie aus den Eintragungen im Notizbuch von Preysings Sekretär Schwerdtfeger hervorgeht, nahm der Berliner Kardinal auch die Gelegenheit wahr, mehrere Persönlichkeiten von Rang und Namen zu treffen, die ihm als Gesprächspartner wichtig waren. Dazu zählte auch der Besuch des französischen Botschafters beim Heiligen Stuhl, des international renommierten Philosophen

Jacques Maritain (1882 - 1973), den General de Gaulle nach Ende des Zweiten Weltkrieges nach Rom entsandt hatte. Die ihm von früheren Vatikan-Besuchen bereits bekannten deutschen Jesuiten P. Robert Leiber (1887 - 1967), der als Privatsekretär Pius XII. galt, P. Gustav Gundlach (1892 - 1963), der Autor mehrerer Enzyklika-Entwürfe, und P. Augustin Bea (1881 - 1968), der spätere Kurienkardinal und Präsident des Einheits-Sekretariates, suchte Preysing gleichfalls auf. Ihm war offenbar viel daran gelegen mit Männern im Gespräch zu bleiben, die die Ereignisse und Entwicklungen in Kirche und Welt aus der großen Perspektive der Weltkirche sahen und aus der Nähe zum Petrusnachfolger beurteilen konnten. Bei einem Gespräch mit dem in Rom lebenden, zum Erzbistum Breslau gehörenden Kirchenhistoriker Hubert Jedin hat sich der neue Kardinal u.a. zum Problem der Oder-Neiße-Linie geäußert. Für den Schlesier Jedin war dieses Gespräch eine „schwere Enttäuschung" Denn Preysing „machte kein Hehl daraus, daß nach seiner Ansicht die Bestrafung Deutschlands gerecht, die neuen Ostgrenzen endgültig seien ... Die Hauptschuld am Verlust Ostdeutschlands gab er dem ostelbischen Großgrundbesitz."[40] Diese realpolitische Einschätzung, wäre sie damals öffentlich geäußert worden, hätte in der deutschen Öffentlichkeit, besonders unter den Heimatvertriebenen, einen Sturm der Entrüstung hervorgerufen.

Auf dem Weg zur Entgegennahme der Kardinalsinsignien machte der neuernannte Berliner Kardinal in der Pariser Nuntiatur Station. Unser Bild zeigt Preysing mit dem Apostolischen Nuntius Roncalli, dem späteren Papst Johannes XXIII.(rechts), und dem Pariser Erzbischof Suhard

Beim Besuch der deutschen Kriegsgefangenenlager im Raum Rimini/Adria am 23. Februar 1946, der mit Genehmigung des Englischen Oberkommandos zustande kam, wurden den drei deutschen Kardinälen die Nachkriegsrealitäten mit allen Konsequenzen wieder voll bewußt. Wie sehr Preysing bei der Predigt vor den Kriegsgefangenen bewegt war, berichtete sein Sekretär: „Bei den Worten, daß der Kirche und dem Heiligen Vater die unglücklichen Söhne zugleich auch die liebsten seien, bricht der Kardinal in Tränen aus und muß in seinen Ausführungen ein wenig innehalten."[41] Die drei deutschen Kardinäle Frings, Galen und Preysing waren auch bei der Rückreise auf alliierte Hilfe angewiesen. Sie flogen am 7. März gemeinsam von Rom zunächst nach Paris. Nach einem Zwischenaufenthalt in der französischen Hauptstadt und einer anschließenden Bahnfahrt nach Frankfurt am Main kehrte Preysing am 9. März auf dem Luftweg nach Berlin-Tempelhof zurück.

Die Berliner Katholiken begrüßten den ersten Berliner Kardinal beim Pontifikalamt in der Steglitzer Rosenkranz-Kirche, die zu jener Zeit gewissermaßen als Ersatz der zerstörten St. Hedwigs-Kathedrale diente. Die weltliche Begrüßungsfeier fand am 24. März in der Staatsoper statt, die ihr Domizil damals im Admiralspalast am Bahnhof Friedrichstraße hatte. Die Ansprachen mit Lobesworten für den ersten Berliner Kardinal, gehalten von Oberbürgermeister Dr. Arthur Werner und, als Laienvertreter des Bistums, von Dr. Hubert Westrick, dem späteren Bundesminister, und von Dr. Agnes Maxsein, schrieb Preysing in seiner Antwort „der Festfreude" zu. Für ihn war es mehr eine Stunde nachdenklichen Rückblicks auf die NS-Zeit. Es seien zwölf Jahre gewesen, „und jedes hatte seine 365 Tage, und jeder Tag hatte seine schwere Plage durch die Einengung der kirchlichen Tätigkeit, durch die Beschränkung der persönlichen Freiheit, durch den Versuch, die Gläubigen vom geraden Weg abzubringen und ihnen eine gottes- und menschenfeindliche Lehre aufzuzwingen".

In der engeren Umgebung des neuernannten Purpurträgers legten jetzt manche auf die korrekte Anrede „Eminenz" offenbar gesteigerten Wert, was der nüchterne Politiker Heinrich Krone als übertrieben empfand. Jedenfalls notierte er am 17. März 1946 in seinem Tagebuch: „Ich bin in einem Kreis von Männern und Frauen, welche die Begrüßungsfeier für den neuen Kardinal vorbereiten. Das ging nur so: Eminenz hier, Eminenz dort, und immer wieder Eminenz."[42]

Der plötzliche Tod seines Vetters, Clemens August Graf von Galen, am 22. März 1946 traf Preysing schwer, zumal die gemeinsamen Tage in Rom während der Kardinalskreierung die menschlichen Bindungen verstärkt hatten. Einen Tag nach der Begrüßung in der Staatsoper flog der Berliner Oberhirte mit einer Militärmaschine zum britischen Luftwaffenstützpunkt Bückeburg und von dort mit einem Auto der britischen Besatzungsmacht über Minden nach Werl in Westfalen. Ohne die Unterstützung der westlichen Alliierten, sei es durch Bereitstellung von Militärflugzeugen oder durch Benutzung von Militärzügen, die unkontrolliert täglich von Westdeutschland nach Berlin fuhren, wären Preysings Nachkriegsreisen nach Rom und nach Westdeutschland schwerlich so relativ reibungslos zustande gekommen. In der Münsteraner Kreuz-Kirche hielt der Berliner Kardinal am 28. März in Anwesenheit zahlreicher Kardinäle und Bischöfe das Pontifikalrequiem für den heimgerufenen Kardinal Galen, während der Kölner Kardinal Frings die Gedenkpredigt hielt. Der Eichstätter Äbtissin schrieb er über seinen Besuch in der westfälischen Bischofsstadt:

„ Ich war bei der Beerdigung von Kardinal Galen in dem ganz zerstörten Münster; das heißt, die Innenstadt mit all den schönen Kirchen und Palästen existiert kaum mehr; die äußeren Viertel sind besser erhalten."[43] Dem Papst gegenüber bekannte Preysing: „Ich selbst verliere in Kardinal von Galen einen langjährigen lieben Freund und Mitarbeiter, mit dem ich mich so gern über die schwebenden Probleme unterhalten habe und dessen ruhiges, von keiner irdischen Rücksicht beeinflußtes Urteil mir so wertvoll war."[44]

Noch ganz unter dem Eindruck seiner Romreise anläßlich der Kardinalskreierung richtete Preysing am Osterfest 1946 sein zweites großes Pastoralschreiben nach Kriegsende an die Priester des Berliner Bistums.[45] Darin spiegeln sich sowohl die bedrückenden Sorgen der Nachkriegszeit als auch das sich ankündigende kirchenpolitische Konfliktpotential der Zukunft. Die neu erfahrene Einheit des Bischofskollegiums mit dem Petrusnachfolger habe ihn in Rom fast vergessen lassen, daß man „noch weit vom Frieden" entfernt sei. Die harte Realität des verlorenen Krieges aber war: Die Sehnsucht nach Freiheit und das Verlangen der Kriegsgefangenen nach Heimkehr, wie er sie im Lager Rimini erlebt hatte, das Schicksal der „von Haus und Hof oft in der brutalsten Weise" Vertriebenen, von denen „die allermeisten mit keiner anderen Schuld beladen, als daß sie deutscher Eltern Kind sind" und die im Rahmen der Entnazifizierung vollzogenen Verhaftungen in der SBZ „ohne Urteilsspruch, ja ohne Verhör, Verhängung von Strafen, für die kein Strafgesetzbuch besteht" und ohne Kontaktmöglichkeit für Angehörige und Geistliche.

Das von allen Parteien benutzte Wort Demokratie war schon im Frühjahr 1946 immer wieder als Tarnung für machtpolitisches Handeln mißbraucht worden. Darum erinnerte Preysing an das Grundverständnis von Demokratie und an unverzichtbare Grundsätze demokratischen Handelns, wie die Menschenrechte, darunter das Recht auf Gewissensfreiheit, auf Bekenntnisfreiheit und das Recht der Eltern auf einen maßgebenden Einfluß in der Erziehung ihrer Kinder. Andernfalls könne „in einem völlig demokratisch organisierten Staatswesen doch antidemokratische Politik getrieben werden". Erfahrungen mit einer erneuten Parteibuch-Wirtschaft - wobei der Arbeitsplatz als Instrument politischer Machtsicherung benutzt wurde - klingen an, wenn Preysing forderte, es dürfe Beschäftigung und Fortkommen nicht „von der Zugehörigkeit zu einer Partei oder einer sonstigen Vereinigung abhängig gemacht werden."

Schließlich legte der Kardinal seinem Klerus auch die prekäre Schulfrage ans Herz. Es sei „traurig, aber wahr, daß heute gegen dieselben Scheinargumente gekämpft werden muß, gegen die wir Bischöfe in der nationalsozialistischen Epoche gekämpft haben." Es gehörte schon Mut dazu, so offen historische Parallelen zu ziehen und der SMAD und ihren deutschen Helfern Verletzung von Elternrecht und Gewissensfreiheit zu einem Zeitpunkt vorzuwerfen, bei dem der Untergang der NS-Diktatur gerade erst ein Jahr zurücklag.

Bereits während des Krieges, genauer seit Januar 1944, hatten sich deutsche KPD-Funktionäre im Moskauer Exil über die Zukunft des besiegten Deutschlands Gedanken gemacht und ein „volksdemokratisches" Programm entwikkelt.[46] Dabei bildete die Schulpolitik einen Eckpfeiler, um den „antifaschistischen" Umerziehungsprozeß bei Kindern und Jugendlichen zu steuern. In diesem Sinne war die von deutschen Kommunisten und Sozialdemokraten konzipierte Schulreform in

Berlin angelegt. Sie entsprach ganz der „Expansionsstrategie Stalins für das nachnationalsozialistische Deutschland“[47]. Die enge Kooperation zwischen dem „Roten Rathaus“ und der SMAD in Karlshorst sorgte bewußt noch vor Eintreffen der westalliierten Besatzungsmächte in den drei Westsektoren Anfang Juli 1945 für den geistigen Umbau. Es galt, vollendete Tatsachen zu schaffen, um die kommunistische Vormachtstellung in der Schulpolitik zu sichern. Zielstrebig hatte die „Gruppe Ulbricht“, das aus Moskau eingeflogene „Hilfsorgan der politischen Hauptverwaltung der Ersten Bjelo-russischen Front,“ die Schlüsselpositionen des neuen Magistrats von Groß-Berlin mit zuverlässigen KPD-Funktionären besetzt. Ulbrichts Parole wurde in die Tat umgesetzt: „Es muß demokratisch aussehen, aber wir müssen alles in der Hand haben.“[48] Bürgerliche Galionsfiguren wie der Erste Bürgermeister von Berlin, Dr. Arthur Werner, wurden daher in Kauf genommen. Um eine „antifaschistische“ Ausrichtung der neuen Lehrerschaft zu gewährleisten, wurden verschiedentlich auch kommunistenfreundliche Schulhelfer und Junglehrer angestellt. Der Einsatz von Junglehrern erfolgte aber auch, um den Lehrermangel zu beheben.

Das Ressort Volksbildung gehörte verständlicherweise zu den Schlüsselpositionen im Magistrat und wurde mit dem aus Moskau zurückgekehrten alten KPD-Funktionär Otto Winzer, dem späteren DDR-Außenminister, besetzt. Ihm stand als praktischer Regisseur der „antifaschistischen“ Schulpolitik der Altkommunist Ernst Wildangel zur Seite. Beide gehörten zu jenen „Schrittmachern“ der Karlshorster Besatzungspolitik, denen die SMAD „umfassende Vollmachten beim Wiederaufbau übertragen und die sie leicht der Kontrolle durch ihre Besatzungsorgane unterwerfen konnte“[49].

Diese Schulpolitik kommunistischer Prägung bedeutete für die katholische Kirche in Berlin und in der SBZ ein Konfliktpotential, das Bischof Preysing vor erhebliche, nie ganz überwundene Herausforderungen stellte. Die dem Magistrat handstreichartig vorgelegten „Vorläufigen Richtlinien für die Wiedereröffnung des Schulwesens“ vom 11. Juni 1945 trugen eindeutig eine kommunistische Handschrift. Der Religionsunterricht wurde als eine Sache der Eltern und der Kirchen erklärt und aus der Schule verbannt. Die neue Einheitsschule im Rahmen des staatlichen Schulmonopols und der strikten Trennung von Schule und Kirche dürfe „nicht wieder von weltanschaulichen und sonstigen Streitigkeiten und Differenzen zerrissen werden“[50], hieß es aus berufenem Munde. Das bedeutete: Konfessionelle Privatschulen sollten nach Möglichkeit der Vergangenheit angehören. Im Schulverfassungsstatut vom 3. September 1945 hatte der Magistrat dann auch allgemeinbildende Privatschulen generell für unzulässig erklärt. Daß dennoch mit Beginn des Schuljahres 1945/46 fünf frühere katholische Höhere Schulen wiedereröffnet wurden, gelang nicht zuletzt durch die zu erwartende Unterstützung der westlichen Besatzungsmächte in der Alliierten Kommandantur. Es handelte sich um die Salvator-Schule, das Franziskus-Oberlyzeum, das Canisius-Kolleg, die Liebfrauen-Schule und als einzige Schule im sowjetischen Sektor das Theresien-Oberlyzeum. Zwar hatten die Westalliierten bei der konstituierenden Sitzung der Alliierten Kommandanten am 11. Juli 1945 den verhängnisvollen Beschluß gefaßt, alle von sowjetischer Seite bisher in Berlin erlassenen Befehle sollten bis auf weiteres in Kraft bleiben. Aber gleichzeitig wurde festgelegt, daß alle zukünftigen Erlasse von den vier Alliierten nur einstimmig gefaßt werden dürfen. Damit konnten die bereits wiedergegründeten katholischen Höheren Schulen vom Magistrat nicht verboten werden. Von besonderer Bedeutung war schließlich der Kommandanturbefehl vom 4. September 1945, der für den Magistrat Gesetzeskraft besaß. Er gab den Westalliierten die rechtliche Grundlage, „gegen die eigenmächtige Politik des Hauptschulamtes in der Frage des Religionsunterrichts und des Privatschulwesens zu protestieren"[51]. Dem Hauptschulamt war es nun nicht mehr möglich, wie ursprünglich beabsichtigt, den Religionsunterricht aus der Schule zu verbannen.

Preysing, stets unterstützt von seinem engagierten Schulreferenten, Prälat Paul Weber, nahm die heikle schulpolitische Situation am 2. Oktober 1945 zum Anlaß, sich an den „Chef der Sowjetischen Militärverwaltung in Deutschland, den Herrn Marschall der Sowjetunion G. Schukow" zu wenden. In seinem Brief knüpfte er an eine Anordnung Schukows über den Beginn des Schulunterrichtes an. Er sah darin die Aufhebung der noch bestehenden katholischen Privatschulen des Bistums, „soweit sie im sowjetischen Sektor liegen", und ebenso ein Veto gegen den Aufbau weiterer Privatschulen. Ausführlich erinnerte der Bischof an die Feindschaft des NS-Staates „gegen jede religiöse Freiheit" und an die Verachtung „für alle demokratischen Grundrechte der Staatsbürger". Unter Bruch des Reichskonkordates hätten die braunen Machthaber alle „Privatschulen im Laufe der Jahre" vernichtet. Kirche und Eltern „erwarteten jetzt nach dem Sturz des Nationalsozialismus, daß ihnen die Urrechte, die ihnen das Naziregime streitig gemacht hat, wieder eingeräumt werden". Preysing bat daher den sowjetischen SMAD-Chef um folgende Anordnung: „Der katholischen Kirche und den Erziehungsberechtigten wird wieder das Recht eingeräumt, auf ihren Antrag private katholische Volksschulen und private katholische Höhere Schulen einrichten zu lassen."[52]

Auf diesen Preysing-Brief bezog sich dann Pfarrer Peter Buchholz als Beirat für kirchliche Angelegenheiten in der Magistratssitzung vom 15. Oktober. Das Protokoll dieser Sitzung vermerkt als Redebeitrag von Buchholz u.a., die Kirche erwarte, daß die „Nazi-Gesetzgebung auf dem Gebiet der Schule aufhöre". Stattdessen nehme der Magistrat „auf dem Gebiet der Schule die faschistischen Gesetze als gegeben hin und wolle den Religionsunterricht aus dem Schulwesen vollkommen herausdrängen". Buchholz sah in der neuen Regelung geradezu „einen gefährlichen Präzedenzfall für die völlige Säkularisierung der Schule"[53]. Volksbildungsstadtrat Winzer wies daraufhin einerseits den Verdacht zurück, die Schulverwaltung wolle eine „gewisse Religionsfeindschaft züchten", andererseits sei es aber nicht gerechtfertigt, „der Kirche eine Machtposition in der Schule einzuräumen, die ihr nicht zukomme".

Wie in der Zeit der NS-Herrschaft war für Preysing der Hirtenbrief ein unverzichtbares Instrument seiner Kirchenpolitik, jetzt aber mit dem Unterschied, daß seine Meinungen und Forderungen auch in der freien Presse der Westsektoren ihren Niederschlag fanden. Unter dem Eindruck der sich verhärtenden Positionen in der Schulfrage ging der Berliner Bischof am 20. Oktober 1945 an die Öffentlichkeit und erklärte in einem Hirtenbrief, es werde versucht, „die Schule vollständig religionslos zu machen". Da in der Einheitsschule für den Religionsunterricht als ordentliches Lehrfach kein Platz sei, stehe man „vor der traurigen Tatsache, daß die Reste der religiösen Erziehung in der Schule, Reste, die das nationalsozialistische Regime noch nicht hatte beseitigen können, nunmehr durch den Stadt-Magistrat beseitigt werden sollen". Die Einheitsschule sei keineswegs „die Schule der Zukunft", sondern „die Schule der nationalsozialistischen Vergangenheit". Nachdrücklich rief

Preysing zu einer Unterschriftenaktion gegen den neuen Gewissenszwang auf, um gemäß dem Elternrecht „katholische Schulen für katholische Kinder“ zu fordern.[54] 85 Prozent der erfaßten Erziehungsberechtigten haben damals die Berücksichtigung der Religion in der Schule verlangt.[55]

Die schulpolitische Entwicklung in der Viermächte-Stadt Berlin verlief nach der Ankunft der drei Westalliierten im Unterschied zur SBZ nicht mehr nach den alleinigen Wünschen des „Roten Rathauses“ und nach den Befehlen von Karlshorst. Besonders die britischen und amerikanischen Besatzungsoffiziere sahen im Religionsunterricht einen positiven Wert und erkannten durchaus die Brisanz der „demokratischen Schulreform“ nach kommunistischem Muster. Die bisherigen Machtbefugnisse des Magistrats und auch des Hauptschulamtes wurden durch die Viermächteverwaltung beträchtlich eingeengt. Die Alliierte Kommandantur verpflichtete den Magistrat am 24. Januar 1946 dafür zu sorgen, daß in allen Berliner Schulen für Kinder auf Wunsch der Eltern Religionsunterricht angeboten werden muß. Bemerkenswert ist die Tatsache, daß der der Alliierten Schulkommission angehörende britische Oberst Craighton wenige Tage später dem Magistrat den Befehl gegeben hat, die in einem Brief Bischof Preysings an den Magistrat vom Oktober 1945 „ausgedrückten Ansichten bei der Überlegung und Ausarbeitung von Plänen für religiöse Erziehung in den Berliner Schulen zu berücksichtigen“[56], ein erneuter Beweis für die guten Kontakte Preysings zu den Westalliierten. Eine definitive Weichenstellung brachte schließlich der Befehl der Alliierten Kommandantur vom 1. Februar 1946 an den Oberbürgermeister der Stadt. Darin wurde angeordnet, den Status quo der jetzt bestehenden Privatschulen nicht anzutasten. Das bedeutete, daß auch die im sowjetischen Sektor wiedereröffnete Theresienschule eine Rechtsgrundlage hatte, die zu DDR-Zeiten bis zur Wende Bestand hatte.

Durch die ersten freien Wahlen in Groß-Berlin am 20. Oktober 1946, bei denen von den 130 Sitzen der Stadtverordnetenversammlung auf die SPD 63, die CDU 29, die SED 26 und die LDP 12 Sitze entfielen, entstand schulpolitisch insofern eine neue Lage, als die SPD das Ressort Volksbildung im Magistrat übernahm. Im Hauptschulamt und in den Bezirksschulämtern blieben dagegen dieselben Gesichter. Es waren überwiegend kommunistisch oder linkssozialistisch eingestellte Schulreformer, die die einmalige Gelegenheit nutzen wollten, nunmehr in Zeiten des Fortschritts die in der Weimarer Republik gescheiterte Reform durchzuführen. Eine Zentralforderung der Schulreform bestand in der Trennung von Schule und Kirche. Die nach einiger Zeit unter Führung der SPD eingebrachte Magistratsvorlage zu einem neuen Schulgesetz schloß sich „im wesentlichen an die Vorarbeiten der Schulräte an und war dementsprechend von kommunistischem und linkssozialistischem Geiste beherrscht“[57]. Am 13. November 1947 nahm die Stadtverordnetenversammlung das Schulgesetz mit 86 gegen 30 Stimmen an.

Noch am Tage der Verabschiedung des Schulgesetzes protestierte Preysing beim Magistrat gegen diese Entscheidung, die allerdings erst durch Zustimmung der Besatzungsbehörden rechtsgültig werden konnte. Er wandte sich daher am 29. Dezember auch an die westlichen Alliierten in der Hoffnung, daß sie von ihrem Demokratie-Verständnis am ehesten bereit wären, das Elternrecht zu respektieren und den Schutz der christlichen Minderheit zu gewährleisten. Eine Unterschriftenaktion mit den Namen von 65 600 Erziehungsberechtigten sollte im Frühjahr 1948 Preysings

Intervention bei den Besatzungsbehörden unterstützen. Der Kardinal teilte der Eichstätter Äbtissin seine schulpolitische Sorge mit. Er sei „sehr bedrückt dadurch, daß die Kommandantur das Berliner Schulgesetz bestätigt hat". Er wisse jedoch noch nicht, „wie weit Modifikationen zu Gunsten von Privatschulen eingebaut werden." Aber jedenfalls sei es „für die gläubigen Eltern eine böse Sache"[58]. Tatsächlich bestätigten die Alliierten das Schulgesetz jedoch mit einer wichtigen Änderung von Paragraph 2. Demnach sollten alle bisher genehmigten Privatschulen weiter bestehen. Außerdem wurde festgelegt, daß auch in Zukunft Privatschulen genehmigt werden können.

Wie sehr Preysings Sorge wegen des neuen Schulgesetzes berechtigt war, bewies der geradezu dramatische Verlauf der Gründung der Neuköllner St. Marien-Schule. Die aus Schlesien vertriebenen Schulschwestern von Unserer Lieben Frau suchten schon seit 1947 im Bistum Berlin ein neues Tätigkeitsfeld. Bei einem Gespräch im Bischöflichen Ordinariat in Dahlem wurden sie von Kardinal Preysing und Generalvikar Prange an den Pfarrer von St. Clara, Geistlichen Rat Viktor Trawnik, verwiesen, der über gute Kontakte zu deutschen und amerikanischen Stellen verfügte. Außerdem versprach der dichtbesiedelte Bezirk Neukölln am ehesten die nötige Zahl von Anmeldungen. Tatsächlich sind damals lediglich nach Kanzelvermeldungen in Neuköllner Pfarrgemeinden in kurzer Zeit 600 Kinder für die neue Schule angemeldet worden. Obwohl die erforderlichen Unterlagen unter Berufung auf Paragraph 2 des Berliner Schulgesetzes fristgerecht zugeleitet worden waren, blieb die Genehmigung trotz mehrfacher Nachfragen aus. Nachdem die amerikanische Seite stillschweigende Duldung der neuen Schule signalisiert hatte, wurde der Unterricht zum Schuljahr 1948/49 begonnen. Die Reaktion des Hauptschulamtes bestand aus Protesten und Drohungen. So wurde den Eltern angekündigt, die Kinder mit polizeilichen Mitteln zum Besuch städtischer Schulen zu nötigen. Während dieser spannungsgeladenen Kontroverse schrieb Preysing seiner Cousine: „Ich habe Sorge um eine neugegründete Privatschule hier, die einen Riesenzuspruch hat und die das Hauptschulamt beim Magistrat schließen möchte. Es wäre ein Jammer, denn die 600 Kinder, die sie haben, werden wirklich in jeder Hinsicht gut erzogen. Ich tue mein Möglichstes."[59] Schließlich wurde die zunächst als „illegal" angesehene St. Marienschule auch offiziell geduldet und anerkannt. Kardinal Preysing ließ es sich nicht nehmen, das neugebaute provisorische Schulhaus in der Kienitzer Str. 18 am 22. September 1950 persönlich einzuweihen.

Um in der SBZ die neue „antifaschistische" Ordnung aufzurichten, war für KPD und SMAD neben der „demokratischen" Schulreform die „demokratische" Bodenreform von grundlegender Bedeutung. Nicht zuletzt für die aus den Gebieten jenseits von Oder und Neiße nach Mitteldeutschland einströmenden Heimatvertriebenen, darunter zahlreiche Bauern, mußte Grund und Boden für eine neue Existenz geschaffen werden. In den „Verordnungen über die Bodenreform" vom 15. September 1945, deren Texte erst kurz vorher aus dem Russischen übersetzt worden waren und die mit ähnlichen Anordnungen in anderen sowjetisch besetzten Ländern Osteuropas teilweise wörtlich übereinstimmten, wurde die gesetzliche Grundlage der Bodenreform geschaffen. Entschädigungslos enteignet wurden sämtliche Betriebe mit mehr als 100 ha Betriebsfläche einschließlich des gesamten Inventars, ebenso sämtliche Betriebe auch unter 100 ha, deren Eigentümer als aktive Mitglieder

der NSDAP oder als Kriegsverbrecher eingestuft worden waren. Die Enteigneten mußten ihren Besitz sofort verlassen, falls sie das nicht bereits getan hatten oder aber verhaftet oder verschleppt worden waren. Betroffen waren über 3,2 Millionen ha, die an über 375 000 Neubauern und Kleinbauern - damals die „Klasse der werktätigen Bauern" - verteilt wurden oder in den Händen staatlicher und kommunaler Organe verblieben. In der Bodenreform-Verordnung in Sachsen hieß es jedoch in Kapitel 5, d: „Folgender Grundbesitz und folgendes landwirtschaftliches Vermögen unterliegen nicht der Enteignung:.... Der Grundbesitz der Klöster, kirchlichen Institutionen, Kirchen und Bistümer." Diese Klausel betraf besonders katholischen Grundbesitz im Bistum Meißen. Überflüssig zu erwähnen, daß die SMAD den Arbeitern und Bauern bei der Bodenreform „Schutz und Hilfe"[60] gewährte. Die Parole „Junkerland in Bauernhand" begleitete diesen Enteignungsprozeß.

Kardinal Preysing nahm in seinem Pastorale Ostern 1946, also kurz nach seiner Rückkehr aus Rom, auch zur Bodenreform Stellung. Die „allzu ungleiche Verteilung des Besitztums, insbesondere an Grund und Boden", sei eine der „tiefsten Quellen sozialer Mißstände". Es sei eine vordringliche Aufgabe der Staatsgewalt, jetzt für eine angemessene Verteilung zu sorgen, wo „Millionen Deutscher bettelarm geworden sind." Preysing unterstützte durchaus das Ziel, „möglichst vielen deutschen Familien ein Stück deutschen Boden" zur Verfügung zu stellen. Er bejahte also grundsätzlich eine Bodenreform, vertrat aber die Auffassung, daß das, was jetzt weithin in der SBZ geschehe, „mit echter Bodenreform kaum etwas zu tun" habe. Als unerläßliche Voraussetzungen wirksamer Bodenreform nannte Preysing dann drei Punkte. 1. Sie muß wohlüberlegt und von Fachleuten gründlich vorbereitet sein. 2. Sie muß vor allem das Land erfassen, das bereits der öffentlichen Hand gehört und bisher militärischen und nicht notwendigen verkehrstechnischen Zwecken diente. 3. Es darf keine „gänzliche und entschädigungslose Enteignung" stattfinden, es sei denn, daß eine Wiedergutmachung eigener schwerer Schuld in Frage käme.[61] Hier sprach Preysing als juristisch denkender und die Prinzipien christlicher Ethik berücksichtigender Anwalt des Rechts und des sozialen Gewissens, der sich freimütig-kritisch von der Propagandakampagne in der SBZ absetzte. Dort dagegen war nur von der „Liquidierung des feudal-junkerlichen Großgrundbesitzes" und vom Ende „der Herrschaft der Junker und Großgrundbesitzer im Dorf" die Rede.

Das Verhältnis der Pfarrgemeinden im Bistum Berlin zur sowjetischen Besatzungsmacht zeigte - wenigstens in der ersten Nachkriegszeit - örtlich bedingte Unterschiede. Es gab offenbar Hardliner unter den einzelnen Kommandanten, die in das innerkirchliche Leben hineinregieren wollten, vielleicht weil sie es in ihrer sowjetischen Heimat ähnlich erlebt hatten. So erteilte die Kommandantur des Amtsbezirks Havelberg dem dortigen katholischen Pfarrer die Anordnung, er habe den Wortlaut seiner Predigten schriftlich vorzulegen, und zwar so rechtzeitig, daß von der Kommandantur vorgesehene Änderungen der Predigttexte noch vor dem Zeitpunkt der Predigtverkündigung vorgenommen werden könnten. Drei Seelsorgestellen in der Stadt Brandenburg/Havel erhielten eine ähnliche Aufforderung. Obwohl es sich im Sommer 1946 um Einzelfälle gehandelt hat, protestierte Preysing - ganz auf seiner Linie des „principiis obsta" - bei der SMAD in Berlin-Karlshorst. Er erklärte, diese Anordnungen seien „nicht vereinbar mit den Grundsätzen von Gewissensfreiheit und Freiheit der Religionsausübung, die von den alliierten Mächten feierlich verkündet worden sind." Der Kardinal bat, „die Kommandanten von Brandenburg und Pommern anzuweisen, derartige Verfügungen, soweit sie ergangen sind, zurückzuziehen."[62] Tatsächlich hat die SMAD gegenüber Bischof Wienken die Anordnungen der sowjetischen Offiziere als „Übergriffe" bezeichnet, und deren Abstellung zugesagt, wie der stellvertretende Generalvikar Piossek den Pfarrern in Havelberg und Brandenburg am 20. Juli 1946 mitteilen konnte.

Gesundheitlich war Preysing von Kindheit an nie der Stabilste, wenngleich er im Rahmen des Möglichen auf einen gesunden Lebensrhythmus achtete. Er lebte geradezu gehorsam gegenüber den ärztlichen Ratschlägen „in Speis' und Trank und Rauchen und Nachtruhe"[63]. Aber auch der Terminplan eines Kardinals hat nun einmal eigene Gesetze. Im Frühling 1946 erkrankte der Berliner Kardinal an Gelbsucht, die ihn einige Tage zur Bettruhe zwang. Aber bald stand er wieder vor einem neuen Berg bischöflicher Amtshandlungen. „Die letzten Wochen war ich in Arbeit fast untergegangen. Firmung über Firmung und vormittags meist Sitzungen und überdies noch sehr viele Besuche."[64] Da Preysing bis 1948 kein Weihbischof zur Seite stand, lasteten alle Pontifikaltermine auf seinen Schultern. „Ich bin etwas erschöpft, war gestern auf einer 250 Kilometer langen Autotour, zwei Firmungen mit Predigt und Messe ... Entsprechend der Jahreszeit ist man auch seelisch etwas down,"[65] schrieb er im Herbst 1946 seiner Cousine. Firmungsreisen zu Diasporagemeinden in Brandenburg und Vorpommern konnten sich damals zu einer wahren Odyssee gestalten, wie am 7. September 1947 nach Döllen, einer kleinen Gemeinde zwischen Kyritz und Perleberg in der Nähe der heutigen Bundesstraße 5. „Gestern wollte ich 100 Kilometer von hier firmen. Nach drei Pannen mußte ich die Fahrt aufgeben. Hinter Spandau dreiviertel Stunden Fußmarsch, Fernbahn, S-Bahn, um endlich wieder in der Bogotastraße zu landen. Wären es nicht um die 60 Kinder, die umsonst versammelt waren, le malheur n'aurait pas été grand (wäre das Unglück nicht groß gewesen)."[66] Preysing verschwieg, daß zu seiner Rückkehr auch das Übersteigen eines Zaunes nötig war, was für einen Kardinal mit roten Strümpfen ein ungewöhnliches Unternehmen darstellte. Auch sonst hatte das mit minderwertigen Reifen vom Schwarzmarkt ausgerüstete Auto Marke „Adler" seine Tücken, so daß die Anschaffung eines besseren Fahrzeugs dringlich wurde.[67] Insgesamt spendete der Kardinal im Jahre 1945/46 5936 Firmlingen das Sakrament der Firmung und war dafür auf 42 Fahrten im Bistum unterwegs.

Der Kardinal hatte sich mit dem Gedanken getragen, schon nach Ostern 1946 für kurze Zeit nach Bayern zu reisen. Aber die besagte Gelbsucht nahm ihm „alle Reiselust". Zudem fürchtete er, „daß eine ständig wechselnde Kost vielleicht zu einem Rückfall führen könnte, der zwar nicht gefährlich, aber doch äußerst lästig wäre."[68] Das Wiedersehen mit seiner „ersten Liebe", dem Bistum Eichstätt, war eine besondere Freude. Die Stadtverwaltung überreichte ihm am 26. Juli bei einem festlichen Empfang den Ehrenbürgerbrief von Eichstätt. Im Eichstätter Dom, mit dem ihn so viele Erinnerungen verbanden, feierte er ein festliches Pontifikalamt. Geradezu selbstverständlich, daß Preysing auch die altehrwürdige Benediktinerinnenabtei St. Walburg und deren Äbtissin einen Besuch abstattete. Ebenso besuchte er Prof. Martin Grabmann (1875 - 1949), den bahnbrechenden Erforscher der Scholastik, dem er sich schon lange sehr verbunden wußte. In den Eichstätter Tagen vom 25. bis 29. Juli traf er auch zum ersten Mal mit dem amerikanischen Bischof Aloysius Muench zusammen, dem späteren Apostolischen Nuntius, mit dem ihm seitdem ein besonderes Vertrauensverhältnis verband.

An die Eichstätt-Visite schloß der Kardinal mehrere familiäre „Blitzbesuche" an. Seine intensive Verbundenheit mit der großen Familie, seine Anhänglichkeit an Geschwister, Nichten und Neffen, ziehen sich wie ein roter Faden durch alle Abschnitte seines Lebens. So besuchte er Biedenbach, wo Richard von Preysing, ein Sohn seines Bruders Wolfram, mit einer kinderreichen Familie wohnte, und ebenso das fränkische Schloß Ullstadt, das seine Schwester Maria mit ihrem Mann, dem Baron Moritz Franckenstein bewohnte. Auf Schloß Egglkofen suchte er die ihm seit Jahrzehnten nahestehende französische Gräfin Montgelas auf, der er in vielen Nöten ratend und helfend beigestanden hatte.

Von Landshut aus, dem Treffpunkt mit seinen Brüdern Stiftpropst Albert und dem Münchener Stadtpfarrer Josef, besuchte der Kardinal das heimatliche Schloß Kronwinkl, die nahegelegene Familiengruft in Eching und die Zisterzienserinnenabtei Seligenthal, zu dem die Preysings ein besonderes Verhältnis hatten. Der anschließende zweiwöchige Erholungsaufenthalt im vertrauten Adelholzen bot wieder Gelegenheit zu verschiedenen Ausflügen zu Sehenswürdigkeiten im bayerischen Voralpenland: zum Wallfahrtsort Maria Eck, nach Innzell, Berchtesgaden und zum Königsee. Die Fahrt nach Altötting am 2. August mag viele alte Erinnerungen an die Gnadenkapelle mit ihrem hochgotischen Gnadenbild geweckt haben. In den Jahren nach dem Ersten Weltkrieg hatte er den bayerischen Wallfahrtsort mehrfach besucht, hatte an Exerzitien teilgenommen oder selbst Exerzitien gehalten. Hier hatte er sich durch die Profeß als Mitglied des Dritten Ordens an die Spiritualität des heiligen Franz von Assisi gebunden. Dabei hatte Preysing Frömmigkeit zeitlebens nichts Außergewöhnliches an sich. Gebet und tägliche Eucharistiefeier waren ebenso selbstverständlich wie die scheue Zurückhaltung, sein Gottesverhältnis in Wort oder Schrift für Außenstehende zum Thema zu machen. Schon die in seinem Wesen liegende Diskretion verbot ihm, die innere Schamgrenze zu überschreiten und anderen seine persönlichen religiösen Erfahrungen mitzuteilen. Zum geistlichen Leben gehörte auch der regelmäßige, wöchentliche Empfang des Bußsakramentes, in den Berliner Jahren zuletzt bei P. Dr. Johannes Lichy SVD (+ 1965). Preysing nahm auch immer wieder an Priesterexerzitien teil, entweder an Kursen im eigenen Bistum oder in westdeutschen Exzerzitienhäusern.

Durch den Kurzbesuch des Münchener Kardinals Faulhaber in Adelholzen dürften dann die demnächst auf der Fuldaer Bischofskonferenz zu behandelnden Sorgen und Probleme wieder in den Vordergrund getreten sein. Denn die Vollversammlung des deutschen Episkopates vom 19. bis 22. August stand bevor. Der Berliner Kardinal nahm in die Bonifatiusstadt ein schweres Sorgenpaket mit. Der Zustrom von Heimatvertriebenen zwang zur Gründung zahlreicher neuer Gottesdienststellen und Außenstationen in brandenburgischen und pommerschen Ortschaften und Dörfern. Der Schulkampf um die aufgezwungene Einheitsschule war in vollem Gange. Und nicht zuletzt meldeten sich die ersten untrüglichen Anzeichen, daß in der SBZ das marxistische Welt- und Menschenbild die Politik bestimmen werde. Bei der Abschlußpredigt der Bischofspredigt im Fuldaer Dom konnte Preysing von alledem nur wenig zur Sprache bringen.

Im Herbst 1946 war der Alltag des Berliner Kardinals durch die verschiedenen bischöflichen Funktionen geprägt: Firmungen, Kelchkonsekrationen und immer wieder Konferenzen, Besprechungen, Besuche - besonders Krankenbesuche - und Briefe. Im Notizbuch von Msgr. Schwerdtfeger, der die Besuche sorgfältig verzeichnet hat, finden sich wiederholt die Namen von Generalvikar Maximilian Prange, Domkapitular Walter Adolph, Caritasdirektor Dr. Wilhelm Albs, Prof. Hermann Muckermann, Dr. Margarete Sommer und P. Odilo Braun, den Preysing als Vorsitzenden von Entnazifizierungskommissionen vorgeschlagen hatte. Den unvermeidlichen Ärger, der fast täglich an einen Bischof herangetragen wird, soll Preysing mit erstaunlicher Gelassenheit hingenommen haben, wie sein Sekretär berichtete. Für Intrigen, die auch in der Kirche auf dem Humus von Eitelkeiten, Neid und Ehrgeiz blühen, hatte er nur eisige Verachtung.

Die Nachricht vom Tod seines Lieblingsbruders Albert am 14. Oktober 1946 traf den Berliner Kardinal schwer, wenn auch nicht unerwartet; denn bereits drei Tage zuvor war er telefonisch über den kritischen Zustand informiert worden. Zu keinem anderen unter den Geschwistern hatte er lebenslang eine so große innere Nähe wie zu dem zwei Jahre jüngeren Bruder. Der Stiftspropst von Landshut war für ihn nicht zuletzt eine verläßliche Schaltstelle für sehnlich erwartete Familiennachrichten. „Von zu Hause höre ich wenig, nur regelmäßig durch Albert.“[69] Noch im Sommer 1942 und 1943 hatten beide ihren Urlaub zusammen im Sanatorium der Barmherzigen Brüder in Bad Reichenhall verbracht. „Albert hat wieder seinen hohen Blutdruck mitgebracht, während ich fast normal bin bis auf Gefäßschmerzen ab und zu. Wir nehmen Sauerstoffbäder, alle zweiten Tag; ich hoffe, sie werden Alberts Blutdruck normalisieren“[70], schrieb der Bischof, der damals offenbar selbst schon mit erheblichen arteriellen Durchblutungsstörungen zu tun hatte, seiner Cousine Elisabeth. Im Frühjahr 1944 rechnete er bereits mit der Möglichkeit, daß sein Bruder Albert vor ihm heimgerufen werden könnte und schrieb mit einem Anflug von Trennungsangst: „Soll ich ihn auch noch überleben, dann werde ich recht einsam sein.“[71] Anfang Oktober 1946 mußte Preysing seinem Freund Thun mitteilen, daß Albert, „der sich von einem leichten Schlag im Sommer erholt hatte“, nun „menschlich gesprochen hoffnungslos krank“ sei. Er habe ein reiches Leben hinter sich, „aber für mich wird sein Tod doch eine große Lücke bedeuten“[72]. Nach der Beisetzung des heimgegangenen Grafen Albert Preysing überfiel den Kardinal dann auch jene Wehmut, die besonders Ältere treffen kann, denen die vertrauten Beziehungspersonen ihres Lebens nach und nach wegsterben. Er bekannte: „Für mich wird es nun immer einsamer, und ich habe nun in der Heimat kein Haus mehr, wo ich völlig zu Hause wäre, aber so muß es halt sein.“[73]

Am dritten Todestag von Dompropst Bernhard Lichtenberg, am 5. November 1946, hielt Kardinal Preysing in der überfüllten Schöneberger St. Elisabeth-Kirche einen Gedenkgottesdienst für alle Priester und Laien, die während der NS-Herrschaft ihr Leben lassen mußten. Er nahm die Gelegenheit wahr, in einer kritischen Nachbetrachtung über den Weg der Kirche im „Dritten Reich“ zum Thema „Freiheit der Kirche“ grundsätzlich Stellung zu nehmen.[74] Die Freiheit der Kirche sei „das stärkste und letzte Bollwerk gegen eine Diktatur des Gewissens“ und sie habe sich als solches in den letzten zwölf Jahren erwiesen, erklärte der Kardinal. Gegen den schon damals laut werdenden Vorwurf, die Kirche habe eigentlich die Freiheit nur für sich selbst erkämpft, setzte er die These dagegen: „Die Kirche war im Kampf gegen die Staatsallmacht immer die Hauptvertreterin der Freiheit, ihrer eigenen Freiheit und damit der aller Unterdrückten."

Ausführlich behandelte Preysing auf diesem Hintergrund das ambivalente Verhältnis Staat-Kirche im Gang der Jahrhunderte. Schon der Cäsaropapismus der christlich gewordenen römischen Kaiser habe die Freiheit der Kirche geknechtet, weil diese glaubten, „mit der öffentlichen Anerkennung der Kirche zugleich das Recht zu haben, Oberhaupt der Kirche zu sein oder doch maßgebenden Einfluss auf sie zu üben". Streckenweise hörte sich die Gedenkpredigt an wie ein kurzgefaßter, historischer Abriß des Konfliktfeldes Staat und Kirche. Denn der im Staatskirchenrecht geschulte Kardinal kam auf die Auseinandersetzungen im Mittelalter mit den Reichsbistümern, in denen Bischöfe zugleich staatliche Funktionen innehalten, ebenso zu sprechen wie auf den Josephinismus, die Bevormundung der Kirche durch den österreichischen Kaiser Joseph II. im 18. Jahrhundert, auf die umstrittene Entscheidung von Papst Pius IX. im Jahre 1864, wonach die Trennung von Staat und Kirche kein absolutes Ideal sein dürfe, und schließlich auf die praktische Trennung von Staat und Kirche in Frankreich im 20. Jahrhundert und in den USA.

Dann wandte sich Preysing der Tagesaktualität zu und rief zur Prüfung der Geister auf, die in der Nachkriegsgesellschaft über Trennung von Kirche und Staat sprechen. Man werde „vielfach sehen, daß diese Parole nicht eine Parole der Freiheit, sondern eine Parole der Unterdrückung sein soll". Daß er dabei besonders die Befürworter der Einheitsschule bei der SED und in großen Teilen der SPD im Blick hatte, bewiesen seine anschließenden Sätze zum Schulkampf in Berlin und der SBZ. „Diejenigen, die für die sogenannte Einheitsschule eintraten, waren weit davon entfernt, wirklich Gewissensfreiheit schaffen zu wollen. Sie wollen den christlich gläubigen Eltern eine Schulart aufzwingen, in der sie die richtige Erziehung für ihre Kinder nicht finden konnten. Um die Sache weiten Kreisen schmackhaft zu machen, sprach man von einer Trennung von Kirche und Schule. In Wirklichkeit handelt es sich bei der Aufzwingung einer religionslosen Schule um eine Trennung von Elternhaus und Schule." Daher liege bei der „Einführung der religionslosen Zwangsschule eine Verletzung des Rechtes der Kirche vor, zugleich aber eine Verletzung der Rechte der Eltern". Noch schärfer wurde der Berliner Kardinal am Schluß dieser kämpferischen Predigt. Er warnte davor, sich von derzeit angebotenen Phrasen betören zu lassen: „Die Phrasen, die wir gehört haben in jüngster Zeit waren ja fast Wort für Wort den Phrasen nachgebildet, mit denen der Nationalsozialismus die Freiheit der Kirche, die Gewissensfreiheit der Eltern, das Recht der Erziehung aufzuheben bestrebt war."

Diese denkwürdige Predigt gehört ohne Zweifel zu den Höhepunkten in der Verkündigung des ersten Berliner Kardinals in den Jahren nach dem Zusammenbruch des Nationalsozialismus. Aus den Erfahrungen mit der braunen Diktatur war Preysing in der Lage, in aller Schärfe vor neuen Tendenzen zu warnen, die Grundrechte des Menschen und die Freiheit der Kirche erneut einzuengen, wenn auch unter anderen Vorzeichen. Sein „principiis obsta", das er 1933 bekundet hat, wiederholte er jetzt angesichts einer Parteienlandschaft, die sich teilweise mit der Parole vom „Antifaschismus" nur ungenügend von manchen Ideen der vergangenen zwölf Jahre distanzierte.

Der ungewöhnlich harte Winter 1946/47 stellte die Berliner Bevölkerung vor schwere Prüfungen. Oberbürgermeister Otto Ostrowski (SPD) sah die Hauptaufgabe der Stadtverwaltung darin, „des nackten Hungers“ Herr zu werden. Er sprach von einer Naturkatastrophe und zitierte in der Stadtverordnetenversammlung den griechischen Dichter Sophokles mit den Worten: „Ein großes Sterben ist ausgebrochen, und täglich steigt die Zahl der Todesopfer.“[75] Unter Leitung der Bürgermeisterin Louise Schroeder (SPD) wurde ein Notkomitee des Magistrats ins Leben gerufen, da der Notstand auf den Gebieten Ernährung, Gesundheitswesen, Kohle- und Energieversorgung immer bedrohlichere Ausmaße annahm.[76] Die Zahl der Erfrorenen in der Stadt wurde zunächst auf 200 geschätzt, obwohl Wärmehallen in öffentlichen Gebäuden für die Bevölkerung eingerichtet wurden.[77] Über 1000 Betriebe mußten geschlossen werden und 150 000 Arbeiter und Angestellte wurden arbeitslos. Die Kohlelieferungen gerieten so stark in den Rückstand, daß 30 Prozent der industriellen Produktion ausfielen und selbst die Versorgung der Krankenhäuser gefährdet war.[78] Wer überleben wollte, lernte Brennstoffe und Lebensmittel „organisieren“ und „fringsen“. Die Silvesterpredigt 1946 des Kölner Kardinals Josef Frings hatte sich herumgesprochen, in der er gesagt hatte: „Wir leben in Zeiten, da in der Not auch der einzelne das wird nehmen dürfen, was er zur Erhaltung seines Lebens und seiner Gesundheit notwendig hat, wenn er es auf andere Weise, durch seine Arbeit oder durch Bitten nicht erlangen kann.“

In dieser extremen Notsituation erhielt Kardinal Preysing die Einladung der nordamerikanischen Bischöfe und der National Catholic Welfare Conference, der katholischen Caritaszentrale der USA. Er nahm die Einladung an, um für die bisher geleistete Hilfe der Katholiken zu danken und zugleich authentisch über die katastrophale Notlage der Viersektorenstadt zu informieren. Seiner Cousine berichtete Preysing über sein Reisefieber, das ihn - ähnlich wie in früheren Zeiten seine Mutter - geplagt hat: „Was soll man einpacken, was wird man sicher vergessen, wie wird es beim Ankommen sein? Wieviel Trinkgeld soll man geben? Wird man auch den Zug nicht verpassen etc.? Und dazu kommt, daß man wahrscheinlich von mir mehr oder weniger geistreiche Predigten, Ansprachen und Konferenzen erwartet. Poor me.“[79]

Am 12. Februar 1947, mitten im „Jahrhundertwinter“, in dem sogar der Rhein zufror, flog der Berliner Kardinal von Tempelhof in einer viermotorigen Skymaster nach New York. Nach 26-stündigem Flug mit mehreren Zwischenlandungen wurde er in der Neuen Welt von Erzbischof Spellman und anderen Bischöfen und Priestern auf dem Flughafen begrüßt. Der deutsche Gast traf auf eine amerikanische Öffentlichkeit, die überwiegend unter dem Eindruck der expansiven sowjetischen Nachkriegspolitik stand. Der amerikanische Diplomat an der Botschaft in Moskau, George F. Kennan, hatte am 22. Februar 1946 in seinem berühmten, 8000 Worte umfassenden, „langen Telegramm“ erklärt, die UdSSR erweise der internationalen Zusammenarbeit nur Lippendienste und instrumentalisiere die kommunistischen Parteien in den europäischen Ländern, um den Weltkommunismus durchzusetzen. Wenige Tage später, am 5. März, hatte der ehemalige britische Premier Winston Churchill in Anwesenheit des amerikanischen Präsidenten Truman in Fulton vom „Eisernen Vorhang“ gesprochen, den die UdSSR „von Stettin an der Ostsee bis hinunter nach Triest an der Adria über den Kontinent gezogen“ habe. Schließlich war die öffentliche Meinung in den USA gegenüber dem besiegten Deutschland durch die historische Rede von James F. Byrnes vom 6. September 1946 verändert. Der amerikanische Außenminister hatte 16 Monate nach Kriegsende in Stuttgart vor aller Welt eine neue Deutschlandpolitik erläutert, die in der Zusage baldiger Selbstbestimmung für die

Deutschen gipfelte: „Das amerikanische Volk wünscht, dem deutschen Volk die Regierung Deutschlands zurückzugeben. Das amerikanische Volk will dem deutschen Volk helfen, zurückzufinden zu einem ehrenvollen Platz unter den freien und friedliebenden Nationen der Welt." Der Kardinal aus Berlin fand also in der amerikanischen Gesellschaft ein durch den Kalten Krieg gewandeltes Klima gegenüber Deutschland und den Deutschen vor, das noch eineinhalb Jahre früher schwer vorstellbar gewesen war.

Ein strapaziöses Besuchsprogramm führte Preysing von New York über Buffalo, Rochester, St. Louis und New Orleans bis an die Westküste und von dort über Detroit und Chicago nach Washington und New York an die Ostküste zurück. Pontifikalgottesdienste, Presseinterviews und -konferenzen, Besuche von Ordensgemeinschaften, Besichtigungen von Schulen, katholischen Universitäten und nicht zuletzt zahlreiche Empfänge und Konferenzen mit Bischöfen und Priestern forderten von dem 67 jährigen Gast aus Berlin viel Kraft. An einem Tag zählte sein Sekretär Bernhard Schwerdtfeger „allein neun Ansprachen von je zwanzig Minuten" in englischer Sprache.[80] Noch zwei Jahre später dachte der Kardinal „etwas mit Schrecken" an New Orleans zurück. Denn die letzte der acht Reden des Tages sei „eine Art Habilitationsrede" gewesen, worauf ihm von der Loyola-Universität der Dr. iuris h.c. verliehen wurde, wie er seinem Freund Thun berichtete. In St. Paul in Minnesota zeichnete Preysing bei einem öffentlichen Empfang ein konkretes Bild vom Leiden unter Kälte und Hunger in Berlin und würdigte zugleich die großzügige Hilfe der amerikanischen Bevölkerung: „Ich bin Ihnen zutiefst dankbar, einmal, weil viele meiner Diözesanen täglich buchstäblich verhungern und erfrieren, zum anderen, weil Ihr schönes Beispiel christlicher Caritas, die keine Grenzen kennt und niemanden ausschließt, einem entmutigten und verzweifelten Kontinent seinen Glauben und seine Hoffnung wiedergibt."[81]

Der Berliner Kardinal stellte auch in zahlreichen Predigten und Ansprachen Männer wie Dompropst Bernhard Lichtenberg und andere Blutzeugen aus der Zeit der NS-Diktatur heraus, um die auch in den Vereinigten Staaten weitverbreitete These von der Kollektivschuld des ganzen deutschen Volkes zu korrigieren, die nicht zuletzt durch Schreckensbilder von zu Skeletten abgemagerten Häftlingen und von Leichenbergen in befreiten Konzentrationslagern wie Buchenwald und Bergen-Belsen verstärkt worden war. Er wollte Botschafter jenes anderen Deutschland sein, das trotz Auschwitz und Dachau an Recht und Gerechtigkeit festgehalten hatte „Es gab noch ein besseres und ein anderes Deutschland", sagte er in Buffalo.

Der materielle Erfolg der Rundreise durch die Vereinigten Staaten war unerwartet groß. „Lebensmittel aller Art, Schuhe und Kleidung, Papier für das ‚Petrusblatt', Einbandmaterial für Bibeln und Katechismen werden eingekauft und kommen bald in größeren Sendungen nach Berlin. Der Berliner Westhafen muß dem Caritasverband einen größeren Lagerraum zuteilen."[82]Preysing urteilte rückschauend: „Ich fand viel Verständnis und Sympathie für mein Anliegen. Für die nächsten Monate werde ich mancher Not abhelfen können." Gegenüber den Berliner Katholiken zog Preysing in einem Hirtenbrief zum Osterfest ebenfalls eine positive Bilanz seiner USA-Reise. Bei den zahlreichen Begegnungen habe er vielfach die Überzeugung angetroffen, „daß die furchtbaren Geschehnisse der letzten zwölf Jahre nicht der Ausdruck des ganzen und auch nicht des wahren Deutschland waren". Die Sympathie, die er festgestellt habe, sei nicht auf US-Amerikaner deutscher Abstammung beschränkt gewesen.

Erzbischof Milly von San Francisco erklärt Kardinal Preysing die Skyline der Metropole

„Es lebt dort menschliche und christliche und katholische Verbundenheit gerade mit den Leidenden im alten Europa, auch mit denen, die in Deutschland so Schweres erdulden." Aber auch manche Emigranten, die, „ungerechterweise verfolgt, Deutschland haben verlassen müssen und nunmehr eine neue Heimat gefunden haben", würden in Treue an die in Deutschland Lebenden denken.[83] Der Eichstätter Äbtissin gegenüber zog er folgendes persönliche Reiseresümee: „Mit den Amerikanern bin ich sehr gut ausgekommen. Es kommt zum Teil wohl daher, daß sie wie auch ich natürlich sind und keine Phrasen machen, zum Teil auch daher, daß das katholische Gefühl dort sehr stark ist."[84] Außerdem: Man habe ihm das Kompliment gemacht, daß er schon fast den amerikanischen Akzent angenommen habe und er fügte hinzu: „Im allgemeinen wirkte es gut, daß ich mich englisch verständigen konnte. Eine kleine Demütigung war es, daß meine immerhin nicht allzu große Rednergabe noch durch den englischen Kanal gehen und dadurch an Ursprünglichkeit verlieren mußte."[85]

Auch seinem Freund Paul Thun bestätigte Preysing dankbar den Erfolg seiner USA-Reise. „Ich bin über alles Erwarten herzlich aufgenommen worden und konnte doch auch für meine Diözese und die ganze östliche Zone manche Hilfe erhalten." Im Gegensatz zu Europa sei „Nordamerika ein Land, wo noch in jeder Hinsicht Raum ist" und daher auch scheine ihm „Konkurrenz und gegenseitiges Beneiden seltener". Schon nach den ersten 14 Tagen habe er „Englisch öffentlich und frei" gesprochen. „Als ich mit zehn Jahren bei meiner Mutter englischen Unterricht nahm, ahnte ich freilich nicht, daß ich nach fast 60 Jahren diese Kenntnisse so gut würde verwenden können. Hier sagten die amerikanischen Kinder, als ich irgendwo predigte: ‚He speaks good English, but a little old-fashioned'."[86]

Die Rolle des Bettelpredigers quer durch das „Land der unbegrenzten Möglichkeiten" war Preysing keineswegs so wesensfremd wie es äußerlich scheinen mochte. Die franziskanische Spiritualität, die ihn als Tertiar des heiligen Franziskus mit dem braunen Skapulier unter der Kleidung seit den zwanziger Jahren geprägt hatte, erleichterte ihm manche prekäre Situation. Der Eichstätter Äbtissin schrieb er: „Ich fühle mich recht unbescheiden; aber bei den jetzigen Zeitabläufen wird man eben zum Bettler und noch dazu bin ich Franziskaner."[87]

Nach der USA-Reise mußte der Berliner Kardinal zeitweilig auf Taxi und öffentliche Verkehrsmittel umsteigen. Er sei ohne Chauffeur und Auto, „ganz franziskanisch" teilte er seiner Cousine mit, was aber seine Umgebung, „Weltpriester wie Ordensfrauen, für nicht ‚standesgemäß'"[88] hielten. Ein Jahr später spielte ein humorvoller Unterton mit, als Preysing schrieb, er werde wohl in der Pariser Nuntiatur übernachten und seine „Gastgeber um einiges erleichtern müssen", da er ohne Devisen die Rom-Reise antreten mußte. „Wenn ich wenigstens ein braunes Kapuzinerhabit hätte, wäre die Sache ja leichter."[89]

Mehrere Preysing-Briefe an den Heiligen Vater beweisen, daß auch der Apostolische Stuhl in den ersten Nachkriegsjahren erhebliche Lebensmittellieferungen nach Berlin geschickt hat, die von dort teilweise in Gemeinden der SBZ weitergeleitet wurden. In einem Dankbrief stellte der Kardinal fest, daß die Not in den Berliner Randgebieten besonders groß sei. Denn dort seien Lebensmittel „teils auf Grund von Krieg und Besetzung teils wegen ‚Hamsterung' durch die Berliner Bevölkerung nicht mehr vorhanden"[90].

Am 27. März in die Viersektorenstadt zurückgekehrt, mußte der Berliner Kardinal feststellen, daß sich die Ost-West-Spannungen weiter verschärft hatten. Die Außenministerkonferenz in Moskau, die am 10. März 1947 begonnen hatte, brachte für keine Seite den erhofften Durchbruch. Vielmehr waren am Ende die Weichen noch mehr auf die Teilung Deutschlands gestellt. Der Plan, zentrale deutsche Verwaltungsstellen zu errichten, die später zu einer provisorischen Regierung hätten ausgebaut werden können, scheiterte an unüberbrückbaren Meinungsverschiedenheiten in Detailfragen. Auch die von sowjetischer Seite erneut erhobene Forderung, Reparationen aus der laufenden Produktion zu entnehmen, stieß beim britischen Außenminister Bevin auf strikte Ablehnung. Ob und wie die Verhandlungspositionen der Außenminister durch die berühmte Truman-Rede vor dem amerikanischen Kongreß zwei Tage nach Beginn der Moskauer Konferenz, die als Truman-Doktrin in die Geschichte eingegangen ist, beeinflußt wurden, läßt sich schwer beurteilen. Jedenfalls hatte der vom Expansionsdrang Stalins zutiefst enttäuschte US-Präsident keinen Zweifel darangelassen, daß die westliche Weltmacht die freien Völker in Zukunft unterstützen werde, „die sich der Unterwerfung durch bewaffnete Minderheiten oder durch Druck von außen widersetzen". „Die Saat des totalitären Regimes gedeiht in Elend und Mangel". Sie wachse sich vollends aus, wenn in einem Volk die Hoffnung auf ein besseres Leben ersterbe. Die freien Völker der Erde blickten auf die USA und erwarteten, „daß wir sie in der Erhaltung der Freiheit unterstützen". Der einige Monate später verkündete Marshall-Plan zeigte, wie die Truman-Doktrin konkret gemeint war.

Noch vor dem Abflug in die Vereinigten Staaten hatte Kardinal Preysing einen Hirtenbrief zur bevorstehenden Moskauer Konferenz verfaßt, der am 9. März, also einen Tag vor dem Zusammentritt der vier Außenminister in Moskau, in allen Gottesdiensten des Berliner Bistums verlesen wurde. Er rief die Gemeinden zum Gebet auf, daß Gott „schützend seine Hand über unser Volk" halte. Zugleich wies er darauf hin, „die schwergeprüften Menschen unseres Volkes" erwarteten von der Konferenz der Siegermächte, daß „die ihnen auferlegten Opfer jene vierfache Grenze nicht überschreiten, die das natürliche Recht bei einem Friedensvertrag zu wahren gebietet": 1. Die Ausrichtung auf das gemeinsame Wohl der Völkerfamilie. 2. Die Begrenzung auf die notwendige Sicherung aller Völker vor einem neuen Krieg. 3. Die Begrenzung auf die berechtigten Entschädigungs- und Wiedergutmachungsforderungen der Sieger. 4. Die Grenzen der Leistungsfähigkeit der Besiegten. Wären in Moskau tatsächlich Friedensverhandlungen mit ernsthaftem Willen zu einem verantwortbaren Ergebnis geführt worden, hätten diese vier Grundforderungen für alle vier Verhandlungspartner realpolitische Maßstäbe bieten können. Aber die Außenminister gingen am 24. April auseinander, ohne einen Funken Hoffnung auf einen baldigen Friedensvertrag zu hinterlassen.

Im Herbst 1947 hatte die Sowjetunion ihr definitives Nein zum Marshall-Plan, den sie als Ausdruck des „aggressiven, unverhüllt expansionistischen Kurses" der US-Politik bezeichnete, auch den anderen Staaten in ihrem Machtbereich aufgezwungen. Als politische Reaktion wurde das „Kommunistische Informationsbüro" (Kominform) mit Sitz in Belgrad ins Leben gerufen. Es weckte im Westen verständlicherweise Erinnerungen an die 1943 aufgelöste Komintern, das frühere kommunistische Instrument der sowjetischen Außenpolitik. Im Dezember 1947 scheiterte die Londoner Außenministerkonferenz an unüberbrückbaren Gegensätzen in der Deutschland- und Berlin-Frage. Am Rande der Konferenz wurde zwar von angloamerikanischer Seite ein letzter Anlauf zur Schaffung eines gesamtdeutschen Staates vereinbart, aber zugleich im Falle des Scheiterns der Ausbau der Bi-Zone, verbunden mit einer Währungsreform, ins Auge gefaßt.

Am 16. Juni 1947 mußte Preysing wegen Diphterie - so jedenfalls die Diagnose in Schwerdtfegers Notizbuch - einige Tage stationär im St. Hedwigskrankenhaus behandelt werden. Besondere Schonung haben ihm die Ärzte offenbar nicht sehr nachdrücklich empfohlen; denn bereits am 22. Juni spendete er 249 Kindern in Potsdam das Sakrament der Firmung.

Im Oktober 1947 sah sich Kardinal Preysing gezwungen, wegen einer erneuten Gelbsucht ärztliche Hilfe in Anspruch nehmen. Er hielt seitdem die Leber immer für seinen schwachen Punkt, was im Essen und Trinken seine Konsequenz hatte. Die wochenlange strenge Bettruhe im St. Franziskus-Krankenhaus, in der ihm Bischof Wienken Pontifikal- und Firmtermine abnahm, hat ihm zwar unfreiwillig etwas Abstand vom Geschehen in Kirche und Welt verschafft, aber gerade in dieser Zeit unterzeichnete der Berliner Oberhirte ein Dokument, das als „Preysing-Erlaß" weittragende Bedeutung gewinnen sollte. Die fortgesetzten Versuche der SED, der Blockparteien und der mehr oder weniger gleichgeschalteten Massenorganisationen wie des Kulturbundes zur Demokratischen Erneuerung Deutschlands, Geistliche durch Erklärungen oder Unterschriftsaktionen an die politischen Ziele der jetzt Regierenden zu binden, hatten offenbar ein Stadium erreicht, das ein klärendes

Bischofswort dringend erforderlich machte. Die am 20. Dezember 1947 erlassene Verfügung, mitgeteilt allen im Bereich der Diözese Berlin lebenden Geistlichen und gültig ebenso für alle Dienststellen der Diözese Berlin, rief in Erinnerung, was bereits im Pastorale vom 24. Juni 1945 besorgt angeklungen war: „Nur die Gesamtheit der Bischöfe Deutschlands ist berechtigt, Erklärungen zu Zeitfragen im Namen der katholischen Kirche Deutschlands abzugeben. Für den Bereich seines Bistums ist in analoger Weise der Bischof zuständig, derartige Erklärungen abzugeben. Sollten seitens weltlicher Stellen von den meiner Jurisdiktion unterstehenden kirchlichen Dienststellen Erklärungen zu Zeitfragen eingefordert oder erbeten werden, die als Stellungnahme der katholischen Kirche gewertet werden könnten, so ersuche ich, mit dem Hinweis auf diesen Erlaß und die ihm zugrunde liegende Rechtslage, eine solche Erklärung nicht abzugeben.“[91]

Diese kirchenpolitische Grenzziehung ist von Preysings Nachfolgern mehrfach bekräftigt worden, so von Bischof Döpfner 1957 und von den Kardinälen Bengsch und Meisner 1977 und 1985. Die daraus erwachsene politische Abstinenz der Katholischen Kirche in der späteren DDR, die mit geringfügigen Abweichungen bis zur „Wende“ durchgehalten wurde, hat einerseits die innere Homogenität und Selbsttreue der Diaspora-Kirche gefördert, andererseits aber auch die kaum vermeidbare Gefahr eines Ghetto-Bewußtseins vergrößert. Die SED hat später in der Phase des Kalten Krieges gegen diese als „Döpfner-Erlaß“ bezeichnete Anordnung heftig polemisiert, zumal der fünfte Berliner Bischof (1957-1961) die ideologische und gesellschaftliche Auseinandersetzung mit der Herrschaftsform des SED-Staates besonders offensiv geführt hat. Die überwältigende Mehrheit des Berliner Klerus hat sich seit 1947 im Konfliktfall stets auf den „Preysing-Erlaß“ berufen. Daß es in der DDR im Unterschied zur CSSR, Polen, Ungarn und Jugoslawien keine regimefreundliche Friedenspriesterbewegung gegeben hat, ist wesentlich auf Preysings Weichenstellung zurückzuführen. Andererseits muß jedoch auch berücksichtigt werden, daß in keiner Entwicklungsphase der SBZ und der späteren DDR, auch unter Walter Ulbricht nicht, ein offener stalinistischer Kirchenkampf mit politischen Prozessen gegen Priester und Bischöfe geführt worden ist wie in anderen Ostblockstaaten. Was der „Preysing-Erlaß“ allerdings nicht verhindern konnte, waren konspirative Kontakte des späteren Ministeriums für Staatssicherheit (MfS) mit einzelnen Klerikern, die aus unterschiedlichen Motiven und Gründen unterhalten wurden und deren Umfang und Intensität erst nach der Wende bekannt geworden sind.

Es darf allerdings nicht vergessen werden, daß die Berliner Bischöfe Preysing, Weskamm und Döpfner im Westberliner Bezirk Zehlendorf residierten und zumeist von hier die Auseinandersetzung mit dem sozialistischen Weltanschauungsstaat jenseits des Brandenburger Tores führten. Es muß eine offene Frage bleiben, ob oder wie für Preysing und Döpfner eine offensive Vorwärtsverteidigung der Kirche in aller Öffentlichkeit auch vom Territorium der DDR aus möglich und verantwortbar gewesen wäre. Döpfner, der noch vor dem Bau der Mauer die Verlegung seines Wohnsitzes nach Ost-Berlin erwogen hatte, wurde am 3. Juli 1961 zum Erzbischof von München und Freising ernannt. Er übergab den Hirtenstab des Bistums Berlin dem am 16. August ernannten, in Ost-Berlin wohnenden Weihbischof Dr. Alfred Bengsch. Für den neuen Oberhirten und späteren Kardinal stand die Bewahrung der durch den Mauerbau geprüften Einheit des Bistums höher als

Der Besuch der deutschen Kriegsgefangenen im Lager Rimini am 23. Februar 1946 hat den Berliner Kardinal tief bewegt. Er war in seinen letzten Lebensjahren nicht zuletzt wegen seiner häufigen Erkrankungen für fremde Not besonders sensibel. Wie sein Sekretär Schwerdtfeger berichtete, brach Preysing, der mit den beiden anderen neu konsekrierten deutschen Kardinälen Frings und Galen diesen Besuch machte, in Tränen aus, als er den Gefangenen zurief, daß der Kirche und dem Heiligen Vater die unglücklichen Söhne zugleich auch die liebsten seien Vierzehn Kriegsgefangenenlager waren auf einem ausgedehnten Gebiet zur „Enklave von Rimini" zusammengeschlossen.

öffentliche, medienwirksame Auseinandersetzungen mit dem „Ersten Arbeiter- und Bauernstaat“, ausgenommen bei dessen seltenen Versuchen, die theologische und pastorale Identität der Kirche anzutasten.

Am 14. Januar 1948 konnte Preysing das Krankenhaus wieder verlassen und nach Zehlendorf zurückkehren. Ende des Monats schrieb er seiner Cousine: „Ich hoffe, in einigen Wochen dem Leben einigermaßen zurückgegeben zu werden. Es war eine rechte Geduldsprobe, besonders der Aufenthalt im Krankenhaus wenig lustig“[92]. Erst etwa drei Wochen später klang es optimistischer: „Ich habe gestern das erste Mal wieder zelebriert und bin schon vier Stunden am Tag auf.“ Es gehe jetzt schon „sehr viel besser“ und er hoffe, „in ein paar Wochen ‚my old self‘ zu sein“[93]. Andererseits vertrat er gegenüber P. Leiber die Auffassung, es habe den Anschein, „daß die psychische Überlastung der letzten 15 Jahre doch allgemein nicht ohne Spuren vorbeigegangen ist“[94].

Mit besonders freudiger Bewegung begrüße ich euch wieder in der Waldbühne. Mit besonders freudiger Bewegung, weil vor einem halben Jahr es äußerst unwahrscheinlich schien, daß ich heute noch leben würde.

Preysing an die Berliner Katholiken am 17. Juli 1949

XIX

Im Spannungsfeld des Kalten Krieges (1948/1949)

Ad-limina-Besuch in Rom - Berlin-Blockade - Lebensgefährliche Erkrankung - Gründung der DDR - Regierung der DDR Verfassungsbruch vorgeworfen

Wie jedes Jahr richtete der Berliner Kardinal auch in der Fastenzeit 1948 einen Hirtenbrief an seine „geliebten Diözesanen“. In der Bevölkerung hatte sich zunehmend Resignation ausgebreitet, kein Recht auf Selbstbestimmung zu haben und am Verhandlungstisch der alliierten Außenminister lediglich ohnmächtiges Objekt im Kalten Krieg zu sein, wie zuletzt wieder bei der erfolglosen Außenministerkonferenz in London. Preysing griff diese Stimmungslage auf und betonte nachdrücklich den inneren Frieden, der „im Tiefsten Voraussetzung des äußeren Friedens ist und Gewähr der Erhaltung des Friedens“. Die Aktualität dieses Gedankens war zusätzlich bestimmt durch die zum Propaganda-Repertoire der SED gehörende Gleichung von Frieden und Sozialismus.

Die bereits im November 1947 von der SED ins Leben gerufene Volkskongreß-Bewegung war einerseits Schützenhilfe für die sowjetische Deutschlandpolitik, andererseits sollte die deutsche Einheit mit sozialistischem Vorzeichen im Bewußtsein fortschrittlicher Kräfte gestärkt werden. Der Deutsche Volksrat, der am 18. März 1948 gebildet wurde, sollte den „Kampf für die Einheit Deutschlands und für einen gerechten Friedensvertrag“[1] führen. Das vom Volksrat geplante Volksbegehren, das die Bürger in der SBZ erneut unter Meinungsdruck brachte, nahm Preysing zum Anlaß, sich an seinen Klerus zu wenden.[2] Es sei bekannt, so argumentierte er, daß die Volkskongreß-Bewegung „in der Hauptsache von der SED getragen und gefördert“ werde. Das Ziel dieser Partei sei, „durch diese Bewegung führend zu werden und ihren Einfluß in viel ausgedehnterem Maße als bisher und zwangsmäßig auf alle Gebiete des Lebens zu erstrecken“. Außerdem mache die Partei keinen Hehl daraus, „daß sie dem christlichen Glauben feindlich gesinnt ist“. Daher verdiene diese Partei keine Zustimmung durch gläubige Christen, auch wenn sie sich äußerlich unverfänglich darstelle.

Im Vatikan verfolgte man zum Jahresbeginn 1948 die kirchenpolitische Entwicklung in der SBZ mit wachsender Sorge. Es gab erste Überlegungen, die seelsorgerische Organisation möglichst so stabil auszubauen, daß sie einer zukünftigen schweren Belastung in Gestalt eines Kirchenkampfes standhalten könne. Das vatikanische Staatssekretariat erbat deshalb über den Apostolischen Visitator in Deutschland, Erzbischof Muench, von Preysing und den zuständigen Jurisdiktionsträgern in der Ostzone ein Gutachten, wie dieser möglichen Entwicklung Rechnung getragen werden sollte. Dabei brachte das Staatssekretariat auch den Gedanken ins Spiel, „ob es nicht angebracht wäre, in Berlin eine zentrale Verwaltungsstelle zu schaffen, bzw. auszubauen, welche alle Fragen seelsorgerischer Betreuung planen, ein etwa gemeinsames Vorgehen in kirchenpolitischen Fragen studieren und lenken könnte, und überhaupt dieser Zone, deren Ordinarien zum Teil außerhalb der Zone sind, eine größere innere Einheit verleihen würde". In diesem Zusammenhang wurde auch die Frage gestellt, ob es angebracht erscheine, „bereits jetzt neue Weihbischöfe zu ernennen", und wenn ja, wo diese in der SBZ ihren Sitz nehmen sollten.[3] Der Heilige Stuhl fürchtete also bereits zu diesem Zeitpunkt, eine noch größere Abschnürung der Ostzone von den drei Westzonen. Wie später in anderen kommunistisch regierten Ländern Ost- und Südosteuropas, besonders in Rumänien und der CSSR, wollte man sich durch rechtzeitigen Ausbau der Hierarchie auf diese eventuelle Entwicklung einstellen.

Der Berliner Kardinal antwortete umgehend mit einem Aide Mémoire „Zur religiösen Lage in der Ostzone" (Dokument 5). Ohne in Schwarz-Weiß-Malerei zu verfallen, zeichnete er ein nüchternes Bild der Diaspora-Probleme in der SBZ. Dabei betonte er sowohl die aus dem Priestermangel erwachsenen pastoralen Engpässe als auch die erheblichen materiellen Sorgen. Die Frage einer zentralen Verwaltungsstelle in Berlin für die Jurisdiktionsbezirke in der SBZ erschien ihm „z.Zt. zur Verwirklichung noch nicht reif". Dies könnte jetzt „als Vorwegnahme politischer Entwicklungen aufgefaßt werden, die wohl im Bereich der Möglichkeit liegen, aber deren Eintreten noch nicht sicher ist". Diese Verwaltungsstelle könnte „im Augenblick vielleicht sogar die Trennung der Ostzone von der West- und Südzone beschleunigen". Allerdings sollte Vorsorge getroffen werden, daß diese Stelle „nötigenfalls in kürzester Zeit in's Leben gerufen werden könnte"[4].

Die Kar- und Osterliturgie feierte der Berliner Kardinal wieder in der Steglitzer Rosenkranz-Kirche, seine erste größere Tätigkeit in der Öffentlichkeit seit dem Krankenhausaufenthalt. Daß er sich nach dem Verlust der Kathedrale gerade in diesem Gotteshaus besonders zu Hause fühlte, lag wohl an der günstigen Lage dieser repräsentativen Kirche und auch an der freundschaftlichen Bindung zu dessen Pfarrer, Msgr. Georg von Unold. Die Erhebung der Kirche zur Basilika durch den Vatikan im Jahre 1950 unterstrich Preysings Vorliebe für dieses älteste Gotteshaus im Bezirk Steglitz.

Der Bischöfliche Sekretär und die Referenten des Ordinariates hatten unmittelbar nach dem Osterfest 1948 mit den Vorbereitungen für die bevorstehende ad-limina-Reise nach Rom alle Hände voll zu tun. Preysing flog am 7. April wieder mit einer französischen Militärmaschine über Paris in die Heilige Stadt. In der französischen Hauptstadt war er, wie zwei Jahre zuvor, wieder Gast des Apostolischen Nuntius Angelo Roncalli. Er nutzte die Gelegenheit, nicht nur den

Pariser Kardinal Suhard zu besuchen, sondern auch Außenminister Georges Bidault und den Staatsminister für Deutschlandfragen, Schneider. Wegen der Kürze des Paris-Aufenthaltes waren seinem Besuchsprogramm allerdings bedauerlicherweise Grenzen gesetzt. Preysing schrieb später der Äbtissin in Eichstätt, er habe viele Leute gesehen, „aber nicht alle, die ich gern gesehen hätte“[5].

Die ihm seit Jahrzehnten vertraute Ewige Stadt fand der Berliner Kardinal am 10. April frühlingshaft „in aller Schönheit mit blühenden Glycinien und Rosen“. Aber es war oft Schirokko, und er fühlte sich „nicht recht wohl“, wie er seiner Cousine schrieb.[6] Da es der erste ad-limina-Besuch nach Kriegsende war, berichtete Preysing den verschiedenen Kongregationen über alle Bereiche seines durch die Kriegs- und Nachkriegszeit geprüften Bistums. Ausdrücklich nahm die in lateinischer Sprache eingereichte Relatio die acht Pfarreien und die 23 Kuratien in den unter polnischer Verwaltung stehenden Gebieten jenseits der Oder und von Stettin von der Berichterstattung aus. Die Zahl der Gläubigen war im Jahre 1948 durch den Zustrom der Heimatvertriebenen auf 611 000 angewachsen. Davon lebten ca. 217 000 in der Diaspora von Brandenburg und Vorpommern, wo zahlreiche Außenstationen neu eingerichtet werden mußten. Insgesamt 460 Geistliche gehörten zum Berliner Presbyterium, darunter 110 Weltpriester aus anderen Ortskirchen, die meisten aus dem Erzbistum Breslau und der Freien Prälatur Schneidemühl. Die Bilanz der im Krieg zerstörten oder beschädigten Kirchen und Kapellen ließ die 33 östlich der Oder gelegenen Gotteshäuser ebenfalls ausdrücklich außer Betracht Bei dieser Einschränkung mußte berichtet werden, daß insgesamt 40 Kirchen und Kapellen des Bistums durch Kriegseinwirkungen völlig zerstört, 67 schwer und 141 leicht beschädigt worden waren. Nur 30 Kirchen und Kapellen hatten den Krieg unversehrt überstanden. Der bereits nach Kriegsende begonnene Wiederaufbau geschah vielfach auf Initiative tatkräftiger Pfarrer unter Hilfe von Gemeindemitgliedern und teilweise auch mit Unterstützung städtischer Bezirksämter. Diese dezentralen Wiederaufbauarbeiten waren nicht zuletzt deshalb erfolgreich, weil sich die Zuteilung und Beschaffung von Baumaterial in den verschiedenen Berliner Sektoren und in der SBZ unterschiedlich gestalteten. Insgesamt konnte der Berliner Kardinal jedoch berichten, daß in Groß-Berlin 45 Kirchen und Kapellen und in Brandenburg und Vorpommern 17 wieder aufgebaut waren oder sich im Wiederaufbau befanden. Mit Recht bezeichnete das „Petrusblatt“ diese erste Aufbauphase als ein Faktum, das „für immer ein Ruhmesblatt für Klerus und Gläubige im Bistum Berlin bleiben“[7] werde.

Den zweiwöchigen Rom-Aufenthalt nutzte Preysing zu zahlreichen offiziellen und privaten Besuchen und Begegnungen. Im Staatssekretariat traf er mit Msgr. Montini und mit Msgr. Tardini zusammen, besuchte verschiedene Kurienkardinäle und die Generaloberen der Jesuiten, der Salvatorianer und der Kamillianer. Auch dem französischen Philosophen und Vatikanbotschafter Jacques Maritain machte er wieder einen Besuch. Ebenso fanden Gespräche mit den beiden ihm seit Jahren bekannten Jesuiten P. Robert Leiber und P. Gustav Gundlach statt, die zu den bestinformierten Männern im Vatikan zählten. Darüber hinaus war er u.a. Gast des Abtprimas der Benediktiner, des orientalischen, des belgischen und amerikanischen Kollegs und der Generalate von „Sacré Cœur“, der Schwestern Unserer Lieben Frau und der Salvatorianerinnen. Es sei leider sehr viel eingeladen gewesen, „was der Beobachtung der Diät nicht günstig war", schrieb er nach seiner Rückkehr nach Berlin. Im Notizbuch seines Sekretärs Schwerdtfeger findet sich am 12. April auch die lapidare Eintragung „Leber meldet sich" und Bettruhe des Kardinals.

Höhepunkt des ad-limina-Besuches war die Privataudienz bei Pius XII. am 15. April. Preysing traf den Heiligen Vater „etwas abgespannt" und „gealtert" an. Vielleicht habe es daran gelegen, daß die Audienz um 11.45 Uhr stattfand und der Papst „vorher schon eine Reihe anderer hatte abmachen müssen". Über den Inhalt des Audienz-Gesprächs wurde später, wie allgemein üblich, nichts Konkretes mitgeteilt. Es dürfte aber u.a. auch um die Bestellung eines Weihbischofs gegangen sein, die durch die wochenlange Erkrankung Preysings dringlicher geworden war. Jedenfalls ernannte der Papst bereits am 22. April 1948 - also noch sechs Tage vor Preysings Rückkehr nach Berlin - den Pfarrer der Lichtenberger Gemeinde St. Mauritius, Paul Tkotsch (1895 - 1963), zum neuen Weihbischof. „Hoffentlich kann er mir etwas Arbeit abnehmen; denn ich bin noch nicht ganz auf dem Damm"[8], schrieb der Kardinal, nachdem er mit einer französischen Militärmaschine mit Zwischenaufenthalt in Paris wieder in der Viersektorenstadt eingetroffen war. Tatsächlich verordnete ihm der behandelnde Professor Dr. Heinz Kalck vom St. Franziskus-Krankenhaus Schonungstage, weil Preysings Gesundheitszustand „auf Grund der Anstrengungen

Mit dem neuen Weihbischof Paul Tkotsch, der am 11. Juni 1948 in der Rosenkranz-Kirche die Bischofsweihe empfing, erhielt Kardinal Preysing einen tatkräftigen Helfer

und der nicht immer diätmäßigen Kost" etwas angegriffen war. Der Kardinal mußte deshalb die geplante Lourdes-Fahrt aufgeben, die Reise nach England verschieben und auf die Teilnahme am Domfest in Köln verzichten. Die erzwungene Ruhe erscheine zwar „in diesen Zeitläufen ganz besonders unzeitgemäß", aber es müsse halt sein, bemerkte er nüchtern.

Während die tagtäglichen Ost-West-Spannungen in der ehemaligen Reichshauptstadt unheildrohend zunahmen, gestaltete sich die Weihe des ersten Berliner Weihbischofs seit der Bistumsgründung am 11. Juni 1948 zu einem festlichen Höhepunkt des Berliner Katholizismus. Kardinal Preysing legte seinem neuen bischöflichen Mitbruder Paul Tkotsch in der überfüllten Steglitzer Rosenkranz-Kirche die Hände auf. Die beiden Mitkonsekratoren waren der Apostolische Visitator für Deutschland, der amerikanische Erzbischof Aloysius Muench, zu dem Preysing ein sehr persönliches Verhältnis hatte, und der Leiter des Kommissariates der Fuldaer Bischofskonferenz in Berlin, Bischof Heinrich Wienken, zu dem seit Ende der dreißiger Jahre ein eher distanziertes Verhältnis bestand. Der neugeweihte Titularbischof Paul Tkotsch, der von 1933 - 1940 Caritasdirektor im Bistum gewesen war, wählte wohl in Erinnerung an diese Tätigkeit den Wahlspruch „in fide et caritate", in Glaube und Liebe.

Stalin und die von ihm gelenkte SED, von denen Demokratie und demokratische Ordnung lediglich als Hilfsbegriffe zur Durchsetzung und Erhaltung des kommunistischen Machtanspruchs betrachtet wurden, gewannen zu Beginn des Jahres 1948 mehr und mehr die Überzeugung, daß die Westalliierten auf die Gründung eines westdeutschen Staates zusteuerten. Längst lag die deutsche Frage im Schlepptau der gesamteuropäischen Entwicklung. Die ehemalige Anti-Hitler-Koalition hatte sich in zwei große, antagonistische Blöcke verwandelt. Der Brüsseler Fünf-Mächte-Pakt vom 17. März 1948, den Moskau als gegen sich abgeschlossen ansah, ließ keinen Zweifel mehr daran, daß der Ost-West-Konflikt eine neue Qualität gewonnen hatte. Drei Tage später, am 20. März, zog Stalin seinen Vertreter aus dem Alliierten Kontrollrat zurück. Die Vier-Mächte-Kontrolle in Deutschland, die eigentlich nie reibungslos funktioniert hatte, war de facto beendet. Als die Westmächte dann am 20. Juni 1948 über Nacht in Westdeutschland mit in den USA gedruckten D-Mark-Noten die Währungsreform durchführten, bei der jeder Deutsche zunächst 40 D-Mark „Kopfgeld" erhielt, reagierte Moskau prompt. Am 23. Juni führte die SMAD in ihrer Besatzungszone und in Groß-Berlin ebenfalls eine Währungsreform durch. Es handelte sich dabei um die mit Aufklebern versehenen alten Reichsmarkscheine, die deshalb als Couponmark bezeichnet wurden. Zuvor hatte der sowjetische Vertreter in der Alliierten Kommandantur von Berlin seinen Platz geräumt und damit die Vier-Mächte-Verantwortung für die Stadt formal aufgekündigt. Da durch die sowjetische Währungsreform in den drei Westsektoren unmittelbar alliiertes Recht berührt war, führten die Westmächte nun ihrerseits die westdeutsche D-Mark in Berlin mit dem Stempelaufdruck „B" ein, so daß dann bis zum 20. März 1949 in der Viersektorenstadt zwei Währungen parallel bestanden. An diesem Tag wurde die DM (B) als alleiniges gesetzliches Zahlungsmittel in den drei Westsektoren eingeführt. Im Ostsektor blieb die Annahme von Westgeld zunächst verboten. Später führte der Devisenhunger der DDR dazu, daß die ehemalige „Spaltermark" höchst willkommen war und eine Art zweiter Währung wurde.

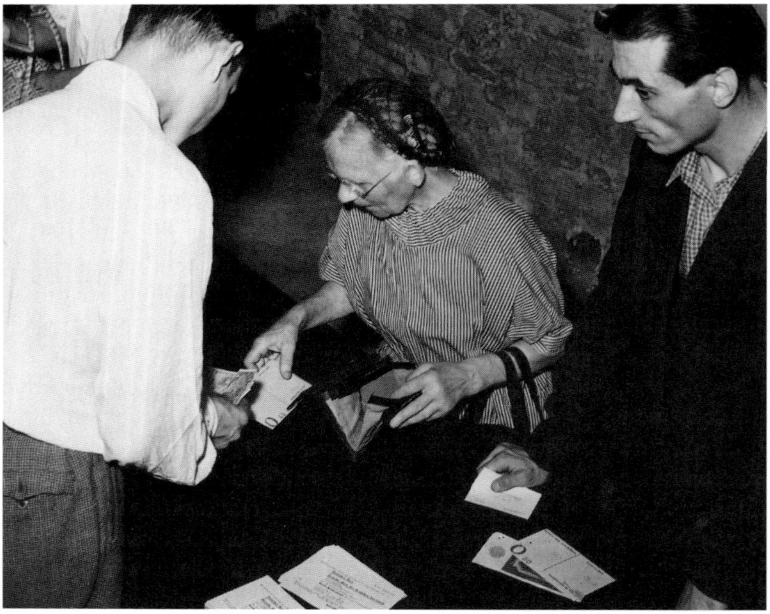

Die Währungsreformen der Westmächte und der Sowjetischen Besatzungsmacht im Juni 1948 hatten einschneidende deutschlandpolitische und ökonomische Konsequenzen. Im Bistum Berlin gab es nunmehr zwei unterschiedliche Währungen, die bis zur Wende 1989 erhebliche Probleme für die Bistumsleistung und für die Gemeinden gebracht hatten.

Die Sowjets setzten nun die Daumenschrauben an der verwundbarsten Stelle der Alliierten an: an den Zugangswegen nach Berlin. Nachdem es schon zuvor eine „schleichende Blockade“ durch Behinderungen auf den Straßen und Schienenwegen gegeben hatte, wurden in der Nacht vom 23. zum 24. Juni 1948 schlagartig alle Land- und Schiffahrtswege und damit der gesamte Personen- und Güterverkehr nach Berlin (West) blockiert. Nur die drei Luftkorridore konnten als freier, unkontrollierter Verbindungweg genutzt werden. Eine Weltmacht, die im „Großen vaterländischen Krieg“ die Hungerblockade Leningrads durchhalten mußte, griff jetzt in Friedenszeiten zum Instrument der Aushungerung von 2,2 Millionen Menschen, zur Geiselnahme einer ganzen Stadt. Die Westalliierten wurden von der politischen Brachialgewalt ihres ehemaligen Verbündeten total überrascht, reagierten aber unnachgiebig. Die alliierte Luftbrücke, eine humanitäre und zugleich logistische Höchstleistung, war die Antwort auf die sowjetische Erpressung. Diese Strategie, mit Hunger und Kälte ein politisches Ziel zu erreichen, scheiterte sowohl am Einsatz der Westalliierten als auch am Freiheitswillen der West-Berliner Bevölkerung. Was die Sowjets sicher nicht beabsichtigt hatten, trat ein: Die Westalliierten und West-Berliner fühlten sich zum ersten Mal seit 1945 als Verbündete. Aus Besatzungsmächten waren Schutzmächte geworden. Der Vater der Luftbrücke, der amerikanische Militärgouverneur General Lucius D. Clay, der seine Regierung um „der Zukunft der Demokratie" willen zu unnachgiebiger Härte in der Berlin-Krise aufgefordert hatte, war angesichts der neuen Konfrontation sogar persönlich überzeugt, daß ein Krieg mit der Sowjetunion innerhalb der nächsten zwölf bis achtzehn Monate „unvermeidlich" sei. Der gemeinsame Appell der Stadtverordnetenversammlung und des Magistrats an die Vereinten Nationen, in dem eindringlich auf die „noch schwer ausdenkbaren Folgen auf allen Gebieten des öffentlichen, wirtschaftlichen und privaten Lebens, insbesondere auch auf gesundheitlichem Gebiet" durch die sowjetische Blockade hingewiesen wurde, konnte nicht mehr als ein ohnmächtiger SOS-Ruf an die Weltöffentlichkeit sein, der Moskau jedenfalls unbeeindruckt ließ.

Während der Blockade West-Berlins verschärften sich die Spannungen in der ehemaligen Reichshauptstadt. Als das im Ostsektor tagende Stadtparlament unter massiven Druck „fortschrittlicher Kräfte" geriet, ohne daß der sowjetische Stadtkommandant die Arbeit der Abgeordneten zu schützen bereit war, verlegte der Stadtverordnetenvorsteher Otto Suhr (SPD) die Tagungen der gewählten Volksvertreter nach West-Berlin. Nach der von der SED gesteuerten außerordentlichen Stadtverordnetenversammlung im Ostberliner Admiralspalast am 30. November 1948, bei der der gewählte Magistrat abgesetzt und ein „provisorischer demokratischer Magistrat" gewählt wurde, durfte der amtierende Oberbürgermeister Ferdinand Friedensburg (CDU) seine Amtsräume im sowjetischen Sektor nicht mehr betreten. Die administrative Teilung der Stadt war durch diesen Ostberliner Putsch vollzogen.

In Preysings erhaltenen Briefen finden sich nur wenige Hinweise auf die Probleme, die für das Berliner Bistum durch die Blockade und die Spaltung der Stadt entstanden waren. Seiner Cousine schrieb er lediglich lapidar: „Die Währungsreform mit all ihren Folgeerscheinungen drängt jedes Interesse in den Hintergrund."[9] Und seinem Freund Thun schrieb er ähnlich knapp: „Du kannst Dir denken, daß die Zeit nicht gerade das gibt, was die Doktoren mir verschreiben, nämlich Ruhe." Und er fügte gesundheitsbewußt hinzu: „Trotz alledem scheint meine Leber immer vernünftiger zu werden. Ich habe allerdings auch den großen Professor, der nichts als die Leber in einem sieht, aufgegeben für einen Homöopathen."[10] Gegenüber P. Robert Leiber in Rom äußerte sich der Kardinal ziemlich pessimistisch: „Die Blockade und ihre Auswirkungen in den Ost- und Westsektoren ist drückend. Es wird lange dauern, bis die bösen Folgen geheilt sind. Zur Zeit ist großer Mangel an der sog. Westmark. Als Ordinariat werden wir wohl zu weiteren Einschränkungen gezwungen werden."[11] Das „Petrusblatt" mußte feststellen, daß durch die Währungsreform die Aufbauarbeit im Bistum „fast ganz zum Erliegen" gekommen sei.[12] Auch der Morus-Verlag und das „Petrusblatt" gerieten durch die doppelte Währung in beträchtliche Schwierigkeiten. Wiederholt mußte die Kirchenzeitung ihre Leser in den Westsektoren bitten, den Bezugspreis von 15 Pfennigen in Westgeld zu bezahlen, da Papierbeschaffung und Herstellungskosten ebenfalls in Westgeld beglichen werden mußten. In den Ostberliner Gemeinden wurde das „Petrusblatt" dagegen in Ostgeld (Mark der Deutschen Notenbank) verkauft.

Obwohl der Kardinal nicht mehr so viele Termine in seinen Kalender aufnehmen ließ wie in früheren Jahren, blieben dennoch zahlreiche Präsenzpflichten im Bistum und in der Repräsentation nach außen. Zu den zahlreichen Gästen in der Zehlendorfer Bogotastraße 10 gehörte am 14. Mai 1948 auch der international bekannte Jugenderzieher Father Flanagan, der im US-Staat Nebraska eine „Jugendstadt" für Kinder und Jugendliche aus elternlosen und gefährdeten Familien gegründet hatte. In der Nacht nach dem Preysing-Besuch starb der ganz im Geiste Don Boscos arbeitende Seelsorger unerwartet. Bevor der plötzlich Verstorbene auf dem Luftweg in die Vereinigten Staaten übergeführt wurde, fand in der Rosenkranz-Kirche ein feierliches Requiem statt, an dem der Berliner Kardinal, der amerikanische Generalgouverneur in Deutschland, Lucius D. Clay, und dessen politischer Berater Robert Murphy teilnahmen.

Beim traditionellen Jugend-Bekenntnistag am Dreifaltigkeitssonntag, zu dem sich rund 8000 Jugendliche im Jagen 95 des Grunewalds versammelten, überließ Preysing zwar das Hauptreferat zum Thema „Verherrlicht Gott in eurem Leibe" dem wortgewandten Jesuitenpater Paul Mianecki, hielt aber auch beim Pontifikalamt eine kurze Ansprache. Zwei Tage später reiste er zur Konferenz der westdeutschen Bischöfe, an der er auch schon in den Kriegsjahren mehrfach als Gast teilgenommen hatte. Ihm lag sehr daran, die Kontakte zur Kirche in Westdeutschland durch die Zonengrenze nicht abbrechen zu lassen; eine Schwierigkeit, vor die sich seine Nachfolger, besonders nach dem Mauerbau, in noch größerem Umfang gestellt sahen.

Langfristig dachte Kardinal Preysing auch an den Wiederaufbau der St. Hedwigs-Kathedrale. Er beauftragte Domkapitular Dr. Georg Banasch mit den dafür notwendigen Vorbereitungen. Zunächst mußte der Innenraum enttrümmert werden. Banasch seinerseits beantragte am 1. Juni 1948 beim Magistrat von Groß-Berlin die Unterstützung dieses aufwendigen Vorhabens des Bistums. Er erhielt mit Schreiben vom 16. Juli die Antwort, daß man der „Bitte um Befürwortung und Förderung des Bauvorhabens ‚Wiederherstellung der Hedwigs-Kirche'" im Hinblick auf die „kulturhistorische Bedeutung dieses Vorhabens" gern entspreche. Die letzte Entscheidung liege bei der „sowjetischen Zentralkommandantur". Die amerikanisch lizenzierte „Neue Zeitung" meldete am 12. Juni, daß gegenwärtig Bauarbeiter und 32 freiwillige Frauen an der Enttrümmerung des Innenraumes arbeiteten. Die Stadt Berlin habe 100 000 Mark Aufbaumittel zur Verfügung gestellt, deren Überweisung Banasch allerdings mehrfach anmahnen mußte. Die inzwischen eingetretene Währungsreform veränderte auch hier - wie überall - die Geschäftsgrundlage. Der Aufbau der Kathedrale verzögerte sich jahrelang, so daß erst Preysings dritter Nachfolger, Erzbischof Dr. Alfred Bengsch, am 1. November 1963 den Hochaltar in der neugestalteten Bischofskirche konsekrieren konnte.

Großveranstaltungen mit mehreren tausend Menschen lösten bei Preysing nicht gerade besondere Vorfreude aus. Es widerstrebte ihm, sich von Stürmen der Freude und Begeisterung mitreißen zu lassen. Andererseits war ihm bewußt, daß Christsein in der Diaspora die stärkende Gemeinschaftserfahrung im Glauben nötig hat. Die Familienweihe am 4. Juli 1948 in der Waldbühne, zu der ca. 25.000 Gläubige aus Berlin und dem Umland zusammenkamen, war auch als Gegengewicht zur Vereinzelung gedacht, in der viele Katholiken ihren Glauben leben mußten. Die Weihe an das Herz Jesu sollte die Bindung des einzelnen und der Familie an den gekreuzigten und auferstandenen Herrn bekräftigen, wie es im Berliner Bistum bereits 1934 und 1944 geschehen war. Die zündende Ansprache über den Sinn dieser

Familienweihe hat Preysing dem Pfarrer von St. Georg in Berlin-Pankow, Erzpriester Oskar Feige, überlassen. Er selbst sprach nur nach dem Pontifikalamt vor dem Weihegebet zu den versammelten Gläubigen. Auf die politische Lage ging er nur allgemein ein, betonte aber die Hoffnung, daß das Gespenst des Hungers gebannt werde möge, „daß ehrliche Arbeit ihren Lohn erhalte, daß die Lasten gerecht verteilt, die Lebensbedingungen gerade für die Besitzlosen und Besitzarmen gesichert werden, daß es jedem erlaubt sei, ohne Furcht und Not nach seiner Überzeugung und seinem Gewissen zu leben". Die Katholiken aus dem Ostsektor und der SBZ haben die Anspielung auf ihre Lebenssituation sicher herausgehört. Denn „die klassenmäßige Ausgestaltung der neuen Macht", wie es in der SED-Parteisprache hieß, hatte längst im Berufsleben ihre repressiven Konsequenzen für jene, die nicht das richtige Parteibuch hatten. Auch die leidige Schulfrage in der Vier-Sektorenstadt kam in dem Bischofswort nachdrücklich zur Sprache. Preysing rief die katholischen Eltern auf, den bestimmenden Einfluß auf die Erziehung ihrer Kinder nicht aus der Hand zu geben. Es sei „von Gott auferlegte Pflicht", die „religiöse Erziehung durch die Schule" mitzuverantworten. Die Zuhörer wußten, daß diese Forderung für Preysing nicht nur Predigtthema war. Zusammen mit dem evangelischen Bischof Otto Dibelius hatte er zuvor auch dem französischen Stadtkommandanten General Ganeval, der im Juni den Vorsitz in der Alliierten Kommandantur führte, die Besorgnis der christlichen Eltern über die zukünftige Gestaltung der Berliner Schulverhältnisse vorgetragen. Aktueller Anlaß war das Inkrafttreten des Berliner Schulgesetzes durch Verkündung des Magistrats von Groß-Berlin am 26. Juni 1948.

Die Zwischenbilanz der Luftbrücke am 13. August war eindrucksvoll, aber dennoch besorgniserregend angesichts des bevorstehenden Winters. Rund 90 000 Tonnen Lebensmittel, Kohle, Benzin und wichtige Bedarfsgüter waren auf den drei Luftkorridoren Frankfurt-Berlin, Hannover-Berlin und Hamburg-Berlin eingeflogen und in Tempelhof und Gatow entladen worden. Um die Transportleistungen der „Rosinenbomber" zu erhöhen, wurde in Tegel mit dem Bau eines dritten West-Berliner Flughafens begonnen, der in einer dreimonatigen Bauzeit fertiggestellt wurde. Obwohl einschneidende Gas- und Stromsperren das tägliche Leben bestimmten, blieb der Freiheitswille der Bevölkerung ungebrochen. Etwa 300 000 Berliner demonstrierten am 9. September 1948 auf dem Platz der Republik in unmittelbarer Nähe der Sektorengrenze für die freie Zukunft der Stadt und gegen die sowjetische Berlin-Politik. Oberbürgermeister Ernst Reuter appellierte in seiner berühmten Rede an die „Völker der Welt", auf diese Stadt zu schauen und Berlin nicht im Stich zu lassen.

Ende Oktober verbreitete sich in den Gemeinden des Berliner Bistums die beängstigende Nachricht vom Gehirnschlag des Kardinals. Der achtundsechzigjährige Preysing war am 23. Oktober 1948 sofort ins Hermsdorfer Dominikus-Krankenhaus eingewiesen worden. Der Zustand verschlechterte sich zusehends, so daß die behandelnden Ärzte das Domkapitel und Familienangehörige des Patienten am 24. Oktober um 0.40 Uhr benachrichtigten. Wenig später versammelten sich die erreichbaren Domkapitulare. Dompropst Alois Piossek betete die Sterbegebete vor, nachdem der bewußtlose Kardinal das Sakrament der Krankensalbung erhalten hatte. Am 26. Oktober traf Preysings Bruder Joseph, Stadtpfarrer in München, am Krankenbett ein. Auch die in Kronwinkl lebende Nichte Clara hatte von der US-Militärregierung die Genehmigung zu einem Flug nach Berlin erhalten, was in den Monaten der

Berlin-Blockade eine große Ausnahme darstellte. Nach mehreren Tagen, in denen der Kardinal zumeist in tiefer Bewußtlosigkeit lag, verschlechterte sich am 3. November sein Zustand so rapide, daß die Ärzte mit seinem Ableben in etwa zwei Stunden rechneten, zumal eine Lungenentzündung hinzugekommen war. Trotz einer leichten Besserung am nächsten Morgen bestand nach ärztlicher Aussage „keine Hoffnung mehr". „Anscheinend platzen immer wieder Blutgefäße und das kann plötzlich das Ende sein."[13] „Im ganzen keine Hoffnung mehr. Einfach entsetzlich! Drei prima Ärzte um ihn, Tag und Nacht", schrieb Gräfin Clara Preysing an die Tante, Gräfin Stolberg, und bat sie, nach Berlin zu kommen, weil sie „der einzig wichtige Mensch" bei dem Schwerkranken sei. Auch Stadtpfarrer Joseph Preysing aus München berichtete später von einem tagelangen „bald besser, bald wieder schlimmer", bis sich schließlich eine ständige Besserung einstellte. „Die Ärzte sehen diese Besserung fast wie ein Wunder an... Sie hoffen auch zuversichtlich, daß Konrad wieder hergestellt werde." Es sei „ungemein viel gebetet worden, zumal in der Diözese Berlin". Sogar viele Protestanten hätten sich den Gebeten angeschlossen, „sogar der protestantische Bischof von Berlin"[14]. Tatsächlich hatte Bischof Otto Dibelius in einem Gottesdienst für den erkrankten Kardinal Fürbitte gehalten. Wie stark Preysing in der Tiefe seines Herzens noch immer Eichstätt verbunden war, geht aus einem Brief an die Äbtissin der auf einer Anhöhe gelegenen Abtei St. Walburg vom 8. März 1949 hervor. Darin heißt es: „Denken Sie sich: Als ich anfing, langsam das Bewußtsein zurückzuerlangen, meinte ich steif und fest, ich sei Bischof von Eichstätt, und frug meine Berliner Herren, ob sie den Dom, die Paramente schon angeschaut haben und ob sie oben im Kloster waren, und habe mit meiner Mißbilligung nicht zurückgehalten, als dies alles wahrheitsgemäß verneint wurde."[15] Ein „sehr drastischer Kanonikus" - es dürfte sich um Walter Adolph handeln - reagierte darauf halb scherzend, halb ernst: „Berlin ist vom Kardinal vollkommen degradiert worden."[16] Tatsächlich verfolgte der Berliner Kardinal die Ereignisse in seinem früheren Bistum stets mit wacher Aufmerksamkeit. So bat er um Zusendung des „Willibaldsboten" über die Bischofsweihe seines zweiten Nachfolgers Joseph Schröffer: „Es interessiert mich doch zu sehr, wie alles sich dort gemacht hat."[17] Den Gedanken, Eichstätt sei bei ihm in Ungnade gefallen, hatte er gegenüber der Äbtissin von St. Walburg schon früher zurückgewiesen und hinzugefügt: „Dafür könnte ich meine ganze Umgebung in Berlin zum Zeugen aufrufen, die mir sogar vorwirft, daß ich aus Eichstätt einen Mythos mache."[18]

Schrittweise hielt der Genesungsprozeß an. Am 5. Dezember konnte sich Preysing bereits vom Krankenbett an der Wahl zum Berliner Stadtparlament beteiligen. Am 25. Januar 1949 verließ der Kardinal die unter der Blockade stehende Viersektorenstadt auf dem Luftweg, um über Frankfurt/Main und München in Adelholzen im Chiemgau, einem seiner liebsten Erholungsorte, neue Kräfte für sein Bischofsamt zu sammeln. Die vertraute Umgebung, die er im Alter besonders zu schätzen wußte, mag ihm wie ein hoher Aussichtsturm vorgekommen sein, von dem er einen besinnlichen Blick auf die Landschaft seines Lebens und Wirkens werfen konnte. Es lag wohl nicht nur an der kalten Jahreszeit, daß Preysing nach seiner lebensgefährlichen Erkrankung weniger unternehmungsfreudig war als in früheren Jahren und sich mit Spaziergängen in die nähere Umgebung begnügte. Der ihm aus seinen Münchener Jahren bekannte Weihbischof Johannes Neuhäusler leistete ihm dabei gelegentlich Gesellschaft. Ansonsten suchte er immer wieder beim Halma-Spiel mit seinem Sekretär Entspannung, ein Hobby, das damals übrigens in Teilen des Berliner Klerus nicht ohne Stirnrunzeln kolportiert wurde. Vor der Rückreise in sein Bistum suchte der Kardinal noch einmal die Gnadenkapelle in Altötting auf, stattete Kardinal Faulhaber in München einen kurzen Besuch ab und traf am 6. April 1949 wieder in Berlin ein. Seinem Freund Graf Thun bekannte er: „In Berlin werde ich keine ruhigen Tage finden. Es geht ökonomisch und weltanschaulich hart auf hart. Und für mich ist die geruhsame Zeit vor 1914 doch ein bißchen wie ein verlorenes Paradies."

Von Adelholzen aus richtete der wiedergenesene Kardinal bereits am 25. Februar 1949 ein Hirtenwort an sein Bistum, dessen Anlaß das Goldene Priesterjubiläum des Papstes war.[19] Preysing drängte es, zunächst allen für die Gebete in den Wochen seiner schweren Erkrankung zu danken und fügte hinzu, der Krankheitsverlauf lege „tatsächlich den Gedanken nahe, daß es sich um eine Gebetserhörung" gehandelt habe. Gleichzeitig bat er weiter um das Gebet, damit er „die ihm neugeschenkte Lebenszeit nütze zu seiner eigenen Seele Heil", vor allem aber für das Wohl der ihm Anvertrauten. Die Würdigung des Papstes bezog sich auffallenderweise mehr auf Pacellis Tätigkeit vor seiner Papstwahl als auf die schwierigen Jahre des Zweiten Weltkrieges. Preysing unterließ jeglichen Hinweis auf seine eigenen Kontakte zum damaligen Nuntius Pacelli. Es wäre wohl eine gewagte Überinterpretation, aus dem Hirtenwort Vorbehalte Preysings zur Tätigkeit Pius' XII. in Einzelfragen herauslesen zu wollen. Als Freund der Deutschen war der Papst in Deutschland damals ohnehin unumstritten. Die erholsamen Tage von Adelholzen wurden allerdings immer wieder durch die internationale Nachrichtenlage überschattet. Besonders alle Meldungen über den stalinistischen Kirchenkampf in Ungarn und in der CSSR verfolgte Preysing mit aufmerksamem Interesse. Den am 26. Dezember 1948 verhafteten ungarischen Primas Jozsef Kardinal Mindszenty hatte er anläßlich der gemeinsamen Kardinalskreierung in Rom persönlich kennengelernt. Ohne Zweifel war er von dessen unbeugsamer Grundsatzfestigkeit und kompromißloser Kirchenpolitik seit 1946 beeindruckt.

Als Mindszenty in einem entwürdigenden Schauprozeß zu lebenslänglichem Zuchthaus verurteilt wurde, ging ein Sturm des Protestes und der Entrüstung durch die westliche Welt. In der Weddinger St. Joseph-Kirche versammelten sich rund 3000 katholische Jugendliche zu einer Bittandacht für den ungarischen Primas. Die Initiative zu dieser solidarischen Gebetsstunde war von der Jugend selbst ausgegangen. Kardinal Preysing ließ im „Petrusblatt" eine persönliche Erklärung zu dem „unerhörten Schandurteil" gegen Mindszenty veröffentlichen.[20] Er bezeichnete den ungarischen Primas als „Exponenten im Ringen um die letzten menschlichen und christlichen Werte, als Vorkämpfer der Gewissensfreiheit gegen die totalitäre Vergewaltigung". Im Vorgehen gegen Mindszenty sah er in Wahrheit einen „Kampf gegen die Grundrechte menschlichen Lebens wie gegen das Recht des Gewissens". Schon die Wortwahl dieser Solidaritätserklärung ließ erkennen, daß Preysing das neuaufgerichtete kommunistische Herrschaftssystem zu dem inzwischen besiegten Herrschaftssystem des NS-Staates in Parallele setzte.

Ursprünglich wollte der Kardinal seinen Adelholzen-Besuch mit einer Visite der beliebten Zisterzienserinnenabtei Seligenthal bei Landshut verbinden, wo er gern eine Zwischenstation einlegte. Aber er zog die Zusage eines Besuches zurück mit der Begründung, er müsse mit seiner Gesundheit sehr sparsam umgehen.

Lediglich in Egglkofen/Niederbayern machte er einen kurzen Abstecher und traf auf dem Luftweg am 6. April 1949 wieder in der Viersektorenstadt ein.

Die erste größere Amtshandlung Preysings in der Berliner Öffentlichkeit war die wegweisende Predigt am 1. Mai in der St. Joseph-Kirche am Wedding.[21] Sie wurde vom RIAS direkt übertragen und im Drahtfunk-Netz mehrfach in Ausschnitten wiederholt. Die Predigt erreichte also weit mehr Zuhörer als die etwa 3000 Gläubigen, die sich in dem Gotteshaus versammelt hatten, das dank engagierten Wiederaufbaus kaum noch Spuren der sowjetischen Bombenschäden unmittelbar vor Kriegsende erkennen ließ. Unter dem Thema „Friedfertigkeit im Volke - Friede unter den Völkern" legte der Kardinal zunächst - seiner Art gemäß überwiegend abstrakt-akademisch - die Grundlagen wahren Völkerfriedens dar. „Weltfriede unter friedlosen Völkern, wo nicht Gesetz und Recht herrscht, wäre eine Konstruktion, die zusammenbrechen würde", erklärte der Kardinal programmatisch. Die politische Gegenwartssituation in Deutschland setzte er dann in Beziehung zum untergegangenen NS-Staat, zu dem die „Schreckensurteile der Volksgerichte, die Rechtsbeugung, Rechtsverdrehung, Knechtung und Ertötung jeder freien Meinungsäußerung, Gewissenszwang" gehörten. Die Hoffnung, daß nach 1945 in ganz Deutschland grundlegend andere Verhältnisse eintreten, habe leider getäuscht. Man erfahre immer wieder, daß „Menschen ohne Anklage, ohne Mittel zur Verteidigung, verschwinden". Es gebe „weiterhin gefüllte und überfüllte Konzentrationslager, die Todesziffern sind erschreckend, hauptsächlich durch Nahrungsmangel verursacht". Ohne offen vom „Werwolf" zu sprechen, beklagte der Kardinal die „vielen jungen Leute, die 1945, Anfang 1946 verhaftet wurden", ohne daß die Angehörigen eine Nachricht erhielten. Es sei mit Entsetzen festzustellen, daß „im Volksleben immer noch Macht ohne Recht und gegen Recht geübt wird".

Im Vergleich zu anderen Nachkriegs-Predigten Preysings, die übrigens immer von effekthascherischen Bildern und Wortspielen frei blieben, war diese am 1. Mai - also noch in der Blockadezeit - eine seiner klarsten Positionsbestimmungen zu Frieden und Recht in der Öffentlichkeit. Die SMAD und die Behörden der SBZ dürften die aktuellen Passagen der Predigt mit erheblichem Unwillen registriert haben und danach möglichen Verhandlungswünschen der Kirche kaum mit besonderer Sympathie begegnet sein. Aber für eine Taktik des Wohlverhaltens in Wort und Schrift gegenüber den neuen Machthabern in Ostberlin war der Kirchenpolitiker Preysing nicht zu gewinnen.

Wenige Wochen später, zum Pfingstfest am 5. Juni, wandte sich Preysing erneut mit einem Hirtenbrief an seine „lieben Diözesanen", als wollte er nach der langen Abwesenheit sein Hirtenamt in allen Gemeinden wieder verstärkt nachholen.[22] Er erinnerte „an die uferlose seelisch-geistige Not, die unter Einfluß der politischen Verhältnisse gerade auch in unser Bistum Einzug gehalten hat". Der „Geist des Antichristen" scheine im Vormarsch zu sein. Gleichzeitig dankte der Kardinal allen, die bisher die drückendste Not beseitigt haben. In Brandenburg und Vorpommern wurden neue Seelsorgestellen errichtet und „opferbereite Priester sind in der armseligsten Diaspora wie im Missionsland neu ans Werk gegangen". Das Fest des Heiligen Geistes nahm Preysing dann zum Anlaß, auf „das Apostolat des gedruckten Wortes" hinzuweisen. Die eindringliche Empfehlung, das „Petrusblatt" zu kaufen und für seine Verbreitung Sorge zu tragen, verband er mit der Mitteilung, daß nunmehr auch andere religiöse Literatur, Gebetbücher, Katechismen und gegenwartsnahe Kleinschriften „in fast unbeschränktem Umfang hergestellt und verbreitet werden“ können.

Die politische Entwicklung im geteilten Deutschland driftete im Sommer 1949 immer mehr auseinander. Auch die Beendigung der Berlin-Blockade am 12. Mai konnte diesen Trend nicht umkehren. Die Westorientierung der West-Berliner hatte sich durch die insgesamt 277 264 alliierten Versorgungsflüge nur noch verstärkt. Das Luftbrücken-Denkmal in Berlin-Tempelhof zum Gedenken an die 72 alliierten und sechs deutschen Todesopfer der Bockadezeit wurde Ausdruck für die Zugehörigkeit der drei Westsektoren zur freien Welt. Knapp zwei Wochen nach dem Ende des monatelangen, brutalen sowjetischen Erpressungsversuchs West-Berlins trat am 23. Mai 1949 das vom Parlamentarischen Rat in Frankfurt am Main ausgearbeitete Grundgesetz in Kraft. Die erste Bundestagswahl vom 9. August 1949 ergab dann in den früheren drei Westzonen ein demokratisch entstandenes Kräfteverhältnis, das die Wahl Konrad Adenauers - wenn auch äußerst knapp - zum ersten Bundeskanzler der Bundesrepublik Deutschland möglich machte.

In der SBZ hatte inzwischen der Deutsche Volksrat den Verfassungsentwurf für die „Deutsche Demokratische Republik“ gebilligt. Am 27. September erhielten die Abgesandten der SED, an ihrer Spitze Pieck, Grotewohl und Ulbricht, im Kreml grünes Licht für die Bildung einer Provisorischen Regierung der Deutschen Demokratischen Republik. Die am 7. Oktober 1949 erfolgte personalpolitische Besetzung garantierte die gehorsame Satellitenrolle gegenüber Moskau. In der Vorstandssitzung der SED am 4. Oktober in Berlin prophezeite daher Gerhard Eisler, damals Leiter der Hauptabteilung Information in der Deutschen Wirtschaftskommission: „Wenn wir eine Regierung gründen, geben wir sie niemals wieder auf, weder durch Wahlen noch andere Methoden.“[23] Für die SED war die Machtfrage ein für allemal entschieden. Für den „Demokratischen Sektor“ Berlins, wie Ostberlin genannt wurde, erklärte der SED-geführte Magistrat mit sowjetischer Rückendeckung am 7. Oktober: „Berlin ist nicht ein Bundesland des westdeutschen Separatstaates, sondern die Hauptstadt der Deutschen Demokratischen Republik.“ Einen Tag später antwortete die Stadtverordnetenversammlung im Schöneberger Rathaus mit der Feststellung, nur sie repräsentiere den Willen der gesamten Bevölkerung der Stadt einschließlich des sowjetischen Sektors. Die Berlin-Frage hatte eine neue Qualität erhalten. Der 13. August 1961 warf mit allen Konsequenzen auch für die Kirche von Berlin seine ersten Schatten voraus.

Die Verbundenheit der Ortskirche von Berlin und der Weltkirche fand zuvor am 17. Juli 1949 einen besonderen Ausdruck. Anlaß des ersten Berliner Katholikentages nach Kriegsende war das Goldene Priesterjubiläum von Papst Pius XII. In der überfüllten Waldbühne am Rande der Pichelsberge begrüßte Kardinal Preysing die versammelten 35 000 Katholiken. Noch vor einem halben Jahr sei es „äußerst unwahrscheinlich“ gewesen, daß er seine lebensgefährliche Erkrankung überstehen würde. Auf Preysings Bitte hatte der Papst ein längeres Grußwort auf Band gesprochen, das über die Lautsprecher der Waldbühne wiedergegeben wurde. Trotz der durch gewittrige Schauer gestörten Wiedergabe der Papstansprache war sie für die Berliner Gläubigen ein eindrucksvolles Zeichen der Ermutigung. Pius XII. knüpfte an seine persönlichen Erfahrungen als Apostolischer Nuntius beim Märkischen Katholikentag in Tegel 1926 an, den manche älteren Berliner ebenfalls noch gut in Erinnerung hatten. Damals habe er „von der ins Gigantische wachsenden Industrie Berlins, von seiner materiellen Hochkultur und rastlosen Erzeugung immer neuer Diesseitswerte“ gesprochen. Heute sei inmitten unabsehbarer Trümmerfelder die einst himmelsstürmende Weltstadt wie ein „schreckvolles Mahnzeichen, in den Diesseitswerten nicht aufzugehen“.

Das Hauptreferat beim Berliner Katholikentag hielt Prof. Dr. Emil Dovifat, der international renommierte Nestor der Zeitungswissenschaft, dessen Rhetorik nach wie vor mitreißend war. Verständlicherweise nahm er auch zum Schulkampf und zum Elternrecht Stellung und kritisierte das für West-Berlin gültige neue Schulgesetz mit seiner „überlebten Doktrin“. Während das in der SBZ und in Ostberlin durchgesetzte Schulgesetz überhaupt keinen Religionsunterricht vorsehe, sei die Forderung des Grundgesetzes hinsichtlich des Religionsunterrichts als ordentliches Lehrfach „mit undemokratischer Einseitigkeit“ unerfüllt geblieben. Er wiederholte damit die Kritik des Vorsitzenden der Fuldaer Bischofskonferenz, des Kölner Kardinals Frings, der in einer Erklärung zum Grundgesetz der Bundesrepublik Deutschland bereits am 23. Mai „nachdrücklichsten Einspruch“ gegen dessen „Bremer Klausel“ erhoben hatte.[24]

Die Fuldaer Bischofskonferenz vom 23. bis 25. August 1949, zu der Preysing wieder über Frankfurt/Main reiste, nahm der Berliner Kardinal zum Anlaß, u.a. den Regens des Priesterseminars, den späteren Fuldaer Bischof Eduard Schick, zu besuchen. Die meisten Berliner Theologiestudenten, darunter auch Preysings dritter Nachfolger, Alfred Bengsch, absolvierten damals in der Bonifatiusstadt ihre philosophischen und theologischen Studien. Da die Bischofskonferenz stets in die Semesterferien fiel, kam eine Begegnung mit den Berliner Theologen nicht zustande. Im Anschluß an die Bischofskonferenz begab sich der Berliner Kardinal am 28. August wieder nach Adelholzen im Chiemgau. Spaziergänge und Ausflugsfahrten über Reichenhall zum Thunsee, Besuche von Bekannten und Verwandten in der bayerischen Heimat bestimmten die erholsamen Septemberwochen. Ein Höhepunkt war die Teilnahme am internationalen Pax-Christi-Treffen in Altötting am 25. September, bei dem der Kardinal in der Basilika den großen Jugendgottesdienst hielt. Wie schon früher vollzog sich die Rückreise von Adelholzen nach Berlin in Etappen: Kurzbesuche in den Stätten seines ehemaligen Wirkens, in München und im geliebten Eichstätt, waren eingeplant, ehe Preysing von Frankfurt/Main auf dem Luftweg am 4. Oktober wieder in der Spreemetropole eintraf.

Preysing legte weiter großen Wert darauf, den Heiligen Stuhl direkt oder über den vatikanischen Vertreter in Bad-Godesberg über die aktuelle pastorale und kirchenpolitische Lage in seinem Bistum zu informieren. Dabei war er sich bewußt, daß er nur für das Bistum Berlin sprechen konnte, nicht aber namens der anderen Jurisdiktionsbezirke in der SBZ. Denn für die auf dem Territorium der Ostzone liegenden Bistumsteile von Fulda, Würzburg, Paderborn und Osnabrück waren die in Westdeutschland residierenden Bischöfe zuständig, und der Jurist Preysing dachte nicht daran, seine Kompetenzen zu überschreiten und irgendeine Form von Zuständigkeit oder Jurisdiktion über die eigenen Bistumsgrenzen hinaus zu beanspruchen. Der spätere Weihbischof in Schwerin, Bernhard Schräder, dessen Mecklenburgische Diaspora zum Flächenbistum Osnabrück gehörte, sah das allerdings anders. In einem Brief vom 10. Dezember 1948 an den „Apostolischen Visitator Bischof

Muench" hatte er beklagt: „Der Hochw. Herr Kardinal von Berlin, der nach Meinung vieler dazu berufen ist, nach dem Beispiel anderer Länder, in denen die Kirche bedrängt wird, im Namen der Katholiken der Ostzone aufzutreten, hat wiederholt betont, er spreche stets nur für das Bistum Berlin. Zu allem weiteren habe er keinen Auftrag."[25]

Bereits am 27. Juli 1949 hatte Preysing dem inzwischen in Bad Godesberg amtierenden Erzbischof Muench das für die SBZ geltende Schulgesetz, einschließlich der für Brandenburg und Mecklenburg-Pommern erlassenen Ausführungsbestimmungen, übersandt. Am 7. November ergänzte er diesen Bericht auf der Grundlage von Informationen, die ihm die Bischöfe und Bischöflichen Kommissare bei der Konferenz am 18. und 19. Oktober im West-Berliner St. Franziskus-Krankenhaus gegeben hatten. Der Kernsatz dieses Berichtes an den Nuntius lautete: "Das gesamte Schul- und Erziehungswesen in der Ostzone ist säkularisiert, religionslos und wird völlig vom Geist der materialistischen Welt- und Lebensanschauung beherrscht. Die Schule ist vom Staat monopolisiert und ein weltanschaulich und politisch gefüges (sic!) Werkzeug in seiner Hand."[26] Schon einen Monat nach Gründung der Deutschen Demokratischen Republik hat Preysing den Monopolanspruch der DDR auf dem Erziehungssektor als vorrangigen Konfliktherd zwischen Kirche und Staat erkannt. Fünfundzwanzig Jahre später sollten die in der Berliner Ordinarienkonferenz zusammengeschlossenen Bischöfe der DDR dieses staatliche Erziehungsmonopol zum Thema eines gemeinsamen Hirtenbriefes machen und nachdrücklich für Glaubens- und Gewissensfreiheit und das Recht auf Bildung der heranwachsenden Generation eintreten.

Wie sehr Preysing ein Mann mit wachem Geschichtsbewußtsein war, bewies sein Umgang mit bedeutsamen Daten jüngster Vergangenheit. So rief er anläßlich des zehnten Jahrestages des Kriegsausbruchs die Seelsorger auf, diesen Tag „im Geist der Einkehr und Besinnung, der Sühne und des Gebetes" zu begehen. Glockengeläut und nach Möglichkeit Abendmessen sollten das Gedächtnis an das Schicksalsdatum des 1. September 1939 unterstreichen. Opfer und Gebet galten besonders „den lebenden und verstorbenen Opfern des Krieges, der baldigen Rückkehr der Kriegsgefangenen und Internierten und der Wiedervereinigung der getrennten Familien"[27]. Wenige Monate später erinnerte der Kardinal an die Pogrom-Nacht vom 9. zum 10. November 1938 gegen Synagogen und jüdische Geschäfte und Wohnungen. Aus Meldungen über die Schändung jüdischer Friedhöfe durch Jugendliche zog Preysing mit Recht den Schluß, „daß der Rassen- und Völkerhaß noch nicht ganz erstorben ist". Er trat auch den damals oft gehörten Entlastungsversuchen entgegen, daß auch die Siegermächte nicht frei gewesen wären von Kriegsverbrechen und Verbrechen gegen die Menschlichkeit. Er erklärte in der im „Petrusblatt" veröffentlichten Verlautbarung, das spreche „uns nicht los von der Pflicht, das, was bei uns durch Deutsche geschehen ist, wieder ins Gedächtnis zu rufen und uns zu bemühen, wo immer wir Haß und Fanatismus sehen, dagegen aufzutreten"[28].

Die am 7. Oktober 1949 vollzogene Gründung des ostdeutschen Teilstaates mit dem Namen „Deutsche Demokratische Republik" war als Gegenstaat zur Bundesrepublik Deutschland gedacht. Es gab keinen Zweifel, daß dieser „Erste Arbeiter- und Bauern-Staat" auf deutschem Boden durch die Geburtshilfe Moskaus zustande gekommen war. Für Stalin war die DDR sowohl der „Grundstein für ein einheitliches, demokratisches und friedliebendes Deutschland" als auch ein „Wendepunkt in der Geschichte Europas", wie es in seinem Glückwunschtelegramm an Pieck und Grotewohl hieß. Schon in der Geburtsstunde des neuen Staates zeichnete sich dessen Einbindung in den politischen, militärischen und wirtschaftlichen Machtblock unter Führung der UdSSR ab.

Preysings Hirtenamt wurde durch diese politische Entwicklung nicht leichter. Er fühlte sich als „Wanderer zwischen zwei Welten", wie er zu Erzbischof Muench sagte. Seine Sorge um den großen Bistumssteil, über dem jetzt die Staatsfahne mit Hammer und Zirkel wehte, verstärkte sich, ohne daß eine Lösung der politischen Konflikte in Sicht war. „Hier wursteln wir so weiter und man hofft immer that something will turn up, damit die in der Zone unerträglich wirkende Lage erleichtert würde. Aber nur kein Krieg."[29] Der Insel-Komplex, der bei West-Berlinern nach den Blockade-Monaten und durch die aus dem Kalten Krieg erwachsene Frontstadt-Mentalität schwer zu vermeiden war, klang an, als Preysing schrieb: „Im übrigen scheinen große Veränderungen vor sich zu gehen, innen- und außenpolitisch. Wir sind ja hier ziemlich isoliert, so daß ich von den Bonner Vorgängen nicht viel weiß." Von einem Besuch der katholischen Mitglieder des Berlin-Ausschusses, die bei ihm zum Kaffee waren, hatte er sich offenbar mehr Informationen erhofft als tatsächlich erhalten. Seine einzige Bemerkung über diese Begegnung mit den 17 Bonner Politikern lautete nämlich: „Überflüssig viel Westmark haben sie auch nicht."[30]

So unerträglich der Berliner Kardinal auch die Lage für die Menschen in der neugeschaffenen DDR einschätzte, so sah er andererseits, daß die Regierung in Ostberlin keinen bedingungslosen Kollisionskurs gegen die christlichen Kirchen verfolgte. Dieses Bemühen Ostberlins um einen „Modus vivendi" war kaum durch die Treuepflicht gegenüber den Artikeln 40 - 48 der neuen DDR-Verfassung begründet, in denen es u.a. hieß: „Jeder Bürger genießt volle Glaubens- und Gewissensfreiheit. Die ungestörte Religionsausübung steht unter dem Schutz der Republik (Art. 41)." Ausschlaggebend war eher die taktische Überlegung, daß die DDR - zumindest in ihrer Konsolidierungsphase und im Ringen um internationale Aufwertung - einen Kultur- und Kirchenkampf nicht gebrauchen konnte. Die der Ost-CDU angehörenden Mitglieder der ersten DDR-Regierung, der stellvertretende Ministerpräsident Otto Nuschke und Außenminister Georg Dertinger, unterstützten diese politische Linie. Sie bemühten sich, durch einen Vertrauensmann, den Verfolgten des Nazi-Regimes und „Unionsfreund" Heinz Fried, in einem längeren Gespräch am 3. Dezember 1949 mit Preysings kirchenpolitischem Berater, Domkapitular Adolph, die Hauptsorgen des Kardinals zu erfahren, um in späteren offiziellen Verhandlungen die entstandenen Spannungen abbauen zu können.[31] Adolph hat in diesem Vier-Augen-Gespräch acht besondere Konfliktfelder vorgetragen, die u.a. Probleme der kirchlichen Presse, der Jugenderziehung, der Kirchbauten und der Arbeitsmöglichkeit für caritative kirchliche Einrichtungen umfaßten.

Diese Fühlungnahme seitens der DDR-Regierung, genauer der in ihr eingebundenen Ost-CDU-Mitglieder, basierte auf der Hoffnung, unmittelbar nach Gründung der DDR mit dem als prinzipienfest bekannten Berliner Kardinal doch noch zu einem annehmbaren Einvernehmen zu gelangen. Preysing dürfte sich dem grundsätzlich nicht verschlossen haben. Aber so wie er zu NS-Zeiten vor jeglichen Verhandlungen einen Waffenstillstand gefordert hatte, so verlangte er jetzt als Voraussetzung die volle Einhaltung der feierlich verkündeten DDR-Verfassung. Stand hinter dieser Forderung noch die Hoffnung, die „Diktatur des Proletariats" könne sich zum Rechtsstaat bekehren? Oder war es für ihn nur der Versuch, sich auf ein juristisches Fundament zu berufen wie im „Dritten Reich" auf das Reichskonkordat, wohl wissend, daß ein totalitärer Staat Verfassungen und Verträge jederzeit links liegen läßt, wenn es politisch opportun erscheint. Es spricht alles dafür, daß der scharfblickende Jurist Preysing illusionslos davon überzeugt war, keinem Rechtsstaat gegenüberzustehen. Für den neugegründeten Staat war das Recht lediglich Machtinstrument der herrschenden Klasse und der staatstragenden Partei. Am 6. Dezember 1949 unterrichtete er den Heiligen Stuhl über das vertrauliche Kontaktgespräch Adolph - Fried und zog daraus den Schluß: „Es scheint, daß die neue ostzonale Regierung einem Kulturkampf in der Ostzone aus dem Wege gehen möchte." Er schloß aber die für ihn typische Konsequenz an und erklärte, daß man „zu eigentlichen Verhandlungen erst schreiten kann, wenn die grundlegendsten Rechte der Kirche nicht nur versprochen, sondern auch tatsächlich geachtet werden". Die Vertreter der ostzonalen Regierung müßten auf die verfassungswidrigen Zustände in der Zone aufmerksam gemacht werden „und daß sie dafür zu sorgen hätten, daß erst einmal die Verfassung respektiert würde und daß man hernach andere Punkte besprechen könnte"[32].

Unter dem Titel „Lebensrecht und Lebensmöglichkeit für die katholische Kirche im Gebiet der Deutschen Demokratischen Republik" stellte der Berliner Kardinal dann am 29. Dezember 1949 die Liste seiner Beschwerden und Wünsche zusammen. Er richtete das Schreiben an Otto Nuschke, den stellvertretenden DDR-Ministerpräsidenten, der u.a. die Hauptabteilung „Verbindung zu den Kirchen" im Haus der Ministerien am Leipziger Platz leitete. In der Anfangsphase der DDR waren er und manche andere Ost-CDU-Funktionäre wohl durchaus ehrlich bemüht, staatliche Pressionen gegenüber den Kirchen abzumildern, wenngleich sie „ihren Einfluß überschätzten und schon soweit Gefangene der kommunistischen Herrschaft geworden waren, daß sie keine wesentliche Korrektur daran vornehmen oder durchsetzen konnten"[33]. Der Mitbegründer der CDU, Otto Nuschke, hatte dem Kardinal am 10. März 1946, also wenige Monate nach dem von der SMAD erzwungenen Rücktritt von Dr. Andreas Hermes als CDU-Vorsitzender, in der Bogotastraße einen Besuch gemacht. Preysing wußte also, wem er schrieb. Er berief sich in seinem Brief, dabei ganz als Jurist argumentierend, auf die Bestimmungen der Potsdamer Konferenz 1945, in denen es u.a. hieß: „Unter Berücksichtigung der Notwendigkeit der militärischen Sicherheit wird die Freiheit der Rede, der Presse und der Religion gewährleistet. Die religiösen Einrichtungen sollen respektiert werden." Zusammen mit den einschlägigen Paragraphen der DDR-Verfassung sei unter den gegenwärtigen Umständen „die Grundlage für eine für die katholische Kirche erträgliche Entwicklung" gegeben. Das vordringliche Problem liege jedoch darin, daß diese internationalen und staatsrechtlichen Bestimmungen über die Religions- und Gewissensfreiheit „endlich praktisch ausgeführt werden". Das war genaugenommen der Vorwurf des Verfassungsbruchs, allerdings verbunden mit einer gewissen Hoffnung auf einen „Modus vivendi" mit der Regierung in Ostberlin. Auffallend bei diesem Schreiben war Preysings Hinweis auf seine Sprecherfunktion, Anwalt der „Anliegen und Sorgen der mehr als zwei

Millionen Katholiken in der gesamten Deutschen Demokratischen Republik und ihrer kirchlichen Vertreter“ zu sein. Gemeint waren mit den kirchlichen Vertretern offenbar die Bischöfe und Bischöflichen Kommissare der Jurisdiktionsbezirke in der DDR, auf deren Informationen sich der Berliner Kardinal bereits in seinem Brief an den Apostolischen Nuntius vom 7. November desselben Jahres berufen hatte. Ohne offiziell vom Vatikan beauftragt gewesen zu sein, ist Preysing offenbar bereits zu dieser Zeit eine Sprecherrolle für die Kirche in der DDR zugewachsen, die er zuvor strikt abgelehnt hatte. Seine Stellung als Kardinal und sein Wohnort in Berlin (West) dürften diese Entwicklung begünstigt haben. So konnte Preysing in dem Nuschke-Brief erklären, zwischen ihm und den kirchlichen Vertretern in der DDR bestehe vollkommene Übereinstimmung, „daß die Religions- und Gewissensfreiheit in der Deutschen Demokratischen Republik von den staatlichen Stellen praktisch so gehandhabt wird, daß das religiöse Leben dadurch teils unterbunden, teils gefährdet ist“. Von einer unbefriedigenden Zwischenantwort abgesehen, blieb eine klärende Stellungnahme aus Nuschkes Büro am Leipziger Platz aus.[34]

Die Landespostdirektion Berlin ehrte Kardinal Preysing anläßlich dessen 100. Geburtstages zum 86. Deutschen Katholikentag 1980 in Berlin (West) mit dieser Sondermarke

Auch ohne heftige Schmerzen bleibt das Sterben eine bittere Strafe und mich hat vor allem die furchtbare Einsamkeit beeindruckt, in der einer hinübergeht, wenn auch Frau und Kinder ums Sterbebett stehen. Wäre nicht der Heiland gestorben mit all den ärgsten Begleiterscheinungen des Absterbens, so könnte man sich mit dem Sterben-Müssen schwer abfinden.

Konrad von Preysing

XX

Das Heilige Jahr und der unerwartete Tod (1950)

Eingabe vom 22. April 1950 an DDR-Regierung - Preysing und Wienken - Dogmatisierung der leiblichen Aufnahme Mariens in den Himmel - Preysings Tod

Das Jahr 1950 war von Papst Pius XII. als Heiliges Jahr ausgerufen worden. Pilgerzüge aus vielen Teilen Europas besuchten die Ewige Stadt. Höhepunkt des Jubeljahres am Allerheiligenfest war die Dogmatisierung des Glaubenssatzes von der leiblichen Aufnahme Mariens in den Himmel. Als Pilgerführer des Bistums Berlin war Domkapitular Georg Puchowski mit einigen Berliner Katholiken nach Rom gereist, um bei den Hammerschlägen dabei zu sein, mit denen der Petrusnachfolger am 24. Dezember 1949 die Porta Santa des Petersdomes öffnete. Im Morus-Verlag erschien eine Festschrift „Heiliges Jahr 1950“ mit einem Geleitwort Preysings. Im Fastenhirtenbrief vertiefte der Kardinal diese Gedanken und entfaltete das Heilige Jahr nach der Intention des Papstes als Jahr der großen Rückkehr und der großen Verzeihung. In Preysings Hirtenwort flossen seine Erfahrungen mit zwei Diktaturen ein. Er wies darauf hin, es handele sich heute „um den völligen Abfall von Gott und seinen Gesetzen, um die Ersetzung Gottes durch irgendeine geschaffene Grösse, sei es Rasse, Blut, Volk oder Klasse“. Zugleich warnte er vor der Gefahr des „praktischen Materialismus, der, von der Ideenentwicklung unterstützt, immer weitere Kreise ergreift“.

So klarsichtig und kompromißlos Preysing den Weltanschauungscharakter des NS-Staates bereits 1933 erkannt und seinem Anspruch widersprochen hatte, so entschieden und unerbittlich fiel nach 1945 sein Urteil aus über die im Namen von Marx, Lenin und Stalin ausgeübte Herrschaftsform. Er durchschaute die „antifaschistische“ Strategie der SED ebenso wie die in ihrem Schlepptau operierenden Massenorganisationen. Das galt auch für die am Gründungstag der DDR, am 7. Oktober 1949, proklamierte „Nationale Front des demokratischen Deutschlands“, zu der automatisch alle zugelassenen Parteien und Massenorganisationen gehörten. Als

Preysing zu Ohren gekommen war, daß Ortsausschüsse der „Nationalen Front" auch Pfarrer zu Beitritt und Mitarbeit zu gewinnen suchten, warnte er am 14. Februar 1950 in einem Rundschreiben nachdrücklich vor dieser sich gesamtdeutsch gebenden Organisation. Die SED versuche auf diesem Weg, „unter Mißbrauch des Wunsches der Deutschen, die Einheit ihres Vaterlandes wiederherzustellen, ihre Machtposition über ganz Deutschland auszudehnen". Der Kardinal teilte seinem Klerus in diesem Zusammenhang mit, daß er „in den letzten Wochen" - gemeint war das Schreiben an den Stellvertretenden DDR-Ministerpräsidenten Nuschke vom 29.12.1949 - habe Klage führen müssen, „daß die Glaubens- und Gewissensfreiheit im Gebiet der DDR unterdrückt wird". Es sei daher für einen Priester „mit Ehre und Wahrheit unvereinbar, daß er seinen Namen und seinen Stand für die parteipolitischen Ziele der SED mißbrauchen läßt"[2]. Da scheinbar harmlose Unterschriftsaktionen im DDR-Alltag ein beliebtes Instrument waren, löste Preysings Stellungnahme in Ostberlin schwere Verärgerung aus. Entsprechend hämisch-aggressiv reagierte man dort.

Im Pressedienst der SED hieß es, der „natürlich" in West-Berlin wohnende Berliner Kardinal habe sich mit seiner Warnung vor der SED und der „Nationalen Front" zum „Anwalt des Monopolkapitals" gemacht. „Der Herr Graf, der sein Junkerherz offenbart", habe „seine pro-imperialistische Gesinnung, seine innere Verbundenheit mit Wall Street und seine Feindschaft gegen das werktätige Volk" nicht zum ersten Mal gezeigt. Als Beweis wurde Preysings Kritik an den „inzwischen aufgelösten, in Ausführung der Potsdamer Beschlüsse sämtlicher Besatzungsmächte geschaffenen Internierungslager" in der DDR angeführt.[3]

Am 22. Februar des Heiligen Jahres flog Preysing zu einem etwa dreiwöchigen Aufenthalt in die von Pilgern aus aller Welt überlaufene Ewige Stadt. In dieser Zeit suchte er u.a. neben dem Petersdom die altehrwürdige Basilika Maria Maggiore auf, zelebrierte in seiner Titelkirche St. Agata dei Goti und stattete verschiedenen geistlichen Häusern und Institutionen Besuche ab. Der ihm seit Jahrzehnten bekannte P. Augustin Bea, Leiter des Bibelinstituts, führte ihn durch neue Räume der 1909 errichteten Päpstlichen Bildungseinrichtung. Die Begegnungen mit P. Robert Leiber und P. Gustav Gundlach gehörten wieder ganz selbstverständlich zum Besuchsprogramm. Über die Papstaudienz am 27. Februar wurden - wie üblich - keine Details bekannt gegeben. Es dürfte aber wohl u.a. um die Folgen des Kalten Krieges für die Kirche in Berlin und in der neugegründeten DDR gegangen sein und wohl um die Konsequenzen auf die Verurteilung des Kommunismus durch das Dekret des Heiligen Offiziums vom 1. Juli 1949. Darin wurde mit der Strafe der Exkommunikation bedroht, wer der KP beitritt, sie fördert und wer kommunistische Bücher und Zeitschriften herausgibt, liest oder darin publiziert. Seinen Rückflug nach Berlin am 17. März unterbrach Preysing in der Isarmetropole und traf dabei u.a. P. Augustin Rösch, der ihm seit der NS-Zeit durch die Kontakte zum Kreisauer Kreis und durch Zusammenarbeit im Ordensausschuß besonders nahe stand und der jetzt bayerischer Landescaritasdirektor war. Am 21. März kehrte der Kardinal nach Berlin zurück, wo er von Mitarbeitern und Referenten mit aufgeschobenen Entscheidungen und liegengebliebenen Akten schon sehnlich erwartet wurde.

In Schwerdtfegers Notizbuch findet sich am Palmsonntag, den 2. April, die Eintragung: „9 Uhr: zwei Priesterweihen in Hauskapelle (Bengsch, Knopp)." Neben den nächsten Angehörigen fanden in dem kleinen Gottesdienstraum in der Bogotastraße 10 nur wenige Platz. Lediglich Dompropst Piossek, Domvikar Schmitz, der Pfarrer der Schöneberger St. Elisabeth-Gemeinde Roschkowski und Kaplan Klausener legten als Vertreter des Presbyteriums den Weihekandidaten ebenfalls die Hände auf. Die beiden Neupriester waren die ersten Berliner, die durch das neugegründete Priesterseminar in Neuzelle/Oder gegangen waren. Alfred Bengsch sollte von 1961-1979 Preysings dritter Nachfolger werden.[4]

In einer fünfseitigen Eingabe an die „Provisorische Regierung" der Deutschen Demokratischen Republik zu Händen von Ministerpräsident Otto Grotewohl erweiterte der Berliner Bischof am 22. April 1950 seine Vorhaltungen, die er Ende des Vorjahres an Otto Nuschke gerichtet hatte. Er stellte fest, daß in den letzten vier Monaten die „Verletzungen der Glaubensfreiheit" ungehindert weitergegangen seien. Die Handhabung der Staatsgewalt ziele immer mehr darauf ab, „das Leben nach christlichem Gewissen in der Republik unmöglich zu machen". So sei es allzu natürlich, daß „Millionen von Christen in der Regierungspraxis der DDR eine tödliche Bedrohung ihrer höchsten Lebenswerte sähen". Indem der Kardinal erneut die Sprecherfunktion der Katholiken in der DDR wahrnahm, erklärte er: „Im eigenen Namen sowie im Namen der Ordinarien und der Bischöflichen Kommissare der Republik (Meißen, Görlitz, Magdeburg, Erfurt, Schwerin, Meiningen) möchte ich mich daher an den verantwortlichen Chef der Regierung mit diesem Schreiben wenden und darauf dringen, daß die durch die Bestimmung der Verfassung und des Potsdamer Abkommens garantierte Glaubens- und Gewissensfreiheit in der Republik endlich verwirklicht wird." Erneut wurden die Konflikte auf dem Erziehungssektor, die Schwierigkeiten durch die „Anzeigepflicht von Veranstaltungen" aus dem Jahre 1949 und durch die Lenkung der öffentlichen Meinung erwähnt. Zusammenfassend erklärte der Berliner Kardinal: „Die Bedrängnis der christlichen Gewissen in der DDR steigert sich von Tag zu Tag. Die Unruhe darüber hat weite Kreise erfaßt. Die Forderungen, die ich in diesem Schreiben erhoben habe, betreffen nicht Privilegien, sondern ergeben sich aus den Bestimmungen des Potsdamer Abkommens und der Verfassung der DDR."[5]

Die Bischöfe der Evangelischen Landeskirchen hatten sich in ähnlicher Weise durch Kanzelverkündigungen an die Gemeinden und durch Eingaben an die Regierung gewandt, so daß sich Ostberlin in Zugzwang sah. An einer ökumenischen Protestwelle konnte der DDR-Spitze schwerlich gelegen sein. Bereits einen Tag nach Eingang des Preysing-Briefes, nämlich am 26. April, teilte Grotewohl dem Berliner Kardinal umgehend auf dem Botenweg mit, daß am 28. April eine „Verhandlung mit Vertretern der evangelischen Kirche" in der DDR stattfinde, bei der auch Fragen behandelt würden, die Preysing aufgeworfen habe. Er stelle ihm daher anheim, ebenfalls Vertreter der katholischen Kirche zu dieser Verhandlung zu entsenden. Preysing sagte am 27. April telefonisch die Teilnahme von Weihbischof Weskamm aus Magdeburg und Domkapitular Adolph für den nächsten Tag zu.

Das über sechsstündige Spitzengespräch, das in dieser Zusammensetzung später nie wieder stattgefunden hat, hatte prominente Persönlichkeiten der evangelischen Kirche wie Dibelius, Scharf, Krummacher und Kreyssig und andere sowie von staatlicher Seite die Minister Kastner, Nuschke, Zaisser, Wandel um einen Tisch versammelt. Obwohl in der Anwesenheitsliste nicht vermerkt, nahmen auch Ministerpräsident Grotewohl und der SED-Vorsitzende Ulbricht an diesem Gespräch teil. Wortführer war katholischerseits Weihbischof Weskamm, der zwar in der Form möglichst verbindlich, aber in der Sache hart argumentierte. Wie aus der Mitschrift der einzelnen Gesprächsbeiträge hervorgeht, hat er der Praxis widersprochen, „daß der historische und der dialektische Materialismus zur alleinigen Norm gemacht werden", daß in der DDR ein heranwachsender Christ unbedingt Materialist werden müsse, sprach von der Sorge vor der Macht eines Polizeistaates, weil die Genehmigungsverordnung für Veranstaltungen unterschiedlich gehandhabt wird, erklärte, daß Christen Haßpropaganda und Diffamierung nicht mitmachen können und daß die Katholiken „seit fünf Jahren mundtot in der Zone" seien, weil sie seit viereinhalb Jahren auf die Lizensierung eines Verlages warten. Das waren ausnahmslos Positionen, die ganz auf Preysings Linie lagen. Daß geistigerweise auch der Kardinal mit am Tisch saß, ging aus dem Redebeitrag des Stellvertretenden Ministerpräsidenten Herman Kastner (LDPD) hervor. Er kritisierte Preysings Äußerung vor dem Klerus am 14. Februar 1950, es sei „für einen katholischen Priester mit Ehre und Wahrheit unvereinbar, daß er sein Amt und seinen Stand für die parteipolitischen Ziele der SED mißbrauchen läßt". Offenbar fühlte sich Kastner in seiner Mitarbeit in der Nationalen Front durch Preysings Grenzziehung persönlich getroffen.[6] Dem Papst teilte Preysing als Fazit dieses Spitzengesprächs mit, es habe den Anschein, daß „die Stimmung in der Ostzonenregierung etwas nachgiebiger" sei, als man erwartet hatte. „Daß damit kein Gesinnungswandel verbunden ist, ist klar. Aber man hofft vielleicht doch auf einige Erleichterungen für die Seelsorge in der Ostzone."[7]

Kirchenpolitische Schärfe enthielt ein gemeinsamer Hirtenbrief der Kölner und Paderborner Kirchenprovinz, den auch Kardinal Preysing sowie der Bischof von Meißen, Petrus Legge, und der in Görlitz amtierende Kapitelsvikar Ferdinand Piontek unterschrieben hatten. Das am 23. April 1950 verlesene Bischofswort stand unter dem Thema „Die christliche Wahrheit und der gottlose Materialismus". In West und Ost sei gegenwärtig ein praktischer Materialismus als Lebenshaltung festzustellen, aber im östlichen Teil Deutschlands werde darüber hinaus der Materialismus als Lehre und Weltanschauung wissenschaftlich zu begründen versucht und ins Bewußt-sein des Volkes hineingetragen. Mit aller Entschiedenheit erklärten die Bischöfe: „Materialismus ist seinem Wesen nach gottlos und religionslos, er ist bis in seine Wurzeln christusfeindlich und kirchenfeindlich eingestellt." Und wie einen offenen Affront mußten die Verantwortlichen der gerade erst gegründeten DDR den Hinweis auf das Dekret des Heiligen Offiziums über den Kommunismus vom 1. Juli 1949 empfinden, in dem es hieß, wer diese Weltanschauung verbreite, sei aus der Kirche ausgeschlossen.

Der Terminkalender des Berliner Kardinals im Heiligen Jahr spiegelte noch das vorkonziliare Pflichtpensum eines Ortsbischofs ohne Präsenz in den verschiedenen Gremien wider. Da gab es noch keinen Priesterrat, der stets unter Vorsitz des Bischofs tagte. Es gab noch keinen Pastoralrat, keinen Diözesanrat. Preysing hatte ohnehin keine besondere Vorliebe für stundenlange Sitzungen und Konferenzen. An der regelmäßigen Ordinariatssitzung unter Vorsitz des tatkräftigen Generalvikars Dr. Maximilian Prange nahm er nur relativ selten teil. Trotzdem blieben genügend nur schwer vermeidbare Repräsentationspflichten, die ihn dann in der zweiten Jahreshälfte 1950 wohl mehr beanspruchten, als es der angegriffenen

Gesundheit des fast 70 jährigen guttat. Besucher aus Kirche, Politik und Gesellschaft suchten das Gespräch mit dem stets gut informierten Berliner Kardinal. Der sechstägige Berlin-Besuch des italienischen Missionspredigers P. Riccardo Lombardi SJ war im Mai ein Großereignis für die Berliner Katholiken. Rund 20 000 Zuhörer in und um die St. Johannes-Basilika, mehrere Tausend in der Herz Jesu-Kirche im Ostsektor und über 1300 Priester und Ordensschwestern in der Rosenkranz-Kirche nahmen die Gedanken seines „Kreuzzugs der Liebe“ auf Preysing empfing den charismatischen Prediger und berichtete seiner Cousine später, P. Lombardi habe „großen Eindruck gemacht bei Katholiken und Nichtkatholiken“[8].

Bei glühender Sommerhitze reiste der Berliner Kardinal am 4. Juni 1950 von Gatow nach Düsseldorf und von dort zur Teilnahme an der Westdeutschen Bischofskonferenz in den Wallfahrtsort Kevelaer. Die Reise war von bitteren Sorgen begleitet, die er seinem Freund Thun so beschrieb: „Wir sind als Stadt und als Bistum ziemlich bankrott; aber man hofft halt doch, dass der Karren wieder weitergeht.“[9] Er habe seine „finanziellen Nöte dort den westlichen Kollegen vorgetragen“; Sorgen, die nicht zuletzt durch die zwei unterschiedlichen Währungen in dem einen Bistum bedingt waren. Auf Preysings Bitte gewährte auch der Heilige Stuhl dem Bistum Berlin finanzielle Unterstützung. Msgr. Montini hatte jedoch unmißverständlich mitgeteilt, daß es das letzte Mal sei, „daß der Heilige Vater eine Hilfe gewähren könne“. P. Leiber informierte der Kardinal, daß eine Hilfe „auch von kirchlicher Seite vom Westen aus notwendig“ sei. Dafür bat er um Unterstützung des Papstes und legte einen entsprechenden Brief bei. Im Herbst konnte Preysing dem Privatsekretär des Papstes dann mitteilen, daß „die Intervention des Heiligen Vaters zu Gunsten Berlins“ bei den westdeutschen Bischöfen „Früchte“ gezeigt habe.

Wie kritisch die Finanzlage der Berliner Ortskirche im Sommer des Jahres 1950 war, lassen Preysings theoretische Überlegungen zu einer „Stillegung“ des Bistums erkennen, die er jedoch aus folgenden Gründen wieder verwarf. Neben einem „ungeheuren Prestigeverlust für die Kirche“ würde das „keine merkliche Erleichterung der finanziellen Lage bringen, da die Hauptanforderungen rein seelsorglicher oder caritativer Natur“ seien. Staatlicherseits weise man ihn immer wieder auf eine „innerkirchliche Hilfe hin als Ergänzung der Bundeszuschüsse.Bekümmert fügte der Kardinal in seinem Brief an P. Leiber hinzu: „Wir müssen halt weiter hoffen, daß sich einmal die finanzielle Misere ordnen wird; denn auf die Dauer kann ja eine Diözese nicht von Subventionen leben.“[10]

Er schreibe sich „die Finger wund um Hilfe für unsere finanzielle Misere“, teilte er seiner Cousine mit. Dabei sei leider seine „Arbeitskapazität noch immer recht herabgesetzt“. Kaum habe er etwa mehr gearbeitet, so spüre er es schon in seinem „ganzen alten Körper“. Offenbar signalisierte der Organismus schon ein knappes halbes Jahr vor dem Tod die eingeschränkte Belastbarkeit. Zu Domkapitular Adolph hatte er bereits früher einmal geäußert: „Ich weiß wohl, daß ich manche Aufgabe für das innere Leben des Bistums beginnen müßte, aber ich fühle deutlich, daß mir die Kraft abgeht, diese Aufgaben zu Ende zu führen.“[11] Andererseits gab es Tage, an denen es ihm recht gut ging, so daß er schrieb: „Man findet, daß ich mich immer verjünge und will mir nicht glauben, daß es jetzt an meinen Siebziger geht.“[12]

1950 nahm Kardinal Preysing zum letzten Mal an der Fuldaer Bischofskonferenz teil. Neben ihm in der ersten Reihe der Apostolische Nuntius Aloisius Muench, in der vierten Reihe links Preysings zweiter Nachfolger, der damalige Würzburger Bischof Julius Döpfner.

Bei Begegnungen mit Politikern konnte Kardinal Preysing immer wieder die Wünsche des Bistums Berlin vorbringen; hier im Sommer 1950 bei einem Treffen mit Bundeskanzler Konrad Adenauer, dem Französischen Stadtkommandanten General Ganeval und dem Berliner Regierenden Bürgermeister Ernst Reuter.

Vermutlich auf Anraten seines Arztes machte der Kardinal regelmäßig zwischen 8.00 und 9.00 Uhr früh einen Spaziergang, „wo es noch recht kühl ist und nicht allzuviel Mobilia um den Schlachtensee herumsitzt“[13]. Ähnlich beliebt als Morgenspaziergang war auch der Weg um die Krumme Lanke. Das Alter, die lautlos-langsame Enteignung des Lebens, machte sich also zwar bemerkbar, versetzte aber Preysing keineswegs in eine „Endzeit“-Resignation, die Aktivitäten zu lähmen pflegt. Er war zu sehr Realist, als daß er einerseits das Alter in Selbsttäuschung überspielte oder andererseits diesen Refrain des Lebens als Schiffbruch empfunden hätte. Aber das Gebet des Psalmisten dürfte er im Brevier wohl nachdenklicher als früher gebetet haben: „Verwirf mich nicht in den Tagen des Alters, wenn meine Kräfte schwinden, verlaß mich nicht (Ps. 71,9).“

Im Sommer 1950 verstärkten sich die Vorbehalte Preysings gegen den Leiter des Kommissariates der Fuldaer Bischofskonferenz mit Sitz in Berlin, Bischof Heinrich Wienken. Der gänzlich uneitle, persönlich bescheidene Bischof, der in der NS-Zeit bei Regierungsstellen so manche humanitäre Mission erfolgreich abgeschlossen hatte, war im März 1947 von Kardinal Frings mit den Kontakten zum Alliierten Kontrollrat betraut worden und nach Gründung der DDR auch zu Regierungsinstanzen in Ostberlin. Seine stets auf Ausgleich bedachte Verhandlungsführung, die durch einen mitunter bis an die Grenze gutgläubiger Arglosigkeit gehenden Optimismus gekennzeichnet war, stieß bei Preysing zunehmend auf Kritik. Der Kardinal kam schließlich zu dem Entschluß, Wienken die Verhandlungen mit der Regierung der DDR aus der Hand zu nehmen. In einer Unterredung mit Bischof Wienken am 21. Juni, die anscheinend auf dessen Initiative zustande kam, legte er seine Gründe dafür dar. Preysing hat danach eine zusammenfassende Aktennotiz diktiert, die sowohl die nüchterne Argumentationsweise als auch die menschliche Noblesse des Kirchenpolitikers Preysing widerspiegelt. Nachdem Wienken versicherte, es habe ihm durchaus ferngelegen, „irgendwie politisch eine andere Richtung zu steuern“ als der Kardinal, entgegnete dieser, „daß jedoch tatsächlich die Verschiedenheit unserer Auffassungen nicht unbekannt geblieben sei“. Wienken sei „jahrelang als Beauftragter von Kardinal Bertram und als Mitarbeiter von Nuntius Orsenigo tätig gewesen“ und habe dessen „politische Richtung und Methode“ vollständig bejaht. Nun sei er - Preysing - „irgendwie an die Stelle von Kardinal Bertram getreten“ und Wienken wisse, „in wie starkem Gegensatz“ er zur Politik Kardinal Bertrams und Msgr. Orsenigos gestanden habe. Nachdem dann über die Art der Nachfolgerschaft für die Verhandlungen mit Regierungsstellen der DDR gesprochen worden war, über die Kardinal Frings als Vorsitzender der Fuldaer Bischofskonferenz das letzte Wort zu sprechen habe, war Wienken wohl bewußt geworden, daß seine Tage als Verhandlungspartner im Auftrag der deutschen Bischöfe gezählt waren. Preysing unterließ es nicht, in seiner Aktennotiz abschließend die unbestrittenen Leistungen seines Gesprächspartners zu würdigen. „Das Gespräch verlief in durchaus freundschaftlicher Form, was mir umso lieber war, als ich tatsächlich nicht der sein möchte, der die Verdienste Wienkens gering achtet. Er hat sicherlich in vielen Einzelfällen geholfen und helfen können, aber seine Gesamtlinie ist nicht die meine.“[14]

Die zweite Hälfte des Heiligen Jahres war dramatisch überschattet durch den Krisenherd in Fernost, den Koreakrieg. Die am 25. Juni 1950 über den 38. Breitengrad nach Süden vorgestoßenen Nordkoreaner wurden von Rotchina unterstützt und operierten mit Stalins Rückendeckung. Der erste große Stellvertreterkrieg drohte Ost und West in einen dritten Weltkrieg zu stürzen, zumal Soldaten der Nuklearmacht USA als Hauptkontingent der UN-Streitkräfte auf Seiten Südkoreas massiv in die Kämpfe eingriffen. Der Koreakrieg war der erste und bis zum Krieg gegen den Irak 1991 zugleich der letzte bewaffnete Konflikt, der unter UN-Mandat ausgetragen worden ist. Preysing empfand Korea als „ein rechtes Sorgenkind". Der Korea-Schock saß tief bei ihm. Seine Unzufriedenheit über das politische Krisenmanagement klang mit bei der Bemerkung: „In bezug auf Korea ist die Politik unserer Landsleute recht gering, aber nicht ohne Schuld von solchen, die besser führen sollten." Gott möge „alles zum Besten lenken"[15].

Der Kalte Krieg in der Viersektorenstadt Berlin wurde durch diesen fernöstlichen Konflikt zusätzlich verschärft. Während die SED den Koreakrieg als Generalprobe der westlichen Seite für den angeblich geplanten amerikanischen Angriff auf die DDR hinstellte, sprach man in der Bundesrepublik vom „Probefall Korea" und von Korea als „Modellfall für Deutschland". Die DDR-Regierung versuchte indessen, gemäß Moskauer Direktiven die neue sozialistische Gesellschaft aufzubauen. Trotzdem und gerade dadurch wuchs die Unzufriedenheit der Menschen zwischen Elbe und Oder. Sie wurde täglich ablesbar an der wachsenden Zahl von Flüchtlingen, die in die Auffangstellen nach West-Berlin strömten. Monatlich kamen bis zu 8000 DDR-Bürger, darunter auffallend viele im Alter bis zu 25 Jahren. Unbeeinflußt davon ließ der DDR-Ministerrat die Stadtschloß-Ruine, die frühere Residenz der Hohenzollern, sprengen, um im Zeichen des Sozialismus den Bruch mit der preußischen Tradition zu dokumentieren. Mehr noch verstärkte der Gewissensdruck auf Andersdenkende und die zunehmende Parteijustiz die persönliche Perspektivlosigkeit vieler Bürger des „Ersten Arbeiter- und Bauernstaats". Das Geläut der Freiheitsglocke vom Turm des Schöneberger Rathauses, gestiftet vom amerikanischen Volk, war wohl Symbol der Solidarität der westlichen Welt, aber die Reichweite ihrer Botschaft vom Glauben „an die Unantastbarkeit und an die Würde jedes einzelnen Menschen" endete an den Grenzen der drei Westsektoren.

Die Lage Berlins sei ernst und gespannt, schrieb Preysing an Graf Thun und fügte hinzu, „aber man ist soviel Ernst und Spannung schon seit 1932 gewöhnt, daß man sich langsam daran gewöhnte"[16]. Und Gräfin Stolberg gegenüber formulierte er sorgenvoll: „Die kirchenpolitische Lage hier ist nicht sehr beruhigend. Ich denke, wir werden noch Böses zu spüren bekommen. Die Hauptsache ist, daß wir hier weiterleben können auf irgendeine Art und Weise."[17] In dieser Phase der Unsicherheit wirkte die Garantie der drei westlichen Außenminister in New York am 19. September 1950, wonach die Westmächte „jeden Angriff gegen die Bundesrepublik oder Berlin, gleichgültig von welcher Seite er ausgeht", so behandeln würden, „als wäre es ein Angriff gegen sie selbst", als politisches Hoffnungssignal.

Was Preysing in der Aktennotiz vom Juni über das Gespräch mit Bischof Wienken noch mit „irgendwie" bezeichnet hatte, nämlich seine ihm nach 1945 zugewachsene Stellung ähnlich der von Bertram, konkretisierte sich wenig später. Am 29. Juli unterrichtete Nuntius Muench den Berliner Kardinal über die Entscheidung des Vatikans, durch die die bisherigen Zusammenkünfte der Jurisdiktionsträger auf dem Territorium der DDR eine offizielle kanonische Struktur erhielten.[18] Als Grund wurde angegeben, daß dadurch eine „noch wirksamere und straffere Kirchenführung“ erreicht werden soll. Zum Präsidenten der „Ostdeutschen Bischofskonferenz“ wurde Konrad Kardinal Preysing ernannt, zu seinem Stellvertreter als Vizepräsident der Leiter des Erzbischöflichen Kommissariates Magdeburg, Weihbischof Wilhelm Weskamm. Letzterer hatte bereits 1947 vorgeschlagen, daß die Konferenz eine feste Organisationsform erhalten und mindestens viermal jährlich zusammentreten sollte. Preysing hatte seinen Stellvertreter, der einmal sein Nachfolger werden sollte, durch zahlreiche Begegnungen schätzen gelernt. Im Oktober 1949 schrieb er seiner Cousine Gräfin Stolberg: „Ich hatte zwei Tage Sitzung mit den Kommissaren der Ostzone, auch mit dem neuen, sehr sympathischen Weihbischof von Magdeburg.“[19] Bereits vor Errichtung der Ostdeutschen Bischofskonferenz hatte Bischof Wienken zu den Konferenzen der Bischöfe und Bischöflichen Kommissare Mitteldeutschlands stets mit der stereotypen Formel „Im Einvernehmen mit Kardinal Preysing lade ich Sie ... ein“ zu dem jeweiligen Westberliner Tagungsort eingeladen. Die Zusammenkünfte fanden im St. Gertrauden-Krankenhaus, im St. Hildegard-Krankenhaus oder im St. Franziskus-Krankenhaus statt. Der Berliner Kardinal war immer Gastgeber, während Bischof Wienken für die Organisation verantwortlich zeichnete. Ergänzend zum vatikanischen Errichtungsschreiben vom 12. Juli teilte Erzbischof Muench Kardinal Preysing am 9. September mit, daß der Berliner Weihbischof Tkotsch vom Staatssekretariat des Vatikans als Beauftragter für Verhandlungen mit staatlichen Stellen vorgeschlagen worden sei.[20]

Noch kurz vor den Sommerferien lud Kardinal Preysing für den 16. Juli 1950 die Bistumsfamilie zum Berliner Katholikentag in die Waldbühne ein. Er stand unter dem Leitwort „Heiligung des Alltags“. Mit fast 40 000 Gläubigen aus West und Ost war die Waldbühne bis auf den letzten Stehplatz gefüllt. Der spätere Bundesminister Dr. Heinrich Krone hielt eine längere Ansprache über den Weltdienst des Laien, die in der Aufforderung gipfelte: „Laßt uns das Kreuz schlagen, ehe es uns erschlägt.“ Kardinal Preysing unterließ es in seiner Rede nicht, nach der obligaten Begrüßung von Ehrengästen auch jener zu gedenken, „die gern hierher gekommen wären, die aber noch die Gefangenschaft von uns trennt“. Ohne die sowjetischen Kriegsgefangenenlager und die Speziallager in der DDR ausdrücklich zu erwähnen, bat er „alle in Betracht kommenden Autoritäten“, die Heimkehr zu beschleunigen. Berliner Zeitungen berichteten daher über den Katholikentag mit den Schlagzeilen: Preysing verlangt Rückkehr aller Gefangenen; Die Kirchen in der Weltentscheidung; Raub der Heimat unsittlich; Der Christ darf sich nicht im stillen Winkel einschließen. Wie kaum anders zu erwarten, berichtete lediglich die Kirchenzeitung „Petrusblatt“ über die religiöse Dimension des Katholikentreffens. Immerhin: Der Berliner Katholizismus hatte sich nach der Blockade West-Berlins wieder zu Wort gemeldet. Für Preysing, der bei der Ansprache auffallend müde und erschöpft wirkte, war es seine letzte Großveranstaltung.

Nach dem Berliner Katholikentag verbrachte Preysing einige Urlaubstage in Adelholzen in der Nähe des Chiemsees. Er nahm am 7. August an den dreitägigen Priesterexerzitien in Altötting teil, gehalten von einem Kapuzinerpater. Die geistlichen Übungen sollten die persönliche Einstimmung auf den bevorstehenden 70. Geburtstag sein. Der prominente Exerzitienteilnehmer, der sich zusammen mit seinem Sekretär in den strengen Tagesablauf mit vier Vorträgen einnordnete, lehnte alle Ehrungen, die man ihm bereiten wollte mit dem Hinweis ab, er sei nur als Conradus peccator gekommen. Nach der Zelebration am St. Konradsaltar am Morgen des 11. August reiste Preysing in seine niederbayerische Heimat. Außer Kronwinkl waren Landshut, die Stadt seiner Gymnasialzeit, und die nahegelegene, 1232 gegründete Zisterzienserinnenabtei Seligenthal seine Besuchsziele. In der ehrwürdigen Abtei schlug ihm der Atem großer familiärer Vergangenheit entgegen. In Seligenthal, zu deren Äbtissinen auch die 1665 verstorbene und im Pfortengarten beigesetzte Maria Anna von Preysing zählte, die tatkräftig die Schäden am Kloster durch den Dreißigjährigen Krieg behoben hatte, zelebrierte der Kardinal am Fest Mariä Himmelfahrt ein feierliches Pontifikalamt. Für den Schwesternkonvent war dieser levitierte Festgottesdienst, der durch eine vierstimmige Palestrina-Messe musikalisch gestaltet war, ein großes Ereignis. Die aufmerksamen Ordensfrauen registrierten aber auch, daß Preysings „Farbe nicht gut ist, als trüge er doch ein Leiden mit sich herum“[21]. Ohne daß er das wußte, war diese Reise der Abschied von den Stätten seiner Kindheit und Jugend. Anschließend reiste er zur Bischofskonferenz nach Fulda.

Auf dieser Plenarkonferenz in der Bonifatiusstadt vom 22. bis 24. August 1950 referierte der Kardinal „Zur Lage der kirchenpolitischen Ostzone“. Es sollte das letzte Mal sein, daß er vor allen deutschen Mitbrüdern im Bischofsamt sprach. Er zeichnete das düstere Bild einer Kirche, deren Kultfreiheit zwar bislang nicht angetastet werde, die aber inmitten einer systematischen Bolschewisierung und eines Gewissensterrors lebe, „wie er in den schlimmsten Zeiten des Nationalsozialismus nicht verhängnisvoller sein konnte“. Als Beweis wies er darauf hin, daß in der DDR nicht eine einzige katholische Zeitung für die Katholiken erscheine, „ja es darf auch nicht eine einzige katholische Zeitschrift für die 2,1 Millionen Katholiken in der DDR aus dem übrigen Deutschland eingeführt werden.“[22] Die „religionsfeindliche Einheitsschule in der DDR“ lasse vielfach einen wirksamen Einfluß der Kirche auf die Jugend nicht mehr zu. „Ob im Kindergarten, ob in der Schule, ob auf der Universität, ob in den systematisch zwangsweise vorgenommenen Schulungen, ob in der FDJ, ob bei den Jungen Pionieren, überall wird zwangsweise das materialistische Welt- und Menschenbild als einzig zugelassenes Vorbild für die Formung des einzelnen Menschen und der Gesellschaft benutzt.“[23] Schon damals hat der Berliner Kardinal, ähnlich wie 1974 der gemeinsame Hirtenbrief der Berliner Ordinarienkonferenz, klar diagnostiziert, daß der Monopolanspruch des Staates auf dem Erziehungssektor kompromißlos und absolut war.

Runde Geburtstage sind im Alter immer so etwas wie ein kleines Erntedankfest. Preysings 70. Geburtstag am 30. August 1950 hatte sicher einen ähnlichen Charakter. Allerdings ging er bewußt einer großangelegten Gratulationscour in Berlin aus dem Weg und zog sich nach Ende der Bischofskonferenz wieder in seine bayerische Heimat zurück, genauer in die Familie seines Bruders in Biedenbach. Die Rolle des nach allen Seiten händeschüttelnden Gastgebers, der in einem überfüllten Empfangssaal mit strahlendem Lächeln auf möglichst viele zugeht, lag ihm ganz und gar nicht. Für oberflächliches, belangloses Party-Gerede hatte er nie viel übrig. So mußten viele Berliner Glückwünsche den Postweg nach Niederbayern nehmen. Prof. Emil Dovifat, der dem Bischof seit dessen Amtsübernahme 1935 nahegestanden hatte, schrieb die Würdigung im „Petrusblatt“[24]. Ein Kerngedanke lautete: „Ohne jede Konzession und ohne den Machtträgern niederer Gewalt auch nur ein Weihrauchkorn zu streuen, ging er seinen Weg. So wurde der Bischof von Berlin neben dem Münsterschen Bischof Graf Galen einer der ersten Träger der christlichen Wahrheit, aber auch der christlichen Zuversicht.“ Dovifat erinnerte zugleich an die von Preysing und „wenigen um ihn stehenden Männern und Frauen“ geleistete Hilfe für Verfolgte und Gefangene. Sie hätten noch mehr geleistet, „als der Federzug des Geschichtsschreibers jemals verzeichnen“ werde. Er erwähnte auch die im katholischen Berlin bestehende Redensart „Wer den Bischof sehen will, muß krank werden.“ Viele hundert Krankenbesuche bei Priestern und Laien hätten Bischof Konrad dem Herzen des Gottesvolkes nahegebracht. Das Bischöfliche Ordinariat veröffentlichte als Geburtstagsgabe im Morus-Verlag ein volkstümliches Lebensbild des Berliner Kardinals, das sein Sekretär Bernhard Schwerdtfeger verfaßt hatte. Die jahrelang einzige Preysing-Biographie (mit 172 Seiten und 25 Abbildungen kostete damals kartoniert 2.80 DM und in Ganzleinen mit Schutzumschlag 4.80 DM).

Nach Berlin zurückgekehrt, war der Kardinal zunächst „zutiefst in Glückwünschen begraben“[25]. Am 74. Deutschen Katholikentag in Passau, der am 3. September 1950 mit einer großen Schlußkundgebung endete, nahm er nicht teil, gab aber seine Zustimmung, daß der nächste Deutsche Katholikentag 1952 erstmals in Berlin stattfindet. Zur Teilnahme an den 100-Jahr-Feierlichkeiten der Katholischen Kirche Englands flog Preysing mit etwas Bangen nach London; denn er fürchtete, „in einen Wirbelsturm von Besuchen, Empfängen und Diners“ hineinzugeraten, „daß

Bei der Firmung amerikanischer Kinder in Berlin kamen Kardinal Preysing seine exzellenten Englischkenntnisse zugute

einem Hören und Sehen vergeht"[26]. Papst Pius IX. hatte 1850 die in den Stürmen der Reformation in Englang erloschene Hierarchie wiedererrichtet. Der Berliner Kardinal empfand die Feiern in London „überwältigend" und „wunderbar organisiert". Im Wembley-Stadion hätten sich über 100 000 Menschen „mit sehr viel Begeisterung" versammelt. Verständlicherweise nahm Preysing die Gelegenheit wahr, die Gedächtnistätten der englichen Märtyrer zu besuchen, besonders des Lordkanzlers Thomas Morus, des Schutzpatrons des Berliner Bistumsverlages, und die Wirkungsstätte des von ihm sehr geschätzten Oratorianers Frederick W. Faber, dessen umfangreiches Buch „Schöpfer und Geschöpf" er übersetzt hatte. Er habe alle Feierlichkeiten mitgemacht, sogar eine Ansprache auf Englisch gehalten und habe alles „sehr gut überstanden". Dagegen habe der einladende 52 jährige Kardinal Griffin, der von Schlaganfällen gezeichnet war, „erbarmungswürdig" ausgesehen. Von der „Großräumigkeit Londons" war Preysing sehr angetan, habe aber bei Walter Adolph eine „schlechte Note" erhalten, weil er zuviel von der britischen Hauptstadt schwärmte. Der habe gemeint: „Det haben wir in Berlin ooch." Aber er, Preysing, habe doch irgendwie Verständnis für die Äußerung Kaiser Wilhelms II.: „Es ist eben doch ein Unterschied, ob eine Prinzessin in Windsor oder in Primkenau erzogen wird."[27]

Zur Verkündung des Dogmas von der leiblichen Aufnahme Mariens in den Himmel am Fest Allerheiligen hatte Papst Pius XII. die Kardinäle und Bischöfe der Weltkirche nach Rom eingeladen. Der Berliner Kardinal traf rechtzeitig alle Vorbereitungen für die zweite Rom-Reise in diesem Jahr, nicht zuletzt hinsichtlich der damals geltenden „Kleiderordnung". „Es gibt da so viele Sachen zu bedenken, auch für die kardinalistische Ausrüstung, die ja recht kompliziert ist," schrieb er an Gräfin Stolberg. Dann fügte er über die Rom-Visite hinzu: „Ich habe dort manches am Herzen."[28] Vermutlich hing diese Bemerkung mit der Tatsache zusammen, daß Kardinal Preysing einer der ganz wenigen im Bischofskollegium war, der auf die Frage Pius' XII. in der Enzyklika „Deiparae Virginis" vom 1. Mai 1946 nach der Opportunität der vorgesehenen Dogmatisierung negativ geantwortet hatte. Als Bischof eines großen Diasporabistums hielt er aus ökumenischen Gründen das neue Dogma nicht für wünschenswert.[29] Preysing hatte in seiner Stellungnahme vom 26. April 1947 die Auffassung vertreten, die feierliche Definition der leiblichen Aufnahme Mariens in den Himmel sollte „zum gegenwärtigen Zeitpunkt ausgesetzt und aufgeschoben werden", bis einige Zweifel und Schwierigkeiten hinsichtlich der Unfehlbarkeit ausgeräumt sind. In der Begründung bezog er sich, ganz auf dem Boden der neuscholastischen Theologie stehend, u.a. auf Aussagen der Dogmatik-Lehrbücher von Joseph Pohle und Franz Diekamp.[30] Von den 1191 Bischöfen der Gesamtkirche hatten 1169, das waren 98,2 Prozent, positiv geantwortet. Nur 22 Bischöfe, also 1,8 Prozent, hatten Bedenken verschiedener Art geäußert.[31] Zu dieser verschwindenden Minderheit gehörte der Berliner Kardinal.[32] Ob das angeblich etwas abgekühlte Verhältnis zwischen dem Papst und Preysing in den Nachkriegsjahren auf diese Stellungnahme zurückgeht, gehört in das Reich der Spekulation. Jedenfalls wollte der Berliner Kardinal durch seine Anwesenheit bei der Dogmatisierung zum Ausdruck bringen, daß er nicht den Glaubenssatz als solchen in Frage stellt, sondern nur das ökumenische Klima in Berlin und Ostdeutschland im Auge hatte, als er sich aus Gewissensgründen nonkonformistisch entschied. Preysing empfand Rom „wunderschön", wie er nach seiner Rückkehr schrieb. Er habe noch am Tag vor seiner Abreise eine halbe Stunde den Heiligen Vater sprechen können, was ihm „in der jetzigen Zeit besonders wertvoll“[33] gewesen sei. Es war die erste und zugleich letzte Papstaudienz Preysings in seiner Eigenschaft als Vorsitzender der Ostdeutschen Bischofskonferenz.

Am 29. November 1950, einen Tag nach dem Besuch von Msgr Cardijn, dem Gründer der Christlichen Arbeiterjugend, bei Kardinal Preysing, trafen sich die Mitglieder der ostdeutschen Bischofskonferenz, um anstehende kirchenpolitische Fragen zu beraten und Entscheidungen zu fällen. Preysing führte den Vorsitz.[34] Aus dem von Preysing unterschriebenen Protokoll der „Konferenz der Hochwürdigsten Herren Jurisdiktionsträger Ostdeutschlands“, das wegen der Gefahr von Haussuchungen und Beschlagnahmungen möglichst knapp formuliert war, geht hervor, daß man sich mit den zunehmenden Repressionsversuchen der DDR auseinanderzusetzen hatte, wobei die andauernden Versuche staatlicher Stellen, „eine Spaltung unter dem Klerus und womöglich auch in den Gemeinden hervorzurufen“, besonderes Gewicht hatten. Die Bischöfe und Bischöflichen Kommissare beschlossen - für Preysing eine Wiederholung einer erst am 14. Februar dieses Jahres an die Berliner Priester ergangenen Weisung -,[35] der Klerus in den Jurisdiktionsbezirken der DDR solle „erneut dahin informiert werden, daß kein Geistlicher das Recht hat, im Namen der Kirche zu sprechen, daß Diskussionen über die Frage des Friedens und über andere politische Fragen vermieden werden sollen und daß die Geistlichen die Mitgliedschaft in Kulturausschüssen usw. ablehnen sollen“.

Da die DDR-Behörden bei Zuzugsgenehmigungen für Bürger aus der Bundesrepublik zunehmend eine strikt ablehnende Praxis verfolgten, stellte sich langfristig das Problem des Priester- und Ordensnachwuchses für die mitteldeutschen Gemeinden und klösterlichen Niederlassungen. Bereits im Advent 1950, also drei Jahre vor der Gründung des Philosophisch-Theologischen Studiums in Erfurt, wurde die Frage erörtert, „auf welche Weise gegebenenfalls in der DDR die Ausbildung des theologischen Nachwuchses gesichert werden kann“. In einem Brief an P. Leiber in Rom teilte Preysing mit, man erwäge dafür das Seminar in Neuzelle an der Oder, wo jetzt „für Görlitz und Berlin das Alumnat“ bestehe. Auch die Huysburg, die das Erzbistum Paderborn in seinem Magdeburger Anteil ganz erwerben wolle, biete sich an. Diese ehemalige Abtei hätte mehr Platz als in Neuzelle. Die ostdeutsche Bischofskonferenz müsse „diese Gedanken völlig vertraulich behandeln, weil der Staat, sobald er davon erführe, daß solche Erwägungen bei uns angestellt werden, sofort mit noch schärferen Maßregeln jede Infiltration vom Westen oder von West-Berlin zu unterbinden suchen würde“. Selbstverständlich sei allen Konferenzmitgliedern klar, daß in dieser Sache kein Schritt geschehen könne, „ohne die vorherige Genehmigung des Heiligen Stuhles“[36]. Ein weiterer Tagesordnungspunkt war die Versorgung der Gemeinden in der DDR mit religiöser Literatur. Das DDR-Innenministerium hatte die Anordnung erlassen, „daß sämtliche Druckschriften, auch die rein kirchlichen, die im Westen gedruckt sind, im Bereich der DDR nicht zugelassen werden“. Da es damals noch keinen katholischen Verlag zwischen Elbe und Oder gab, waren die Auswirkungen dieser administrativen Schikane für Priester und Laien erheblich. Aus seiner Erfahrung als ehemaliger „Pressebischof“ in der Fuldaer Bischofskonferenz dürfte Kardinal Preysing gerade in dieser Frage die Folgen vorausgesehen und sich nachdrücklich dafür eingesetzt haben, gegen diese DDR-Anordnung offiziell Einspruch zu erheben.

Für die Adventswochen 1950 war der Terminkalender des Berliner Kardinals ähnlich wie in früheren Jahren gefüllt, allerdings verhielt sich Preysing dabei durchaus „arzthörig"[37], wie er sich selbst einschätzte. Termine oder Einladungen, bei denen sich seine Anwesenheit voraussichtlich bis in die späten Abendstunden hingezogen hätte, lehnte er konsequent ab. An die Diätvorschriften, darunter Verzicht auf Alkohol und Nikotin, hielt er sich in der Regel mit aller Strenge. Jeder Donnerstag wurde stets als Ruhetag eingeplant. Zu seinen zahlreichen Besuchern gehörte in diesen Tagen u.a. Sr. Priorin M. Justina OSB vom Priorat des Benediktinerinnenkloster in Alexanderdorf. Sie legte dem Kardinal die schwierige Frage vor, ob der Konvent unter den politischen Bedingungen das Kloster verlassen sollte, zumal viele wohlmeinende Freunde zur Flucht rieten. Preysing gab aber den Rat, in Alexanderdorf[38] zu bleiben.

Für die Wahlen im Westteil der Stadt am 3. Dezember 1950 veröffentlichte das „Petrusblatt" am vorhergehenden Sonntag ein Bischofswort. Nachdrücklich unterstrich Preysing die aus dem Wahlrecht erwachsene Wahlpflicht jedes Bürgers. Er werde jetzt „keine politischen, ökonomischen, gesellschaftlichen Normen" aufstellen, forderte jedoch die Katholiken auf, nur solche Kandidaten zu wählen, die „die Grundsätze von Recht und Gerechtigkeit, von christlicher Sitte im Staatsleben auszuprägen" gewillt seien. Obwohl der Bischof keine Partei namentlich favorisierte, war damit dennoch ein Votum für die CDU verbunden und auch klar erkennbar. Das Parteienspektrum ließ nur diese Interpretation des Bischofswortes zu. Preysing bewegte sich damit auf der Linie von damaligen Wahlaufrufen deutscher Bischöfe, die nicht unumstritten waren. Immerhin beteiligten sich 90,4 Prozent der West-Berliner an dieser ersten Wahl nach der am 1. Oktober 1950 in Kraft getretenen Berliner Verfassung. Das Ergebnis der Wahl schreibe er teilweise auch seinem kleinen Hirtenwort zu, teilte Preysing seiner Cousine mit. Er werde aber „sehr gedemütigt mit der Versicherung, daß das nicht so viel beigetragen hätte"[39], nachdem er erfahren hatte, daß er die Wirksamkeit seiner Worte wohl überschätze.

Am 5. Dezember fuhr der Berliner Oberhirte zur Einweihung des Erweiterungsbaues der von Salvatorianerinnen geleiteten Salvator-Oberschule für Mädchen nach Berlin-Waidmannslust. Scherzhaft schrieb er seiner Cousine vom „Palazzo Luminosa"[40], der mit Pauken und Trompeten" eingeweiht worden sei und „hoffentlich in absehbarer Zeit auch bezahlt"[41] werden könne.

Sehr angetan war Preysing von einer erneuten Begegnung mit dem amerikanischen Hohen Kommissar John McCloy am 8. Dezember, der „ein besonders sympathischer, aufgeschlossener und wohlgesinnter Mann" sei. McCloy galt als einer der „Weisen Männer" der amerikanischen Nachkriegspolitik, der für die Integration Westdeutschlands in den Westen und für die „Eindämmung" des sowjetischen Machtstrebens eintrat. Es war bereits das dritte Gespräch der beiden Männer innerhalb von eineinhalb Jahren. Von den großen politischen Dingen habe er zwar nicht viel erfahren, aber er stehe „immer unter dem Charme seiner Offenheit und des völligen ‚Nichtangebens'"[42]. Auch mit anderen Repräsentanten der westalliierten Schutzmächte unterhielt der Kardinal persönliche Kontakte wie mit den drei Militärgouverneuren: dem französischen General Pierre Koenig, dem britischen General Sir Brian H. Robertson und dem amerikanischen General Lucius D. Clay. Seine exzellenten Französisch- und Englischkenntnisse erleichterten jeweils diese Begegnungen. Während Preysing bei derartigen Begegnungen von gewinnender

Liebenswürdigkeit sein konnte, zeigte er bei anderen Gelegenheiten mitunter eine kühle Höflichkeit, die schon fast steife Unnahbarkeit war. Wenn er beispielsweise in einem Pfarrhaus überwiegend fremde Gesichter vor sich hatte, konnte es passieren, daß er bei Tisch die Gesprächsinitiative nahezu ganz anderen überließ und die Rolle eines aufmerksamen Schweigers übernahm.

Am 10. Dezember hielt er in der gerade wieder aufgebauten St. Sebastian-Kirche am Wedding aus Anlaß des neuen Mariendogmas ein feierliches Pontifikalamt. Gesundheitlich gehe es ihm „recht gut", teilte er einen Tag später seiner Cousine mit, zumal er „per Order di Mufti zwei Stunden" nachmittags ruhen müsse. Aber der Doktor finde, er solle „jetzt einige Zeit in Berlin seßhaft bleiben"[43], was er auch tun wolle. Daher werde wohl der nächste Rom-Besuch erst zu Ostern sein. Der Kardinal wollte an der Seligsprechung von Papst Pius X. teilnehmen.

Die Arbeit am Schreibtisch im Advent 1950 war durch eine bemerkenswerte Aktivität gekennzeichnet, so als habe ihn eine innere Stimme gemahnt, daß er nicht mehr viel Zeit habe. Ein Buch seines englischen Lieblingsschriftstellers F. Faber lag stets griffbereit. Jede freie Minute nutzte er für Korrekturen an einer neuen Übersetzung, die demnächst im Habbel-Verlag erscheinen sollte. Teile der Übersetzungsarbeit waren übrigens am Rande von Preysings England- und Rom-Besuchen in den vergangenen Monaten entstanden. Das Verlagsgespräch über Erscheinungsdatum und Auflagenhöhe des Faber-Buches hatte der Kardinal im Sommer in Regensburg persönlich geführt. Daneben standen für Preysing private Vorbereitungen auf das Weihnachtsfest im Vordergrund. Für die Hausgemeinschaft in der Bogotastraße 10 hatte er rechtzeitig Geschenke gekauft und verteilte sie bereits Mitte Dezember und zwar mit der fast seherischen Bemerkung „Wer weiß, was alles dazwischen kommt."

Für den ersten Weihnachtsfeiertag war die Festpredigt in der Rosenkranz-Basilika vorzubereiten. Außerdem hatte er die halbstündige Morgenfeier im RIAS und im NWDR zu Weihnachten übernommen, um die ihn der Senderbeauftragte und Petrusblatt-Redakteur Pfarrer Raymund Greve gebeten hatte. Die katholische Rundfunkarbeit in West-Berliner Sendern und in Sendern der DDR verfolgte der Kardinal im Rahmen seiner Möglichkeiten mit kritischer Aufmerksamkeit. Seit Pfarrer Peter Buchholz am 22. Juli 1945 im Berliner Rundfunk die erste katholische Morgenfeier gehalten hatte und katholische Verkündigungssendungen danach in bescheidenem Umfang zur Regel geworden waren, verstärkte sich im Laufe der Zeit bei diesen kirchlichen Sendungen die redaktionelle Überwachung, die bis an die Grenze von Einflußnahme und Zensur seitens des Senders ging. Preysing sah sich schließlich am 5. Oktober 1950 veranlaßt, „in der Sorge um die Reinhaltung der Lehre und die Freiheit der Lehrverkündung" die Erlaubnis zum „Vortrag in den religiösen Morgenfeiern im Berliner Rundfunk und im Deutschlandsender" zurückzuziehen. Priestern des Bistums Berlin war es untersagt, in den genannten Sendern weiter zu sprechen.[44] Erst 1954 ist die kirchliche Rundfunkarbeit durch einen Vertrag mit dem Staatlichen Rundfunkkomitee der DDR neu geregelt und ein katholischer Rundfunkbeauftragter mit Sitz in Leipzig benannt worden.

Die übernommene Weihnachtsansprache im RIAS, die erst nach Preysings Tod gesendet worden ist, war nicht ohne besonderen Grund dem Thema Frieden gewidmet und ist zu einem Vermächtnis inmitten der ideologischen Kontroversen des Kalten Krieges geworden (Dokument 7). Der „Friedenskampf" der DDR hatte im Jahre 1950 beträchtlich zugenommen. Das den Bürgern abverlangte Ja zum Frieden wurde verbunden mit dem politischen Ja zu den „Friedenskräften", die nur in der DDR beheimatet waren. Wer also gegen das sozialistische Lager sei, handele als Friedensfeind. Andererseits müsse dann jeder, der den Frieden wolle, auch die Ziele des Sozialismus wollen. Der Begriff „Frieden" war zu einem der Hauptinstrumente der Innen- und Außenpolitik der DDR umfunktioniert. Preysing war in einem Schreiben an seinen Klerus[45] auf die Unterschriftenaktionen eingegangen, mit denen auch Geistliche zur öffentlichen Zustimmung zum Lager der „Friedenskräfte" gewonnen werden sollten. Er betonte, „daß die katholische Moral mit der immer weiter sich ausbildenden Furchtbarkeit der Kriegswaffen die Verursachung eines Angriffskrieges für moralisch verwerflich hält". Jeder würde schwere Schuld auf sich laden, der einen neuen verheerenden Krieg entfesselte. Wenn bei dieser Sachlage „mit besonderer Vorliebe katholische Priester" um Erklärungen zu Krieg und Frieden angegangen werden, so müßten dabei „andere Absichten mitsprechen". Was die Zeit verlange, seien „nicht Unterschriften und Proklamationen, sondern Arbeit im Sinne des Friedens". Und die seelsorgliche Arbeit, so fügte der Kardinal abschließend hinzu, habe „gute, erfolgversprechende Möglichkeiten, für die Idee des Friedens zu werben".

Neben der Vorbereitung der Weihnachtsansprache im Rundfunk setzte Preysing in freien Minuten die Übersetzungsarbeiten an einem weiteren Buch seines Lieblingsschriftstellers Frederick Faber aus England fort. Am 15. Dezember besuchte er das neugestaltete Grab von Dompropst Lichtenberg auf dem St. Hedwigs-Friedhof in der Liesenstraße, da er an dessen Todestag, dem 5. November, nicht in Berlin war. Einzelne Terminpläne reichten auch bereits weit in das Jahr 1951 hinein. So wollte der Kardinal die drei Rekollektionsvorträge für den Berliner Klerus im ersten Vierteljahr selbst halten und begann bereits mit der Vorbereitung der Ansprachen auf der Grundlage des am 23. September 1950 veröffentlichten Apostolischen Schreibens „Menti Nostrae" über das Priestertum. Aber die Ereignisse am 21. Dezember machten alle Absichten und Pläne jäh zunichte.

Preysing hatte noch am Vortag seinen Pressereferenten Domkapitular Walter Adolph empfangen und mit ihm den Plan besprochen, das Gesang- und Gebetbuch für das Bistum Berlin im nächsten Jahr neu herauszubringen. Nicht zuletzt die finanziellen Voraussetzungen waren bereits weitgehend gesichert. Nach dem Abendessen bekam der Kardinal jedoch heftige Zahnschmerzen, so daß sein Sekretär für den nächsten Tag einen Zahnarzt-Termin bei Dr. Edmund Mennecken in der Steglitzer Grunewaldstr. 6 vereinbarte. Bei der Behandlung konnte der Arzt trotz Röntgenaufnahme keinen akuten Herd feststellen und empfahl dem Patienten lediglich warme Umschläge. Zu Hause traten nach einiger Zeit die Zahnschmerzen erneut auf und strahlten in die Brustgegend aus. Wie an jedem Donnerstag kam am Nachmittag gegen 15.30 Uhr P. Dr. Johannes Lichy SVD, sein ständiger Beichtvater, aus dem nahegelegenen Haus der Grauen Schwestern in der Altvaterstraße 8. „Ich habe vor Schmerzen geweint", berichtete der Kardinal dem Steyler-Pater in einem zwanzigminütigen Gespräch nach dem Empfang des Bußsakramentes.[46]

Beim Abschied und den üblichen Weihnachtswünschen war P. Lichy klar, daß der Zustand des Kardinals ernst sei. Er bat die Schwestern, sofort den Arzt zu rufen. Der Beichtvater war erst wenige Schritte vom Haus in der Bogotastraße entfernt, als er zurückgerufen wurde. „Schnell gab ich die heilige Ölung und Generalabsolution, begann sofort mit den Sterbegebeten, hielt immer die Hand fest und fühlte den Puls noch eine ganze Zeit, so daß die heilige Ölung bestimmt noch dem Lebenden gegeben wurde." Im Beisein des Beichtvaters, des Sekretärs und der Ordensschwestern starb der erste Berliner Kardinal am 21. Dezember 1950 gegen 16.00 Uhr. Die kurz danach eintreffenden Ärzte, Dr. Heinrich Epping, Chefarzt des St. Gertrauden-Krankenhauses, und Chefarzt Dr. Julius Gram vom Hermsdorfer Dominikus-Krankenhaus, konnten nur noch den Tod durch Herzmuskelinfarkt feststellen. Der Berliner Künstler Rudolf Heltzel wurde eilig in die Bogotastraße gerufen, um die Totenmaske abzunehmen.

Im Bistum Berlin, in der geteilten Stadt und darüber hinaus in allen deutschen Ortskirchen löste die überraschende Todesnachricht Trauer und Anteilnahme aus. Die Berliner Sender des Nordwestdeutschen Rundfunks und des RIAS brachten bereits in ihren Abendsendungen würdige Gedenksendungen über den ersten Berliner Kardinal und stellten besonders sein Eintreten für Glaubens- und Gewissensfreiheit heraus. Schon gegen 17.00 Uhr läutete die große Glocke der Steglitzer Rosenkranz-Basilika, die in den Nachkriegsjahren praktisch Preysings Kathedralkirche geworden war. Weit über 10 000 Gläubige nahmen in den nächsten Tagen in der Zehlendorfer Bogotastraße 10 von ihrem Bischof Abschied. Die Totenwache hielten bis in die Nacht auch Vertreter katholischer Vereine und Verbände. Einmal trat kurz nach Mitternacht einer der Wache haltenden Kolpingssöhne vor den Sarg und hielt folgende kurze Ansprache: „Lieber guter Bischof! Du hast 15 Jahre hindurch in Weisheit und Kraft, in Güte und Liebe unser Bistum geleitet und uns geführt. Wir wissen, daß Du nach Deinem Heimgang, der uns mit großer Trauer erfüllt, der Dir aber den Zugang zu den ewigen Wohnungen gegeben hat, unser Fürsprecher sein wirst, auch in der kommenden Zeit. Wir bitten Dich, daß Du uns einen Nachfolger erflehst, der Deiner und der großen Aufgaben Berlins würdig ist."[47]

Am Nachmittag des 27. Dezember, nach dem Gebet des Totenoffiziums durch das Domkapitel, trat Kardinal Preysing seine letzte Fahrt durch seine Bischofsstadt an. In einer langen Wagenkolonne wurde der Sarg durch das Brandenburger Tor gefahren, vorbei am ehemaligen Bischöflichen Ordinariat und an der ausgebrannten St. Hedwigs-Kathedrale bis zur St. Sebastian-Kirche im Bezirk Wedding. Am folgenden Tag fand dann in der großen, dem St. Hedwigs-Friedhof nächstgelegenen Kirche das feierliche Requiem statt, gehalten vom Vorsitzenden der Fuldaer Bischofskonferenz, dem Kölner Kardinal Frings. Mehrere deutsche Bischöfe waren dazu in die Viersektorenstadt gereist, darunter auch der Leiter des Erzbischöflichen Kommissariates Magdeburg, Weihbischof Wilhelm Weskamm, der fünf Monate später Preysings Nachfolger werden sollte. Unter den zahlreichen Ehrengästen hatten sich Bundesminister Jakob Kaiser als Vertreter der Bundesregierung, Berlins Oberbürgermeister Ernst Reuter, der stellvertretende DDR-Ministerpräsident Otto Nuschke und als Vertreter der Ökumene der evangelische Bischof Otto Dibelius in dem Gotteshaus eingefunden. Zahlreiche Berliner Katholiken fanden in der überfüllten Kirche keinen Einlaß und mußten sich bei Temperaturen von Minus acht Grad vor dem Gotteshaus mit der Lautsprecherübertragung begnügen. In seiner Gedenkansprache erinnerte Domprediger P. Wilhelm Föhrer SJ an den unerschrockenen Verteidiger des Glaubens

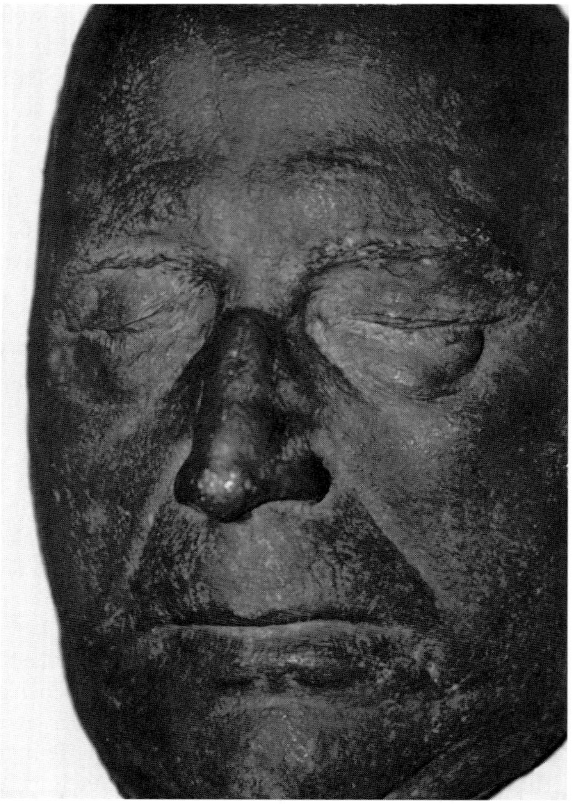

Totenmaske von Kardinal Preysing, abgenommen von Rudolf Heltzel

„in der Zeit des Terrors“. Viele Banner aller Richtungen und Parteien hätten sich damals anpasserisch vor den Mächtigen gesenkt. „Es gab ein Banner, das nicht niederging, obschon man versuchte, es inmitten des Blutes seiner Verteidiger herabzureißen ... Daß es nicht niederging in der Diözese Berlin, war nicht zuletzt das Verdienst der klaren und sicheren Führung unseres Kardinals.“

Die zahlreichen Beileidskundgebungen waren Spiegelbild der Stellung Preysings in Kirche, Gesellschaft und Politik. Weit über die Grenzen der Kirche hinaus trafen im Bischöflichen Ordinariat Beileidsschreiben ein, u.a. von Bundespräsident Heuss, Bundeskanzler Adenauer und DDR-Ministerpräsident Grotewohl. Das Ansehen des ersten Berliner Kardinals bei den westlichen Alliierten wurde sichtbar in den Kondolenzschreiben des britischen Hohen Kommissars Sir I. Kirkpatrick, des amerikanischen Generals M. Taylor und des französischen Hohen Kommissars A. François-Ponçet. Letzterer schrieb: „Mit dem verstorbenen Bischof verlieren wir eine der mutigsten und edelsten Persönlichkeiten. Kardinal von Preysing hat nicht nur für die Kirche, sondern auch für Deutschland großen Ruhm erworben "

Die Neujahrsausgabe 1951 des „Rheinischen Merkurs" traf in einem Nachruf Wesenszüge des heimgerufenen ersten Berliner Kardinals: „Wer den in seiner Lebensführung erstaunlich anspruchslosen, in seinem Urteil über Menschen und Dinge unbestechlichen, in seinem Auftreten ganz und gar unauffälligen, in sich gekehrten, gegenüber der Masse und dem Rampenlicht geradezu scheuen Süddeutschen persönlich kannte, sah zwar deutlich, ein wie bitterer Weg des Gehorsams dieser Weg nach Berlin war. Der konnte auch wohl voraussehen, daß dieser ernste, inwendige Bischof keinen leichten Stand in der Öffentlichkeit der damaligen Reichshauptstadt haben würde, die einen Sonnenschein erlebt hatte. Was er aber nicht vorauszusehen vermochte, war dies: daß gerade dieser Mann die Herzen erobern werde; freilich weniger durch den Charme, den er im persönlichen Umgang, im vertrauten Kreis entfaltete; weniger durch seine unmittelbare Herzlichkeit von Mensch zu Mensch, die keine Standesunterschiede kannte, ... weniger durch seine klugen, wohl abgewogenen, überzeugenden, alles andere als agitatorischen Predigten - sondern durch seine unbeirrte, im Grundsätzlichen nie wankende Haltung gegen das System des Dritten Reiches."

Die sterblichen Überreste Kardinal Preysings wurden auf dem nahe gelegenen damaligen Grenzfriedhof St. Hedwig in der Liesenstraße beigesetzt. Er hatte diesen Platz selbst als letzte Ruhestätte bestimmt, entgegen manchen Vermutungen, der bayerische Adlige würde in der Familiengruft in Eching beerdigt werden. Nach der Altarweihe der wiederaufgebauten St. Hedwig-Kathedrale wurde Kardinal Preysing umgebettet und am 12. Februar 1968 in der Unterkirche von St. Hedwig beigesetzt.

ANHANG

Dokumente und Zeugnisse

1

Predigt anläßlich des Eintreffens der ersten Barmherzigen Schwestern in Bayern im Jahre 1832, gehalten von Domkapitular Dr. Konrad Graf von Preysing am 10. März 1932 im Mutterhaus zu München

Gratias agamus Domino Deo nostro.
Wir wollen Dank sagen dem Herrn, unserem Gott.

Ehrwürdige Schwestern!

Schlicht und einfach feiert ihr heute das „Jubiläum der Errichtung eurer Genossenschaft", schlicht und einfach begeht ihr den Tag der Erinnerung daran, daß vor hundert Jahren einige wenige Schwestern einen neuen Zweig der Gründung des heiligen Vinzenz hier in die bayerische Erde gesenkt, daß vor hundert Jahren eure Vorgängerinnen auf dem Platze, wo ihr heute noch wirkt, das Allgemeine Krankenhaus vor dem Sendlinger Tor - wie es damals hieß - übernommen haben.

Hundert Jahre Mühe und Arbeit, hundert Jahre immer neue Aufgaben; neue Aufgaben durch die Ausdehnung der Stadt, durch die Vermehrung der Einwohnerschaft, durch die Ausbreitung über das ganze Land, vor allem aber auch neue Aufgaben durch die ungeahnten Fortschritte der medizinischen Wissenschaft. Die Anforderungen an die Krankenpflege sind nicht nur in die Weite, sondern auch in die Tiefe gewachsen; der Stand, auf dem sie heute hier steht, wäre wohl nie erreicht worden ohne die Mitwirkung der Barmherzigen Schwestern, ohne die Jüngerinnen des heiligen Vinzenz von Paul.

Hundert Jahre Wachstum von einigen wenigen Schwestern auf dritthalbtausend, und in diesen hundert Jahren Tausende und aber Tausende, die sich dem heiligen Beruf geweiht haben und die uns vorangegangen sind im Zeichen des Friedens, die ausruhen von ihren Mühen, denen ihre Werke nachgefolgt sind.

Und doch soll diese Feier schlicht und einfach sein, schlicht und einfach, wie die es waren, die uns vorangegangen sind, schlicht und einfach, wie es so recht im Geiste eures Ordens liegt; eine Familienfeier soll es sein in der großen Familie der Töchter des heiligen Vinzenz. Ein Familienfest, also ein Fest der Gemeinschaft, der Gemeinschaft der Schwester mit der Mitschwester, der Gemeinschaft der Lebenden mit den Vorausgegangenen. - Ein Fest, ein Ordensfest, in dem das Zeitliche, Vergängliche geschaut wird im Lichte der Ewigkeit.

Liebe Schwestern! Was sagt uns die Vergangenheit? Wenig Redens und wenig Aufhebens machen katholische Schwestern von ihrer Arbeit, und sie tun recht daran. So wenig Aufhebens, daß Kirchenfeinde, die, wie in Frankreich, auch die Arbeit der Krankenschwester nicht mehr dulden wollten, erst bemerkten, was sie an ihnen hatten, als sie sie verloren.

Aber aus den spärlichen Nachrichten über die Gründung eures Ordenszweiges wissen wir, daß die Anfangszeit des Ordens eine heroische, eine heldenhafte war, wie das bei Neugründungen so sein muß. - Ungeheure Schwierigkeiten der Organisation, Überwindung von Vorurteilen, Kampf gegen Übelwollen, Mangel materieller Mittel -heroische Tugend, heldenhafte Anstrengungen waren nötig, um da durchzuhalten, um da vorwärts zu kommen - und Heldinnen haben nicht gefehlt, Heldinnen der zielsicheren Energie, Heldinnen vor allem des unerschütterlichen Gottvertrauens. - „Die göttliche Vorsehung verläßt uns nie in Dingen, die wir auf ihre Führung unternehmen," hat nicht umsonst euer Gründer euch als Wahlspruch ins Leben mitgegeben. Danach haben die ersten Barmherzigen Schwestern hier gehandelt; die göttliche Vorsehung hat sie nicht verlassen.

Und eine Schar von Jungfrauen sind den ersten gefolgt, haben ihr Leben den Kranken und in ihnen dem Heiland geweiht, still, ohne auf Anerkennung, auf irgendwelchen irdischen Lohn zu rechnen, „aus Liebe nur, von keiner Macht bezwungen". Sie haben, wenn der Ruf zum letzten Opfer an sie ging, ihr Leben zu lassen für ihre Pflegebefohlenen, freudig das Opfer gebracht und nicht gezagt und nicht gezaudert. Das lehrt uns die Geschichte der großen Epidemien in unserer Stadt, besonders der Cholerazeiten. Und nun ruhen sie draußen in den Friedhöfen, Kreuzlein an Kreuzlein; die Chronik des Ordens verzeichnet wohl meistens nur ihre Namen - für die Welt vergessen, nicht aber vergessen im Buche des Lebens, nicht vergessen von euch. - So ist das Gefühl, das uns heute beseelt, wenn wir an die hundert Jahre Ordensarbeit, an die hundert Jahre Opfer, an die hundert Jahre Gnade denken, Dank, tiefer Dank gegen Gott.

Er hat das Beginnen und das Vollbringen bewirkt. Ihm sei die Ehre! Dank für allen Schutz in hundert Jahren, Dank auch für die Sorgen und Prüfungen, Demütigungen und Leiden; alles ist aus seiner Vaterhand gekommen, und die Prüfungen dieser Zeit sind ja nicht in Anschlag zu bringen gegen die künftige Herrlichkeit, die an uns offenbar wird (Röm 8, 18).

Ja, lasset uns Dank sagen dem Herrn, unserem Gott, für hundert Jahre gottgesegneten Wirkens. Wieviele Schmerzen wurden gestillt, wieviele Tränen getrocknet, wie mansches kostbare Menschenleben gerettet, der Ernährer seiner Familie, die Mutter dem Gatten und den Kindern erhalten! Und - vor allem: wieviele Seelen sind durch eure Mitwirkung mit ihrem Schöpfer versöhnt, im kostbaren Blute gereinigt, hinübergegangen! Wie mancher arme Schächer dankt euerer Fürsorge, euerem Beispiel, eueren Gebeten die Sterbbettgnade! Das ist ja das Wichtigste, das Höchste, das Schönste an eurer Tätigkeit, eine Art priesterlichen Wirkens. - Was mag das für ein Empfang von so mancher schlichten Schwester im Himmel gewesen sein, wenn die Seelen, die durch sie gerettet wurden, ihr jubelnd entgegenkamen!

Und indem wir Gott, dem Herrn, unseren Dank sagen, danken wir auch denen, die durch Gottes Gnade uns ein solches Beispiel hinterlassen haben. Jede von euch hat eine, hat mehrere, hat viele Mitschwestern gekannt, deren frommes Leben, deren heiliges Sterben eine tägliche Erinnerungsgnade, ein tägliches Sursum corda sind. „Wenn ich so werden könnte, wie diese war" - frommer heiliger Wunsch! Aber vergessen wir dabei das Danken nicht. Vielleicht, daß die strenge Gerechtigkeit Gottes die eine oder andere noch im Ort der Läuterung zurückhält, denken wir an sie, gerade auch in den Tagen des Jubiläums, der frohen Erinnerung. Die Brücke zum Jenseits ist nicht abgebrochen, eine geheimnisvolle Verbindung bleibt bestehen unter den Gliedern des mystischen Leibes Christi und ganz besonders unter den Gliedern derselben Ordensfamilie.

Wir dürfen und wollen sie auch anrufen, die hinübergegangen sind nach einem Leben voll der Gottes- und Nächstenliebe. Wie gern, wie treu werden sie eurer gedenken an Gottes Thron, die ihr denselben Weg wandelt, dieselben Schwierigkeiten habt, dieselben Opfer bringt, derselben hohen Aufgabe lebt.

Wir wollen Dank sagen dem Herrn, unserem Gott, und dieser Dank soll uns froh machen und uns immer mehr einsehen lassen, für wieviel wir zu danken haben, auch für die Gegenwart. Wir danken für die Zugehörigkeit zu dem Orden der Barmherzigen Schwestern, wir danken für die Gnadengemeinschaft, in der wir leben, wir danken für die Leitung, die uns zuteil wird, wir danken für den hohen heiligen Beruf, zu dem in unverdientem Erbarmen Gott uns gerufen.

Und in diesem Dankgefühl für Vergangenheit und Gegenwart gehen wir von neuem an den Weiterbau des Werkes, das vor hundert Jahren gegründet wurde. Eine Gemeinschaft besteht nicht ohne menschliche Mitarbeit weiter; wir dürfen von der Vergangenheit nicht wie von einem Kapital zehren, von den Verdiensten und Opfern derer, die vor uns gewesen sind; uns muß all das, was uns die Vergangenheit geschaffen hat, ein Ansporn sein zum Weiterschreiten.

So soll denn unser Dank gegen Gott, unser Dank gegen die Heimgegangenen auch darin bestehen, daß wir uns bemühen, uns selbst und damit auch unsere Gemeinschaft immer mehr zu vervollkommnen. - Stolz dürfen wir sein, dem großen Orden der Barmherzigen Schwestern anzugehören, wir wollen tief diese Gnade empfinden. Wir wollen Gott danken für die Beispiele, die er uns gegeben, danken für alles, was wir im Orden an Schutz, Leitung und Führung haben. Aber wir wollen nicht stolz werden auf unsere Ordenszugehörigkeit, wie die Juden stolz waren auf ihre großen Ahnen, auf ihre Zugehörigkeit zum auserwählten Volke und seine wunderbaren Führungen. „Gott kann aus diesen Steinen Kinder Abrahams erwecken“, hat der Heiland ihnen gesagt (Luk 3, 8).

Die Freude über unsere Ordenszugehörigkeit, die Freude darüber, daß wir Barmherzige Schwestern haben werden dürfen, die soll uns aneifern, immer mehr Barmherzige Schwester zu werden.

Ehrwürdige Schwestern, ich weiß, wieviel Opfersinn, wieviel Gottinnigkeit, wieviel Gebetsgeist, wieviel Liebe zu makelloser Reinheit, wieviel innerliche Demut, wieviel wahrer Gehorsam und heilige Armut auch heute noch im Orden lebt!

Eure Aufgabe ist, dafür zu sorgen, daß der Geist sich nicht schwäche. Ja, das wäre noch nicht einmal genug, den Geist zu erhalten; wer nicht vorwärts schreitet, geht zurück, gerade im geistlichen Leben. Doppelt an diesem Ehren- und Freudentag, da wollen wir im Dank gegen Gott uns vornehmen, fortzuschreiten; der Orden wird nur innerlich und äußerlich wachsen, wenn die einzelne Ordensfrau innerlich wächst. Und mit dem Dank verbinden wir die Bitte an Gott für dieses Wachstum. Wir bitten ihn um Einsicht in unsere Schwäche, wir bitten ihn um Opfermut und Ausdauer.

Einsicht in unsere Schwächen. Messen wir uns nicht an denen, die mit uns schwach sind, vielleicht schwächer sind als wir. „Ich strecke mich nach dem, was vor mir liegt.“ (Phil. 3, 13). Schauen wir auf zu den Vorbildern, zu denen, die uns die frühere Zeit gegeben, zu denen, die wir unter uns haben. Wenn wir Schwächen an uns wahrnehmen - wer dürfte sagen, daß er nicht ein unnützer Knecht sei (Luk 17, 16) -, wenn wir bemerken sollten, daß wir noch nicht genug barmherzig sind, daß wir nicht immer und nicht alle Zeit im Nächsten den Heiland sehen, ob nun dieser Nächste gut und liebenswürdig oder abstoßend und böse ist, wenn wir nicht genug Schwester sein sollten, eine für alle und alle für eine, wenn wir nicht jeder unserer Ordensgenossinnen den schönen Namen Schwester aus vollem Herzen geben könnten und nicht für jede Mitschwester Schwester im wahren Sinne wären, dann wollen wir voll gläubigen Vertrauens von neuem den Entschluß fassen, nach dem höchsten Ideal zu streben. - Nicht aus unserer Kraft, aber aus der Kraft der Gnade, unterstützt durch soviel Gebet um uns herum, durch soviel Gebet, das aus der Ewigkeit von den heimgegangenen Schwestern zu Gottes Thron aufsteigt und als Gnadenflut auf uns zurückströmt.

Wenn ihr, liebe Schwestern, dies heutige Jubiläum so begeht, in diesem Dank gegen Gott für das, was ihr erhalten habt, und mit der demütigen Bitte, dessen immer würdiger zu werden, dann ist mir für die nächsten hundert Jahre des Ordens nicht bange. Dann wird der Orden seinen Weg gehen in Ruhe, im Sturm, im Frieden, im Kampf, geehrt oder verachtet, gelobt oder verleumdet, dann werdet ihr alles aus Gottes Hand annehmen und dann wird, da ihr Gott liebt, euch alles zum besten gereichen (Röm 8, 28). - Amen.

2

Denkschrift-Entwurf des Bischofs Konrad Graf von Preysing, für die Eingabe der deutschen Bischöfe vom 10. Dezember 1941 an die Reichsregierung. In der „Trümmerakte" in Münster ist die jahrelang für verschollen gehaltene Originalfassung des Denkschrift-Entwurfes des Berliner Bischofs gefunden worden. (BA Münster, Bischöfl. Sekr., Neues Archiv 0-62 Bl. 69-76). Erstmals wurde sie 1995 von Heribert Gruß in „Erzbischof Lorenz Jaeger als Kirchenführer im Dritten Reich" als Dokument XI veröffentlicht.

Die deutschen Bischöfe sind kraft ihres Amtes verpflichtet und durch die Entwicklung der innerstaatlichen Verhältnisse gezwungen, die Reichsregierung nachdrücklich auf den Ernst der durch die Bedrückung der katholischen Kirche und durch die Verletzung ewiger Gesetze verursachten Lage in Deutschland hinzuweisen. Dieser Ernst der Lage kommt auch dadurch zum Ausdruck, daß die Kirchenführer, die auf dem Boden der staatlich anerkannten Verfassung der deutschen evangelischen Kirche und der Bekenntnisse der Reformation stehen, gleichzeitig an die Reichsregierung abhilfeheischend herantreten. Wir weisen auf folgende Tatsachen hin:
Der Krieg fand und findet die Katholiken überall bereit, die gleichen Pflichten zu erfüllen, die allen auferlegt sind. Aber wir können es nicht verschweigen, der Krieg findet uns Katholiken nicht als Menschen gleichen Rechtes.

Er findet uns bedrängt und bedrückt durch Maßnahmen, die einer den Gesinnungen des Bolschewismus verwandten inneren Haltung verursacht sind. Hinter der Front wächst und wuchert, was die Front zerschlägt und vernichtet. Wir wollen nicht über Kleinigkeiten Klage führen. Es geht um mehr. Wie an der Front, so geht es auch in der Heimat um das Ganze. Trotz Krieg und Kriegsnot, die sonst alle inneren Gegensätze überbrücken, wird bei uns der Kampf gegen Gott und die Kirche immer heftiger. Als die nationalsozialistische Partei die Macht übernahm, ward versprochen, den neuen Staat auf die Säulen der christlichen Bekenntnisse zu bauen: Der katholischen Kirche gab das Reich im Konkordat sein Wort, ihr Leben und ihre Freiheit zu wahren. Die Behörden der Partei und des Staates aber bekämpfen die Kirche und verletzen Recht und Vertrag.

1. Es war versprochen und verbürgt: Die Kirche sollte die Freiheit haben, unter dem Schutz des Staates in aller Öffentlichkeit ihr Leben zu entfalten. Tatsache ist: Fort und fort wird von Organen der Partei und des Staates bewußt und planmäßig irgendwo irgendeine kirchliche Lebensäußerung unterdrückt. Die Seelsorge in Krankenhäusern ist durch die neuesten Erlasse auf das schwerste beeinträchtigt.

Der Erwerb von Grundstücken zur Errichtung von Gottesdienststätten ist in weiten Teilen des Reiches, selbst in Aufbaugebieten der Kirche, unmöglich gemacht. Eine Reihe von öffentlichen Kirchen ist geschlossen worden. Gottesdienste außerhalb von Kirchenräumen werden vielfach trotz dringenden Bedürfnissen untersagt. Man verbietet althergebrachte kirchliche Gebräuche und die Feier alter kirchlicher Feste. Selbst in das Heiligtum des Gotteshauses hat die Staatsanwaltschaft eingegriffen; sie hat in Teilen des Reiches Seelsorgestunden sogar in der Kirche verboten und Geistliche wegen Abhaltung von Kinder- und Jugendgottesdiensten in Haft genommen. In den wiedereroberten Gebieten wird das kirchliche Leben erdrosselt. So ist beispielsweise das Straßburger Münster seit langem schon dem Gottesdienst entzogen. Den Dom von Posen hat man zu einem Möbellager gemacht. Von den öffentlichen Kirchen der Stadt Posen dienen nur noch drei den Gläubigen zum Gottesdienst; 13 sind versiegelt, vier sind Möbellager, sechs Lagerräume; eine ist Buchsammelstelle, eine andere Musikschule, eine weitere Werkstätte für Kulissenmalerei und eine schließlich Reitschule. Von den 441 Kirchen der Erzdiözese Posen steht nur noch ein Zehntel (45) für den Gottesdienst frei. Die übrigen 396 sind versiegelt oder fremden Zwecken dienstbar gemacht.

2. Es war versprochen und verbürgt: Jeder Deutsche sollte in der Freiheit seines Gewissens nach seinem Glauben offen und frei, ohne Nachteil für seine Person und sein Fortkommen leben können. Tatsache ist: Beamte, deren Treue gegen den Staat ohne Tadel ist, fühlen sich als unzuverlässig, überwacht; müssen befürchten, nicht befördert, ja abgebaut zu werden, nur weil sie mannhaft und treu zu Christus und Kirche stehen. Heimgeholten Volksdeutschen wird häufig die Teilnahme am Gottesdienst unmöglich gemacht, ihre seelsorgerliche Betreuung oft erschwert und verhindert.

3. Es war versprochen und verbürgt: Christliche Eltern sollten in der Erziehung ihrer Kinder zu christlichen Menschen frei sein. Die katholische Bekenntnisschule, der katholische Religionsunterricht in den Volksschulen, in den Berufsschulen, in den Mittelschulen und höheren Lehranstalten sollte erhalten bleiben. Der Sonntag als Tag des Herrn sollte in der Zeit des Gottesdienstes frei sein vom Dienst in Hitlerjugend und Jungvolk.

Tatsache ist: Diese Rechte der Eltern werden ununterbrochen verletzt. Die Bekenntnisschule ist abgeschafft. Die konfessionellen Kindergärten sind teils geschlossen, im übrigen aufs schwerste bedroht. Der Religionsunterricht ist aus den Berufsschulen und den oberen Klassen eingeschränkt und in die Eckstunden verdrängt. Vielfach ist das Kreuz aus der Schule entfernt oder in Gefahr, entfernt zu werden. Aus Schulen und Kindergärten verschwindet das Gebet. Die Priester sind häufig ohne Angabe von Gründen aus der Schule verwiesen. Die Jugend ist oft durch außerplanmäßige Veranstaltungen der Staatsjugend vom Gottesdienst ferngehalten und wird planvoll gegen die Kirche und Elternhaus beeinflußt. Lager der erweiterten Kinderlandverschickung, Zuflucht und Hort vor leiblichem Tod durch feindliche Fliegerbomben, sind da und dort Stätten seelischer, religiöser und sittlicher Verwahrlosung. Vielfach wird das Landjahr und der Arbeitsdienst dazu mißbraucht, die Teilnehmer der Religion zu entfremden.

4. Es war versprochen und verbürgt: Christliche Glaubens- und Sittenlehre dürfe uneingeschränkt verkündet und unbehindert auch in Druckschriften verbreitet werden. Tatsache ist: Zahlreiche Priester sind unschuldig ihrer Freiheit beraubt, nur weil sie mutig und treu ihre Priester- und Hirtenpflicht erfüllt haben. Volksmissionen, Exerzitien und Einkehrtage sind weiterhin so gut wie verboten. Die kirchliche Presse wurde unter dem Vorwand von Kriegsnotwendigkeiten erdrosselt. Die christliche Buchproduktion ist fast gänzlich zum Stillstand gebracht. Die christusfeindliche Propaganda wird weiterhin durch Presse, Buch und Broschüre bestätigt.

Es war versprochen und verbürgt: Orden und religiöse Genossenschaften sollten keinen besonderen Schranken unterliegen. Tatsache ist: Man hat die katholischen Ordensleute, die im Lehramt oder in den Kindergärten tätig waren, größtenteils entfernt. Durch Verordnungen ist verfügt, daß arbeitsfähige deutsche Menschen nicht mehr in ein Kloster eintreten dürfen. So wird das deutsche Volk bald ohne die seelsorgerliche Tätigkeit der Ordenspriester und ohne die liebende, opferbereite Hingabe seiner katholischen Ordensschwestern sein.

Es war versprochen und verbürgt: Die Kirche dürfe Seminare (Knaben- und Priesterseminare), die unentbehrlichen Pflanzstätten der Priester unseres Volkes, errichten und leiten. Tatsache ist: Der Staat hat die meisten Ordensseminare ohne rechtlichen Grund aufgelöst, hat mehrfach Priesterseminare durch seine Geheime Staatspolizei beschlagnahmt und ihren Betrieb verboten.

Es ist weiterhin offenkundig, daß selbst die von Gott in seine Schöpfungsordnung gelegten unverrückbaren Gesetze staatlicherseits mißachtet und verletzt werden. Es handelt sich um jene Gesetze, welche die Grundpfeiler der christlichen, ja aller menschlichen Kultur sind und bleiben müssen. Es handelt sich um die Verletzung von Gesetzen, die nicht nur den deutschen Volksgenossen gegenüber nicht verletzt werden dürfen; wie es heute an der Tagesordnung ist. Dies fordert die deutsche

Ehre, sei es, daß es sich um Nichtarier oder um Angehörige von Völkern handelt, mit denen das Reich im Kriegszustand ist oder war.

Wir weisen hin auf: 1. Das naturgesetzliche Recht auf Schutz des privaten Eigentums. In letzter Zeit sind mehrere hundert, meist große Ordenshäuser, durch Gewaltakte der Geheimen Staatspolizei, der Partei und des Staates beschlagnahmt und teilweise enteignet worden. Zahlreiche Kirchen wurden geschlossen. wurden da und dort weltlichen Zwecken dienstbar gemacht, wurden vereinzelt entweiht oder geschändet. Zu solchen Freveln wurde sogar schulpflichtige Jugend gezwungen, deutsche Kinder, deren Väter und Brüder in Rußland die geschändeten Gotteshäuser öffneten und sie dem russischen Volk wieder schenkten. Die Wegnahme erfolgt ohne Recht und ohne Richter, ohne Verteidigung und ohne Beweise.

Wir Bischöfe legen gegen diese rechtlose Wegnahme kirchlichen Gutes feierlich Verwahrung ein und verlangen seine Rückgabe auch deshalb, weil wir das private Eigentum als die Grundlage aller Wirtschafts- und Sozialordnung schützen müssen und wollen. Denn was heute kirchlichem Gut widerfährt, kann morgen jedem Gut widerfahren.

Wir weisen hin auf: 2. Das naturgesetzliche Recht auf Schutz von Wahrheit und Ehre. Man gibt, um den unbegreiflichen Klostersturm zu rechtfertigen und geradezu als notwendig hinzustellen, entstellte Tatsachen an. Es ist unwahr, daß die Klöster sich geweigert hätten, ihre irgendwie entbehrlichen Räume für verwundete Soldaten, für Umsiedler, für Frauen und Kinder aus luftgefährdeten Gebieten zur Verfügung zu stellen. Wer von den Gegnern der Klöster hat auch nur annähernd so große Einschränkungen auf sich genommen! Und der Dank? - Ehrlos und rechtlos wie Vogelfreie wurden die Ordensleute vertrieben. Sie wurden vielfach gezwungen, in kurzer Frist, oft nur von wenigen Stunden, Haus und Hof zu verlassen, ohne Mittel und Obsorge, angewiesen auf gutherzige Menschen, ausgestattet nur mit den notwendigsten Armseligkeiten. Oft hat man sie ihrer Heimat beraubt, sie aus ihren Heimatgauen vertrieben. Jetzt werden die Mitglieder eines Ordens unterschiedslos und ohne Schuld aus der Wehrmacht entlassen. Wie jeder deutsche Soldat haben auch sie gekämpft, haben Blut und Leben eingesetzt, wurden vielfach ausgezeichnet. Nun nachdem eine Anzahl von ihnen gefallen ist, sollen sie unwert sein, für Volk und Heimat zu kämpfen und zu sterben. An der Front wie in der Heimat steht der überzeugungstreue Christ in der Erfüllung seiner vaterländischen Pflichten hinter keinem zurück: Trotzdem wagt man es, solche, die treu zu ihrem Glauben stehen, Staatsfeinde und Volksverräter zu nennen, nur weil sie Christen sind. Wir Bischöfe verwahren uns gegen diese Verletzungen von Ehre und Wahrheit. Jeder Untertan des Staates hat ein Recht auf Wahrheit und Ehre. Was heute unseren Ordensleuten, was heute den Christen geschieht, kann morgen jedem widerfahren.

Wir weisen hin auf: 3. Das naturgesetzliche Recht auf persönliche Freiheit. Tausende von Männern und Frauen schmachten in den Sammellagern der Geheimen Staatspolizei, ohne jemals von einem unabhängigen Richter einer Schuld überführt zu sein. Wir Bischöfe verwahren uns gegen diese ungerechte Vernichtung der persönlichen Freiheit. Wir tun es unserer verhafteten Brüder wegen. Wir tun es, weil die daraus entstandene Rechtsunsicherheit den Bestand des Staates untergräbt. Wir tun es, weil diese Vergewaltigung der persönlichen Freiheit der Würde des Menschen widerspricht.

Wir weisen hin auf: 4. Das naturgesetzliche Recht auf Leben.
Ebenso wie in Deutschland jeder ohne Schuld und ohne Richter seiner Freiheit beraubt werden kann, so kann er auch ohne Schuld und ohne Richter Gesundheit und Leben verlieren. Niemand kann die Gewaltmaßnahmen der Geheimen Staatspolizei überprüfen, und niemand hindert sie, nach Belieben über Tod und Leben zu verfügen. Tausende von Geisteskranken wurden im Zuge sogenannter planwirtschaftlicher Maßnahmen des Staates getötet. Tötung von Geisteskranken, gleich-

viel aus welchem Grund, ist und bleibt Mord. Zur Zeit läuft in Deutschland der Film „Ich klage an“. Der Film, der amtliche Förderung genießt, mißbraucht die edle Kraft des Mitleids mit menschlichem Elend. Er will zu dem Irrtum verführen, die Tötung unheilbar Erkrankter auf eigenes Verlangen hin sei erlaubt, die Tötung sogenannter „lebensunwerter“ Existenzen angemessen. Demgegenüber haben wir Bischöfe als Hüter der göttlichen Gesetze festzustellen: Nie und nimmer darf der Mensch über eigenes oder fremdes Leben verfügen, es sei denn durch gerechten Richterspruch verwirkt oder in Notwehr um eigenes oder das Leben des Volkes gefordert. Denn Herr über Leben und Tod ist Gott allein. Wird das fünfte Gebot an irgendeiner Stelle durchbrochen, so sind die Folgen unabsehbar. Schon heute erleben wir, daß selbst heilbar Erkrankte dem Arzt und Pfleger, sogar den eigenen Verwandten mißtrauen. Denn niemand ist seines Lebens sicher, wenn nicht unantastbar gilt: Du sollst nicht töten!

Alle diese Tatsachen, die der Reichsregierung durch ungezählte Eingaben und Beschwerden zur Kenntnis gebracht worden sind, haben eine tiefe Beunruhigung und Erregung im katholischen Volksteil und weit darüber hinaus hervorgerufen. Dazu kommt, daß seit Monaten in parteiamtlichen Druckschriften, Versammlungen und Schulungskursen eine Propagandawelle durch das Land geht mit einem furchtbaren Ziel: Noch während des Krieges, noch bevor die Soldaten nach Hause kommen, sollen Christentum und Kirche in Deutschland ausgerottet werden. Uns Bischöfe treibt bei dieser Vorstellung nicht das Verlangen nach Macht. Es geht um Recht und Gerechtigkeit, um Wahrheit und Wahrhaftigkeit, um die innere Gesundheit des deutschen Volkes, um die Aufrechterhaltung der Ordnungen Gottes, außerhalb derer der einzelne und das Volk trotz aller äußeren Erfolge zu Grunde gehen. Um die drohende Spaltung im Volke zu verhindern, um die sich zeigenden Risse und Sprünge auszufüllen, muß die Reichsregierung handeln. Unter diesen dauernden inneren Belastungen zerbricht die Volksgemeinschaft. So wenig wie nach dem Weltkrieg eine Weltordnung Bestand haben konnte, die die Spaltung der Völker in Sieger und Besiegte, in Besitzende und Besitzlose zur Grundlage hatte, ebensowenig kann die Ordnung eines Volkes bestehen auf der Scheidung in Mächtige und Machtlose, in Gewalttätige und Rechtlose. Diese innere Zerrüttung kann nicht durch Zwang und Gewalt überwunden werden. Darum richten wir an die Staatsführung die Bitte, diesem Treiben ein Ende zu machen, bevor es zu spät ist, durch öffentliche Erklärungen und unzweideutige Maßnahmen dem katholischen Volksteil sein Recht und dadurch Beruhigung zu verschaffen.

Wir richten diese Bitte an die Führung des Reiches um des Reiches willen, das Bestand haben soll, um des Volkes willen, das nicht in innerer Zerrissenheit und Not zu Grunde gehen soll, um unserer toten Helden willen, deren Opfer nicht vergeudet werden darf. Wir haben mit allem Freimut gesprochen. Wenn die Reichsregierung auch diesmal unseren Appell mißachtet, so übernimmt sie die Verantwortung für die unheilvolle Entwicklung der Zukunft.

3

Hirtenwort von Bischof Konrad von Preysing und der Kölner Kirchenprovinz vom 13./12. Dezember 1942

Die Adventszeit ist uns immer, und in diesem Jahre besonders, eine Mahnung zur Einkehr. Wir sehen die große Gestalt des hl. Johannes des Täufers vor uns, des Künders der Wahrheit und des Verfechters ewigen Rechtes, und hören seinen Ruf Metanoeite - Denket um (Mt. 3, 2)! Und es scheint mir, meine lieben Diözesanen, gerade die Adventszeit auch für uns die Gelegenheit zu fragen: In welcher Hinsicht muß die Welt umdenken, nachdem ihre bisherigen Grundsätze sie in Not und Leid geführt haben?

„Justitia et iudicium praeparatio sedis tuae", „Gerechtigkeit und Recht sind die Grundfesten deines Thrones", sagt der Psalmist. So wenig der Aufruhr der abtrünnigen Engel den Thron Gottes erschüttern konnte, so wenig kann die Menschheit die Grundfesten der Gottesherrschaft umstoßen. An diesen Grundfesten der Gottesherrschaft muß sich das Leben der Einzelnen und der Völker orientieren, an diesen Grundfesten der Gottesherrschaft wird sich der Wert jedes einzelnen und der Völker entscheiden, an diesen Grundfesten der Gottesherrschaft wird jede Abweichung von Recht und Gerechtigkeit früher oder später zerschellen.

Gott ist gerecht, ja er ist selbst die ewige Gerechtigkeit. Und darum verlangt er Gerechtigkeit auch von uns Menschen, die er nach seinem Ebenbilde erschaffen und zur Teilnahme an seinem ewigen Leben bestimmt hat. Er hat uns ausgestattet mit dem Licht der Vernunft, so daß wir erkennen können, was die Gerechtigkeit fordert, und Recht von Unrecht unterscheiden. Er hat in die Menschennatur hineingelegt eine natürliche Hinordnung zur Gerechtigkeit, einen natürlichen Abscheu vor der Vergewaltigung des Rechtes.

Recht ist also in seinem tiefsten Grunde ein Wert, der auf ewigen Grundlagen ruht. In seiner Gesamtheit ist es unabhängig von der Willkür des Menschen. Recht ist das, was den das Gemeinschaftsleben ordnenden unwandelbaren Grundsätzen entspricht, die Gott in die Herzen der Menschen geschrieben hat. Ein solcher Grundsatz ist: „Was ihr wollt, daß euch die Menschen tun, das sollt ihr ihnen tun." Ein solcher Grundsatz ist, daß das Leben der unschuldigen Einzelperson, ob des ungeborenen Kindes, ob des altersschwachen Greises, heilig ist und daß nicht Unschuldige mit Schuldigen oder an Stelle Schuldiger gestraft werden dürfen. Einen Menschen zu töten, ist nur erlaubt zur Bestrafung der Verbrechen durch die Obrigkeit, zur Verteidigung des Vaterlandes oder in gerechter Notwehr.

Recht ist nicht eine freie Schöpfung des Menschen. Recht ist nicht in die Willkür des einzelnen gelegt, nicht in die Machtfülle der Gemeinschaft, wenn auch begründeterweise bei den einzelnen Völkern die Rechtssysteme verschiedenartig sich ausgebildet haben. Recht kann nicht daran erkannt werden, ob eine Handlung Nutzen bringt oder nicht. Das Recht des Einzelnen wie der Gemeinschaft hat seine Grenzen im ewigen Recht. Gegen dieses ewige Recht kann der Einzelne nicht Recht schaffen, nicht Recht setzen; es kann dies auch die Gemeinschaft nicht; auch sie ist gebunden an das Recht, dessen Grundsätze in jedes Menschen Brust eingegraben sind. Es gibt ein ewiges, außerhalb menschlichen Willens liegendes, von Gott garantiertes Recht, eine klare und bleibende Scheidung von Gut und Böse, von erlaubt und unerlaubt.

Die Leugnung der Existenz eines objektiven Rechtes kommt aus der Nichtanerkennung der unbedingten Herrschaftsrechte Gottes. Wenn die Grundlage des Rechtes nicht außerhalb und über der Einzelpersönlichkeit, der Nation, ja auch außerhalb und über der ganzen Menschheit liegt, dann sind die Rechtsgrundsätze nach Zeit und Ort und Eigenart der Persönlichkeit oder des Volkes wandelbar durch den Willen des Menschen, und damit hört der Begriff des Rechtes auf. Recht ist etwas, das sich auch gegen das Interesse des Einzelnen und der Nation durchsetzen muß. Das Recht des Menschen muß auf dem Herrschaftsrechte Gottes beruhen, sein Streben nach Recht sich auf Rechtsgrundlagen aufbauen, die Gott in die menschliche Natur gelegt. Erst wenn die Herrschaftsrechte Gottes anerkannt sind, dann kann menschliches Recht der Willkür des Menschen entzogen sein, kann es Grundlage eines gesunden Staatswesens, Grundlage der Familie, Grundlage eines menschenwürdigen Daseins des Einzelnen, aber auch die Grundlage des Zusammenlebens der Völker auf der Erde sein.

Die Auflehnung gegen die Herrscherrechte Gottes hat im 16. Jahrhundert in großem Ausmaße ihren Anfang genommen. Es wurde dort der Primat der menschlichen Vernunft erklärt, der Einzelne als autonom, als sein eigener Gesetzgeber. Aus der Vernunft sollte alles Recht abgeleitet werden, unabhängig von Gottes Gesetz.

Die Kirche ist wie allen Zeitirrtümern auch diesem gegenübergetreten. Sie hat im Syllabus die Zeitirrtümer des Liberalismus verurteilt. Sein tiefster Irrtum liegt nicht in der Überbetonung des Rechtes des Einzelnen gegenüber der Gemeinschaft, er liegt in der Leugnung der Herrscherrechte Gottes, liegt in der Loslösung der Menschheit vom ewigen Gesetz. Aus dieser Wurzel kommt die Lehre von der schrankenlosen Freiheit und Selbstbestimmung des Menschen.

Im Laufe der Entwicklung hat die Philosophie den Schritt vom Individualismus zu einer Art Kollektivismus gemacht. Sie hat nicht mehr dem Einzelmenschen, sondern einer Gesamtheit, sei es der Menschheit, sei es einem einzelnen Volke, völlige Souveränität in Recht und Sitte zugesprochen. Ob dabei der Name Gottes genannt oder unterdrückt wurde, das, was Gott genannt wurde, war nicht der eine und dreieinige Gott, der Schöpfer und Erhalter, der Ursprung und das Endziel aller Kreatur, sondern er war gleichsam verhaftet an die Menschheit, an das einzelne Volk, an den Staat. Der Staat ward aufgefaßt als Manifestation, ja als Inkarnation dieses Gottes. Es war ein Gott, der mit dem einen wahren Gott nichts als den Namen gemeinsam hatte. Man sprach von Freiheit und Unabhängigkeit des Einzelnen oder der Gemeinschaft. Aber dies ist nicht die Freiheit, die vom ewigen Gesetz geschützt wird, ist nicht die Freiheit, die aus der Wahrheit stammt, ist nicht die wahre Freiheit. Aus dieser Verwerfung der Herrscherrechte Gottes ergibt sich Rechtsunsicherheit und Rechtsverwirrung, ja Rechtlosigkeit. Es wird an die Stelle der Gerechtigkeit die Macht gesetzt, an die Stelle des Rechtes der Nutzen. Wenn man sich einmal auf diesen Standpunkt gestellt hat, so ist das Wort Recht seines Inhalts beraubt. Wenn die Menschen, ob es sich um den einzelnen, um größere Gemeinschaften, um Völker handelt, sich nicht an ein unverrückbares, ewiges Gesetz gebunden fühlen, so kann nur Kampf und Streit, Haß und Zwietracht, Unordnung und Chaos entstehen.

Wenn tatsächlich Macht Recht schafft und Recht ist, dann kann es kein friedliches Zusammenleben der Einzelnen, der kleineren Gemeinschaften, der Völker geben. Dann muß notwendig der Kampf aller gegen alle einsetzen. Der Mächtige siegt, bis einer zu noch größerer Macht erstarkt und ihn wieder stürzt; es entsteht ein Leben, das nicht menschenwürdig ist, sondern an den Daseinskampf der vernunftlosen Geschöpfe erinnert.

Die Anerkennung der Herrscherrechte Gottes sichert dem Einzelnen, der Familie, dem Staate das jedem zugehörige Recht. Nicht weit sind die Zeiten hinter uns, da das Recht des Einzelnen so stark betont wurde, daß die Rechte der Gemeinschaften, der Familie, der Gemeinde, des Gemeinwesens ungebührlich zurückgetreten sind. Gegen diesen schrankenlosen Individualismus ist die Kirche entschieden aufgetreten.

Mit demselben Nachdruck tritt sie aber auch gegen die Aufhebung oder die ungebührliche Einengung des Rechtes des Einzelnen auf. Der Einzelne kann und darf nicht völlig aufgehen im Staat oder im Volke oder in der Rasse. Er, wer immer es sei, hat seine unsterbliche Seele, sein ewiges Schicksal. Er ist und bleibt für sich und jede seiner Taten verantwortlich. Gott hat ihm die Freiheit gegeben, und diese Freiheit muß ihm bleiben. Wie weit das gemeinsame Wohl auf die Freiheit des Einzelnen Einfluß nehmen kann, das ist bei den verschiedenen Völkern und in verschiedenen Zeiten verschieden gewesen. Aber das eine ist und bleibt sicher, daß keine Gewalt der Erde es unternehmen darf, einen Menschen zu Äußerungen oder Handlungen zu zwingen, die gegen sein Gewissen, die gegen die Wahrheit wären. Es ist sicher, daß in einem solchen Falle das Wort des Petrus gilt, das die Grundlage der Freiheit der abendländisch-christlichen Welt geworden ist. Vor den Hohen Rat gerufen, verwarnt, nicht mehr im Namen Jesu zu irgendeinem Menschen zu reden, sprechen Petrus und Johannes: „Urteilt selbst, ob es recht ist vor Gott, euch mehr zu gehorchen als Gott" (Apg. 4; 18, 19). Aus dieser Freiheit wird auch die Gemeinschaft ihren Nutzen ziehen, denn nur der freie Anschluß an die Gemeinschaft wird auf die Dauer bei schwerer Belastung standhalten.

Auch die Rechte der Familie sind Urrechte. Eine übergeordnete irdische Gemeinschaft kann ihr diese Rechte nicht nehmen, weil sie der Familie nicht von einer irdischen Gemeinschaft, sondern von Gott gegeben worden sind. Eltern haben ihren Kindern gegenüber Rechte und Pflichten, die ihnen nicht von einem übergeordneten Gemeinwesen abgenommen werden können. Zu diesen Rechten und Pflichten gehört - und das ist ein Gedanke, den der Heilige Vater oft und oft schon ausgesprochen hat - die religiöse Unterweisung und Erziehung der Kinder. Das ist ein Heiligtum, in das keine andere Macht eingreifen darf. Die Eltern haben das Recht und die Pflicht, die Kinder zu Christus zu bringen; und jeder Versuch, innerhalb der Familie oder von außen her diese Erziehung zu erschweren oder unmöglich zu machen, ist ein Unrecht.

Ein Staat, der die gottgegebenen Rechte achtet und sein Recht von Gott herleitet, begründet dadurch am tiefsten die Achtung vor der Autorität in den Herzen seiner Untertanen. Alle anderen Begründungen der Autorität sind unsicher; sie unterliegen dem Wechsel. Unverrückbar aber steht Gottes Wort, das die bestehende Gewalt als von Gott herrührend kennzeichnet und darum Gehorsam fordert, Gehorsam, der seine Schranken in Gottes Wort und Willen findet.

Wie die letzten Grundsätze des Rechtes nicht zeitbedingt sind, nicht Ausfluß völkischer Eigenart sein können, so kann das Recht und die Inanspruchnahme von Rechten und die Ausübung solcher Rechte auch nicht das Vorrecht eines einzelnen Volkes sein. Wer immer Menschenantlitz trägt, hat Rechte, die ihm keine irdische Gewalt nehmen darf. Es ist ein Ruhmesblatt in der Geschichte der Menschheit, daß das Recht der Fremden sich immer mehr entwickelt hat, daß das Völkerrecht diese Rechte näher umgrenzt und festlegt. All die Urrechte, die der Mensch hat, das Recht auf Leben, auf Unversehrtheit, auf Freiheit, auf Eigentum, auf eine Ehe, deren Bestand nicht von staatlicher Willkür abhängt, können und dürfen auch dem nicht abgesprochen werden, der nicht unseres Blutes ist oder nicht unsere Sprache spricht. Ein deutscher Philosoph, der für allzu viele richtunggebend geworden ist, hat hier einen verhängnisvollen Einfluß geübt. Er stellte auf, daß für besonders veranlagte Einzelpersönlichkeiten und für hochbegabte Völker es ein Jenseits von Gut und Böse, ein Jenseits von Recht und Unrecht gebe, daß sie frei seien, sich über all das, was Recht und Sittlichkeit gebieten, hinwegzusetzen; daß es ein ihnen zukommendes Recht sei, schwächeren Naturen und Völkern, die auf tieferer Kulturstufe stehen, oder wirklich oder vermeintlich, nicht soviel Vorzüge aufweisen, jedes Recht zu nehmen. Und es hängt mit diesem furchtbaren System zuinnerst zusammen, daß dieser Philosoph wie kein anderer die Existenz Gottes leugnet und damit eben auch die Existenz eines allgemein verbindlichen Rechtes.

Vor diesen Theorien muß ich euch, meine lieben Diözesanen, warnen. Gerade im Krieg, wo Macht gegen Macht steht, und Macht scheinbar alles vermag, stehen wir in Gefahr, das Recht gering einzuschätzen. Und doch kann nur durch die Anerkennung und Achtung des Rechtes für alle eine bessere Zukunft, ein gerechter Friede begründet werden. Prüfen wir uns selbst, wie weit der Gedanke eines ewigen, unwandelbaren Rechtes in uns lebt, wie weit wir der Überzeugung sind, daß gewisse Urrechte des Menschen keinem, wer immer es sei, versagt werden dürfen. Wir müssen uns klar darüber bleiben, daß ein Versagen solcher Rechte oder gar ein grausames Vorgehen gegen unsere Mitmenschen ein Unrecht am fremden, aber auch am eigenen Volke ist. Wenn einmal, so gilt hier der Satz: Das eben ist der Fluch der bösen Tat, daß sie fortzeugend Böses muß gebären.

Meine lieben Diözesanen! Metanoeite! Denket um! So rufe ich euch zu. Kein Irrtum, der sich in der Welt breit macht, bleibt ganz ohne Einfluß selbst auf treue Kinder der Kirche, auf solche, die wahre Jünger Jesu sein wollen. Halten wir darum fest, daß jedem sein Recht gegeben werden muß! Halten wir daran fest, daß dieses Recht alle schützt, die keiner persönlichen Schuld zu zeihen sind! Und halten wir weiter noch daran fest, daß dieses Recht allgemein und für alle gilt! Wir wollen im persönlichen Leben nie etwas beanspruchen, worauf wir kein Recht haben, nie etwas verweigern, was einem andern zusteht. Wir wollen den Geist der Redlichkeit, der Gerechtigkeit in uns pflegen. Bedenken wir immer, daß, wenn wir fremdes Recht achten, wir damit Gottes Herrscherrecht anerkennen und bekennen. Es segne euch der allmächtige Gott, der Vater und der Sohn und der Heilige Geist. Amen.

4

Bischof Konrad von Preysing schrieb am 17. Januar 1945 seinen langjährigen Freund Paul Graf Thun nach Wien über zeitbedingte persönliche Sorgen.

L. P.!

Sehr herzlichen Dank für Deinen langen Brief, der mich einigermaßen in Eure Situation in Wien versetzt hat. Nun gleich zu Deinem großmütigen Angebot wegen meiner Bücher. Die Fabers brauche ich nicht.„Schöpfer und Geschöpf"habe ich noch vom Buchhändler bekommen. Die „Geistlichen Konferenzen" sind auf englisch gerettet worden, und nach dem Krieg wird wohl das meiste neu aufgelegt werden, oder ich werde es antiquarisch bekommen. „Gesellschaft, Sitten und Sittengesetz" habe ich noch ein Exemplar, ebenso den Artikel über Hippolyt und Athenagoras. So würden sich meine Bitten auf folgende drei Dinge beschränken: Kardinal Bettinger, die Predigt für die Barmherzigen Schwestern und die Goldene Hochzeitsansprache. Bei Kardinal Bettinger denke ich immer noch mit Schmunzeln an die Kraftausdrücke, die Du gebraucht hast beim Durcharbeiten meines Manuskriptes. Übrigens war diese gemeinsame Arbeit für mich der erste richtige Deutschunterricht; und heute leiden alle meine Referenten unter meinem Purismus.

Sollte es mir beschieden sein, je wieder eine eigene Wohnung zu haben, so würdest Du zwar keines meiner Möbel, aber doch noch etliche Sachen wiederfinden: die zwei geistlichen Ahnenbilder, die Zeichnung von meiner Mutter, das Bild meines Bruders Albert, die Sienenser Madonna, den hl. Sebastian, den meine Mutter seinerzeit im Borgo Veccio um 2 Lire 50 gekauft hat, und bezüglich dessen Professor Hauser von der alten Pinakothek sie frug, unter welchem Namen sie das Bild gekauft hätte. Großer Triumph natürlich. Auch der Führich ist bislang noch erhalten.

Ich wohne nach wie vor eine gute Wegstunde von meinem Büro entfernt. Hätte ich nicht einen ziemlich starken Muskelrheumatismus in den Schultern, würde ich mich recht wohl befinden. Es ist freilich etwas einsam draußen, aber bei den vielen Alarmen würde man wohl auch in der Stadt recht einsam sein.

Das Schicksal von München geht mir nahe. Ich habe doch so viele Jahre dort als Laie und als Priester gelebt und kannte Alt-München wirklich gründlich. Daß nicht nur das großelterliche Palais in der Prangerstraße, sondern auch das wunderschöne Hohenaschauesche hinter der Feldherrnhalle ausgebrannt ist, ist nicht nur für die Familie, sondern auch für alle kunstliebenden Leute ein Jammer. Ich zittere für das Schicksal von Landshut, obwohl dort meines Wissens gar keine Industrie ist; der Bahnhof ist schon angegriffen worden. Von Kronwinkl schrieb mir mein Bruder Alhart, allerdings mit etwas übertriebener Besorgnis, daß sie in der Villa keinen rechten Keller hätten.

Ich lese mit Interesse, wenn auch mit Anstrengung, eine sehr gründliche Arbeit von Henri Lubac „Catholicisme". - Die sehr beruhigende Möglichkeit, die man hat, mit Hilfe des Radios die Luftlage ständig kontrollieren zu können, hat den großen Nachteil, daß man eben sehr viel Zeit verliert beim Anhören der „Tante Myo", wie wir hier sagen. Vom Tod von Karl Aretin höre ich erst durch Dich. Mir ist auch sehr leid um ihn. Ich habe seine Eltern so gut gekannt, den Vater auch auf den Tod vorbereitet. Ich will versuchen, der Witwe zu schreiben, weiß nur ihre Adresse nicht genau, aber Münchsdorf/N.B. wird schon irgendwie ankommen.

Am 20.1. jährt sich der Tod meines Sekretärs. Ich werde im Franziskuskrankenhaus, wo ich voriges Jahr die Exequien hielt, eine Totenmesse lesen für gar manche, die sich seiner noch mit Dankbarkeit erinnern. Eine Biographie von ihm ist im Rohbau fertig, nicht von mir geschrieben. Es würde mich Dein Urteil über sie interessieren, aber man kann so schwer etwas verschicken heute.

Hoffentlich ist Gräfin Gabrielle wieder ganz wohl. Das Prinzip, mal eine Grippe gründlich auszukurieren ist richtig. Ich habe es zweimal nicht getan und bekam einmal eine Trombose davon und das zweite Mal als ich eine sehr dringende Firmfahrt einlegen mußte bei strömendem Regen etc., hatte ich nachher noch 14 Tage mit der Sache zu tun.

Nun Gott befohlen!

Konrad

5

Pastorale „Christliche Grundsätze für das öffentliche Leben" vom 24. Juni 1945

Liebe hochwürdige Mitbrüder!

Nach den schweren Tagen und Wochen, die hinter uns liegen, sende ich Euch allen einen herzlichen Gruß mit der Versicherung meines Gebetsgedenkens, das besonders innig war, als die Schrecken der Offensivschlachten unser Bistum heimsuchten. Ich gedenke in Dankbarkeit aller meiner Diözesanpriester, die in diesen schweren Tagen inmitten ihrer Herde ausharrten und Schrecken und Entbehrungen mit ihren Gläubigen trugen.

Es liegt ein neuer Zeitabschnitt vor uns, von dem wir nichts wissen, nichts wissen können, als daß auch über ihm Gottes Hand waltet. Und so wollen wir mit Gottvertrauen in die Zukunft gehen und von neuem mit ganzem Herzen dem Herrn sagen: Hier bin ich, sende mich!

Wir werden und können die Grundsätze nicht ändern, die uns in den letzten zwölf Jahren der Kirchen- und Christenverfolgung geleitet haben. In diesen harten Jahren des Kampfes hat unser Bistum schwere Wunden und Verluste erlitten. Die katholischen Organisationen sind aufgelöst, die katholische Presse ist vernichtet, die katholischen öffentlichen Schulen sind uns genommen. Hinzu kommen noch die infolge des Krieges ganz oder teilweise zerstörten Kirchen, Anstalten und Pfarrhäuser in Berlin, Brandenburg und Pommern. Schwerer noch als all diese Verluste wiegen die Verwüstung und Verwirrung, die die nationalsozialistische Parteidoktrin in den Seelen der Menschen heraufgeführt hat. Lüge und Ungerechtigkeit, Zwang und Unterdrückung haben hier unermeßlichen Schaden angerichtet. Vor allem die Entweihung der Ehe die Zerstörung der Familie, die Vergiftung der Jugend haben verhängnisvoll gewirkt und werden noch lange so wirken.

Beim Anblick des verhängnisvollen Erbes des Nationalsozialismus für Volk und Kirche erfüllt es mich trotz allem mit Trost und Zuversicht, daß mein Klerus und das gläubige Volk in den Tagen der Verfolgung den Grundsätzen Christi und seiner hl. Kirche Treue gehalten haben. In Dankbarkeit und Ehrfurcht gedenke ich aller Mitbrüder und Gläubigen, die für Gewissensfreiheit und Menschenrecht eingetreten, gegen Lüge und Ungerechtigkeit aufgetreten sind. Viele haben dafür mit Freiheit, Blut und Leben bezahlen, haben dafür Schmach und Drangsal in Gefängnissen, Zuchthäusern und Konzentrationslagern auf sich nehmen müssen. Ich möchte heute nur die Gestalt des seligen Dompropstes Lichtenberg vor Euren Augen erstehen lassen, des Priesters ohne Furcht und Tadel, der nach zweijähriger entbehrungsreicher Haft während seiner Verschleppung nach Dachau zusammenbrach und starb. Sein Vergehen war, daß er gegen die allen Rechtsbegriffen hohnsprechende Judenverfolgung durch ein Gebet eingetreten war und durch eine - im Entwurf vorliegende- Kanzelvermeldung noch weiter eintreten wollte und - obwohl das in dem Prozeß nicht Verhandlungsgegenstand war - weil er in einem Brief an den damaligen Reichsärzteführer in heiligem Zorn sich gegen die Tötung Geisteskranker gewandt hatte. Eine Mutter hatte ihm eben ihr Leid geklagt, daß als sie ihr Kind aus der Anstalt holen wollte, dasselbe bereits ermordet worden war.

Beim Rückblick auf die Gefahren der letzten zwölf Jahre wollen wir Gott danken, quia non sumus consumpti (weil wir nicht dahingerafft worden sind). In Zukunft wollen wir den gleichen Gedanken und Zielen wie in den vergangenen Jahren des Kampfes dienen, unserem Gewissen folgend, gehorsam der Lehre Christi, denn Er hat die Worte des ewigen Lebens.

Was war die tiefste Wunde der vergangenen Zeit? Die Erschütterung, ja die Auflösung des Gedankens des Rechtes. Das Recht ward von seinem Urgrund, von Gott, gelöst und auf den Flugsand irdischen Nutzens, irdischen Erfolges, irdischer Meinung gestellt. An dem Rechtsgedanken festzuhalten, wird unsere heilige Pflicht sein, und ihn keiner Zeitströmung, keiner Opportunität zu opfern. Ich Erinnere Euch, daß Ihr im Dezember 1942 trotz allen Wagnisses und trotz aller Gefährdung einen Hirtenbrief zur Verlesung gebracht habt, in dem es hieß:

„Recht ist also in seinem tiefsten Grund ein Wert, der auf ewigen Grundlagen ruht. In seiner Gesamtheit ist es unabhängig von der Willkür des Menschen. Recht ist das, was den das Gemeinschaftsleben ordnenden unwandelbaren Grundsätzen entspricht, die Gott in die Herzen der Menschen geschrieben hat ...

Recht ist nicht eine freie Schöpfung des Menschen. Recht ist nicht in die Willkür des Menschen gelegt, nicht in die Machtfülle der Gemeinschaft, wenn auch begründeterweise bei den einzelnen Völkern die Rechtssysteme verschiedenartig sich ausgebildet haben. Recht kann nicht daran erkannt werden, ob eine Handlung Nutzen bringt oder nicht ... Es gibt ein ewiges, außerhalb menschlichen Willens liegendes, von Gott garantiertes Recht, eine klare und bleibende Scheidung von Gut und Böse, von erlaubt und unerlaubt."

Liebe hochwürdige Mitbrüder, so wie ich Euch und meine Diözesanen 1942 aufforderte, im persönlichen und öffentlichen Leben an Recht und Gerechtigkeit festzuhalten und dafür einzutreten, so rufe ich Euch zu: Sorgt mit allen Kräften dafür, daß in unserem Volk Recht und Gerechtigkeit wieder hergestellt und gesichert werden, iustitia est fundamentum regnorum (die Gerechtigkeit ist die Grundlage der Staaten). So darf auch nur der Gedanke an die Wiederherstellung des Rechtes, nicht der Wunsch nach Rache unsere Gläubigen in der jetzigen Zeit leiten.

In folgendem möchte ich Euch noch an einige wesentliche Grundsätze erinnern, die uns Leitmotiv für unsere praktische Arbeit sein müssen, Grundsätze, die insbesondere die Päpste Leo XIII., Pius XI. und Pius XII. in ihren Enzykliken niedergelegt haben.

Das erste Grundrecht, das nicht durch eine Majorität und nicht durch das Diktat eines Staates gegeben und auch nicht genommen werden kann, ist das Recht der Persönlichkeit. Und wenn wir dieses Recht der Persönlichkeit hochhalten, so schützen und bewahren wir die wahre Menschlichkeit. Die Persönlichkeit hat das Recht auf das Leben, auch auf ein sogenanntes „lebensunwertes" Leben. Wir denken mit Schaudern zurück an die furchtbaren Ausschreitungen, die in diesen letzten zwölf Jahren gleichsam als Recht verübt worden sind, die Tötung Alter, Kranker, geistig Minderwerter, die Verstümmelung von Menschen, die zu einer erbgesunden Fortpflanzung nicht geeignet schienen, die Tötung der Kinder im Mutterleib aus denselben Gründen. Zu den Rechten der menschlichen Persönlichkeit gehört das Recht, eine Ehe einzugehen, Eigentum zu erwerben, zu besitzen und zu vererben. Vor allem gehört zu den Rechten der Persönlichkeit das Recht auf Freiheit des Gewissens. Dieses heilige Menschenrecht, durch das Christentum erst in die Menschheit gekommen, müssen wir immer und überall verteidigen. „Urteilt selbst, ob es gerecht ist, Menschen mehr zu gehorchen als Gott." Aus der Freiheit des Gewissens ergibt sich die Freiheit der Religionsübung, die ja auch auf unerträgliche Weise eingeschränkt war.

Besondere Aufmerksamkeit und Hingabe muß dem Aufbau und der Pflege der Familie gelten. Soweit unsere Kräfte und unser Einfluß reichen, wollen wir uns dafür einsetzen, daß auch die notwendigen äußeren Voraussetzungen für ein gutes Familienleben gesichert werden (Wohnungsfrage, Lohnfrage). Heilig halten müssen wir das Recht der Familie, das ein Urrecht ist, vom Staat nicht gegeben und vom Staat nicht aufzuheben, das Recht der Eltern, die Kinder nach ihrer Überzeugung zu erziehen, woraus sich auch das Recht auf die religiöse Erziehung in der Schule und durch die Schule ergibt. Die Kirche fordert nicht das Recht der Bestimmung der weltlichen Fächer, das ist Aufgabe des Staates, aber sie fordert, daß die Schule einträchtig mit dem Elternhaus an der religiösen Erziehung der Kinder mitwirkt.

In der Weimarer Verfassung, die sicher ihre Schwächen hatte, war u.a. doch das zu begrüßen, daß das Recht der Familie, das Elternhaus in bezug auf die Kinder einigermaßen sichergestellt war, Die Eltern hatten ihre menschlich begründete Einflußnahme auf die Art der Schule, in der ihre Kinder gebildet werden sollten. Dieses Recht hat der Nationalsozialismus ausgehöhlt und schließlich vernichtet trotz feierlich eingegangener Verpflichtung im Konkordat 1933.

In der Erziehung der Jugend müssen wir vor allem danach streben, daß wieder Wahrheit und Wahrhaftigkeit, Recht und Gerechtigkeit, Freiheit und Selbstverantwortung die herrschenden Mächte in den Seelen der heranreifenden Menschen werden. Haß und Rache gegen einzelne wie gegen andere Völker und Rassen müssen aus den Seelen der jungen Menschen ausgetilgt, statt dessen der Geist der Versöhnlichkeit und christlichen Liebe gesät werden. Im Adventshirtenbrief von 1942 habe ich damals öffentlich vor dem Philosophen gewarnt, aus dessen Gottesleugnung die Leugnung jeder Menschlichkeit entsprungen ist: Friedrich Nietzsche. Und es wird weiter unsere Aufgabe bleiben, das Gift aus den Herzen gerade der Jugend zu nehmen, das aus dieser Philosophie in sie geflossen ist. Furchtbar hat sich diese Irrlehre ausgewirkt im Inland wie in den besetzten Gebieten.

Für unsere heilige Kirche wollen wir vor allem die Freiheit ihrer gottgegebenen Mission wieder auf den Gebieten durchsetzen, die uns der Nationalsozialismus versperrt hat. Ich werde keine Mühe scheuen, um wieder die periodische katholische Presse, insbesondere das Katholische Kirchenblatt, dieses in der modernen Seelsorge unentbehrliche Mittel der religiösen Führung und Beeinflussung, wieder aufzubauen. Ebenso werde ich mich für das katholische Schrifttum einsetzen. Für die Katholiken werden wir wieder Vereins- und Versammlungsfreiheit in Anspruch nehmen.

Für den Staatsaufbau haben die Päpste in ihren Enzykliken unermüdlich die Beachtung der Gesetze organischen Wachstums von unten nach oben gefordert. Eine Ursache unseres Unglücks ist in dem uniformen staatlichen Zentralismus zu sehen, der mit den Machtmitteln der Bürokratie und Polizei die organischen Volkstumskräfte verkümmern ließ und das Verantwortungsbewußtsein erdrückte. Die Weisheit unserer heiligen Kirche, die sich auf eine jahrtausendlange Erfahrung gründet, wie auch auf die gesunden Grundsätze der philosophia perennis, lehrt uns in bezug auf den Aufbau des Staates: Es dürfen nicht alle Funktionen in einer Spitze vereinigt werden. Vielmehr entspricht es der menschlichen Natur und verbürgt allein ein gesundes Staatsleben, wenn den untersten und unteren Organen oder Zellen der Gesellschaft, der Familie, der Gemeinde und kleineren Zusammenfassungen von Gemeinden alle Funktionen überlassen werden, die sie von sich aus erfüllen können. Es ist nicht unbegründet, wenn ich auch davon spreche; denn mir will scheinen, daß die Unnatur des verflossenen Staatssystems auch sehr vielen Katholiken nicht klar geworden ist. Das verflossene Staatssystem läßt sich mit einer Pyramide vergleichen, die man mit der Spitze in den Boden senkt. Genau so unvernünftig war der Staatsaufbau.

Für das Verhältnis von Kirche und Staat ist uns die kirchliche Lehre richtungweisend, daß eine friedliche und verständnisvolle Zusammenarbeit das zu erstrebende Ziel ist. Wenn wir an unsere Aufgaben gehen, wollen wir uns klar sein, daß es langdauernder, dornenvoller Arbeit bedürfen wird, unser Volksleben wieder aufzubauen. Die Kirche wird bei dem schweren Aufbauwerk einen entscheidenden Beitrag leisten können und leisten.

Was das politische Leben anlangt, so möchte ich darauf hinweisen, daß es für uns Christen Grundsatz bleibt, keine Erklärungen abzugeben oder Schritte zu tun, die sich nicht völlig mit Wahrheit und Ehre vereinbaren lassen, daß sich das Wirken im politischen Leben von den katholischen Grundsätzen (ich habe die wichtigsten oben dargelegt) leiten lassen muß.

Ich bitte die hochwürdigen Mitbrüder, wenn Gefahr ist, dafür einzutreten, daß die Rechte der Kirche nicht mißachtet werden, und vor allem in der Zeit, die vor uns liegt, die eine Zeit der Not sein wird, mit weitem Herzen und offener Hand zu versuchen, das Elend zu lindern.

Nolite timere, ex hoc jam homines eritis capientes (vgl. Luc. 5,10) (Fürchtet euch nicht, von nun an werdet ihr Menschenfischer sein.).

Berlin-Hermsdorf, den 24. Juni 1945

gez. + Konrad
Bischof von Berlin

6

Konrad Kardinal von Preysing am 21. Januar 1948 an den Heiligen Stuhl zur religiösen Lage in der Ostzone:

1. Die religiöse Lage in meiner Diözese ist im allgemeinen nicht unbefriedigend, doch stößt, wie in der ganzen Ostzone, die seelsorgliche Betreuung in der eigentlichen Diaspora (Brandenburg und Pommern) auf große Schwierigkeiten, vor allem durch den Priestermangel. Eine Anzahl Seelsorger ist noch in Gefangenschaft, eine große Anzahl habe ich durch den Krieg und die nazistische Verfolgung verloren. Viele sind durch die Überbelastung, die der politische Druck, der Krieg und der Nachkrieg gebracht haben, in ihrer Leistungsfähigkeit stark herabgesetzt. Von den Theologen sind eine Anzahl gefallen und dabei ist durch das Einströmen der Flüchtlinge das Bedürfnis nach neuen Seelsorgstellen groß. Wenn die Orden, besonders die Missionsorden, auch nur vorübergehend mehr Kräfte in die Ostzone abgeben würden, so wäre dies ein großer Gewinn. Ich weiß, daß die Oberen nur zögernd an diesen Gedanken herangehen, weil sie durch das Aufhören der Vita communis eine Schädigung des Ordensgeistes befürchten; aber außerordentliche Notstände verlangen nach außerordentlichen Maßnahmen; wenn es möglich ist, daß in Heidenländern Missionare jahrelang vereinzelt wirken, so müßte das doch auch in unseren Verhältnissen möglich sein, wobei zu beachten ist, daß in unserer Diaspora der Priester nie so isoliert ist, wie in einem eigentlichen Missionsland.

Kirchenbesuch, Sakramentenempfang, Besuch des Religionsunterrichtes ist, den Verhältnissen entsprechend, nicht schlecht. In der Zone ist das Verbot aller kirchlichen Organisationen ein starkes Seelsorgshindernis.

Die Seelsorge leidet weiterhin unter dem Mangel an religiösen Büchern, Katechismen, Biblischen Geschichten, Gebet- und Gesangbüchern, wie auch unter dem Mangel sonstiger religiöser Literatur, religiöser Zeitschriften. Mein Verlag, der Morus-Verlag, bemüht sich für die Diözese und, soweit wie möglich, für die übrigen Teile der Ostzone, insbesondere für Görlitz, dem abzuhelfen. Aber das Papier ist viel zu knapp, um ausgiebig katholische Literatur herzustellen. Dazu kommt, daß die amerikanische Militärregierung durch Papiermangel sich veranlaßt sah, seit kurzem meinem Kirchenblatt, dem „Petrusblatt", nur mehr Papier für eine Auflage von 40 000 statt für 60 000 Exemplare zu liefern. Für einige Zeit kann ich aus Papier, das mir durch Spenden amerikanischer Katholiken, anläßlich meiner Reise nach USA, zu erwerben möglich war, die Auflagezahl des „Petrusblattes" auf 65 000 erhöhen. Aber um auch nur Berlin und Görlitz ausreichend zu versorgen, wäre eine Auflage von 100 000 nötig. Dabei ist Meißen und auch die Anteile westlicher Diözesen, die sich in der Ostzone befinden, außer Betracht gelassen. Der Mangel an katholischem Schrifttum ist umso fühlbarer, als in der Ostzone eine Überfülle von materialistisch orientierter marxistischer Literatur erzeugt und verbreitet wird.

Eine weitere Schwierigkeit für die Seelsorge ist der Mangel an geeignetem Kirchenraum. Wenn es möglich wäre, Baracken zu erhalten, würde einem fühlbaren Mangel abgeholfen.

Großen Segen hat die Möglichkeit, Caritas zu üben, auch seelsorglich gebracht. Wir sind dafür Seiner Heiligkeit tief dankbar, der der notleidenden Ostzone sich so liebreich annimmt. Auch von Nordamerika kamen manche Gaben über die N.C.W.C., ebenso von Irland.

Leider kommen die päpstlichen Kundgebungen aus Rom nur mit großer Verspätung zu uns. Die Enzyklika „Mediator Dei" ist z.Zt. noch nicht in meiner Hand und ich würde so gern diese Kundgebung zugleich mit der Enzyklika „Mystici corporis" in einer größeren Auflage verbreiten.

Sorge macht die kirchliche Finanzlage. Die kirchlichen Depots sind, wie alle anderen Depots in der Ostzone, beschlagnahmt und damit wohl auch enteignet. Die Summe, die Berlin (Gesamtverband und Diözese) dabei verloren hat, beläuft sich auf ca. 8 000 000 RM. Die Steuereingänge sind trotz der stark erhöhten Einkommensteuer, nach der die Kirchensteuer erhoben wird, viel niedriger als in den Jahren vor 1945. Bis jetzt hat die Ostzone durch den Bonifatius-Verein Unterstützung erhalten; wenn aber einmal eine Regelung der Währung die wirkliche Armut des deutschen Volkes ganz fühlbar macht, und wenn eine eventuelle Abschnürung der Ostzone die Hilfe von Westen und Süden nicht mehr zuläßt, kann die finanzielle Situation sehr schwierig werden, besonders, da der Aufbau von zerstörten Kirchen, Kapellen und Pfarrhäusern und die Neugründung von Seelsorgstellen (insbesondere für Flüchtlinge) große Anforderungen stellt.

Die Gehälter sämtlicher Geistlichen sind stark herabgesetzt worden. Die Staatsdotationen aus dem Konkordat (133 521 RM) sind seit dem Zusammenbruch fortgefallen.

2. Die Frage einer zentralen Verwaltungsstelle in Berlin, scheint mir z.Zt. zur Verwirklichung noch nicht reif. Die Anteile von Osnabrück, Paderborn, Fulda und Würzburg können mit ihren Ordinarien noch verkehren und Weisung und Hilfe von dort erlangen. Würde eine zentrale Verwaltungsstelle jetzt geschaffen, so könnte es als Vorwegnahme politischer Entwicklungen aufgefaßt werden, die wohl im Bereich der Möglichkeit liegen, aber deren Eintreten noch nicht sicher ist; eine solche Stelle könnte im Augenblick vielleicht sogar die Trennung der Ostzone von der West- und Südzone beschleunigen. Immerhin möchte ich mir die Anregung erlauben, eine solche zentrale Verwaltungsstelle, mit eventueller Delegation von Vollmachten ins Auge zu fassen, so daß sie nötigenfalls in kürzester Zeit ins Leben gerufen werden könnte.

Zur Zeit finden vierteljährlich Zusammenkünfte der Kommissäre und Ordinariatsvertreter der gesamten Ostzone in Berlin statt, bei denen Bischof Wienken oder ich präsidieren. Besonders die Kommissäre des Osnabrücker, Paderborner und Fuldaer Anteils begrüßen diese Zusammenkünfte sehr. Meißen verhält sich etwas reserviert. Görlitz hat einen ständigen Vertreter in Berlin; zu den Zusammenkünften kommt auch noch ein besonderer Vertreter. Diese Zusammenkünfte könnten unschwer jetzt schon häufiger stattfinden und alle Beratungsgegenstände, die gemeinsam interessieren, zur Debatte stellen.

3. In den Anteilen von Osnabrück, Paderborn und Fulda amtieren bereits Kommissäre, die von ihren Ordinarien Vollmachten erhalten haben. Im letzten Jahr konnten auch die Ordinarien zu Firmungen und Visitationen die östlichen Teile ihrer Diözesen bereisen. Zur Zeit ist es wohl wünschenswert, daß ein enger Anschluß der Ostteile an die Stammdiözesen gewahrt wird, weil eben doch noch diese Anteile einen starken Rückhalt an ihren Diözesen haben. Sollte die Ostzone stärker von den Westzonen abgetrennt werden, dann wäre wohl, wie unter 2. ausgeführt, eine zentrale Verwaltungsstelle wünschenswert und evtl. auch die Aufstellung von Weihbischöfen.

Schließlich möchte ich noch bemerken, daß Görlitz und Meißen in vielleicht noch größerer Bedrängnis sind als diese Anteile, da sie völlig in der Ostzone liegen und, außer von Berlin, auf keinerlei Unterstützung rechnen können.

gez. Konrad Cardinal von Preysing
Bischof von Berlin

7

Preysings Weihnachtsansprache im RIAS im Jahre 1950 zur wahren Dimension des Friedens. Vier Tage nach dem plötzlichen Tod von Kardinal Preysing hat der RIAS seine vorher aufgezeichnete Verkündigungssendung zum Weihnachtsfest 1950 gesendet. Sie nahm auch zur politischen Friedensdiskussion während des Kalten Krieges Stellung und wurde zum Abschiedswort des ersten Berliner Kardinals an die Öffentlichkeit in Ost und West.

Da die Zeit erfüllt ward, ergießt sich Lichtschein über die gesegneten Fluren von Bethlehem, und der Engelsang tönt nieder: „Ehre sei Gott in der Höhe und Friede auf Erden den Menschen, die eines guten Willens sind." Die Weihnachtsfriedensbotschaft klingt heute stärker in den Herzen wider als je, da doch die unglückliche Welt so friedlos ist und friedlos zu bleiben scheint.

Wir müssen aber auf der Hut sein zu glauben, daß das Wort „Friede" ein eindeutiges Wort ist. Der Friede, den die Engel verkündet haben, ist der Friede Christi, der Friede in der Anerkennung der Herrscherrechte Gottes. Dieser Friede schließt den Haß aus, dieser Friede beschränkt sich nicht darauf, daß die Völker sich gegenseitig nicht bekriegen, dieser Friede erwächst im eigenen Volk und aus dem Volksfrieden dann der Völkerfriede. Friede ist Ruhe in der Ordnung, sagt Thomas von Aquin.

Die christliche Definition des Begriffes „Friede" enthüllt uns, wie so viele Friedensparolen von heute falsch sind. Es wird das Wort „Friede" gebraucht und verfälscht, genau so wie zur Zeit des vergangenen Regimes so viele christliche Worte umgebogen wurden und einen anderen Sinn bekommen sollten. Ich denke an die furchtbar mißbrauchten Worte „Vorsehung", „Wunder", „Wallfahrt" usw. Heute ist es nicht viel anders.

Friede ist nun einmal ein christlich geprägtes Wort, und Antichristen haben kein Recht, dieses Wort ohne einschränkendes Beiwort zu gebrauchen, weil sie eben den wirklichen Frieden nicht meinen und nicht wünschen. Es gibt viele Leute, die vom Frieden sprechen, denen es aber nicht störend erscheint, daß im eigenen Volk Unfrieden und Unrecht herrschen. Friede, die Ruhe in der Ordnung, kann nicht getrennt werden vom Recht. Und darum müßte das erste Bestreben sein, im Volk selbst eine Friedenssituation und Rechtssicherheit zu schaffen, all die Gefängnisse zu öffnen, in denen Unschuldige schmachten, die Kriegsgefangenen zu erlösen, die schon so lange auf die Heimkehr hoffen. Das sind Vorbedingungen für den Frieden, und wer sie nicht setzen will, hat kein Recht, das Wort „Friede" in den Mund zu nehmen.

„Den Frieden hinterlasse ich euch, meinen Frieden gebe ich euch." Es ist, als ob der Heiland am Vorabend seines bitteren Leidens schon auf unsere heutige Situation hätte anspielen wollen, da er den Frieden der Welt von seinem Frieden unterscheidet. Voraussetzung eines wahren Friedens ist die Achtung des Rechtes, wie dies Pius XII. ausgeführt hat, des Rechtes auch der kleinen und kleinsten Völkerschaften und des Rechtes des einzelnen, des Rechtes auf Leben, auf Freiheit und Gewissensfreiheit. Wo diese Mindestforderungen nicht garantiert sind, kann keine Ordnung sein und keine Ruhe in der Ordnung, kein Friede.

Eine dauernde und stabile Rechtsordnung läßt sich nicht erhalten, wenn das Volk oder der Einzelmensch das „Ehre sei Gott in der Höhe" übersieht und vernachlässigt. Wenn wir den Frieden wie das Recht auf rein menschliche Erwägungen gründen, so werden sie nicht Bestand haben. Es mag eine Zeit gegeben haben, wo man allzusehr die menschliche Seite der Ordnung im Volk und unter den Völkern betont hat; aber diese Auffassung hat Schiffbruch gelitten.

So viel ist klar, daß, wenn wir Friede sagen und nach Frieden streben, es nicht ein Friede ist, der die Zwietracht übertüncht, sondern ein Friede, der wirklich bis in die letzten Zellen der menschlichen Gesellschaft geht und wirksam wird. Leute, die den Haß predigen, Haß zwischen Völkern, Haß zwischen Klassen, Haß zwischen einzelnen, sind keine Friedensbringer. Das Wort „Friede“ in ihrem Mund hat eine ganz andere Bedeutung als bei uns. Leute, die die Freiheit des einzelnen und ganz besonders die Freiheit des Gewissens leugnen und aufheben, sind auch Leute, die nicht das Wort „Friede“ in den Mund nehmen sollten, denn ohne Freiheit für den einzelnen ist keine Ordnung möglich.

Wir wissen wohl, daß auch die Freiheit zur Unordnung führen kann, aber der Mißbrauch eines Gutes rechtfertigt nicht die Aufhebung dieses Gutes. Wir wissen, daß ohne Freiheit kein menschenwürdiges Staatswesen und kein Zusammenleben der Völker gegeben sein kann.

Wir wollen hoffen, daß dieses Jahr 1950, das nun zu Ende geht, doch trotz aller äußeren Sturmzeichen der Beginn einer Friedensära sein möge. Wir wollen hoffen und beten, daß unseren Gefangenen die Freiheit gegeben werde als Beginn einer Bemühung um den Frieden. Wir wollen hoffen, daß in diesem neuen, kommenden Jahr, das auch ein Annus Domini, ein Jahr des Herrn, ist, den Kranken Erleichterung, den Darbenden Besserung ihrer Lage gegeben werde. Wir wollen für uns und in unserem Bereich den Frieden suchen, den Frieden durch das Recht und den Frieden in der Liebe.

8

Predigt zum 100. Geburtstag Konrad Kardinal von Preysings, gehalten von Bischof Dr. Joachim Meisner am 24. August 1980 in der St. Johannes-Basilika in Berlin-Kreuzberg

Die Patriarchen sind Prototypen, Urbilder für die eigene christliche Existenz. Das läßt sich in hervorragender Weise von Abraham sagen. In ihm ist das Heilsverhältnis Gottes zum Menschen entworfen und programmatisch dargestellt! Sein Leben ist Vorschau jenes großen und immer noch nicht abgeschlossenen Dramas von der Aktion Gottes und der Reaktion des Menschen. In diesem Rahmen wollen wir das Profil des dritten Berliner Bischofs betrachten, des Kardinals Konrad Graf von Preysing, der am 30. August dieses Jahres 100 Jahre alt würde und der die Berliner Kirche in den schweren Jahren von 1935 bis 1950 geleitet hat.

Um das gleich recht zu verstehen: Es geht nicht darum, daß Abraham zu einem Mann mit blutigen Händen wird, sondern zu einem Mann mit leeren Händen; zu einem Mann, der wieder einmal nichts hat außer Gott, zu einem armen Mann. Ein armes Herz haben, heißt, sich mit Gott allein begnügen. „Gott allein genügt!", sagt die große Theresia. Vielleicht müssen wir das auch über die 15 Berliner Jahre von Kardinal Preysing als Bilanz schreiben: Ein Mann, der nichts hatte außer Gott. Vergangenheit und Heimat hergeben, wenn einem Zukunft und ein neues Land verheißen ist, das mag noch angehen. Auch wenn jeder weiß, wie sehr man an seiner Vergangenheit hängt. Aber nicht nur die Vergangenheit, auch die Zukunft soll Abraham hergeben, an der für ihn alles hängt: seine ganze Hoffnung und Gottes ganze Verheißung. Und wieder weiß jeder, wie sehr wir alle an ganz bestimmten Hoffnungen und Erwartungen hängen; wie schwer es uns fällt, die eigenen Zukunftspläne für Neues, Unerwartetes offen zu halten.

Was mag von den Plänen des Einführungsjahres 1935 im Sterbejahr des Kardinals 1950 noch übriggeblieben sein? Seine Kathedrale lag in Trümmern. Das bischöfliche Haus und viele Kirchen des Bistums waren im Bombenhagel untergegangen. Vor wie vielen Särgen treuester Mitarbeiter, die das braune Unrechtsregime umgebracht hat, mußte er stehen? Der Kardinal war arm geworden wie Abraham. Ein Mann, der nichts mehr hatte außer Gott. Darum trifft auf ihn die erste Seligpreisung zu: „Selig die Armen, denn ihnen gehört das Himmelreich!" Ein armseliger Bischof.

Abraham brach auf zum Berge Morija, so wie er damals aus Ur in Chaldäa aufgebrochen war. Nur daß Abraham inzwischen Erfahrungen mit Gott gemacht hatte. Er kannte Gott. Freilich nicht den Gott, der ihm jetzt befahl, seinen einzigen Sohn zu opfern. Aber er machte sich auf, um einem Gott zu folgen, den er so noch nicht kannte. Er war bereit, neue Erfahrungen mit Gott zu machen. Und wieder begreifen wir, wie schwer uns das fällt, neue Erfahrungen zu machen mit dem Gott, den wir so noch nicht zu kennen meinen. Das kann nicht Gottes Wille sein, sagen wir dann, weil wir diesen Willen noch nicht begreifen. Das kann doch keinen Sinn haben, sagen wir, weil wir den Sinn noch nicht sehen. Wir wollen Gott festlegen, aber Gott geht weiter. Er ist für unsere Erfahrung kein unwandelbarer, sondern ein sich wandelnder Gott, der uns immer wieder ein anderes Gesicht zeigt. In wie viele Gesichter Gottes hat Kardinal Preysing in Berlin schauen müssen? Wieviele neue Erfahrungen mußte er mit Gott machen? Was war ihm alles zugemutet worden? Ich kann mir nicht denken, daß er seinen Weg in Berlin über die Trümmerberge hinweg voller Bitterkeit und Auflehnung ging oder daß er wie versteinert vor Schmerz war. Nein, ich glaube, er ging seinen Weg wie Abraham mit einer ganz verrückten Zuversicht, die seinem Wissen und seiner Furcht weit voraus war. Er hielt gegen Gott an Gott fest. Abraham hatte nicht nur den grausamen Befehl im Ohr, sondern immer zugleich auch die alte Verheißung: „Ich will dich zu einem großen Volke machen und will dich segnen und du sollst ein Segen sein." So behielt Kardinal von Preysing das Verheißungswort Christi zu aller Zeit in seinem Ohr: „Werft die Netze aus!" so daß er für unser Bistum bis heute zum Segen geworden ist.

Man hat Abrahams Gehorsam einen blinden Gehorsam genannt. Aber Abraham sieht. Er sieht das Haus, das er zurückläßt und das ihm nichts mehr bedeuten wird, wenn er ohne Isaak zurückkehrt. Er sieht Isaak, seinen einzigen Sohn. Und er sieht Gott, den Gott, den er doch kennt und dessen gutes Gesicht er hinter dieser unheimlichen Maske wiederfinden möchte. „Gott wird für das Opfertier sorgen", sagt Abraham. Das ist keine barmherzige Lüge und Ausrede für Isaak. Das ist Abrahams Hoffnung, eine Hoffnung freilich, die noch nicht sieht, was sie hofft. Und sie gingen miteinander weiter. Es ist, als machte da nicht nur Abraham Erfahrungen mit Gott, sondern als machte Gott auch selber Erfahrungen mit diesem Manne Abraham. Als wüßten beide noch nicht, Gott und Abraham, wie weit sie einander vertrauen können. Menschlich gesagt: Dem Vater im Himmel klopft das Herz, ob der Vater auf Erden sein Sohn bleibt.

Kardinal von Preysing war ein Mann des Gehorsams Gott gegenüber. Dafür bürgt sein Wahlspruch: „In verbo tuo" - auf dein Wort hin! Auch dieser Gehorsam war nicht blind, sondern sehend. Dieser Gehorsam wußte, daß Gott aus Schutt und Asche seine Verheißungen wahr machen konnte. „Gott wird sorgen!" Darum baute er nach dem Krieg trotz aller Zweifel „auf sein Wort hin" das Bistum neu auf in eine ungewisse Zukunft hinein. Weil aber alle Zeiten Gottes Zeiten sind, ist auch jede Zukunft Gottes Zukunft.

Der Blick in die Vergangenheit unseres Bistums erfüllt uns mit Dankbarkeit über Gottes Großtaten im Leben des Kardinals Konrad Graf von Preysing, daß der Vater im Himmel sehen durfte, daß der Vater unseres Bistums damals auf Erden sein Sohn geblieben ist. Dieser Blick schenkt uns aber auch Ermutigung für Gegenwart und Zukunft, denn wie es war im Anfang, so jetzt und alle Zeit und in Ewigkeit. Amen.

9

Der Berliner Bischof Georg Kardinal Sterzinsky hat in der Mitternachtsmesse 1992 in der St. Hedwigs-Kathedrale gepredigt und dabei auch das Wirken seines Vorgängers Konrad Kardinal von Preysing gewürdigt. In der vom Ersten Deutschen Fernsehen übertragenen Predigt hieß es u.a.:

Hier in St. Hedwig wurde heute vor 50 Jahren die letzte Christmesse vor der Zerstörung dieser Kathedrale gefeiert. Ein Vierteljahr später gehörte sie zu den zahllosen Ruinen dieser Stadt. Kurz vor Weihnachten hatten die Katholiken des Bistums Berlin einen Hirtenbrief ihres Bischofs Konrad von Preysing gehört, eines der mutigsten Dokumente des geistigen Widerstands, Lichtpunkt in dieser finsteren Zeit der Geschichte unseres Volkes.

Wie ein Bußruf des Johannes, des großen Heiligen des Advent, war dieser Hirtenbrief ein einziger Aufruf zur Umkehr: zur Abwendung von der „Vergewaltigung des Rechts."

Bischof Preysing, der in der Unterkirche unserer Kathedrale seine letzte irdische Ruhestätte gefunden hat, spricht in seinem Hirtenbrief über das Recht des Menschen, das jeglicher - auch staatlicher Willkür entzogen ist. Umgeben vom Gejohle und den Verbrechen der Herrenrassen-Ideologen sagt er - öffentlich! - Unerhörtes für die Ohren der damaligen Machthaber: „Wer immer Menschenantlitz trägt, hat Rechte, die ihm keine irdische Gewalt nehmen darf."

Wer immer Menschenantlitz trägt. Der Bischof nennt sie beispielhaft: das ungeborene Kind, den altersschwachen Greis und den Fremden. Klingt das nicht, als wäre dies für heute gesprochen?!

Diese Worte waren eine Ungeheuerlichkeit für die Nationalsozialisten; denn sie hatten die Macht, und was Recht war, meinten sie bestimmen zu können. Über die Beziehung von Macht und Recht schreibt Bischof Preysing: „Wenn ... Macht Recht schafft" und wenn Macht „Recht ist, dann kann es kein friedliches Zusammenleben der einzelnen, der kleinen Gemeinschaften, der Völker geben...; es entsteht ein Leben, das nicht menschenwürdig ist, sondern an den Daseinskampf der vernunftlosen Geschöpfe erinnert."

Viele von uns haben zwar nicht unter der Nazi-Diktatur leiden müssen, aber dennoch einen ähnlichen Umgang mit dem Recht erlebt, so, daß mancher jüngere DDR-Bürger schließlich meinte, Recht sei identisch mit den Gesetzen des SED-Staates. Gehört das nicht überhaupt zu den Kennzeichen ungerechter Machthaber, daß sie selbstherrlich auch über den Menschen verfügen? Mit Phrasen wie: „Recht ist, was dem Volk oder was der Gesellschaft nützt", versucht man das Unrecht zu bemänteln - leider nicht selten unter dem Applaus der jeweiligen öffentlichen Meinung.

Schwestern und Brüder, wir sind glücklich darüber, daß wir heute nicht mehr in einem totalitären Regime, welcher Färbung auch immer, leben müssen. Doch täuschen wir uns nicht: auch Mehrheitsentscheidungen einer Demokratie müssen sich daran messen lassen, ob sie dem Recht entsprechen, dessen Grundlage unwandelbare und unverfügbare Werte sind; ob sie dem Grundsatz der Goldenen Regel folgen: „Was ihr wollt das euch die Menschen tun, das sollt ihr ihnen tun," oder ob sie wieder ein „Recht" schaffen, das dem Vorteile bringt, der die Macht hat. - Nicht nur Positionen in der öffentlichen Diskussion zu Fragen des Schwangerschaftsabbruchs, auch manche Äußerungen zur Asylanten- und Flüchtlingsfrage müssen hellhörig machen.

Das Wort Bischof Preysings gilt: „Wer immer Menschenantlitz trägt hat Rechte, die ihm keine irdische Gewalt" - ich füge hinzu: auch nicht die Gewalt eines demokratisch verfaßten Gemeinwesens! -„nehmen darf".

ANMERKUNGEN

I

1 Beispielsweise vertritt Ludolf Herbst, Prof. für Zeitgeschichte an der Berliner Humboldt Universität, in seinem Buch „Das nationalsozialistische Deutschland 1933-1945" die Auffassung, Krieg und Rassenpolitik seien der Mittelpunkt des NS-Staates gewesen. Der Kirchenkampf wird dabei total ausgeblendet.
2 Bernd Jürgen Wendt, Deutschland 1933-1945. Das Dritte Reich, S. 278.
3 Eine willkürlich aus dem Zusammenhang gerissene Äußerung Preysings im Februar 1937 soll offenbar den Eindruck erwecken, er habe im Gegensatz zu Bischof Galen den Nationalsozialismus wenigstens teilweise positiv beurteilt. Er habe demnach anerkannt, daß „der Nationalsozialismus in Berlin zweifellos die der Religion und Sittlichkeit sehr gefährlichen Agitationsarten des Sozialismus und Kommunismus und viele Erscheinungen des Schmutzes und Schundes beseitigt habe“ (M.A. Zumholz in: J. Kuropka, Hrsg. Clemens August Graf von Galen. 1992 S. 211). Tatsächlich hat Preysing jedoch lediglich die Wirkungen des NS-Regimes in seinem alten Bistum Eichstätt mit denen in Berlin verglichen. Während sich das scheinbar positive Urteil über den NS-Staat nur auf die Berliner Öffentichkeit bezog, hielt Preysing den Nationalsozialismus in Eichstätt dagegen für „nur destruktiv“, weil es dort „solche Verfallserscheinungen auf sittlich- religiösem Gebiet nicht gegeben habe“ (Adolph, Aufzeichnungen, S. 46).
4 Denzler/ Fabricius, Christen und Nationalsozialisten, S. 113.
5 Ludwig Volk, Konrad Kardinal von Preysing, Zeitgeschichte in Lebensbildern, Bd. 2, S. 100.
6 So der Historiker Kurt Finker in „Graf Moltke und der Kreisauer Kreis“, erschienen 1978 im Union -Verlag (Ost-Berlin). Von seinem damaligen ideologischen Umfeld und damit von seiner parteilichen Perspektive der Geschichtsschreibung hat sich Finker in der 1993 im Dietz-Verlag erschienenen, überarbeiteten und erweiterten Neuauflage teilweise distanziert.
7 Dr. jur. Paul Graf von Thun und Hohenstein (1884-1963), Legationssekretär, Lyriker und Essayist, langjähriger Freund und Briefpartner Preysings.
8 Gräfin Elisabeth zu Stolberg, Cousine Preysings mütterlicherseits, starb 1985 im Alter von 95 Jahren in Arolsen.
9 Maria Anna Benedikta Spiegel von und zu Peckelsheim OSB (1874-1950), wurde 1926 zur Äbtissin der Abtei St. Walburg in Eichstätt geweiht; 1949 Ehrenbürgerin von Eichstätt.
10 Ludwig Volk, Die Fuldaer Bischofskonferenz von der Enzyklika „Mit brennender Sorge“ bis zum Ende der NS-Herrschaft, in Dieter Albrecht (Hrsg.) „Katholische Kirche im Dritten Reich“, S. 94.

II

1 Gedruckter Vortrag „Zur Lage“, gehalten auf der 43. General-Versammlung der Genossenschaft katholischer Edelleute in Bayern am 26. Januar 1919, Diözesanarchiv Berlin (künftig zitiert: DAB) Briefsammlung Thun V 16 -13-2 (jeweils mit Datumsangabe).
2 Informationen von Manfred Berger, „Ida Seele Archiv“ Dillingen.
3 Schüler des Landshuter Gymnasiums waren u.a. die Schriftsteller Ludwig Ganghofer (1855-1920), Ludwig Thoma (1867-1926) und Hans Carossa (1878-1956) und auch der Reichsführer SS Heinrich Himmler (1900-1945).
4 Bernhard Schwerdtfeger, Konrad von Preysing, Bischof von Berlin. Zur Vollendung des 70. Lebensjahres hrsg. vom Bischöflichen Ordinariat Berlin, 1950, S. 30.
5 Mündliche Informationen von Gräfin Lidvine von Preysing
6 Mündliche Information von Sophie Fröhlich, geb. Gräfin von Preysing.
7 Der Kirchenschriftsteller Hippolyt (geb. um 160 n.Chr.) war der erste Gegenpapst der Kirchengeschichte. Der Zweite Kanon der heiligen Messe geht auf ihn zurück. Er und der rechtmäßige Papst verzichteten in der Verbannung auf ihr Amt. Sie erlitten in Sardinien den Martyrertod. Die Gebeine Hippolyts ruhen heute in der Basilika St. Margareta in Düsseldorf.
8 Monachium Sacrum, Festschrift zur 500-Jahr-Feier der Metropolitankirche zu Unserer Lieben Frau, Bd. I, S. 556.
9 Näheres in Reinhard Bauer/Ernst Piper, München - Die Geschichte einer Stadt, S. 281 f.
10 Konrad Graf Preysing, Kardinal Bettinger nach persönlichen Erinnerungen, Regensburg 1918, S. 6 f.
11 Ebd. S. 13.
12 Hans-Jörg Nessner in: G. Schwaiger (Hrsg.), Das Erzbistum München und Freising im 19. und 20. Jahrhundert, München 1989, S. 223.
13 Ebd. S. 224.
14 Ludwig Litzenburger, Anekdotisches vom Konklave 1914, in: „Münchener Theologische Zeitschrift“ 38 (1987); S. 182 f.
15 Ebd. S. 189.
16 Schwerdtfeger, Preysing S. 15.
17 H.-J. Nesner, S. 225.

III

1 DAB, ohne Datum.
2 Ebd.
3 Preysing, Kardinal Bettinger, S. 11.
4 DAB, 17.1.1945.
5 Ebd. 5.4.1926.
6 Ebd. 14.1.1916.
7 Schwerdtfeger, Preysing, S. 39.
8 DAB, 1.9.1917.
9 Mündliche Information von Otto Groetschel (†1997); bestätigt durch Provinzialat der Norddeutschen Provinz der Steyler Missionare in Bottrop am 21.5.1996.

10 Zum Namenstag der bayerischen Königin am 14. Oktober 1918 schrieb Faulhaber: „Was immer kommen mag, die katholische Geistlichkeit und das katholische Volk werden in den schweren Tagen des Friedens ebenso treu zu unserem geliebten Allergnädigsten König und zum angestammten Königshaus stehen wie in den schweren Tagen des Krieges." (Volk, Faulhaberakten I, S. 39).
11 10.12.1923; Ludendorff, Erich (1865-1937), Erster Generalquartiermeister bei der Obersten Heeresleitung im Ersten Weltkrieg; führender Teilnehmer beim „Hitler-Putsch" am 9. November 1923; mit seiner Frau Mathilde gründete er 1926 den „Tannenbergbund", der zahlreiche antisemitische und antikirchliche Publikationen herausbrachte.
12 DAB, 10.12.1917.
13 Ebd. 31.1.1923.
14 Personalakte Konrad von Preysing im Archiv des Erzbistums München und Freising.
15 DAB, 4.12.1917.
16 Ebd. 16.10.1927.
17 Ebd. 13.11.1927.
18 Die 43-seitige Broschüre erschien 1927 als Heft 15 der Schriftenreihe im Dr. A. Pfeiffer Verlag, München.
19 DAB, 15.3.1927.
20 Ebd. 9.1.1933.
21 Vorwort Preysings zu F.W. Faber, Schöpfer und Geschöpf, Regensburg 1930, S. 7.
22 DAB, 21.7.1925.
23 Zwischen 1924 und 1932 sind im Regensburger Verlag Josef Habbel folgende von Preysing übersetzte Werke von F.W. Faber erschienen:„Von der Güte" (1924 und 1946 im Morus-Verlag), „An der Schwelle der Ewigkeit" (1925), „Geistliches Leben" (1926), „Selbsttäuschung"(1927), „Schöpfer und Geschöpf" (1930) und „Fortschritt der Seele"(1932).
24 DAB 15.5.1924.
25 Ebd. 12.8.1924.
26 Ebd. 5.4.1926.
27 Ebd. 7.11.1928.
28 Ebd. 16.10.1927.
29 Um welche Person es sich handelte, war nach Rückfrage beim Erzbistum München und Freising nicht zu ermitteln.
30 römisches Archiv der Gesellschaft Jesu.
31 Ebd. Athenagoras war einer der Apologeten des 2. Jahrhunderts und ist durch sein „Diatesseron", eine Evangelienharmonie, besonders bekannt geworden. Papst
Kallistus (Calixtus), der von 217 - 222 regierte, wurde von Gegenpapst Hippolyt des Laxismus beschuldigt, weil er Unzuchtsünder wieder in die Kirche aufnahm und Ehen zwischen adligen Frauen und Sklaven anerkannte.
32 Bleistein, Rupert Mayer - Leben im Widerspruch, S. 391.
33 DAB, 5.3.1929.

IV

1 DA Eichstätt, Nachlaß Ferdinand von Werden, Korrespondenz mit Bischof Matthias Ehrenfried, Schreiben vom 26.7.1932.
2 Schematismus des Bistums Eichstätt 1932.
3 DAB 7.11.1932.
4 DA Eichstätt.
5 Neumayer, P. J. Naab, S. 345.
6 Witetscheck, P. J. Naab, S. 165.
7 Hirtenworte in ernster Zeit, S. 5.
8 Stasiewski, Bischöfe I, S. 7.
9 Ebd. S. 15.
10 Ebd. S. 15.
11 Ebd. S. 17.
12 Ludwig Volk, „Päpstliche Laudatio auf Hitler?“ in: Stimmen der Zeit, 173 (1963/64) S. 221 ff.
13 Stasiewski, Bischöfe I, S. 18.
14 DA Eichstätt, wie Anm 1.
15 Dazu Ludwig Volk, "Zur Kundgebung des deutschen Episkopats vom 28. März 1933“ in "Stimmen der Zeit“, 173 (1963/64) S. 431 ff.
16 Hürten, Katholiken, S. 190.
17 Stasiewski, Bischöfe I, S . 67 f.
18 Ebd. S. 126 ff.
19 Ebd. S. 140 ff.
20 Ebd. S. 123.
21 Ebd. S. 195.
22 Ebd. S. 238.
23 Volk, Episkopat S. 117.
24 Ebd. S. 119.
25 Volk, Episkopat, S. 111.
26 Völkischer Beobachter, 23./24. Juli 1933.
27 Amtsblatt Bamberg, 14. September 1933.
28 Nachlaß Faulhaber.
29 DAB, 9.1.1933.
30 Ebd. ohne Datum.
31 Konrad von Preysing, Thomas Morus zum Gedächtnis, in: Hochland 32 (1934/1935) Bd. I, 1-11.
32 Mündliche Information von Brun Appel, Diözesanarchivar Eichstätt.
33 Der von Reichskanzler Heinrich Brüning im Rahmen von Arbeitsbeschaffungs- maßnahmen 1932 gegründete „Freiwillige Arbeitsdienst“ wurde zwar erst am 26. Juni 1935 durch das Gesetz über die Arbeitsdienstpflicht für alle Männer zwischen 18 und 25 Jahren umgewandelt. Aber seit Frühjahr 1933 stand die Freiwilligkeit oft nur noch auf dem Papier.
34 Volk, Episkopat, S. 118.
35 DA Eichstätt.
36 Ebd.
37 Volk, Faulhaber II, S. 452 f.
38 Ebd.
39 Ebd.
40 Matthias Buschkühl (Hrsg.), Joseph Lechner 1893-1954 Gelehrter und Kämpfer gegen den Nationalsozialismus, Ausstellungskatalog und Dokumentation, Eichstätt 1993.
41 Mündliche Information von Dr. Wolfgang Haendly.
42 DAB, 24.12.1934.

V

1 Die Geheimakten des „Ministeriums der geistlichen und Unterrichts-Angelegenheiten, Geistliche Abteilung“ sind erst nach der Wende für die allgemeine Forschung zugänglich. Sie gehören heute zum Bestand des Bundesarchives, Berlin-Lichterfelde (BArch).
2 BArch, Ministerium der geistlichen und Unterrichts-Angelegenheiten, G II, 21806, Acta secr. bzw. des Bischofsstuhls in Berlin, 1929-1945, Bl. 127 f.
3 Ebd. Erst durch das Preußenkonkordat 1929 war die Errichtung der Breslauer Kirchenprovinz ermöglicht worden mit dem Erzbistum Breslau und den Suffraganbistümern Berlin und Ermland sowie der Freien Prälatur Schneidemühl, S. 205.
4 Näheres bei Höhle, Michael: die Gründung des Bistums Berlin, S. 265ff.
5 BArch, 21806, Bl. 130.
6 Ebd, Bl. 132.
7 Ebd., Bl. 139.
8 Ebd., Bischofsernennungen in einem Bistum in Preußen regelten sich nach den Bestimmungen des Preußen-Konkordats. Danach reicht das Domkapitel des vakanten Bistums und die Bischöfe des Landes Preußen dem Vatikan Listen geeigneter Kandidaten ein. Der Heilige Stuhl benennt dann äunter Würdigung dieser Listen“ dem Domkapitel drei Personen, „aus denen es in freier, geheimer Abstimmung den Erzbischof oder Bischof zu wählen“ hat. Der Artikel 6 bestimmt ferner, daß der Heilige Stuhl keinen Kandidaten zum Bischof ernennen werde, „von dem nicht das Kapitel nach der Wahl durch Anfrage bei der Preußischen Staatsregierung festgestellt hat, daß Bedenken politischer Art gegen ihn nicht bestehen“. Möglicherweise hatte der Osterhirtenbrief Galens vom März 1934 den besonderen Argwohn der staatlichen Behörden geweckt. Darin wandte er sich gegen „die Neuheiden“, die „nicht nur diese oder jene Lehre der Kirche bekämpfen, sondern ... die Fundamente der Religion und der gesamten Kultur“ zerstören.
9 Adolph, Preysing, S. 23.
10 Ebd. S. 23.
11 BArch., 21806, Bl. 133 f.
12 Ebd., Handschriften-Vergleiche lassen den Schluß zu, daß dieser Vermerk aus der Feder des ehemaligen Münchener Priesters Albert Hartl (1904-1982) stammt.(Lebenslauf BArch., Außenstelle Zehlendorf, ehem. Document-Center). Der vor seiner Suspension im Erzbischöflichen Seminar in Freising in der Erziehung des Theologennachwuchses tätige Hartl setzte sich seit 1929 für die Ziele der NSDAP ein, wurde SS-Mitglied und war von 1939-1941 als SS-Obersturmbannführer Leiter der Abteilung IV B (Politische Kirchen, Sekten, Juden) im RSHA und damit Vorgesetzter von Adolf Eichmann. Seine Insider-Kenntnisse über Preysing beleuchten dessen Ruf im Erzbistum München und Freising.
13 Franz Ritter von Epp (1868-1946), konservativer Freikorpsführer, seit 10.4.1933 Reichsstatthalter in Bayern, NSDAP-Mitglied, aber später mehr und mehr parteiinterner Kritiker Hitlers.
14 BArch., 23080, RM f. kirchliche Angelegenheiten, Bl. 555, Vermerk Bl. 557
15 Adolph, Preysing, S. 23/24.
16 Ebd.
17 BArch, wie Anm 14.
18 St. Willibalds-Bote Nr. 29/21.7.1935.
19 Adolph, Aufzeichnungen, S. 73.
20 DA-Eichstätt.
21 DAB, 1.8.1938.
22 Ebd. 15.9.1935.
23 Nr. 187 vom 7.7.1935.
24 SA-Gruppenführer Hanns Kerrl (1887-1941) war Sympathisant der „Deutschen Christen“ und sollte seit 16. Juli 1935 als Reichskirchenminister die allgemeine Gleichschaltung der christlichen Kirchen fördern.

25 Volk, Faulhaber II, S. 91 f.
26 Adolph, Hirtenamt, S. 121.
27 Volk, Faulhaber II, S. 91 f.
28 Adolf Hitler Monologe im Führerhauptquartier 1941-1944. Die Aufzeichnungen Heinrich Heims. Hrsg. von Werner Jochmann. Hamburg 1980, S. 338.

VI

1 Preysing, Kardinal Bettinger, S. 10.
2 Quellen in: Hehl, Priester unter Hitlers Terror, I, S. 892.
3 Das 967 gegründete Bistum Meißen ging in der Reformationszeit unter. Bischof Johann IX. von Haugwitz resignierte in die Hände des protestantisch gewordenen Domkapitels und trat 1587 selbst zum lutherischen Glauben über. Nur die Jurisdiktion über die Lausitz ist dem katholischen Dekan des Bautzener Kollegiatsstifts, Johann Leisentritt (1527-1586), übertragen worden.
4 Hürten, Widerstand, S. 293.
5 Amtsblatt des Bistums Meißen.
6 Auskunft Ordinariatsrat Dr. Siegfried Seifert aus Dresden vom 11 Januar 1996.
7 Mündliche Information von Dr. Marianne Pünder an den Autor
8 Einzelheiten dazu bei Siegfried Seifert: „Das Bistum Meißen von 1933-1945 unter besonderer Berücksichtigung des Devisenprozesses“ (Vortrag).
9 Adolph, Preysing, S. 31.
10 Stasiewski, Bischöfe III, S. 117 f.
11 Ebd. S. 119 f.
12 Adolph, Aufzeichnungen, S. 92.
13 Stasiewski Bischöfe III, S. 302.
14 Ebd. S. 303.
15 Katholische Kirchenzeitung für das Bistum Berlin 1936, Nr. 13.

VII

1 DA Eichstätt.
2 Stasiewski, Bischöfe III S. 304 f.
3 Adolph, Aufzeichnungen, S. 13.
4 Volk, Faulhaber II, S. 126 ff.
5 Ebd. S. 184 ff.
6 Adolph, Aufzeichnungen S. 120 f.
7 Volk, Faulhaber in: Zeitgeschichte in Lebensbildern Bd. 2, S. 109.
8 Volk, Bischöfe IV, S. 66.
9 Adolph, Preysing, S. 73.
10 Hürten, Katholiken, S. 73.
11 Adolph, Aufzeichnungen, S. 59.
12 Adolph, Preysing S. 79 f.
13 Schneider, Papstbriefe S. 330.
14 Adolph, Aufzeichnungen, S. 58.
15 Ebd. S. 44, An diesem kirchenpolitischen Grundsatz des ersten Berliner Kardinals, positive Würdigungen in der Öffentlichkeit solange zu unterlassen, bis nicht auch die Möglichkeit zu offener Kritik besteht, haben sich auch dessen Nachfolger in den Jahrzehnten des real existierenden Sozialismus der DDR orientiert.
16 Ebd. S. 170 f.
17 Volk, Bischöfe IV, S. 364 f.
18 Adolph, Aufzeichnungen, S. 165 f.
19 Volk, Bischöfe IV., S. 388 f.
20 Adolph, Preysing, S. 120 ff.
21 Adolph, Aufzeichnungen S. 215.
22 Adolph, Preysing S. 86.
23 Wortlaut beider Protestschreiben bei Adolph, Preysing, S. 90 ff.
24 Josef Roth (1897 - 1941), Priester des Erzbistums München und Freising, ging 1935 in das neuerrichtete Reichskirchenministerium, wurde Leiter der katholischen Abteilung. Nachdem er beim Berliner Ordinariat um das Nihil obstat nachgesucht hatte, fragte Preysing am 12. September 1935 bei Faulhaber an, wie München darüber denke. Faulhaber bestätigte die Bedenken des Berliner Bischofs, der Roth nicht als Vertrauensmann deutscher Ordinariate legitimiert sehen wollte (Volk, Faulhaber II, S. 64 f.). Roths Todesumstände in Tirol, ob Unfall oder Selbstmord, wurden nie geklärt.
25 BArch. RKM 23080.
26 Adolph, Preysing, S. 140.
27 Dokumente, S. 19.
28 Ebd. S. 94 f.
29 Unsere Schule, 1940, S. 26.

VIII

1 Altmeyer, Katholische Presse, S. 42.
2 Wortlaut größtenteils dokumentiert in Adolph, Preysing, S. 39 ff. Den genauen Termin des Vortrags und die Zusammensetzung des Zuhörerkreises konnte Adolph nicht mehr angeben.
3 Adolph, Aufzeichnungen, S. 16. Kardinal Bertram stützte sich in vielen Eingaben auf Vorarbeiten seines Domkapitulars Ludwig Cuno (1881-1949).
4 Altmeyer, Katholische Presse, S. 73.
5 Ebd. S. 106 ff.
6 Adolph, Aufzeichnungen S. 170.
7 Dokumente, S. 28.
8 Ablauf der Ereignisse in Wien und Rom verläßlich beschrieben und dokumentiert von M. Liebmann „Theodor Innitzer und der Anschluß“ S. 65 f.
9 Dokumente S. 57 f.
10 Ebd. S. 55 f.
11 Ebd. S. 59 f.
12 Ebd. S. 104 f.
13 Nach Exemplar in DAB, Text in Dokumente S. 111 ff.
14 BArch. RKM 9321.
15 Goebbels, Tagebücher 1942-43 S. 118.
16 BArch. RKM 12560 B.
17 Ebd. RKM 9321 B.

IX

1 Adolph, Aufzeichnungen S. 141.
2 DAB 8.9.1940.
3 Nummer 30, vom 25.7.1937.
4 DAB 3.8.1938.
5 Mindestens 125 Welt- und Ordensgeistliche, die zwischen 1933-1945 im Bistum Berlin tätig waren, haben Repressionsmaßnahmen des NS-Staates erfahren. Die „Gegnerbekämpfung" reichte von Hausdurchsuchungen, Verhören, beruflicher Diskriminierung, Geld- und Freiheitsstrafen bis zur KZ-Haft. Elf Berliner Priester wurden hingerichtet oder sind im KZ verstorben. Insgesamt sind aus deutschen Bistümern 8021 Geistliche in die Fänge der Gestapo geraten. 418 von ihnen kamen ins Konzentrationslager. 110 Priester sind dort ums Leben gekommen und 59 wurden hingerichtet oder starben in Gestapo-Haft (Ulrich von Hehl: Priester unter Hitlers Terror. 3. Aufl. 1996).
6 Adolph, Aufzeichnungen S. 163.
7 DAB 13.3.1938.
8 Volk, Bischöfe IV, S. 450 f.
9 Ebd. S. 499.
10 Ebd. S. 555 ff.
11 Zusammenstellung der Materialien in DAB V/71,
12 Schneider, Papstbriefe S. 322.
13 DAB 17.7.1939.
14 Volk, Bischöfe IV, S. 700.

15 Alberto Giovanetti. Der Vatikan und der Krieg, S. 95 f. Hier auch genaue Schilderung der vatikanischen Friedensbemühungen vor dem 1. September 1939.
16 Prof. Heinrich Missalla, Vortrag am 14.2.1989 in Berlin; vgl. auch Heinrich Missalla: Für Volk und Vaterland. Königstein 1979.
17 Ebd.

X

1 Reichsgesetzblatt Teil I, 7. September 1939, Nr. 169
2 Nuntius Orsenigo hat am 18. September 1939 bei einem Besuch im Auswärtigen Amt Staatssekretär Weizsäcker im Einverständnis mit dem Vatikan vorgeschlagen, „den Bischöfen und dem Armeebischof in vertraulicher Weise Kenntnis vom Inhalt des Geheimanhangs zum Reichskonkordat" zu geben, S. Albrecht, Notenwechsel, S. 341.
3 Ebd. S. 370 f.
4 Ebd. S. 480 f.
5 Martin Broszat, Zweihundert Jahre deutche Polenpolitik, S. 292
6 Bernhard Stasiewski, Nationalsozialistische Kirchenpolitik im Warthegau, S. 65
7 Albrecht, Notenwechsel, S. 480 f.
8 Ebd. S. 481.
9 Ebd. S. 488.
10 Ebd. S. 505.
11 Ebd. S. XXVIII f. P. Blet, Pie XII et la Seconde Guerre Mondiale, vertritt wohl zutreffend die Auffassung, daß Pius XII. von einer Abberufung des Nuntius auch deshalb abgesehen hat, weil er kaum die Zustimmung der Reichregierung zu einem neuen Nuntius erhalten hätte. „Andererseits war die Unterhaltung einer Nuntiatur in Berlin für Rom und für die Kirche Deutschlands von höchster Wichtigkeit; denn die diplomatische Vertretung des Heiligen Stuhls stellte den Verbindungsweg der deutschen Kirche mit dem Vatikan her. Wenn schon die Nunitatur in den Jahren des internationalen Friedens eine sichere Verbindung zwischen dem katholischen Deutschland und Rom gewesen war, war sie in der Kriegssituation noch unverzichtbarer"(S. 75 f). Preysing hatte später offenbar ernste Zweifel, ob die Nuntiatur für den NS-Staat kaum mehr als ein Feigenblatt war. Er schrieb dem Papst am 23. Jannuar 1943, er frage sich, „ob es gut ist, daß die Person Eurer Heiligkeit in diesen Tagen durch einen Gesandten bei der Reichregierung vertreten wird"(P. Blet S. 174).
12 Volk, Bischöfe V S. 9 f.
13 Ebd. S. 17 f.
14 Ebd. S. 19 f.
15 Adolph, Hirtenamt S. 164.
16 Volk, Bischöfe S. 57 f.
17 Adolph, Hirtenamt S. 166 f.
18 DAB 3.8.1949.
19 Volk, Bischöfe V S. 57 f.
20 Ebd. S. 60.
21 Schneider, Papstbriefe S. 74
22 Volk, Bischöfe V S. 60.
23 Schneider, Papstbriefe S. 74.
24 Adolph, Aufzeichnungen S. 185.
25 Adolph, Preysing S. 161 f.

26 Adolph, Aufzeichnungen S. 201.
27 DAB 8.9.1940.
28 Reinhold Schneider, Verhüllter Tag, Herder-Bücherei Bd. 42, S. 139 f.
29 A. Wal, 1.10.1942.

XI

1 Schneider, Papstbriefe, S. 327.
2 Ebd. S. 7.
3 Ebd. S. 7.
4 Ebd. S. 8.
5 Ebd. S. 21.
6 Ebd. S. 43.
7 Ebd. S. 64.
8 Ebd. S. 71.
9 Ebd. S. 72.
10 Ebd. S. 73, Franz von Papen (1879 - 1969) hat in einem 1933 veröffentlichten und von ihm unterschriebenen Aufruf für den Bund katholischer Deutscher „Kreuz und Adler" als dessen Ziel angegeben, „den christlich-konservativen Gedanken im deutschen Volk zu vertiefen, das Nationalbewußtsein der katholischen Deutschen zu stärken und den Aufbau des kommenden Reiches geistig zu fördern". Papen stand als Angeklagter vor dem Internationalen Militärtribunal in Nürnberg, wurde jedoch im Jahre 1946 im Sinne der Anklage als Hauptkriegsverbrecher freigesprochen.
11 Ebd. S. 156. P. Blet, dem für seine Forschungen die vatikanischen Archive offenstanden, berichtet darüber genauer. Der Papst habe einen Bischofskandidaten genannt und nach seiner Eignung gefragt. „Preysing antwortete, daß er ihn für zu schwach hinsichtlich seiner Einstellung zur Regierung halte. Pius XII. strich diesen Kanditaten dann aus der Liste mit den drei Namen, aus denen das Domkapitel den neuen Bischof auswählen sollte (S.75).
12 Ebd. S. 82.
13 Ebd. S. 110. Auf der Fuldaer Bischofskonferenz vom 24. - 26. Juni 1941 ist eine Denkschrift beschlossen worden, die aber in ihrer Endfassung Preysings Vorstellungen nicht mehr entsprach (s. Kap. XIV).
14 Ebd. S. 134.
15 Ebd. S. 133.
16 Ebd. S. 141.
17 Ebd. S. 142.
18 Ebd. S. 154 f.
19 Ebd. S. 172 f.
20 Näheres dazu bei H. Gruß, Erzbischof Lorenz Jaeger als Kirchenführer im Dritten Reich, S. 15 f.
21 DAB o. Datum
22 Schneider, Papstbriefe S. 235 f.
23 J. Karski, Einer gegen den Holocaust, S. 207 f.
24 H. Heiber, Lagebesprechung im Führerhauptquartier, S. 171
25 D. Albrecht, Notenwechsel S. 735
26 Ebd. S. 254 f.

XII

1 Peter Klein, Die Wannsee-Konferenz vom 20. Januar 1942. Hrsg. Haus der Wannsee-Konferenz, Berlin o.J.
2 Vgl.: Wolfgang Knauft, Unter Einsatz des Lebens, Berlin, 1988.
3 Volk, Bischöfe S. 656 f.
4 A. Morse, Die Wasser teilten sich nicht, S. 192.
5 Ebd. S. 240 f.
6 Volk, Faulhaber II S. 630 f. Der Historiker P. Blet SJ bestätigt aus der Kenntnis der vatikanischen Archive, daß sich Preysing u.a. mehrfach beim Vatikan und beim Botschafter Brasiliens in Berlin wegen eines Visums für den katholischen „Nichtarier" A. Th. aus Lemberg eingesetzt hat, der inzwischen im KZ Sachsenhausen inhaftiert war. Im Januar 1941 mußte Preysing dem Kardinalstaatssekretär mitteilen, daß der Generalkonsul Brasiliens in Hamburg in der Visumsfrage Schwierigkeiten mache. „Obwohl dem Berliner Nuntius mündlich versichert worden war, daß das Visum bereit liege, lehnte der Konsul es ab, das Visum zu erteilen. Preysing mußte die Akte des inhaftierten Juden am 25. April 1941 mit dem Vermerk schließen:,Th. ist im Konzentrationslager gestorben'" (S. 165).
7 Wessel, Horst (1907-1930), junger SA-Mann, bei einer Schlägerei in Berlin ums Leben gekommen, wurde als Märtyrer der NS-Bewegung gefeiert. Verfasser des Marschliedes „Die Fahne hoch...", das im NS-Staat zur zweiten Nationalhymne wurde.
8 Das Abwanderungsbuch befindet sich heute im DAB.
9 Helmuth James von Moltke, Briefe an Freya, S. 319.
10 Pierre Joffroy, Der Spion Gottes - Kurt Gerstein - ein SS-Offizier im Widerstand? S. 295.
11 Einen ausdrücklichen „Führerbefehl" zum Massenmord an den europäischen Juden hat es offenbar nie gegeben. Historiker waren bisher der Meinung, daß Hitler irgendwann in der zweiten Jahreshälfte 1941, nach dem Beginn des Rußlandfeldzuges, Himmler mündlich die Anordnung zum Holocaust gegeben habe. Nachdem im Sonderarchiv in Moskau Himmlers Terminkalender entdeckt worden ist, hat das entscheidende Gespräch Hitler - Himmler über den Völkermord am europäischen Judentum im „Führerhauptquartier" am 18. Dezember 1941 stattgefunden, also eine Woche nach der Kriegserklärung Deutschlands an die USA. Die eintragung in Himmlers Kalender lautete an diesem Tag „Judenfrage" und als offenbar verschleiernde Ergänzung „als Partisanen ausrotten".
12 Volk, Bischöfe V, S. 817 f.
13 Der Brandanschlag auf die Wanderausstellung „Das Sowjetparadies" war am Abend des 18. Mai 1942 verübt worden. Er wurde von Mitgliedern der „Herbert-Baum-Gruppe", einer kommunistischen Widerstandsgruppe unter Führung des ehemaligen Leiters des Ring-Bund Deutsch-Jüdische Jugend, Herbert Baum, geplant und durchgeführt. Nach Gestapoangaben wurden dabei elf Personen verletzt. Vier Tage danach wurden die am Attentat Beteiligten an ihren Arbeitsplätzen in den Berliner Siemens-Schuckert-Werken verhaftet.
14 Volk, Bischöfe V, S. 938.
15 Ebd. S. 938 f.
16 Ebd. S. 944 f.
17 Ebd. VI, S. 64 f.
18 Ebd. S. 207.
19 Ebd. S. 350.
20 Ebd. S. 220 f.
21 Ebd. S. 216 f.
22 Bernhard Schwerdtfeger, Preysing, S. 102 f.

XIII

1 In die Zeit der Sedisvakanz 1935 fiel auch das von Dompfarrer Bernhard Lichtenberg zelebrierte feierliche Requiem für den verstorbenen polnischen Staatschef, Marschall Jozef Pilsudski, an dem Vertreter des Diplomatischen Corps, an der Spitze der Apostolische Nuntius, teilnahmen. Auch der „Führer und Reichskanzler" und mehrere deutsche Minister und Generäle befanden sich unter den Trauergästen. Es war das einzige Mal, daß Hitler die Berliner St. Hedwigs-Kathedrale betreten hat.

2 Adolph, Aufzeichnungen, S. 142.

3 Ebd. S. 253.

4 Die Deutsche Bischofskonferenz hat „Es gab das eindeutige Nein der Kirche zur nationalsozialistischen Rassenideologie. Aber es gab keinen öffentlichen Aufschrei, als sie rücksichtslos ins Werk gesetzt wurde. Es bleibt eine schmerzliche Feststellung, daß gegen die Nürnberger Gesetze 1935 und nach der Reichspogromnacht 1938 nicht mit Entschiedenheit protestiert worden ist."

5 Mündliche Bemerkung gegenüber Walter Adolph.

6 Ogiermann, Bis zum letzten Atemzug, S. 163.

7 Ebd. S. 172.

8 Kock, Er widerstand, S. 159. In diesem Werk von Kock sind erstmalig zahlreiche Fakten aus der von Gotthard Klein erstellten Positio für den Seligsprechungsprozeß von Lichtenberg verwendet.

9 Albrecht, Notenwechsel, S. 614 f.

10 Das Landgericht Berlin hat am 17. Juni 1996 auf Antrag der Staatsanwaltschaft das Urteil gegen Bernhard Lichtenberg aus dem Jahre 1942 aufgehoben.

11 Schneider, Papstbriefe, S. 239.

12 Ogiermann, Bis zum letzten Atemzug, S. 245 f.

13 BArch. RKM

14 Ebd.

15 Auch weit über die Katholische Kirche hinaus hat das Glaubenszeugnis des Berliner Dompropstes Anerkennung und Hochschätzung erfahren. So widmete der jüdische Historiker Raul Hilberg, em. Professor für Politikwissenschaften an der Universität Burlington/Vermont, USA sein 1992 erschienenes Buch „Täter, Opfer, Zuschauer - Die Vernichtung der Juden 1933-1945" "in memoriam Dompropst Bernhard Lichtenberg". Auch Rolf Hochhuth hat sein 1963 erschienenes Schauspiel „Der Stellvertreter" zum Gedenken an „Prälat Bernhard Lichtenberg, Dompropst zu St. Hedwig, Berlin" und an „Pater Maximilian Kolbe, Häftling Nr. 16670 in Auschwitz" geschrieben.

XIV

1 Die Zahl der Konferenzmitglieder hatte sich durch die sechs österreichischen Bischöfe, den Bischof von Leitmeritz und die Generalvikare der deutschen Anteile der Erzbistümer Prag und Olmütz vergrößert. Volk, Bischöfe V S. 413 f.
2 Volk, Bischöfe V S. 519 f.
3 Auch im Ausland wurde der „Klostersturm" in „Großdeutschland" aufmerksam beobachtet. So gab der Londoner Rundfunk am 7. November 1941 in seiner deutschsprachigen Vormittagssendung eine Zusammenstellung aller von der Gestapo bisher beschlagnahmten Klöster. Das Auswärtige Amt bat noch am gleichen Tag das Reichskirchenministerium, die Behauptungen des Feindsenders nachzuprüfen, um derartigen Vorwürfen nach Möglichkeit entgegentreten zu können. Die Antwort vom 27. November 1941 bestand lediglich in dem Rat, von Polemiken abzusehen und die Angelegenheit auf sich beruhen zu lassen (B Arch. RKM 5101). Bereits am 11. Juni dieses Jahres hatte sich Reichskirchenminister Kerrl seinerseits bei Heinrich Himmler, dem Reichsführer SS und Chef der Deutschen Polizei beschwert, daß er über den „Klostersturm" „keinerlei amtliche Nachricht" erhalten habe, obwohl diese Vorgänge seinen Geschäftsbereich unmittelbar berühren" (Volk, Bischöfe V S. 1032 f.). Diese Nichtinformation des RKM durch die Gestapo-Stellen kennzeichnete dessen zunehmende Bedeutungslosigkeit.
4 Volk, Bischöfe V S. 545.
5 Rösch, Kampf S. 138.
6 Volk, Bischöfe V S. 397 f. Bereits im April 1941 hatte Georg Angermaier in einem Kardinal Bertram vorgelegten Lagebericht zum „Klostersturm" u.a. die „Bildung eines kleinen Ausschusses" gefordert, „dessen Weisungen sich die Beteiligten freiwillig, aber unbedingt unterstellen" sollten (A. Leugers, Georg Angermaier, S. 364 f).
7 Volk, Bischöfe V S. 520.
8 Dazu auch oben, S. 161, Alfred Rothe, Geschichte der Ostdeutschen Provinz der Gesellschaft Jesu seit ihren Anfängen bis zum Ende des Zweiten Weltkrieges. Manuskript S. 24.
9 Rösch, Kampf S. 60 f.
10 Georg Angermaier (1913-1945) war seit der gemeinsamen Schulzeit in Würzburg mit Julius Döpfner (1913-1976) eng befreundet. Während sich Döpfner, später von 1948-1957 Bischof von Würzburg, von 1957-1961 Bischof von Berlin und danach Erzbischof von München und Freising, im römischen Germanikum auf die Priesterweihe 1939 vorbereitete, wechselte Angermaier 1933 in Würzburg vom Berufsziel des Priesters zum Jurastudium.
11 Rösch, Kampf S. 92.
12 Als erster im deutschen Episkopat hat Bischof Ehrenfried von Würzburg bereits Pfingsten 1941 den Schritt in die Öffentlichkeit gewagt und auf der Kanzel gegen die Beschlagnahmung der Benediktinerabtei Münsterschwarzach protestiert.
13 Moltke, Briefe S. 281.
14 Burkhard, Papstbriefe S. 154.
15 Bereits zu DDR-Zeiten erinnerte seit 1962 eine Gedenktafel in der Neuendorfer Straße an die Brandenburger „Euthanasie"-Opfer. 1997 wurde das Gelände der ehemaligen „Landes-Pflegeanstalt" als Gedenkstätte eröffnet.
16 Höllen, Wienken, S. 90 f.
17 Volk, Bischöfe V S. 475 f.
18 Rösch, Kampf S. 172.
19 Adolph, Aufzeichnungen S. 170.
20 Aus dem nicht veröffentlichten Teil der „Erinnerungen" von P. Laurentius Siemer OP
21 Goebbels, Die Tagebücher II Bd. I S. 493.
22 Der Hirtenbrief wurde am 8. September 1941 verlesen. In: Dokumente aus dem Kampf der katholischen Kirche gegen den Nationalsozialismus. S. 100 f.

23 Rösch, Kampf S. 173 f.
24 Löffler, Clemens August II S. 926.
25 Nähere Textvergleiche des Preysing-Entwurfes und der Bertram-Endfassung bei Gruss, Jaeger S. 196 f.
26 Volk, Bischöfe S. 651.
27 Volk, Faulhaber II, S. 808 f.
28 Ebd. S. 812 f.
29 Rösch, Kampf S. 175.
30 Volk, Faulhaber II S. 879.
31 Gruss, Jaeger S. 203.
32 Rösch, Kampf S. 180.
33 Schreiben des Regierungspräsidenten von Kassel an das Ordinariat Fulda. Volk, Bischöfe V S. 340 f.
34 Ebd. S. 368 f.
35 Mündliche Information durch Dr. Wilhelm Albs im Jahre 1979. Die Versammlung in der Niederwallstraße dürfte im Frühling oder im Frühsommer des Jahres 1941 stattgefunden haben. Schriftliche Unterlagen sind nicht erhalten.
36 The Times, 1.7.1942.
37 Goebbels, Die Tagebücher Bd. 9 S. 112.
38 Ebd. Bd. III S. 351.
39 Volk, Bischöfe V S. 834 f.
40 Volk, Faulhaber II S. 940 f.
41 H. Gruß, Jaeger S. 226.
42 Volk, Bischöfe V S. 967 f.
43 BArch. RKM 23744/165.
44 Ebd. S. 162.
45 Volk, Bischöfe V S. 959 f.
46 BArch. RKM/23744/160.
47 Tagebücher Goebbels II, 7 S. 204 f.
48 Boberach, Berichte S. 767 f.
49 Volk, Faulhaber II S. 988 f.
50 Leugers, Bischöfliches Schweigen S. 278 f.
51 Die Leichenschauscheine enthalten persönliche Daten der KZ-Opfer sowie Ursache und Zeitpunkt ihres Todes. Sie befinden sich heute als Dauerleihgabe im Archiv der KZ-Gedenkstätte Dachau. Die Todeslisten, die P. König in seinen Besitz bringen konnte, haben zwei Jesuitenfratres von Leica-Filmen abgeschrieben und dabei die Namen von Priestern besonders festgehalten. Dazu R. Bleistein, Dossier S. 23 f. und A. Leugers, Bischöfliches Schweigen, S. 212 f.
52 Moltke, Briefe S. 531.
53 H. Boberach, Berichte S. 850 ff.
54 Moltke, Briefe S. 468.
55 Braun an Janssen, nach 19.12.1967.
56 A. Leugers, Georg Angermaier 1913 - 1945 S. 169 f.
57 Volk, Bischöfe V S. 392.
58 Ebd. S. 651.
59 Ebd. S. 1056.
60 Volk, Bischöfe V S. 136 f.
61 Amtsblatt des Bischöflichen Ordinariats Berlin vom 28. Mai 1941.

XV

1 Reichsgesetzblatt vom 21.4.1942.
2 Wendt, Deutschland 1933-1945, S. 597.
3 Preysing beantragte bei seinem Rom-Aufenthalt anläßlich der Kardinalskreierung für die beiden Anfang Januar 1946 aus dem KZ Dachau heimgekehrten Pfarrer Adamus und Noleweika als Zeichen der Anerkennung für ihr Zeugnis die Ernennung zum Päpstlichen Geheimkämmerer mit dem Titel Monsignore.
4 Näheres über Vorgeschichte und Verlauf in Wolfgang Knauft: „Fall Stettin ferngesteuert", Berlin 1994.
5 Kopien in DAB V-71.
6 H. Boberach, Berichte S. 829.
7 Näheres zu Rudolf Mandrella und seinem Tagebuch aus dem Gefängnis in Heinz Kühn, Blutzeugen des Bistums Berlin S. 88 f.
8 Dr. Carl Lampert (1894-1944), seit 1938 Provikar der Apostolischen Administratur Innsbruck-Feldkirch, kam im Juni 1940 in das KZ Dachau. Grund war die von ihm verantwortete Todesanzeige für den im KZ Buchenwald getöteten Pfarrer Otto Neururer, der 1996 seliggesprochen worden ist. Sie enthielt die Formulierungen „nach großem Leid" und „fern seiner Seelsorggemeinde in Weimar-Buchenwald". Nach vierzehnmonatiger Haft erhielt Lampert „Aufenthaltsgebot" für Pommern und Mecklenburg.
9 Der antifaschistische Widerstandskampf unter Führung der KPD in Mecklenburg 1933-1945. Berlin (Ost) 1985,S. 223 f. - Die alte DDR-These von der Widerstandsgruppe, deren Kopf der Holländer Johannes ter Morsche gewesen sei, hat noch 1996 in eine Publikation Eingang gefunden (Dietrich Gildenhaar: Usedom und Wollin, 1996, S. 99). Als weitere Mitglieder dieser Widerstandsgruppe werden genannt „die Priester Dr. Alfons Maria Wachsmann, Dr.Carl Lampert und der Standortgeistliche von Peenemünde Leonhard Berger".
10 DAB V-71, Anklageschrift des Oberreichsanwalts beim Volksgerichtshof vom 28. Juli 1943 gegen ter Morsche und andere.
11 Feldurteil des Reichskriegsgerichts, 2.Senat, vom 8. September 1944.
12 Oberst Werner Mölders, einer der erfolgreichsten Jagdflieger der ersten Kriegsjahre, war am 22. November 1941, kurz nach seiner Ernennung zum Inspekteur der Jagdflieger, im Alter von 28 Jahren beim Absturz eines Kurierflugzeuges ums Leben gekommen. Mölders hatte am 6. Oktober 1940 dem Direktor des Jugendamtes in Berlin, Pfarrer Erich Klawitter, in einem Brief u.a. dafür gedankt, daß er von ihm „wahres, ungekünsteltes Christentum" empfangen habe. Dieser Brief des in Deutschland überall bekannten Offiziers ist Ende 1940 in Stettin auf einem Treffen der katholischen Jugend verlesen worden. Später haben englische Flugzeuge einen gefälschten „Möldersbrief" als Mittel der psychologischen Kriegsführung abgeworfen. Dadurch wurden bereits umlaufende Gerüchte in katholischen Kreisen Deutschlands verstärkt, so daß die Gestapo in den „Meldungen aus dem Reich Nr. 267" vom 12. März Stellung nahm: „Der Verbreitung des gefälschten Briefes war bereits die Ausstreuung zahlreicher Gerüchte vorangegangen, nach denen Oberst Mölders aus Protest gegen angebliche staatsfeindliche Maßnahmen gegen Geistliche und Klöster keine Feindflüge durchgeführt habe, daß er nicht durch einen Zufall, sondern durch Eingreifen der SS (‚weil er als Katholik der Führung im Weg gestanden habe') getötet worden sei, daß er den katholischen Bischof von Münster aus dem Konzentrationslager geholt habe, daß ihn der Führer wegen seiner konfessionellen Haltung nicht mehr bei einem Empfang beachtet habe, daß er mit seinem Flugzeug absichtlich verunglückte, also Selbstmord begangen habe, usw."
13 DAB, wie Anm 5.
14 Ebd.
15 Die mitverhafteten deutschen und ausländischen Laien hat Preysing nicht in die Beschwerde einbezogen. Der Grund könnte darin liegen, daß darüber noch keine verläßlichen Informationen vorlagen oder daß er zum damaligen Zeitpunkt glaubte, für eine Intervention zu deren

Gunsten keinen Rechtstitel zu besitzen.
16 Schwerdtfeger, Preysing, S. 123 f.
17 Adolph, Preysing, S. 180.
18 DAB, wie Anm 5.
19 Ebd.
20 Ebd.
21 Ebd.
22 Ebd.
23 Ebd.
24 Ebd.
25 DAB, wie Anm 5.
26 Mündliche Information von Prälat Johannes Günther.
27 DAB, 9.12.1943.
28 DAB, 8.2.1944.
29 Ebd, 25.1.1944.
30 Ebd, 19.8.1944.
31 Schneider, Papstbriefe S. 257.
32 Pfarrchronik St. Matthias.
33 Ebd.
34 Schwerdtfeger, Preysing S. 114 f.
35 DA Eichstätt, 24.11.1943.
36 Ebd.
37 DAB, 29.11.1943.
38 A. Wal, 4.1.194.4

XVI

1 Gedenkansprache beim Requiem für Kardinal Preysing am 28.12.1950.
2 H. Breitinger, Als Deutschenseelsorger in Posen und im Warthegau 1934-1945, S. 132
3 Auch Friedrich Carl Goerdeler, der nach dem gelungenen Staatsstreich als Reichskanzler vorgesehen war, bemühte sich um den Kontakt zum Vatikan. So wollte er P. Laurentius Siemer OP für die Aufgabe gewinnen, „im Falle eines Zusammenbruchs" nach dem geglückten Attentat auf Hitler sofort Beziehungen zum Vatikan anzuknüpfen. Der Dominikanerprovinzial lehnte jedoch ab und empfahl stattdessen Prinz Karl zu Löwenstein (Siemer in einem Bericht an den Landrat von Vechta vom 16.6.1945, beigefügt dem Rundbrief an die deutschen Dominikaner vom 18.8.1945).
4 Josef Müller, Bis zur letzten Konsequenz S. 161.
5 Ebd.
6 Prof. Dr. Hans Peters, seit 1940 Präsident der katholischen „Görres-Gesellschaft zur Pflege der Wissenschaft". Seine Mitarbeit im Kreisauer Kreis blieb unentdeckt. Er wirkte nach Kriegsende als Professor in Berlin (Ost) und Köln. Kardinal Preysing hat später im Unterschied zu Moltke den Justitiar des Bistums Berlin, Wilhelm Happ (1937-1945), als Mittels-

mann des ersten Kontaktes mit Moltke angegeben. Vermutlich waren Peters und Happ, jeder auf seine Weise, an der ersten Kontaktaufnahme beteiligt.
7 Moltke, Briefe, S. 558.
8 Die polnische Großstadt Lodz war während der deutschen Okkupation 1939-1945 in Litzmannstadt umbenannt. In das dortige Ghetto wurden auch Juden aus Berlin deportiert.
9 Moltke S. 319 f.
10 Ebd. S. 438.
11 Ebd. S. 439.
12 Ebd. S. 376 f.
13 Ebd. S. 381 f.
14 Ebd. S. 382.
15 Bleistein, Dossier, S. 124.
16 Schwerdtfeger, Preysing S. 129.
17 Marion Yorck von Wartenburg, Die Stärke der Stille S. 4.8
18 F. Schindler, Paulus van Husen im Kreisauer Kreis S. 50 f.
19 Moltke, Briefe S. 498.
20 Moltke, Briefe S. 387 Bei den Nürnberger Kriegsverbrecherprozessen haben die alliierten Richter den Grundsatz „nulla poena sine lege" angesichts der NS-Verbrechen nicht gelten lassen. Sie zogen sich deshalb seitens der deutschen Verteidiger den Vorwurf der „Siegerjustiz" zu. Es wurde von vielen nach 1945 in Deutschland nur schwer verstanden, daß einzigartige Verbrechen ausnahmsweise neues einzigartiges Recht nötig machte.
21 Bleistein, Dossier S. 181.
22 Ebd.
23 Ebd. S. 338 f.
24 Karpen/Schott, Der Kreisauer Kreis S. 85.
25 Schwerdtfeger, Preysing S. 128.
26 Ger van Roon: Der Kreisauer Kreis zwischen Widerstand und Umbruch. Beiträge zum Widerstand 1933-1945. Berlin 1985 S. 5.
27 Wilhelm Ernst Winterhager: Der Kreisauer Kreis. Portrait einer Widerstandsgruppe. Berlin 1985, S. 128.
28 Karpen/Schott, Der Kreisauer Kreis S. 85.
29 Josef Frings, Für die Menschen bestellt S. 38.
30 Schwerdtfeger, Preysing S. 130.
31 B. Scheurig, Deutscher Widerstand 1938-1944, S. 162 f.
32 In den Kaltenbrunner-Berichten (4. Oktober 1944) wird der Stauffenberg-Besuch bei Preysing auf das „Frühjahr 1944" datiert. Der „Sonderkommission 20. Juli" war also nur ein ungefähres Datum bekannt. Preysings Sekretär Schwerdtfeger nennt als Zeitpunkt „drei Wochen vor dem Attentat" und hat mit Sicherheit den Stauffenberg-Besuch genauer datiert.
33 Schwerdtfeger, Preysing S. 128.
34 Fest, Staatsstreich S. 244.
35 Das Reichsministerium für kirchliche Angelegenheiten hat nach dem gescheiterten Attentat vom 20. Juli alle kirchlichen telegrafischen und schriftlichen Treuebekundungen zum „Führer" sorgfältig registriert. Die Akte enthält mehrere Stellungnahmen von evangelischen Landesbischöfen und Kirchenkanzleien, aber auch von den Evangelischen Freikirchen und den Methodisten. Das Kirchliche Amtsblatt der Evangelisch-lutherischen Landeskirche Hannover vom 21. Juli 1944 verbreitete beispielsweise unter der Überschrift „Dank für die gnädige Errettung des Führers" den Vorschlag für ein Kirchengebet der Gemeinde, der mit dem Satz beginnt: „Heiliger barmherziger Gott! Von Grund unseres Herzens danken wir Dir, daß Du unserem Führer bei dem verbrecherischen Anschlag Leben und Gesundheit bewahrt und ihn unserem Volke in einer Stunde höchster Gefahr erhalten hast." Ein Zeugnis aus der Katholischen Kirche enthält die Akte nicht (B Arch. RKM 24241).
36 Joachim Kramarz, Claus Graf Stauffenberg S. 160.
37 Hürten, Katholiken S. 541.

38 Walter Adolph in „Petrusblatt" 11 (1955).
39 Karl Ludwig von und zu Guttenberg wurde am 23. April 1945 zusammen mit anderen prominenten politischen Häftlingen auf einem Industriegelände an der Invalidenstraße in Berlin-Moabit durch Genickschuß ermordet.
40 Marianne Hapig (1894-1973), Fürsorgerin im Berliner St. Hedwig-Krankenhaus, unterhielt zusammen mit Dr. Marianne Pünder u.a. Kontakt zum inhaftierten P. Alfred Delp.
41 E. Guttenberg, Beim Namen gerufen, S. 190.
42 Freundl. Mitteilung von Botschafter a.D. Dr. Peter Hermes am 14.1.1997.
43 Pfarrer Gebhardt hatte den Mut, sein Urteil über das Stauffenberg-Attentat der Pfarrchronik von St. Bernhard anzuvertrauen und schrieb: „Ich verstehe die führenden Generale nicht. Der 20. Juli, an dem das Attentat auf den Führer stattfand, müsste doch zu denken geben. Im Zuge des 20. Juli wird nach grosser Qual und Dunkelhaft Herr Dr. Leber erschossen. Seine Frau ist gerade bei mir im Konvertitenunterricht. Mit der leidenden Frau mache ich all die seelischen Leiden durch. Desgleichen wird Herr Rechtsanwalt Wirmer getötet. Er wird erhängt. Die Verhaftungen gehen weiter."
44 Ernst Kaltenbrunner (1903-1946), Chef des RSHA, ließ die Vernehmungsprotokolle ständig Martin Bormann, dem Leiter der Parteikanzlei in München, und über ihn Hitler übermitteln.
45 Jacobsen, Spiegelbild einer Verschwörung S. 390 f.
46 Ebd. S. 437.
47 R. Bleistein, Stimmen der Zeit, H. 9, September 1989 S. 588.
48 P. Steinbach, Der Widerstand gegen den Nationalsozialismus und der 20. Juli 1944, S. 27.

XVII.

1 DAB, 25.1.1944.
2 Ebd.
3 DAB, 11.5.1944.
4 Ebd, 2.5.1944.
5 Die Monographie „Wilhelm Wagner, Domvikar bei St. Hedwig zu Berlin" von Walter Adolph ist 1947 im Morus-Verlag erschienen.
6 Rundschreiben des Bischöflichen Ordinariates vom 25.2.1944, o.J.
7 DAB, 8.2.1944.
8 Das Bischöfliche Ordinariat war nach dem Luftangriff vom 23. zum 24. November 1943 in die Räume des Marienstiftes der St. Michael-Gemeinde umgezogen. Als auch das Marienstift am 3. Februar 1944 zerstört wurde, fand das Ordinariat für die letzten Kriegs- und ersten Nachkriegsmonate im St. Josefs-Heim in der Pappelallee 61 eine Behelfsunterkunft. Näheres in „Gelebter Glaube - Das Ende des Zweiten Weltkrieges im Bistum Berlin" von Wolfgang Knauft, 1995 herausgegeben vom Erzbischöflichen Ordinariat Berlin.
9 Henry Wadsworth Longfellow (1807-1882), populärster amerikanischer Dichter im 19. Jahrhundert; d.as epische Werk „The Son of Hiawatha" schrieb er 1855.
10 A Wal 4.1.1944.
11 DAB, 8.2.1944.
12 Ebd., 17.1.1944.
13 Schneider, Papstbriefe S. 290 f.
14 A Wal, 30.4.1944; „Der Trompeter von Säckingen" von Joseph Victor v. Scheffel (1826-1886), Lieblingsschriftsteller des gehobenen Bürgertums im ausgehenden 19. Jahrhundert; „Der grüne Heinrich" von Gottfried Keller (1819-1890), bedeutendster schweizerischer Erzähler des bürgerlichen Realismus.

15 Rundschreiben des Bischofs von Berlin vom 27. Januar 1945; J.Nr. 220.
16 Pfarrchronik St. Hedwig.
17 Pfarrchronik St. Michael.
18 A Wal, 28.2.1945.
19 DAB, 28.2.1945.
20 Ebd. 18.3.1945.
21 Volk, Bischöfe VI S. 374.
22 Chronik des Hermsdorfer Dominikus-Krankenhauses.
23 EA Breslau.
24 Pfarrchronik St. Christophorus.
25 Pfarrer Hermann Josef Gebhardt in der Pfarrchronik von St. Bernhard in Berlin-Dahlem.

XVIII

1 Volk, Bischöfe VI.
2 Daß Preysing bis zu seiner Kardinalserhebung Weihnachten 1945 im Hermsdorfer Krankenhaus „in tiefer Apathie“ gesessen habe, wie Martin Höllen, Heinrich Wienken der ‚Unpolitische' Kirchenpolitiker, Mainz 1981, S. 120 behauptet, dürfte übertrieben sein. Wie wären sonst beispielsweise Preysings Pastorale über „Christliche Grundsätze für das öffentliche Leben“ vom 24. Juni 1945 und die Bemühungen um Morus-Verlag und Petrusblatt zu verstehen.
3 Schwerdtfeger, Preysing S. 133.
4 Adolph, Preysing S. 200.
5 Ebd. S. 202 f.
6 Noch am 17. Juli 1945 ernannte Preysing den ehemaligen Pfarrer von Kolberg, Erzpriester Gerhard Kunza, zum Pfarradministrator der Stettiner Propsteigemeinde. Ob ihm bekannt war, dass Polen bereits am 5. Juli endgültig die Verwaltung von Stettin übernommen hatte, ist zumindest fraglich.
7 Knauft, Gelebter Glaube S. 24 f.
8 In DAB V-71.
9 Kardinal Hlond hat in einem erst 1994 bekannt gewordenen Bericht „an das Vatikanische Staatssekretariat in der Frage der Kirchenverwaltung in den wiedergewonnenen Gebieten“ sein Mißverständnis der ihm übertragenen Sondervollmachten eingeräumt. In dem Schreiben vom 24. Oktober 1946 bat er den Papst demütig, ihm „die begangenen Fehler und jene

Unannehmlichkeiten zu verzeihen", mit denen er sein väterliches Herz verwunden konnte. (Informationen und Berichte - Digest des Ostens, Albertus-Magnus-Kolleg Königstein, Nr. 7, 1994).

10 Adolph, Preysing S. 207 f.

11 Höllen, Loyale Distanz? S. 63.

12 Mählert, Freie Deutsche Jugend, S. 115.

13 Klein, Jugend S. 11 f.

14 Ebd.

15 Mählert, Freie Deutsche Jugend, S. 115 Robert Bialek (1915 - 1956), später Hauptabteilungsleiter für politische Schulung im Rang eines Generalinspekteurs der Deutschen Volkspolizei, flüchtete nach politischen Differenzen 1953 nach West-Berlin. Er wurde 1956 durch das MfS nach Ostberlin entführt und soll nach Folterungen im Gefängnis Bautzen gestorben sein.

16 Seit dem Tod des letzten katholischen Bischofs von Havelberg, Busso von Alvensleben im Jahre 1548, hatte kein Bischof mehr in der ehemaligen Bischofsstadt eine Pontifikalhandlung ausgeübt. Preysing spendete damals 53 Christen das Sakrament der Firmung, darunter zahlreichen Heimatvertriebenen.

17 DAB, 22.11.1949.

18 DAB V-16.

19 Volk, Bischöfe VI S. 813 f.

20 Ebd. S. 815 f.

21 DAB V-16.

22 Ebd.

23 Naimark, Die Russen in Deutschland S. 477.

24 Freundliche Information von Narzissa Stasiewski am 30. Juni 1997.

25 Ebd.

26 Sämtliche Durchschläge von Leumundszeugnissen im DAB V-16.

27 Als Globke zunehmend ins Kreuzfeuer öffentlicher Kritik geriet, hat Dr. Sommer seine Informationstätigkeit zugunsten verfolgter Juden bekräftigt und damit ihren Entwurf von 1946 unterstrichen. In einem Brief an Dr. Gertrud Luckner vom 21. November 1953 nahm sie dennoch zu Globkes weiterer politischer Tätigkeit kritisch Stellung und erklärte: „Der Berliner Kardinal von Preysing war nach Kriegsende äußerst zurückhaltend, Angehörigen der NSDAP entlastende Referenzen, „Persilscheine", auszustellen. Am 18. Januar 1946 betonte er in einer Erklärung u.a., Dr. Hans Globke habe ihn und seine Mitarbeiter in der NS-Zeit „über Pläne und Beschlüsse des Innenministeriums" informiert. Dr. Margarete Sommer hat in ihrem Brief an Dr. Gertrud Luckner hinzugefügt: „Im allgemeinen beobachte ich von hier aus sehr besorgt die westdeutsche Entwicklungslinie in dieser Hinsicht. Ich halte auch die Beförderung des Dr.G., der ja während der zurückliegenden Jahre wahrhaft exponiert genug war, aus verschiedenen Gründen für einen ernsten Fehler. Aber wahrheitsgemäß muß ich Ihnen erzählen, daß es gerade Dr. G. war, der uns während der schlimmsten Jahre und Abschnitte der Verfolgungszeit - zuweilen schon bevor die Gesetze oder Ausfüh-rungsbestimmungen gedruckt und veröffentlicht waren - über einen Mittelsmann (einem Mitarbeiter von mir, mit dem er befreundet war) heimlich die allerwichtigsten Hinweise gab, so daß wir tatsächlich manches verhindern konnten. Er hat ein erstaunliches va banque Spiel damals gespielt, ein ganz gefährliches Doppelspiel, denn nicht wenige der Bestimmungen, an denen er persönlich hatte mitarbeiten ‚müssen' (ich erkenne ein solches ‚Müssen' ja nicht an) verriet er uns noch während er daran arbeitete. Er litt unter diesem ‚Muß', aber wie so mancher fand er damals nicht den Weg aus dieser Gewissensqual heraus".

28 Adolph, Preysing S. 214 f.

29 Ebd. S. 216 f.

30 DAB 7.10.1948.

31 Ebd. 12.10.1946.

32 Ebd. 10.6.1949.

33 Ebd. 5.5.1949.
34 Ebd. 10.6.1949.
35 Volk, Akten VI S. 857 f.
36 „Der Tagesspiegel", 27.12.1945.
37 Volk, Akten VI S. 863 f.
38 Petrusblatt, 13.1.1946.
39 Schwerdtfeger, Preysing S. 145.
40 Hubert Jedin, Lebensbericht S. 156.
41 Schwerdtfeger, Preysing S. 148.
42 Krone, Tagebücher S. 42.
43 A Wal, 26.4.1946.
44 DAB, 3.4.1946.
45 DAB V-16.
46 Notizen von Wilhelm Pieck über ein Gespräch mit Stalin am 4. Juni 1945 belegen die Moskauer Fernsteuerung der neuen Schulpolitik in Berlin und der SBZ. Bei dieser Konsultation, an der u.a. auch Walter Ulbricht und der sowjetische Aussenminister Molotow teilnahmen, wurde der zukünftige politische Kurs für verschiedene Bereiche festgelegt. Beim Thema Schulfragen notierte Pieck „Kein Religionsunterricht in der Schule - Jugend nicht durch Popen verwirren lassen - Religionsunterricht nur außerhalb der Schule." (Stiftung Archiv der Parteien und Massenorganisationen der DDR im Bundesarchiv, Nachlaß Wilhelm Pieck, NL 36, 629, Bl. 62 ff.).
47 Klewitz, Einheitsschule, S. 23.
48 Wolfgang Leonhard, Es muß demokratisch aussehen, „Die Zeit" 7. Mai 1965.
49 Klewitz, Einheitsschule, S. 26.
50 Otto Winzer im Rat der Bürgermeister am 13.9.1945.
51 Klewitz, Einheitsschule S. 85.
52 Höllen, Loyale Distanz? S. 76.
53 M. Klewitz, Berliner Einheitsschule S. 49.
54 Preysing, Hirtenworte in ernster Zeit, S. 51 f.
55 Peter Friedrichs, Schulkampf, S. 48.
56 Tobias Möritz, Konrad Kardinal von Preysing und die Berliner Besatzungszeit 1945-1949, Magisterarbeit der FU Berlin 1995 S. 133.
57 Friedrichs, Schulkampf, S. 48.
58 A Wal, 20.5.1948.
59 DAB, 23.9.1948.
60 Vorlesungen zur Geschichte der SED; hrsg. v. Parteihochschule „Karl Marx" beim ZK der SED, 1977. Nach der „Gemeinsamen Erklärung" der Regierungen der Bundesrepublik Deutschland und der Deutschen Demokratischen Republik vom 15. Juni 1990 sollen Enteignungen in der SBZ nicht „rückgängig" gemacht werden, wenn sie in der Zeit von 1945 bis zum 7. Oktober 1949, dem Gründungstag der DDR, vorgenommen wurden. Diese Erklärung, die in den Einigungsvertrag aufgenommen worden ist, hat das Bundesverfassungsgericht 1991 und 1996 als verfassungsgemäß bestätigt.
61 Hirtenworte in ernster Zeit, S. 33 f.
62 DAB, I, 4 Besatzungsmächte, 5. Juli 1946.
63 DAB, 3.12.1949.
64 Ebd. 27.5.1946.
65 Ebd. 18.11.1946.
66 Ebd. 8.9.1947.
67 Mündliche Informationen des damaligen Chauffeurs Franz Götz.
68 A Wal, 26. April 1946.
69 DAB, 18.4.1940.
70 Ebd. 13.7.1943.

71 Ebd. 11.5.1944.
72 Ebd. 12.10.1946.
73 Ebd. 2.11.1946.
74 Petrusblatt 2. (1946), Nr. 45 vom 10.11.1946.
75 Reinhard Appel, Die Regierenden von Berlin seit 1945, S. 41.
76 DAB, 24.2.1949.
77 In einem Bericht über die soziale Lage der Berliner Bevölkerung teilte das Amt für Sozialwesen am 27. Juni 1947 mit, daß im Winter 1946/47 insgesamt 1142 Personen erfroren sind, s. Berlin. Behauptung von Freiheit und Selbstverwaltung 1946 - 1948, Berlin 1959, S. 261.
78 Die Chronik Berlins, S. 441.
79 DAB, 7.2.1947.
80 Schwerdtfeger, Preysing, S. 156.
81 Ebd. S. 157.
82 Ebd. S. 159.
83 Petrusblatt, 3. Jhrg. Nr.   6.4.1947.
84 A Wal, 19.4.1947.
85 DAB 5.4.1947.
86 Ebd. 20.10.1947.
87 A Wal, 19.12.1946.
88 DAB, 5.4.1947.
89 Ebd. 30.3.1948.
90 DAB, 4.6.1946.
91 Amtsblatt vom 1. Januar 1948.
92 DAB, 20.1.1948.
93 Ebd. 16.2.1948.
94 Ebd. 16.12.1947.

XIX

1 Die Deutsche Demokratische Republik auf dem Weg zum Sozialismus, Teil I, S. 164.
2 Rundschreiben vom 15.5.1948, J.Nr. 1393/48.
3 DAB, V/16-4, 20.1.1948.
4 Ebd. 25.1.1948.
5 A Wal, 30.4.1948.
6 DAB, 10.5.1948..
7 Petrusblatt, Nr. 335, 4 (1948) v. 29.8.1948.
8 DAB, 10.5.1948.
9 Ebd., 10.7.1948.
10 Ebd. 2.7.1948.
11 Petrusblatt, Nr. 35, 4 (1948) v. 29.8.1948.
12 DAB V, 16-4, 23.6.1949.
13 DAB, 8.11.1948.

14 Ebd. 23.11.1948.
15 A Wal, 8.3.1949.
16 Schwerdtfeger an die Äbtissin in Eichstätt, A Wal 24.11.1948.
17 Ebd. 1.10.1948.
18 Ebd. 2.9.1943.
19 Petrusblatt, 5 (1949), v. 3.4.1949.
20 Ebd. Nr. 7, 13.2.1949.
21 Sonderdruck Morus-Verlag Berlin.
22 Petrusblatt, Nr. 23, 5 (1949) v. 5.6.1949.
23 S. Suckert, Die Protokolle der Beratungen des SED-Parteivorstandes am 4. und 9. Oktober 1949, S. 161.
24 Petrusblatt, Nr. 24, 5 (1949) v. 12.6.1949
25 J. Pilvousek, Gesamtdeutsche Wirklichkeit - pastorale Notwendigkeit. Zur Vorgeschichte der Ostdeutschen Bischofskonferenz, S. 238.
26 Adolph, Preysing S. 225.
27 Petrusblatt, Nr. 35, 5 (1949) v. 28.8.1949
28 Ebd. Nr. 46, 13.11.1949.
29 DAB, 3.12.1949.
30 Ebd. 27.11.1949.
31 M. Höllen, Loyale Distanz, S. 195 f.
32 Adolph, Preysing S. 228.
33 Ebd. S. 226.
34 Ebd. S. 234.

XX

1 DAB, an Graf Thun, 12.2.1931.
2 Adolph, Preysing S. 254 f.
3 Ebd. S. 255 f.
4 Der überwiegende Teil der Berliner Theologiestudenten besuchte nach 1945 die Philosophisch-Theologische Hochschule in Fulda, nachdem der früher übliche Studienort Breslau verschlossen war. Zum Wintersemester 1949/50 konnten einzelne Theologen zur unmittelbaren Vorbereitung auf die Priesterweihe in das Priesterseminar Neuzelle/Oder wechseln.
5 Adolph, Preysing S. 232 f.
6 Höllen, Loyale Distanz, S. 216 f.
7 DAB V/16-4 2.5.1950.
8 DAB 13.6.1950.
9 Ebd. 28.6.1950.
10 Ebd. 19.5.1950.
11 Adolph, Preysing S. 258.
12 DAB 26.6.1950.
13 Ebd. 13.6.1950.
14 W. Adolph, Sie sind nicht vergessen S. 167 f. Preysing informierte auch den Vorsitzenden der Fuldaer Bischofskonferenz, Kardinal Frings, über das Gespräch mit Wienken: „Wir wurden uns darüber einig, daß seinerseits kein bewußtes Abrücken von der politischen Linie, die ich hier gebe, bestehe, aber ebenso klar war es wohl ihm wie mir, daß wir tatsächlich in der Beurteilung, ganz besonders der Methodik des Vorgehens, weit voneinander getrennt sind, wie auch ich seinerzeit eine Haltung einnahm, die sich von der des Kardinals von Breslau und des

Nuntius Orsenigo sehr unterschied." (J. Pilvousek, Gesamtdeutsche Wirklichkeit - Pastorale Notwendigkeit. Zur Vorgeschichte der ostdeutschen Bischofskonferenz, Erfurter Theologische Studien 71, S. 239).
15 DAB 11.12.1950.
16 Ebd. 28.6.1950.
17 Ebd. 13.6.1950.
18 Dieser Nuntiusbrief kann als „Gründungsurkunde" der Berliner Ordinarienkonferenz, seit 1976 Berliner Bischofskonferenz, gelten. Der Text ist erstmalig 1977 in den „Stimmen der Zeit" (Bd. 102, Heft 2) veröffentlicht worden.
19 DAB 19.10.1949.
20 Ebd. 9.9.1950.
21 Annalen Abtei Seligenthal 11, 169.
22 Erst 1951 erhielt der Leipziger St. Benno-Verlag nach langwierigen Verhandlungen die staatliche Lizenz für „katholisches Schrifttum". Dadurch konnte „Der Tag des Herrn" mit acht Seiten Umfang zweiwöchentlich erscheinen. Die Ostberliner Bistumszeitung „St. Hedwigsblatt" erschien in limitierter Auflage seit 1954.
23 W. Adolph, Preysing S. 229.
24 Petrusblatt Nr. 35, 6 (1950) v. 27.8.1950.
25 DAB 7.9.1950.
26 Ebd.
27 Ebd. 4.10.1950.
28 Ebd. 17.10.1950.
29 Mündliche Auskunft Theodor Schmitz, Berlin.
30 DAB V/16-4.
31 J. Brinktrine, Die feierliche Definition der leiblichen Aufnahme der allerseligsten Jungfrau, S. 9.
32 P. Robert Leiber hatte den Berliner Kardinal bereits am 13. Juni 1949 darüber informiert, daß der Papst bei der Definition der Assumptio „nichts, weder unmittelbar noch mittelbar, über den Tod Marias sagen" werde. In denselben Brief teilte er zugleich mit, daß Pius XII. „wie sein Vorgänger in der Frage der algemeinen Gnadenvermittlung zurückhaltend" sei und „noch mehr in der weiteren der Corredemptio", der Miterlösung durch Maria (DAB V-16.).
33 DAB 6.12.1950.
34 Höllen, Loyale Distanz S. 242.
35 Ebd. S. 208.
36 DAB 30.11.1950.
37 Ebd. 6.12.1950.
38 Information v. Äbtissin Gisela Müller OSB am 3.4.1997.
39 DAB, 6.12.1950.
40 Sr. Luminosa Wimmer SDS (gest. 1980) war von 1939 - 1952 Provinzoberin der Ostdeutschen Provinz der Salvatorianerinnen mit Sitz in Berlin-Waidmannslust. Den Kardinal und Sr. Luminosa verband ein besonderes Vertrauensverhältnis.
41 DAB, 11.12.1950.
42 Ebd.
43 Brief P. Dr. Lichy an Gräfin Stolberg, 29.12.1950.
44 DAB Abschied von Kardinal Preysing; für seine Freunde und näheren Bekannten, geschrieben von Bernhard Schwerdtfeger.
45 Rundschreiben des Berliner Bischofs, 5.10.1950 Jr.Nr. G 803/50.
46 Rundschreiben des Berliner Bischofs vom 10.5.1950, o.Jr.,Nr.
47 DAB, 25.12.1950

LITERATURVERZEICHNIS

Adam, Stephan: Die Auseinandersetzungen des Bischofs Konrad von Preysing mit dem Nationalsozialismus in den Jahren 1933-1945.
St. Ottilien 1996

Adolph, Walter: Kardinal Preysing und zwei Diktaturen - Sein Widerstand gegen die totalitäre Macht. Berlin 1971 (zitiert: Adolph, Preysing)

Ders.: Geheime Aufzeichnungen aus dem nationalsozialistischen Kirchenkampf 1935-1943. Mainz 1979 (zitiert: Adolph, Aufzeichnungen)

Ders.: Sie sind nicht vergessen. Gestalten aus der jüngsten deutschen Kirchengeschichte. Berlin 1972

Ders.: Hirtenamt und Hitlerdiktatur. Berlin 1965 (zitiert: Adolph, Hirtenamt)

Albrecht, Dieter (Bearb.): Der Notenwechsel zwischen dem Heiligen Stuhl und der Deutschen Reichsregierung Bd. III. Mainz 1980. (zitiert: Albrecht, Notenwechsel)

Ders. (Hrsg.): Katholische Kirche im Dritten Reich. Mainz 1976

Altmeyer, Karl Aloys: Katholische Presse unter NS-Diktatur. Katholische Zeitungen und Zeitschriften in den Jahren 1933-1945. Berlin 1962

Amtlicher Führer durch das Bistum Berlin. Berlin 1938

Bacque, James: Verschwiegene Schuld. Die Alliierte Besatzungspolitik in Deutschland nach 1945. Berlin/Frankfurt/M. 1995

Bauer, Reinhard/Piper, Ernst: München. Die Geschichte einer Stadt. München 1993

Beaugrand, Günter: Kardinal von Galen - Der Löwe von Münster. Münster 1996

Benz, Wolfgang (Hrsg.): Die Juden in Deutschland 1933-1945 - Leben unter nationalsozialistischer Herrschaft. München 1988

Ders.: Die Vertreibung der Deutschen aus dem Osten. Frankfurt/M. 1995

Bezirkskommission zur Erforschung der Geschichte der örtlichen Arbeiterbewegung bei den Bezirksleitungen Rostock, Schwerin und Neubrandenburg (Hrsg.): Der antifaschistische Widerstandskampf unter Führung der KPO in Mecklenburg 1933 bis 1945. Rostock 1970

Bleistein, Roman (Hrsg.): Dossier: Kreisauer Kreis. Dokumente aus der Widerstand gegen den Nationalsozialismus. Frankfurt/M. 1987

Ders.: Nationalsozialistische Kirchenpolitik und katholische Orden. In: Stimmen der Zeit, H. 3, März 1985

Ders.: Rupert Mayer SJ - Leben im Widerspruch. Frankfurt/M. 1991

Ders.: Katholische Bischöfe und der Widerstand gegen den Nationalsozialismus. In: Stimmen der Zeit, H. 9, September 1989

Ders.: Augustinus Rösch. Leben im Widerstand. Biographie und Dokumente. Frankfurt/M. 1998

Ders.: Rupert Mayer - der stumme Prophet. Frankfurt/M. 1993

Blet, Pierre: Pie XII et la Seconde Guere mondiale d' après les archives du Vatican. Perrin 1997

Boberach, Heinz (Bearb.): Berichte des SD und der Gestapo über Kirchen und Kirchenvolk in Deutschland 1934-1944. Mainz 1971 (zitiert: Boberach, Berichte)

Brandl, Ludwig: Widerspruch und Gehorsam. Der gerade Weg des Eichstätter Dompfarrers Johannes Kraus im Dritten Reich. Würzburg 1995

Breitinger, Hilarius: Als Deutschenseelsorger in Posen und im Wartegau 1934 - 1945. Erinnerungen Mainz 1991

Broszat, Martin: Der Staat Hitlers. München 1969

Ders.:Zweihundert Jahre deutsche Polenpolitik. München 1972

Buchheim, Hans / Broszat, Martin / Jacobsen, Hans-Adolf / Krausnick, Helmut: Anatomie des SS-Staates Bd. I und II. Freiburg 1965

Buchheim, Hans: Totalitäre Herrschaft. Wesen und Merkmale. München 1962
Bullock, Alan: Hitler. Der Weg zur Macht. Frankfurt/Main 1964
Denzler, Georg/Fabricius, Volker: Christen und Nationalsozialisten. Frankfurt/M. 1993
Deuerlein, Ernst: Der deutsche Katholizismus 1933. Osnabrück 1963
Dokumente aus dem Kampf der katholischen Kirche im Bistum Berlin gegen den Nationalsozialismus, hrsg. vom Bischöflichen Ordinariat Berlin. Berlin 1946
Dolata, Werner: Chronik einer Jugend. Katholische Jugend im Bistum Berlin 1936-1949. Hildesheim 1988
Ehmann, Annegret/Livné-Freudenthal, Rachel/Richarz, Monika/Schoeps, Julius H./Wolff, Raymond: Juden in Berlin 1671-1945. Ein Lesebuch. Berlin 1988
Engert, Jürgen (Hrsg.): Die wirren Jahre. Deutschland 1945-1948. Berlin 1996
Erdmann, Karl Dietrich: Der Erste Weltkrieg. München 1980
Ders.: Die Weimarer Republik. München 1980
Ders.: Deutschland unter der Herrschaft des Nationalsozialismus 1933-1939. München 1980
Ders.: Das Ende des Reiches und die Neubildung deutscher Staaten. München 1980
Fertl, Anton (Hrsg.): Erinnerungen an Stiftspropst Albert Graf v. Preysing. Landshut 1949
Fest, Joachim: Hitler - Eine Biographie. Frankfurt/M. 1973
Ders.: Staatsstreich. Der lange Weg zum 20. Juli. Berlin 1994
Ders.: Das Gesicht des Dritten Reiches. München 1963
Finn, Gerhard: Die politischen Häftlinge in der Sowjetzone 1945-1958. Berlin 1958
Friedländer, Saul: Pius XII. und das Dritte Reich. Hamburg 1965
Friedrichs, Peter: Der Berliner Schulkampf. In: Stimme der Zeit, 145, 1949/50, (zitiert: Friedrichs Schulkampf)
Gatz, Erwin: Geschichte des kirchlichen Lebens in den deutschsprachigen Ländern seit dem Ende des 18. Jahrhunderts, Bd. I Die Bistümer und ihre Pfarreien. Freiburg 1991
Ders.: Preysing, Graf Konrad von (1880-1950). In:
Ders. (Hrsg.): Die Bischöfe der deutschsprachigen Länder. 1785/1803 bis 1945; ein biographisches Lexikon. Berlin 1983. 573-578
Giovanetti, Alberto: Der Vatikan und der Krieg. Köln 1961
Gotto, Klaus/Repgen, Konrad (Hg.): Kirche, Katholiken und Nationalsozialismus. Mainz 1980
Gruß, Heribert: Erzbischof Lorenz Jaeger als Kirchenführer im Dritten Reich. Paderborn 1995
Guttenberg, Elisabeth zu: Beim Namen gerufen. Frankfurt/M. Berlin 1994
Haase, Norbert: Das Reichskriegsgericht und der Widerstand gegen die nationalsozialistische Herrschaft. Berlin 1993
Hackel, Renate: Katholische Publizistik in der DDR 1945-1984. Mainz 1987
Hamann, Brigitte: Hitlers Wien - Lehrjahre eines Diktators. München 1996
Hedwig Gräfin von Preysing, hrsg. vom Domkapitel zur hl. Hedwig. Berlin 1938
Hehl, Ulrich von: Priester unter Hitlers Terror. 3. Aufl. Mainz 1996
Ders.: Nationalsozialistische Herrschaft. Enzyklopädie deutscher Geschichte Bd. 39 München 1996
Heiber, Helmut: Die Republik von Weimar. München 1994
Ders. (Hrsg.): Lagebesprechungen im Führerhauptquartier. Protokollfragmente aus Hitlers militärischen Konferenzen 1942 - 1945. München 1963
Herbst, Ludolf: Das nationalsozialistische Deutschland 1933-1945 Frankfurt/M. 1996
Hilberg, Raoul: Täter, Opfer, Zuschauer - Die Vernichtung der Juden 1933 - 1945. Frankfurt/Main 1996
Hipler, Bruno: Hitlers Lehrmeister: Karl Haushofer als Vater der NS-Ideologie. St. Ottilien 1996

Hochhuth, Rolf: Der Stellvertreter. Hamburg 1963
Hofer, Walther: Der Nationalsozialismus. Dokumente 1933 - 1945. Frankfurt/Main 1957
Höhle, Michael: Die Gründung des Bistums Berlin 1930, Paderborn 1996
Höllen, Martin: Loyale Distanz? Katholizismus und Kirchenpolitik in der SBZ und DDR. Bd. I (1945-1955). (zitiert: Höllen, Loyale Distanz?) Berlin 1994
Holmsten, Georg: Die Berlin-Chronik. Daten - Personen - Dokumente. Düsseldorf 1984
Hürten, Heinz: Deutsche Katholiken 1918-1945. Paderborn 1992 (zitiert: Hürten, Katholiken)
Huttner, Martens: Britische Presse und nationalsozialistischer Kirchenkampf. Paderborn/München/Wien/Zürich 1995
Jäckel, Eberhard: Das deutsche Jahrhundert. Stuttgart 1996
Jacobsen, Hans-Adolf (Hrsg): „Spiegelbild einer Verschwörung". Die Opposition gegen Hitler und der Staatsstreich vom 20. Juli 1944 in der SD-Berichterstattung. Bd. I und II. Stuttgart 1984
Jedin, Hubert: Lebensbericht. Mainz 1984
Jedin, Hubert/Repgen, Konrad: Die Weltkirche im 20. Jahrhundert. Handbuch der Kirchengeschichte Bd. VII. Freiburg/Basel/Wien 1979
Joffroy, Pierre: Der Spion Gottes - Kurt Gerstein - ein SS-Offizier im Widerstand? Berlin 1995
Karpen, Ulrich/Schott, Andreas (Hrsg.): Der Kreisauer Kreis. Zu den verfassungspolitischen Vorstellungen von Männern des Widerstandes um Helmuth James Graf von Moltke. Heidelberg 1996
Kershaw, Ian: Der NS-Staat. Reinbeck bei Hamburg 1994
Klausener, Erich: Konrad Kardinal Preysing, ein bayerischer Bischof in Berlin. Vortrag beim 88. Deutschen Katholikentag in München 1984
Klein, Gotthard: Seliger Bernhard Lichtenberg. Regensburg 1997
Klein, Manfred: Jugend zwischen den Diktaturen 1945/56. Mainz 1968
Klewitz, Marion: Berliner Einheitsschule 1945-1951. Berlin 1971 (zitiert: Klewitz, Einheitsschule)
Klonovsky, Michael/Flocken, Jan von: Stalins Lager in Deutschland. Berlin 1991
Knauft, Wolfgang: Unter Einsatz des Lebens. Das Hilfswerk beim Bischöflichen Ordinariat Berlin für katholische „Nichtarier" 1938-1945. Berlin 1988
Ders.: „Fall Stettin" ferngesteuert. Berlin 1994
Ders.: Christen im Widerstand. Der 20. Juli im Bistum Berlin. Berlin 1994
Ders.:Gelebter Glaube. Das Ende des Zweiten Weltkrieges im Bistum Berlin. Berlin 1995
Ders.: Katholische Kirche in der DDR - Gemeinden in der Bewährung 1945-1980. Mainz 1980
Ders.: (Hrsg.): Miterbauer des Bistums Berlin. 50 Jahre Geschichte in Charakterbildern. Berlin 1979
Kock, Erich: Er widerstand: Bernhard Lichtenberg. Berlin 1996
Kramarz, Joachim: Claus Graf Stauffenberg. Frankfurt/Main 1965
Krone, Heinrich: Tagebücher I 1945 - 1961. Bearb. v. Hans-Otto Kleinmann. Düsseldorf 1995
Kühn, Heinz: Blutzeugen des Bistums Berlin. Berlin 1952
Kuropka, Joachim (Hrsg.): Clemens August Graf von Galen. Neue Forschungen zum Leben und Wirken des Bischofs von Münster. Münster 1993
Liebmann, Maximilian: Theodor Innitzer und der Anschluß - Österreichs Kirche 1938. Graz 1988
Litzenburger, Ludwig: Anekdotisches vom Konklave 1914, in „Münchener Theologische Zeitschrift" 38 (1987)
Lewy, Guenter: Die katholische Kirche und das Dritte Reich. München 1964

Löffler, Peter (Bearb.): Bischof Clemens August Graf von Galen. Akten, Briefe und Predigten 1933-1946. Bde. Mainz 1988 (zitiert Löffler, Clemens August)
Loth, Wilfried: Die Teilung der Welt 1941-1955. München 1989
Leugers, Antonia: Gegen eine Mauer bischöflichen Schweigens. Der Ausschuß für Ordensangelegenheiten und seine Widerstandskonzeption 1941 bis 1945. Frankfurt/M. 1996
Mählert, Ulrich: Die Freie Deutsche Jugend 1945-1949. Paderborn 1995
Moltke, Freya von: Erinnerungen an Kreisau 1930 - 1945. München 1997
Moltke, Helmuth James von: Briefe an Freya 1939-1945. München 1988 (zitiert: Moltke, Briefe)
Möritz,Tobias: Konrad Kardinal von Preysing und die Berliner Besatzungszeit 1945-1949. Magisterarbeit FU Berlin 1995
Monachium Sacrum, Festschrift zur 500-Jahr-Feier der Metropolitankirche zu Unserer lieben Frau. Bd. 1 München 1994
Morse, Arthur D.: Die Wasser teilten sich nicht. München 1967
Morsey, Rudolf (Hrsg.): Zeitgeschichte in Lebensbildern. Bd I-V, ab Bd. III hg. in Verbindung mit J. Aretz und A. Rauscher. Bde. Mainz 1973-84
Müller, Hans: Katholische Kirche und Nationalsozialismus. Dokumente 1930 - 1935. München 1963
Müller, Josef: Bis zur letzten Konsequenz. Ein Leben für Frieden und Freiheit. München 1975
Naimark, Norman M.: Die Russen in Deutschland - Die sowjetische Besatzungszone 1945 - 1949. Berlin 1997
Neuhäusler, Johann: Amboß und Hammer. München 1967
Ders.: Saat des Bösen. Kirchenkampf im Dritten Reich. München 1964
Neumayr, Maximilian: Pater Ingbert Naab - Seher, Kämpfer, Beter. München 1947
Offenberg, Mario: Adass Jisroel. Die jüdische Gemeinde in Berlin (1869-1942). Berlin 1986
Ogiermann, Otto: Bis zum letzten Atemzug. Leipzig 1983
Oleschinski, Brigitte: Mut zur Menschlichkeit - Der Gefängnisgeistliche Peter Buchholz im Dritten Reich. In: Geschichte und Gegenwart, 1991+
Passelecq, Georges, Suchecky, Bernard: Die unterschlagene Enzyklika. Der Vatikan und die Judenverfolgung. München 1997
Paul, Gerhard/Mallmann, Klaus-Michael (Hg.): Die Gestapo - Mythos und Realität. Darmstadt 1995
Pfarrer Otto Neururer, Ein Seliger aus dem KZ. Dokumentation Hrsg. von der Diözese Innsbruck 1996
Petzold, Joachim: Franz von Papen - ein deutsches Verhängnis. München-Berlin 1995
Pilvonsek, Josef: Gesamtdeutsche Wirklichkeit - Pastorale Notwendigkeit. Zur Vorgeschichte der Ostdeutschen Bischofskonferenz (=Erfurter Theologische Studien 71)
J. Piskorski / B. Wachowiak / E. Wlodarczyk: Stettin. Poznan 1994
Preysing, Konrad von: Hirtenworte in ernster Zeit. Kundgebungen des Bischofs von Berlin Konrad Kardinal von Preysing in den Jahren 1945/47. Berlin 1947
Ders.:Kardinal Bettinger, nach persönlichen Erinnerungen. Regensburg 1918
Ders.: (Übersetzer): Des Heiligen Hippolytus von Rom Widerlegung aller Häresien. München/Kempten 1922
Ders.:Gesellschaftssitten und Sittengesetz. München 1927
Ders.: Thomas Morus zum Gedächtnis, in „Hochland" 32 (1934//35)
Ders.: Hirtenworte in ernster Zeit. Kundgebungen des Bischofs von Berlin Konrad Kardinal von Preysing in den Jahren 1945/47. Berlin 1947
Raabe, Thomas: SED-Staat und katholische Kirche - Politische Beziehungen 1949-1961. Paderborn 1995

Recker, Klemens August: Wem wollt ihr glauben? Bischof Berning im Dritten Reiche. Paderborn 1998
Repgen, Konrad: Krieg, Gewissen und Menschenrechte - Zur Haltung der katholischen Bischöfe im Zweiten Weltkrieg. Reihe „Kirche und Gesellschaft" Nr. 220 1995
Reutter, Lutz-Eugen: Die Hilfstätigkeit katholischer Organisationen und kirchlicher Stellen für die im nationalsozialistischen Deutschland Verfolgten (Diss). Hamburg 1969
Röhm, Eberhard/Thierfelder, Jörg: Juden, Christen, Deutsche 1933-1945. Stuttgart Bd 2, I+II 1992, 3 I 1995
Roon, Ger van: Widerstand im Dritten Reich. München 1990
Rösch, Augustin: Kampf gegen den Nationalsozialismus. Frankfurt/M. 1985 (zitiert Rösch, Kampf)
Schäfer, Hans Dieter: Berlin im Zweiten Weltkrieg. Der Untergang der Reichshauptstadt in Augenzeugenberichten. München 1985
Scheurig, Bodo (Hrsg.): Deutscher Widerstand 1938-1944. München 1969
Schickel, Alfred: Erinnerungen an Kardinal Adolf Bertram und Dr. Walter Münch. Wasserburg/Inn 1986
Schneider, Burkhart (Bearb.): Die Briefe Pius XII. an die deutschen Bischöfe 1939-1944. Mainz 1966 (zitiert: Schneider, Papstbriefe)
Scholder, Klaus: Die Kirchen und das Dritte Reich, Bd. I Vorgeschichte und Zeit der Illusionen 1918-1934. Berlin 1977
Ders.: Die Kirchen und das Dritte Reich, Bd. II. Das Jahr der Ernüchterung 1934. Barmen und Rom. Berlin 1985
Schöllgen, Gregor: Geschichte der Weltpolitik von Hitler bis Gorbatschow 1941-1991. München 1996
Scholz, Franz: Zwischen Staatsräson und Evangelium. Frankfurt/Main 1988
Schwaiger, Georg: Das Erzbistum München und Freising im 19. und 20. Jahrhundert, München 1989
Ders.: Geschichte der Päpste im 20. Jahrhundert. München 1968
Schwalbach, Bruno: Erzbischof Conrad Gröber und die nationalsozialistische Diktatur. Karlsruhe 1986
Schwarz, Gudrun: Die nationalsozialistischen Lager. Frankfurt/M. 1996
Schwerdtfeger, Bernhard: Konrad Kardinal von Preysing. Berlin 1950 (zitiert: Schwerdtfeger, Preysing)
Siemer, P. Laurentius: Aufzeichnungen und Briefe. Frankfurt/Main 1957
Speckner, Karl: Die Wächter der Kirche. München 1934
Staritz, Dietrich: Die Gründung der DDR. Von der sowjetischen Besatzungsherrschaft zum sozialistischen Staat. München 1995
Stasiewski, Bernhard (Hrsg.): Adolf Kardinal Bertram - sein Leben und Wirken auf dem Hintergrund der Geschichte seiner Zeit. Köln 1992
Ders.: (Bearb.): Akten deutscher Bischöfe über die Lage der Kirche 1933-1945, Bd I 1933-1934, Bd II 1934-1935, Bd III 1935-1936 (zitiert Stasiewski I-III)
Ders.: Nationalsozialistische Kirchenpolitik im Warthegau. In: Vierteljahreshefte für Zeitgeschichte 1959. S. ()-S. ().
Stehle, Hansjakob: Geheimdiplomatie im Vatikan. Die Päpste und die Kommunisten. Zürich 1993
Steinbach, Peter: Der Widerstand gegen den Nationalsozialismus und der 20. Juli 1944. Berlin 1984
Steininger, Rolf: Deutsche Geschichte seit 1945. Bd I u. II. Frankfurt/M. 1996
Tormin, Walter: Die Weimarer Republik. Hannover 1973
Tuchel, Johannes/Schattenfroh, Reinhold: Zentrale des Terrors. Prinz-Albrecht-Straße 8: Hauptquartier der Gestapo. Berlin 1987
Ders.:Die Inspektion der Konzentrationslager 1938 - 1945. Berlin 1994

Volk, Ludwig (Bearb.): Akten deutscher Bischöfe über die Lage der Kirche 1933-1945, Bd IV 1936-1939, Bd V 1940-1942 Mainz 1981-85 (zitiert: Volk, Akten IV-V)
Ders.:(Bearb.): Akten Kardinal Michael von Faulhaber 1917-1945. Bd I 1917-1934, Bd II 1935-1945 Mainz 1975-78 (zitiert: Volk, Faulhaber)
Ders.: Der bayerische Episkopat und der Nationalsozialismus 1930-1934. Mainz 1965 (zitiert: Volk, Episkopat)
Ders.: Zur Kundgebung des deutschen Episkopats vom 28. März 1933. In: Stimmen der Zeit, 173, 173 (173 (1963/64)
Weiss, John: Der lange Weg zum Holocaust. Die Geschichte der Judenfeindschaft in Deutschland und Österreich. Hamburg 1997
Weiß, Otto: Der Modernismus in Deutschland. Regensburg 1995
Wendt, Bernd Jürgen: Deutschland 1933-1945, Das „Dritte Reich". Hannover 1995
Winterhager, Wilhelm-Ernst: Der Kreisauer Kreis - Portrait einer Widerstandsgruppe. Berlin/Mainz 1985
Witetschek, Helmut: Pater Ingbert Naab - ein Prophet wider den Zeitgeist 1885-1935. München 1985
Wood, Thomas/Jankowski, Stanislaw: Jan Karski -Einer gegen den Holocaust. Als Kurier in geheimer Mission. Gerlingen 1997
Yorck von Wartenburg, Marion: Die Stärke der Stille, München, 1995
Zahn, Gordon C: Die deutschen Katholiken und Hitlers Kriege.
Graz 1965
Zipfel, Friedrich: Kirchenkampf in Deutschland 1933-1945. Kirchenkampf und Selbstbehauptung der Kirchen in der nationalsozialistischen Zeit. Berlin 1965

BILDNACHWEIS

16 (oben) Max Schröger
16 (unten), 17, 29, 78, 184 (links), 266 - privat
32 Kester & Co
43 Süddeutscher Verlag
56, 74, 97, 99, 138, 146, 184 (oben), 185, 261, 280 Diözesanarchiv
9 H. Wagner
68, 115, 234, 268 - Ullstein
66, 90, 124, 286 unten, - Harry Wagner
158 Arbeitsstelle für Zeitgeschichte Erzbistum Berlin
184 rechts Wolfgang Rollik
197 Gedenkstätte Deutscher Widerstand
208 Landesbildstelle Berlin
243 New York Times
257 Don Bosco
286 oben Pressebild D.V.C.
291 John E. Tomer
298 Autor

ABKÜRZUNGEN

A Wal	Archiv der Benediktinerinnenabtei St. Walburg in Eichstätt
B Arch.	Bundesarchiv
BVP	Bayerische Volkspartei
CDU	Christlich Demokratische Union
CIC	Codex Juris Canonici
DDR	Deutsche Demokratische Republik
DAB	Diözesanarchiv des Erzbistums Berlin
DNB	Deutsches Nachrichtenbüro
FDJ	Freie Deutsche Jugend
Gestapo	Geheime Staatspolizei
Hrsg.	Herausgeber
HJ	Hitlerjugend
KPD	Kommunistische Partei Deutschlands
KLV	Kinderlandverschickung
KZ	Konzentrationslager
LDP	Liberaldemokratische Partei
Lk	Lukas
MfS	Ministerium für Staatssicherheit
Msgr.	Monsignore
NKWD	Narodnys Komisariat Wnutrinich Dtel,Volkskommissariat für Innere Angelegenheiten
NSDAP	Nationalsozialistische Deutsche Arbeiterpartei
NCWC	National Catholic Welfare Conference
NS	Nationalsozialismus
NWDR	Nordwestdeutscher Rundfunk
OMI	Oblaten der Unbefleckten Jungfrau Maria
OP	Ordo praedicatorum
OSB	Ordo Sancti Benedicti
OKW	Oberkommando der Wehrmacht
OKH	Oberkommando des Heeres
OFM	Ordo fratrum minorum Cap. Conv.
P.	Pater
RIAS	Rundfunk im amerikanischen Sektor
RKM	Reichskirchenministerium
RWEV	Reichsministerium für Wissenschaft, Erziehung und Volksbildung
RSHA	Reichssicherheitshauptamt
SA	Sturmabteilung
SBZ	Sowjetische Besatzungszone
SD	Sicherheitsdienst
SED	Sozialistische Einheitspartei Deutschlands
SJ	Gesellschaft Jesu
SMAD	Sowjetische Militäradministration in Deutschland
SPD	Sozialdemokratische Partei Deutschlands
SS	Schutzstaffel
Sr.	Soror, Schwester
SVD	Gesellschaft des Göttlichen Wortes
TOP	Tagesordnungspunkt
U.a.	Unter anderem
UdSSR	Union der Sozialistischen Sowjetrepubliken
V-Mann	Verbindungsmann
z.B.	zum Beispiel
z.Zt.	zur Zeit

ZEITTAFEL

1880	30. August		Johann Konrad Maria Augustin Felix Graf Preysing-Lichtenegg-Moos als viertes von elf Kindern auf Schloß Kronwinkl geboren
1886-1912		Regierungszeit des Prinzregenten Luitpold in Bayern	
1890	20. März	Entlassung des Reichskanzlers Otto von Bismarck	
1898			Abitur in Landshut
1898-1901			Jurastudium in München
1901-1902			Jurastudium in Würzburg
1905			Juristisches Staatsexamen mit Auszeichnung in München
1906			Ministerialpraktikant beim Bayerischen Staatsministerium des Äußeren in München
1907-1908			Attaché und Legationssekretär an der bayerischen Gesandtschaft beim Quirinal in Rom
1908			Beginn des philosophisch-theologischen Studiums in Innsbruck
1909	23. Mai	Franz Bettinger wird zum Erzbischof von München und Freising nominiert (26.6. Konsekration)	
1912	26. Juli		Priesterweihe in Innsbruck
1913			Promotion zum Dr. theol.
1914	25. März	Papst Pius X. ernennt Erzbischof Bettinger zum Kardinal	
	8. Juli		Zum Erzbischöflichen Sekretär ernannt

	1. August	Beginn des Ersten Weltkrieges	
	1. September		Teilnahme als Sekretär von Kardinal Bettinger am viertägigen Konklave zur Wahl von Papst Benedikt XV.
1917	12. April	Tod von Kardinal Bettinger	Stadtpfarrprediger bei St. Paul in München
1918	8. August		Leitung des Feldoberpfarramtes in Bern/Schweiz
	November	Als Folge des verlorenen Weltkrieges Revolution u.a. in München und Berlin, Ende der Monarchie in Deutschland	
1920	30. Juli		Begleitung von Nuntius Pacelli nach Berlin zur Übergabe des Beglaubigungsschreibens
1923	1. Februar		Domprediger am Münchener Liebfrauendom
	9. November	Hitlers Putsch vor der Feldherrnhalle in München gescheitert	
1928	1. April		Ernennung zum Domkapitular
1930	13. August	Bistum Berlin gegründet	
1932	12. September		Zum Bischof von Eichstätt ernannt
1933	30. Januar	Reichspräsident Hindenburg ernennt Hitler zum Reichskanzler	
	31. Mai		Preysing legt Fuldaer Bischofskonferenz kritisches Schreiben zum NS-Staat vor
	20. Juli	Abschluß des Reichskonkordates	

1934	30. Juni	Im Zusammenhang mit der Röhm-Affäre wird Dr. Erich Klausener, Leiter der Katholischen Aktion im Bistum Berlin, von einem SS-Kommando erschossen	
1935	5. Juli		Zum Bischof von Berlin ernannt
	15. Sept.	„Nürnberger Gesetze“ verkündet	
	15. Oktober - 15. März 1937		Bischof Preysing zugleich Administrator des Bistums Meißen
1936	1.-16. Aug.	XI. Olympische Spiele in Berlin	
1937	21. März	Enzyklika „Mit brennender Sorge“ veröffentlicht	
	27. Juli		Feier des Silbernen Priesterjubiläums von Bischof Preysing
1938	24. August	„Hilfswerk beim Bischöflichen Ordinariat Berlin“ für verfolgte Juden gegründet	
	9. Sept.	Verbot des Katholischen Kirchenblattes für das Bistum Berlin	
	9./10. November	Juden-Pogrome in ganz Deutschland	
1939	10. Februar	Papst Pius XI. gestorben	
	2. März	Papst Pius XII. gewählt	
	1. Sept.	Mit dem Überfall auf Polen beginnt der Zweite Weltkrieg	
1940	6. Mai		Preysing legt Pressereferat der Fuldaer Bischofskonferenz nieder

1941	17. Juni	Beschlagnahmung des St. Hedwig-Hospizes und der St. Clemenskirche im Zusammenhang mit der von Reichsleiter Bormann begonnenen Aktion „Klostersturm“ in „Groß-Deutschland“	
	22. Juni	Deutscher Überfall auf die UdSSR, Beginn des Rußlandfeldzuges	
	24./25. Juni		Preysing erklärt seine Mitarbeit in dem von der Fuldaer Bischofskonferenz errichteten „Ordensausschuß“
	13./20. Juli u. 3. August	Bischof Galen klagt in drei aufsehenerregenden Predigten NS-Unrecht an	
	5. September		Beginn der regelmäßigen Gespräche mit Graf Moltke, dem Kopf des „Kreisauer Kreises“
	18. Oktober	Erster Transport mit deportierten Juden verläßt Berlin	
	23. Oktober	Dompropst Lichtenberg verhaftet	
	11. Dez.	Deutsche Kriegserklärung an die USA	
1942	20. Januar	In der „Wannsee-Konferenz“ wird der organisatorische Rahmen für die Vernichtung des europäischen Judentums festgeschrieben	
	13. Dezember		Preysings Hirtenbrief über das Recht
1943	4./5. Februar	Verhaftungsaktion im „Fall Stettin“	
	1. März	St. Hedwigs-Kathedrale durch Luftangriffe zerstört	

	5. November	Dompropst Lichtenberg auf dem Weg ins KZ Dachau gestorben	
	23./24. Nov.	Ordinariat und Bischöfliches Palais in der Behrenstraße ausgebrannt	
1944	6. Juni	Alliierte Invasion in der Normandie	
	20. Juli	Gescheitertes Attentat auf Hitler durch Graf Stauffenberg löst eine umfassende Verhaftungsaktion aus.	
1945	3. Februar	Ordinariat im Ausweichquartier St. Michael erneut ausgebrannt	
	2. Mai	Kapitulation der Reichshauptstadt	
	8. Mai	Unterzeichnung der deutschen Kapitulation in Berlin-Karlshorst	
	24. Juni		Erstes Pastorale Preysings nach Kriegsende
	Juli	Einzug der westlichen Alliierten, Berlin wird Viersektorenstadt	
	17. Juli - 2. August	Potsdamer Konferenz zur Nachkriegsgliederung Deutschlands	
	13. November		Preysing wird Lizenzträger des Morus-Verlages
	24. Dezember		Bekanntgabe der Ernennung Preysings zum Kardinal
1946	21. Februar		Preysing erhält Kardinalsinsignien
	23. Februar		Besuch der deutschen Kriegsgefangenen im Lager Rimini
	26. Juli		Preysing wird Ehrenbürger

			von Eichstätt
	20. Oktober	Freie Wahlen in ganz Berlin	
1947	12. Februar		Preysing beginnt sechswöchige Nordamerika-Reise
	25. Mai		Preysing protestiert in Pfingstpredigt gegen sowjetische „Schweigelager“ in der SBZ
	20. Dezember		„Preysing-Erlaß“ gegen politische Vereinnahmung des Klerus
1948	11. Juni		Bischofsweihe von Paul Tkotsch, dem ersten Berliner Weihbischof
	20/21. Juni	Währungsreform in den drei Westzonen	
	23. Juni	Währungsreform in der SBZ und in „Groß-Berlin“	
	24. Juni - 12. Mai 1949	UdSSR verhängt Berlin-Blockade	
	21. Oktober		Beginn der mehrwöchigen lebensgefährlichen Erkrankung des Kardinals
1949	3. Februar	Stalinistischer Schauprozeß gegen Kardinal Mindszenty	
	23. Mai	Verkündung des Grundgesetzes der Bundesrepublik Deutschland	
	15. Sept.	Konrad Adenauer zum Bundeskanzler gewählt	
	7. Oktober	Gründung der DDR	
1950	25. Juni	Ausbruch des Korea-Krieges	
	16. Juli	Berliner Katholikentag in der Waldbühne	
	29. Juli		Preysing wird Präsident der neuerrichteten Ostdeutschen Bischofskonferenz

	1. November	Teilnahme an römischen Feierlichkeiten anläßlich des neuen Marien-Dogmas
	21. Dezember	Preysing in Berlin- Zehlendorf gestorben
	28. Dezember	Beisetzung auf dem St. Hedwigs-Friedhof in Berlin-Mitte
1968	12. Februar	Überführung der Gebeine Preysings in die Unterkirche der St. Hedwigs-Kathedrale

DANK

Für die Unterstützung bei der Arbeit an vorliegendem Buch habe ich verschiedenen Personen und Institutionen aufrichtig zu danken. Mein herzlicher Dank gilt den Familienangehörigen des ersten Berliner Kardinals in München und auf Schloß Kronwinkl. Für verläßliche, wertvolle Beratung danke ich P. Dr. Roman Bleistein SJ in München. Hilfreich unterstützten meine Anfragen Damen und Herren des Bundesarchivs Berlin, des Archivs des Erzbistums München und Freising, des Diözesanarchivs Eichstätt, des Bistums Dresden-Meißen, des Archivs der Benediktinerinnenabtei St. Walburg in Eichstätt, des Archivs der Zisterzienserinnenabtei Seligenthal, des Archivs der Benediktinerinnenabtei St. Gertrud in Alexanderdorf, des Römischen Archivs der Gesellschaft Jesu und nicht zuletzt des Diözesanarchivs des Erzbistums Berlin. Dank schulde ich den Angehörigen von Msgr. Schwerdtfeger, die mir dessen Notizbücher der Jahre 1943 - 1950 zur Einsichtnahme überließen.
Für die Erstellung des Manuskriptes bedanke ich mich herzlich bei Rosemarie Demski, Gabriele Sprung und Gerda Pursche. Die Hinweise von Dr. Felix Escher waren mir ebenso hilfreich wie die Unterstützung des Graphikers Julius Eschka. Auch der Geschäftsführerin des Morus-Verlages, Ursula Buchner, gebührt für mannigfache Hilfe ausdrücklicher Dank.

PERSONENVERZEICHNIS

der im Text vorkommenden Eigennamen